全椒古代典籍叢書

洪武正韻

（明）樂韶鳳　宋濂等　撰

政協全椒縣委員會　編
國家圖書館出版社

圖書在版編目(CIP)數據

洪武正韻 / (明)樂韶鳳,宋濂等撰;政協全椒縣委員會編. —北京:國家圖書館出版社,2020.6(2025.3重印)
(全椒古代典籍叢書)
ISBN 978-7-5013-6941-6

Ⅰ.①洪… Ⅱ.①樂… ②宋… ③政… Ⅲ.①《洪武正韻》 Ⅳ.①H114.3

中國版本圖書館CIP數據核字(2020)第017932號

ISBN 978-7-5013-6941-6

國家圖書館出版社
官方微信

書　　名　洪武正韻
叢 書 名　全椒古代典籍叢書
著　　者　(明)樂韶鳳　宋濂等　撰　政協全椒縣委員會　編
責任編輯　張愛芳　黄　静
重印編輯　張慧霞
封面設計　翁　涌

出版發行　國家圖書館出版社(北京市西城區文津街7號　100034)
(原書目文獻出版社　北京圖書館出版社)
010-66114536　63802249　nlcpress@nlc.cn(郵購)
網　　址　http://www.nlcpress.com
印　　裝　北京華藝齋古籍印務有限公司
版次印次　2020年6月第1版　2025年3月第4次印刷

開　　本　710×1000　1/16
印　　張　26
書　　號　ISBN 978-7-5013-6941-6
定　　價　300.00圓

總序

皖東全椒，地介江淮，壤接合寧，古爲吴楚分野，今乃中部通衢，建置歷史悠久，文化底蘊深厚。據《漢書·地理志》載，全椒於漢高祖四年（前二〇三）置縣，迄今已逾二千二百二十年。雖屢經朝代更替，偶歷廢易僑置，然縣名、治所乃至疆域終無巨變。是故國史邑乘不絶筆墨，鄉風民俗可溯既往，遺址古迹歷然在目，典籍辭章卷帙頗豐。

有唐以降，全椒每以文名而稱江淮著邑。名臣高士時聞於朝野，文采風流廣播於海内。本邑往哲先賢所撰經史子集各類著作并裒輯之文集，於今可考可見者，凡數百種一百七十餘家。其年代久遠者，如南唐清輝殿學士張洎之《賈氏譚録》、宋代翰林承旨吴幵之《優古堂詩話》《漫堂隨筆》；其聲名最著者，如明代高僧憨山大師（釋德清）之《憨山老人夢游集》、清代文豪吴敬梓之《儒林外史》； 至於衆家之鴻篇巨制、短編簡帙，乃至閨閣之清唱芳吟，舉類繁複，不一而足。又唐代全椒鄉賢武后時宰相邢文偉，新舊《唐書》均有其傳，稱以博學聞於當朝，而竟無片紙傳世，諸多文獻亦未見著録其作； 明代全椒鄉賢陽明心學南中王門學派首座戚賢，辭官歸里創南譙書院，經年講學，名重東南，《明史》有傳，然文獻中唯見其少許佚文，尚未見輯集。凡此似於理不合，贅言書此，待博見者考鏡。

雖然，全椒古爲用武之地，戎馬之鄉，兵燹頻仍，紳民流徙，兼之水火風震，災變不測，致前人之述作多有散佚。或僅見著録下落不明，或流散異鄉束之高閣，且溯至唐代即疑不可考，搜於全邑亦罕見一帙……倘任之如故，恐有亡失無徵之虞，亟宜博徵廣集，歸整編次。前代鄉先輩未嘗不欲求輯以繼往開來，然薪火絶續，非唯心意，時運攸關。

今世國運昌隆，政治清明，民生穩定，善政右文，全民呼應中華民族復興，舉國實施文化强國戰略。全椒縣政協準確把握時勢，以傳承發展中華優秀傳統文化爲己任，於二〇一七年發軔擔綱編纂《全椒古代典籍叢書》，獲全椒縣委、縣政府鼎力支持，一應人事財力，適時調度保障。二〇一八年十月，古籍書目梳理登記及招標采購諸事宜甫定，即行實施。

是編彙集宋初至清末全椒名卿學士之著述，兼收外埠選家裒集吾邑辭章之文集，宦游者編纂他邑之志書則未予收録。爲存古籍原貌，全套影印成册。所收典籍底本，大多散落國内各省市、高校圖書館及民間收藏機構，或流落海外，藏於日英美等異邦外域。若依文獻目録待齊集出版，一則耗時彌久，二則亦有存亡未定者，恐終難如願。爲搶救保護及便於閲研計，是編未按經史子集析分門類，而以著述者個人專題分而輯之，陸續出版。著多者獨自成集，篇短者數人合集，多則多出，少則少出，新見者續出。如此既可權宜，亦不失爲久遠可繼之策。全椒古籍彙集編纂，史爲首舉。倉促如斯，固有漏失，非求急功近利，實乃時不我待。拾遺補闕，匡正體例，或點校注疏，研發利用，唯冀來者修密，後出轉精。

賴蒙國家圖書館出版社承影印出版之任，各路專家學者屬意援手，令尋訪古籍、採集資料、版本之甄別、編纂之繁難變而稍易。《易》曰：『二人同心，其利斷金。』君子共識而遇時，其事寧有不濟哉？

文化乃民族之血脉，典籍乃傳承之載體。倘使吾邑之哲思文采，燭照千秋，資鑒後世，則非唯全椒一邑獨沾遺澤，亦可忝增泱泱中華之燦爛文明以毫末之光。

編次伊始，略言大要，勉爲是序。全椒末學陸鋒謹作。

《全椒古代典籍叢書》編纂委員會

二〇一八年十月

前　言

韻書是聲韻學研究最重要的資料，作爲中國古代最具特色的學科之一，聲韻學走過了數千年的漫長時光。韻書通過語音符號系統記録了那個時代聲韻調的真實情況，豐富了訓詁學的内容和方法，成爲以小學通經學、史學的重要媒介，也使得南北不一的發音歸於一統，故而歷代王朝極爲重視韻書的編修。《洪武正韻》是在明太祖朱元璋『親閲韻書，見其比類失倫，聲音乖舛』的情況下，下令修纂的。繼《廣韻》《中原音韻》之後，明太祖朱元璋詔令編修《洪武正韻》，應當説是大勢所趨，更是時代的需要。

據宋濂所撰序，參與編修《洪武正韻》的有十餘人，分别爲翰林侍講學士樂韶鳳、宋濂，待制王僎，修撰李叔允，編修朱右、趙壎，典簿瞿莊、鄒孟達，典籍孫蕡、荅禄與權；質正者爲左御史大夫汪廣洋、右御史大夫陳寧、御史中丞劉基、湖廣行省參知事陶凱，其中樂韶鳳是全書最重要的編纂者。

樂韶鳳，生卒年不詳，字舜儀，安徽全椒人，《明史》卷一百三十六有傳。據《明史》本傳及富路特《明代名人傳》，樂韶鳳可以考見的事迹大約在元至正十五年（1355）到明洪武十三年（1380）之間。樂韶鳳精於儒家經典，且頗具軍事才能。元至正十五年春，朱元璋占據和州，樂韶鳳及其同鄉前往朱元璋軍營謁見，并提出了自己的建議。朱元璋爲其才華所折服，招募樂韶鳳擔任幕僚，邀請其參加當年秋天的横渡長江戰役。這時候樂韶鳳的職責是在文書方面協助起義軍首領，并就軍事方面提出建議。至正十七年，朱元璋任命樂韶鳳負責管理江西行省。明洪武三年初，樂韶鳳擔任起居注，後轉任給事中，并於次年擔任兵部侍郎。洪武五年樂韶鳳升任兵部尚書。洪武六年八月，樂韶鳳轉任翰林院侍講學士，開始在文學方面發揮才能，這個轉變使得樂韶鳳的身份發生了根本性的改變。因爲職務的調整，樂韶鳳開始有機會專心致力所學，這纔有了後來擔任《洪武正韻》總纂的機遇。

不久之後，樂韶鳳與詹同一起負責釐考注釋祭孔時所演奏的六首樂章。洪武七年六月與宋濂、詹同共同完成著名的《大明日曆》。同年十月，樂韶鳳與其同僚草擬了三十九首樂曲，并伴有相應的歌詞和舞蹈樣式，旨在道德規勸。洪武九年樂韶鳳病愈復出，被起用爲國子監司業，洪武十二年三月升任國子監祭酒，洪武十三年致仕離任。

樂韶鳳與宋濂、詹同以及吴沈被合稱爲『四學士』，在當時享有盛譽。樂韶鳳還同宋濂一起，負責修訂朱元璋文集的初版，但是樂韶鳳本人的文集并未傳世。陳田在《明詩紀事》中收録樂韶鳳一首詩，并對其文學創作作出了『詩存樸質，不失開國氣象』的評價。

《洪武正韻》主要參考黄公紹《古今韻會舉要》、毛氏父子《增修互注禮部韻略》、劉淵《壬子新刊禮部韻略》等韻書，并對《禮部韻略》進行修訂。它將《廣韻》的二百零六韻歸併爲七十六部。由於反切上字和反切下字的語音發生了改變，它又依照實際語音的發展，對反切進行删繁就簡的改正工作。而對於合併韻部這一點，《四庫全書總目》此書之提要大加贊賞，認爲『蓋歷代韻書自是而一大變』。該書六易其稿，可稱爲一部彙聚衆多學者力量的精品。

《洪武正韻》成書於洪武八年，此書問世之後很快就引起了世人的關注。明人王文璧、沈寵綏、方以智等人在自己的聲韻學著作中都對其進行了評價。當代學者張世禄在《中國音韻學史》中説：『變更周氏書的，當首推明初的《洪武正韻》。《洪武正韻》雖然説是「壹以中原雅音爲定」，可是内容上并非純粹屬於北音系統，一方面遷就了舊韻書，一方面又參雜了當時南方的方音，所以這部書可以説是北音韻書南化的開始。』這個評價非常準確地概括了《洪武正韻》的音韻史及學術史價值。

《洪武正韻》於洪武八年首次纂集。此次纂集以樂韶鳳爲首，以七十六韻成書。其後又於洪武十二年進行第二次修訂，以汪廣洋爲首，以八十韻成書。八十韻本改正了七十六韻本很多錯漏，是爲精善之本。惜乎此編總裁汪廣洋涉事而亡，故此本極少流傳，反而是七十六韻本歷經洪武、宣德、成化、萬曆、崇禎諸朝，反復刊刻，流傳極廣。此前關於《洪武正韻》的研究成果大體本於七十六韻本，皆因八十韻本難覓之故。

此編乃見藏於國家圖書館之八十韻本《洪武正韻》，此本極爲罕見，或爲僅存之本。是編十六卷，明初刻本，其中卷四至卷六配明鈔本。首有洪武十二年冬十一月二十日吴沈《洪武正韻序》，次爲凡例八則，再次爲目録，目録僅存平聲韻，餘皆不存。正文以平、上、去、入四聲繫聯，收録單字萬餘。此本所見極罕，對於研究聲韻學、明代版刻、文化史等諸多學科具有極爲重要的學術價值。

我們收録此編旨在紀念全椒鄉賢樂韶鳳，希望本書出版後能夠得到海内外學者的批評指正，同時也爲學術界研究相關問題提供更好的版本。

《全椒古代典籍叢書》編纂委員會

二〇二〇年六月十二日

目録

洪武正韻序……一
凡例……五
洪武正韻目録……一一
卷一……一三
卷二……四三
卷三……六七
卷四……八七
卷五……一一五
卷六……一二九
卷七……一五三

卷八……一六九
卷九……一九一
卷十……二一七
卷十一……二三五
卷十二……二六九
卷十三……二九五
卷十四……三二一
卷十五……三五五
卷十六……三七五

（明）樂韶鳳　宋濂等　撰

洪武正韻十六卷

明初刻本（卷四至六配明鈔本）

洪武正韻序

臣聞天地位而聖神興卦爻畫而書契作人文既開則三綱五常之道萬物萬事之理莫不著矣故字之製也雖出於人而實天之爲清濁高下輕重疾徐自然之聲也獨體合體點畫縱橫自然之形也合衆字而同其形合衆聲而協其音此韻書所以作也三代而降字體屢更漢許慎說文號爲存古至於音聲則譌舛相仍其來久矣蓋自梁沈約韻譜之作唐禮部韻略之行上以此取士下以此干祿確信尊崇不敢一字輕易有志之士亦俯而就焉間有知其非而慨然思古衆矣然卑而在下雖善弗信遂使韻之學歷千載而

不得其真非當

聖人在位孰能革其非而正其謬哉欽惟

皇上以神聖之資順天應人既戡定海宇以建

一統之基復大修文教以紹哲王之治重念

舊韻雜以吳音而非中華之音遂

命翰林侍講學士臣樂韶鳳臣宋濂等纂集

修定而質正於左御史大夫臣汪廣洋右御

史大夫臣陳寧御史中丞臣劉基書成

賜名曰洪武正韻

萬幾之暇繙閱觀覽以其中尚有未諧協者

乃於洪武十二年秋復

敕中書右丞相臣汪廣洋總裁其事中書舍

人臣朱孟辯臣宋璲臣桂慎翰林典籍臣劉

仲質重加校正補前書之未備而益詳焉凡
聲相諧韻相協皆併而合之一四方之聲而
悉歸於華音之正總一十六卷計八十韻共
若干萬言既奏有
旨命臣沉序之臣愚竊以爲造化之妙有氣而
後有聲聲也者生乎氣者也四方之風氣偏
駁不齊故其人之語言不相爲通華夏者天
地之中陰陽和氣之所會也故形於人聲者
得天地之正蠻夷戎狄之邦重譯而不可解
語之以華夏之音則無不能知信乎中夏之
音天地之正音也
皇上撫臨萬方作之君師治教斯民旣之無一
[illegible]不[illegible]於正[illegible]雖[illegible]韻[illegible]之作不[illegible]於[illegible]

必欲臻於盡善之地其嘉惠天下之心至矣
字畫正而天下之文無不同音韻正而天下
之聲無不同協天人之中和定億兆之心志
不但一洗前代韻學之陋而千萬世得以有
所遵守猗歟盛哉臣遭蒙
聖恩快睹
盛典謹拜手稽首而爲序洪武十二秊冬十
一月二十日翰林待制奉訓大夫臣吳沉
謹序

凡例

一按三衢毛居正云禮部韻略有獨用當併爲通用者平聲如魚之與虞欣之與諄青之與清覃之與咸上聲如語之與麌隱之與軫耿之與拯感之與豏去聲如御之與遇焮之與稕徑之與勁勘之與陷入聲如錫之與昔合之與洽是也有一韻當析而爲二者平聲如麻字韻自奢字以下上聲如馬字韻自寫字以下去聲如禡字韻自藉字以下是也至於諸韻當併者不可槩舉又按昭武黃公紹云禮部舊韻所收有一韻之字而分入數韻不相通者有有數韻之字而混爲一韻不相諧叶者不但如

毛氏所論而已今並遵其說以爲證據其
中有不及者補之其及之而未精者以守
原雅聲正之如以冬鍾入東韻江入陽韻
挑出元字等入先韻翻字殘字等入刪韻
之類

一按七音韻平聲本無上下之分舊韻以平
聲字繁故釐爲二卷蓋因宋景祐間丁度
與司馬光諸儒作集韻始以平聲上下定
爲卷目今不從唯以四聲爲正

一舊韻上平聲二十八韻下平聲二十九韻
平水劉淵始併通用者以省重複上平聲
十五韻下平聲十五韻今通作二十三韻
舊韻上聲五十五韻劉氏三十韻今作二

十三韻舊韻去聲六十韻劉氏三十韻今作二十三韻舊韻入聲三十四韻劉氏一十七韻今作一十一韻蓋舊韻以同一音者妄加分析愈見繁碎今並革之作八十韻庶從簡易也

一舊韻元收九千五百九十字毛晃增二千六百五十五字劉淵增四百三十六字今一依毛晃所載有闕略者以它韻參補之

一天地生人即有聲音四方殊習人人不同鮮有能一之者如吳楚傷於輕浮燕薊失於重濁秦隴去聲爲入梁益平聲似去江東河北取韻尤遠欲知何者爲正聲四方之人皆能通解者斯爲正音也沈約以區

區異音欲一天下之音難矣今並正之

一字畫當以說文爲正俗書承襲之久猝難遽革今偏旁點畫舛錯者並依毛晃正之如支攴毋母殳殳美羡夲本商啇舀臽少屮疋疋曰曰王壬卯夘丿乀冃冃月冃戍戊戍戌之類是也

一翻切之法率用一字相摩上字爲聲下字爲韻聲韻苟叶則無有不通今但取其聲歸於韻母不拘拘泥古也

一唐韻至詳舊韻乃其略者以係禮部所頒爲科試詩賦之用號爲禮部韻略其中所載故未免有重複之患今於字畫同而音義同者去之字畫同而音義異者各見之

字義同而經史所寫不同者就見於本韻之下

洪武正韻目錄

平聲

一東
二支
三微
四齊
五魚
六模
七皆
八灰
九眞
十寒
十一刪
十二先
十三蕭
十四爻
十五歌
十六麻
十七遮
十八陽
十九庚
二十尤
二十一侵
二十二覃

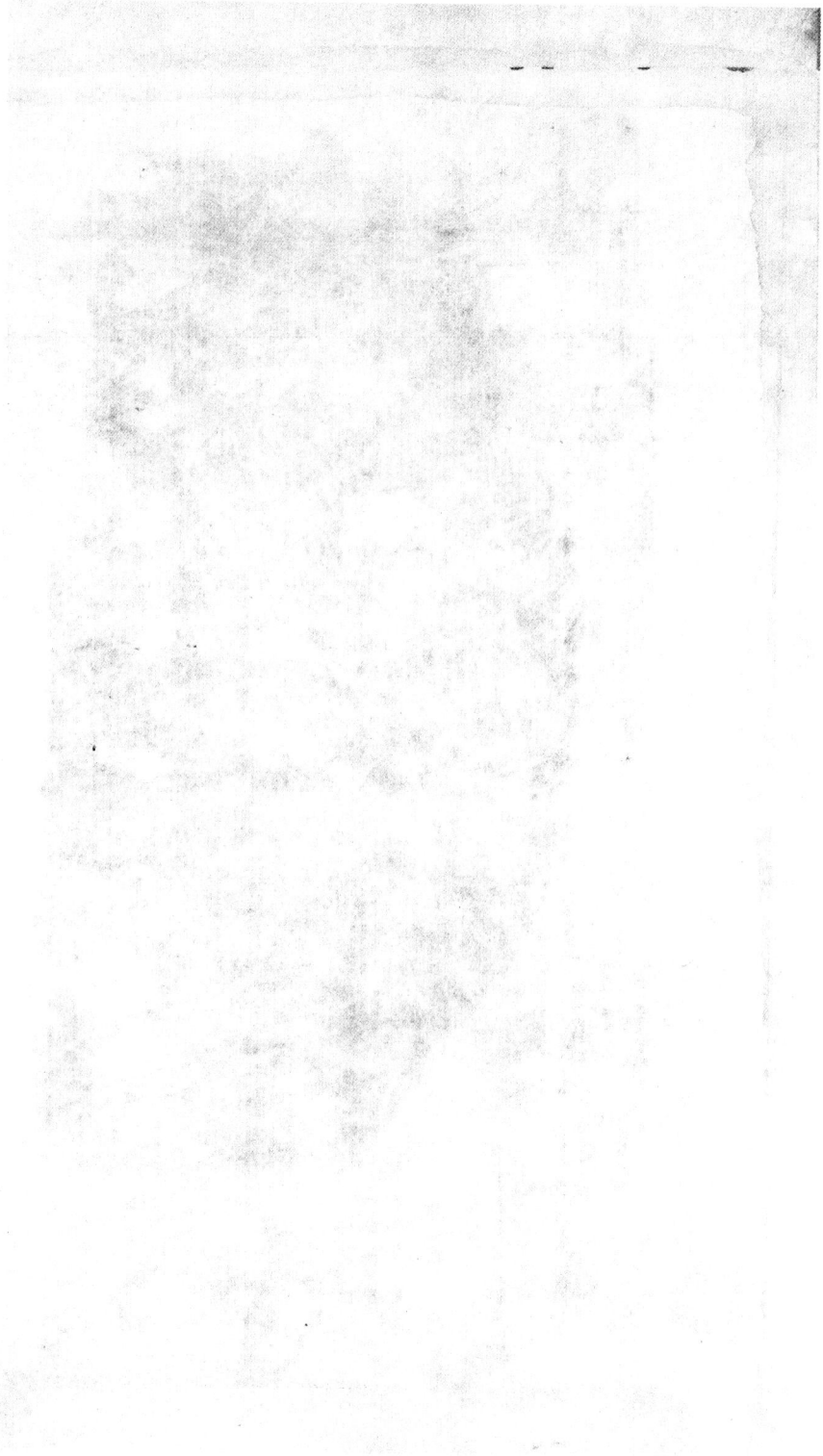

洪武正韻卷第一

平聲

一東

東 德紅切春方也說文動也从日在木中漢志少陽者東方東動也陽氣動於時為春又陽韻俗作東 凍 暴雨離騷云使凍雨兮灑塵郭璞曰江東呼夏月暴雨為凍又水名

出發鳩山入河一曰瀧凍沾漬又音凍 冬 四時之末漢志冬終也物終藏乃可稱樂記冬藏也又姓前燕有司馬冬壽 䨢 雨貌 ○ 通 他紅切達也徹也

侗 大貌一曰未成器又又見下及董韻 恫 痛也又作侗又送韻 俑 同上又偶人也又音勇見董韻 桐 漢安世房中歌桐生茂豫顏師古曰桐讀為通言草木皆

通達而生與通義同又見下 蓪 藥草有小孔通氣 ○ 同 徒紅切齊也共也合也通也道書作仝唐有盧仝 仝 从人从工[illegible]工不同仝音[illegible]

童 奴也又目瞳子漢書舜蓋重瞳子又十五以下謂之童子童獨也言未[illegible]注山無草木曰童爾雅宛童說文蔦也詩注爲即宛童寄生草也又[illegible]大童地名[illegible]公書

羊春私 僮 未冠者通作童又頑也癡也僮僕也[illegible]僮僕凡字異義同者不可雙押如桐生之桐與通達之通[illegible]

類是也若字雖相通而別有異義各自據義分押不爲重疊如偶人俑與恫瘝之恫宛童之童與僮僕之僮竦恭之僮之類是也然[illegible]

曈 日出又曈曨日欲明貌又上聲 朣 月出又朣朧月欲明貌 瞳 目瞳子史記舜目重瞳亦[illegible]童又音充未有知貌見莊子[illegible] 䴀 說文[illegible]

亦作空同司馬彪注莊子云當北斗下山也漢武踰隴登空同列子作空桐爾雅北戴斗極為空桐一曰在梁國虞城東三十里又送韻 [illegible]木名又[illegible]

名又見上 橦 木名下[illegible] 送二韻篆文[illegible]作糸 罿 [illegible]網爾雅罬謂之罦罦謂之罿罿謂之[illegible]覆謂之[illegible]

作亣名誤 **筒** 竹名又送韻 **篸** [illegible]竹冝韻 **[illegible]** [illegible]穜後熟本作種陸德明曰說文[illegible]作[illegible]是重邊作童是種蓺字今人亂之已久㽞風作[illegible]

送二韻 **種** 同上又見下及董送二韻 **重** [illegible]及[illegible]下内 **潼** 水名出廣漢梓潼北界南入[illegible]江又州名潼川府本唐梓潼郡又[illegible]名又音衝 **銅** [illegible]

一曰鱧也大曰鱧小曰鯇又董有二韻 **橦** 牛無角[illegible]易童牛之牿 **䍶** 羊無角亦作童詩俾出童羖 **酮** 馬酪一曰酮也[illegible]韻 **挏** 引也漢有挏馬

官作酒又董韻 **氃** 氋氃毛散貌 **詷** 共也又董送二韻 **[illegible]** 繫船杙又去聲 **艟** 艨艟戰船又見下又音撞 **彤** [illegible]亦也丹飾也又姓 **[illegible]** [illegible]

𢥞 憂也 **鼕** 鼓聲 **浵** 汪浵水深 ○ **籠** 盧紅切又東籠與[illegible]瀧[illegible]沾濕貌又見一董韻曰養鳥籠又籠竹名 **櫳** 養獸檻也

[illegible] 房室之疏通作櫳 **𥢜** 穧也一曰禾病也 **聾** 耳病 **嚨** 喉也肮也 **曨** [illegible]貌又曈曨曰[illegible]又音朧 **朧** 欲明貌 [illegible]

襱 袴也 **豅** 大谷 **瓏** 玲瓏玉聲一曰明貌 **礱** 磨也又去聲 **龐** 充實也詩四牡龐龐又陽韻 **蘢** 蘢古草名又蒙蘢蔽覆貌漢鼂錯傳屮木蒙蘢

谾 山深貌相如賦深山谾谾 **瀧** 瀧涷沾漬說文雨瀧瀧又陽韻 **[illegible]** [illegible]餅 ○ **蓬** 蒲紅切草名山名又盛貌詩其葉蓬蓬凡从艸者今作廾 **芃** 草盛

貌 **篷** 編竹覆舟車 **韸** 韸韸鼓聲見埤蒼亦作逢 **逢** 詩鼉鼓逢逢又見下及陽韻 **髼** 髼鬆髮亂 **菶** 菶菶茂貌又董韻 **[illegible]** [illegible]也[illegible]風起

彭 行也道也盛也鼓聲又姓又地名詩清人在彭注衞之河上鄭之郊也又陽韻舊作蒲庚切 **騯** 馬盛舊作蒲庚切 **輣** 兵車又樓車[illegible]紀衝輣臨城舊作蒲庚[illegible]又

切 **趽** 曲脛馬凡脛曲皆曰趽舊作蒲庚切 **棚** 棧也舊作蒲庚切 **榜** 所以輔弓弩又捶擊也漢書榜笞數千亦作榜又陽韻本作𣘍舊作蒲庚[illegible] **榜** 又陽

漛二韻舊作蒲庚切 **搒** 同上後漢陳寵疏斷獄者急於搒格酷烈之痛廣韻籠也 **掤** 箭房蓋也以手覆矢曰掤詩抑釋掤[illegible]舊作[illegible]切 [illegible]

注兩貝曰朋朋直二百一十六又兩尊曰朋詩朋酒斯饗說文古鳳字鳳飛羣鳥從以萬數故皆以為朋黨字字本作𦎧象鳳飛之形[illegible]變作朋非月非肉非月故斜書之又焦朋[illegible]名見司[illegible]

馬相如傳舊作薄登切

鵬鷌鵬舊同上切

堋射埒舊作薄登切

○**蒙**莫紅切覆也奄也冒也又姓草名封名山名又承也又爾雅太歲在乙曰旃蒙又欺也左傳昭元年又使圍蒙其先君又逢蒙人名荀子作逢門又陽韻

冡覆也冒也通作蒙

幪覆巾盖衣也亦作幏又董韻

幏同上又去聲

髳草木叢茸貌爾雅覭髳茀離也郭璞謂草木之蒙茸翳薈也又見尤韻

濛空濛細雨又董韻

雺爾雅天氣下地不應曰雺亦作霿又尤送宥三韻

霿同上又送宥二韻

曚日未明又上聲

朦月將入也

朦大也揚雄方言自關而西凡大貌謂之朦

艨舟名又送韻

矇目有童子而無見禮記昭然若發矇矣

饛盛器滿貌詩有饛簋飧

罞爾雅麋罟謂之罞郭璞曰冒其頭也又爻韻

懵懵懵無知貌又見董送二韻

夢爾雅夢夢亂也又天夢夢壽夢吳子名雲夢澤名周禮作雲瞢又送韻高帝僞遊雲夢韋昭曰在南郡華容師古曰讀如本字舊眉庚切

瞢雲瞢澤名職方氏音忙貢切案左傳漢書夢字有二音則瞢字亦宜通用又目不明也又見送字韻舊眉庚切

懜慙也國語君使臣懜又惛也又見送字韻上从艹音寡作廾誤

盲目無童子又漾韻舊眉庚切

杗杗廇梁也韓愈進學解大木爲杗又陽韻舊眉庚切

蝱蟲名亦作虻舊眉庚切

虻莊子蚊虻噆膚舊作眉庚切

莔貝母草療蛇虺毒亦作蝱詩言采其蝱舊作眉庚切

甍屋棟上从艹監本从廾誤舊作謨耕切

萌草芽周禮注筍竹萌也亦作明又與甿同劉向傳民萌何以戒勉注萌與甿同無知之貌酷吏傳注萌避於吏舊作謨庚切

明漢地理志廣漢郡有葭明縣師古曰明音萌今利州也又陽庚二韻舊作謨耕切

氓民也亦作萌甿舊作謨耕切

甿說文田民也周禮注甿猶懵懵無知貌舊作謨耕切

儚儚儚昏也舊作眉登切

○**悤**倉紅切遽也从囪从心俗作怱忩

囪竈突見廣韻俗借爲悤遽字作匆凡从囪者皆然又見陽韻

忩王愔文志忩忩不暇草書晉衛常傳張伯英忩忩不暇書

蔥淺青色又葷菜漢書氣佳哉鬱鬱蔥蔥然

䡯載囚車又董韻

聰能聽耳力也耳徹也漢書作聦俗作聡

㢔屋階中會又見董韻

璁石似玉

驄馬青白色

樅崇牙也詩虡業維樅注隆起貌又木名爾雅樅松葉柏身□子松柏□□□知堂密之有美樅說文柏葉松身又見下

鏦[illegible]

史記欲鏦加以矛方言戟謂之鏦又見陽韻 從從容□□□□音從容以讀又陽董送三韻 蓯本草蓯蓉藥□又龍蓯花名又董韻 ○宗祖□也衆也本

也又姓漢書注顏師古曰祖始也始受命也宗尊也有德可宗也又流派所出為宗古有大宗小宗又法也論語亦可宗也又繼也主也又 㚇鳥飛斂足作猣又送韻 猣同上

又鳥飛竦翼又董送二韻 騣馬鬣 鬉髮亂 豵六月豚爾雅豕生三日豵又周禮夏官注一歲為豵 猣犬生三子 椶木名 稯布八十縷又十筥曰

稯又董韻 緵江南呼緵罟為百囊網詩九罭傳緵罟小魚網也又送韻 總絲數亦作緫又與緵同又見董送二韻 揔同上又董送二韻 嵏九嵏山名又峯

聚之山曰嵏校獵賦虎路三嵏晉灼曰路音落服虔曰以竹虎落此山也師古曰三嵏三峯聚之山也 嵸龍嵸山貌又董韻 𨍉車輪 鬷釜屬又數也詩越以鬷邁

又姓左傳鄭大夫鬷明又董韻从鬲俗作鬷 艐船著沙不行又三艐國名又泰韻 朡同上書遂伐三朡又泰韻 葼細枝 ○縱將容切直也亦作從

又董送二韻 蹤跡也揚雄賦躡三皇之高蹤亦作從詩羔羊注行可從迹音與蹤同 樅木名 ○叢徂紅切聚也从丵从取丵音浞草叢生貌上从四直畫兩

長兩短誤从艸 𦾦東方朔傳𦾦珍怪師古曰古叢字 藂草叢生貌亦作藂誤从艸 藂同上詩葛覃注灌木曰藂音叢後人誤作菆音子外切或本作最顏之推曰二

音二字皆非也 䉘取魚器 潨水會又小水入大水又之中切詩鳧鷖在潨鄭箋水外之高者 賨戎稅說文南蠻賦也又云㟅南郡蠻人賨布也魏晉時□人輸

布戶一匹謂之賨 悰樂也慮也 琮瑞玉八寸形似車釭周禮以黃琮禮地鄭氏注琮八方象地之形 慒慮也又尤韻 淙水聲又陽漾韻 訟爭獄

見廣韻一曰爭罪曰獄爭財曰訟又送韻按詩何以速我訟有兩音易訟卦音去聲易注云反爭也言之於公也然則訟字从言从公蓋會意也且諧公字聲則本是平聲定以詩協從字韻

易獨音去聲未為允當合依詩音於二韻通用 ○從牆容切就也順也左傳注言順曰從亦作从 ○洪胡公切大也亦姓共工氏之後本姓共後改為洪方

言石阻河流為洪 洚水不遵道又陽送漾韻 紅淺赤色又姓古洪切女工也蓋本音工今假借為青紅字 葒水草馬蓼也一曰龍古草 𧮫□□ 谼

大壑也莊孔子觀呂梁縣水三十仞流沫四十里今謂呂梁洪陳詩快瀉雙石洪 **鴻** 大曰鴻小曰鴈又大也又董韻 **虹** 蝃蝀漢志作虹詩實虹小子與訌同又陽漾送三韻

訌 讀也亂也詩蟊賊內訌又陽韻 **澒** 潰澒水沸湧也 **鉷** 弩牙又唐有王鉷 **硡** 石隕聲也 **⿰風宏** 大風 **橫** 縱橫之對亦作衡又與黌同漢鮑德

傳修起橫舍又送韻舊胡盲切 **衡** 詩衡從其畝史記合從連衡漢書音義以利合為從以威勢相脅為衡毛居正曰此說非也以六攻一為從以一離六為衡物之衡直相當亦然故

從曰合衡曰連舊作胡盲切 **黌** 學舍亦作橫舊作胡盲切 **璜** 王名半璧太公釣得璜有兩音韓愈城南聯句云鵝肪截佩璜作橫音押又陽韻舊作胡盲切 **瑝** 玉聲

又陽韻舊作胡盲切 **彋** 彋彋弓聲舊作胡盲切 **喤** 喤喤泣聲又陽韻舊作胡盲切 **鍠** 鍾聲舊作胡盲切 **鐄** 大鐘舊作胡盲切 **宖** 大也廣也亦作

閎舊作乎萌切 **閎** 揚雄賦閎言崇議韓文閎其中而肆其外又巷門爾雅衖門謂之閎又曰所以止扉謂之閎郭璞曰閎衖頭門左傳盟諸僖閎是也又曰閎門辟旁長橛左傳高其

閈閎長杙即門橛也閎雖與宏通如用宏大及門閎義異合重押舊作乎萌切 **紘** 冠卷杜預曰纓從下而上者淮南子九州之外乃有八寅八寅之外乃有八紘舊作乎萌切

翃 翃翃飛貌舊作乎萌切 **竑** 量度也考工記故竑其輻舊作乎萌切 **鈜** 鏗鈜鐘聲舊作乎萌切 **嶸** 崢嶸山峻貌亦作峵嶝舊作乎萌切 **峵** 同上

嵤 同上 **谹** 谷中響又大聲揚雄隱隱谹谹亦作谹舊作乎萌切 **谹** 相如傳崇論谹議深也舊作乎萌切 **宖** 玉篇安也說文屋響舊作乎萌切 **弘** 宏大

又大之也論語人能弘道又姓舊作胡肱切 **鞃** 車軾中靶亦作⿰車厷⿰車厷舊作胡肱切 **⿰車弘** 同上 **⿰車厷** 同上 **⿰革厷** 同上 **弘** 藤弘胡麻舊作胡肱切 ○

烘 呼洪切烘燎火乾也又送韻 **鍧** 鏗鍧鐘聲相雜舊作呼宏切 **訇** 訇訇大聲韓愈華山女詩訇然振動如雷霆舊作呼宏切 **輷** 羣車之聲亦作轟舊作呼

宏切 **輷** 韓愈讀東方朔雜事詩輷轅掉狂車同上 **渹** 水石聲又大也舊作呼宏切 **薨** 顚壞聲諸侯死曰薨又蟲飛薨薨詩斯羽薨薨兮爾雅薨薨瘵也上从宀監

从廾誤舊作呼肱切 **⿱𦭝翁** 𦒅𦒅飛貌亦作薨舊作呼肱切 ○ **空** 苦紅切虛也又董送二韻 **崆** [illegible] **椌** [illegible]

陽韻 **倥** 無知揚子倥侗顓蒙又董送二韻 **箜** 箜篌樂器 **崆** 崆峒山見峒字下 **埪** 埪心草也 ○ **穹** 丘弓切高也[illegible]顥穹注謂天也顥言

氣顥汗穹言天穹隆也 **芎** 香草說文作营左傳作鞠 **鞠** 左傳有山鞠窮乎又屋韻 **銎** 斧穿也又銎銎擊貌 **蛩** 車弓 ○ **公** 古紅切說文从八厶

厶八背意也背私爲公韓非曰自營爲厶背厶爲公毛曰公有三公之公有五等之公有公私之公有公家之公有家公之公列子曰家公執席謂家長也凡相呼尊稱亦曰公賈誼曰此六

七公又婦謂舅亦曰公賈誼曰與公併居侯王冊曰家公欲與君結交則子謂父亦曰家公方言凡尊老周晉秦隴謂之公又大事曰公詩王公伊濯又與功同詩以奏膚公又姓晉有

成公綏又諸容切爾雅婦謂夫之兄爲兄公 **功** 說文以勞定國曰功禮喪有大功小功謂之功者謂治布之功有精粗也本作紅 **紅** 女工紡績織紝功力之謂也史記漢

書大紅小紅董仲舒策又奪園夫紅女利虖景帝紀錦繡纂組害女紅哀紀害女紅之物 **工** 官也事任也善巧也匠也功力也 **攻** 治也擊也作也伐也又姑宗切習也毛曰

二部通用凡字同義同而有兩音通用者不問經史有音無音皆可通經押其餘一類者亦合准此用之今此字併入一韻一音後更不重出工刈 **釭** 車轂中鐵又燈也又

陽韻 **玒** 王名又陽韻 **蚣** 蜈蚣又職容切蚣蝑蟲名 **弓** 弧也舊作居中切 **躬** 身屈爲躬躬主象人鞠躬形又親也恭也說文作躳 **躳** 从身从呂呂古

脊字象脊骨之形 **宮** 爾雅宮謂之室又云大山宮郭璞曰宮謂圍繞之也禮記君爲廬宮之是也又音名漢志宮中也居中央暢四方唱始施生爲四聲綱又曰宮爲土爲信爲思

爲君黿錯傳䖏于法宮之中如淳曰法宮路寢正殿也上从宀宀音綿深屋也下从呂呂脊也脊在身中故从呂 **恭** 祗也說文本作恭亦作共龔又姓晉申生之後 **共** 同上

左傳不道不共杜預注貌正曰共又君令臣共正考父三命茲益共論語舜共己正南面漢書霍光輔政上共己正南面師古曰共讀曰恭又法也詩受小共大共毛音恭鄭音拱又與供同

見周禮詩匪其止共孟子共爲子職而已矣谷永傳惟正之共又共工古諸侯名官名共城縣名又謚法又董送御三韻 **供** 設也給也通作共亦作龔又送韻 **龔** 給也說文

殼也與共同又姓 **觥** 酒器以角爲之受七升罰失禮者亦作觵詩我姑酌彼兕觥毛傳兕觥角爵鄭箋罰爵毛居正曰據詩之義酌兕觥以勞臣下之勤勞者則觥非罰爵也然古

人罰失禮用觵以所受升數多欲示恥故用之耳舊作姑橫切 觵 周禮觵其不敬者 肱 臂幹亦作厷舊作古薨切 厷 王莽傳德元厷 ○ 翁 烏紅切老

稱方言周晉秦隴謂父曰翁顏師古曰翁猶父也漢高祖荅項羽曰吾翁即若翁又鳥頸毛又姓俗作翁又董韻 ⿰翁頁 頸毛本作翁爾雅鶲翁後人加頁頁音頡下从人與貝字不同

郊祀志鶲翁雜五采文又鴈頸也 螉 蠮螉細腰蜂 泓 水深貌又地名春秋戰于泓舊本作烏宏切 ○ 風 方中切天地之使也大塊之噫氣王者之聲教

也佚也告也又姓太昊之後又扶風郡名也又屛風形如扆也又晃送韻 飌 同上周禮飌師 楓 木名脂香景福殿槐楓被宸又山海經其脂入地千年爲虎魄 豐 大也

多盛也登也又姓又酒器地名卦名 酆 地名國名左傳畢原酆郇又曰康有酆宮之朝杜預曰在始平酆縣東說文酆文王所都書作豐偏旁从邑今皆作阝 灃 水出扶風

蘴 蕪菁 䴶 熬麥周禮䴶蕡荀子取其將若發䴶又送韻 丯 滿也詩子之丯兮毛傳丯之爲言面貌豐滿也又丯茸美好貌方言作妦篆文作丯今作丰凡豐夆邦从

丯與丯字不同丯从彡从丨音害說文相遮要害也凡耕耒憲害皆从丯監本作丯誤 夆 牾也爾雅夆曳也注謂牽拕 鋒 刃鍼芒荀子嘗試之說鋒起注如鋒刃齊起銳而難

犯也亦作鏠 鏠 漢東方朔傳變詐鏠出郊祀志云泰一鏠旗 烽 烽燧漢書注文穎曰邊方備寇作高土櫓櫓上作桔皋頭兜零以薪草置其中常低之有寇即火燃舉之

以相告曰烽又多積薪寇至即燃之以望其煙曰燧顏師古書則燔燧夜則舉烽亦作⿱夆火逢二字 ⿱夆火 同上相如游獵賦起⿱夆火燧 逢 相如封禪書大漢之德逢涌原泉師古曰

逢讀曰⿱夆火言如⿱夆火火之升又見下及陽韻 峯 山峯亦作峰 蠭 說文螫人飛蟲左傳蠭蠆有毒亦作蜂蠭又與鋒同趙廣漢傳彊壯蠭氣 蜂 詩莫予荓蜂 蠭

漢中山靖王傳讒言之徒蠭生師古曰蠭生言衆多也一曰與蜂同 桻 木末 封 大也厚也又姓又聚土也堹也培也封建也國名古作圭說文丱木妄生也大戴禮五十里爲

封又牛名漢西域傳罽賓國出封牛大月氏國出一封橐駝師古曰脊上有一封也封言其隆高若封土也今俗呼爲封牛又緘也又見送霰二韻 葑 菜名詩采葑采菲注蔓菁

也又送韻 犎 牛名一曰橐駝漢順帝時疏勒王來獻犎牛入[illegible]亦作封 崶 山名一名龍門山太魚上化龍 ○ 馮 符中切姓也[illegible]庚韻 渢 水聲又[illegible]

諫韻 **沉** 浮也漢司馬相如傳汎淫氾濫又諫韻 **[illegible]** 木得風貌又諫韻 **逢** 遇也迎也值也太[illegible]六年[illegible]陳逢關龍逢或音如逄又見上及陽韻 **縫** 衣會也紩

也縫掖大衣亦作逢荀子其衣逢又曰逢衣淺帶注逢掖大衣也與縫同又送韻 **摓** 紩也與縫同莊子摓衣淺帶音義云本又作縫 ○ **松** 息中切木名江名說文亦

作窠 **淞** 江名 **凇** 凍也 **菘** 菜名 **崧** 山大而高通作嵩 **鴧** 似鷹而小能捕雀也 **憽** 惺憽了慧 **鬆** 鬅鬆髮亂貌本韻思容切音雖微異而義

不殊又通韻不可雙押故去之又送韻 **娀** 國名有娀氏高辛妃生契 **嵩** 山高也又中嶽詩作崧 ○ **充** 昌中切美也滿也實之也 **㤝** 心動 **珫**

瑱玉通作充詩充耳琇瑩 **忡** 憂也 **沖** 深也虛也老子大盈若沖書作冲又飛也又持中切 **冲** 同上又聲詩鑿冰冲冲从仌 **种** 稚也又姓亦通作冲又持中切

翀 直上飛通作沖又持中切 **茺** 茺蔚草也 **衝** 當也向也突也通道也又與䡴同詩與爾臨衝本作衝 **衝** 突也相如賦批巖衝擁又戰車後漢伏湛傳引詩作

臨衝注曰臨臨車衝衝車 **罿** 鳥網又見上 **憧** 不絕貌易憧憧往來又漾韻 **䡴** 戰車亦作衝衝又漾韻 **艟** 舟名又見上又音撞 **𥎊** 矛也 **蹱**

躘蹱行貌 **[illegible]** 馬不行又御韻 **傭** 均也直也齊等也詩昊天不傭注均也又見下 ○ **中** 陟隆切極也成也宜也堪也任也列子得亦中亡亦中注半也又滿也漢

制中二千石謂滿二千石也又中央蓋四方之中也又內也又送韻 **衷** 方寸所蘊也誠也善也正也適也中也裏也折衷斷其中也又送韻 **忠** 內盡其心而不欺也 **終**

極也窮也死也畢也春秋無終山戎國名 **螽** 詩注螽斯蚣蝑也陸璣疏曰蝗類也釋文云一名斯螽蘇轍曰螽斯一生八十一子或曰九十九子子名阜螽又名蠜 **衆** 多也

又姓从自从乑三人爲乑乑音吟衆立貌又送韻 **[illegible]** 久陰小雨 **鍾** 說文當也又酒器又量名左傳釜十則鍾六斛四斗曰鍾小爾雅二釜謂之鍾注八斛也亦作鐘漢書穀

糴千鍾又姓又聚也左氏傳天鍾美於是晉書情之所鍾又龍鍾老病貌 **鐘** 說文樂器漢志金曰鐘又律名漢志黃鐘鐘種也周禮皆作鍾詩鍾鼓亦作鐘古字通用義異者自可分

押 **忪** 心動也驚也惶遽也 **彸** 征彸遽行 **橦** 字樣云彸音同今借爲木橦字又陽韻 ○ **戎** 而中切兵也助也又姓又西夷名爾雅相也郭璞曰佐助

也詩烝也無戎又纘戎祖考念玆戎功毛傳大也鄭箋戎猶汝也方言宋魯陳衛之間謂大曰戎又庚韻**茙**茙茙厚貌又茙葵爾雅菺戎葵**䘬**衣厚詩何彼襛矣韓詩作茙又音農

駥馬八尺**狨**禺屬毛可爲布**㧓**相助也通作戎又董韻**絨**細布**茸**草生貌又董韻**毧**毲毧罽也**𥎊**𥎊𥎊矛也**鱅**魚名似鱅而頭大**慵**嬾也**𥨍**窳窲器病

○**蟲**持中切有足曰蟲無足曰豸俗作虫又送韻**爞**旱灼爾雅爞爞薰也郭璞曰旱熱薰人詩作蟲蟲又音彤

重複也疊也又禾名亦作種種又本韻及見送韻**穜**禾先種後熟詩作重又本韻董送韻**種**同上又本韻董送韻**蝩**夏蠶周禮謂之原蠶**盅**器虛也

崇說文嵬高也聚也充也就也又國名古作崈**漴**水聲又漾韻

○**龍**盧容切鱗蟲之長爾雅馬高八尺爲龍又通也和也詩何天之龍我龍受之毛如字鄭讀作寵左傳董父擾龍事舜賜氏曰豢龍劉累學擾龍事孔甲賜氏曰御龍句龍爲后土氏曰句龍御音迓句音鉤又陽董二韻**瓏**圭爲龍文**隆**盛也豐也大也穹隆豐隆玉篇云高也說文作隆又宋州名**癃**病也老也罷病也亦作癃**鼕**鼓聲又盧宗切**窿**穹窿天勢本作隆**霳**豐霳雷師本作豐隆楚辭淮南子相如賦皆作豐隆**䃧**硿䃧石聲又盧宗切

○**融**以中切和也明也炊氣上出也方言宋衛荊吳之間謂長曰融又祝融俗作融**瀜**中瀜水深**彤**祭之明日又祭之名爾雅商曰彤周曰繹夏曰復胙本从舟今作月又侵韻**烿**火氣也**容**容儀又盛也受也包函也亦作頌**頌**漢惠帝紀有罪當盜者皆頌繫顔師古曰古者頌與容同刑法志注頌謂寬容之不桎梏也又魯徐生善爲頌蘇林曰漢舊儀有二郎爲頌貌威儀又送韻从公从頁本頌貌字取其形容盛德因借爲歌頌字**溶**水貌又董韻

蓉芙蓉生於水者即荷華也古詩涉江採芙蓉生於木者亦名拒霜楚辭搴芙蓉兮木末又蓯蓉藥名也**庸**用也常也周禮民功曰庸爾雅庸勞也又雇也唐有租庸調庸人之力歲二十日閏月加二日不役者日爲絹三尺謂之庸屈原懷沙賦誹疑俊桀兮固庸態也王逸注庸廝賤之人也又城也詩以作爾庸**墉**城也垣也牆也亦作庸庸墉義異者分押

鎔銷也鑄也說文鑄器法也董仲舒傳猶金在鎔注鎔謂鑄器之模範**鄘**國名紂都朝歌東衛南鄘北邶**鏞**大鐘書笙鏞以閒詩賁鼓維鏞**䡥**車行貌

瑢瑽瑢佩玉行聲 傭役賃又見上 戭兵器戭戟也 榮華也茂也爾雅木謂之華草謂之榮又姓又屋廡曰榮記鄉飲酒義洗當東榮注榮屋翼也舊作
于平切 蠑蜥蜴城南聯句蜿垣亂蛷蠑舊作于平切 營湛酒班固敘景十三王傳曰中山淫營合韻音榮又送韻 縈繞也舊作娟營切 藀草旋繞貌舊作
娟營切 ○顒魚容切顒顒君德也仰也大頭也 喁噞喁魚口上見貌司馬相如傳延頸舉踵喁喁然歸曰喁喁衆口向上也又相應和聲莊子後者唱喁又魚古
有二韻 禺番禺地名今廣州縣又魚御二韻 ○窮渠宮切極也竟也究也塞也有窮國名說文作竆 藭芎藭葉似江離根曰芎藭苗曰蘼蕪說文作䓖
相如賦作穹窮 蛩蛩蛩巨虛獸名一曰秦謂蟬蛻曰蛩 邛地名又勞也病也詩維王之邛與俯卬之邛不同邛从工从邑卬从匕从節 筇竹名 [illegible]蕡莢實
蛬蟋蟀亦名蜻蛚通作蛩又董韻 舼南楚船小而深謂之舼 桏稍也 瓊赤玉亦作璚瓗舊作渠營切 璚瓗並同上 藑廣韻藑茅
草也韓愈城南聯句參差席香藑舊作渠營切 煢回疾又飛疾一曰獨也無依也舊作渠營切 惸憂也無弟兄也亦作煢嬛舊作渠營切 嬛同上又好也又先韻
嬛同上又好也又先韻 睘目驚視舊作渠營切 ○農奴宗切炎帝神農又耕田之甿漢志闢土殖穀曰農又厲山氏有子曰農能殖百穀後世因名耕田甿爲
農又厚也書農用八政又種也左傳其庶人力於農穡杜預曰種曰農斂曰穡 儂吳人謂我爲儂韓愈瀧吏詩牙眼怖殺儂 䨁露多也 濃濃濃厚貌詩零露濃濃音
奴同切又尼容切厚也濃淡之對 醲厚酒又與濃同馬援傳明主醲於用賞 穠華木稠多貌 襛衣厚貌詩何彼襛矣 ○舂書容切擣也黃帝臣
雍父作舂 摏揰也亦作舂 惷愚也又陽送漾三韻 踳蹋也 䮵驁馬 䳨鸀䳨鳥名布穀也 ○胷許容切膺也亦作匈胷 匈
荀子匈中相如賦其於匈中曾不蔕芥朱邑傳匈臆約結又匈奴北夷名又匈匈喧擾之意漢高紀天下匈匈勞苦又匈匈讙譊之聲荀子君子不爲小人之匈匈而易其行漢書無音荀子
有平去兩音宜從通用又董送二韻 凶說文凶象地穿交陷其中不吉也禍也通作兇 兇惡暴又擾恐或作恟又董韻 詾訟也衆語也亦作訩匈呴又見董韻

詾同上又撫 恟同上又董 跫人行聲莊子足音跫 兄長也男子先生爲 ○ 邕於
也又董韻 送二韻 然又巨恭切又董韻 兄舊作呼榮切 容
切說文四方有水自邕 嗈鳥聲亦作噰爾雅噰噰音 雍和也書黎民於變時雍亦作邕晉
成池者是也又和也 聲和也通作邕詩作雝 灘虞閭門邕穆又雍奴縣在幽州
水經四方有水曰雍不流曰奴辟雍學名爾 雝詩雝雝喈喈又和也詩雝雝在宮有來雝雝
雅太歲在戊曰著雍篆作雝又董送二韻 周頌雝篇包咸注論語作雍又澤也詩于彼
西雝又雝渠鳥 灉水名爾雅水自河出爲灉亦 維周禮職方氏兗州其浸盧維釋文 廱
名又董送二韻 作澭滗周禮作維又送韻 盧音雷維於恭切又徽送二韻
辟廱學名說文作辟廱爾雅廱廱和也通作雝雍天子辟廱詩箋辟廱者築土雝水之外圓如
璧四方來觀者均辟雍與廱邕穆與雍類雖雙押如蔡邕特雍辟廱之類不妨分押
饔孰食詩作 壅塞也障也揭也鷄 灉灉齋俗 甕汲水餠古作甕前漢西域傳烏弋國
饔又送韻 壅也又董韻 作灉 有大鳥卵如甕顏師古音平聲又送
韻 蹇見廣韻 ○ 雄胡容切飛曰雌雄走曰牝 熊獸似豕又 ○ 絣補蒙切布名也
又送韻 牡借爲英雄字又以中切 以中切 人以繩直物古
作幽舊作 怦使也書怦來以圖亦作抨 抨 拼並同 崩山壞也禮注蹶自上墜下曰崩
補耕切 拼又音怦舊作補耕切 上 王者死如天墜地以其尊在民
上如崩舊 繃束小兒衣漢書襁褓孟康曰即今之小兒 帡幄也又盖也揚子冥屋爲帡幪
作補登切 繃又包束也墨子葛以繃束舊作補耕切 在旁曰帡在上曰幪舊作補耕切
旁雱雱彊貌詩駟介旁旁又陽 傍傍傍不得已貌詩王事傍 弸弓彊貌又音冰 祊廟
樣二韻古作旁舊作補耕切 傍又陽漾韻舊作補耕切 舊作補耕切 門
傍祭先祖所以彷徨也禮記設祭于堂爲祊乎外鄭康成曰祊祭明日之繹 ○ 扃涓熒切
祭也謂之祊者於廟門之旁因名焉亦作閍彭禜又邑名又陽韻舊作補耕切 外閉之
關又車上兵闌左傳楚人脫扃又鼎鉉周禮廟門容 鼏从冂音冋與質韻鼏字不同鼎从冂
大扃七箇古作鼏又三迴切明察也舊作涓熒切 音覓舊本於質韻鼏字下注云木貫
鼎誤舊作 坰林外謂之坰亦作 冋同上古亦作冂又作冂象 駉牧馬又馬腹幹肥張貌
涓熒切 同舊作涓熒切 鉉形今作坰象國邑也 詩駉駉牡馬舊作涓熒

切絅急引也又董韻舊作涓熒切○烹普蒙切煮也亦作亨俗作烹舊作普庚切亨同上易大亨以養聖賢古作亨後人加四點磅擊石聲又陽韻舊作普庚切怦心急也又中直貌舊作披耕切拼使也詩莫予拼蜂陸德明曰字又作迸音同又庚韻舊作披耕切迸同上又庚送二韻抨彈也舊作披耕切軯車馬聲舊作披耕切砰砯砰石聲列子砰然聞之如雷霆之聲廣韻砰磤如雷之聲舊作披耕切閛閛門扉聲揚子閛之閛然俗本作闛然誤舊作披耕切

二支

支旨而切度也持也出也纖支鮮支縞也析支月支戎國名又姓又支離披貌玉篇載充也又離支自異又本支詩本支百世揚雄傳支葉扶疏又荔支漢書南海獻荔支竝作枝又四支孟子惰其四支漢書武紀民猶支體亦作枝肢胑又支梧亦作枝榰搘又黃支木名實黃可染一名鮮支子虛賦鮮支黃蘗師古曰即今支子木也一名薝蔔薝音瞻一名林蘭亦作卮梔古唯支字通用後人加偏旁以別之支枝肢卮梔義異者不妨重押篆文作攴今作支乃篆文支字从十从又今以丈代支而以支代攴俗多作攴誤攴音普卜切又翅移切令支縣名枝枝柯左傳引詩本枝百世又四枝又荔枝枝梧通作支枝與枝不同枝音枝从攴攴與攵同肢體肢胑同上荀子如四胑之從心卮酒器亦作卮觗觶漢書注應劭曰飲酒禮器古以角作受四升古字作觗師古曰飲酒圜器也今尚有之又黃卮漢書千畝卮茜與卮字不同卮五果切木節也卮漢紀高祖奉玉卮爲太上皇壽建本作卮非梔杜甫有梔子詩觗又齊韻觶同上又寘韻廣韻本音寘今作奉觶字氏月氏西域國名漢王恢傳作月支又閼氏單于后閼音煙又子盈切狋氏縣名又寘韻榰柱砥爾雅榰柱也郭璞曰相榰柱也柱音注搘搘梧亦作榰枝支禔安福又常支切又齊韻从示示音祈俗作礻衹適所以之辭詩祇自疷兮亦作祗祇祇衹又見下祇同上詩祇攪我心又恭也又見下衹同上漢竇嬰傳衹加對師古曰字从衣衹同上司馬遷傳衹取辱耳衹

同上鄒陽傳秖結然而不見德 **秖** 禾始熟見玉篇 **砥** 石細於礪見廣韻亦作厎又紙韻 **厎** 漢梅福傳爵祿天下之厎石師古有平去二音又紙寘二韻 **跂** 莊子踶跂爲義李云用心爲義貌崔音枝郭音綺又翹移切又音起又齊韻 **鳷** 鳥名漢武鳷鵲觀 **胝** 皮厚也胼也俗作胝亦作䟡又張尼切 **䟡** 孟子注禹稷胼䟡音張尼切又寘韻 **脂** 說文戴角者脂無角者膏 **之** 適也往也至也語助也 **芝** 說文瑞草按篆文芝與㞢同象芝草之形後世加艸以別之也一曰反止爲㞢故之往也借爲芝草字王充論衡芝生於土土氣和故芝草生古瑞命記王者德仁則芝草生文選煌煌靈芝一年三秀漢舊儀云芝有九莖金色綠葉朱實夜有光 **菑** 說文田不耕爾雅田一歲曰菑亦作甾又漢武瓠子歌隤林竹兮揵石菑師古曰石菑謂臿石立之然後以土就填塞也菑亦臿耳又臨菑郡名又見皆韻 **甾** 同上又說文東楚名缶曰甾亦作由 **緇** 說文黑紺色今人謂黑爲緇考工記七八爲緇亦作純紂又紙韻 **純** 周禮純帛無過五兩禮記以共純服又眞軫震三韻 **紂** 禮記爵弁經紂衣 **輜** 庫車說文軿車 **鍿** 六銖荀子注八兩曰鍿 **椔** 木立死亦作菑荀子身如斷菑注菑與椔同又寘韻 **淄** 水名臨淄郡名史記樂毅及田單傳作臨菑漢地理志作臨甾 **鶅** 東方雉名凡从甾者下从由然經史多从田玉篇收菑甾等字在田部內誤矣 ○ **施** 申之切用也加也設也戚施面柔不能仰郭璞注爾雅戚施之人不能仰面柔之人似之亦作覗又余支切又音異又商移切又見寘韻 **覗** 規覗說文覗司人也司與伺同 **葹** 豆屬見離騷韓愈詩不辨蕢葹 **鍦** 短矛亦作鉇鉈又寘韻 **鉇** 方言吳揚江淮南楚五湖之間謂矛曰鉇 **詩** 志發於言 **邿** 地名 **翅** 不翅猶言不止是也莊子不翅於父母郭無音徐音詩宜通用又羽翼也又見寘韻 **尸** 主也陳也利也又姓說文尸屋也毛晃曰古者祭祀皆有尸唯始死之奠及祭殤釋奠無尸又主也詩誰其尸之漢鮑宣傳以拱默尸祿爲督謂不憂其職但主食祿而已又與屍同論語寢不尸易師或輿尸世言徒居位爲尸位蓋言身膺其任而無其功德與屍同 **屍** 在牀曰屍在棺曰柩通作尸 **鳲** 鳲鳩鵲鶵鮑宣傳作尸鳩 **蓍** 蒿屬用之以筮史記蓍千歲則一本百莖其下必有神龜守之 **吚** 呻吟也又[illegible]羲 **釃** 盪酒詩釃酒有藇陸德明曰以篚盪酒馬援傳擊牛釃酒童懷太子曰釃猶濾也又疏也分也漢溝洫志

釃二渠以引河亦作廝又欐紙二韻**廝**同上唐高士廉傳附故渠廝引旁出又見下**籭**亦物竹器亦作簁又霜夷切音雖微異而義同可重押故於篩字下注云亦作籭簁字下亦作篩**簁**同上亦作篩又皆紙二韻**蓰**五倍曰蓰孟子或相倍蓰又紙韻**䙕**襹襹毛羽衣貌**纚**廣韻繒似布說文粗緒也俗作絁**絁**隋史桑土調以絹絁唐志丁歲輸綾絁丈**師**衆也範也法也效也又姓官名卦名又導之教訓曰師公羊傳京師者何衆大也周禮五旅爲師二千五百人又師子狻猊**篩**竹器亦作簁籭又竹名一名太極又皆韻**獅**爾雅狻猊也日走五百里亦作師子漢西域傳烏弋國出師子孟康曰師子似虎正黃有頿耏尾端茸毛大如斗又犬生二子曰獅故字从犬

螄螺螄**蒒**草名○**差**叉脂切次也不齊等也又參差說文作縒又皆歌麻泰箇禡六韻**縒**參縒詩作參差參相參爲參兩相參爲差**嵯**嵾嵯山不齊貌又歌韻**輂**却車抵堂一曰連車又皆韻○**時**辰之切辰也是也姓也古文作旹**旹**班固賓戲及旹君之門閭又曰旹闇而久章从㞢从日

塒鷄棲垣詩傳鑿垣而棲曰塒**蒔**植立也更種也又寘韻**漦**涎沫一曰水名一曰順流漢五行志卜請其漦音丑之切又曰漦血也一曰沫也从未監本从牙誤**鰣**魚名**匙**匕也又常支切**趐**蠢飛貌亦作提**提**詩歸飛提提又朱提縣名見漢志又齊霽二韻○**兒**如支切嬰兒象形又齊韻**唲**曲從貌又強笑語楚辭喔咿嚅唲又音哇**而**說文頰毛又汝也書而康而色語且而與其從辟人之士也又語助辭詩俟我於著乎而語室是遠而已而已而左傳不其餒而顏師古注韋孟詩曰而者發端之辭又因辭抑辭學而時習之因是之辭也其爲人也孝弟而好犯上者鮮矣抑又之辭也又頤也考工記作其鱗之而**髵**獸毛貌本作而亦作耏**耏**頰旁毛本作而應劭曰輕罪不至于髡全而耏鬢故曰耏耏古而字从彡髮意也杜林以爲法度字宜皆从寸改爲耐耐音能奈如淳曰耐猶任也任其事也師古曰依應氏之說耏當音而如氏之解則音乃代切義亦兩通據如淳說則耏字當於支泰二韻通押**洏**漣洏涕流**胹**爛也又煑也左傳宣四年宰夫胹熊蹯不熟內則皆作濡**濡**水名出河間左傳盟于濡上又魚銑二韻**聏**和也莊子宋鈃尹文以聏合驩以調海內音義聏和萬物物合則驩矣又寘韻**陑**地名在河曲之南廣韻一曰蘡薁也**栭**梁上柱說文屋

栟上標又木似栗而小爾雅注江淮呼小栗為栭栗毛詩傳例栭也鴯鷙也莊子鳥莫智於鷾鴯鮞未成魚國語魚禁鯤鮞輀喪車○知珍馳切覺

也喩也又寘韻賀以財質也蜘蜘蛛○摛抽知切布也舒也捴也螭似蛟無角如龍而黄史齊世家作彲彲獸名文王獵于渭陽所獲非龍

非彲魑鬼魅左傳作螭离同上又猛獸說文山神獸形又齊韻縭說文以絲介履也又齊韻攡張也太玄經有攡篇又齊韻䄜所以黏鳥絺

葛布細曰絺麤曰綌又紙韻瓻盛酒器大者二石小者五斗亦作鴟漢鄒陽傳子胥鴟夷應劭曰鴟夷榼形師古曰卽今之盛酒鴟夷幐鴟鳶屬又鴟鴞鵂鶹也又角鴟一

名鵂鶹一名鵋䳢一名鵅鵅音格顏師古曰鴟怪鳥也爾雅有茅鴟怪鴟郭璞曰茅鴟今鳩鴟似鷹而白怪鴟卽鵂鴟也又曰梟鴟土梟也胵膍胵鳥藏蚩蟲名又妍蚩也

輕侮也又蚩蚩朴厚貌愚貌蚩尤人名星名从屮从虫屮古之字俗作蚩非蚩音蔵神行也嗤笑也媸醜也亦作蚩陸機文賦妍蚩好惡又淫切妛輕侮也亦作蚩

䁱廣韻目汁凝亦作眵眵韓愈短檠歌兩目眵昏頭雪白玉篇云目傷眥癡不慧又超之切笞捶擊齝牛羊鹿吐而噍也亦作呞齝○馳

陳知切疾驅也直騁曰馳杜預注左傳車馬曰馳步曰走池說文沼也孔安國曰停水曰池漢志黃帝作咸池師古曰咸皆也池言其包容浸潤也又差池舒張貌又見歌脣二韻

邸考工記絲三邸又濟韻篪樂器以竹為之長尺四寸小者尺二寸七孔禮記作篪說文作䶵竾月令仲夏調竽笙竾簧褫奪衣又曰褫氈說文奪衣

也又紙寘二韻趍佩觿集曰奔趍之趍爲進趍其順非有如此者又魚韻誃別也周赧王逃責居洛陽誃臺劉曜傳未央朝寂誃門旦空踟詩搔首踟躕

墀塗地亦作墀禮天子赤墀漢典職曰以丹漆地故稱丹墀坻小渚又山名左傳昭十二年有肉如坻又紙濟二韻泜水名在常山又音祇漢書斬餘泜水上蘇

林音祇晉灼云問其方人音祇丁計切師古曰二說皆是古音如祇今俗呼則如祇案廣韻墀字下泜字注云水名在常山卽陳餘死處又音祇是平聲自有兩音又紙霽二韻遲徐行

也久也緩也棲遲息也亦作遲詩行道遲遲說文亦作遅揚雄賦靈遲迟兮言神久留安處而不去也遲音棲又寘韻事自遲經則平聲此速而待彼以彼為遲皆去聲謘寘韻

頿音咨口上須也下同

語諄諄荀子衆積諄諄乎又寘韻

落不衣又皆韻 治攻理也又水出東萊又直利切理效也凡未治而攻之名則平聲凡經史治天下左傳治絲大禹治水汕王曰𤎩治

兵治獄之類是也爲理與功效則去聲孝經聖人之治唐史致治之美經史稱天下治莊子天下既巳治矣書期于予治又曰同歸于治之類是也經史釋音自可辨或無明音亦准此推之

粘耘也 持執也 蚳螘子周禮蚳醢又具黃白文曰餘蚳 貾餘貾貝之黃質白點者亦作蚳 ○雌此玆切禽鳥雌雄又齊韻 ○貲

津私切財也亦作訾 訾史漢以訾爲郎又訾之爲言量也史中言家亦不訾所費不訾謂無量可比也不訾之身亦謂貴重無量可比也通作貲又毀也譏也思也又姓又娍訾次名

爾雅作娍訾又見下又紙韻 髭口上須說文作頿在口上曰髭在下曰鬚在頰曰髯 觜觜觿宿名又眥韻 鄑城名古屬青州周屬紀後入齊杜預曰北海都昌縣

西有訾城亦作訾 咨嗟也謀也亦作諮左傳訪問於善爲咨 資賴也憑也託也機也助也貨也材質也又斧質爲資易得其資斧又稟也給也 齎持也裝也

送也亦作資爾雅將資也郭璞曰謂資裝也又歎聲易齎咨涕洟又齊韻 姿態也亦作姿 姕廣韻婦人貌又妓姕態貌妓音羈 粢稷也說文作齋又祭飯詩傳黍

稷曰粢在器曰盛 齍黍稷器所以祀者周禮奉玉齍 齋裳下緝說文緶也漢朱雲攝齋升堂顙師古曰齋衣下之裳亦作齊齋 齊論語攝齊升堂孔安國曰衣下

曰齊禮喪服有齊衰謂裳下緝曰齊又見下又見齊皆濟霽四韻 齋孟子齋疏之服趙岐曰即齊縗也音資又皆韻 濟涔濟久雨又水名在常山 積積禾 玆

此也又席也爾雅蓐謂之玆荀子琅玕龍玆注即龍鬚席又曰玆與髭同又見下 孜劇也力篤愛也勤也从子从攴今从文同 孳生息說文汲汲也與孜同孟子孳孳爲善

又寘韻 仔任也克也詩佛時仔肩又紙韻 滋水名又旨也多也蕃也液也浸也又益也亦作玆漢五行志賦欽玆重師古曰玆益也又與孜同孔叢子滋滋汲汲 嵫

崦嵫山日入處 鼒鼎之圜掩上者詩鼐鼎及鼒說文俗作鎡又皆韻 鎡同上又鎡錤鉏之别名孟子雖有鎡基 秄壅禾根亦作秄芓又紙韻合於二韻通用

芓周禮甸師注耨芸芓也又紙韻 趑趑趄趨不進也亦作次 次易其行次且又寘韻 劑周官听賣儥以質劑質人大市以質小市以劑鄭康成曰質劑謂兩

書一札同而別之長曰質短曰劄今券書也又霽韻○**疵**才資切罴𤺊疾漢書吹毛求疵又紙韻**呰**漢元帝叙使閹尹之呰又紙韻**訾**同上禮記非禮之訾
玼王病也又見紙韻**茈**爾雅芍鳧茈又將此切藐茈草名**骴**殘骨又作胔又寘韻**慈**心柔也愛也又慈石**磁**石可引鐵漢藝文志作慈本草山之
陽產鐵者其陰必有磁石是二物同氣也**鶿**鸕鶿水鳥亦作鶿廣韻亦作鷀**玆**龜玆國名**茨**茅茨又蒺藜詩牆有茨說文作薺禮記亦作薺**薺**蒺藜詩作茨又
采薺逸詩篇名禮趨以采薺康成曰路外之樂節也師古曰禮經或作資又作茨音並同亦作齊又見霽韻**齊**禮記王藻趨以采齊**餈**稻餌廣韻飯餅也**瓷**瓦器
⿰雨資大雨廣韻雨聲亦作⿱雨資王篇又音資亦作澬○**斯**相咨切此也則也即也又語已辭詩恩斯螽斯說文析也詩斧以斯之又模韻**析**同上分也相如賦蔵
析苞荔張揖曰析似燕麥音斯又質韻**廝**養馬者又役也賤也或作廝亦作廝蘇林曰廝取薪者也又見上**厮**同上韋昭史記注析薪爲厮**凘**流水又齊寘二
韻**澌**說文水索也又寘韻**虒**似虎有角能行水中曰委虒又身貌又祁虒晉宮名**⿱雨鮮**小雨**⿰斯鳥**譽鷈鳥名亦作斯詩弁彼譽斯**禠**福也从示與褫字不
同**私**說文禾也又不公亦作厶說文自營爲厶又曰姦衺也背公爲厶爾雅女子謂姊妹爲私詩譚公維私**思**念也慮也詩悠悠我思又語已辭詩不可求思左傳于思
于思杜預曰于思多鬚貌有兩音是思與鬚同又皆寘二韻揚雄甘泉賦儲精垂思無音禮部看詳許平去二聲通用詩終風且霾惠然肯來莫往莫來悠悠我思來字有兩音來讀如梨則
思如字來如字則當音題左傳于思于思棄甲復來亦然合於二韻通用**⿱髟思**䰄鬆多鬚亦作思又皆韻鬆音丕又音坯**偲**相切責論語切切偲偲又皆韻**颸**風[illegible]又[illegible]
也文選音摛**罳**罘罳屏也漢未央宮東闕罘罳師古曰罘罳連闕曲閣也以覆重刻垣墉之處其形罘罳然一曰屏也釋名罘復也罳思也言臣將請事於此復思也字亦作罳後
漢南宮內殿有罘罳監本注作罦罳誤又作罳又皆韻**緦**十五升布又謂之錫**絲**說文蠶所吐又一蠶爲忽十忽爲絲从二糸糸音覓从糸从糸誤**司**主守也又
候也亦作伺古文反后爲司言后王之道與有司相反也出納之吝謂之有司非君道也君道貴寬大又寘韻**伺**候伺漢灌夫傳作候司又寘韻**覗**視也覗也**鷥**鷺鳥

○**詞** 詳茲切言也請也說也告也說文意內而言外也通作辭篆文作䛐 **辭** 同上又理獄爭訟又却不受也俗作辞 **辤** 不受辭文作辤通作辭說文从受从辛辛宜不受也此爲辭受字經史多用辭字後人亦借爲言辭字揚脩傳絕妙好辭 **辞** 佩觿集曰辭亂从舌其辭累有如此者然循㐫既久今亦不廢 **祠** 祭也周禮以春祠享先王說者曰品物少文詞多之謂祠禮記春曰礿夏曰禘說者云此言夏商禮求福曰禱得求曰祠 **桐** 鐮柄

三微

微 無非切細也少也衰也眇也賤也隱也又太微少微星名又無也論語微管仲中从彳从一从儿儿音人轉作微俗作微 **薇** 苦益又白薇藥名薔薇花名 **溦** 浽溦小雨浽音綏 **惟** 謀也思也又專辭毛曰惟字有是爲之惟書濟河惟兗州之類是也有思惟之惟書惟其始詩載謀載惟之類是也有惟獨之惟書惟王不邇聲色之類是也又夷佳切 **維** 繫也絡也方隅也又繫船維纜也車蓋維綱又太歲在己曰屠維毛曰凡策書年月必以維字發之亦取紀年繫年之義鄉漢世或用惟字平帝策龔勝致仕曰維元始二年是又有是惟之義蓋詩中維字亦有是惟之義如其釣維何其鮫維何之類是也又夷佳切又東送二韻 **唯** 專辭 **潍** 水在琅邪又夷佳切

○**肥** 符非切肥腯多肉也爾雅歸異出同曰肥詩我思肥泉又國名也左傳晉荀吳滅肥又水名後人加水作淝 **淝** 合淝在廬江 **腓** 脛腨易咸其腓又倚也詩小人所腓又病也詩百卉具腓又避也詩牛羊腓字之又未韻 **痱** 風病又賄未韻 **屝** 隱也未韻入

○**霏** 芳微切雨雪雰貌 **菲** 芳菲茂貌亦芴也相如賦郁郁菲菲又蒠菜韓愈送區弘詩我念前人譬對菲作平聲押又尾未韻 **馡** 馡馡香氣相如賦作菲菲 **妃** 嬪御之貴者次於后又隊韻 **騑** 說文驂旁馬又馬行貌詩四牡騑騑 **匪** 禮記少儀車馬之美匪匪翼翼又眞尾韻 **非** 責也違也呰也間也不是也案篆文析朱爲非則是古緋字借爲是非之非又與誹同鼂錯傳非謗不治注非讀曰誹誹有三音則非謗亦同又尾未韻 **誹** 非議又尾未韻 **扉** 戶扇爾雅闔謂之扉 **緋** 絳色 **裶** 鬼衣貌相如賦衯衯裶裶亦作裴 **裴** 同上又漢魏郡有裴郎裴縣又灰韻

餓食方言陳楚之間相謁食麥饘曰餥 飛飛翔亦作蜚又六飛六馬也 蜚莊子蜚大屋司馬相如傳蜚英聲又尾未韻 騑馬逸足 ○ 紕篇夷

切繒疏 諀言謬也 𢪒手擊也亦作批 批手擊唐史批逆鱗又尾及屑韻 鈚兵器劍如刀又大針 ○ 篦邊迷切竹器 陛說文牢也

所以拘非也亦作狴 鎞捺器杜甫詩金鎞刮眼膜 ○ 疲蒲彌切說文勞力也廣韻乏也又倦也止也又左傳館還曰疲或作罷易或鼓或罷少儀朝廷曰退燕遊曰歸

師役曰罷 罷同上又倦也止也又尾解禡韻 郫地名一在蜀今屬成都一在晉左傳曰趙孟使殺公子樂于郫 陴城上女墻俾倪也裨益助城之高也 埤增

厚也附也又音碑 裨偏將又裨冕禮記注公衮侯伯鷩子男毳總謂之裨荀子注天子六服大裘為上其餘皆為裨 脾土藏也 崥山足 辟飾緣邊本作紕

禮記素帶終辟注謂以繒采飾其側人君充之大夫裨其紐及末士裨其末終末也又紙梗未及質韻 紕詩素絲紕之又喪禮既祥縞冠素紕以素飾冠緣也又見上及見未韻

麮麥麮 毗厚也輔也說文人臍也又夸毗體柔詩無為夸毗爾雅注屈己卑身而柔順人也 比和也竝也地名春秋大蒐于比蒲又比部官名又見尾未質三韻

榌屋梠楣 膍厚也詩福祿膍之莊子臘者之有膍胲亦作脾周禮醢人脾析蠯醢注脾析牛百葉也是膍與脾通用又作肶 䖩蒿也 𨈏𨈡𨈏體柔亦作毗

貔執夷豹屬 魮文魮魚名狀如覆銚鳥首而翼魚尾音如磬生珠玉出山海經 鈚犂錧別名通作錍 岯大岯山一成之名亦作伾又支字韻 鼙騎上

鼓亦作鞞呂氏春秋帝嚳令人作鼓鼙之樂 鞞牛鞞縣在蜀又見梗韻 椑圓榼漢書美酒一椑又齊人謂斧柯為椑又隋圜也周禮考工記句兵椑又見支韻及質韻

琵琵琶樂名推手為琵引手為琶 蚍蚍蜉大蟻韓詩蚍蜉撼大樹 枇枇杷果名 ○ 麋忙疲切擊也又牛粥曰麋亦作糜 [illegible]同上傳說荀子

注刑徒之人以鐵鑠相連繫也易吾與爾靡之漢書羈靡不絕又散也漢文帝說為酒醪以靡穀者多賈誼曰靡之者甚多注靡散也又爛也莊子子胥靡王溫舒傳靡獄中注靡碎也方言

靡滅也又又見紙韻 劘分也亦作[illegible]又[illegible]韻 𢾵同上又散也 蘼草名月令作靡 [illegible]耳垂輿金飾馬又[illegible]又賄韻 𪎌蘪蕪蘼草也或曰芎藭苗曰蘪蕪[illegible]

詩山上𣏌蘪蕪又荼蘼也 **深** 地名 **迷** 惑也亂也 **麛** 鹿子王制不麛不卵注亦作麑 **[illegible]** [illegible]人呼母[illegible]亦作彌李賀呼母曰阿彌 **[illegible]** 益也[illegible]也

滿也久也亦作弥 **罙** 深也冒也周行也說文作罙今作罙詩罙入其阻與罙字不同罙音森从穴从木罙从门从米从㐅誤 **罙** 同上又罯也从穴誤 **[illegible]** [illegible]㳽濔大水

貌本作瀰又濟韻 **弥** 方言弥縫通作彌古文作弥 ○ **夷** 延義切傷也等也滅也平也易也芟也夷朝鮮箕子所封之地今之高麗是也說文南蠻从虫北狄从

犬西羌从羊唯東夷从大从弓俗仁而壽有君子不死之國亦作馬又鴟夷酒榼揚雄酒箴鴟夷滑稽腹如大壺吳王夫差取馬革爲鴟夷受子胥沈之江范蠡自號鴟夷子禮記在醜夷不

爭鄭康成曰醜衆也夷猶等也四皓曰陛下之等夷是也又馮夷河伯馮音凭 **[illegible]** 周官司寇行夫馬使則介之又先韻 **尼** 古眞字本作尼漢書藝文志公孫尼子七十子弟子

也假借作尸禮記緇衣篇公孫尼子作又女夷切仲尼又質韻 **𡰥** 漢高紀司馬𡰥將兵定楚地又陽𡰥地名又古仁字 **峓** 嵎峓東表之地廣韻嵎峓山名書作嵎夷舊本作銕

誤銕古鐵字 **夤** 恭也又維也淮南子九州之外有八夤八夤之外有八紘說文夤賓也又緣連也又膂絡易列其夤王弼云夾脊肉又眞韻 **胰** 說文夾脊肉本作胂今文

作胰亦作夤 **⿰阝夷** 博雅隇⿰阝夷險也 **⿰彳夷** 說文行平易也亦作夷老子大道甚夷詩岐有夷之行 **跠** 蹲踞也亦作夷論語原壤夷俟 **恞** 爾雅悅也亦作夷詩云我

心則夷 **洟** 鼻液易齊洟涕洟 **彝** 常也書彝倫攸敘又器也書宗彝說文宗廟常器周禮注鬱鬯曰彝彝法也言爲尊之法詩秉彝孟子作秉彝俗作彞非 **姨** 爾雅

妻之姊妹同出爲姨郭璞曰同出謂已嫁詩邢侯之姨左傳息嬀過蔡蔡侯曰吾姨也 **痍** 創痍 **侇** 儕也等也經典通作夷 **荑** 芟刈周禮稻人以水殄草而芟

荑之又荑荑藥名亦作夷左傳芟夷蘊崇之又齊韻 **桋** 木名詩隰有杞桋又齊韻 **遺** 失也亡也加也餘也陳迹也又夷佳切又隊韻 **宜** 適理又肴也又祭名說文作宜

廣韻俗作宜爾雅詩書禮記皆用宜字葢傳寫之訛因仍至今不敢改也 **儀** 容也義也正也法也周禮六儀謂祭祀賓客朝廷喪紀軍旅車馬之容左傳有儀可象謂之儀又匹也說

文度也詩我儀圖之方言儀來也淮潁之間曰儀書鳳凰來儀 **義** 鄒陽傳褒義父之後應劭曰言春秋褒邾儀父也師古曰義讀曰儀又未韻 **[illegible]** [illegible]子衡[illegible]者又見尾韻

㕒厜㕒山巉巖貌涯水際亦作厓又皆麻韻崖岸也又巖崖又皆韻鸃鵔鸃鷩鳥也似山雞而小漢侍中冠之周禮有鷩冕檥說文榦也史記烏江

亭長檥舟待項羽應劭曰檥正也有兩音漢書注整船向岸曰檥又尾韻議謀議詩或出入風議陸德明曰協句音宜又未韻疑不定也恐也惑也嫌也似也又庚質二韻

儗荀子舉統類而應之無所儗㥿注儗讀爲疑又見尾韻嶷九疑山名亦作疑相如賦過虞舜於九疑又質韻觺觺觺角貌又質韻移易也徙也亦作

迻施又遺也延也說文禾相倚也漢書注文書移書曰文移施史記衛綰傳劒人之所施易如淳曰施讀曰移師古音以敀切延也荀子充虛之相施易也注施讀曰移又施施自

得貌又扁扁喜悅貌孟子施施從外來音怡又如字又音異又支寘二韻栘唐棣也匜盥水洗手器有柄可以注水似羹魁柄中有道左傳奉匜沃盥又尾韻椸

榻前几一曰衣架爾雅竿謂之椸扅扊扅門闗戶扃袲廣韻宋地名又見哿韻酏飲也周禮有酏飲注酏今之粥又飲也酒也內則黍酏又飲也謂粥稀者之清

也又先尾韻暆暆暆日行蛇委蛇自得貌亦作蛇佗迤迪陀左傳引詩委蛇委蛇謂從者也杜預曰委蛇順貌言人臣自公門入私門無不順禮從順也又蟒蛇澤鬼名紫

衣而朱冠又歌遮韻佗漢任光邳彤贊委佗還旅行貌又歌箇韻迤同上又歌尾韻陀韓愈詩逶陀結糾又歌韻貤移與爵賞又未韻鉹凉州呼甑

說文曲鉹也一曰鬵鼎又尾韻㴕冰室簃樓閣邊小屋䔟草萎𦿋沂水出泰山論語浴乎沂又眞韻溰溰溰霜雪貌飴餳也頤

頷也養也卦名說文作𦣝史籀作𩠐𦣞爾雅室東北隅說文養也台我也說文說也又皆韻貽遺也貺也又未韻詒贈言也遺也說文相欺詒也通

作貽詩詒厥孫謀又談詒疑疾莊子誒詒數日注懈倦貌一云失魂魄貌又解泰二韻异舉也退也已也又欺辭堯典异哉孔氏音怡又未韻圯楚謂橋爲圯从巳矣之巳

與圯不同圯从人己之己瓵爾雅甌瓵謂之瓵郭璞曰瓵甋小罌長沙謂之瓵怡說樂亦作台怠怠同上又鳥名莊子東海有鳥焉其名曰意怠又見解泰二韻

眙㥿曰䜿又盱眙楚州縣名又未韻訑訑拒人貌孟子訑訑之聲音顏色○羲虛宜太昊氏又曰包犧炮犧𤈦一作伏戲〈重黎之後羲和又姓羲仲之

後也說文气也从義从兮犧宗廟之牲也祭天地宗廟曰犧卜得吉曰牲已純大漢王莽傳黃帝建華蓋立斗
也从義从兮曰犧又亦曰牷又伏犧太昊又酒尊又歌舞僞戲師古曰犧謂斗魁及杓末
如勺之形戲同上又嗚戲嘆辭又大將之旗曰戲韓信傳戲曰光檥蠡也巇山險又
又歌霄龍可致戲下又吁爲切與麾字同又模未韻也杓也罅隙揚
子巇可樂也謚法小心畏忌曰僖嬉戲也亦作娭又芙娭漢安世樂神來宴娭師古
抵乎僖亦作釐魯僖公漢志作釐也游也又見尾韻曰戲也相如賦吾欲往乎
南娭又曰氾濫水娭兮麥雄賦羣噫嘻有所多大熹炙也盛也熾也亦作熺禧也
娭乎其中又倉頡篇云婦人賤稱嘻之聲又歎聲又謚法有功安人曰熹禧吉也
亦作釐文帝紀祠官祝釐如淳曰福也師古曰本作禧假借用郊祀歌嫗神蕃釐甘泉賦逆
釐熙釐三神竝福也又與僖同魯釐公魏安釐王是也賈誼傳上方受釐宣室徐廣曰祭
祀福胙也應劭曰祭餘肉也漢儀注祭天地五畤熙熙與禧同又廣也和也爾雅興也說文
皇帝不自行祠還致福釐師古曰釐福也又齊韻熙同上漢安世房中歌熙事備成師古曰
燥也又熙熙和樂貌醯酢也廣韻醘唐書來俊臣譆痛希止也望也少也散也施也
方言作醯云喜也俗作醯傳以醯灌鼻聲罕也又與睎同又紙韻
稀疏也少也俙依俙彷彿睎覸也望也視也眄也慕也方言東齊青徐之間謂眄曰睎
亦作希也又尾韻通作希公孫弘傳希世用事注希觀相也晉盧溥傳希顏
之欷歔欷漢馮衍論忠臣過唏韓愈送區弘詩獨子之節可嘆唏晞乾也燥也明不明
徒故墟而歔欷又未韻注與欷同哀而不泣又見未韻之際也方言晞暴
也東齊北燕海鵗北方雉豨豕也又吚唸吚呻也亦作屎屎詩民之方殿
岱之郊謂之晞又紙韻尾韻廣韻作屎又支韻屎又紙韻○兮
弦奇切說文兮語有所稽也从丂八象氣越亏也徐曰爲奚何也又姓說文大腹也又東北
有稽考未便言之言兮則語當駐駐則氣越亏又歌辭夷周禮注古者從坐男女沒入
縣官爲奴其少才知以爲奚今之侍史傒女隸通作奚螇東北夷名通作奚又蹊徑也又穿
官婢也或曰奚官女也又芊奚草名作奚人名春秋齊卿高傒徑左傳牽
牛以蹊人之徯同上後漢書鷹隼未擊羅弋不施於徯騱驒騱野馬驒音鼷春秋鼷鼠
田亦作徯蹊月令塞徯徑又注望也又見尾韻騱顛見相如賦鼷食郊牛角

一名甘口鼠食物不痛爾雅有螫毒者 谿 反戾也莊子婦姑勃谿从谷从奚谷音噱口上阿也與山谷字不同从谷者俗書谿豁字也 貕 獸名周禮幽州其澤藪曰貕養

謑 耻也莊子謑髁无任又尾韻 嵇 山名亦姓从禾从禾音稽與禾異 攜 提攜也離也俗作擕㩗 巂 子巂鳥出蜀中亦曰子規聲訛也又布穀也又規也亦輪

轉一周爲巂一周丈九尺八寸地禮記立視五巂上从屮从卝丑列切非从山也 鑴 日旁氣周禮眡祲十煇三曰鑴又鼎屬廣韻云大鍾又灰韻 觿 角錐銳耑可以解結又灰

韻 畦 田五十畝曰畦又畦畛 睳 廣雅目深惡視又灰韻 酅 邑名 蠵 觜蠵大龜亦星宿名又灰韻 ○ 伊 於宜切因也水名又惟也

又彼也又姓 猗 歎辭亦作欹詩猗與那與又美盛貌詩綠竹猗猗又長也美也漢武紀猗與偉與詩有實其猗注長也箋倚也又猗于畝丘注加也說文犗犬也又見哿韻 欹

歎辭亦作猗从奇从欠欠去劒切說文凡由口出者皆从欠若吹歌欷歔歐歎之類是也與傾攲字不同 禕 美也珍也又歎辭亦作猗與禕字不同禕从示禕从衣 椅 廣韻

木名梓實桐皮又尾韻 旖 廣韻旖旎旗舒貌又尾韻 漪 水文亦作猗詩河水清且漣漪 洢 水名書作伊 咿 强笑語貌楚辭喔咿嚅唲 黟 黑木又縣

名 衣 衣服上曰衣下曰裳又未韻 依 憑也據也附也又未韻 醫 療也亦作毉說文巫彭初作醫又尾韻 噫 恨聲噫嘻毛晃云歎也鄭注禮記噫不寤

之聲亦作譩意懿又泰韻 譩 廣韻恐也又痛聲又尾韻 意 詩噫嘻字又作意韓信傳意烏猝嗟又見未韻 懿 詩懿厥哲婦箋懿有所傷痛之聲音於其切又如字又未

韻 鷖 鳧屬詩鳧鷖在涇 繄 青黑繒又語助也惟也是也亦作翳又未韻 翳 廣韻蔽也又隱也彰也羽葆也又惟也是也唐劉幽求傳翳幽求是賴與繄同又未

韻 ⿱殹土 塵埃又未韻 ⿱殹石 美石黑色 瑿 黑玉舊注美石黑色誤 黳 黑也亦作鷖周禮王后安車彫面鷖總注青黑色 ○ 奇 渠宜切異

也詭也又離奇盤戾貌鄒陽傳輪囷離奇 騎 跨也又未韻 錡 三足釜又鑿屬詩又鈌我錡又尾韻 琦 玉名一曰玩也 碕 曲岸又作隑 祇 地神亦作

示又安也也易无祇悔 示 同二从丅从八丅音注偏方从示者俗作礻又寘韻 祁 大也又舒遲詩被之祁祁爾雅徐也又[illegible]縣名又與示同又姓晉大夫祁奚禮記冬祁寒

岐山名亦作郊又路岐爾雅二達謂之岐旁郭曰岐道旁出也亦作伎又意有所知也詩克岐克嶷又州名又姓古有岐伯郊漢匈奴傳秦襄公伐戎至郊師古曰郊古岐字
歧本音翹綺切岐首也廣韻玉篇收作路岐字漢張堪傳麥秀兩岐謂一莖兩穗如路岐之二達也又見齊韻跂足多指漢匈奴傳注凡有足者曰跂行亦作伎伎
同上詩維足伎伎又舒散也又尾未韻蚑蟲行貌又長蚑蠨蛸別名又音企軝車長轂也忯愛也疧病也亦作疷疷又齊韻疷詩俾我疷兮又
齊韻祇詩壹者之來俾我祇兮芪芪母藥草其指物之辭期信也會也限也約也又八達謂之崇期棊弈子本作棋棋左傳不如弈棋
又曰舉棋不定旗旂常之揔名又熊虎爲旗漢制鹵簿鸞旗在前屬車在後淇水出河内列子作綦琪玉名璂弁飾禮部作璂璂同上周禮玉璂象邸
綦青黑文又履下飾又極也荀子君綦貴詩綦巾蒼白色又未韻鶀小鴈史記好射鶀鴈廣韻作鵋蘄草名又地名又求也荀子跨天下而無蘄又馬銜三都賦結駟
方蘄又眞韻禥祥也麒仁獸似鹿牡曰麒牝曰麟騏馬青驪色蜝彭蜝似蟹亦作蜞晉蔡謨食之殆死萁豆莖耆長也老也左傳強也
禮記音義云至也言至老境也曲禮六十曰耆指使釋名耆指也不從力役指事使人也又紙寘韻愭恭也鰭魚脊也鬐馬鬣也祈求也爾雅告叫也郭
璞曰祈祭者叫呼而請事也亦作蘄又徐也亦作祁从示从斤示音祈俗作示又報也頎長貌詩頎人其頎又軫韻旂周禮交龍爲旂爾雅有鈴爲旂畿天子寰内
地亦作圻漢刑法志畿方千里又門閫詩薄送我畿韓愈詩白石爲門畿圻左傳天子之地一圻書圻父詩作祈父漢毛萇傳曰圻祁畿同又眞韻作祁字其音同上又徐也
崎曲岸亦作埼隑崎又齊韻埼相如賦激堆埼張揖曰埼曲岸頭也隑哀二世賦臨曲江之隑州兮師古曰曲岸頭曰隑亦作隑即碕字耳音鉅依切俗作隑
肵盛心舌之俎幾近也易月幾望孟子幾千人矣漢書幾敗乃公事文帝幾致刑措貢禹傳幾且千歲皆有兩音唐書文景化幾三王無音又雕幾禮記丹漆雕幾之美又
曰車不雕幾鄭康成曰附纏曰幾幾謂漆飾圻堮也又齊霽三韻俟万俟覆姓○烓淵畦切行竈从火圭聲

四齊

齊 前西切整也莊也等也好也又疾也詩仲山甫徂齊又正也詩人之齊聖鄭云中正通知之人也楊倞曰齊無偏頗也又國名又姓又見下又支皆濟霽四韻 臍 肚臍古作齍左傳後君噬齊 蠐 蠐螬蟲詩領如蝤蠐

○西 先齊切說文鳥在巢上日在西方而鳥西故以爲東西之西篆作𠧧象形今作西與西字不同西音亞漢律歷志少陰者西方西遷也陰氣遷落物於時爲秋又先韻 栖 禽鳥所宿皆謂之栖亦作棲又榻也孟子二嫂使治朕棲又宿也選詩輕露栖叢菊又栖栖猶皇皇也又音細 棲 同上古作西又棲遲息也詩可以棲遲又棲棲簡閱貌詩六月棲棲 悽 幽棲幽居也與栖同謝靈運詩恣此永幽棲 嘶 馬鳴又聲破曰嘶 犀 獸名毛如豕蹏有三甲頭如馬有三角鼻上角短額上頭上角長又瓠犀詩齒如瓠犀 犀 堅也漢馮奉世傳器不犀利亦通作犀說文犀遲也亦作棲又瓠犀亦作遅古以犀兕爲甲故謂堅爲犀 遟 遲迟久安也揚雄賦靈遟迟兮遟音栖迟音遲又支眞二韻 撕 提撕 澌 解冰又支眞二韻 澌 聲破與嘶同周禮內饔注沙澌也音嘶又水索也盡也又見支眞二韻

○妻 千西切齊也與己齊也亦作䨙又霽韻 雌 莊子猿猵狙以爲雌又支韻 萋 草盛又與緀同詩萋兮斐兮 凄 雲雨起貌又寒風詩凄其以風本作淒 淒 廣韻寒也 悽 悲痛也 霋 霽也 緀 帛文貌又緀斐文章相錯貌說文引詩緀兮斐兮又濟韻

○齎 牋西切持也付也遺也裝也送也俗作賫又歎聲易齎咨涕洟又支韻 躋 登也升也亦作隮齊 隮 詩朝隮于西 齊 記地氣上齊又見上 懠 疑也又霽韻 擠 排也推也又濟霽二韻 齏 鑿也薑蒜爲之又碎也又和也亂也制也亦作韲 韲 同上又利也莊子韲萬物而不爲義

○氐 都黎切宿名又戎種又濟霽二韻 低 高低 隄 防也塘也岸也亦作堤 堤 堤本上聲無平聲後人相承作平聲用佩觿集曰堤滯之堤爲隄防其順非有如此者又濟韻 詆 訶也又濟韻 柢 廣韻木根亦作氐又濟霽二韻 羝 牡羊 磾 染繒黑石又人名漢金日磾亦作碮 碮 同上晉段匹磾又霽韻 鞮 鞮鞪胄也又戎種記西方曰狄鞮通作氐又鞮鞻四夷樂說文曰作

趧趧又銅鞮春秋時晉離宮名杜兮切單華履○**梯**天黎切說文木階也又見下**鷈**鸊鷈似鳧而小膏可塗刀文選注作鸊鷉**鷉**同上亦作鷈**鷈**

爾雅鷉一名須鸁注鸊鷉膏中瑩刀**睇**視也又徒計切○**題**杜兮切說文頟也記雕題交阯又書題品題題曰又椽頭以玉飾曰琁題玉題一曰壁璫又見霽韻

睼迎視又遠視也坐見也**啼**號也泣也鳴也古作嗁亦作謕號**嗁**漢五行志豕人立而嗁**謕**荀子哭泣謕號注音啼引管子豕人立而謕又見霽韻

謕漢嚴助傳孤子謕號又見霽韻**提**挈也舉也舉四封之內而計之曰提封又浮屠所居謂之招提又與媞同詩好人提提又支霽二韻**媞**媞媞安也一曰美好又録

緩亦作徥又眞韻**徥**荀子難進曰徥**禔**安福又支韻**褆**衣厚褆褆又眞韻**綈**厚繒**鶙**鳥名左思賦鷲鶙山棲**緹**帛丹黃色周禮注緹

衣古兵服之遺色纁也漢官儀執金吾緹騎二百人又濟韻**罤**兔網亦作蹄**蹄**足也又兔網莊子音義兔弶也係其腳故曰蹄古作蹏**蹏**同上又赫蹏紙名趙飛

燕傳赫蹏書孟康曰蹏猶地也染紙素令赤而書之鄧展曰赫音鬩牆之鬩應劭曰赫蹏薄小紙也亦作㡗**㡗**幱㡗赤紙一曰帷也**鞮**單華履又見上**餙**饍餙餌也

霣霽雲**桋**女桑廣韻木之長條又微韻**稊**似稗布地生亦作苐**苐**莊子在苐稗本又作梯**梯**木稚易枯楊生梯字書多作稊誤又見上**荑**

卉木初生貌又初生茅詩手如柔荑又荑柔又見微韻**鵜**鵜鶘水鳥爾雅鵜鴮鸅又見上**締**結不解又霽韻**鍗**鎕鍗火齊**䗖**陸璣草木疏蝘一名蛁蟟青徐

謂之螇螰楚人名之蟪蛄秦謂之蛥蚗或名之蜓蛛郭璞曰俗呼胡蟬江南謂之螗蛦**瑅**玉名**騠**駃騠駿馬**鷤**廣韻鷤鴂子規也亦作鶗鴂又霽韻**鮷**魚名

踶廣韻小蹋謂之踶又躗也莊子怒則分背相踶有兩音又霽韻**折**折折安舒貌記吉事欲其折折爾又屑韻○**泥**年題切水和土又水名爾雅水潦所止曰

泥丘又朽也又濟霽二韻**臡**肉醬雜骨曰臡周禮麋臡鹿臡**尼**孔子字仲尼又和也說文從後近也**怩**忸怩心慙又質韻**呢**呢喃言不了也**祢**禰自

生也**跜**蹮跜蚪龍動貌見文選**旎**廣韻旖旎旗旖貌又濟韻○**倪**研雞切端倪又姓亦作兒又弱小孟子反其旄倪又見霽韻**兒**同上漢有兒寬

儒林傳作倪寬又老人兒齒謂齒落復生也詩黃髮兒齒又弱小又支韻

齯 齯齒古作兒

⿰衤兒 衣流爾雅注衣縷齊人謂之襻或曰袿衣之飾又屑韻

蜺 寒蟬一曰虹蜺又見屑質二韻

霓 同上屈虹也又爾雅疾雷爲霆霓又屑質二韻范忠文公鎭試學士院詩用彩霓字學士以沈約郊居賦雌霓連蜷讀霓爲入聲謂鎭爲失韻司馬文正公光曰約賦但取聲律便美非霓不可讀爲平聲也當時有學者皆爲之憤鬱毛居正曰韻中此類甚多凡一字有兩音或三音而義同者皆可通用經史子集所用或諧聲或協韻或釋文音義略舉一二而不盡載但義同者皆可通用

輗 大車轅端持衡者又霽韻

鯢 魚名

麑 鹿子一曰狻麑亦作猊爾雅狻麑如虦貓食虎豹郭璞曰即師子也出西域國

○離 鄰溪切近曰離遠曰別說文倉庚也借爲離別字又流離似玉又流離鳥名又流離林離與漓同又長離神名相如賦前長離而後矞皇纖離駿馬李斯傳乘纖離之馬爾雅大琴謂之離又陸離參差雜亂低昂分散相連貌又光輝燦爛貌沈約詩紫燕光陸離又江離草名高漸離人名又附著易離麗也疇離祉詩雉離于羅月離于畢莊子附離不以膠漆又遭也屈原離騷言遭憂而作辭也王褒頌離此患也與罹同又陳也左傳昭元年[illegible]離衛又見霽韻毛晃曰自然分離則平聲書離心離德孟子離散之類是也彼此相離而去之則去聲中庸道不可須臾離孟子達不離道之類是也

离 說文卦名明也亦作離又霽韻

蠡 瓠瓢荀子以蠡測海又谷蠡匈奴王弟名服虔曰谷音鹿韋昭曰蠡音麗師古音落奚切又歌濟哿三韻

劙 剝也割也直破也廣韻分破也亦作剺棃𥝢又濟霽二韻

黎 衆也黑也又國名又黎黃倉庚郭璞曰欣黎黃之音亦作𥝢耿恭傳黎面流血湼黎即𥝢字古通用也又點黎與黧同

犂 牛駁文又耕具又耕也匈奴謂飯匙曰畱犂亦作犁

犁 同上又匈奴謂天爲撐犁撐音除庚切

瓈 玻瓈寶玉亦作頗黎

𥝢 國名詩書作黎說文作黧

黧 黑黃色亦作黎爾雅黧黃倉庚也

藜 藜草似蓬亦作[illegible]

蔾 蒺蔾亦作藜左傳引易作黎揚雄校獵賦作棃

梨 果名亦作棃

棃 同上又凍棃老也方言眉棃耋鮐老也東齊曰眉燕代之北鄙曰棃郭璞曰言面色似凍棃也詩傳老人面凍棃色如浮垢也

邌 徐[illegible]又徐行貌史記邌明言天徐徐欲明之頌也又待其明也亦作黎

驪 馬深黑色周穆王八駿有盜驪

鸝 黃鸝倉庚也鳴則蠶生說文作黃離亦作鵹[illegible]離[illegible]

盠 以蠡爲飲器又薺韻

麗 高麗東夷

國又附著書謹啟麗乃勸通作離又齊霽二韻

麗 說文草木相附麗而生通作麗又霽韻

褵 婦人之褘又衣帶也或作縭𥫣

縭 詩親結其縭緌也介也帶也又支韻

纚 緌也詩紼纚維之爾雅引詩作縭又見紙韻

䍦 接䍦曰冒晉山簡傳作接䍦爾雅注作䍦攡

攡 郭璞爾雅注江東呼白鷺頭翅背上長翰毛以為䍦攡名之曰白鷺縗

罹 遭也罫也通作離說文心憂也从四誤

蘺 江蘺又芎藭苗一曰蘼蕪別名亦作離據相如賦江蘺蘼蕪則非一物也又藩也過秦論乃使蒙恬北築長城而守藩籬

籬 竹籬亦作籬欐

樆 同上廣韻柴欐

醨 薄酒

漓 水滲入地又淋漓相如賦作林離陸機賦作流離

璃 瑠璃似玉有十種漢西域傳相如賦魏略竝作流離

灕 淋灕秋雨通作漓亦作離

孋 戎國亦作麗

䅻 說文引詩彼黍䅻䅻今詩作離長沙人禾二把曰䅻

穲 黍稷行列苗也又穲穲

矖 視也

來 至也還也及也招之也亦作倈徠又麥也亦作麳䅘詩惠然肯來音郎才切又音棃陸德明云古協韻多音棃左傳棄甲復來楚辭山鬼篇天路險難兮獨後來皆音釐漢書康鼎來韓愈淮西碑四夷畢來亦音棃又皆泰二韻

䅘 麥也又皆韻

釐 理也說文家福也又毫釐禮記差若毫釐又與䅘同劉向傳貽我釐麰師古注釐力之切又讀與來同又虛其切與僖禧同又見皆韻

氂 十毫東方朔傳失之毫氂說文氂牛尾凡言氂者毛之强曲者也

嫠 婦無夫左傳嫠不恤其緯亦作釐詩傳鄰之嫠婦小爾雅寡婦曰釐

犛 牛名黑色亦作氂斄又爻韻

斄 莊子斄牛大若垂天之雲又皆韻

𩬈 鬏𩬈髮起

𡎛 嫠也又從士𡎛見六韜

貍 狐貍亦作狸𧳟又皆泰二韻

𧳟 左傳叔豹季𧳟又皆泰二韻

○**雞** 堅溪切知時畜籀文作鷄

稽 畱止也考也計校也賈誼傳反脣而相稽又卜問書卜稽曰其如台廣韻作叶亦作乩俗作𥡴又濟韻上从禾禾音鷄與禾字不同从禾誤

乩 卜問

枅 屋櫨又先韻

笄 簪也禮記女子十有五年而笄

羈 馬絡頭鄒陽傳不羈之士言才識高遠不可羈係也亦作羇又禮記內則翦髮為鬌男角女羈注夾囟曰角午達曰羈謂一直一橫也

䩭 後漢馬援傳臣謹依儀氏䩭

羇 旅寓

奇 不偶也零也亦作觭踦李廣數奇孟康曰奇隻不耦也師古曰言命隻不偶也易陽卦奇又凡數之零餘皆曰奇易歸奇於扐又奇衺又渠宜切異也又支韻从大从可俗作竒

[illegible]

行志四馬䮂輪無反穀梁傳作倚音同又見下及濟韻 畸 同上又殘田也 踦 太玄經踦贏二贊以象閩又見下及濟韻 倚 荀子倚魁之行注引方言秦晉之間凡物

體不具謂之倚莊子南方有倚人馬竝音與畸同又尾未二韻 攲 箸取物說文持去也古作敧又見下 剞 剞劂也又濟韻 掎 掎角見廣韻胃其首曰角掎其足曰掎掎

偏引也又濟韻 饑 穀不熟又餓也詩饑饉薦臻陸音飢又音機韓詩外傳一穀不升曰歉二穀不升曰饑亦作飢漢元帝紀救民飢饉師古曰穀不熟爲飢蔬不熟爲饉 肌

膚肉 骪 同上列子骪骨不䯊 機 樞機機杼又巧術也說文主發謂之機書若虞機張孔安國曰機弩牙也又與幾同漢書萬機後漢馮衍傳達萬機之變童懷太子曰事非一

塗故曰萬機引書一日二日萬機 鐖 鉤逆鋩淮南子無鐖之鉤不可以得魚 刉 刲也又霽韻 禨 祥也祟也又霽韻 幾 危也尚也期也察也又庶幾近

也詩式飲庶幾易唯幾見幾書萬幾惟幾微兆朕也又與譏同周禮無關門之征猶幾荀子關市幾而不征又會也左傳定元年易幾而哭又微濟霽三韻 譏 誹也誚也諫也譴也

問也又何察曰譏孟子關市譏而不征 磯 磧也又感激也孟子是不可磯也石激水曰磯微切以激之也 鞿 楚辭注韁在口曰鞿舊云馬絡誤 耭 耕也 璣

珠不圓又霽韻 蟣 蟲子又濟韻 嘰 大人賦嘰瓊華張揖曰嘰食也 姬 周姓顏師古曰姬本周之姓貴於衆國之女所以婦人美號皆稱姬左傳雖有姬姜 朞

周年又復時亦作期禥从日月之月本从冃誤 期 禮期服齊衰不杖唐明皇諱隆基改期年爲周親左傳昭二十三年叔孫旦而立期焉杜預曰從旦至旦爲期謂復時也 禥

唐溫彥博傳我見其不逮再禥矣 基 經也業也址也始也設也本也 棋 本也史記律書萁者言萬物根棋也 箕 宿名亦作旗又簸箕箕帚 旗 荀子劍詩旗[illegible]

其 語辭書若之何其詩夜如何其亦作居又祝其地名即夾谷也鄺食其審食其漢人又微韻 居 禮記何居又魚御二韻 萁 禮記眾曰鄉萁又菜似蕨又草如[illegible]

而細漢五行志檿弧萁服 錤 鎡錤鉏也孟子作鎡基月令注作錤樊噲贊作玆基錤基義異者重押 踑 踞也通作萁漢南越尉佗魋結萁踞 諆 謀也說文欺也从其

丌从基誤 ○ 谿 牽雞切水注川曰谿亦作溪磎 溪 同上 磎 同上馬融笛賦臨萬仞之石磎唐李磎傳崇欲相之劉崇魯掠其麻而哭乃止 鸂 鸂鶒水鳥

攲不正亦作攲古作敧與欹字不同欹从空切从欠伸之欠本作欹誤 敧亦作攲从攴非从支文 觭角一俛仰也 蚑長足蟲又見齊韻 徛名虹橋也
亦作碕又齊韻 踦一足方言梁楚之間物體不具者謂之踦雍梁之西郊凡嘼支體不具者謂之踦 崎崎嶇又微韻 欺謾也詐也陵也 魌醜也漢逐疫有魌頭
亦作倛監本脫亼字 倛荀子面如蒙倛注曰倛方相也其首蒙茸故曰蒙倛韓愈曰四目方相兩目爲倛 僛醉舞貌詩屢舞僛僛 娸醜也枚臯賦詆娸東方朔又自
詆娸其文骫骳又齊韻

洪武正韻卷第一

洪武正韻卷第二

五魚

魚牛居切鱗物說文水蟲也又姓宋子魚之後又馬二目白詩有驔有魚亦作䱷騟䲖又與漁同左傳公將如棠觀魚者又曰陳魚而觀之杜預曰太設捕魚之備而觀之蓋古字通用後別爲漁䱷爾雅二目白䱷注似魚目騟詩釋文云字書作騟䲖同上見字林凡魚字亦作奧漁捕魚尸子燧人氏之世天下多水故敎人以漁又水名周禮作魰又侵取禮記諸侯不下漁色漢昌紀漁奪百姓師古曰漁若漁獵之爲也又御韻魰亦作𢿌周禮音魚又音御衙衙衙行貌又疏遠貌楚辭導飛廉之衙衙又麻語禡三韻齬廣韻齟齬齒不相值齟音菹廣韻作䶑又模語二韻虞有也助也樂也望也度也慮也測也防也專也備也娛也安也又掌山澤之官騶虞獸名又葬而反祭曰虞又御韻鸆鷄鸆鳥名一名媚澤麌牡麌又語韻禺猴屬又番禺地名又東御二韻愚戇也荀子非是是非謂之愚娛樂也亦作虞詩虞樂孟子驩虞如也澞陵夾水嵎封嵎山名又嵎夷曰出處列子作隅谷隅陬也廉棱也亦作嵎孟子虎負嵎趙岐曰陬也髃髆前骨今人曰肩頭亦作腢又尤有二韻齵齱齵齒重生一曰齒偏齱音菹又齒相佹考工記察其菑而不齵又尤韻寓寄也禮記大夫寓祭器於大夫音平聲又御韻喁聲相和莊子後者唱喁又東有二韻

○于雲俱切於也又姓又于于自足貌莊子其臥于于又行貌韓文于于然而來又見下盂飯器方言盌謂之盂荀子盂方而水方又田獵陣名左傳宋公爲右盂東方朔傳作盂釪錞釪形如鍾以和鼓亦作錞于竽管三十六簧雩祈雨祭亦作雩左傳龍見而雩鄭康成曰雩者吁也吁嗟而請雨也讀如吁杜預曰雩之爲言遠也遠爲百穀祈膏雨之讀如字又御韻雩又御韻玗玉名亦結自釋云逃入猗玗洞始稱猗玗子杅浴器禮記出杅說文飲器荀子杅杅亦富人已注與于于同邘國名左傳邘晉應韓余我也又姓四月爲余接余荇菜亦作予予同上又語韻佩觽集曰伱予之予讀若余蓋本無余音後人讀之與疑辭

□□□本作與說文安氣也故欠与或作欤同**與**同上又蕃蕪貌詞我黍與與又舒泰貌論語與與如也又語御二韻**譽**稱美也論語誰毀誰譽又休聲韓愈詩早多

名譽又御韻許燕譽有平去二音**妤**婕妤婦官亦作倢伃**輿**車也衆也又主也車者又權輿始也人堪輿天地總名又扶輿佳氣貌又美稱貌相如賦扶輿綺靡亦作轝舁

又御韻**轝**同上轝車兩手對舉又御韻**舁**同上轝車也說文共舉也又御韻**旟**鳥隼為旟爾雅錯革鳥曰旟**餘**饒也賸也畸也饒也亦作余周禮委

人凡其余聚以待頒賜**畬**田三歲又遮韻**璵**璠璵寶玉**雓**大雓之子爾雅雓大者蜀蜀子雓**蜍**蜘蛛**鸒**爾雅鸒斯雅烏詩弁彼鸒斯說文楚烏一

名鸒一名卑居秦謂之雅音鴉亦作鵌又御韻**鵌**楊子頻頻之黨甚於鵌斯又御韻**邪**與餘同史記歷書歸邪於終音餘又見下又遮韻**俞**空中木也舟也

然也荅也又姓又語韻篆文作俞从亼音集从舟今作月从巜音畎非从刀也當作俞凡从俞者皆然**逾**說文越進也亦作踰隃**踰****渝**變也汚也**隃**與逾

同嚴助傳輿轎而隃領賈誼傳上下相等而不相隃又見下**愉**薄也一曰樂也又愉愉顏色和貌亦作愈又尤韻**愈**荀子天子埶至重形至佚心至愈注愈讀為愉又語

韻**㥚**憂也从心从臼从凡今文作㥚**覦**覬覦欲得也**⿵門俞**闚⿵門俞私視**窬**門邊小竇又穿木戶鑿垣為空又尤宥二韻**牏**築牆短版又尤韻

瑜美玉**榆**白榆又尤韻**媮**靡也又尤韻**楰**鼠梓爾雅注楸屬詩北山有楰又語韻**萸**茱萸**臾**須臾俗作史又董韻**腴**說文腹下

肥也俗作腴**瘉**病也又語御二韻**揄**引也抒也亦作舀又見蕭尤有三韻**歈**巴歈歌也又歔歈舞手相弄笑也亦作揄歈**⿸厂歈**歔⿸厂歈說文作歋⿸厂歈亦作歋

歈後漢王霸傳作邪揄**諛**諂諛**褕**襜褕一曰翟羽飾衣禮記作揄又蕭韻**羭**說文夏牡羊列子音義羭牝羊左傳專之羭攘公之羭杜預曰羭美也**蝓**

螔蝓蝸牛**艅**艅艅舟名說文作俞注空中木為舟**⿰俞瓦**罃也瓶也又尤韻**喻**呴喻言語順貌亦作愉杜甫朝獻太清宮賦小人呴喻又御韻 ○ **於**衣虛

切巳也居也代也語辭又姓又模韻**淤**泥澱又御韻舊本从工誤**紆**曲也詘也綰也**陓**楊陓秦藪名**盓**盤盓旋流**迂**遠也廣也大也避也回曲也亦

作透 ○ 虛休居切宿名又空也罄也又丘於切大丘文从虍从丘丘與业同故俗亦作虗 驉駏驉獸名 歔欷歔 嘘吹也[illegible]類出氣急曰吹姪曰嘘居正

曰虛爵吐氣曰吹虛口出氣曰虛火氣出於肺屬陰故寒虛氣出丹田屬陽故溫亦作呴煦歔又御韻 呴莊子吹呴又呴呴言語順貌東方朔傳愉愉呴呴篆文作唱 煦

漢中山靖王傳衆煦漂山 訏大也又語韻 吁歎也又疑怪聲亦作于又御韻 于詩于嗟麟兮 盱張目又病也詩云何盱矣 哻商冠名又語韻从冃

芋大也詩君子攸芋又御韻 忓憂也玉篇痛也 旴日始出易荀氏本旴豫悔 嘔慈愛之聲史記韓信傳言語嘔嘔音匈于切又尤有御三韻 ○

區丘於切萌芽屈生也分也小室也又區區小貌又區寓區究亦作虛墟丘又尤韻 嶇崎嶇山路亦作[山+虛]不平也 袪袖也舉也 阹依山谷爲牛馬圈揚雄傳

以罔爲周阹李奇曰阹遮禽獸圍陳也 胠腋下脅又發也開也莊子胠篋探囊又去也荀子胠於沙而思水又軍右翼曰胠見左傳襄二十三年又語御合三韻 祛禳却

也逐也亦作歐毆敺又兒寬傳合祛於天地神祇李奇曰祛開散也合閉也又彊健貌詩以車祛祛是也 佉去也荀子注胠與佉同 歐周官方相氏索室歐疫又曰歐方良

又有韻 呿開也莊子口呿而不合李音祛又麻御二韻 去來去詩鳥鼠攸去左傳僖十五年千乘三去荀子去債市庸而戰之又語御二韻 驅馬馳又馳之也

又逐也亦作歐毆敺又前鋒軍曰先驅次前曰中驅又尤御二韻 墟大丘亦作虛丘 虛詩升彼虛矣又休居切宿名空也又見上 軀身也 摳廣韻褰裳又尤

韻 ○ 居斤於切止也處也畀居鶋也又齊御二韻 凥古居字晉胡母謙傳凥背東壁从几案之几與凥字不同 [宀+居]貯也 据戟挶手病詩予拮据又御

韻 裾衣裾又御韻 椐木名 琚玉名 車古文考曰黃帝作車引重致遠少昊時加牛禹時奚仲加馬周禮注坐乘車曰安車凡婦人車皆坐乘周禮王后安

車禮記致仕乘安車續志諸侯使車皆朱班輪四輻赤衡軛釋名車居也又遮韻自漢以來始有居音 鶋鶢鶋海鳥左傳作爰居爾雅鸒斯鶋鶋郭璞曰雅烏也小而多羣腹下白

江東亦呼爲鵯鳥鶋音匹說文雅一名鸒一居卑亦音匹秦謂之雅雅古鴉字 拘執也擁也取也又株[illegible]又見下及尤韻 軥檢束也荀子軥錄疾力涌[illegible]均[illegible]下及

九盇士蕪中詩抾之䣱挹也酌也亦訅詩膺載手仇鄭音䣱跔去跳也
韻朹陜陝又尤宥二韻作仇从䣱誤詶挹取酒也又尤韻韻手足寒也[illegible]
皆也駒雉馬又五尺痀曲脊莊子痀僂承蜩有○渠求於切大也詩夏屋渠渠又俗
具也以上曰駒平上去三音又語韻語謂他人爲渠儂杜甫詩只有
不闒渠又溝渠勤渠雝渠夫渠車渠左思吳都賦戶有犀渠注楯名又云甲也鸈鸐鸈鸖鴒
又軒渠敎嬰兒學語聲俗謂之軌渠後漢方技傳軒渠笑自若又語御二韻也毛鄭詩
傳箋杜預注左腒鳥腊周禮蕖芙蕖荷花說文毛蚷蟲名莊子商蚷籧籧篨竹席又
傳竝作雝渠注乾雉也詩傳竝作夫渠馳河又語韻口柔又語韻
蘧莊子蘧蘧然注有形貌遽莊子魯遽人鐻戎夷貫耳又器磲硨磲石次玉醵合
又姓蘧伯玉又御韻名又御韻名又語御二韻亦作車渠錢
飲酒又御璩環屬又姓劬疲癯爾雅脙癯瘠臞司馬相如傳臞朐脯屈中曰朐从肉
藥二韻與蘧同出勞也或作臞形容甚臞从句與朐不同朐
从日月之鸜鸜鴒考工記鸜鴒不踰濟又鸜句地名國名左傳任宿須句又方也莊子傴
月音吁鵒鳥名古作瞿莊子瞿鵒子句屨者知地形有平上二音又尤語御三
韻絇屨頭繩屨飾枸莊子櫟衢爾雅四達謂之衢列子康衢之謠荀子楊朱瞿鷹隼
也又御韻株枸哭衢塗楊倞曰秦俗以兩爲衢或曰四達也視又
瞿瞿不審貌戳戟軥車軛邊又鼩鼱鼩○胥新於切皆也相也又姓說文蟹醢也
又姓又御韻屬馬頸者小鼠周官庖人注青州之蟹胥又蒸胥也
公羊傳胥命者何相命也方言東齊謂皆曰胥又莊子蝴蝶胥也陸德明曰一名胥也周禮胥
徒注胥讀曰諝謂其有才知爲什長陸音思余切又追胥注胥捕盜賊也模韻下又語韻
諝有才知亦作蝑蜙蝑糈糧也又稰熟穫曰稰湑露貌又須意所欲也斯須也面
胥又語韻蝑語韻又語韻語韻毛也待也左傳寡君
須矣荀子不待須而廢夫須草名又姓須與湏不同湏火外切爛也佩觿集曰湏爛之湏爲斯
須其憫非有如此者史記律書東至于須女言萬物變動其所陰陽氣未相離尚相如胥故曰
須女晉天文志須女四星天少府也須賤妾之頿在口下曰髭古作須莊子編虎須漢書須
稱[illegible]古人以婢僕爲餘須亦作餘胥又刪韻與鬚同顏師古曰在頤曰須在頰曰髯吴

都賦旗魚須謂取魚之髭鬚以爲旗竿子虛賦靡䰽魚鬚之曲旃注魚鬚竿也 **需** 須也又卦名說文遇雨不進而止又銑翰二韻 **麢** 鹿子 **繻** 繒采色一曰裂繒又帛邊傳符也亦作繻 **須** 女字呂須漢高后妹廣韻作嬃 ○ **疽** 子余切癰疽又語韻 **雎** 王雎鳥名鶚鶚之類常在江渚山邊食魚毛詩傳曰摯而有別亦作鴡爾雅鴡鳩王鳩左傳鴡鳩氏司馬也杜預曰摯而有別故少皥以爲司馬之名主法制又水名春秋時屬楚左傳江漢雎漳楚之望也从且與雎盱字不同 **狙** 猨屬又伺也杜甫詩謹勿出口他人狙又御韻 **趄** 趑趄趦不進貌古作且 **且** 易其行次且又語辭詩曰父母且又多貌詩籩豆有且又巴且芭蕉也見相如賦又模語者三韻 **苴** 麻有子者又苴杖以竹爲之又菜詩九月叔苴又履中藉又苞苴裹曰苞藉曰苴孔叢子吾於木瓜見苞苴之禮行詩箋以果實相遺者必苞苴之又曰苞苴裹魚肉或以葦或以茅終軍白麟對苴白茅於江淮與葅同義又模麻語馬者御六韻 **沮** 水名書灉沮會同沮洳漸溼之地韓愈南山詩春陽潛沮洳皆音平聲又姓沮渠蒙遜沮渠本匈奴官名其先以官爲氏又世本沮誦黃帝史官又語御二韻 **砠** 土山戴石詩陟彼砠矣監本注石戴土誤 **岨** 石山戴土 **蒩** 茅藉封建用之亦作租通作苴又模韻 **菹** 淹菜爲菹周禮七菹又澤生草者曰菹孟子驅龍蛇而放之菹說文酢菜也亦作葅 **諏** 詩周爰咨諏左傳咨事爲諏又尤韻 **娵** 娵訾星名又少也 **掫** 擊也見廣韻又尤有二韻 ○ **徐** 祥於切緩也安也行也說文亦作俆又州名又姓亦作邪 **邪** 詩其虛其邪謂威儀虛徐也又見上又遮韻 ○ **書** 商居切紀也著也凡載籍通謂之書 **舒** 伸也展也緩也遲也叙也徐也國名又姓 **紓** 緩也又語韻又常恕切 **瑹** 美玉一曰笏也禮記諸侯瑹本亦作荼 **荼** 又模麻二韻 **鵌** 似鳧亦作舒爾雅舒鳧鶩 **輸** 輸送俗謂勝負爲輸贏又御韻 **隃** 北陵名又蕭御二韻又見上 **鄃** 清河縣 **毹** 氍毹毛席又織毛褥亦作毺 **毺** 三輔黃圖溫室地以罽賓氍毺 **褕** 裂繒 ○ **諸** 專於切之也之於也辯也衆凡也又疑辭又禮記內則注以諸和水釋文乾桃乾梅皆曰諸 **䃴** 礛䃴青礪 **蠩** 蜛蠩蟲名廣韻蜛蠩一頭數尾長二三尺左右有脚狀如蠶可食又見下 **豬** 爾雅豕子豬俗作猪又瀦水亦作瀦書彭蠡既豬禮記汙其宮而豬焉謂池其池也左傳襄二十五年規偃豬杜預曰偃豬下濕之

地櫫榾櫫杙也又有所表識也見周禮注渚小洲杜甫詩江敛洲渚出作平聲又語韻朱赤也說文赤心木又姓古邾子後又見下珠珠貝袾
邾國名誅責也周禮宰夫以告而誅之禮記齒路馬有誅又殺戮釋名罪及餘曰誅古作列列廣韻列殺也又胥韻裯爲姓崇求充肥也又巧韻
蛛蜘蛛爾雅作鼅鼄跦跦行貌左傳昭二十五年鸜鵒跦跦袾荀子天子袾裷衣冕與朱同又袾襦短衣袾廣韻詛也咮廣韻鳥口多言貌又尤御宥三韻
侏侏儒短人左傳及漢東方朔傳作朱○除長魚切去之也階也又門屏之間曰除又拜官曰除如淳曰凡言除者除故官就新官毛晃曰凡得代亦謂之除韓愈除
官赴闕是也又御韻蜍蟾蜍蝦蟆也一曰鼀本作蠩俗讀蟾蜍爲余音誤蠩張衡靈憲論羿請不死之藥於西王母羿妻常娥竊之奔月宮遂託身是爲蟾蠩抱朴子蟾蠩
壽三千歲者頭上有角頷下有丹書八字宁門屏間亦作著又御韻著朝內列位左傳朝有著定又曰會朝之言必聞于表著之位顏師古注五行志曰朝內列位有定處
所謂表著也音除又音直庶切陸德明左傳釋文音張佇切二音並通又門屏間詩俟我於著乎而有三音又見御藥二韻儲副也太子謂之儲君又待也貯也又姓躇
躊躇猶豫又住足也又御藥二韻篨籧篨竹席又口柔也屠休屠匈奴王號休音朽又模韻滁水名州名戰國時楚地梁爲南譙州隋改爲滁州廚庖屋
从广从壴从寸作廚誤躕踟躕行不進貌作躝誤裯牀幬又禪衣又交尤二韻幬幬轂華考工記欲其幬之廉也又交尤效三韻○殊慵朱切別
也異也斷也左傳斬其木而弗殊注殊絕也漢律殊死謂斬刑銖說文十黍重曰銖殳殳擊也凡字从殳者亦作殳若毆毆之類是也說文杖也又兵器亦作杸上从几音殊
鳥短羽也與几案字不同又隊韻杸或作殺又都外切棸詩何戈與殺恐傳寫之訛以木爲示當是投字今不敢改也洙水名在魯[illegible]瑩也○如
人余切似也往也又姓又與然同語中中如也易突如又御韻茹相牽引貌又恣也又姓又茅根又語御二韻洳沮洳漸溼之地韓愈南山詩春陽浮沮洳音平聲又御韻
鴽鴾也月令田鼠化爲鴽儒司馬相如傳注有道術皆曰儒又侏儒短人濡沾濡又滯也又支銑二韻襦短衣監本从示誤懦駑弱亦作儒荀

子偷儒懼事又罕銑翰藏箇五韻 **嚅** 囁嚅多口 **臑** 廣韻嫌而貌又先叉銑效四韻 **醹** 酒厚又語韻 ○ **袽** 女居切絮緼易繻有衣袽 **帤** 巾也

幡布 **拏** 牽引亦作拏又麻韻 **挐** 同上韓愈聖德詩獸盾騰拏又莒拏人名又麻韻 ○ **樞** 抽居切戶樞又刺榆木又尤韻 **⿰王雩** 玉名 **姝** 美好貌

摴 摴蒱老子入胡作又秦相摴里子 **攄** 舒也又摛也 **樗** 惡木也似椿而疎詩采荼薪樗本作樗又禡韻 **貙** 獸似貍立秋日祭獸 ○ **閭** 淩如

切里門周禮五比爲閭二十五家也又侶也居也幷閭木名見相如賦又曰奄閭軒于張揖曰奄閭蒿也子可治疾 **臚** 皮也腹前曰臚又陳也漢郊祀歌臚所求又傳也鴻臚官名漢

景紀大鴻臚奏讀策誄百官表典客更名大鴻臚應劭曰郊廟行禮讚九賓鴻聲臚傳之也竝無音叔孫通傳太行設九賓臚句傳蘇林曰上傳語告下爲臚下告上爲句師古曰臚音盧廣

韻引韋昭注百官表曰鴻大也臚陳序也欲以禮大陳序賓客也今表無此注當是顏氏刪去之唐書和逢堯傳攝鴻臚卿字作盧亦當從漢書音 **盧** 同上又黑也亦作纑驢又模韻

廬 寄也舍也州名山名周禮十里有廬漢志在楚曰廬又模韻 **櫚** 栟櫚椶木亦作閭 **藘** 茹藘蒨草 **慮** 思慮又縣名無慮在遼東取慮在臨淮且慮在遼西

漢志竝音廬又御韻 **蘆** 廣韻漏蘆藥名又模韻 **驢** 馬類 **僂** 悅也一曰僂僂恭謹貌又尤韻 **膢** 飲食祭冀州八月楚俗二月漢制立秋出獵因祭宗廟曰貙膢

又尤韻 **婁** 曳也詩弗曳弗婁又尤語有御四韻 **鏤** 屬鏤劍名又宥韻 **蔞** 草中翹翹者又尤語二韻 **漊** 漊漊雨貌又語有二韻 **瘻** 病瘻曲脊貌

氀 罽也一曰毛布 ○ **趨** 逡須切走也鄭康成曰行而張足曰趨亦作趣廣韻俗作趍又御屋二韻 **騶** 禮記車驅而騶荀子騶中韶濩又尤宥二韻 **蛆**

蟲也又子余切蝍蛆螋蚣也 **取** 漢地理志取慮縣在臨淮郡又語有御三韻

六模

模 莫胡切規範說文法也亦作橅䕼模 **橅** 漢韋元成傳莫規橅可見 **摹** 說文規也通作模橅以手亦作摸漢書規摹弘遠師古曰取喻規摹謂立制垂範 **[illegible]**

同上又摸撫廣韻手模也又捫也又手捉又藥韻 謨 訏謀已定亦作謩 謩 同上 膜 胡人膜六長跪拜也又藥韻 母 [illegible]餌也禮八珍有淳母母模也又厚

加桼上沃以膏曰淳母又姥韻 ○ 鋪 滂模切設也陳也布也又門之鋪首所以銜環者作龜蛇之形以銅爲之故曰金鋪又暮韻又見下 痡 病也 𨂂 馬蹀跡也

䅫 大豆也亦作秿 鯆 魚名廣韻江豚別名天欲風即見亦作鱄 誧 謀也諫也大也又姥暮二韻 ○ 逋 奔謨切逃也欠也顏師古曰欠負官物亡匿不

還者皆謂之逋故又訓負 晡 日加申時 餔 食也孟子徒餔歠也離騷餔其糟又暮韻 ○ 租 宗蘇切田稅 菹 茅菹藉封諸侯用之菹之言藉也亦作租

又魚韻 苴 同上周禮鄉師注葙士虞禮所謂苴刌茅長五寸者是也又魚麻語馬者御六韻 ○ 徂 叢租切往也亦作且 且 詩士曰既且又魚語者三韻

殂 詩放勳乃殂落 ○ 鉏 崇謨切釋名助也田器說文立薅斫也亦作鋤耡爾雅舂鉏鷺也又誅也 耡 耕耡又民相助耕周官興耡利甿又暮韻 鶵 莊子

南方有鳥其名鵷鶵注鸞鳳之屬 雛 鳥子生而啄者曰雛亦作鶵 䅳 稯穰 媰 嫠婦說文婦人妊娠 ○ 蒲 薄胡切草名地名亦作莒蒲漢天子卧內

以青規地曰青蒲又樗蒲博戲又作蒱 酺 大酺飲酒作樂一曰災害神能生蟓螟之屬周禮族長祭酺有兩音注族長無飲酒之禮因祭酺而與其民以長幼相獻酬焉漢賜酺服

虔音蒲文穎音步師古曰酺之言布也王德布於天下而合聚飲食爲酺又唐無酺禁亦賜酺者蓋聚作伎樂高年賜酒麪又暮韻 蒱 樗蒱又與蒲葦字同荀子柔從若蒲葦

莆 三輔黃圖莒莆百本又莆田縣名又莆葥 匍 匍匐 苻 左傳昭十八年子太叔興徒兵以攻萑苻之盜 瓿 小甖又有韻 艀 艇也 ○ 都

東徒切天子所宮曰都又十邑曰都周禮四縣爲都左傳邑有先君之主曰都又小曰邑大曰都又揔也美也盛也司馬相如傳雍容閒雅甚都又居也東方朔傳都卿相之位 闍

闉闍城上重門又遮韻 ○ 徒 同都切徒黨又步行也空也隸也又但也徒善徒法是也又空手而敵曰徒搏無舟而濟曰徒涉 途 路也亦作塗涂 涂 周禮

澮上有涂涂容乘車一軌又水名又麻韻 塗 孟子塗有餓莩又泥也杇也抹也又姓又殯謂之塗又麻韻 峹 峹山古文尚書作嵞說文亦作嵞書娶于塗山謂塗山氏左傳

禹會諸侯於塗山又曰穆有塗山之會杜預曰在壽春界巢縣

鍍 廣韻以金飾物通作塗又暮韻 **荼** 苦荼又魚麻二韻 **稌** 禾穗 **圖** 謀也畫也圖書文籍也又浮圖漢桓帝祠浮圖老子注曰浮圖今佛也又塔也亦作浮屠唐書太宗復立浮圖今謂僧曰浮圖 **屠** 殺也裂也刳也又姓又地名詩出宿于屠又魚韻 **瘏** 病也 **駼** 騊駼獸名一曰野馬 **菟** 楚人謂虎於菟說文作䖘亦作檡又飛菟神馬又暮韻 **檡** 漢書班固敘傳楚人謂虎爲於檡又陌韻 **捈** 引也揚子捈中心之所欲 **稌** 沛國呼稻爲稌利下濕內則折稌又姥韻

○ **盧** 龍都切黑也从虍从由从皿由音甾今作盧湛盧劍名韓盧犬名蒲盧蜾蠃鹿盧汲機頭盧首骨當盧馬首飾又與罏同又姓又魚韻 **鑪** 罌也亦作盧[illegible] **鑪** 火器左傳邾莊公廢于鑪炭又酒器又鑪冶亦作爐 **爐** 漢尚書郎給女史二人執香爐燒薰 **壚** 土黑而疏書下土墳壚又酒壚亦作盧相如令文君當盧 **玈** 黑也左傳玈弓矢千書作盧 **黸** 說文引方言齊謂黑爲黸揚子彤弓黸矢 **矑** 目童子 **櫨** 柱上柎曰薄櫨亘楷廣韻枅也又曰柱也又木名 **獹** 韓獹犬也通作盧詩盧令 **纑** 布縷 **瓐** 碧玉 **艫** 船頭刺櫂處漢武南巡舳艫千里又舟名唐楊元琰與張柬之共乘艫江中 **𤬪** 𤬪瓠亦作蘆五代史牛蹄突厥其水曰瓠𤬪河 **轤** 轒轤汲機亦作盧枚秉傳注井鹿轤 **鱸** 魚名 **籚** 矛戟柄亦作蘆盧 **廬** 考工記秦無廬輪輿弓廬鄭司農云讀爲纑又國語侏儒扶盧亦與籚同又魚韻 **瀘** 水名 **蘆** 葦屬又魚韻 **顱** 首骨亦作盧漢武五子贊頭顱相屬於道

○ **奴** 農都切說文奴婢皆古罪人周禮其奴男子入于辠隸女子入于舂槀今通謂僕隸爲奴又姥韻 **孥** 子也亦作帑[illegible] **帑** 同上又金幣所藏又烏尾曰帑見左傳襄二十八年又養韻 **砮** 石可爲矢鏃又礪也 **駑** 駑駘下乘 **笯** 鳥籠屈原賦鳳凰在笯兮雞雉翔舞又麻暮二韻

○ **胡** 洪孤切何也頷須也又姓說文牛頷垂也方言東齊秦晉之間謂戟之大者曰鍜胡又犛纓無文理者曰曼胡禮記深衣注垂下曰胡又菰米曰彫胡又盧胡笑貌孔叢子盧胡大笑應劭傳掩口盧胡又禮器左傳哀十一年仲尼曰胡簋之事注夏曰胡周曰簋又匈奴 **乎** 說文語之餘也亦作虖柳宗元曰疑辭也又音呼 **壺** 酒器又瓠也詩八月斷壺[illegible]十一壺千金 **瓠** 瓠也亦作壺瓠又暮韻 **瑚** 瑚璉[illegible]廟器禮

記殷之六胡左傳作瑚又珊瑚生海底 **餬** 饘也[illegible]也左傳餬口寄食也 **[illegible]** [illegible]臥[illegible]屬 **弧** 木弓也弦木爲弧禮記桑弧孤左傳桃弧史記檿弧 **箶** 竹[illegible]籠[illegible]

湖 說文大陂 **狐** 妖獸亦作狐 **[illegible]** 爾雅貍狐貛[illegible] **鶘** 鵜鶘水鳥一名汙澤一名淘河頷下胡大如數升囊好羣入澤中抒水食魚一名姻澤 **糊** 粘也

又糢糊漫貌杜甫詩隨背錦糢糊又曰子璋髑髏血糢糊 **臺** 左傳臺駘人名臺音胡駘音台又臺駘地名禮記敗於臺鮐駘音台左傳作狐駘駘音苦又音台臺古壺字又皆韻

○ **孤** 攻乎切負也獨也又幼而無父曰孤二十不爲孤又三少曰孤又寡德曰孤侯王稱孤凡孤恩孤負當用孤字俗作辜非 **辜** 辠也又十一月爲辜 **姑** 爾雅

父之妹爲姑婦稱夫之母曰姑婿稱妻之母爲外姑又蒲姑亳姑地名金僕姑箭名又姑息苟安也又且也左傳姑已若何 **酤** 一宿酒說文買酒也亦作沽論語沽酒市脯又沽沽

二韻 **沽** 賣也說文作𠘧文姥暮二韻 **𠘧** 說文秦以市買多得爲𠘧引詩我𠘧酌彼金罍又引論語沽諸作𠘧諸又姥韻 **觚** 飲器受三升說文鄉飲之爵又方也棱也

史記破觚爲圜後漢杜林傳破矩爲圓注觚亦方也又竹簡陸機文賦或操觚以率爾 **柧** 棱也亦作觚說文柧棱殿堂上最高處 **[illegible]** 竹簡亦作觚 **箛** 吹鞭又竹

名 **軱** 莊子軱戾大骨或云槃結骨 **苽** 彫苽亦作菰 **呱** 小兒啼聲詩后稷呱矣書啓呱呱而泣 **[illegible]** 字林鏷[illegible]箭矢名左傳作僕姑 **橭** 山榆玉篇

木四布也 **罛** 魚罟亦作罛罛 **鴣** 鷓鴣 **蛄** 螻蛄蟬屬 **盬** 陳楚人謂鹽池爲盬又姥韻 ○ **枯** 空胡切朽也槁也 **刳** 剖也判也屠也虛其

中也 **侉** 怯也又麻韻 ○ **呼** 荒胡切喚也歎也出息也亦作嘑虖乎戲評謼又暮韻凡歎息招呼則平聲小爾雅烏呼吁嗟醫書一呼一吸爲一息杜甫詩呼兒問煑

魚之類是也叫號而呼則去聲詩式號式呼左傳倉葛呼之類是也 **嘑** 同上說文號也又暮韻尋說文之義則號呼之呼可於平去二聲通用但歎息招呼之呼不可作去聲用

虖 顏師古曰漢書烏虖歎辭說文哮也廣韻虎吼 **謼** 廣韻大叫賈誼傳貴大臣有罪猶未斥然正以謼之也又暮韻 **膴** 無骨腊又語姥二韻 **憮** 覆也一曰大也

詩昊天泰憮 **滹** 滹沱水名禮作虖池 ○ **吾** 訛胡切我也又姓昆吾國名山名吴五吾人名又音牙允吾隴西谷名允音鉛 **吴** 國名又姓譁也大言也亦作吳

又禡韻吳篆說文吳从口从夨夨音仄又音劣吳志云無口爲天有口爲吳乃借爲吳字鋘錕鋘山出金色赤如火可作刀切玉亦作鋙相如賦作昆吾鋙列子

西戎獻錕鋙之劒長尺有咫切玉如切泥琨琨珸石次玉梧木名又榰梧亦作梧項籍傳莫敢枝梧如淳曰梧音吾枝猶枝扞也薛瓚曰小柱爲枝邪柱爲梧今屋斜柱是

也謂諸將不敢枝梧營救也又琴也莊子惠子之據梧又暮韻牾榰牾郚地名鼯飛生鼠一曰五技鼠浯浯溪在零陵郡唐元結作中興頌磨崖刊石

齬齟齬見廣韻又魚語二韻○麤倉胡切說文行超遠也又疏也大也物不精也亦作觕粗麄觕公羊傳觕者曰侵精者曰伐又略也粗禮記其器

高以粗其聲粗以厲莊子道之粗小大精粗又姥韻○烏汪胡切黑也何也亦作惡小爾雅陽烏鴻鴈[illegible]黑反哺謂之烏小而頸白不反哺者謂之鵶又烏烏秦聲噫烏

恚怒聲惡論語惡乎成名孟子居惡在又暮藥二韻洿濁水不流一曰窊下亦作汚汙又暮韻監本注作窊下誤杇涂墁器故因謂涂墁爲杇論語不可杇也說文

所以涂也亦作圬圬左傳圬人以時塓館宮室於於呼歎聲亦作嗚烏又歌聲李斯傳歌呼嗚嗚又魚韻嗚又暮韻○蘇孫租切草名木名蘇

也桂荏之屬也亦作穌史記韓信傳樵蘇後爨注蘇取草也莊子蘇者注蘇草也方言蘇草芥也江淮南楚之間曰蘇自關而西或曰草或曰芥又與甦同小爾雅死而復生謂之大蘇又流

蘇盤線繪繡之毬五綵錯爲之同心而下垂者是也蘇猶鬚也又散貌以其縈下垂故曰蘇今人謂條頭縈爲蘇薛瓚注漢書作流遡又氣索貌易震來蘇蘇又見下穌同上息也

舒悅也死而更生也亦作蘇書后來其蘇集韻作甦蘇屠蘇草菴酥酪屬又酴酥酒名藥名或作𨢥亦作蘇○初楚鉏切始也舒也从衣从刀芻

爾雅秆謂之芻又芟草說文刈草也又牛羊曰芻以所食得名俗作蒭非中从屮音草○蔬山鉏切菜揔名亦作疏周禮臣妾聚斂疏材鄭康成曰疏材一曰草根實可食者

疏不熟曰饉俗作蔬梳櫛疏者曰梳細者曰枇以梳理髮亦曰梳杜甫詩一月不梳頭亦作䟽楊埜傳頭蓬不暇梳疎稀也又菜荀子葷菜百蔬俗作䟽䟽同上

又親疎又姓又通也遠也窻也扶疏枝葉貌又麤也漢書音義分也又釃也禹決江疏河是也疏布傳疏爵而貴之又菜王[illegible]須離疏釋[illegible]又[illegible]綃繚孟子齊疏之服又渠疏杷也俗作䟽又暮

[illegible]

韻 練紀屬 蘇扶蘇木名又見上 疋[illegible]上 斯析也詩斧以斯之又支韻 釃下酒也詩付以筐漉酒〻釃又見支紙韻 疋足也从口不合从止
疋音即凡說疏楚胥字皆从疋與疋字不同又馬韻 ○ 敷芳無切散也施也布也亦作尃鈇傳从甫从方从文說文作敷敷 旉易震爲旉華文云花之總名鈇爲花
貌謂之敷 鋪左傳引詩鋪時繹思音敷又暮韻又見上 傅漢文帝紀傅納以言宣帝紀傅奏其言師古曰傅讀曰敷又暮韻 尃說文布也徐曰布以法度也亦作溥
懯急速貌列子嘽咺懯懯釋文懯亦作怤 怤方言懯付急性也唐有陳怤爲李栖筠所劾又思也悅也 荂華榮又麻韻 莩草也一曰葭中白皮又嘯韻
殍餓死者曰殍亦作莩 稃穀皮 桴屋檼又編竹木大曰筏小曰桴又擊鼓杖亦作枹又尤韻 泭編木渡水通作桴又水上泭漚 孚信也又卵化也徐鍇
曰鳥之孚卵皆如其期故以爲孚信字从爪从子會意也 俘取也因也軍所虜獲也春秋莊六年齊人來歸衛俘三傳皆曰衛寶杜預曰俘囚也疑經誤臣案俘取也與書俘厥寶玉
同義經以所取言之傳以其物言之非經誤也 罦車上網詩兔爰注覆車也郭云今之翻車大網也亦作罘又尤韻 罘子虛賦作罘注罘覆車也即幡車網又尤韻
郛郭也 膚皮也大也美也傳也又膚淺喻如在皮膚不深也又碩膚碩充實也膚篤厚也又四指爲膚公羊傳膚寸而合亦作扶 扶公羊傳注側手曰扶案指曰寸
又曰扶寸而合禮記投壺矢堂上七扶亦作膚又見下 枹擊鼓杖亦作桴又爻尤二韻 夫大夫丈夫古者一夫受田百畝故謂百畝爲一夫又與玞同董仲舒傳猶武夫
之與美玉相如賦注武夫赤地白采又見下 跗足背亦作趺又俞跗古良醫亦作榆柎又暮韻 秩稻再生廣韻里秩 鈇莝斫刀蒼頡篇斧也 玞珷玞石次
王亦作碔砆 柎華下蕚詩箋作不亦作蕚說文闌足又暮韻 不詩棠棣之華鄂不韡韡鄭云當作柎蕚足也古聲柎不同陸云柎亦作跗又不然也不可也又尤有宥術
四韻 紨廣韻細布漢昌邑王傳嚴延年女羅紨文選作敷 鄜左馮翊縣隋置鄜州 ○ 扶逢夫切扶持佐助也又扶疏盛貌廣韻作扶 符符契符信
[illegible]之爲言扶也兩相符合而不差也一曰符也輔也所以輔信又合也驗也證也 苻草名又姓晉有蒲洪其孫堅背有艸付字遂改姓 夫發語辭又語已辭柳宗元曰疑

辭也又有所指之辭如論語二三子也孟子夫有所受之也夫人謂此人也又猶言凡人也 **鳧**野鶩从鳥从几今作鳧監本作鳬誤 **颫**風 **蚨**青蚨蟲子母不相離故人謂錢爲青蚨 **浮**浮汎也在上曰浮又尤韻 ○ **無**微夫切有無之對篆文作𣞤今作無當作無亦作无亡武曼佩觿集曰寒無之字是謂隸變其逸駕有如此者案無字本是蕃𣞤字變林字爲四點非撇火也 **无**說文通於元者虛無道也无與无不同无音旣監本誤作无 **亡**漢律歷志亡射列子亡所不爲相如賦亡是公竝音無又陽韻 **武**禮記詔侑武方鄭曰武讀爲無集韻無亦作武又見姥韻 **曼**揚子聖人曼云音無又音漫又寒諫翰三韻 **毋**禁止勿爲之辭通作無案禮記禁止字皆作毋書作無若無摠于貨寶無若丹朱傲詩無貳爾心之類論語毋自辱焉毋意毋必毋固毋我漢書車千秋傳引書毋偏毋黨孔光傳引書毋曠庶官韋元成傳周公作毋逸又胡毋毋丘複姓篆文从女內有一畫象有姦之形禁止之勿令姦古言毋猶今言莫也陸德明曰毋與父母字不同俗本多亂讀者皆朱點毋字从无音非也母从女中有二點象兩乳形 **蕪**荒也草也又草名 **巫**巫覡又姓 **誣**詐也𧦝也謗也罔也 **𦈣**罟也

七皆

皆居諧切俱也从比从自白古自字俗作皆 **偕**彊也俱也 **階**級也陛也梯也砌也 **堦**級也陛也砌也通作階 **荄**草根亦作核又見下 **核**漢五行志孕毓根核師古曰核亦荄字又見術陌韻 **稭**禾稾亦作稭 **湝**湝湝水流盛貌一曰寒也又見下 **痎**痁疾說文二日一發瘧 **喈**和聲 **楷**木名孔子冢上多此木又解韻 **街**四通道 ○ **緒**丘皆切文絲 **偕**徘偕行惡 **揩**摩也擦也又泰韻 ○ **諧**雄皆切和也合也調也偶也 **湝**水流盛貌詩淮水湝湝 **骸**百骸說文脛骨 **膎**脯也又肉食肴 **鞵**說文革生履亦作鞋 **鞋**同上 **鮭**魚名出吳志又鮭龍神名又圭睽蹊三音 ○ **乖**公懷切不和也異也戾也 ○ **懷**乎乖切思也來也服也安也胃臆也東藏也方言至也又抱也和也包也書懷山襄陵漢書作褱古作褱 **褱**

說文壬北方陰極陽生故曰[illegible]戰[illegible]者接也象人裹妊之形又紬也藏也 櫰 爾雅木大葉而黑曰櫰似楙而葉差小又灰韻 槐 木似櫰葉細而不黑花黃可染周禮面三槐三

公位焉又灰韻 瑰 玫瑰火齊珠又灰韻 淮 水名出胎簪山禹貢導淮自桐柏 ○差 初皆切擇也簡也又夫差吳子名夫音扶又支歌麻泰卦禡六韻

輂 卻車抵堂張衡賦輂於東階一曰連車篆作𨏥今省文又支韻 釵 婦人歧笄說文本作叉 叉 同上又兩枝說文手相錯今人曰叉手又麻韻 靫 鞴靫盛箭

室鞴音步子虛賦注作步又麻韻 ○齋 莊皆切潔也莊也恭也六經多作齊蓋古通用後人於其下加立心以別之耳記齋之爲言齋也韓康伯曰洗心曰齋又燕居之室

曰齋歐陽脩曰齋之爲言若於此而齋戒也又支韻 齊 又支齋濟霽四韻 ○豺 牀皆切狼屬食羊月令仲秋豺祭獸 儕 等也輩也類也 柴 薪也姓也

瘦也又植貌莊子柴立其中央又柴胡廣韻作茈葫又寘泰二韻 祡 說文柴燎祭天詩書作柴 ○排 步皆切推也擠也斥也又泰韻 俳 俳優雜戲漢書詼笑

類俳倡 𧒂 蚌狹長者亦作𧒂又迸韻 篺 大桴 牌 㯭牌俗呼盾爲牌 ○埋 謨皆切瘞也亦作薶貍 薶 爾雅祭地曰瘞薶 貍 齊韻

鄰知切狐貍又術韻 霾 風雨土又霾齊泰二韻 ○簁 所皆切下物竹器簁籭也古以爲玉柱故字从玉作簁今作篩亦作篩又支紙二韻 ○崖 宜皆切山

崖也 涯 水際又微麻二韻 睚 目際又睚眦怍目相視貌亦作厓又泰韻 ○咍 呼來切笑聲 ○衰 所該切微也減也耗也亦作𧝎又灰歌二

韻舊作所追切 𧝎 同上說文減也一曰耗也廣韻病也 ○開 丘哀切闢也解也啓也條陳也亦作闓俗作開 闓 又解泰二韻 ○該 柯開切備

也咸也皆也載也又軍中約也亦作晐賅 晐賅 同上又贍也具也莊子百骸九竅六藏賅而存焉 剴 一切也近也廣韻大鎌一曰摩也又泰韻 祴 祴夏古樂

章名周禮笙師𢻹祴樂通作陔 侅 奇侅非常又音亥 垓 八極又隄也垓下地名在沛郡風俗通十萬曰億十億曰兆十兆曰經十經曰垓亦作晐 畡 國語王者舉九

畡之田 胲 頰下亦作頦又足大指又備也莊子臘者之有膍胲又解韻 頦 韓愈記夢詩我手承頦詩柱座又音孩 陔 階次又[illegible]也又重也亦作[illegible]漢郊祀歌專

精厲意逝九閡如淳曰閡亦陔也陔重也謂九天之上也師古曰協韻音改是本音該也宜從平上二聲通用 峐 山無草木 荄 草根方言荄根也亦作核又見上 絯

束也掛也又解韻 ○ 孩 何開切廣韻始生小兒案孩者小兒將學語時能鼓頷也莊子未至乎孩而始誰是也今俗謂頷下亦曰孩韓愈詩提孩巧相如 咳 禮記

咳而名子又小兒笑貌又泰韻 ○ 哀 於開切悲哀从衣从口口悲傷之見於衣服也 埃 細塵 娭 藝也 欸 歎也揚子翦牙欸注言王翦助秦之惡牙欸言

切齒而怒也欸怒聲又解泰二韻 ○ 皚 魚開切霜雪白貌 敱 理也又隤敱高陽才子 ○ 胎 湯來切說文婦孕三月凡孕而未生皆曰胎古作台

台 三台星史記作能又天台山名又微韻 能 又見下 邰 國名說文周棄外家亦作斄駘 斄 漢郊祀志后稷封于斄又見下 駘 左傳金天氏子曰昧

生允格臺駘又臺駘地名又曰魏駘芮岐畢吾西土也又見下又解韻 ○ 臺 堂來切四方而高曰臺又輿臺左傳僕臣臺又夫須草詩南山有臺又模韻 儓 陪儓

臣也方言農夫之賤稱南楚凡罵庸賤者謂之儓左傳作臺 籉 廣韻可以禦雨即簑衣也古作臺詩臺笠緇撮 箈 廣韻竹萌又見泰字韻 駘 駑馬又臺駘地名又

脫也崔寔政論馬駘其銜又蹋也史記天官書兵相駘藉亦作跆 跆 蹋也又廣韻蹋跆連手唱歌 炱 煤也亦作炲 菭 說文水衣又蘚也亦作落 箈 周禮

醢人箈菹鴈醢注箈謂水中魚衣與菭同鄭康成曰箈箭萌與箈同又解泰二韻 薹 夫須草亦作臺廣韻云芸薹 鮐 魚名又音台貨殖傳鮐鮆數千斤 ○

能 囊來切鼈三足又能屬足似鹿又湯來切三能又庚泰二韻 ○ 來 郎才切往來及也還也至也麥也亦作釐又招之也亦作倈徠又齊泰二韻 釐 劉向

封事貽我釐麰師古曰釐力之切又讀與來同又齊韻 徠 漢禮樂志天馬徠又徂徠山名詩徂徠之松孫諤陳乞如已押來字郎徠義同不得雙押如徂徠山名義異者非又泰韻

倈 董仲舒策綏之勑來又泰韻 棶 麥也亦作來又齊韻 萊 藜草說文蔓草周禮山虞注除其草萊曰萊山田又泰韻 騋 馬七尺詩騋牝三千 斄 莊子

今夫斄牛注旄牛也廣韻作犛 ○ 䚡 桑才切角中骨 顋 頷下俗作腮 思 同上左傳于思于思又思慮詩悠悠我思協韻音息又支寘二韻 罳 罘罳

□也亦作偲又支韻 毸毰毸張羽或作毸 䰄髬䰄多鬚亦作思又支韻髬音丕 ○猜倉才切測也疑也恨也青下从丹非从月也 偲□又支

韻 ○哉將來切始也又歎辭說文言之閒也栁宗元曰疑辭也亦作材 材論語無所取材鄭曰一說桴材也音與才同一說材讀曰哉古文材哉同又見下

災禍害籀文作𤆎說文作灾裁菑巛左傳天火曰災从巛中一巛與川同川壅爲災 灾同上 烖周禮作烖記怨烖及其身 菑詩無菑無害又支寘二韻

栽種蒔又泰韻 ○裁牆來切剸也制衣也又裁度也又泰韻 才說文艸木之初又才能也用也質也力也从士字下達又與纔同晉謝鯤傳才小富 材

說文木挺又才之成也書任官惟賢材 財說文人所寶也貨也賄也又與裁同易后以財成天地之道荀子財萬物畺錯傳財擇翼奉傳財察又與材同孟子有達財者畺錯傳資

財不下五帝又與纔同楊雄傳財足以奉郊廟 纔僅也淺也暫也又雀頭色紫黑色也亦作裁馬援傳裁知書又但取衣食裁足栽封數百户又覃韻 鼒鼎圓而掩上者詩鼐

鼎及鼒又支韻

八灰

灰呼回切火過爲灰 豗相擊又喧豗鬨聲又作虺 虺病也詩我馬虺隤又喧虺詩虺虺其雷陸德明音毀誤又賄韻 麾旗屬許氏說文篆作麾旌旗所以指

麾也今文作麾漢書作戲又手指撝左思五君詠一麾乃出守與撝同詩麾之以肱 撝說文裂也又手指麾也亦作揮易撝謙注謂指撝皆謙 戲項羽傳戲下注大將之旗

師古曰漢史通以戲爲旌麾及拊麾字 隳毀也廣韻本作墮 墮春秋墮郈墮費穀傳墮名城說文作陸敗城𨸏曰陸又見箇韻 隋周禮大祝隋釁注血祭曰

隋□分 睢仰目視貌漢五行志禞衆睢睢莊子而目睢睢又睢盱視貌跋扈之貌廣雅盱盱元氣也又宣隹切縣名又水名 倠仳倠醜面淮南曰子嫫母仳倠 暉光

翬光也或作輝又火軫震寰三韻 輝 揮奮也振也動也散也指揮也亦作撝麾 徽美也善也張琴絃大索也一曰纆也說文參糾繩琴節曰徽从山非

徽 幟也褡也亦作麾 禕 蔽膝方言江淮之間謂之禕或謂之祓魏宋南楚之間謂之大巾關東西謂之蔽膝又后夫人祭服禮記夫人副褘又見下 翬 大飛爾雅鷹隼其飛也翬郭璞曰鼓翅翬翬然疾也一曰雉名爾雅伊洛而南素質五采皆備成章曰翬又翬衣后服禮記作褘鄭曰讀如翬翟雉名也刻繒而畫之著於衣服以為飾因以為名

楎 杙也橛也在牆曰楎一曰犂頭 ○ 恢 枯回切大也又大之也 悝 病也憂也悲也大也衛孔悝魏李悝又濟韻 詼 謔也調也謿也枚皐詼笑類俳倡 魁 斗首四星也後漢志魁方杓曲又魁帥凡為首者曰魁又賄韻俗作魁 闚 門中視 窺 小視 蘬 馬蓼 巋 山小而衆 𧢦 視也 ⿰禾癸 荒賁也

睽 卦名異也乖也外也說文目不相視也玉篇目少精也 暌 日入玉篇違也日月相違 聧 說文耳不相聽方言聾之甚者秦晉之間謂之聧 奎 宿名 刲 刺也割也 虧 缺也亦作虧⿸虍韋 虧 說文字 ⿸虍韋 考工記函人注韋無⿸虍韋與虧同 ○ 煨 烏魁切煨燼說文盆中火也 隈 水曲爾雅厓內為隩外為隈

畏 古隈字考工記當弓之畏又曰長其畏而薄其敝畏讀如隈又隊韻 椳 門樞又賄韻 ⿰糸畏 絲五色又女容服相如賦繆繞玉緌師古曰以玉為緌讀鄭曼姬之容服也緌即今所謂采緌垂纓者也 偎 愛也倚也列子不偎不愛 威 尊嚴也有威可畏也左傳賤有等威杜預曰謂威儀有等差 蝛 伊蝛一曰黍負詩作伊威爾雅蛜蝛委黍鼠婦別名

葳 葳蕤 逶 逶迤 委 委委行委曲也亦作倭爾雅委委佗佗美也又賄隊二韻 倭 同上詩周道倭遲又謹貌說文順貌 痿 痹濕病又見下 萎 草木枯又蔫也又賄隊韻 麍 委蹭麍 蜲 蜲蛇澤鬼大如轂長如轅紫衣朱冠惡聞雷車之聲則捧其首而立齊威公田於澤見之 ○

傀 姑回切偉也說文亦作瑰又賄韻 瑰 偉也又火齊珠又石次玉亦作瓌又音回又皆韻 櫰 木名葉大而黑又皆韻 ○ 規 居為切為圓器字統云丈夫識用必合規矩故字从夫又規求左傳規求無度唐書規影搖賦又子規鳥 𩀨 子𩀨史記作鳺 摫 摫裁製也方言梁益間裂帛為衣曰摫 瞡 小見貌荀子學者之嵬瞡瞡然 歸 入也還也公羊傳婦人謂嫁曰歸詩之子于歸春秋伯姬歸于紀又姓又州名國名春秋夔子國今歸州是也亦曰秭歸屈原之鄉籀文亦作𡚁俗作帰非又歸[illegible]

𢓜投也又指趨曰歸騩馬黑色監本作黑字又大騩山名又隊二韻嬀姓也又水名書釐降二女于嬀汭溈水名通作嬀龜甲蟲之長又姓梁士傳宣十二
年射麋麗龜杜預曰龜背之隆高當心者字象形俗作龜又尤韻佹戲欲貌列子佹佹成石俏成也又賄韻圭端玉亦作珪又六十四黍為圭上珪同閨
宮中門小者曰閨上圓下方如圭故曰閨門袿長襦婦人上服張揖注相如賦襳離袿也顏師古曰襳袿婦人長帶也窐甑下孔楚辭珪璋雜於甑窐亦作圭左傳篳門
圭竇邽地名蠲虫名又明也潔也洗也又先韻詩吉蠲有二音○回胡瑰切轉也違也邪也避也返也亦作囬迴迴又低回紆衍貌揚雄傳大道低回又賄隊
二韻囬漢蓋寬饒傳刺舉無所囬避迴荀子圖迴天下於掌上又賄隊二韻廻史記鄒陽傳墨子廻車徊徘徊不進亦作裵回又低徊猶徘徊也亦低垂
沉滯之意亦作徘徊徘佪俳音裴佪高后紀徘佪往來又徐佪運轉貌相如賦安翔徐佪揚雄賦徘佪招搖玉篇佪佪惛也佪息夫躬絕命辭鷹隼橫厲鸞徘佪
洄泝洄爾雅逆流而上曰泝洄詩泝洄從之槐桃槐西域國名又琅槐千乘郡縣名又木名見皆韻瘣病也一曰腫旁出詩小弁注壞瘣也有兩音又賄韻○
危吾回切險巇也疾也隤也不正也不安也又宿名山名峗三峗山書作危古文尚書作峗唐明皇易以今文古文遂湮滅矣嵬爾雅石戴土謂之崔嵬郭曰石
山上有土者詩陟彼崔嵬又崔嵬高峻貌又賄韻隗隗隗高也又人名李白詩昔時燕家重郭隗作平聲用又賄韻桅小船檣竿巍高大貌亦作嵬魏莊子
魏魏乎又隊韻犩如牛而大肉數千斤郭璞曰卽犪牛也又隊韻○堆都回切聚土楚辭陵魁堆以蔽視說文作𠂤班固賓戲注作敦亦作雈碓雈漢地理志
蜀守李冰鑿離碓晉灼曰崔也碓史記河渠書蜀守冰鑿離碓晉灼曰古堆字又隊韻鎚治玉亦作追敦又見下追同上又戎狄國名詩其追其貊又毋追夏冠名
亦作頧毋音牟又見下敦同上詩敦琢其旅又聚也詩敦彼獨宿又丘名班固賓戲欲從堥敦而度高乎泰山注如覆敦者曰敦丘音丁回切又見寒蕭軫隊效震眞七韻槌
擲也揚子槌提仁義又見下又隊韻槌廣韻擿也又見下頧母頧夏冠禮記作追磓聚石亦作磓廣韻落也亦作搥又隊韻○推通回切盪也擿

記進之也本作㸧又見下 焞 焞焞盛也俗作焞又眞韻 蓷 萑也詩中谷有蓷又見下 ○ 隤 徒回切摧也下隊也亦作頹又虺隤病也崔隤蹉跎貌漢廣川王傳

曰崔隤亦作僓 頹 同上又爾雅焚輪謂之頹郭曰暴風從上下也詩維風及頹廣韻亦作穨又虺頹病也郭璞曰虺頹元黃皆人馬病之通名說者便謂之馬病失其義也 僓

莊子僓然而道盡 𢚔 虺𢚔病也詩作虺隤爾雅作虺頹 魋 獸似熊而小又宋桓魋又見下 ○ 雷 盧回切又姓又黔雷天上造化神之名大人賦左元冥而

右黔雷又隊韻 靁 陰陽薄動之聲漢中山靖王傳聚蟁成靁桓譚傳畧靁同之俗語注靁之發聲衆物皆應俗人無是非之心出言同者謂之靁同又無所可否同聲一律亦曰靁同

亦作雷與上同 罍 酒器又盥器畫爲雲雷之象酒則取其陽氣發達盥則取其雷震之威以起敬也亦作罍櫑 罍 漢梁孝王有罍尊應劭曰詩云酌彼金罍畫雲雷之象以

金飾之鄭康成曰上蓋爲山雲雷之象今詩作罍 櫑 說文酒尊又賄韻 轠 擊也轠也揚雄酒箴爲瓽所轠 縲 網絡又累索亦作累纍 累 孟子係累其子

余本作纍司馬相如傳作絫又賄隊二韻 絫 同上又十黍亦作累纍 纍 同上又縲絡貌又纍得理也揚雄反離騷曰欽弔楚之湘纍李奇曰凡不罪而死曰纍又賄韻

虆 盛土籠本作虆亦作樏又歌韻 樏 禹山行所乘本作欙又賄韻 欙 求子牛亦作欙月令作累 羸 瘦也病也易大壯羸其角孔穎達曰羸拘纍纏也井象羸

其瓶孔曰鉤羸而覆之也 ○ 崔 倉回切邑名人名又姓又見下 縗 喪衣長六寸博四寸上曰縗下曰裳縗之言摧也言中摧痛也左傳襄十七年晏嬰麤縗斬杜預曰

縗在胷前亦作衰 衰 减也耗也左傳皆有等衰又皆歌二韻 榱 椽也說文秦名爲屋椽周謂之榱齊魯謂之桷 催 促也 ○ 杯 晡回切𥁞也又飯盂

又酒器亦作盃桮 盃 桮 同上又脈素盃子義猶桮棬也 悲 戚也惻也 陂 澤障曰陂黃憲汪汪如千頃之陂亦作波又歌未二韻 波 漢書弛山澤波

池師古曰波音陂又歌韻 羆 獸似熊黃白色 藣 草名又荀虡飾爾雅旄謂之藣又未韻从艸从罷 䉀 竹名 詖 詖波又辯論也慧也佞也辤頗又辯辭又未韻

碑 釋名碑者葬時所設臣子追述君父之功以書其上初學記碑悲也以悲往事也今人墓隧宮室廟屋之碣皆謂之碑又下窆鹿盧柱亦謂之碑禮弓公室視豐碑又支寘韻

卑下也賤也又見犀字韻庳[illegible]下也楄于庳則儀禮奔鞅斷又尾韻裨裨也說文接也益也又微韻錍說文鈭錍也从金卑聲傳[illegible]謂之[illegible]一曰斧
屢亦作鈚椑木名實似柹而青色文選閒居賦梁侯烏椑之柹荊州記宜都出大椑又見賓韻埤與卑同汙下也孟子爲淵敺魚注民思明君猶水樂埤下荀子埤汙庸俗
又見微尾二韻箄取魚竹器又尾韻鞞牛鞞縣在蜀又微尾梗三韻○丕鋪杯切大也書嘉乃丕績亦作丕又姓左傳有丕鄭胚說文孕一月又
器物杯衃凝血坏未燒陶瓦又見下醅酒未漉伾有力也衆也書至于大伾秠一稃二米黑黍也又尤賄二韻駓爾雅馬黃白雜毛今
桃花馬也說文黃馬白毛豾貍也鉟靈姑鉟旗名亦作鉟鉟左傳齊侯卜使王黑以靈姑鉟率吉廣韻刃戈韓愈會李正封聯句何當鑄鉅鉟是也怌慢也
揚子柔則怌狉羣走貌柳文鹿豕狉狉邳下邳地名又姓岯大岯山名說文山再成曰岯又曰山一成亦作伾又賄韻披開也分也散也又荷衣曰披亦
作被又賄未二韻被左傳襄十四年被苦蓋又見隊韻翍張羽破割肉開肉旇旗靡耚耕也㓟削也磇磇霜錍箭鏃
○枚謨杯切衆枝又姓毛詩傳枝曰條幹曰枚左傳南蒯枚筮之杜預曰不指其事汎卜吉凶書枚卜功臣周禮有銜枚氏顏師古注漢書枚狀如箸橫銜之繣繫於項繣結
礙也絜繞也又馬檛左傳襄十八年以枚數闔梅果名又姓煤炲煤灰集屋又煙墨玫玫瑰又火名唐朱玫莓草名又莓莓田美亦作每每左傳原田
每每又晦隊二韻䍙鳥網每草盛上从屮監本从山誤禖天子求子之祀月令仲春祠于高禖注以其爲神故从示佩觿集曰媒貴爲神其立敎有如此者漢書枚
皐傳作謀戾太子傳作禖从示从甘从木凡从某者准此俗作禖媒媒妁說文謀也謀合二姓也李陵傳媒蘖其短孟康曰媒酒敎也蘖麴也謂釀成其罪也師古曰齊人名麴餅
曰媒周禮注媒之言謀也謀合異類使和成也今齊人呼麴麩曰媒又隊韻塺塵也又箇韻脢背肉一曰心上口下易咸其脢亦作脄易釋文又音灰又晦隊二韻
鋂大也一環貫二詩盧重鋂說文子母環也酶酒也本通作媒眉說文眉目上毛方言東齊謂老曰眉郭璞曰言秀眉也詩眉壽注豪眉是也古作睂亦作麋

眉 揚雄賦宓妃曾不得施其蛾眉

麋 說文鹿屬从鹿米聲釋名澤獸也陸佃曰麋陽獸角始生一而後護耳博物志麋聚草澤而食其陽成泥名曰麋畯民隨之播稻其收百倍又與眉同荀子面無須麋又與鶥同又水麋又犨麋醜人文選吳都賦𩏧麋之與子都又姓麋竺

麛 麑子又凡獸子初生皆曰麛韓愈猛虎行子食赤豹麛又微韻

糜 粥也又爛也孟子糜爛其民賈山傳無不糜滅廣韻作𪎊又作靡从麻从米舊从木誤

穈 穄粟

醾 酴醾重釀酒廣韻作醿

湄 水草之交又水際亦作麋左傳孟諸之麋杜預曰湄也

楣 棟下橫楣楊妃傳君看女却作門楣舊云屋梠說文屋櫋皆非也

嵋 山名在蜀通作眉廣韻山形也

郿 地名也屬扶風毛詩王餞于郿後漢董卓家于郿塢

○垂 直追切自上縋下又幾也彊也說文遠邊也漢武詔親省邊垂元帝紀邊垂長無兵革之事左傳虔劉我邊垂亦作陲又人名書垂共工又隊韻

陲 同上說文危也

倕 重也又人名通作垂又隊韻垂陲倕義異者不妨重押

腄 東萊縣名主父偃傳飛芻輓粟起於黃腄師古曰黃腄二縣名郊祀志祠之罘山於腄又瘢胝

錘 權也亦作鎚一曰八銖又隊韻

鎚 同上又金鎚亦作椎又好銅半熟又見上

槌 廣韻與椎同又掛蠶薄柱又擲也擊也揚子槌提仁義又見上又隊韻

椎 漢張良傳爲鐵椎百二十斤又擊也擣也亦作捶又椎鈍不曲橈又棒椎又椎髻亦作魋

搥 擊也韓愈詩昨者州前搥大鼓又曰作樂鼓還搥又見上

魋 漢書尉佗魋結箕踞服音椎又見上

甀 小口罌又見隊韻

鬌 髮落又大果切

○隨 旬威切從也亦作遺卦名又姓名左傳漢東之國隨爲大亦作隋

遺 荀子引詩莫肯上遺楊倞曰遺讀曰隨又微隊二韻

隋 隋文帝以周齊不遑寧處故去辵作隋以辵訓走故也音綽又箇隊二韻

○隹 朱爲切鳺鳺也亦作鵻說文鳥之短羽者摠名今詩作鵻

鵻 同上詩翩翩者鵻亦作鵻

鵻 左傳祝鳩氏司徒也杜預曰祝鳩鵻鳩也孝故爲司徒主敎民

騅 馬蒼黑一曰蒼白雜毛曰騅

錐 銳也又器如鑽左傳錐刀之末史記錐之處囊其末立見

萑 草名爾雅作蓷詩傳同一名蓷說文䔞也詩云荒蔚也从艸从隹字不同若从隹音胡官切

[illegible] 大龜又微

戠

觿 佩角銳耑可以解結又微韻

鑴 鼎屬一曰日旁氣周官眡浸十煇三曰鑴又微韻

追 逐也隨也逮也又[illegible]名書追琢其章又見

[illegible] 雷也

甤 汝佳切草木華垂兒又華垂又賄韻 蕤 同上又姓賓律名 緌 冠纓又旄緌 綏 又同上周禮夏采建綏綏讀爲緌 ……尾……緌於橦上詩所
謂干旄者也謂凡旌旗之上皆注旄牛尾於竿首禮記武車綏旌左佳切綏謂垂舒之也是
與垂義相近王制天子殺則下大綏讀如緌注云綏有虞氏之旌旗也三才義四六又見下又脂
韻 棲 木名 桵 同上棫白桵也縣詩注 稜 禾四把亦作稜 ○ 雖 蘇回切設兩辭又惟也又蟲似蜥蜴 綏 安也又車中靶司馬法曰將軍死綏
綏者所執轡之總也一云綏退也春秋文十二年出戰交綏杜預曰司馬法從綏不及然則古
名退軍爲綏秦晉志未能堅戰短兵未致爭而兩退故曰交綏魏書云綏謂却有前一尺無却
一寸又綏綏安泰萎蕤貌荀子綏綏兮其有文章也又匹行貌詩有狐綏綏又見上 濉 水名亦作睢 睢 同上梁國有睢陽縣 眭 姓也 荽 香菜張騫使西域得
胡荽亦作葰鄴中記石勒改胡荽爲香荽 浽 小雨 挼 繫也 䭀 䭀䭀鳳舞或作䭀 蓷 草木華蓷 鞼 鞍帶 ○ 爲 于嬀切作造也說文母猴
也又姓風俗通漢有南郡太守爲昆唐書韋承慶事繼母爲又隊韻 韋 熟曰韋生曰革从口从舛口音圍又脂韋言其軟熟如脂如韋又依韋諧和不相乖離貌漢郊祀歌依韋饗昭
又 違 背也避也去之也又奔放曰違左傳凡諸侯之大夫違 幃 香囊一說單帳从巾从韋監本誤从心 帷 在旁曰帷帷圍也以自障圍也下帷書帷絳帷錦帷
姓殿帷董 闈 宮中相通小門 圍 環繞也範也圍也說文守也亦作韋漢成帝紀十韋以上又周也一圍五寸古作口又去聲 湋 水回又水名漢溝洫志關中靈
帷文帷
軹成國湋渠如淳曰湋水出韋谷 禕 爾雅婦人之禕謂之縭縭緌也郭璞曰即今之香纓又見上 ○ 葵 渠爲切爾雅揆也詩天子葵之說文菜也常傾葉向日左
傳葵猶能衛其足蕪城賦澤葵依井注莓苔 楑 柊楑椎也 鄈 地名有三一在汾陰漢祭后土處
也又柊楑椎也考工記大圭終葵首亦作楑 一鄈丘在河南又在陳留春秋作
葵丘在汾陰 逵 通道亦作馗爾雅九達謂之逵杜預曰塗方九軌又隱也 馗 同上又九頭 夔 舜典樂之官又春秋魚國又獸似牛一足無角皮可以冒
者亦作葵
鼓又山鬼孔叢子 騤 說文馬威儀也又馬行貌又彊又自也 戣 戟屬 頯 面顴亦作頄从肉今作夕監本从夕誤 頄 易壯于頄又尤韻
土心之怪魍魎罔兩

犪牛名山海經云出岷山大重數千斤 ○ 嗺醉綏切山高貌亦作崔 崔詩南山崔崔又見上 ○ 裴蒲枚切衣長貌又姓又裴回亦作徘徊又

微韻 裵史記裵回 徘同上 培益也隄也助也治也擁也又有韻 陪重也貳也家臣也助也益也隨也伴也 倍莊子倍阿鮭蠪音義倍阿神名又見

隊韻 阫牆也莊子曰中穴阫又音鋪杯切 坏同上禮記坏牆垣莊子鑿坏而遁 皮說文剝取獸革者謂之皮又手也生曰皮理之曰革柔之曰韋又大膚肌

表也又狐貉之裘曰皮也又姓出下邳鄭大夫子皮之後古作筤 ○ 㾯儒佳切濕病又痺也一曰兩足不能相及又見上 ○ 厜津垂切山顛說文厜㕒山

貌 ○ 誰視佳切孰也何也誰何詰問也漢有大誰卒 脽尻也髖也又汾脽巨靈所坐處漢武帝立后土祠于汾陰脽上如淳曰脽者河之東岸祠在汾陰縣西汾

水在脽之北顏師古曰脽者以其形高起如尻脽本名曰鄈音與葵同彼鄉人呼葵音如誰故轉而爲脽 ○ 睢翾圭切睢睢視貌跋扈貌 ○ 吹昌垂切噓類周

禮作龡 龡春官籥章中春龡豳詩以逆暑 炊爨也又與吹同荀子可炊而饋也 推排也移也擇也奨也奉也尋繹也盪也濟也進之也本作推佩觿集曰推有尺

隹他回二切俗別爲推今蜀中从手者音他回切从人才之才者音尺隹切許氏說文徐鍇韻譜廣韻从手者皆有二音今附从才者於此下 推同上 蓷草名萑也又見上

○ 摧徂回切挫也折也抑也沮也方言至也詩先祖于摧 漼雪霜貌又賄韻 崔崔嵬山高貌

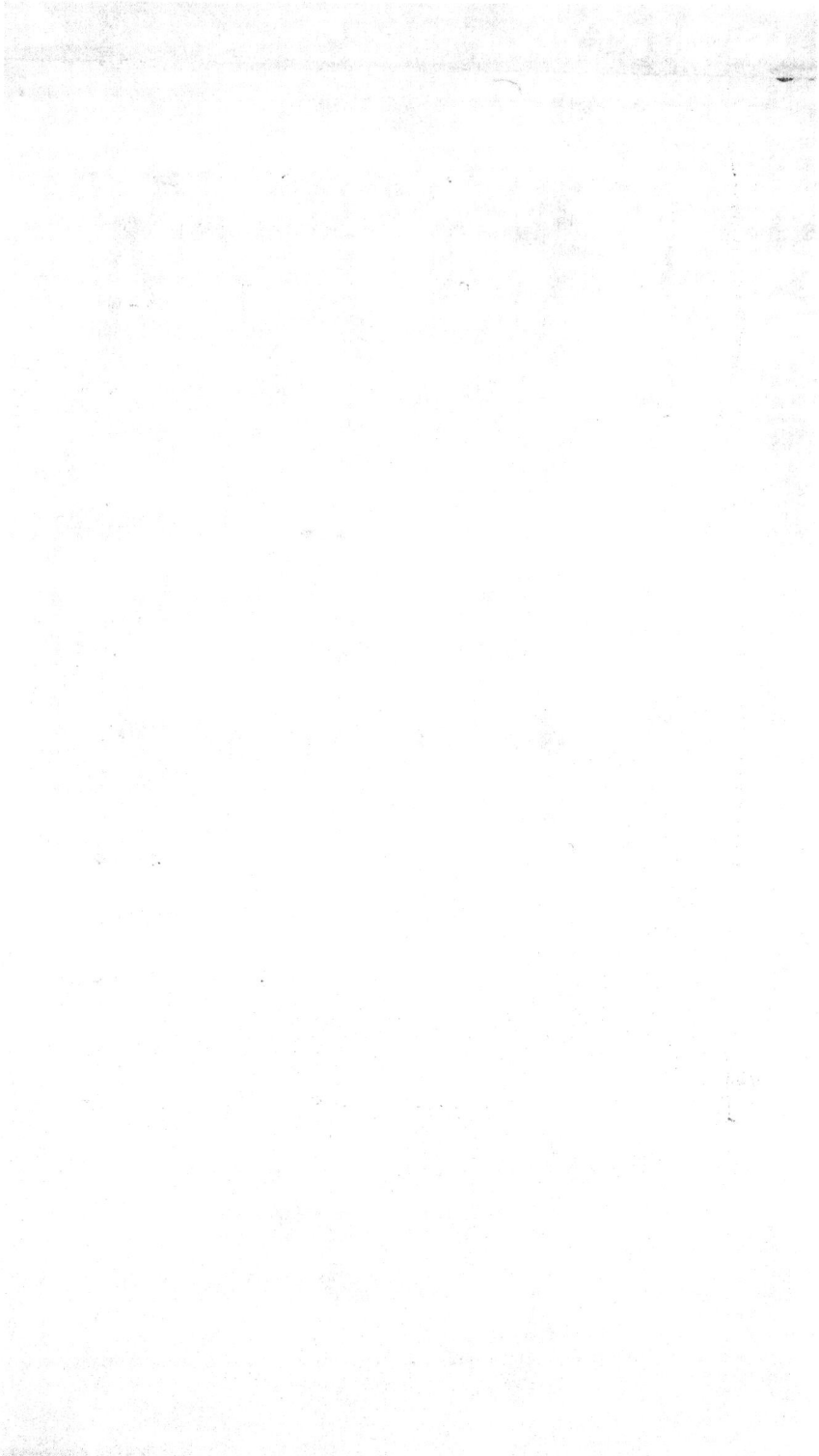

洪武正韻卷第三

九眞

眞 之人切僞之反也又神也淳也精也正也揚雄傳注眞人正人也从匕从目从乚从八乚與化同乚音隱俗作真

鎭 安也壓也戍也廣韻亦作填又軫震二韻案周禮天府王鎭音珍忍切又音珍亦作瑱忍字有上去兩音則瑱字合於軫震二韻通用又音珍則三韻皆通又廣韻鎭字下云戍也則藩鎭字亦可通押

瑱 同上又王充耳又震霰二韻

填 又見下又先銑震霰四韻案漢書填撫字無音宜於眞震二韻通押

珍 貴也重也寶也亦作珎舊作知鄰切廣韻作陟鄰切玉篇作張鄰切竝與之人切同若吳音則呼如丁鄰切非

磌 石聲公羊傳聞其磌然玉篇又磌也又先韻

籈 爾雅所以鼓敔謂之籈从西非

甄 陶也又姓陳留風俗傳云舜陶河濱其後爲氏又察也又先韻甄陶字眞先二韻可通押光武賛靈旣自甄安帝紀甄表門間注曰明也竝無音亦宜通押又震韻从西誤

桭 兩楹間又屋栝又丞眞切

侲 童子漢制儺於禁中用侲子方言燕齊之間謂養馬者曰侲字亦作娠薛綜注西京賦侲之言善也善童幼子也又震韻

娠 養馬者又妊也亦作震又見下及震韻

振 舉也救也拯也動也振作也振迅也又詩振振公子信厚也廣雅云飤馬槖楚辭振衣音眞又軫震二韻

帪 方言飤馬槖今之馬篼囊也廣雅作振

[足辰] 動也又震韻

畛 廣韻四界詳在震韻

震 衛霆叔傳電擊雷霆協韻之人切晉衛常字勢鷹跱鳥震文震韻

○**申** 升人切伸也重也容也明也闡也又姓辰名漢志申堅於申又明約束也易申命漢文紀申教令又欠申翼奉傳欠申動於貌後漢馮衍論屈申無常古唯申字後加立人以別之从臼从丨當作申亦作𢁩又震韻莊子熊經鳥申有兩音

伸 舒也直也理也使直也欠伸也亦作信申伸與申信義同者不可雙押若用申酉申令與屈伸義不同者方可重押

信 易屈伸相感漢書信威北夷古兩音王褒傳偃仰詘信稽言伸周禮侯執信圭與身同又見下及震韻內

呻 吟叶

紳 大帶語子張書諸紳插笏於紳謂之搢紳

身 軀也親也[illegible]也

裖 妊也

柛 木絕人[illegible]坤[illegible]

瞋 稹人切怒而張目也

嗔 恚也叱也

軫韻

龍　先［缺］大走䌖草也縝廣韻纑也又軫韻○辰丞眞切時也又日也左傳日月所會是謂辰北極謂之北辰漢志云振美於辰［缺］謂之大辰日月斗三辰

晨說文早昧爽也古作㫳篆作晨今作晨晨漢律曆志晨星始見宸帝居北辰之宮曰宸故从宀从辰賈逵曰室之奧者後人指帝居曰宸又屋宇也麎

牡麋也○神而眞切精神神靈妙不測也天謂之神亦作𥛠下仝旦禮記交於旦明莊子有旦宅而無情死又與晨同又諫韻○人而鄰切人者神也人者仁

也說文最靈也奇字作儿兒究究亮尧皆从儿亦作儿虎微之類从儿亦作亻寫仁中庸仁者人也孟子仁人心也又果中實○辛斯鄰切金味說文秋時也又日名漢

志悉新於辛爾雅太歲在辛曰重光又姓又葷味又苦辛亦取辛酸之意新對舊之稱信誠信慤實也不疑也漢武帝賦申以信兮班固賦苟無實其孰信賓戲匪言詞之所

任張良叙傳毆致越信謂彭越韓信也述金曰磾虔恭忠信恊韻皆音新又韓王信本與淮陰侯同名嫌誤讀作新今叙傳韓信音新合各據出處於二韻通用韓愈作衛元之墓誌嗟惟君

篤所信亦音新又震韻薪柴也漢律取薪給宗廟曰鬼薪○親七人切愛也近也躬也姻眷也又近之也禮記親之也者親之也又震韻右从亲亲音臻省文作亲○

津資辛切水渡又水會處篆作［缺］與津同爾雅析木謂之津杜預曰箕斗之間有天漢故曰津又液也又津津溢也璡石似玉又震韻○秦慈鄰切禾名國名又

姓螓蟲似蟬一名蜻蜻頭方有文詩螓首蛾眉言額廣而方也○繽紕民切繽紛雜亂之貌說文作闠闠鬭也爭也从門門音鬭从門誤○賓卑民

切客也恭也迎也列也遵也服也又震韻濱水際亦作瀕篆文作顭从涉从頁今作頻詩不云作頻瀕頻自頻毛如字厓也鄭音濱又見下瀕賈山傳瀕海之觀師古曰

謂緣海之邊也張揖字詁瀕是古濱字又見下儐恭也又導也亦作賓擯又震韻擯導也又斥也又也又震韻鑌鑌鐵爲刀甚利彬文質備貌亦作份斌份

說文引論語文質份份斌見廣韻亦作贇贇後唐死節傳有程福贇攽廣韻分也廣雅減也又刪韻虨廣韻虎文文刪韻玢廣韻文采狀

霦廣韻璘霦玉光色亦作玢瑞豳周始封國說文夏陽亭經史多作豳省六耳唐明皇以字如幽改作邠○蠙毗賓切厓也亦作瀕又頻顣亦作顰矉又數也

比也漢書七年注顰年也从少今作少音他達切从少誤**顰**从少誤**矉**莊子西施矉里注蹙頞曰矉說文注恨張目曰矉**嬪**嬪婦也書嬪于虞又妃嬪婦官也

蠙珠母亦作玭又先韻**薲**大萍亦作蘋**蘋**同上**瀕**水厓亦作頻从少誤**嚬**笑也**貧**無財曰貧○**民**彌鄰切說文衆萌也民泯也泯

然無知也古作[illegible]象形**泯**沒也滅也泯泯猶芒芒也又軫韻內收**珉**石似玉亦作玟瑉**玟**禮記士佩瓀玟**碈**禮記君子貴玉而賤碈**岷**山名

在蜀江水所在亦作崏汶**汶**考工記貉踰汶則死陸德明音問誤詳見列子史記汶與崏同謂汶江也山海經大江出汶郭云東南逕蜀郡東北逕巴東江夏至廣陵入海又震韻

閩東南越也**旻**秋曰旻天詩傳仁覆愍下**忞**自勉彊也**旼**旼旼和也**緡**又軫韻亦見下文**緍**釣魚繳又錢貫又絲緒詩維絲伊緡本作緡誤作緍

暋莊子慰暋沈屯音義慰鬱也暋悶也又見下及軫韻**罠**兎罟亦釣也**痻**病也詩多我遘痻又見下○**陳**池鄰切列也張也衆也布也故也久也國名又

姓又敷告也玉篇云或作敶塵此字與敶陳二字不同今多作陳又震韻**臣**說文事人也又服之也又主臣惶懼也**塵**篆文說文作䴠鹿行揚土也今作塵又久也

塡久也詩倉兄塡兮孔塡不寧並作塵古塡塵通○**鄰**離珍切比也近也親也古作𨻶周禮五家爲鄰書臣哉鄰哉俗作隣又動也㵉也考工記不甐於鑿亦作鄰又音吝

粼水在石閒粼粼亦作磷又震韻**[illegible]**又震韻**潾**廣韻水名玉篇水清貌唐裴潾又刪震韻**磷**同上又石鏻韓愈北征詩萬世無緇磷作平聲押又震韻

麟牡曰麒牝曰麟麕身牛尾一角角端有肉亦作麐說文麟大牝鹿也麐仁獸也**鱗**魚甲凡鱗物龍爲之長**驎**馬青驪色**燐**野火說文作粦粦鬼火也兵死

及牛馬之血爲粦亦作燐又震韻內見**疄**廣韻田壟**轔**轔轔衆車聲又震韻**璘**王文又軫韻**瞵**視貌說文目精又斑璘文貌晉皇甫謐傳志青紫之

斑瞵又刪震二韻字同**嶙**山貌又軫韻○**因**伊眞切託也由也仍也就也春秋傳因重固**姻**婿家父之所因故曰姻鄭康成曰婿之父曰姻杜預曰妻父曰

婚婿父曰姻白虎通婦人因人而成故曰姻字沐婚婦家姻婿家亦作婣**婣**同上又姻親和也周禮注婣任恤**禋**國語精意以享說文潔祀也亦从西从土監本从西誤

諲 無也从西誤 氤 氤氳氣貌亦作絪縕 絪 同上又紅緼麻枲也 茵 說文車重席亦作鞇詩茵虎皮也又褥也 儀注皇后婕妤乘輦餘者以茵四人對舉四

周輿而行 鞇 同上 堙 塞也亦作陻堙又土山也从西誤 垔 說文引書鯀垔洪水又上城見公羊傳杜預曰土山也 陻 書鯀陻洪水从西誤 湮 左傳

井湮木刋又湮鬱不育杜預曰塞也又沒也沈也从西誤 闉 城内凸重門也从西誤 駰 白馬陰又陰白雜毛又泥驄馬也 烟 與氤同韓康伯注易大傳精氣烟煴

又先韻 歅 莊子九方歅善相馬秦穆公時有方歅善相馬一名皐或作諲又先韻从西誤 殷 衆也正也大也中也盛也又商別號又删軫震三韻 慇 慇懃 濦

水出少室山亦作濦溵又軫韻 溵 並同上 蒑 菜名一曰草色青 磤 雷聲詩作殷又軫韻 㥯 謹也又軫韻 ○ 氳 紆倫切氤氳氣貌易

作絪縕說文作壹注云元氣也 奫 水深廣又泉水也 熅 鬱煙又震韻 緼 說文紼也又軫震二韻 蘊 蘊積見廣韻又軫震二韻 轀 戰車長楊賦研

轒轀應劭曰匈奴車音賁氳又上聲 ○ 紉 尼鄰切索之也方言楚謂䋘為紉郭璞曰今亦以綫貫鍼為紉禮記紉箴請補綴離騷紉秋蘭以為佩又單繩从糸从刃从刀兩旁有距

音楚良切傷也 ○ 雲 于分切說文山川气易坎為雲 畇 墾田又見下 筠 竹青皮又膚之堅質 䇹 荄也又藕根之小者 縜 持綱紐又軫韻 勻

徧也齊也少也均也从勹从二 芸 香草可辟蠹說文草似苜蓿又物多貌老子夫物芸芸詩芸其黃矣又與耘同孟子芸人之田 耘 除苗間穢 員 物數又伍員人

名又益也又先震二韻本作員俗作負 沄 水轉流又本韻 鄖 國名 熉 漢郊祀歌照紫幄珠熉黃師古曰言其珠色熉然而黃也音云 妘 姓又女字 云

古雲字象回轉之形篆作云今作云又辭也言又云云衆語也汲黯傳武帝曰吾欲云云師古曰云云猶言如此如此也蔡義傳何謂云云又友也旋也詩婚姻孔云又營為也易變化云為

又姓 紜 數亂又物多貌亦作員漢郊祀歌六紛員亦作云郊祀紛云六幕浮大海師古曰紛云興作貌相如傳威武紛云亦作沄揚雄賦汾沄沸渭汾香紛云上从一與亡與云音他

骨切忽出也育字从厶 ○ 鈞 規倫切三十斤又陶車賈誼賦大鈞播物音義曰著謂模下圓轉者為鈞以其能制器為大小比之於天也鄒陽曰獨化陶鈞之上師古曰陶家謂

轉者為鈞盖取周回[illegible]鈞耳言聖王制馭天下亦猶陶人轉鈞也亦作均詩秉國之均又漢律
曆志作鈞又均平也書厥罪惟鈞左傳年鈞以德鈞均古通用若陶鈞與平均不妨分押

均 平也又成均學名左傳均服振振注曰戎事上下同服陸德明曰字書作袀又震韻 **畇** 墾田亦作畇廣韻音巡塋也 **畇** 又見上 **袀** 黑衣戎服又純也[illegible]削幅也亦作均 **旬** 周禮均人公旬用三日注旬均也讀如㽦原隰之㽦易押為均是也禮記內則旬而見注讀為均易坤為均本亦作旬是旬古均字也 **君** 君者羣也羣下歸心荀子君道能羣左傳賞慶刑威曰君 **麇** 麃屬亦作麏麕又縛也又軫韻 **麏麕** 同上詩野有死麕又軫韻 **頵** 大頭又楚成王名唐末有田頵移書勸楊行密入朝 **軍** 萬二千五百人周禮五師為軍周制天子六軍諸侯大國三軍从勹从車勹音包今作冖 **皸** 皵也唐李甘傳凍膚皸豕音訓曰皸凍裂也 ○**巾** 居銀切蒙首衣釋名巾謹也二十成人士冠庶人巾當自謹脩於四教又帉也冪也周禮巾車注巾猶衣被之衣 **斤** 漢志十六兩為斤小爾雅二鍰四兩謂之斤注六兩為鍰又斧斤亦作釿

釿 莊子釿鋸制焉又剸斷也 **筋** 骨絡說文肉之力也从肉从力上从竹竹物之多筋者俗作筋 ○**勤** 渠巾切孜孜也勞也盡也詩杕杜勤歸也勞來其勤曰勤歸俗作懃 **矜** 漢書項籍傳鉏耰棘矜師古曰矜與穫同謂矛鋋之柄也又刪庚二韻 **墐** 黏土也又震韻上从廿非廿也 **穫** 矛柄也 **懃** 慇懃也通作勤 **廑** 揚雄賦其廑至矣師古曰古勤字又震韻 **瘽** 病也漢文紀瘽身從事又震韻 **芹** 楚葵 **蘄** 草名爾雅薜山蘄通作芹又微韻 **僅** 略能也少也纔也餘也劣也亦作勤廑又震韻 **勤** 同上又震韻 **慬** 憂也又勇也見列子又震韻 ○**銀** 魚巾切白金又與垠同荀子守其銀 **齗** 大篪 **誾** 和悅而諍又誾誾中正貌 **言** 與誾通記二爵而言言斯又先韻 **訢** 恭謹貌漢石奮傳僮僕訢訢師古曰讀與誾同 **嚚** 左傳口不道忠信之言為嚚詩[illegible]語聲 **狺** 犬聲亦作沂狋

垠 岸也崖也亦作圻沂鄞 **圻** 同上 **沂** 班固傳[illegible]張良丞書於鄞沂又微韻 **釿** 器之釿鍔亦作圻垠 **珢** 石似玉也 **鄞** 地名 **齗** [illegible]

辯爭貌漢書齗齗焉又分辯貌地理志周道衰洙泗之閒齗齗如也徐廣以為爭[illegible]齗齗[illegible]
曰案下文云揖[illegible]禮則從矣又為酋有[illegible]語[illegible]矣[illegible]劉向傳[illegible]

齗齗□又□根肉亦作齦 齦齒根肉也 听笑貌相如賦听然而笑又軫韻 寅□不方之辰漢志引達於寅爾雅太歲在寅曰攝提格又書寅賓出日 夤恭也亦作
寅又緣連也又淮南子九州之外有八夤八夤之外有八紘晉絡曰列其夤王弼曰夾脊肉也俗作夤从肉亦作䐜又微韻 䐜夾脊肉也 螾□蟬又螼螾毛曰謹案賈誼傳
夫豈從蝦與蛭螾孟康曰螾今之蟺螾也師古曰螾與蚓同音引合韻音弋人切又羊晉切又軫韻 𧸒難也太玄經有𧸒首 ○ 囷區倫切圓廩又輪囷屈曲盤戾貌又軫韻
蜠貝也又軫韻 箘箘簬竹名也又軫韻 ○ 熏許云切煙上出又以火熏物也氣烝也詩穹窒熏鼠路溫舒傳虛美熏心毛晃曰□熏烝字不从艸古人或假借用之
如易厲薰心漢馬廖傳聲薰天地注薰猶蒸也唐書薰為太平又詩公尸來止熏熏毛傳和說也箋坐不安之意篆作㸑今作熏中从四四與囪同俗作田 薰香草似蘼蕪也
曛日入 獯獯鬻匈奴號也 醺醉也亦作熏說文引詩公尸來止熏熏 臐羊臐禮有腳臐膮儀禮注羊曰臐豕曰膮皆香美之名 勳王功曰勳亦作
勛从熏从力俗作勳 葷辛臭蒜屬辟凶邪禮記弔君有葷 纁淺絳考工記三入為纁爾雅三染謂之纁 焄香氣 訓誥也誨也晉衛常字勢曰洪道敷訓協韻
平聲又震韻 ○ 羣渠云切輩也衆也聚也隊也俗作群 群易渙其群詩群公先正論語群居終日 裙下裳亦作帬 帬同上又中帬親身衣 宭
羣居 麇左傳求諸侯而麇至又見上及軫韻內 ○ 欣許斤切喜也亦作忻訢 昕旦明日將出禮大昕之朝 炘熱貌 ○ 諄朱倫切至也誨言重
複也說文告曉熟也一曰懇誠貌或作訰肫亦作啍俗作諄凡从享者俗皆作享又震韻 訰又震韻 肫懇誠貌禮記肫肫其仁說文面權也廣韻鳥臓 啍莊子釋夫
恬淡無為而悅夫啍啍之意注以已誨人也一曰壯健貌李音肫又朱閏切郭象音都昆切又本韻也昆徒孫二切 惇廣韻心實也又都昆切 淳沃也鹽也禮記淳熬淳母
禮淳尸考工記淳而漬之又兵車之耦左傳襄十一年淳十五乘又見下又軫韻案周禮質人壹其淳制杜子春曰讀為純音上聲純謂幅廣制謂匹長皆當中度量鄭康成謂淳讀如淳尸
鹽之淳劉音章純切考工記淳漬音諄又音準左傳淳乘音諄又音醇皆宜通用 屯物之始生屯然屈也亍也難也合也卦名又屯亶又見下 窀窀也廣韻窀穸下官左專

窀穸之事窀迍迍邅亦作屯亶○春樞倫切歲之始春秋說題椿木槿又木名莊子大
孚也穸夜也旻屯如邅如辭春蠢也蠢興也又軫韻椿八千歲爲春秋
鶉春扈櫄木似樗杶同楯木名左傳孟莊子楯廣韻木名輴載柩車禮記取
鴳鶉亦作杶上斬其楯以爲公琴又軫韻塗龍輴以椁○
純殊倫切粹也篤也至也好也大也文也醇醲也二一也又與純同漢志天子不能具蒓
誠也不雜也亦作醇又支軫震三韻醇駟梅福傳一色成體謂之醇俗作醕
水葵亦蓴晉書千里蓴錞金錞以和鼓形如鍾有舌謂之錞釪焞廣韻明也春秋傳焞
作蓴羮又蒲叢亦作淳于又賄隊二韻又都昆切燿天地又灰韻
淳與錞同又淥也質也通鶉鷂鶉說文作雗字脣口脣俗作唇誤唇漘水厓夷上洒
作醇漢書黎民醇孚林作雜又寒韻音之人切驚也下詩在河之
漘犉黃牛黑脣詩九十其犉殺時犉忳後漢王忳人瞤目動漢書眼瞤○荀須倫切
牡犉淮牛七尺爲犉又先韻名又見下得酒肉亦作眴草名又
姓詢咨也詩周爰咨詢左傳恂信也樂也嚴謹貌又溫洵詩洵美且都又水名郇國
咨親爲詢注問親戚也恭貌亦作洵又震韻爾雅迵爲洵又霰韻名
周文王所封詩郇伯勞珣玉峋嶙峋旬均也詩其下侯旬又徧也逡七倫切復也退
之又姓後去邑爲荀名山貌也詩來旬來宣又見下○也逡巡郄退貌
春秋外傳已復放㣕漢王莽傳㣕儉隆約師踆止也伏也玉篇退也亦作逡又行走貌張
事而逡亦作㣕逡古曰㣕退也其字从彳衛西京賦大雀踆踆廣韻踞也又見下
竣國語已事而蹲舞貌亦作壿壿詩壿壿舞㕙狡兔又悛改也止也捘推也擠也
竣又音詮壿又見下我又軫韻霰韻又先韻左傳定八
年捘衛侯○存徂尊切說文恤問也从子在省蹲踞也从足跧也亦踆莊子帥弟子
手又震韻亦在也廣韻亦察也又省視也作踆蹲又見上而踆於窾水漢
書殖傳下有○旬詳倫切十日爲巡說文視行貌亦作徇又逡巡郄逡貌賈誼過秦論作
踆鴟又見上旬又均也徧也遁巡亦作逡遁平當贊逡遁有恥遁首巡亦作循萬
音[illegible]循其耀又毛晃案禮部看詳連綿字[illegible]以兩字或可倒押者許令收入如[illegible]字一義並
暗龍瑳[illegible]連[illegible]又之類兩字[illegible]物如鉅鑪[illegible]嫡胡連之類其上一字[illegible]可倒押如玲瓏古[illegible]

戓持瓏六𤩽或作璵璠䃤犧雖是一物內寧文別有義其餘如佗例各潤嶙峋之嶙蝼
亦可別押今適字音巡者可把音逡若可倒押故收入巡字下他如御盃契詐契尸

閱氏蝶帨之類上字不可同坪別押亦不敢收入又先韻 遁 同上又雲辰韻入 徇 漢高祖紀張良徇韓地蘇林音巡撫其人民孟康曰徇略也師古音去聲又震韻 循

旧上又泫循次序貌又善也依也順也擘也洽也亦作紃荀子反紃察之注紃與循同 揗 手相安慰更揗揗也 迿 公羊傳定八年朋友相衛而不相迿注出表辭循先也不

當先相擊刺也又震韻 馴 擾也從也善也又以漸而致曰馴致說文馬順曰馴 紃 組紃紡纑說文圓采條也 ○倫 龍春切次序也等也比也道也理也亦作論又

伶倫漢志作泠綸 論 禮記凡制五刑必即天論注言理也又見下及震韻 綸 青絲綬又刪韻 掄 擇也周禮云凡邦工入山林掄材而不禁 淪 沒也又水

波為淪韓詩順流而風曰淪又渾淪未相離貌列子氣形質具而未相離即此 輪 車輪又東西曰廣南北曰輪又迴旋也 蜦 蛇類潛於神泉能興雲雨 ○文 無分

切文章也美也善也兆也華也斑也法也又姓考工記青與赤謂之文又持文法深刻謂之深文法刻曰文深以文法致人於罪謂之文致左傳經緯天地曰文 紋 綾也凡錦綺黼

繡之文皆曰紋 聞 耳受聲說文知聲也又震韻 蟁 齧人飛蟲一名白鳥一名闥闥音吝漢中山靖王傳聚蟁成靁亦作蚊蚉廣韻亦作蟁 蚊 蚉 同上莊子

使蚉負山 雯 雲成章也 ○芬 敷文切芬芳詩燔炙芬芳篆文作⿱屮分草初生香分布也今作芬 雰 雰雰雪貌又霧氣 氛 氛祲妖氣左傳楚氛甚惡 帉

大巾亦作紛 紛 緩也雜也說文馬尾韜又拭巾內則左佩紛帨 棼 亂也書泯泯棼棼又見下 衯 衣貌相如賦衯衯裶裶 翂 莊子翂翂翐翐羽貌 ⿰分毛

毛落 ⿱分羽 ⿱分羽⿱分羽飛貌亦作翂 鳻 鳥名本作鳻假借作鳻漢張敞舍鳻雀飛集丞相府師古曰音芬鳻雀大而色青出羌中又吻韻 鳻 同上 分 賦也施也與也

亦作匪又別也判也裂也漢志一黍之廣為一分分者自三微而成著可分別也又半也公羊傳[illegible]褒分焉荀子以齊之分奉之而不足又徧也左傳哀元年熟食者分而後敢食又軫震二

韻 匪 周禮稾人以待國之匪頒注匪讀為分太宰八曰匪頒之式鄭司農曰匪分也頒賜也又微尾二韻 饙 滫飯 餴 詩可以餴饎亦作饙 ○汾 符分切水

名

粉 白榆

棼 屋棟又亂也左傳治絲而棼之

蕡 草木多實又實大貌又臬實說文雜香草周禮麷蕡又震韻

弅 莊子隱弅之丘音義隱出弅起丘貌又軫韻

黂 臬實通作蕡

濆 水厓爾雅汝有濆郭璞引詩遵彼汝濆又軫韻

焚 燒也

鼖 大鼓八面周禮以鼖鼓鼓軍事亦作賁詩賁鼓維鏞

墳 方言青幽之間凡土高而大者謂之墳又聚土曰墳水厓曰墳詩汝墳又軫韻

賁 大也一曰三足龜又刪軫未韻

幩 馬扇汗詩朱幩鑣鑣

獖 犍豕亦作豶

豶 易豶豕之牙

羵 土中怪羊又首大貌又軫韻

朌 大首貌亦作頒又刪韻

頒 同上又衆也詩有頒其首有兩音又刪韻

棻 香木又人名漢劉棻唐令狐德棻

○䰟 胡昆切神䰟亦作魂左傳人生始化為魄既生魄陽曰䰟

魂 易遊魂為變淮南子天氣為魂地氣為魄

渾 水流聲又濁也一曰洿下亦作溷又渾天圓貌渾然全也列子渾淪言未相離也

溷 同上又人名左傳成十六年韓厥從鄭伯其御杜溷羅又樂溷宋大夫樂祁子又震韻

沄 水轉貌又見上

緷 十羽謂之緷又見軫韻

緄 縫也漢趙飛燕傳注緄襠袴音魂又軫韻

昆 昆侖天形又昆邪匈奴王號又公孫昆邪漢人名又見下及軫韻

○昆 公渾切同也兄也[illegible]也咸也又後也書昆命于元龜又明也莊子音義云昆徫也又昆蟲昆侖山名西夷名亦作混夷

晜 兄也通作混

崐 崐崘山名周禮宗伯注崐崘亦作混淪又作昆侖崑崙

混 混夷詩混夷駾矣孟子文王事混夷皇矣注混夷即串夷也采薇序昆夷竝音平聲又混淪山又震韻

崑 崑崙

琨 瑤琨美玉

蜫 蟲之總名通作昆說文二虫為蚰讀與昆同蟲總名也師古曰昆衆也鄭康成以昆蟲為明蟲

鯤 大魚又魚子國語禁鯤鮞亦作卵內則濡魚卵醬注讀為鯤魚子也

鵾 鳥名又雞三尺

褌 褻衣司馬相如著犢鼻褌阮籍大人先生論如虱之處褌中韓愈陸渾山火詩炎官火屬朱冠褌

○溫 烏昆切和也暖也又水名又姓又州名亦作从昷音同昷仁也說文以皿食囚亦作昷凡从昷者俗皆作昷又軫震二韻

㬈 日暖史記封禪書至中山曣㬈漢書揚雄傳作晏㬈

縕 赤黃間色亦作緼記士緼韍緼組綬又軫震二韻又見上

轀 轀輬戰車又軫韻又見上

蕰 蕰藻水草節中生葉亦作薀左傳蘋蘩蕰藻之菜又軫震二韻

○昏 呼昆切日冥也闇[illegible]家昧也又昏姻俗作[illegible]

昬 又軫韻

婚 婦家

本作昏禮娶婦以昏時故曰婚也 惛心不明也又㥯韻 睯尉睯鬱悶又見上及軫㥯二韻 殙矜也又與惛同莊子以黃金注者殙 閽守門隷記閽若守門
之賊者也毛晃曰門者晨啓明闇亦主啓閉昏以該之論語稱晨門而不言昏可以互見也又閽寺 㖧喋喋言貌揚子著古昔之㖧㖧 痻病也詩多我覯痻又見上
棔合昏木名朝舒夕歛 ○坤枯昆切地道也卦名古作巛象六斷連則古川字 髡鬄髮漢制髡為城旦舂淳于髡人名下从几古人字从兀誤 ○奔
逋昆切疾走亦作賁漢書多作犇又㥯韻 犇賁同上虎賁勇士孟賁力士又三足鼈曰賁又刪軫未韻及見上 ○歕鋪蒐切吹氣也吐也 噴吒也噀也又㥯
韻 ○盆蒲奔切盎也缶也考工記盆實二鬴又姓 湓水名又㥯韻 ○門謨奔切兩戶說文合兩戶謂之門 捫撫持也摸也詩莫捫朕舌 璊
玉經色从玉从廿从㒼監本从㒼誤 樠木名又寒韻从㒼誤 虋爾雅虋赤苗今之赤粱粟也又云虈蘼虋冬草名今作門冬亦作穈 穈詩維穈維芑 亹
山絕水詩鳧鷖在亹又浩亹山名浩亹告又尾韻 ○孫蘇昆切子之子為孫女之子為外孫又姓又㥯韻 蓀菖草相如賦若蓀注若杜若也蓀香草也亦作荃
荃又先韻 飧夕餔也又水和飯左傳僖負羈饋晉文公盤飧又曰飧有陪鼎注飧熟食也音孫亦作飱 餐食也又吞食也从歺亦作𣦼竝午達切爾雅粲餐也注今
河北人呼食為餐音孫又刪韻 ○村倉尊切聚落亦作邨 邨 ○尊祖昆切尊卑又重也高也貴也恭也又酒器說文作罇从木者後人所加 罇 樽
鷷西方雉名也 ○遵蹤倫切循也率也行也習也鄉射禮大夫席尊東謂之遵 僎鄉飲酒禮輔主人者或作遵為其降席而遵法也又銑霰二韻 跧廣韻
蹤也又刪先二韻 ○暾他昆切日始出貌 啍口氣又重遲貌詩大車啍啍又音豚又㥯韻又見上并都昆切 焞明也說文引春秋傳焞燿天地左傳天策焞焞
杜預曰無光燿也又灰韻及見上 䵴黃色又孺子䵴魯公子見檀弓篇 吞咽也餐也并也說文从口从天 ○屯徒孫切聚也漢律勤兵而守曰屯本作屯與屯
字不同屯本株倫切屯亶也經史多用屯為屯聚之屯今相仍用之 純詩白茅純束毛音徒本切鄭玄屯也又支軫韻及見上 忳悶也亂也憂也又見上 軘兵車也

庉居也又熾盛貌爾雅風與火為庉**豚**小豕又震韻**㹠**子㹠子食於其死母亦作豚**燉**火盛貌爾雅作庉**臀**底也本作臋又脽臋尚易臋無膚

玉篇作㞱亦作臋**臋**考工記其臋一寸**芚**盛貌揚子春木之芚兮玉篇菜似莧可食又渾芚不分察貌又𦎫貌莊子聖人愚芚○**論**盧昆切說文議也思也綸

繹討論也禮記曰凡制五刑必即天論又大司成論說在東序又震韻**崘**崐崘山名爾雅丘三成曰崐崘亦作崑崙又作昆侖又見上**侖**漢郊祀歌遊昆侖又昆侖天形

也**淪**周禮大宗伯注混淪山名又列子云氣形質具而未相離曰渾淪又見上**䑳**舟名○**敦**都昆切說文怒也詆也一曰大也勉也誰何也廣韻又迫也詩王事

敦我又姓敦洽衛王醜人也又寒願隊銑霰灰六韻**墩**平地有堆者通作敦爾雅注敦丘江東呼地高堆為墩或作墪**惇**厚也通作敦**弴**說文畫弓也徐曰雕弓也

蜳螴蜳不安定貌莊子螴蜳不得成螴音陳○**臻**側詵切至也乃也亦作𩛽溱案說文从秦聲也是諧秦聲聲與眞同又先韻**轃**漢書百蠻竝轃又先韻

榛小栗又見下**蓁**草盛**溱**水名又至也漢書聖瑞畢溱又衆也詩室家溱溱**⿰木莘**孟子盡心篇注有表無裏謂之柚⿰木莘柚音以究切⿰木莘音臻又疏臻切杠也

○**莘**疏臻切地名又長貌詩有莘其尾又赤貌亦作𩹷**峷**神名莊子丘有峷司馬氏云狀如狗有角文身五采**姺**國名左傳昭元年商有姺邳亦作㜪**侁**

行貌玉篇引詩侁侁征夫今詩作駪**甡**衆生竝立貌詩甡甡其鹿**駪**馬衆多貌**詵**致言也亦衆也詩宜爾子孫詵詵兮**⿰魚莘**魚尾長也通作莘詩有莘其尾

○**榛**鉏臻切木叢生又見上○**痕**胡恩切瘢也**鞎**車革前飾曰鞎郭璞曰韋鞎車軾也**根**吳楚俗謂牽引前卻為根格格音曷各切漢灌夫傳引繩

排根排根郤退貌又見下○**根**古痕切柢也本也又天根氏星金根車名秦始皇作以金為飾本商之乘根也**跟**足踵○**恩**烏痕切澤也惠也又愛也又隱也

○**垠**五根切垠堮亦作圻又見上**圻**又微韻又見上

十寒

刊

寒河干切寒暑之對又姓又國名韓國名周武王子所封又姓又東夷有三韓國說文井垣也汗可汗戎首之稱又翰韻邯趙郡縣又覃韻翰也

又天雞羽有五色又榦也詩維周之翰有平去二音凡稱書翰者謂以羽翰爲筆以書平去二音皆通又翰韻鶾駿鶾畜大馬名幹井闌西京賦注音寒說文作韓莊子井幹

音去聲又翰韻○豻俄寒切胡地野犬似狐而小又翰韻犴同上又翰韻○看丘寒切視也又翰韻刊削也剟也斫也槎木也書隨山刊木漢志作栞

从干戈之干栞槎木也斫也說文木識也靬弓衣又先韻○干居寒切盾也方言自關而東或謂之瞂或謂之干關西謂之盾郭璞曰干者扞也亦作扞又荀

子西方有木名曰射干玉篇鳶尾射干也又間也詩秩秩斯干凡水畔水旁小厓曰□又間也言闌干謂闌板之間也又與竿同詩干旄又扞也求也犯也又闌干盛貌薛令之詩苜蓿長闌

干又闌干流貌白居易詩玉容寂寞淚闌干又眼眶謂之闌干又若干數未定之辭猶言幾許也又翰韻忓極也又求也預也唐萬壽公主傳無忓時事奸通作干求也漢

書以奸名與諐是也杅僵木也又漢尹賞傳云被鎧杅顏師古曰杅臂衣也又劉敞曰杅謂盾耳虷蟲侵物鮑宣傳白虹虷日乾上出也燥也又先韻肝木藏

竿竹挺又旗竿古作干詩干旄謂注旄於干首左傳昭二十年作竿旄莊子竿牘音義竹簡爲書玕琅玕○安於寒切徐也寧也止也平也定也何也心無愧也又

姓鞍馬鞍具亦作鞌鞌同上又地名春秋有鞌之戰○歡呼官切喜也亦作懽驩从吅吅音讙俗作歡非懽上又翰韻驩廣韻全篇馬名

又同上孟子驩虞如也董仲舒傳驩然有恩相接王褒傳驩然交欣貛野豕讙譁也又先韻嚾喧嚻貌荀子嚾嚾然不知其非也又見先韻○寬

枯官切愛也裕也緩也廣也舒也不猛也从宀从萈萈胡官切與莧字不同監本从莧髖尻也脽也股骨也○官沽歡切官也職也使也公也荀子注官司主也又謂

天子爲縣官又官舍曰官賈誼傳學者所學之官也冠冕弁總名元服也又翰韻凡正指冕弁謂之冠則平聲加冕弁於首謂之冠則去聲觀諦視又翰韻涫沸鬻

又翰韻莞東莞地名又草似藺可以爲席詩下莞上簟亦作菅又刪韻又胡官冂菅韓愈雪後詩豈念幽桂遺榛菅音官又刪韻棺黃帝始造棺槨有虞瓦棺

周殷棺槨 倌主駕者詩命彼倌人 毌廣韻穿也薛仁貴傳一發洞貫又聯續也漢谷永傳以次貫行師古曰謂上所陳衆條諸事宜以次相續行之亦作毌又翰諫二韻 ○

剜烏歡切刻削也 眢目無明一曰廢井又先韻 蜿蟠蜿龍貌又先銑二韻 豌豆也 涴泥著物又先箇二韻 ○ 般逋潘切旋也象舟之旋一

曰運也多也辟也又見下及刪韻 [illegible]輩也部也黨也 ○ 槃蒲官切盛器籀文作盤又槃躠也 盤同上亦作柈又樂也書多盤又盤庚商王號漢書作般庚又盤

屈也 柈同上 般樂也詩有般篇孟子般樂怠傲通作盤亦作弁卞 弁詩有小弁篇漢杜欽傳作小卞又霰韻 卞又霰韻 胖大也記心廣體胖又

翰韻 媻媻媻往来貌又歌韻 瘢瘡痕 幋覆衣大巾 鞶大帶 縏小囊 緐馬飾大帶古作緐左傳緐纓以朝纓馬鞅記作樊又刪韻 樊

記大路樊纓又刪韻 磐大石亦作盤漢文紀磐石之宗荀子國安于磐石 磻溪名一曰石著惟又歌笴箇三韻 蟠曲也屈也伏也揚子龍蟠于泥亦作盤袁宏諸

葛亮贊初九龍蟠又鼠婦名又刪韻 潘列子鯢旋之潘爲淵音盤水之瀊洄曰潘亦作審 瀊同上亦作盤韓愈桃源行流水盤迴山百轉 搫除也 審莊子

止水之審爲淵音盤簡文云蟠聚也又寢韻 𨇮屈足也 ○ 瞞謨官切平目又目不明也 漫水大貌又翰韻上从目曰音冒俗从日 謾欺也又音鞔義

同又翰諫二韻 蹣踰也 槾杇也亦作鏝慢又翰韻俗从日 ○ 鏝同上又大戟又翰韻俗从日 墁孟子毀瓦畫墁墁又翰韻 㵘雨露濃貌 樠木名

又莊子以爲門戶則液樠音義謂脂出樠樠然又眞韻 饅饅頭餅也 曼曼曼長也遠也又模諫翰三韻 蔓蔓菁菜名 縵車名周禮巾車卿乘夏縵注夏

赤也五采畫無瑑也又翰韻 鄤鄭地左傳成二年使東鄤覆諸鄤 ○ 酸蘇官切酢也 䨘小雨 狻狻猊食虎豹一曰獅子 ○ 鑽祖官切穿

也亦作攢又翰韻 攢與鑽同[illegible]則祖黎曰攢之又見下 ○ 欑徂官切積竹杖一曰木叢亦作欑又翰韻 穳刈禾積也亦作欑 酇聚也周禮百家爲酇

又歌旱諫三韻 菆記菆塗龍輴菆涂[illegible]菆聚也叢木蓋欑[illegible]塗之[illegible]韻 欑族聚也相如賦欑戾莎韓愈詩[illegible]禾騎火萬星欑亦作菆 ○ 耑多官切[illegible]

也旨也直也萏也紀也等…遍作…忘感物…小爾雅信文謂之…端…謂之兩倍兩謂之疋杜預曰二丈爲一端二端爲兩所謂疋也又玄端朝服又銑韻耑說文物初生之
題也上象生形丅象其根今謂物之萏曰耑从山非从…剬整飭貌揚子藺相如剬而不傷廣韻齊也○湍他官切激湍急瀨也煓赫也又火盛漢書注高祖父太
上皇名煓貒獸似豕角在鼻上堪作弓李陵以貒弓遺蘇武○團徒官切圜也聚也亦作团敦聚貌詩敦彼行葦又灰亶蕭軫震效隊七韻專詩有敦瓜
苦注敦猶專專也又圜也周禮其民專而長又先韻慱憂勞詩勞心慱慱兮摶說文圜也又摶擊又梘聚也禮毋摶飯又控摶揣度也史記賈誼傳何足控摶又見銑韻
揣漢書賈誼服賦何足控揣如淳曰控引也揣音團控揣玩弄愛生之意也又解賀二韻漙漙漙露多貌詩零露漙兮鷒鷒鶔鳥名爾雅鷒鶔如鵲短尾射之
銜矢射人鷻鵰也亦作鶉廣韻鳶之別名也鶉詩匪鶉匪鳶注貪殘鳥又真韻剸裁也斷也廣韻截木又先銑霰三韻篿說文圜竹器又先韻○鸞
盧官切神鳥出女牀山孫柔之瑞應圖鸞者赤神之精鳳凰之佐雞身赤毛色被五采鳴中五音人君進退有度親疏有序則至又和鸞車軨鑾鈴也以金爲鈴字亦作鸞崔豹古今
注五路衡上金雀者朱鳥也口銜鈴鈴謂之鑾故謂朱鳥鑾也鸞口銜鈴故又謂之和鸞郭璞曰鸞鈴也在軛曰鸞在軾曰和漢五行志登車有和鸞之節師古曰和鈴也以金爲之施於衡
上鸞亦金爲而持銜銜鈴施於鑣上動皆有聲以爲舒疾之節杜預注左傳鸞在鑣和在衡也圞團圞圓也巒山小而銳灤平灤水名欒木似蘭又檀欒竹貌
欒欒瘠貌詩棘人欒欒兮亦作臠見廣韻又姓羉彘網○潘鋪官切姓也又見上又刪韻拌集韻引方言楚人凡揮棄物謂之拌俗作拚非○桓吾官
切說文亭郵表徐曰表雙立爲桓今亭郵立木交木於其端或謂之華表禮記三家視桓楹注云四植謂之桓一曰木名似柳又水名又桓桓威也又謚法辟土服遠曰桓又燃峘
爾雅小山岌大山峘集韻或作岏峴洹說文水名左傳聲伯夢濟洹而歌又洹洹流也岏巑岏小山貌也又銳上也又高也忨貪也抏說畫又挫也秏也又
翰韻刓剸也刓角也史記漢書封爵刻印刓蘇林曰手弄角訛亦作园园圓也圭角泯鑠也莊子五者园而幾向方矣羱野羊蚖蠑蚖一曰毒虺又先韻

貆說文貉類貉子也詩有縣貆兮集韻通作貆　萓草名似董葉大禮記内則冬用董夏用萓　完全也繕也　丸說文圜也傾側而轉者从反仄徐曰仄者一向歒而不可回也是故仄而可反爲丸可左可右也　芃說文芃蘭莞也詩芃蘭之枝　汍汍瀾泣貌　紈說文素也　萑說文薍也易爲萑葦　𤣩說文桓圭公所執从王獻聲字書又音钀馬鑣也　豲說文豕之逸也博雅豕屬長楊賦拕豪豲師古曰一名帬豲一曰邑名在天水　○暵許干切乾旱也亦作熯又翰韻

十一刪

刪師姦切除削也定也　訕謗也又諫韻　潸涕淚流貌詩潸焉出涕又産諫二韻　山高大有石曰山山宣也産也散氣以生萬物　珊廣雅珊瑚珠也說文珊瑚生海中而色赤又闌珊彫散貌又珮聲　○跚相關切蹣跚跛行貌　姍詐也嫛姍行貌又先諫二韻　散琴曲廣陵散又白居易詩閑散作平聲押又産諫二韻　○關姑還切城塞門也門牡也扃也閉也塞也又姓又關戾機也又要會處又聯絡也又關白王襃頌進退得關其忠爾雅關關音聲和也又間關崎嶇展轉貌又見下　瘝瘝病也書恫瘝乃身　𤺥同上　矜同上漢和帝紀寤寐恫矜又與鰥同詩至于矜寡又眞庚二韻　鰥魚名又老而無妻曰鰥亦作矜　擐貫也見文字指歸又諫韻　綸青絲綬又眞韻　○彎烏還切持弓彎矢亦作關　關孟子關弓而射之　灣水曲　○還胡關切返也退也顧也又復也廻也歸也償也又先諫霰三韻　環圓成無端者又璧也爾雅肉好如一謂之環又回繞也禮記儒有環堵之室又經解云行則有環佩之聲字亦作還圜又諫韻　圜後漢冠帶圜橋門又先韻　䴉飛貌亦作翾揚子朱鳥䴉鶵謂鳳凰也又先韻　翾又先韻　鐶指鐶也　鍰六兩曰鍰又黃鐵一曰錢也小爾雅二十四銖曰兩兩有半曰捷倍捷曰舉倍舉曰鋝鋝謂之鍰宋咸曰舉三兩鍰六兩案大小爾雅及鄭康成皆曰六兩爲鍰唯說文云六鋝也鋝十二銖二十五分銖之二十三又書云共罰百鍰陸賈曰鋝重六兩周官劒重九鋝又與鍰同漢五行志宮門銅鍰師古曰讀與環同　寰天子封畿内縣又霰韻　闤市垣　澴漩澴波貌　鬟總髮　患憂也病也惡也苦也過也難也貫穿

賦又向足患師古曰合韻音環張華鷞鸘賦與物無患亦作平聲又諫韻 轘車裂人又諫韻 潺潺湲水流貌又先韻 ○跧阻頑切蹲也屈也伏也又踡也又先韻

○姦居顏切私也詐也婬也左傳亂在外爲姦在內爲宄楊子不姦姦而詐詐俗作姧二女爲奻音女閒切又奴還切訟也三女爲姦 姧上同 菅草名已漚爲菅

詩露彼菅茅左傳或取一編菅杜預曰菅苫也又寒韻 閒中閒記有閒傳漢文紀願請閒師古曰容也猶言中閒也曲禮少閒顧有倦也音閑是請閒亦有兩音 囏周禮

恤囏厄 艱難也篆作艱籒文作囏 蕑蘭也詩方秉蕑兮 ○顏牛姦切顏角曰顏方言湘江之間謂之瀕中夏謂之頟東齊謂之顙汝潁淮泗之間謂之顏又

商顏山名當作顏凡从彦者皆然 ○頑五還切癡也鈍也左傳心不則德義之經爲頑 ○班逋還切列也分也又姓爾雅賦也布與也書班瑞于羣后記請班諸兄弟

之貧者漢書班勞策勳注布也亦作頒朌般 頒頒兩旁曰頒孟子頒白注頒者班也頭半白曰頒又布也賜也一曰大首周禮匪頒注讀爲班布之班亦作班孔安國注論語歸則

班賜又大首貌詩有頒其首亦作朌又眞韻 朌从肉从分又眞韻 肦賦也記名山大澤不以朌又分也从日月之月 般玉篇古班字賈誼賦般紛紛其離此郵兮

封禪頒般般之獸从丹青之丹 攽賜也通作頒宋時有劉攽又眞韻 般還也趙充國傳般師罷兵書作班公輸般人名漢書作魯般又作班又寒韻 斑駁文亦作

班頒又魯斑公孫弘傳注漢有魯斑門亦作貣如斑白之斑與班頒般不可重用若班列之班與斑文般般頒白頒賜之類義異皆可分押 賁陸氏易賁卦釋文賁古斑字文章貌

又眞軫未震四韻 須記大夫以魚須文竹爲笏注用文竹及魚班也隱義云以魚須飾文竹之邊又魚韻 扳援也引也挽也公羊傳扳隱而立又諫韻 斒色不純也

彪虎文又眞韻 ○虤五閑切虎怒也 ○攀披班切自下援上也中从𠬞古文作𠬜相如賦仰屮橑而捫天師古曰古攀字象兩手相攀今偏旁作𠬞 眅

大也多白眼又產韻 ○蠻謨還切南夷山海經崇丘之山有鳥如鳧一翼一目相得乃飛名曰蠻亦作⿰蠻鳥 ⿰蠻鳥比翼鳥又謂之鶼鶼 ⿱冠黑畫車輪也 ○潺鉏山

切潺湲水流聲又先韻 孱懦弱也史記吾王孱毛也又先韻 虥虎淺毛曰虥貓又產諫二韻 ○餐千山切熟食也字林水澆飯又吞食也又眞韻 ○

斕䫻閑切斒斕色不純又文貌亦作𤗸瞵晉皇甫謐傳忘青紫之斑瞵又真韻潾廣韻水貌又真震二韻○闌郎簦切門闌又晚也牢也希也礙也盡也

裹也殘也階除木句闌也又飲酒半罷半在曰闌又漢成紀闌入尚方掖門應劭曰無符籍妄入宮曰闌外戚傳闌入殿中薛瓚曰無符傳出入爲闌西城傳闌出不禁闌妄入

宮掖亦作闌躝踰也讕詆讕誣諱也谷永傳滿讕誣天廣韻逸言也又產諫二韻欄木欄桂欄亦作蘭蘭香草左傳蘭有國香又林蘭梔子花木蘭木名

花名又列子宋有蘭子者張湛曰凡物不知生出主謂之蘭殷敬順曰史記無符傳出入謂之蘭此蘭子者以技妄遊者疑與闌同瀾大波又產諫二韻灡潘灡米汁亦作

灡又罕翰二韻㦨裳連衣廣韻㦨衫㦨裙也俗作襴監本从蘭誤欄木名又霰韻爤爤爛光貌韓愈華燭光爛爛又諫韻○閑何艱切闌也散也冗

也習也許云既閑且馳亦作嫺荀子多見曰閑又衛也防也易閑邪存其誠孟子閑先聖之道閒暇也習也空隙也俗作閑从門从日月之月俗从日又見上及諫韻憪愉也

靜也又產韻嫺雅也靜也習也通作閑屈原嫺於辭令漢書相如傳雍容嫺雅瞯戴目也盱也亦作矙覸瞷同上又目多白又涗也孟子王使人瞷夫子又曰吾

將瞷良人之所之覸同上又成覸人名又諫韻鷴說文鷳也廣韻似雉尾長謝靈運雪賦白鷴失素西京雜記越王獻高帝白鷴黑鷴各一雙亦作鷳○慳

丘閑切固也悋也說文作掔掔同上爾雅固也莊子牢也又先翰二韻鬝說文鬢禿也又頭禿也或作鬜又轄韻顅長脰貌周禮數目顅脰一曰長少貌○

黫烏閑切黑色从黑从西从土从西誤殷赤黑色左傳朱殷深也又見真先軫震四韻○翻孚艱切反也覆也飛也亦作飜播反拚飜見廣韻同上註

幡說文書兒拭觚布今人呼幡布內則所謂帉帨是也又與翻同詩捷捷幡幡猶翩翩也又威儀幡幡失威儀貌孟子幡然改趙注反也相如賦翩幡漢高紀建瓴水注云猶建幡也

數字通用拚詩拚飛維鳥與翻同又震霰二韻反平反理正幽枉也又與翻同張安世傳反水漿後漢書反水不收又產諫二韻犿宛轉相從貌莊子其書雖

瓌偉而連犿無傷也璠璵璠玉名旛旗也俗作幡非繙繽繙風吹旗貌一曰亂絲又繹也莊子繙十二經徐又音煩又音盤番次也重也數也遞也更也太百

番獸足也从釆从田釆音辨象獸爪分之形與釆字不同俗作畨又見下又歌諫二韻 **轓** 早大旗說文轓車之蔽也應劭曰古之出所以轓屏翳塵泥以簟爲之或用革

如淳曰轓小車兩耳也師古曰言車耳反出非也漢景帝令長吏二千石車朱兩轓千石至六百石朱左轓亦作藩 **藩** 同上又亭名左傳襄二十三年以藩載欒盈杜預曰車之有障

蔽者又屏也樊也籬也詩价人維藩易羝羊觸藩又符袁切草名 **蕃** 同上書以蕃王室俗作蕃 **潘** 蘭米汁又寒韻 ○ **煩** 符艱切不簡也悶也勞也說文熱頭痛也

緐 多也又寒韻 **袢** 袢延熱氣詩是紲袢也又絺綌又衣無色也 **墦** 冢也孟子墦間之祭 **蹯** 獸足本作番 **膰** 祭餘肉孟子作燔注胙肉至炙膊者

爲燔詩燔炙芬芬周禮內饔注亦作燔說文作䊩案膰燔義同不得重押如用脤膰與燔黍䊩燒不妨重押 **燔** 爇也炙也傅火曰燔詩載燔載烈注燔烈其肉又曰或燔或炙注燔

用肉炙用肝又曰燔炙芬芬注燔炙有羨味蓋凡炙膊皆曰燔唯燔肉字與脤膰同泛用燔炙非 **笲** 竹器所以盛棗脩又銑霰二韻 **薠** 青薠草似莎而大 **樊** 樊籠

也山樊也藩籬也又姓說文不行也又寒韻 **蘩** 白蒿 **蠜** 阜螽一曰阜蠜又謂之蟗亦作蕃蟠 **蟠** 廣韻蟠負卽阜蠜也又寒韻 **礬** 礬石 **蕃** 草茂亦作

蕃漢武賦惜蕃華之未央班婕妤賦閔蕃華之不滋又見上 **凡** 攙括也庸常也皆也輕也大槩也國名漢景帝凡號石奮爲萬石君謂摠計也 **盜** 杯也从皿音胡感切从巳

誤或作盜盜 **帆** 舟上汎風幔亦作颿颿又諫韻 **颿** 同上又馬疾走又諫韻 **渢** 渢渢中庸之聲又東諫二韻 **氾** 鄭地在襄城又姓本姓凡遭秦亂避地於

氾水因改爲晉有氾毓又諫韻从巳誤 ○ **殘** 財艱切餘也賊也凋傷也零落也通作戔又害也詩廢爲殘賊孟子賊義者謂之殘古作殘 **戔** 委積貌一曰顯見貌易束

帛戔戔說文賊也廣韻傷也與殘同又先韻 **盞** 安盞盞也 ○ **單** 都難切單複之對又大也詩俾爾單厚又孤也薄也又竭也莊子單千金之家又先產銑霰四韻俗書作

单蓋从與吅同船者說銳衰沿字从口亦作厶句字从口無作勾者今俗作勾單字从吅俗亦作单唯晉字上本从兩至字非从吅今作晉 **襌** 衣無襄方言江淮南楚之閒謂之襌

關東西謂之襌又霰韻 **殫** 竭也極盡也亦作單鄲前漢音義鄲縣𨙶山名鄲盡也𨙶山至此而盡城郭字皆从邑因以名焉 **丹** 赤石又赤色又契丹北夷號契音乞又本

丹梔子**簞**簞笥小篋鄭康成曰簞笥盛飯食者圓曰簞方曰笥**匰**宗廟盛主器周禮司巫祭祀共匰主**鄲**縣名又複姓漢有邯鄲○**灘**他丹切水灘瀨

集韻亦作潬又諫韻**攤**開也按也布也又諫韻**嘆**太息亦作歎又諫韻**歎**同上又諫韻**嘽**喘息又衆也詩嘽嘽駱馬王旅嘽嘽毛傳盛也箋閒暇有餘力

貌又紆緩貌荀子嘽咺憼敷又先銑二韻**幝**敝貌詩檀車幝幝又銑韻○**壇**唐闌切封土爲壇除地爲場又霰諫二韻**檀**木名又姓**彈**糾也射也劾也抨也

又鼓爪曰彈又諫韻**撣**觸也太玄經撣繫其名又鼓絃通作彈又先諫二韻**聅**軍法以矢貫耳又屑韻**驙**白馬黑脊又先韻**鴅**雗子一曰鸛鴅射之飲矢

射人**驒**連錢驄也○**儇**呼關切慧也利也方言疾也荀子鄉曲之儇子注謂輕薄巧慧之子又先韻○**難**那壇切艱也不易也重大也又木難珠名色黃生東

夷曹植詩珊瑚閒木難說文作鷬鳥名又歌諫二韻○**櫦**數還切開門機

洪武正韻卷第二

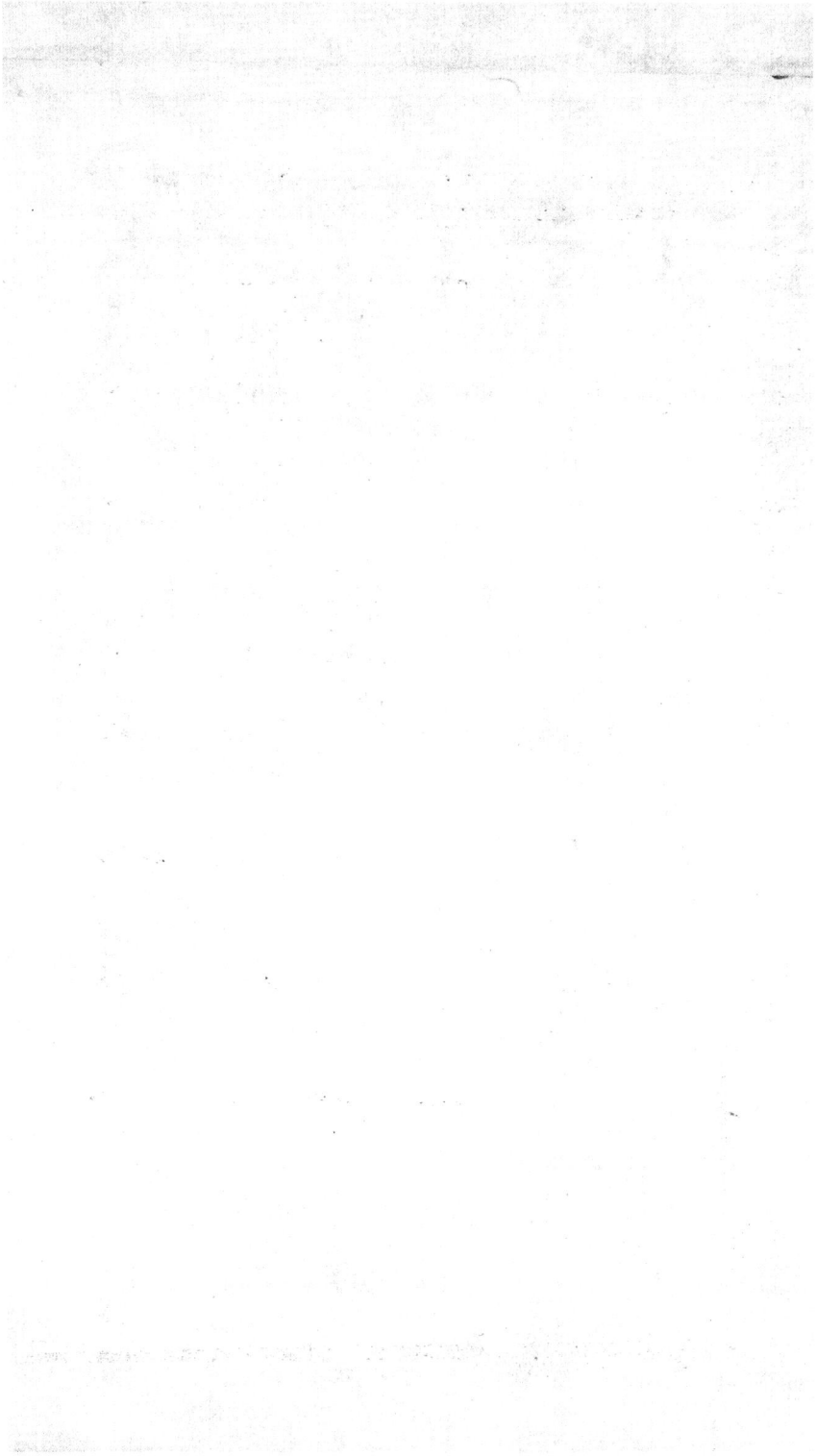

洪武正韻卷第四

平聲

十二先　十三蕭
十四爻　十五歌
十六麻　十七遮
十八陽　十九庚
二十尤　二十一侵
二十二覃　二十三鹽

洪武正韻卷第四

平聲

十二先

先蘇前切前也又姓又銑霰二韻毛晃曰凡在前者謂之先則平聲先王先公孝經必有先也漢書爲天下先老子象帝之先之類是也先而導前與當後而先之則去聲易先天而天弗違詩曰予曰有先後記先立春先雷孟子先長者老子先天地生弦高以乘韋先十二牛光武沇幾先物祖生先吾著鞭之類是也他倣此 褼褊褼衣貌 躚蹁躚旋行貌古作蹮亦作蹁蹮 硟石次玉 西秋方漢郊祀歌白集西師古曰合韻音先竇融贊代北開西注合韻音先又齊韻 僊神僊亦作仙又僊僊舞貌 仙釋名老而不死曰仙仙遷也遷入山也故从人从山又輕健貌杜甫詩行遲更覺仙 僊見漢郊祀志說文長生僊去 鮮腥魚凡新殺曰鮮周禮作鱻老子治大國若烹小鮮謂小魚也又小山別大山曰鮮詩度其鮮原左傳昭三年葬鮮者自西門杜預曰不以壽終曰鮮又鮮卑朝鮮國名鮮于姓又色麗曰鮮韓愈詩霜曉菊鮮鮮又銑霰二韻 鱻同上又銑韻 蹮跰蹮舞貌亦作蹁僊 𨇤同上又行貌莊子跰𨇤而鑒于井 廯倉廩又銑韻 䉳竹名又銑韻 姍姍姍行貌漢武帝詩何姍姍而來遲相如賦便姍嫳屑又刪諫二韻

○天他前切說文天顛也至高無上古作兂象積氣之形毛詩傳尊而稱之則稱皇天釋名曰豫司兗冀以舌腹言之天顯也在上高顯也青徐以舌頭言之天坦也坦然而高遠也

○千倉先切十百也漢志大於千 阡田間道南北曰阡東西曰陌漢志作仟佰又路也壟也 仟同上又漢書仟陌之得注仟謂千錢陌謂百錢文字音義千人之長曰仟 谸谸谸青貌說文望山谷之谸青 芊芊芊茂貌又霰韻 遷去下之高也又徙也謫也亦作䙴 䙴漢律歷志周人䙴其行序 韆鞦韆繩戲

○箋則前切表也識也書也亦作牋鄭康成行毛氏詩傳之未盡者名曰箋 牋古作煎 韉鞍韉說文云馬鞁具

也从華从薦監本从鳥誤濺濺濺水淺流貌又霰韻諓巧言淺薄貌又銑霰二韻湔滌也沾也入水名又霰韻戔委積貌易束帛戔戔又刪韻臻

至也大車簀一作轃又真韻煎熟煮也熬也又銑霰二韻鬋鬢垂又銑韻籛彭祖姓○前才先切前後之對先也進也玉篇不行而進也又銑

韻古作揃媊星名甘氏星經曰女媊居南斗錢貨泉周禮注其藏曰泉其行曰布取其流行無不徧也又銑韻○邊畀眠切岸也陲也側也方也旁近也又姓

籩竹豆編以繩次又婦人假紒周禮追師爲副編次又銑韻鞭馬箠策鯿魚名孟浩然詩魚藏縮項鯿蝙蝙蝠仙鼠又名伏翼箯竹輿

公羊傳注筍者竹箯砭以石刺病亦作砭又霰韻𥐻又霰韻从巳巳音胡感切非从巳也○篇紕連切簡成章也偏頗也側也旁也半也又衣身之

偏猵猵狚似猨而狗頭一名獦牂又霰韻翩疾飛又往來貌詩捷捷翩翩扁小也小舟曰扁舟又人名又銑韻艑艑艖舟名唐劉崇龜傳柴艑亡去又

霰韻蹁蹁躚旋行貌从衣爲褊褼○眠莫堅切翕目也說文作瞑又茂容貌陸機賦精麗芊眠瞑莊子晝瞑又曰據槁梧而瞑又庚梗敬霰四韻綿

精曰綿麤曰絮又柔弱也遠也續也纏綿綢繆也古作緜从帛从系緜說文聯微也从系从帛一曰纊之别名前嚴助傳緜力師古曰其弱如緜又不絕貌詩緜緜瓜瓞又密也

櫋說文屋櫋聯也亦作棉○顛多年切頂也傾斜也仆也倒也又顛顛專一也見莊子廣韻亦作巔又見下顚唐李石傳晉君臣以夷曠致顚覆

傎傎倒穀梁傳以晉文公之行事爲已傎矣通作顛巔山頂蹎說文跋也廣韻蹎仆通作顛驒馬額白今戴星馬滇滇池地名又見下

瘨病也詩胡寧瘨我以旱又瘨我飢饉又銑韻○田亭年切土已耕曰田大鼓曰田又姓又獵也又霰韻佃治田又獵也又霰韻畋說文平田也廣

韻取禽獸也又見霰韻窴塞也亦作塡嵮塡同上又鼓聲孟子塡然鼓之又眞銑震霰四韻嵮荀子嵮如也磌礐聲春秋傳磌石隕其磌然又礩也又眞

韻闐盛也滿也漢書闐門又霰韻鈿金華飾又陷蚌曰螺鈿又霰韻顛盛氣貌玉藻盛氣顛實又憂思貌玉藻色容顛顛嗔說文盛氣也又眞韻

滇漢郊祀歌泛泛滇滇從高斿晉灼音振旅闐闐之闐盛貌○年寧田切說文越歷二十八宿宣徧陰陽曰歲穀熟曰年爾雅周曰年取穀一熟古作秊秊上禾下千聲○蓮靈年切芙蕖實苓枚乘七發蔓草芳苓注苓古蓮字曹子建七啓搴芳苓之巢龜又大苦詩采苓又庚韻憐哀矜也愛也俗作怜又震韻零先零西羌又庚敬二韻連接也合也續也還也蟬連屬綴貌亦作蟬聯匈奴鮮卑謂天為祁連西域有天山一名祁連山漢田廣明為祁連將軍祁亦作祈竝音時又見諫字韻聯綴屬亦作連晉王恭曰與阿太語蟬連不得歸从耳从絲又音攣漣漣漪風動水成文又泣下貌○堅經天切固也勁也剛也又姓肩膊上又任也書朕不肩好貨詩佛時仔肩又克也作也勝也枅屋櫨亦作棈又齊韻鳽鵁鶄鷸子一曰征鳥一曰鷹禮記注作題肩豜豕三歲詩獻豜于公亦作肩周禮夏官注四歲為肩詩竝驅从兩肩兮又銑霰二韻鈃似鍾而頸長又人名宋鈃又庚韻甄陶也察也免也董仲舒傳注甄作瓦之人又真震二韻櫋櫋櫨欂櫨采名本作梟俗又加木又蕭韻鞬戢弓矢也又馬上盛弓矢器左傳右屬櫜鞬鞬弓衣櫜箭器又霰韻餰鬻也亦作飦飦同上○牽苦堅切引也連也又牲腥曰餼生曰牽又霰韻岍山名周禮謂之吳嶽汧水名又水決之澤為汧雃說文石鳥一名雝渠一名精列亦作鵳又人名左傳襄九年秦景公使士雃乞師于楚幵平也兩手對舉凡刑秆枅豜鈃岍汧雃等字皆从幵今作开古作幵从兩手也又罕幵二姓羌之別種趙充國傳先零罕幵又曰河南大幵小幵天水有罕幵縣因二羌處之而名今有姓罕幵者是合二類而言之又音堅愆過也辠也差爽也古作辛凡童妾言音辛皆从辛籀文作諐又惡疾曰愆左傳衰王愆于厥身諐漢劉輔傳元首無失道之諐从侃从言與諐字不同諐音僕从人从兄从言褰袴也亦作攓⿰衤蹇同上騫馬腹縶又虧少也飛也又與愆同荀子永思騫兮注騫咎也又輕儇躁進貌柳宗元乞巧文沓沓騫騫搴拔取亦作攓漢揚僕傳斬將搴旗又銑韻攓同上方言楚謂取曰攓又銑韻掔牽去也莊子掔好惡又巳諫霰三韻欅舉也麉鹿有力又音堅○賢胡田切善也能也大也又愈也過也詩我從事獨賢弦弓弦說文琴瑟弓弦五經文字曰琴瑟亦用此字作

絃者非論語聞弦歌之聲記春誦夏弦 絃 八音之絲漢志絲曰絃列子絃歌誦書通作弦又音絢 誸 急也莊子說稽乎誸注急而後考謀 舷 船邊 蚿 馬蚿
百足莊子夔憐蚿 ○ 延 夷然切長也引也納也施及也陳也進也遠也稅也又姓又冕覆禮記玉藻前後遷延又遷延淹久貌又卻退貌左傳襄十四年遷延之役又霰韻
莚 詩旄丘注葛之蔓莚陸德明有兩音又霰韻 脡 視也 筵 竹席又鋪陳曰筵藉之曰席又重曰筵單曰席又度堂宇以爲節考工記堂上度以筵 綖 冠上
前後垂覆左傳衡紞紘綖記作延又銑霰二韻 郔 鄭地左傳作廩延 蜒 蜿蜒龍貌蚰蜒蟲名相如賦注蝘蜒大獸似狸長百尋又上聲 埏 八埏地之八際又墓道亦
作羨 焉 語終辭柳宗元曰決辭也左傳周之東遷晉鄭焉依又見下又微韻 妍 好也美也淨也方言自關而西秦晉之故都謂好曰妍 研 礲也窮也究也易曰研諸
慮又見霰韻 言 直言曰言又我也又眞韻 䇾 大簫也 甗 甑也又銑霰二韻 沿 從流而下也循也俗作㳂作傳㳂漢泝江杜預曰沿順流泝逆流亦作㳂
从水从㕣㕣音鉛 巡 記終始相巡又眞韻 鉛 黑錫又循也荀子鉛之重之注謂撫循之申重之也 緣 因也衣飾也又見下 蝝 蝮蜪蝗類 ○ 煙
因肩切火鬱氣亦作烟从西誤 烟 荀子皀鴈若烟海又眞韻 燕 國名說文作酀又霰韻 咽 咽喉又鼓聲霰屑二韻 胭 胭脂 歅 九方歅善相馬又眞
韻 殷 赤黑色又血深左傳左輪朱殷杜預曰音近煙又眞刪軫震四韻 嫣 宋玉賦嫣然一笑又長貌 蔫 菸也食物餲也魗也亦作菸又霰韻 菸 楚辭菸邑
而無色兮 鄢 邑名春秋鄭伯克段于鄢又銑韻 焉 疑辭何也豈也論語焉能爲有孟子焉有仁人在位又鳥黃色出江淮閒 ○ 涓 圭淵切小流又滴也潔也
从口从肉俗从有 娟 美好貌又見下 鋗 史記楚世家遇其故鋗人芊昭曰即令之中涓又見下 蠲 清明貌潔也除也又蟲名又灰韻 䅌 麥莖亦作蠲
鵑 杜鵑鳥名 睊 視貌 ○ 椽 重圓切說文秦名爲屋椽周謂之榱齊魯謂之桷 傳 授也續也布也周禮訓方氏誦四方之傳道注傳道世世傳說往古
之事也音平聲又霰韻 遄 往來數也速也 篅 以判竹圜以盛穀 船 舟也又衣領 ○ 玄 胡涓切黑也寂也幽遠也易天玄而地黃記九族注玄孫

泫水名泫氏縣名 眩惑亂也又霰韻 縣繫也借爲州縣字又霰韻 懸孟子猶解倒懸 ○ 攣閭圓切係也又霰韻 ○ 淵縈圓切上

水也水盤旋處爲淵 弲弓隈 鼘鼘鼘鼓聲亦作咽 咽詩鼓咽咽又見上 娟嬋娟美好貌又便娟舞貌亦作嬛嬛又音涓 嬛說文好也又身輕便

貌 嬽柔屈貌相如賦柔橈嬽嬽 悁忿也憂也詩中心悁悁亦作㾓又霰韻 㾓列子心㾓體煩玉篇骨節疼也 蜎蟲行貌詩蜎蜎者蠋又見銑韻音胡犬切

鴛鴛鴦匹鳥雌雄未嘗相離 宛地名大宛西域國名漢武西征大宛師古音於元切又宛射犬楚大夫宛春竝有於元於阮二音唯齊大夫宛茷音于元切又

銑阮二韻 輐兵車後猒又軡韻 冤屈也枉也曲也丙吉傳天下自以不冤亦作寃冤从冖从兔監本作寃誤 寃于定國傳天下無寃民 冕胡建傳吏民稱冕

冕从曰从免與冠冕字不同冕下从免 帵幡也 鵷鵷鶵鳳屬唐書鵷鷺相如賦作宛雛 眢目無明又井無水左傳目於眢井又寒韻 蜿蜿蜿龍貌

又見寒銑二韻 怨怨讐又霰韻 ○ 然如延切燒也从肉从犬从火漢召信臣傳作𤆍陸佐公石闕銘刑酷𤆍炭俗作燃又是也語辭又燕然山 ○ 涎

徐延切口中夜也亦作次 ○ 羶尸連切羊臭牛脂玉篇作羴从三羊 膻列子嬪御膻惡而不可親 顫莊子鼻徹爲顫香臭也又霰韻 挻引也取也

埏和土老子埏埴以爲器又時連切八埏夷然切同又墓道又霰韻 煽熾盛也又霰韻 扇吹揚也又霰韻 ○ 鋋時連切小矛曰鋋 ○

饘諸延切糜也亦作饘餰飦䬼 餰荀子酒醴餰鬻亦作𩜼𩜼 𩜼見內則篇 飦孟子飦粥之食 䬼禮記小切狼臅膏與稻米爲䬼注似今膏𩜼矣䬼當

作餰釋文𩜼又作𩜼竝之然切又徽尾二韻 旃旗曲柄或作旜漢田蚡立曲旃蘇林曰禮大夫建旃曲柄上曲也說文旃旗曲柄所以旃表士庶也又與之同左傳虞公求旃

旜又旗名周禮通帛爲旜 氈撚毛席周禮毛氈毛爲氈亦作氊 鸇晨風鸇也 邅迍邅難行不進貌易屯如邅如亦作亶又霰韻 亶班固賦紛屯亶與蹇

連又產諫二韻 驙馬載重又白馬黑脊又刪韻 鱣魚名詩鱣鮪發發說文鯉也又霰韻 栴栴檀香木 𧽘同行難也說文曰起也 ○ 蟬呈延

切蜩也說文以旁鳴者又銑韻**澶**澶淵地名在頓丘南又諫韻**單**單于匈奴號又刪產銑霰四韻**嬋**嬋娟美態**儃**說文能也又產諫霰三韻**禪**靜也

杜甫詩虛空不離禪又霰韻**嬗**賈誼鵩賦形氣轉續變化而嬗蘇林曰嬗相傳與也服虔曰嬗讀如蟬師古曰此即禪代字叶韻音蟬耳又爲嬗娟之嬗又霰韻**撣**撣援

牽引**蟺**揚雄甘泉賦蟺蜎蠖濩之中李善注文選云音禪**纏**繞也約也又霰韻**躔**踐也方言躔歷也日運爲躔月運爲逡郭璞曰躔猶踐也**廛**市中空地

一曰居也說文一畮半一家之居也孟子願受一廛而爲氓亦作鄽从广从里从八从土俗从黑非凡从廛者皆然**瀍**水名在河南○**潺**鉏連切水聲又刪韻

孱弱也困也冀州人謂懦弱爲孱韋昭曰仁謹貌史記吾王孱王也又見刪韻○**梴**抽延切長木詩松桷有梴**燀**火氣也又見銑韻**嘽**紓緩貌列

子嘽緩慜慜又刪銑二韻○**軒**虛延切車曲輈也廂也卿車曰犀軒闌板曰軒夫人車魚皮爲曰魚軒又前頓曰輊後頓曰軒詩如輊如軒馬援傳居前不能令人輕居後不能

令人軒注言爲人無所輕重也又見霰韻**靬**犛靬西域國名張騫傳奄蔡犛靬又寒韻**嘕**笑貌亦作嫣**屳**輕舉說文人在山上**祆**胡神字从天唐官品有祆

正又蕭韻**掀**以手高舉**騫**飛舉貌○**乾**渠焉切建也勤也純陽卦名佩觽集曰俗別爲乹又寒韻**虔**恭也固也殺也又虔行貌方言秦晉之北鄙燕

之北郊謂賊爲虔顏師古曰妄託上命而堅固爲邪惡曰矯虔韋昭曰強取爲虔**犍**犗牛又犍爲郡名**揵**舉也相如賦揵鰭掉尾又見霰韻**鍵**廣韻鑰也又霰

韻**腱**大筋一曰筋頭內則注餌筋腱也又霰韻**騝**騂馬黃脊○**緶**蒲眠切說文交枲也一曰緁衣也顏曰緁音妾謂編諸緶著之也**胼**胼胝皮堅

也亦作駢或作跰趙岐注孟子禹稷駢蹟**骿**說文幷脅也通作駢左傳晉文公駢脅**蠙**珠母亦作玭書淮夷蠙珠又眞韻**玭****軿**輜軿婦人車四面屏蔽又

庚韻**駢**說文駕二馬又云幷駕三馬又庚韻**便**安也習也宜也又便便辯也論語便便言又肥滿貌邊韶腹便便又溲也又霰韻**平**辨治也書王道平平又均也又

庚敬二韻**諞**巧言又銑韻**楩**太名○**宣**息緣切布也盡也明也偏也通也緩也散也又姓又召也**亘**求宣也又姓从二从回回音回今作日與亘字

不同亘从二从舟舟今作月凡宣垣字从亘毛晃謹案紹興二年禮部看詳姓氏从水从亘水名从木从亘木名从木从亘者皆定讀曰亘若晉書亘彝亘溫書西傾因亘是來之類是也

朘縮也減也 瑄璧大六寸漢書有司奉瑄玉 ○ 詮且緣切擇言也平也具也註也 銓衡也量也吹也度也亦作輇 輇莊子輇才諷說之徒晉義輇量人也 痊病除 佺偓佺仙人 悛止也改也又次也左傳哀二年外內以悛又眞韻 駩白馬黑脣 絟細布漢景十三王傳作荃師古曰字本作絟蓋今南方葛布 筌取魚器亦作荃 荃香草也與筌同莊子得魚而忘荃又與絟同又眞韻 竣退也又眞韻 譔廣韻善言晉有崔譔又銑諫霰三韻

縓一染紅亦黃色記黃裏縓緣又霰韻 拴揀也 跧伏也 㕙戰國策東郭㕙天下之狡兔也韓愈毛穎傳居東郭者曰㕙 ○ 鐫子全切刻也斵也雕也鑴也剜也 ○ 旋旬緣切周旋旋旗之指麾又盤旋回也斡也疾也還也又溲便左傳定三年夷射姑旋焉又霰韻 還復返也轉也經史旋還通記周旋裼襲周旋中規折還中矩鄭康成曰周還反行也宜圜折還曲行也宜方詩書還字竝音旋又刪諫霰三韻 璿美玉亦作璇琁 璇琁漢安帝紀據旋璣玉衡以齊七政

漩水回亦作淀又霰韻 淀又霰韻 ○ 全才緣切備也具也保也又姓从仝从工仝音襲上从出入之入亦作仝 牷牛純色周禮祭祀之牲牷 泉源水爾雅濫泉正出正出涌出也公羊傳直出直猶正也沃泉垂出垂出下出也氿泉穴出穴出从出也又錢別名 ○ 穿昌緣切孔也委曲入也鑽也貫也鑿也又霰韻 川衆流周禮萬夫有川注萬夫四縣之田方三十三里少半里遂從溝洫從澮橫九會而川周其外偏旁作巛 ○ 專朱緣切壹也擅也獨也自是也純篤也亦作顓剸又寒韻

顓漢蔡義傳苟可顓制者又顓顓謹貌通作專又顓帝顓蒙 剸截也斷也又與專同荀子信而不見敬者好剸行也又曰六畜禽獸一切而剸車又寒銑霰三韻 甎甓也亦作塼專甎 塼斯千詩傳瓦紡塼也陸德明曰本又作專 甎尹賞傳注令辟甎甎也 篿楚人謂折竹卜離騷曰索瓊茅以筳篿兮注瓊茅靈草也筳竹筭也楚人結草折竹卜曰篿蓋篿本竹筭用之以卜故因謂卜爲篿猶今人以籌筭數畫故因以畫爲籌謂測爲筭耳又寒韻 鱄魚名又美也成鱄晉大夫又姓鱄諸吳刺

客又銑韻 ○⿰田耎 而宣切城下田亦作壖又銑霰箇三韻監本从犬誤 壖 食貨志曰其宮壖地師古曰壖餘也宮壖地謂外垣之內內垣之外諸緣河壖地廟垣壖地其

義皆同又銑韻 堧 又銑韻 撋 煩撋挼莎見詩注亦作擩 擩 周禮擩祭注以肝肺菹擩鹽醢中以祭儀禮云取菹擩于醢祭于豆閒是也 瑌 珉也石次玉亦

作瓀碝又銑韻从犬誤 瓀 又銑韻 碝 又銑韻 輭 廣韻無輪車亦作輇 蝡 微動貌荀子蝡而動又軟銑二韻 臑 荀子臣道篇臑而動又魚又銑

效韻 犉 黃牛黑脣又眞韻 ○暄 呼淵切日暖也溫也亦作煖暖 煖 莊子煖然似春又暵也樂記煖之以日月又作烜又銑罕二韻 暖 同上又暵也又

暖暖柔貌莊子暖暖姝姝 烜 易日以烜之陸有平上二音又見賄銑翰三韻 暖 廣韻大目韓愈陸渾山火詩電光礥磹賴目暖又見銑罕二韻 諠 譁也嚻也亦作喧讙

偏旁作吅 喧 又銑韻 讙 霍光傳民間讙言師古曰衆聲又寒韻 嚾 喧嚻貌荀子嚾嚾然不知其非也又寒韻 諼 忘也詩終不可諼兮又詐也又銑韻

咺 列子蟬咺憋懯張湛曰咺汗綏貌愨敬順云寬綽貌亦作諠又銑韻 萱 忘憂草詩作諼 塤 樂器漢律歷志土曰塤應劭曰世本暴辛公作塤燒土爲之其形鋭上而

平底六孔 壎 詩如壎如篪伯氏吹壎 狟 貉類 譞 多言又智也 駽 青驪馬今之鐵驄詩駜彼乘駽又霰韻 鋗 銅銚又人名漢紀番君別將梅鋗

翾 小飛又輕薄巧慧荀子喜則輕而翾睘从回从袁俗作睘 儇 慧利也毛詩揖我謂我儇兮方言疾也荀子鄉曲之儇子注謂輕薄巧慧之子又刪韻 䴉 飛貌揚子

朱鳥翾䴉通作⿰睘飛又刪韻 ⿰睘飛 蠉 蟲行貌又蟲飛又銑韻 嬛 便嬛輕麗貌又東韻 懁 辡急又霰韻 獧 疾也輕也又胡涓切 ○員 于權

切官數物數又周也幅員亦作隕俗作貟令从員者皆然又見眞震二韻 捐 棄也除去也委也又死病曰捐瘠 鳶 鷙鳥似鴟而小从弋从屮从鳥亦作鳶鳶 鳶 詩鳶

飛戾天 鳶 梅福傳鳶鵲遭害則仁鳥增逝 蝝 蟲名蝝子又蝗子一曰蟻子春秋宣十五年冬蝝生顏師古曰五行志曰爾雅蝝蝮蜪說者以爲螽蝗之類 緣 因也

又寅緣連絡也又循也孟子緣木求魚又翰霰韻又見上 圓 周也方圓也圓圓備也亦作圜 圜 易乾爲圜說文天體也又圜法錢也又方圜漢書從諫若轉圜又正視也驚視

也賈誼傳天下圜視而起亦作睘又刪韻 隕 詩幅隕既長毛傳幅廣也隕均也又軫韻 湲 潺湲水流貌又刪韻 袁 姓也又地名俗作袁凡从袁者俗皆作袁 爰

曰也於也行也爲也哀也引也又緩辭詩爰方啓行爾雅爰爰緩也又田易居曰爰左傳晉作爰田說文作趄漢地里志商君制轅田張晏曰田三年一易以同美惡商鞅始割裂田地開立

阡陌令民各有常例孟康曰三年爰土易居古制也末世浸廢鞅相秦復立爰田爰自在其田不復易居食貨志自爰其處是也轅與爰同 援 板也引也廣雅牽也孟子手援天下

又鉤援上城梯詩以爾鉤援又翰霰二韻 媛 嬋媛美女又霰韻 園 所以蓺果 垣 牆也天文志三垣詩大師維垣之類 轅 輈也方言楚衛謂之輈軒轅黃帝名

洹 水名从水从二从日日與回同 榬 絡絲籆又霰韻 猨 禺屬似猴長臂亦作蝯俗作猨亦作爰漢李廣爰臂 蝯 爾雅猱蝯善援揚雄賦蝯貌擬而不敢下

○元 善之長也又本也首也一也大也始也長也氣也左傳注人君即位欲其體元以居正故不言一年一月也公羊傳元年春者何君之始年也何休曰變一言元元者氣也漢文紀

元元之民師古曰元元善意也 原 本也荀子宗原應變注宗原根本也說文作厵水原本也篆作原亦作源又廣平之野曰原說文周禮作邍爾雅廣平曰原可食者曰原又再也國

名又姓又推原也元氣元元之元與本原之原自可分押水原之原與源字不可雙押若用平原原筮代原原道之類與源可分押又霰韻 源 水之本亦作原孟子原泉混混漢成

紀四海淵原 邍 說文廣平之野周禮有邍師 沅 水出蜀郡由牂牁東北過臨沅縣至長沙入洞庭湖今以名州又銑韻 邧 邑名左傳文四年秦人伐晉圍邧又

五遠切罕用不增入上聲 謜 徐語說文謜謜而來孟子作源源又霰韻 嫄 高辛妃姜嫄生后稷 騵 騧馬白腹 蠠 重蠶本作原周禮禁原蠶鄭注原再也俗从虫

蚖 蠑蚖蛇類一曰蜥蜴又寒韻 黿 似鼈而大 阮 从阜从元古原字又郡名史記五阮郡又銑韻 ○ 圈 驅圓切禮記杯圈鄭曰圈屈木所爲卮匜之屬

也又畜閑又銑霰二韻 桊 又諫霰屋三韻 卷 冠武曲也下从已音節今作已又見下又軫銑霰三韻 弮 弩弓亦作桊又見諫霰二韻 棬 屈木盂亦作圈

一云器似升屈木爲之又音權 ○ 權 逵員切稱錘又量輕重也反經合道也攝官也機權權柄權譎又姓又从𦬁監本从廾誤 拳 屈手又拳拳勤勤也恭也又奉持貌

鼦 音彫古文貂字鼠也毛可為裘衣也

又眷戀也亦作惓卷 惓 劉向傳雖在畎畝猶不忘君惓惓之義也又霰韻 卷 賈捐之傳昧死竭卷卷班彪元后贊卷卷猶握一重又曲也又好貌詩碩大且卷又見上

顴 輔骨說文作權 鬈 髮好詩其人美且鬈 婘 美貌韓詩齊風揖我謂我婘兮又霰韻 蜷 虫形屈曲騷玉連蜷沈約郊居賦雌霓連蜷 捲 用力貌莊子捲捲乎后之為人又氣勢也國語予有捲勇又銑韻

十三蕭

蕭 先彫切香蒿又斧也又姓又屋韻 簫 樂器其形參差以象鳳翼亦作箾 箾 左傳季札見舞箾杜預曰舜樂說文以竿擊人也又藥韻 彇 弓弭頭曲禮作蕭 瀟 瀟瀟風雨暴疾貌又雨聲水名 蠨 蠨蛸蟲名 飃 涼風 艘 船捴名又尤爻二韻 騷 擾也又左傳楚敗鄭師於蒲騷在峽州巫山又爻巧效三韻

宵 夜也周禮司寤氏禁宵行者注宵定昏也郭象注莊子不由明坦之塗曰宵又小也記宵雅肄三 消 滅也盡也衰也退也釋也殺也 肖 莊子達於知音者肖注肖釋散也音消又嘯韻 霄 爾雅雲霄近天氣又霰也說文雨霓為霄 逍 逍遙翱翔自適貌亦作消記消搖於門 痟 酸痟頭痛又痟渴疾 綃 生絲繒亦作宵儀禮姆纚笄宵衣鄭康成曰宵讀如素衣朱綃之綃亦作縿繡 縿 檀弓縿幕魯也又覃韻 繡 詩素衣朱繡有兩音記繡黼丹朱中衣魯詩綃綺屬繡也又宥韻 銷 鑠金

哨 多言貌揚子禮義哨哨又口不正記枉矢哨壺又嘯韻 蛸 桑螵蛸螳蜋子海螵蛸烏賊骨爾雅桑螵蛸一名蜱蛸注一名蟳蟭又爻韻 翛 翛翛羽敝又飛羽聲亦作脩 脩 又尤有筱三韻又音條漢表脩侯與條同 揱 殺小貌周禮其揱爾雅曰長臂 捎 指除考工記以其圍之阞捎其藪又搖捎動貌又爻韻 梢 考工記匠人梢溝三十里而廣倍注謂水漱齧之溝音蕭又爻韻 硝 硭硝

○ 貂 丁聊切鼠屬出東北夷 鵰 大鷙鳥一名鷲黑色羽可以為箭羽左傳鵰鳩氏杜預曰鵰也亦作雕 雕 同上又刻琢亦作雕琱彫又章明貌荀子雕雕焉 琱 治玉史漢斷琱為樸注刻鏤也與雕彫同又畫也貢禹傳牆塗而不琱亦作敦 錭 荀子

必將錭琢刻鏤黼黻文章以塞其目 **彫** 琢文漢杜林傳斲彫為璞皇后紀斲彫為朴亦作敦又畫也書峻宇彫牆左傳厚歛以彫牆又傷瘁也殘也零落也論語松柏後彫 **凋** 凋瘁通作彫記示民不凋又半傷也亦作雕晉書彫弊之迹凡雕琱錭彫敦及彫凋義同者不可重押如用雕鵰與琱錭彫用琢琱錭琢與後彫用彫琢雕牆與凋殘凋弊皆可分押

敦 詩敦琢其旅與彫同又敦弓既堅畫也與弴同如用敦琢敦弓與雕鵰後彫凋瘁不同亦可分押又灰寒眞軫隊霰效七韻 **弴** 畫弓天子弴弓 **⿰舟召** 吳船亦作⿰舟周

⿰舟周 同上 **刀** 古者軍有刀斗晝炊夜擊又姓俗別作刁又爻韻 **刁** 李廣傳不擊刁斗字作刁孟康曰刁斗以銅作鐎受一斗晝炊飯夜擊持行夜名曰刁斗蘇林曰形

如鋗無緣師古曰鐎音譙溫器也 ○ **祧** 他彫切祭法遠廟為祧去祧為壇左傳以先君之祧處之杜預曰諸侯以始祖之廟為祧 **庣** 不滿之處漢志斛外旁有

庣 **⿰庣斗** 斗旁耳又田器亦作銚从斤誤 **銚** 同上莊子銚鎒音義云刈削之器又見下及嘯韻 **恌** 偷薄也 **佻** 同上又見篠韻 **窕** 同上又輕小貌左傳

楚師輕窕漢五行志小者不窕又見嘯韻 **覜** 衆聘周禮殷覜曰覜有兩音又嘯韻 **挑** 撥也取也杖荷也又往來貌詩挑兮達兮國語挑天之功又與恌同荀子其脁不挑儀禮

挑匕鄭康成曰挑謂之歃讀如字又見尤篠爻三韻 **朓** 晦而月見西方从日月之月與脁字不同韻譜从肉誤劉向云朓者疾也孟康曰朓者月行疾在日之前故早見又篠韻

條 枝落也詩蠶月條桑又見下 ○ **迢** 田聊切迢遰也 **跳** 蹷也躍也漢書項羽圍成皐漢王跳晉灼曰跳獨出意也又嘯韻 **髫** 髫髦小兒髻也

齠 始毀齒也 **佻** 獨行貌詩佻佻公子 **調** 和也揉伏也又尤嘯二韻 **鞗** 鞗轡詩鞗革沖沖 **條** 詩傳枝曰條幹曰枚又項目也陳析也法教也又脩暢也

又尤爻賚三韻 **苕** 草可為箒爾雅玉蔧也可掃除不祥謂之苕又菜詩邛有旨苕又水名在吳興 **蜩** 大蟬 **鰷** 魚名 **鯈** 魚名莊子鯈魚出入又見尤韻 **⿰魚攸**

魚名莊子食之鰌鰍又尤韻 ○ **聊** 連條切語助又且也賴也況味也本作聊 **膋** 腸間脂亦作膫 **嘹** 鳴也又嘹喨清徹之聲亦作寥又嘯韻 **翏** 高飛

貌見廣韻又宥韻 **飂** 風聲廣韻作飉又尤宥二韻 **僚** 官僚也朋也左傳泉丘人女奔孟僖子其僚從之杜預曰鄰女為僚友亦作寮又姓左傳晉陽大夫僚安又篠韻

寮左傳同官爲寮爾雅寮官也寥空也寂也静也亦作廫又與嘹同晉向秀傳發聲寥亮又篔韻廖韓愈華山女詩坐下廖落如明星又人名左傳辛伯廖漢項籍

傳王廖音聊又嘯韻嵺廣遠也見相如賦又爻韻戮勠力陳力也併力也書與之勠力又作勠又見尤屋二韻熮廣韻火貌又見嘯韻豂空谷遼遠也

又水名憀憀賴通作聊又悲恨又見尤韻料量度也理也將也莊子料虎頭又嘯韻敹擇也鐐白金之美者又有孔鑪又紫磨金又嘯韻璙玉名

詩大田注鐐琫而鏐珌鐐又作璙又見嘯韻簝宗廟盛肉器撩理也又攏取物又挑弄也韓愈詩撩鳥莫相撩亦作嫽廣韻相嫽戲又篠韻漻清深又與寥同

相如賦寂漻無聲又見尤宥二韻鷯鷦鷯鳥名剖葦食其中蟲一曰鷦鷯一曰巧婦一曰工雀一曰女匠一曰桃蟲一曰桃雀又嘯韻獠宵田爲獠亦作𤞞郭璞曰令江

東呼獵爲獠或曰夜獵載鑪以照又見巧嘯二韻嶚險也繚繞也縛也詩葛屨注糾糾猶繚繚也沈音僚又篠韻轑轢也轆也又楚地左傳宣四年圍伯嬴於轑陽

而殺之又蓋弓又作橑又巧嘯韻橑同上燎庭燎又篠嘯二韻瞭廣韻目睛明又篠韻○澆堅堯切沃也漓也漢書澆淳散樸亦作瀀又嘯

韻瀀莊子瀀淳散朴僥僞也亦作憢徼徼幸覬非望也又求也抄也要也左傳徼福亦作僥堯本作徼倖後人以邊徼之徼亦作徼墽又嘯韻驕馬高

六尺又逸也恣也傲也自矜也駮也憍憐也恣也逸也又通作驕穚禾秀亦作喬喬楊子田甫田者莠喬喬又逸恣也禮記喬而野與驕穚同爾雅句如羽喬郭璞

曰木枝拳曲如鳥毛羽也又見下嬌女子塗山氏之女曰女嬌禹娶之又態也又妖嬈也鷮雉名說文走鳴長尾雉矯矢躍貌也神異經云東王公與玉女更投

壺千二百矯又矯矯高舉貌漢叙傳賈生矯矯弱冠登朝師古曰合韻音驕又篠韻○幺伊堯切說文幺小也象子初生之形徐曰象纔有形質也又陸機賦絃幺徽急注小

也㤊憂也又尤有效三韻要身之中也劫也紹也勒也又求也孟子以要人爵又待也遮也孟子將要而殺之又使數人要於路漢文帝欲征匈奴皇太后固要文穎曰要

刼也左傳天地以要我又嘯韻腰身中亦作䙅本作要䙅杜甫兵車行行人弓箭各在䙅邀遮也招也通作要喓蟲聲詩喓喓草蟲葽草名

紗急戾妖巧也豔也好也祥也孽也左傳地反物爲妖漢志凡草木之類爲之妖妖猶夭胎言尚微夭亦作媄又巧韻媄說文衣服謌謡艸木之怪謂之媄

祅祥也說文引左傳地反物爲祅亦作䄏䄏同上枖木少盛貌夭夭夭和舒貌又少好貌又盛貌書厥草惟夭字本作夭經典誤以夭折之夭爲夭後世相

承不敢改也又篠巧二韻宎深竅莊子宎者咬者亦作㝔訞又篠嘯二韻○橇丘妖切泥行所乘漢書作毳又隊韻趬捷也蹻舉足行高又企也唐

陳子昂傳蹻以待陷又見下又篠藥二韻驕壯貌詩四牡有驕又見上○𥰭此遙切吹箭所以勸役急就章箛𥰭起居課後先又尤嘯二韻鍫方言鍫也江南

楚之閒謂之帀幧斂髮謂之幧頭亦作幓○焦玆消切傷火又姓亦作燋又見下燋漢霍光傳燋頭爛額說文所以然𤊻持火也毛居正曰焦字下本从

火今作四點與火同俗於焦旁又加火漢書皆作焦唯霍光傳作燋此後人妄加耳令不敢改也又見下及嘯藥二韻𪓔灼龜不兆而焦本作𪓔亦作焦左傳卜戰龜焦亦作燋

蕉芭蕉亦作焦三輔黃圖甘焦二十本一名巴且又見下膲人之三膲亦作焦鐎刀斗溫器也三尺而有柄僬僬僬明察貌荀子以巳之僬僬受人之掝

械又僬僥短人又嘯韻嶕嶕嶢山高貌見揚雄解嘲亦作蕉又山顛曰嶕亦作椒椒木名爾雅櫠大椒亦作茮漢官儀皇后稱椒房以椒塗壁椒其溫也又山顛曰椒海

岷呼海中石亦曰椒通作嶕噍聲噭也記其聲噍以殺又嘯韻鷦鷦鵬南方神鳥似鳳又鷦鷯小鳥一曰蟲名又鷦鶵細鳥○樵慈消切漢書音義樵取薪

也說文木也廣韻柴也又趙充國傳壍壘木樵與譙同譙國名一曰樓之別稱一曰城上樓又姓三國有譙周又見嘯韻燋灼龜炬也顦顦顇憂也瘠也亦作憔焦

樵燋蕉憔國語曰以憔悴焦班固賓戲朝爲榮華夕而焦瘁又見上嫶漢武帝賦嫶妍大息晉灼曰三輔謂省瘦憂愁曰嫶冥嫶妍猶嫶冥也癄漢禮

樂志纖微癄瘁之音作而民思憂蕉左傳無棄蕉萃又見上○猋卑遙切犬走貌莊子有猋氏又大風爾雅扶搖謂之猋月令猋風暴雨晉王導賛飇嘯猋馳相

如賦注猋謂疾風自下而上俗作飆飆又作飈飄爾雅回風爲飄詩匪風飄兮老子飄風不終朝又見下髟髮長垂貌又尤韻贆貝居陸者也

標木杪也又幟也表也又篠韻**杓**斗柄又杯杓抒挹之器又藥韻**幖**頭上幟也又立木繫帛於上**熛**火飛亦作㶾班固叙傳勝廣熛起又赤帝赤熛怒
㶾亦作票古作㶾**票**又見下及嘯韻**爂**周禮草人輕爂用犬注土地之輕脆者又嘯韻**摽**揭也標記也又麾也孟子摽使者出諸大門之外又見下又支篠嘯
三韻**鏢**爾雅鏢謂之钀馬銜外鐵也一名扇汗一名排沫从金从麃與鑣不同**瀌**瀌瀌雨雪盛貌又尤韻**麃**麃麃武貌詩駟介麃麃又耘也詩綿綿其麃又支篠
二韻**穮**耕禾間除田薉也左傳是穮是蔉亦作穮藨詩作麃**臕**脂臕肥貌**藨**草名又耘也文中子是藨是蔉又篠韻**儦**行貌詩行人儦儦○**漂**
紕招切浮也動也漢中山靖王傳衆喣漂山又嘯韻**飄**飄飆司馬相如傳飄飆有陵雲氣游天地閒意**慓**急也又篠韻**彯**彯彯長組貌又嘯韻**翲**翲翲飛也
剽末也莊子有長大而無本剽者宙也又見下又篠嘯二韻**摽**擊也韓愈曹成王碑摽光之北山**僄**輕也亦作嫖又嘯韻**縹**縹縹輕舉貌揚雄傳縹縹有陵
雲之志賈誼賦鳳縹縹其高逝縹縹與飄飄不得雙押義異者非又篠韻**票**搖動也輕舉也與飄縹同漢郊祀歌票然逝**嘌**無節度也詩匪車嘌兮本又作票○
瓢毗招切瓠也方言蠡或謂之瓢**薸**萍也**剽**爾雅中鏞謂之剽又小輕也亦作勡又嘯韻○**苗**眉鑣切秧苗又夏獵爲苗除害也又求也衆也後漢
劉毅傳以贍黎苗又三苗縉雲氏後爲諸侯號饕餮又姓从艸从田野之田**貓**爾雅虎竊毛謂之虦貓又支韻亦作猫**緢**旄絲**描**描畫○**燒**尸昭
切火然也焚也又嘯韻○**弨**蚩招切弓弛貌詩彤弓弨兮又弓也韓愈詩大弨掛壁無由彎**超**跳也越也逸也**怊**悵恨廣韻奢也○**昭**之遙
切明也光也著也覿也又姓又時昭切昭穆又篠嘯二韻**鉊**大鐮**招**呼也來之也王逸曰以手曰招以言曰召又見下**釗**遠也見也勉也弩牙也又周康王名
炤明也詩亦孔之炤禮記引詩作昭又董仲舒救也食祝曰炤炤大明又見嘯藥二韻**朝**旦也旦至食時爲終朝班固春王三朝又朝鮮國名从月與舟同中从旦借爲朝廷
朝覲字亦作鼂从月誤又見下**鼂**漢鼂錯傳鼂不及夕又見下○**韶**時昭切舜樂繼也紹也亦作磬招古者和樂之音皆謂之韶如左傳見舞韶濩舞韶箾是不特

稱舜樂書簫韶九成不單稱韶然亦有直稱舜樂曰韶者論語韶盡美矣在齊聞韶是也又春色世謂之韶光亦取和暢之義 **磬** 周禮大磬祀四望 **招** 漢禮樂志招繼堯也

孟子徵招角招左傳祭公謀父作祈招之詩 **佋** 說文廟佋穆父爲佋子爲穆周禮作昭又嘯韻 **昭** 李涪說本如字爲漢諱改音韶佩觿集曰案說文有佋穆字以昭爲佋父

南面故曰昭昭明也子北面故曰穆穆順也 **詔** 記詔侑武方鄭康成曰詔侑武爲韶周武當爲無無方猶常也告尸行節勸尸飲食無常若孝子之爲也又見嘯韻 **苕** 見上

木草名古字多借用廣韻作䒒 ○ **饒** 如招切說文曰飽也一曰豐也賸也益也又姓風俗通云漢有饒武爲漁陽太守又州名本楚之番邑吳置鄱陽郡隋改爲饒州以物產

富饒也又見嘯韻 **橈** 楫謂之橈或作橈增韻櫂之短者曰橈吳越人呼爲橈又見巧效二韻 **襓** 記少儀加夫襓與劍焉注夫襓劍衣也夫音扶 **嬈** 妍媚杜甫詩佳

人屢出董嬌嬈又見篠韻 **蕘** 薪也一曰蕪菁又刈草曰芻采薪曰蕘 **犪** 牛馴伏柔謹又篠韻 **擾** 馴也順也漢書劉累學擾龍應劭曰能順養氣嗜欲也書擾而毅擾

兆民左傳擾龍皆同義又篠韻 ○ **潮** 馳遙切海濤噓吸隨月消長早曰潮晚曰汐从月誤 **鼂** 蟲名又姓說文俗作晁漢鼂錯司馬遷敘傳作朝 **晁** 同上姓也

朝 朝廷朝晨朝也人君昕旦視政貴早聲轉爲朝也又春見曰朝春者歲之朝也國語大采朝日少采夕月經史說者春朝朝日秋夕夕月又曰朝見曰朝夕見曰夕詩莫肯朝夕是

也春朝音陟遙切朝日音馳遙切朝夕讀如潮从月誤 ○ **堯** 餘招切音與遙同說文高也从垚在兀上高遠也徐鍇曰會意又陶唐氏號又謚法翼善傳聖曰堯又善行德

義曰堯堯猶嶢嶢蓋至高之貌古作㚁 **嶢** 說文嶕嶢山高貌揚雄傳泰山之高嶕嶢注高也音樵堯又闕名集韻或書作嶤 **嶤** **垚** 土高 **僥** 僬僥短人又音

嶢 **遙** 行也遠也逍遙也古作遥亦作姚荀子功盛姚遠矣亦作隃 **遥** 漢郊祀志遥輿輕舉也 **隃** 趙充國傳兵難隃度又見魚御二韻 **㑾** 喜也說文作嗂

傜 使也役也通作繇亦作傜繇又招傜星名揚雄甘泉賦招傜亦作招搖方言自山而西凡物細大不純者謂之傜又曰傜衰也 **繇** 同上又於也由也喜也又與謠同李尋傳

參人民繇俗又皐繇人名書作皐陶漢武紀作咎繇又尤韻亦作傜 **䌛** 漢宣紀檀與繇役又說文從隨也又咎繇又尤韻 **佻** 緩也荀子佻其期日 **颻** 飄颻上行風也

又風動物**窯**燒瓦竈廣韻亦作窰**繇**草盛貌篆文作繇書厥草惟繇顏師古注漢地理志繇悅茂也又尤韻**蘨**見徐鍇韻譜又尤韻**鰩**魚名**姚**舜姓

又姚悅美好貌荀子美麗姚冶亦作窕又嘯韻**窕**荀子其立文飾也不至於窕冶**搖**摵也動也作也又消搖翱翔貌**謠**爾雅徒歌曰謠亦作䍃繇又作䛫**軺**

使者小車乘馬者**䍃**瓶也**愮**憂也悸也邪也慼也亦作搖詩中心搖搖**瑤**玉名**珧**蜃屬甲可飾物俗呼江珧廣韻云玉珧詩大田注天子玉琫而珧鞞

銚燒器又姓漢有銚期**洮**湖名風土記陽羨縣西有洮湖義興記太湖射湖貴湖陽湖洮湖是爲五湖又支韻**嗂**廣韻樂也說文喜也禮記作猶**猶**記咏斯猶

猶斯舞又尤宥二韻**陶**皐陶舜臣又與窯同又見爻韻**褕**王后之服周禮褕翟禮記作揄狄又魚韻**揄**同上又見魚尤有三韻**鷂**雉名青質五采亦作揄記

揄狄與翟同毛晃案爾雅注翬揄皆雉名伊洛而南素質而五色皆備成章曰繇音遙謂刻畫此雉形以爲后夫人服也又嘯韻○**橋**祈堯切水梁也又姓又篠嘯二韻

招賈誼過秦論招八州而朝同列擧也莊子有虞氏招仁義以撓天下韓愈諫臣論招其君之過竝揭也**荍**荊葵又荍麥唐高承簡傳野有荍實又作蕎**劭**精異

之意漢書劭農蘇林音翹顏師古音劭晉灼曰勸勉也又嘯韻**喬**高也又姓又見上**僑**旅寓而居又國僑鄭子產舟之僑號大夫又高也通作喬**翹**危也鳥尾也亦

作招**轎**輂車漢嚴助傳輿轎而踰領服虔曰轎音橋梁之橋謂隘輿車也薛瓚曰今竹輿車也又嘯韻**蟜**廣韻蠪蟜螘也蠪音龍又篠韻**蹻**廣韻驕也慢也**嶠**

廣韻山鋭而高亦作嶠又綫絕水曰嶠列子東海五山二曰員嶠音喬又嘯韻○**鴞**吁驕切鳥名亦作梟賈誼傳鴞飛入賈生舍晉灼曰異物志山鴞體有文色土俗因形名

之曰服鴟鴞詩注鸋鴂也鸋鴂一名題鴂似黃雀而小關西曰巧婦關東曰鸋鴂陸機草木疏云大如班鳩綠色司馬彪注莊子鴞小鳩顏師古注賈誼賦鴟鴞惡聲之鳥爾雅有茅鴞今鳩

鴟也似鷹而白怪鴟即鵂鶹也梟鴟土梟也**梟**不孝鳥一名流離詩注少好而長醜爾雅作鶹鷅草木疏梟也關西謂之流離大則食其母說文日至捕梟磔之以頭挂木上今謂

挂首爲梟賈誼賦鴟梟翱翔又梟盧樗蒲采名俗作橾晉謝艾曰梟邀也亦愽得梟者勝又先韻**囂**喧也亦作嚻又爻韻**嚻**左傳湫隘嚻塵杜預曰嚻聲也塵土也又爻韻

枵元枵十二次名一曰木根又虛也左傳枵耗名也元枵虛中也杜預曰元枵三宿虛星在其中毛居正曰元枵亦取根義蓋其位在子時爲仲冬萬物歸根復命之時也 呺虛大貌莊子非不呺然大也又見爻韻 歊熱氣說文氣出也亦作歊又蹻韻內見 歊漢班固叙傳曲陽歊歊注氣盛貌 毊大磬爾雅注形如犂錧以玉石爲之 又音喬 獢猲獢犬短喙亦作驕 驕詩載獫猲驕又見上 藃草名 熇炎氣亦作歊又屋藥二韻 膮豕羹儀禮注豕曰膮又蹻韻 驍良馬又健也武猛也 嘵懼聲詩予維音嘵嘵亦作憢

十四爻

爻何交切交也效也易卦六爻又效韻 肴骨體曰肴亦作餚又菹也俎實也啖也凡非穀而食曰肴古作肴 肴漢王丹載酒肴於田壟之閒候勤者而勞之亦作餚 殽詩旨酒嘉殽殽核維旅毛傳殽豆實也鄭箋豆實菹醢也凡非穀而食之曰殽又雜也董仲舒傳賢不肖混殽陳遵傳作溷肴通作淆又效韻 淆水濁也亂也雜也通作殽 崤山名在弘農亦作殽春秋殽之戰書敗諸殽史記殽函爲宮亦作肴王莽傳肴黽之險 筊爾雅小簫謂之筊又竹索又巧韻 姣嫿也左傳襄九年棄位而姣又巧韻

○交居肴切庚也共也合也領也交加參錯也 蛟龍屬無角似蛇細頸頸上有白嬰四脚 茭茭草乾芻又馬蘄 艽廣韻秦艽藥名亦作芁又見尤韻 郊邑外曰郊說文距國百里周禮五百里爲遠郊祀左傳在國南北郊故曰郊祀左傳啓蟄而郊杜預曰建寅之月祀天南郊預蓋言孟春所穀之祀也禮記正月日至可以有事於上帝周之正月建子言冬至祀天南郊也 鮫海魚皮有文可飾刀又鮫人居水室織綃 嵺山聳貌杜甫朝享太廟賦元甲嵺嵺以岳峙又蕭韻 膠黏膏說文昵也作之以皮考工記注膠者謂煮用其皮或用角又黏泥不通莊子置杯焉則膠又巧韻 嘐鳥鳴聲亦作膠詩鷄鳴膠膠亦作咬又見下 咬又於交切哇咬淫樂又巧韻 敎效也使之爲也說文作斆又效韻 鵁鵁鶄鳥名 轇轇轕

○敲丘交切叩也橫擿也亦作擊又短杖曰敲亦作毃又效韻 骹脛也又巧

效二韻

墝土堅又墝埆瘠土荀子注薄田曰墝 **磽**瘠也薄也孟子地有肥磽與墝同又石地亦作礉說文磬石又效韻 **鄗**山名左傳晉師在敖鄗之間杜預曰敖鄗二山在滎陽縣西北又巧屋藥三韻

○**哮**虛交切豕驚聲又哮喘也 **虓**毛傳虎怒貌又虎吼亦作唬 **唬**韓愈征蜀聯句下書遏雄唬 **烋**烋烋氣健貌又尤韻 **詨**叫呼 **嚆**叫呼聲莊子猶有嚆也音義云嚆聲又見效藥二韻 **嚆**莊子焉知仁義之不爲桀跖嚆矢也音義矢之鳴者嚆大呼也 **謞**箭去聲莊子激者謞者 **髇**鳴鏑亦作髐 **嘐**誇語孟子其志嘐嘐然主志大言大也 **涍**水名在南郡

○**坳**於交切地坳下不平也莊子覆杯水於坳堂之上亦作凹 **䫜**目深貌 **咬**哇咬淫聲又哀切聲莊子宎者咬者

○**拋**披交切拋擲亦作摽抱又效韻 **摽**公羊傳曹子摽劒而去之又擊也左傳長木之斃無不摽也又蕭嘯二韻 **抱**史記褚先生傳抱之於山中注普茅切又效韻 **泡**水漚 **脬**腹中水府通作胞

○**庖**蒲交切廚也取烹炰之義周禮庖人注庖之言苞也記君子遠庖廚注庖宰殺之所廚烹飪之所 **包**易包有魚包犧氏之上天下音竝與庖同又如字又見下 **麃**鹿屬又見蕭篠二韻 **咆**嗥也 **跑**足跑地也蹴也 **鞄**柔革工又效藥二韻 **匏**匏也可爲笙竽 **炮**毛炙肉爊也从火包聲亦作炰 **炰**詩炰鼈膾鯉 **袍**長襦爾雅襺也以絮謂之襺說文作繭玉藻纊爲繭緼爲袍注纊新綿緼舊絮廣韻作袌衣前襟又令朝服垂衣又效韻 **謈**自痛寃之聲漢武令倡監榜舍人舍人不勝痛呼謈師古曰令人痛甚則稱阿謈呼音哮

○**茅**謨交切草名可縮酒爲藉又國名又姓 **茆**周禮茆菹鹿臡鄭大夫讀爲茅茅菹茅初生或曰水草古作茆又巧韻 **貓**捕鼠獸莊子謂之貍狌亦作猫禮記迎貓爲其食田鼠又蕭韻 **猫**韓文猫相乳 **犛**髦牛尾可爲旌旄又齊韻亦作氂 **罞**麋罟又東韻 **蝥**盤蝥虫名 **媌**方言秦晉之間凡好而輕者謂之娥自關而東河濟之間謂之媌列子娥媌靡曼今閩人謂妓爲媌 **毛**春秋時國名又姓本爲毫毛字又老也周禮王燕則諸侯毛鄭司農曰老者二毛故曰毛佩觿集曰河朔謂無曰毛注云漢書毛音無又獸毛山毛鳳毛 **髦**髮也鬣也俊也爾雅注士中之俊如毛中之髦又髦選也注俊士之選也又髦也詩髧彼兩髦玉藻親沒不髦又尤韻 **旄**旌旄

亦作髦又丘前高曰旄徐鉉釋疑曰来與黄麾内羽仗斑弓前左罩右罕執罩者冠熊皮冠謂之髦頭又史記昴星曰旄頭又效韻 **軞** 公車亦作旄左傳趙盾爲旄車之族監本注引

左傳作軞誤 **⿰馬毛** 車翣以㯹風塵 **芼** 草覆蔓又菜也又效韻 **秏** 冬桃 **耗** 無也盡也漢書靡有孑遺耗矣謂無有在者又見效韻 ○ **梢** 所交

切木名又木杪也又小柴淮南子曳梢肆樂又玉梢舞者所執又船舵尾今人謂蒿師爲梢子又蕭韻 **捎** 取也芟也掠也蒲捎良馬名又蕭韻 **鞘** 鞭也又嘯韻 **弰**

弓末 **旓** 旌旗之旒揚雄甘泉賦建光耀之長旓 **髾** 髮末相如賦注髮後垂也師古曰燕尾之屬衣假飾也 **筲** 竹器容斗二升 **蛸** 蠨蛸長蹻俗呼喜子又蕭

韻 ○ **⿰言巢** 楚交切代人言也禮記作勦又效韻 **鈔** 取也又略也亦作抄勦又謄寫也又效韻 **抄** 又效韻 **勦** 與⿰言巢同記毋勦說注勦猶擥也謂取他人

之說以爲已說也又勞也又篠韻从巢从力與勦不同 ○ **巢** 鋤交切說文鳥在木上曰巢在穴曰窠又國名今巢縣在廬江亦姓有巢氏之後左傳楚有巢牛臣又子了切

轈 兵車若巢以望敵也 **勦** 輕捷韓愈詩稟生肖勦剛 **⿱山巢** 嶭巢山高 **漅** 湖名在合肥亦作巢 ○ **嘲** 陟交切言相調也亦作謿从月誤 **啁**

啁嘐聲也又與嘲同東方朔傳詼啁而已又尤韻 **謿** 揚雄解謿从月音舟从月誤 **罺** 撩罟也 **⿱竹巢** 大笙 ○ **鐃** 尼交切如鈴無舌有秉周禮以金鐃

止鼓 **呶** 讙聲亦作詉 **譊** 爭也恚呼也揚子譊譊之學 **撓** 擾也晁錯傳匈奴之衆易撓亂也又篠巧效三韻 **怓** 心亂 ○ **豪** 胡刀切豕名鬣

如筆管者又俠也英也淮南子智過百人謂之豪又長毛也與毫同从高从豕今作豪 **毫** 長毛又十絲曰毫十毫曰氂說文作豪籀文作毫孟子秋豪莊子豪末漢志言利析秋豪

鮑宣傳有益毫毛史漢注秋毫成之時端極纖細故謂纖小爲秋毫晉預傳毫氂之失也 **號** 大呼也大哭也亦作嗥嘷譹嘐又效韻从口从丂音考俗作号 **皋** 周禮大祝令皋

舞注皋作嘷謂呼入之也樂師令皋舞鄭康成曰皋之言呼告國子當舞者舞也又見下古从自从半與本同音滔今作皐又岸也緩也澤也 **嘷** 同上又熊虎狐狸之聲也 **譹**

莊子叫者譹者又效韻 **号** 叫呼怒聲莊子作則萬竅怒号又蕭效二韻 **濠** 水名唐改豪州爲濠取水名也 **壕** 城下池 **⿰山豪** 山名 ○ **蒿** 呼高

切蓬蕭之屬 撓 擾也攪也又見篠巧效韻又見上 薅 拔去田草亦作挀茠 茠 又尤韻 ○ 高 姑勞切高下之高俗作高凡从高者皆然又去聲

皐 氣之進也澤也詩九皐注九折澤也左傳御以如皐亦作睪漢貫山傳江皐河瀕李奇曰皐水邊淤地也又詩皐皐訿訿毛傳皐皐頑不知道也爾雅五月爲皐又見上 睾

澤也列子望其壙睾如也釋文音皐又見質韻今俗作睪 滜 同上史記歷書百草奮與姊鳺先滜索隱曰子規春氣發動則先出野澤而鳴也 咎 姓古咎繇亦作皐書咎單

作明居又宥韻 櫜 車上大櫜詩載櫜弓矢杜預注左傳櫜鞬也又曰櫜以受箭也 鼛 大鼓役事車鼓也長丈一尺詩鼛鐘伐鼛 膏 脂也說文云戴角者脂無角者膏元

命包曰膏者神之液也又澤也肥也又效韻 羔 羊子亦作羙 羙 同上 餻 餻糜亦作糕䭔 槹 桔槹以機汲水桔音戛又謂之橋橋音居妙切 篙 刺船

竿也 ○ 鏖 於刀切盡死殺人漢霍去病傳鏖皐蘭下晉灼曰世俗謂盡死殺人爲鏖糟師古曰今俗謂打擊之甚者曰鏖 鑣 温氣从金从麀从麃誤 爊

埋物灰中熟之漢書揚惲傳注炰毛炙也即今所謂爊也韓愈陸渾山火詩燖炰煨爊熟飛奔 ○ 敖 牛刀切游也楚人謂未成君爲敖又莫敖楚官名又蟹足也又與螯同荀

子天下敖敖然若嶢若焦又效韻 遨 遨遊通作敖 熬 乾煎八珎有淳熬方言凡以火而乾五穀之類自關而東謂之熬 獒 說文犬如人心可使爾雅狗四尺爲

獒 螯 蟹大足亦作螯敖蟹首上如鉞者曰敖荀子蟹六跪二敖 嗷 衆口愁亦作嗸 嗸 詩哀鳴嗸嗸 謷 大貌莊子謷乎大哉廣韻不肖語又悲泣不止亦作

謸又效韻 𢧢 戟鋒 鼇 海中大鼇 驁 樂章名禮公出入奏驁夏又效韻 摮 擊也 翺 翺翔 嚻 喧也又孟子云嚻嚻注自得無欲貌亦作嗸又蕭韻

嗸 又嗸然閒暇之貌又蕭韻 聱 語不入也唐元結曰聱牙爲其不相聽從也又言辭不平易貌韓愈進學解詰屈聱牙 嶅 山多小石亦作磝 磝 同上又磽

磝戍名磽又音丘交切 ○ 褒 博毛切說文博裾也今文作褒漢書褒衣注師古曰褒大之衣也又禮記褒衣上所加賜之衣也又國名又姓 褎 杜預左傳序因行事

以正襃貶 襃 漢武紀襃德錄賢古作褎 包 裹也姓也含容也偏旁作勹象曲身貌易繫于包桑書草木漸包莊子包苴竿牘又叢生也亦作苞又見下 苞 叢生也豐

也茂也詩方苞方體又草名經典亦以苞體爲厥包之包又包桑古亦作包今作苞後漢臧宮傳論作包桑又裹曰苞藉曰苴 胞 胎衣詩小弁箋獨不處母之胞胎乎陸音作包又見
上 枹 木叢生又木名又模尤二韻 ○ 騷 蘇曹切愁也擾也憂也屈原作離騷言遭憂也今謂詩人爲騷人漢書騷擾俗作搔又動也詩徐方繹騷又蕭巧效三韻
搔 手爬杜甫詩注搔頭今之抓頭也抓音莊交切 繰 繹繭爲絲亦作繅又巧韻 繅 又巧韻 溞 溞溞淅米聲 艘 船總名又蕭尤韻 颾 風聲
臊 豕膏臭一曰犬膏也 鱢 魚腥 槮 櫹槮木長亦作橾橚音蕭又侵寢沁三韻 橾 本从喿字訛从參也 慅 動也憂也勞也又巧韻 ○ 操
倉刀切持也又效韻 ○ 遭 則刀切逢也遇也巡也 糟 酒母 ○ 曹 財勞切局也輩也衆也羣也事同曰曹又國名又姓 槽 漕器馬槽酒槽是也
嶆 嶓嶆深山空貌 艚 舟名 漕 衛邑名又效韻 嘈 聲也 螬 蠐螬蟲名 ○ 刀 都高切兵名又錢也又蕭韻 魛 魚名 忉 忉忉
憂也 裯 祗裯衣袂亦汗襦方言江淮南楚之閒謂之褿自關而西或謂之祗裯祗音低又魚尤二韻 舠 小船形如刀亦作刀詩曾不容刀說文作鯛 ○ 饕
他刀切貪也 叨 同上又忝也濫也 慆 悅也慢也久也又疑也左傳昭二十七年子家子曰天命不慆久矣凡慆蹈之類从舀舀音由上从爪下从杵臼之臼陷
諂閻之類从臽臽音陷 謟 疑也左傳昭二十六年王子朝辭曰天道不謟从言从舀舀音由與諂諛字不同 夲 玉篇往來見貌說文進趣也从大从十猶兼十人也與根
本字不同 絛 編絲繩亦作縚絛 縚 同上又劒衣 條 同禮巾車條纓五就又蕭尤陌三韻 韜 劒衣亦作縚又藏也寬也 綢 纏也爾雅素錦綢杠又尤
韻 弢 弓衣又與韜同莊子金板六弢 滔 漫也又水流貌又慢也左傳士不濫官不滔 洮 水名洮類縣名又蕭韻 槄 山檟 䑽 舟名 幍 巾帽
士服如弁缺四角本魏武帝製又合韻 ○ 匋 徒刀切瓦器也通作陶 陶 同上又再成丘也窯也又皐陶皷木又蕭效二韻 淘 澄汰也杜甫詩淘米少汲
水又濫也 醄 酕醄醉貌 鞀 皐鞀皷木周禮作陶 裪 襦裪衣袖 綯 絞也糾絞繩索也詩宵爾索綯 騊 騊駼北野良馬 蜪 螻蜪螻也 萄 蒲萄

尻

亦作淘晉索靖傳芝草蒲蒟 翿翳也舞者所執詩左執翿亦作纛纛翢又巧效二韻 纛纛同上 翢爾雅翢纛也又羽葆幢 濤海中大波亦曰潮頭

飌大風 幬慢轂華考工記欲其幬之廉又魚尤效三韻 檮斷木又古謂頑嚚爲檮杌杜預曰頑凶無儔匹貌楚史記取於記惡以爲名又尤韻 逃逸去也避

也亡也播也 咷號咷 桃果名 鞉小鼓著柄大者謂之麻小者謂之料亦作鼗鞀 鼗書下管鼗鼓 鞀唐李容書禹垂鞀聽箴規之美 ○

勞郎刀切疲也勤也又事功曰勞又效韻 簩箟簩竹名 澇水名又淫雨又效韻 潦水名相如賦酆鎬潦潏師古曰潦音牢水名出鄠縣西南山潦谷北流入

渭廣韻作澇又巧效二韻 撈取也 蹽野豆 轑撓轢也轆也漢楚元王傳陽爲羹盡轑釜注以勺轑釜令爲聲也又蕭巧嘯三韻 牢牲備也圈也稟食也狴犴

也堅固也毛詩傳牛羊豕曰牲繫養曰牢 醪醅酒一曰濁酒 ○ 猱奴刀切猴屬亦作獶 獶同上又古之善塗墍者師古曰墍即今之仰塗也獶抆拭也故

謂塗墍者爲獶人揚雄解難獶人亡則匠石輟斤而不敢斲字本作獿 巙山名在齊亦作峱嶩从山从夒夒音猱从夒誤 峱詩遭我乎峱之間兮亦作嶩 嶩同上

臑臂也一曰臂節又魚先銑效四韻 ○ 尻苦高切脊梁盡處說文脽也禮記免去尻从尸从九與凥字不同凥音居

十五歌

歌居何切詠也人聲也亦作謌 謌同上 哥聲也廣韻古歌字唐劉禹錫傳屈原作九哥 柯枝柯又斧柄 荷水名書導荷澤被孟豬亦作菏此舊

注也案今書禹貢作菏疑古作荷後人轉寫作菏或曰孔氏尚書至唐方顯舊注所據恐是別本又案今孔氏書導菏澤被孟豬徐音柯又音工可切韋氏音胡阿切有三音則荷字亦當作

三音通用又見下又哿箇二韻 菏又見下又哿韻 舸方言南楚江湘船大謂之舸杜甫最能行富豪有錢駕大舸又哿韻 戨杙也所以繫舟亦作牁 牁同上

又牂牁郡名 茄芙蕖莖又遮韻 駉駉號 ○ 珂丘何切石次玉亦碼碯潔白如雪者一云螺屬生海中 軻車接軸又孟子名又哿箇二韻案史記孟

子名軻字子輿是取軻軸之義當从平聲廣韻箇韻內注云孟子居貧轗軻故名軻字子車則又音去聲今兩存之○訶虎何切大言而怒又譴也責也亦作呵呵

漢志縱而弗呵又噓氣又笑聲又箇韻○阿於何切曲也隈也近也倚也保也大陵也丘偏高也又太阿劒名史記李斯傳服太阿之劒又繒也子虛賦被阿緆漢房中歌

曳阿錫如淳曰阿細繒錫細布徐廣注史記齊之東阿縣繒帛所出故曰阿縞綱縞練亦作阿娿婀娿不次韓愈石鼓歌詎肯感激徒婀娿又哿韻妸廣韻女字

又哿韻痾病也漢五行志妖孽及人謂之痾痾病貌言寖深也○何寒歌切儋也誰也辭也問也曷也賈誼傳在大譴大何之域師古曰譴責也何問也爰盎傳日

飲亡何亡音無師古曰無可計更無餘事又禾多時曰無何亦曰無幾何李廣傳居無何漢書注無何謂無故也又哿箇二韻河水出積石山自乾位來千里一曲九曲而入海

荷芙蕖葉又蘘荷蓴苴也根旁生筍可以爲菹苛小草也繁細也虐也說文苛小草也言政令繁細故曰苛周禮苛罰注譴責也亦作荷漢酈食其傳好荷禮注細也又哿

韻菏菏蔽草也又見上○莪牛何切草似斜蒿哦唫也娥好也秦晉謂好曰娙娥俄行頃又頃貌詩側弁之俄峨嵯峨高大

貌又嵯峩山名一名嵳嶭在三原縣北亦作峩鵝爾雅舒鴈鵝一名鴚鵝亦作䳘鵞䳘孟子有饋其兄生鵝者方言鴈自關而東謂之鴚䳘南楚之外謂之䳘或謂之鶬䳘

江東通呼爲鴚鵞左傳昭二十一年鄭翩願爲鸛其御願爲鵞杜預曰鵞鸛皆陳名又榮駕鵞魯大夫成伯亦作䳘蛾蠶化亦作蝵蛩又尾韻睋視也○

娑桑何切婆娑舞者之容又駁娑殿名又哿箇二韻毿毛羽婆娑貌白居易詩柳毿毿髿鬖髿髮貌見廣韻挱摩挱亦作沙莎莏沙又麻禡二

韻莎禮記共飯不澤手鄭康成曰澤謂挼莎也又草名又木似桄榔莏葛蕈釋文煩撋猶挼莏也蓑雨衣草亦作莎說文作衰衰同上又漢五行至宋仲幾

無尊天子之心而不衰城師古曰衰城謂以草覆城也又灰皆二韻些挽歌聲又遮箇二韻梭織布梭也傞舞不止貌詩屢舞傞傞犧酒尊又微韻亦作獻

獻又微二韻咬嗢咬小兒相應○蹉倉何切跌也又箇韻瑳玉色鮮白又笑貌又哿韻詩巧笑之瑳有平上二音磋磨治亦作瑳詩傳治

象曰瑳又箇韻 差 景差人名亦作瑳又支皆麻泰箇禡六韻 搓 挪也 ○ 醝 才何切白酒亦作酇周禮酒正注酇白釋文酇白即今之白醝酒也 鹺 醎也

嵯 晉書山岳嵯峨 齹 齒本又齒不齊左傳昭十六年鄭六卿餞趙宣子于齹賦野有蔓草又支韻亦作鹺 瘥 病也詩天方薦瘥杜預曰小疫曰瘥大死曰札又泰韻

䣜 沛國邑名亦作酇 酇 又音贊王莽改曰贊治此沛縣之酇又南陽之酇本音贊班固曰蕭何之所封與何同韻則南陽之酇亦有平去二音又寒罕翰韻 艖 艑艖

舟名又麻韻 痤 病也又人名戰國魏有痤痤柳宗元傳沱痤騎危 𤰞 殘薉田也 𣇍 春檮 𥯨 籠屬 ○ 多 得何切衆也重也不少也又也過檀

弓又多乎哉又曰多矣乎予出祖者 ○ 佗 湯何切彼也又微箇韻亦作他 他 它 詩它山之石易終來有它吉又說文云上古艸居慮它故相問無它乎亦作蛇

又音馱亦作駝又見下 蛇 蟲也亦作它即今蛇虵字韓愈讀東方朔雜事詩褫身絡蛟蛇是龍蛇字通用又見下又遮韻 詑 欺也 訑 又自足貌孟子訑訑之聲音顏

色又見諫韻內 拕 引也曳也亦作拖又哿箇二韻 拖 晉書鄧侯拖不留又哿箇二韻 ○ 駝 唐何切馲駝亦作橐佗顏師古曰言能負囊橐而馱物故曰橐

佗亦作它俗作駞 佗 同上又負何也行貌又委佗謂美也詩委委佗佗亦作蛇 蛇 同上韓愈石鼓歌二雅褊迫無委蛇又見上 它 揚雄賦毆橐它又交橫貌相如

賦它它籍籍又見上 駞 同上又馬名杜甫詩曰駞背錦模糊 馱 載何也李白詩吳姬十五細馬馱俗从犬非又箇韻 鮀 魚名又人名衛有祝鮀 他 人名戰國

尹公之他秦尉他亦作佗 紽 緣數詩素絲五紽本又作它他同 陀 陂陀不平貌亦作陁陁岮 陁 又明州昌國海中有補陁山 阤 荀子宥坐篇注王肅曰陵

迤陂陁也又紙哿二韻 沱 滂沱大雨又流貌又江水別爲沱又呼沱河名又哿韻 跎 蹉跎 䟦 同上杜甫送敬使君淮海莫蹉䟦寄高適且得慰蹉䟦 迤

逶迤行貌又微尾二韻 酡 酒容亦作酏 驒 青驪白鱗文詩有驒有駱 鼉 水蟲似蜥蜴而長大也 鱓 魚名皮可冒鼓亦作鼉詩鼉鼓逢逢月令注鼉皮可

以冒鼓李斯傳植靈鼉之鼓又霰韻 池 呼池水在幷州亦作沱沲山海經大戲之山滹沱之水出焉即光武所渡處漢書作呼沱今俗猶謂危度口王霸傳作虖沱河禮記晉人將有

事於河必先有事於惡池惡音呼又支脣二韻 沲 李光顏傳裴度築赫連城於沲口 ○ 羅 郎何切鳥罟又羅綺又國名又姓女羅草名汨羅水名 蘿 莪也

又女蘿爾雅女蘿兔絲字不从艸俗加之 籮 竹器 灑 水名通作羅 囉 歌詞聲又嘍囉 饠 饆饠 欏 木名海淅有之 鑼 銅鑼器也 儸

僂儸 驘 馬父驢母之所生亦作騾 騾 同上 蘽 盛土籠亦作蔂壘又灰韻 蔂 壘 皆同上 蠃 蚌屬亦作蠡螺蝸又哿韻 蠡 又見齊哿濟三

韻 螺 同上 穲 穀積也 ○ 那 奴何切何也大也都也於也盡也多也詩受福不那又安貌詩有那其居又哿箇韻 難 時難却凶惡詩其葉有難注難

盛貌又刪諫韻 儺 論語鄉人儺又哿韻 挼 挼莎說文摧也一曰兩手相切摩也俗作挼 ○ 戈 古禾切平頭戟又戟偏距曰戈又地名在宋鄭之間寒浞子豷

封於戈少康滅之 過 經也又姓又過所也釋名過所至關津以示之或曰傳過也移所在識以爲信又周有内史過又寒浞子澆封於過少康滅之過韻古臥切超也失也毛晃曰

經過之過則從平聲詩不我過孟子三過其門而不入之類是也超過之過則從去聲論語師也過孟子過孟賁遠矣之類是也過失之過亦從去聲語可以無大過書改不吝易有大過則

改左傳過而能改之類是也又易大小過徐邈音去聲王肅音戈袁宏三國名臣贊亦作平聲用各從二韻通押 緺 綬文又皆麻二韻 輠 車盛膏器又哿韻 濄

水出淮陽入淮爾雅過爲洵 騧 黃馬黑喙詩騧驪是驂又麻韻 鍋 溫器 ○ 科 苦禾切程也條也本也品也又坎也孟子盈科而後進論語爲力不同科揚子

發策決科又木中空易爲科上槁 薖 寬大貌又飢意詩碩人之薖又草名 窠 鳥巢穴小爾雅雞所乳謂之窠 ○ 渦 烏禾切水回又音戈 窩 藏也

窩也 踒 足跌 㹻 犬子唐李建傳㹻子勸吾食吾輒飽 倭 國名 ○ 和 戶戈切順也諧也不堅不柔也調也溫也適也中庸發而皆中節謂之和左傳和如

和羹又鑾和鈴也又笙之小者又相應也亦作龢又軍門曰和史記楚世家注昭陽移和而攻齊又箇韻 龢 同上 禾 粟苗又稼之總名 鉌 車鈴通作和左傳鍚鑾和

鈴 ○ 訛 吾禾切謬也妖也化也動也申也詩或寢或訛亦作譌僞 譌 同上 僞 周禮馮相氏注中夏辨秩南僞釋文音訛又隊韻 吪 動也

圝烏媒說文率鳥者繫鳥以來之 鈋刓方爲圜 ○波補禾切浪也爾雅洛爲波又灰韻 番番番勇貌亦作僠見見下又見刪韻 僠同上

嶓山名書嶓冢導漾 碆石爲弋鏃史記楚世家碆新繳索隱曰碆亦作磻 磻玉篇音波又音播又寒哿箇三韻 ○頗普禾切頭偏古文尚書無偏無頗亦作陂又哿韻

坡陂也亦作陂 陂爾雅陂者阪又陂陀陵遲不平貌又灰未二韻 玻玻瓈西國玉 ○媻蒲禾切說文奢也亦作婆又寒韻

婆同上又婆娑舞貌又老媼之稱搜神記以琵琶爲鞞婆 鄱地名古作番 番又見上 皤白也又鬢白亦作顮 顮同上 ○摩

眉波切研也又滅也隱也迫也揩也相切也又與磨同左傳摩厲以須玉出董仲舒傳摩民以誼梅福傳厲世摩鈍 磨治石亦作礳又箇韻 礳又箇韻 劘剴也切也

揚雄傳劘虎牙貫山自下劘上又徵韻 魔鬼魔 𢋴栝也 麼幺麼小也亦作麿又哿韻下从幺作么誤 麿同上廣韻偏病又麻哿二韻 攠考工記干

上之攠謂之隧

洪武正韻卷第四

洪武正韻卷第五

十六麻

麻謨加切苴麻又姓爾雅大𪌉謂之麻从广从𣏟𣏟音匹刃切麻片也又音派林亦音派麻紵也从从兩木誤 蟆蝦蟆亦作蟇蟵 ○葩披巴切花也又草花白又華貌韓文詩正而葩古作芭 芭同上楊雄弟子侯芭本傳音葩又邦加切芭蕉 舥浮梁 ○巴邦加切巴蜀又姓蛇名地名又尾也 豝豕二歲又婁豬牝豕又龍尾星 鈀兵車 芭芭蕉 笆竹籬 ○杷蒲巴切田具又枇杷果名 琶琵琶胡琴風俗通長三尺五寸象三才五行四絃象四時釋名推手前曰琵却手後曰琶取鼓時以為名也唐書自下逆鼓曰琵自上順鼓曰琶琵音毗 爬搔也韓愈進學解爬羅剔抉或作把 ○沙師加切疏土爾雅頻為沙毛詩傳水旁曰沙說文水散石也又大水別小水曰沙丘邐迤曰沙又汰也嘶也禮記沙鳴貍又歌禡二韻 髿鬖髿髮垂貌又歌韻 𣯷長毛貌韓愈月蝕詩旗旄衛𣯷是也

紗絹屬一曰紡纑亦作沙周禮内司服素沙 鯊魚名 裟袈裟 ○叉初加切丫叉又取也手相錯也今俗呼拱手曰叉手又皆韻 差舛也擇也又景差楊子音楚佳切又支皆歌泰箇禡六韻 杈丫枝杜甫雕賦突杈杈枒而皆折 扠挾取也通作叉韓愈詩饞扠飽活臠 艖舟名又歌韻 靫鞴靫箭室又皆韻 咤釋典達利咤又去聲 鎈錢異名 ○楂莊加切果屬似梨而酸亦作柤 柤莊子柤梨橘柚又木閑也煎藥滓也俗作查 奓張也開也舊唐書陸贄傳奓言無驗不必用奓言猶奓言也又者禡二韻 ○檛職瓜切箠也魏志檛折其腳亦作簻檛 撾柳宗元書撾婦翁又摻撾擊鼓也 髽髽髺

○槎鋤加切邪斫木又桴也亦在查楂又上聲 查博物志仙查犯牛斗杜甫詩查上見張騫又姓又見上注 茬古槎字漢貨殖傳山不茬蘖蘖謂髡斬之也 楂水中浮木通作槎又鳥聲韓愈詩鵲鳴聲楂楂 苴水中浮草又魚模語馬者御六韻 荼苦菜又荼陵縣名又見模韻 秅禾四百秉說文秭也周禮注云

聘禮十斗曰斛十六斗曰藪十藪曰秉四秉曰筥十筥曰稯十稯曰秅又暮韻**荼**陸羽茶經盧仝茶歌从艸从入从木木音匹刃切**𣘻**本草苦𣘻能去脂使人不睡晩摘者

曰茗一曰荈葉可爲飲巴南人曰葭𣘻俗作茶**涂**沮洳亦作塗又模韻○**拏**女加切牽引也攫也亦作拏又魚韻**挐**同上又絲絮相牽又魚韻**笯**鳥籠

又模暮二韻○**遐**何加切遠也亦作假假**假**揚子假言周于天地又馬禡陌三韻**假**漢郊祀歌假狄合處又馬陌二韻**瑕**玉玷又玉有赤色又

遠也詩不瑕有害**霞**日旁彤雲**蕸**芙蕖葉亦作葭**葭**又見下**蝦**蝦蟇又魚名**騢**馬赤白雜毛**赮**赤色**鍜**錏鍜頸鎧與鍛鍊字

不同**碬**礪石也○**呀**虛加切張口貌又見下**谺**谽谺谷中谽音呼含切相如賦注大開貌亦作呀**鰕**魚屬○**呿**丘加切廣韻口

張貌又魚御二韻○**嘉**居牙切美也善也褒也亦作佳又喜也嘉禮婚禮也凡陰陽際遇謂之喜易曰嘉會足以合禮又姓周大夫嘉父**佳**說文古牙切美也好

也**加**增也陵也施也著也**家**居也宮也又姓婦謂夫爲家大夫之邑曰家又百家諸子**珈**婦人首飾詩副笄六珈**葭**葦屬又見上**茄**芙蕖莖又

具邪切菜名又歌韻**豭**牡家左傳盍歸吾艾豭亦作猳**麚**牡鹿也**鴐**鴈屬**笳**笳簫胡人卷蘆葉吹之世言老子作之**耞**連耞打穀具亦作枷項戒

枷○**鴉**於加切純黑反哺者謂之烏小而不反哺者謂之鴉亦作雅說文雅楚烏也一名鸒一名卑居秦謂之雅俗作鵶鵐又馬韻**丫**物之歧頭**啞**

聲也亦作亞又馬陌二韻**亞**東方朔傳伊優亞者辭未定也又禡韻**椏**江南呼樹爲椏技○**牙**牛加切牙齒又將軍之旗曰牙立於帳前謂之牙帳取其

爲國爪牙也世因謂軍府治所曰牙史與衙通用又與芽同東方朔傳朱草萌牙又聱牙不相聽從見元結傳又語倔強貌韓文周誥殷盤詰曲聱牙又見禡韻**芽**萌芽**枒**

木枒杜甫鵰賦突杈枒而皆折又見下**呀**廣韻吧呀大口吧音葩韓愈月蝕詩東方青色龍牙角何呀呀**齖**廣韻齟齖齒不平正元結傳獨聱齖而揮車**涯**外際

又支皆二韻**厓**同上**倪**莊子和以天倪又齊霽韻**衙**地名又唐制天子居曰衙行曰駕又早晚衙集也又魚語御三韻○**華**胡瓜切榮也中夏曰

華說文千五伯里曰華亦作華又華山西嶽本作崋書禹貢至于太華音如字又户化切又見下又見禡韻崋西嶽經典通作華又禡韻案張載劍閣銘高踰嵩華作平聲用宜從

平去二聲通押華班固叙傳摛藻如春華又與崋同漢志太華驊驊騮駿馬名古作䮍列子左䮍騮而右綠耳注古華字然則驊華通用字也譁讙也俗或讀如

花非𥫗字書無花音蓋顔師古注劉向傳作火瓜切誤耳鏵鏵鍫划划撥進船鋘鋘鍫亦作鏵○花呼瓜切花木華爾雅華荂也本作蕐

俗作花華化後漢馮衍論與時變化章懷太子曰協韻音花又禡韻○誇枯瓜切大言亦作侉侉書驕溪矜侉夸奢也又與侉同漢揚

僕傳懷銀黃夸鄉里又馬韻荂華榮又模韻姱好也恗心自大又模韻跨晉跨兩股閒廣韻吳人謂坐爲跨則爲騎跨之跨又行不進也又見暮禡二韻

胯廣韻兩股閒又見暮禡二韻⿰亻瓜⿰亻瓜邪離絕貌又不正也亦作華華周禮形方氏掌正封疆無有華離之地亦作華○瓜古華切蔓生蓏也佩觿集

曰俗以苽蔣之苽爲瓜果非騧黃馬黑喙又歌韻⿰馬瓜宋明帝以騧字旁似禍改作⿰馬瓜緺綬文又歌韻○媧烏瓜切女媧古之聖女也又歌韻

蝸蝸牛蠃屬窊汙下窪清水一曰窊也深也洼渥洼水名又深也蛙水蟲似蝦蟆小而腳長亦作鼃黽鼃䵷同上又淫聲班固曰

紫色鼃聲又曰溪䵷不可聽者非韶夏之樂也義與哇同如用蛙黽溪䵷則從分押哇淫聲又小兒啼又吐也孟子出而哇之娃美女方言娃美也又館娃宮色楊雄反離

騷資娵娃之美髽兮音烏佳切汙坎地爲窐禮記汙尊杯飲又窊下也孟子智足以知聖人汙不至阿其所好汙音蛙又模暮二韻哯哯嘔小兒言也

十七遮

遮之奢切要也斷也蔽也攔也揚雄賦前後要遮漢高紀董公遮說云云○奢詩遮切張也侈也勝也檽作奓賒遠也又不交也貫買曰賒畬火種

田又魚韻赦宥也釋也韓愈詩事在不可赦作平聲用又蔗韻○些思遮切廣韻少也又歌箇二韻○車昌遮切釋名車舍也左傳輔車相依又姓

漢田千秋以年老得乘小車出入省中時人謂之車丞相子孫因以爲氏又魚韻 硨 硨磲 ○ 嗟 咨邪切歎也咨嗟也亦作[illegible] 罝 兔罟本作罝亦作罝

瘥 病也見歌泰二韻 ○ 邪 徐嗟切不正也姦思也佞也圍也亦作衺耶又魚韻又見下 衺 同上 耶 荀子耶枉僻回失道途又見下 斜 不正

說文抒也又見下 𦺵 茅穗又𦺵蒿亦作斜 ○ 蛇 石遮切毒蟲亦作虵它又微歌二韻 闍 闉闍城上重門又模韻 鉈 短矛又支韻 佘 姓也

○ 耶 于遮切荀子莫耶長刃利鋒又疑辭又淳于髡傳汙耶下地說苑作汙耶又俗謂父曰耶杜甫詩見耶背面啼亦作爺杜甫詩爺孃妻子走相送唐駙馬輩謂高力士爲耶

鋣 鏌鋣劒名一曰大戟亦作鏌鎁莫邪莫耶 邪 賈誼賦莫邪爲鈍兮應劭曰莫邪吳大夫也作寶劒因以冠名薛瓚曰說文莫邪大戟也又昏邪木似椶櫚皮可爲索又疑辭亦作耶又渾邪匈奴號琅邪山名郡名俗作琊非

斜 秦谷口地名班固賦右界褒斜注褒斜二水名 椰 木名亦作梛椰 ○ 茄 具遮切菜名 伽 胡人名唐有孫伏伽韓愈詩僧伽晚出淮泗上

○ 迦 居耶切身毒國賢人瞿曇號曰釋迦文中子齋戒修而梁國亡非釋迦之罪也舊作居牙切 ○ 爹 丁邪切今俗呼父爲爹

○ 鞾 許遮切鞮屬亦作靴 靴 同上 ○ 瘸 巨靴切脚手病

十八陽

陽 移章切陰陽二氣又日爲太陽爾雅山東曰朝陽山西曰夕陽說文高明也又好日也清也雙也佯也山南水北也營天功明萬物謂之陽爾雅十月爲陽太歲在癸曰昭陽又炕陽張皇自大之貌 昜 古陽字日也又與暘同廣韻飛也又曲昜縣在交趾从旦从勿與易不同易从日从勿 暘 日出又日氣 楊 木名又赤莖柳又姓 揚 發也顯也舉也又州名又揚雄姓亦作敭又鉞也詩干戈戚揚又眉之下爲揚詩子之清揚 敭 颺 風動物又稱也與揚同書時而颺之左傳子少不颺杜預曰顏貌不揚顯又大言而疾曰颺書皋陶拜手稽首颺言竝音揚又漾韻 瘍 瘡瘍 鍚 鏤鍚馬面飾亦作鐊杜預曰在馬頟又兵名禮記朱干設鍚 瑒 廣韻玉名唐有申屠瑒又梗漾

二韻霷十月爲霷爾雅作陽禓道上祭一日道神又見下煬融也炙也莊子抱德煬和又漾韻羊柔毛畜又姓又與徉同漢武帝賦惟幼眇之相羊師古曰

相羊翱翔也郊祀歌貳雙飛之常羊又曰周遊常羊思所并師古曰常羊猶逍遙也又商羊鳥名鴹鸖鴹鳥名家語作商羊又見下徉彷徉猶徉徒倚之貌亦作羊

洋洋洋盛大貌又爛也莊子望洋向若而歎爾雅思也痒病也詩癙憂以痒稼穡卒痒又養韻佯詐也漢梅福傳箕子佯狂於商亦作陽楚元王傳陽爲羙盡韓釜東

方朔傳箕子被髮陽狂鄒陽傳楊僕傳武庫日出兵而陽不知亦作詳又徐羊切弱也詳范雎傳詳爲好書韓信傳詳狂爲巫又見下○芳數房切芬芳香也

妨害也礙也又作彷怫方四方也正也比也量也術也板也聘禮不及百名書之於方禮記文武之政布在方策又賈山傳使皆務其方以高其節注方道也左傳教之以義

方論語且知方也方者義之所在也又桴也詩方之舟之又見下及養韻放荀子不放舟不避風則不可涉也注放讀爲方方附也編木爲附附即桴也又養漾二韻祊祭四

方也周禮致禽以祀祊又東韻肪脂也坊邑里又見下枋木名可作車又桴也亦作方放又漾敬二韻○房符方切室也又俎也又宿名又舍也

杜預注在傳引書辰弗集于房謂日月不居其居左傳皆火房也注亦曰舍又箭室曰房左傳納諸廚子之房又阿房宮名音旁防隄也禦也亦作坊又地名坊經解以舊

坊爲無所用而壞之者必有水敗音與防同又見上魴說文赤色魚詩魴魚赬尾又詩必何之魴注一名鯿江東呼爲鯿陸佃曰今之青鯿細鱗縮項闊腹蓋弱魚也一曰鯿亦作鰟

○亡無方切逃也失也死也詩人也詩人之云亡漢書不以在亡爲辭又孟子樂酒無厭謂之亡又問有餘曰亡矣又盡也無也又模韻忘說文曰不識也从亡心聲

又忽也遺也又漾韻望瞻望又怨望聲望詩令聞令望陸德明曰如字又協韻音亡又表望易萬夫之望協韻平聲又弦望易月幾望又漾韻朢說文弦朢字經典通作望

朢與望皆从月从壬壬音珽又漾韻杗杗廇梁也又音茫又東韻○襄息良切贊也平也除也成也駕也詩兩服上襄言爲衆車之最良也成事曰襄左傳克襄大事

謚法因事有功曰襄辟土有德曰襄又包也上也書懷山襄陵又姓又州名西魏改襄州緗淺黃如桑初生色纕佩帶又楥臂瓖馬帶玦相交相又共

也瞻也說文省視也又質也詩金玉其相又漾韻 廂廡也亦作箱漢書注室有東西箱曰廟晁錯傳趨避東箱 箱大車牡服又竹器 湘水名出零陵又曰烹也詩

于以湘之 驤馬之低仰騰躍也馳騖也遠也舉也亦作襄鄒陽傳交龍襄首奮翼 ○ 鏘千羊切鏗鏘玉聲亦作瑲將又庚韻 將謂佩玉將將又請也詩將仲子

將子將伯又嚴正也詩應門將將犧尊將將又見下又漾韻 嶈山激聲西京賦激神岳之嶈嶈 槍距也稍也又剡葦傷盜謂之槍又庚韻 蹌動也詩濟濟蹌蹌鄭

康成曰士大夫之威儀也又舞貌書鳥獸蹌蹌 搶拒也集也突也飛掠也莊子搶榆枋又養韻 蹡行貌 斨方銎釜詩又缺我斨 鶬聲和詩八鸞鶬鶬又鶖鶬

鳥名又見下 牄說文鳥獸來食聲亦作蹌 ○ 將資良切欲然也送也奉也大也即也養也扶侍也行也賁也持也隨也挾也與也偕也攜也領也蘇林曰將甫始之

辭也又抑然之辭又干將古劍工因謂劍為干將相如賦建干將之雄戟張揖曰干將韓王劍師 漿漿水从爿从夕从水當作將 蔣水草又養韻 螿蟬屬當作

螿 槳所以隱櫂縱曰櫓橫曰槳赤壁賦桂櫂兮蘭槳協韻音漿當作將又養韻 ○ 詳徐羊切審也論也諟也語備也又見上 祥福也善也災異也凡吉凶

之兆皆曰祥易視履考祥書襲于休祥漢志妖孽自外來謂之祥書亳有祥左傳將有大祥又喪禮期而小祥又期而大祥皆祭名去凶從吉之義也 庠有虞氏之學養老之宮也

翔回飛古作鴹又行而張拱曰翔曲禮室中不翔又與詳同漢西域傳道里遠近翔實矣 鴹漢郊祀歌聲氣遠條鳳鳥鴹又見上 ○ 牆慈良切垣墉又門屏

曰蕭牆亦作墻廧 廧鄒陽傳牽帷廧之制又廧咎如亦狄別種春秋傳作廧 檣颿柱 戕外殺又傷也 嬙嬪嬙婦官 蘠草名爾雅蘠蘼虋冬又東

蘠子十月熟可食相如賦東蘠彫胡亦作薔 薔薔薇花名又薔蘼似蕉而小芽如筍可食又陌韻 ○ 商尸羊切金行之音五行之中唯商最清商傷也其氣遒勁

彫落萬物律中夷則夷亦傷也故兌之九四曰商兌正秋故也又國名又行賈也商量裁度也漢志通財鬻貨曰商 謪度也荀子謪德而定位注與商同晁錯謪及贅壻賈人从言而

从商與謫罰字不同謫字从商音的 傷創也悼也痛也感也戕也害也損也又憂也 殤未成人喪 禓禮記郊特牲鄉人禓注禓強鬼也謂時儺索室毆疫逐強鬼也

音傷廣韻云道上祭也又見上觴酒巵之摠名實曰觴虛曰觶三禮圖云凡諸觴形皆同升數則異亦作觴醻班婕妤賦酌羽醻兮銷憂孟康曰羽醻爵也作生爵形有頭尾

羽翼鬺煑也漢志鬺享上帝古文作鬺湯湯湯流貌又水盛貌又水聲又漾韻幷見下暘浮壤愓直疾貌禮記行容愓愓又音陽从心从易與怵惕字不同

怵惕字從變易之易饟饋也見廣韻又漾韻○昌齒良切日光也善也盛也顯也文昌星名又漾韻上从日下从子曰之曰閶閶闔天門倡倡優女樂

又漾韻菖蓀也通作昌左傳享有昌歜本草一寸九節者名昌蒲篇者名昌陽猖披猖縱裂貌又猖狂創傷也又始造之也叔孫通叙傳禮儀是創合韻音昌又見

下作初莊切又漾韻滄寒也列子滄滄涼涼釋文引周書天地之間有滄熱云桓譚新論作愴涼愴淒涼又悽愴悲惻又漾韻倀倀倀無見貌記䜿者無相倀倀乎其

何之又失道貌又倀鬼虎所食人也其鬼常導虎行遇機則發○章止良切明也采也程也文也大章堯樂又昭也表也記大章章之也武帝表章六經考工記赤與白謂之

章又大材木曰章章株也漢貨殖傳木千章又成事成文曰章孟子不成章不達莊子中道不成章詩有章句又與彰同書五服五章俊民用章老子法令滋章揚子齊人章章又周章征營

貌又懼貌亦作慞又舅姑謂之尊章亦作嫜考工記繢畫之事山以章鄭氏注云章讀爲獐非也案爾雅釋山正平謂之章章蓋山之上平者耳又姓彰說文章也从章从彡彡音

彡毛髮貌然則說文以彰爲文章者謂鳥獸羽毛之文也如夏翟虎豹之屬亦通作章詩織文鳥章又著也明也書嘉言孔彰又著明之也書彰厥有常亦通作章漢鄭均傳引書作章

璋半圭曰璋周禮以赤璋禮南方注半圭象夏物榮盛又牙璋以起軍旅嫜杜甫新婚別何以拜姑嫜鄣莒彰地名見左傳又塞也禮記鯀鄣洪水又漾韻

漳水名墇隔也塞也亦作鄣障又漾韻障同上又擁蔽也內則注擁猶障也又障泥鞍飾亦作韓又丘山頂平爾雅作章又漾韻樟豫章木名通作章

獐麞屬亦作麞考工記注齊人謂麇爲獐非也麇大於鹿有角獐似麃而小無角麞唐書麞頭鼠目張弦弓曰張又宿名又譸張誑也又姓又設也夸也主張也漢材

官能腳蹋彊弩張之曰蹶張又漾韻粻糧也禮五十異粻詩以峙其粻漲文選雲霞爾川漲又漾韻○常陳羊切久也經也主也又姓又旗名又八尺曰尋倍

尋曰常又荀九家易兌爲常西方之神也常棣詩注棣也陸德明云常棣棣也以爲栘者非**尚**主也漢官儀尚書又漾韻如漢官尚方尚食無音合從平去二聲通用**裳**下衣曰裳說文亦作常又越裳國名王充論衡作越甞**甞**秋祭又探味也試也曾也古作甞**償**酬也還也當也復也報也又漾韻**鱨**魚名詩鰷鱨鰋鯉是也

○**穰**如羊切豐也禾莖也果實犀也浩穰繁多也邑名又姓又養韻**禳**祀除殃也鄭康成曰却變異曰禳禳攘也**攘**推也擾也除也袪逐也止也郤退也揆也擾也亦作敹鄒陽傳攘袂而正議師古曰攘袂猶令人言捋臂耳孟子馮婦攘臂下車又庚養二韻**敹**古文作敹**鬤**剥裂唐則天賛皴鬤神器**勷**廣韻迫也玉篇走貌韓愈征蜀聯句渾奔肆征勷**酁**邑名通作穰**瀼**瀼瀼露多貌又養韻**瓤**瓜犀也

○**孃**女良切母稱**娘**同上又少女之稱南史不畏蕭娘與呂姥唐初有嫵媚娘曲

○**霜**師莊切凝露也**驦**驌驦良馬亦作驌爽又養韻**爽**左傳唐成公有兩肅爽馬杜預曰駿馬名陸德明音霜又肅爽神鳥亦作鷫鸘又清快也明也差也詩其德不爽壽考不忘沈括云古人詩之協韻也音霜又養韻**鷞鸘**鷫鸘又養韻**孀**嫠女列子京城氏之孀妻又曰孀妻弱子崔子玉清河王誄惠於嫠孀**雙**偶也兩隻也从右手持二隹又古右手字也監本从夊誤**艭**艄艭舟名从夊誤**㩳**㩳也左傳駟氏㩳又董養二韻**瀧**韶州樂昌縣有瀧水名昌樂俗謂水湍浚爲瀧韓愈瀧吏詩始下樂昌瀧又音郎及東韻

○**瘡**初莊切南史宋武帝紀虎魄療金瘡**創**傷也痍也禮記頭有創則沐俗作瘡又見上**牕**通孔也亦作窻囱俗作牕**窻**說文在牆曰牖在屋曰窻釋名窻聰也於内見外之聰明也俗作窓**囱**廣韻在牆曰牖在屋曰囪古字象形後加偏旁作牕窻又東韻**摐**撞也相如賦摐金鼓**鏦**矛屬方言江淮吳楚謂矛爲鏦又與摐同漢書東越使人鏦殺吳王注謂以矛戟撞之也又東韻**惷**愚也又東送漾三韻

○**莊**側霜切嚴也六達之路也端也矜也齊肅也莊舍也从士監本从土誤**妝**女子又飾也亦作粧**裝**齎也裹也又飾也亦作装**[illegible]**見後漢杜林傳**椿**椿橛

○**牀**助莊切臥榻俗作床**漴**水聲杜甫太清宮賦中漴漴以迴復**淙**水聲又東漾二韻**從**從從高也禮記爾毋從從爾又東董送三韻

幢旛幢說文旗屬方言幢翳也楚曰翿關東西皆曰幢又漾韻撞擣也擊也又漾韻橦木名說文帳柱又東韻○長仲良切久也遠也常也脩也長短之對古作長亦作長凡从長者與長同又養漾二韻場祭神道一曰收禾圃顏師古曰築土爲壇除地爲場亦作塲塲漢王褒頌恬淡無爲之塲腸腹腸水穀二道萇萇楚又姓○良龍張切善也首也長也又與頗同頗久曰良久或以爲良久少久也一曰良略也聲輕故轉略爲良又器工曰良亦作俍又養韻

俍莊子所謂工乎天而俍乎人音義云工也又音上聲椋木名㹁牻牛駁色蜋蜣蜋一名蛣蜣能摶糞土爲圜莊子注以蜣蜋而笑蘇合又見下踉莊子跳踉乎井幹之上本音作梁又音郎梁棟梁屋脊木曰棟負棟者曰梁又冠梁冠上橫脊又陸梁彊梁又姓又橋梁國語水涸成梁孟子十二月輿梁成韓愈答張籍詩注石絕水爲梁梁所以節水又獻梁周禮時獻爲梁又大梁地名大音泰又大梁十二次名从水从刅从木刅音楚良切與刃字不同粱穀名輬顏師古曰轀輬本安車也所以臥息後因載喪飾以柳翣遂爲喪車轀者密閉輬者旁開各別一乘隨事爲名後人旣專以載喪又去其一摠爲藩飾而合二名呼之孟康曰如衣車有窻牖閉之則溫開之則涼故以名也

量槩度多少也又漾韻糧粮糧亦作粮涼微冷又薄也左傳作法於涼又風名爾雅北風謂之涼孟子踽踽涼涼趙岐曰有威儀如無所施之貌俗作涼又漾韻詩涼彼武王職涼善背皆有平去二音𩗬北風爾雅作涼○香虛良切氣芬芳亦作薌漢尚書郎懷香握蘭古文从黍从甘今作香薌禮記合饗薌又穀氣也

鄉萬二千五百家周禮百家之內曰鄉王畿六鄉古文作鄙从兩邑从皀皀古鄉字今文作鄉又養漾二韻作鄉誤膷牛羹禮有膷臐膮饗祭而神歆之漢郊祀歌山河饗顏師古曰合韻音鄉亦作享又養韻享郊祀歌庶幾宴享又曰神夕掩虞蓋孔享竝音鄉古作亯又養韻○羌驅羊切西羌又章也強也發語端也說文西戎牧人从羊从人蜣蛣蜣郭象莊子注夫以蜘蛛蛣蜣之陋而布網轉圜不求之於工匠則萬物各有能也蛣音立乙切慶發語辭猶乃也離騷慶夭悴而喪榮音羌亦作羌又福也詩黍稷稻梁農夫之慶沈括云古人協韻室音羌易必有餘慶陸績音羌又敬韻腔羊腔說文肉空也廣韻亦作羫椌柷也又東韻悾信也慤也誠也

又東送二韻 椌 打也莊子儒以金椎椌其頤又送韻 矼 莊子德厚信矼簡文注云慤實貌又見下 ○ 薑 居良切菜名辛而不葷說文御濕之菜本草通神明

去臭氣多食損智史記千畦薑與千户侯等亦作蘁 疆 畺 界也亦作疅壃彊 彊 賈誼新書衛侯名辟彊周行人曰啓彊辟彊天子之號也諸侯弗得用衛侯更名燬

顏師古曰辟彊言辟禦彊梁者辟音璧彊音渠良切一說辟讀曰闢彊讀曰疆言開土地也又詩鶉之彊彊箋云居有常匹飛則相隨之貌陸音姜又見下又養韻 壃 疆 上同

僵 僨也仆也莊子推而僵之亦作傹 傹 荀子可欬而傹也注欬與吹同傹當爲僵言可以氣吹之而僵仆傹音姜 韁 馬紲 蠶 蠶白 礓 礓石 橿

鋤柄又枋也一名萬年木 姜 姓神農之後 江 水出岷山廣雅江貢也風俗通曰出珍物可貢獻也釋名江共也小水流入其中所公共也禹貢有中江北江三江九江令人

謂川之大者皆曰江又姓又國名春秋有江人 ○ 彊 渠良切健也暴也壯盛也弓有力也亦作強又見上 強 同上又米中蠹蟲又養韻 ○ 央 於良切中

央又久也已也詩夜未央注央旦也顏師古曰猶未半也顏說是王逸注楚辭央盡也漢武帝賦惜蕃華之未央又未央漢宮名又庚韻 殃 咎禍 𥘶 荀子憍泄者人之殃注殃

或爲秧 鉠 鉠鉠鈴聲 鴦 鴛鴦 秧 禾苗 泱 深廣貌詩維水泱泱亦作滉又宏大之聲左傳泱泱乎大風也哉又養韻 雵 廣韻雵霙雲貌又庚韻

○ 王 于方切帝王大也主也君也天下歸往謂之王古文作王从一从土說文一貫三爲王董仲舒曰古之造文者三畫而連其中故謂之王三者天地人也而參通之者王

也字林曰三者天地人一貫三爲王古文帝王字則作王上二畫密下一畫疎金玉字三畫皆均無點秦用隸書以其疑與帝王字無辨故加點爲玉以別之而以畫均者爲帝王字又素王

莊子及左傳玆去聲又漾韻 ○ 狂 渠王切狂者進取又心病韓子心不能審得失之地則謂之狂又漾韻 ○ 匡 曲王切說文注見筐字一曰正也論語一

匡天下又魯邑名句須爲之宰又地名陳留有匡城又姓漢有匡衡 筐 說文飯器也筥也本作匩从匚𡉚聲徐曰匚受物之器象形正三方也𡉚音皇隸省作匡史記天官書斗魁戴

匡今文作筐 洭 說文水出桂陽縣盧聚山洭浦關爲桂水 恇 說文怯也通作匡禮記衆不匡懼 眶 目涯集韻或作頤通作匡史記淮南王安傳涕滿匡而橫流

劻劻勷遽也集韻或作佂○唐徒郎切國名又姓又大言也莊子荒唐廣大無域畔也又蕩蕩貌爾雅廟中路謂之唐詩中唐有甓又唐隷一名移似白楊木也
塘隄岸亦作唐揚雄賦蹊蘭唐謝靈運詩池塘生春草謂池之隄岸也螗蟬屬蛁蟟也集韻通作螳螳同上又螳蜋莊子螳蜋怒其臂以當車轍又月令仲夏螳蜋生
盪廣韻盪突亦作傏偀通作唐又養漾二韻餹飴也亦作餳餳詩有簫注簫編小竹管如今賣餳者所吹陸德明音唐又庚韻踼跌踼行失正見廣韻又漾
韻棠說文牡曰棠牝曰杜草木疏甘棠今棠棣又栢如賦沙棠欒櫧張揖曰沙棠狀如棠黃華赤實味似李無核堂殿也屋也正寢也堂堂盛也明顯也漢郭丹傳注太
守廳事曰黃堂又明堂王者朝諸侯之宮黃帝曰合宮亦曰明庭史記黃帝接萬靈於明庭堯
曰衢室舜曰總章夏曰世室商曰重屋應劭曰亦曰陽館周曰明堂魯曰太廟記太廟天子明
堂奏兼四代之制呂氏月令東曰青陽南曰明堂中央曰太廟西曰總章北曰元堂蔡邕月令
章句明堂與太廟異名同實公玉帶明堂圖制如崑崙左傳不登於明堂杜預曰祖廟也所以
策功古亦作堂碭山名又養漾二韻○當都郎切當猶合也理合如是也又敵也抵也承也值也丁也敵也即也又處斷罪人曰當言使罪法相當漢霍去病傳斬
首捕虜過當言不啻相等也易當位不當位與位當位不當皆平聲又漾韻襠袴屬又裲襠亦曰窮袴璫充耳之珠又相如游獵賦華榱璧璫注璧璫以玉為椽頭當即
所謂璇題者也三輔黃圖注云一曰以璧玉飾瓦之當也又丁
璫玉聲亦作當東又琅璫鐸也杜甫詩風動金琅璫亦作鋃鐺鐺鋃鐺鎖漢西域傳作琅當師古曰長鎖又鋃鐺金聲
又庚韻東丁東聲也又東韻簹篔簹竹名艡𦨣艡船名○湯他郎切熱水又商湯又姓又湯湯詩子之湯兮又見上又漾韻鏜鐘鼓聲詩
擊鼓其鏜廣韻以鐵貫物○郎魯堂切官名又姓又地名又男子之稱婦人謂夫為郎郎猶言良人也从良从邑今作郎又與廊同東方朔傳累郎臺師古曰郎堂下周室
廊廡也浪滄浪水名又淋浪淋漓貌聊浪游放貌揚雄賦聊浪乎宇內又漾韻狼獸名董仲舒策秦以貪狼為俗注狼性皆貪故以貪為貪狼又狼戾狼籍如豺狼蹂
攔物縱橫雜亂貌筤蒼筤竹易說卦音郎又車籃閬高門又上聲又漾韻硠硠礚石聲韓愈詩乾坤擺擂硠琅琅玕又倉琅宮門縮首銅環稂

禾粟生不成又草名似莠亦作節 榔 桄榔木名又檳榔相如賦作賓榔 桹 高木又鳴桹以敺魚 蜋 螳蜋一名蟷蠰音囊一名蝿又見上 鋃 鋃鐺鎖也一曰
鍾 瀧 奔湍又見上 ○ 囊 奴當切袋也有底曰囊無底曰橐又傖囊猶搶攘也又庚韻 ○ 滂 普郎切沛也渥也亦作霶雱汸又漾韻 霶
雱 同上詩雨雪其雱雱盛貌 汸 荀子汸汸如河海 磅 石聲又東韻 ○ 旁 蒲光切側也古作㫄凡从旁者皆然爾雅二達曰歧旁謂歧道旁出也又
旁午交橫也又東韻 傍 同上又近也又東漾二韻 彭 彭旁也易匪其彭又見下又東韻 房 史記秦作阿房宮又見上 彷 彷徨猶徘徊征營也亦作傍徨傍偟仿偟
方皇又養韻 仿 相如賦仿偟乎海外亦作傍史記荊軻傳傍偟不能去又見養韻 徬 同上 方 荀子方皇周浹於天下又見養韻 龐 高屋又姓又東韻
逄 姓也左傳齊有逄丑父亦作蠭逄 蠭 荀子羿蠭蒙 逢 孟子逢蒙學射於羿揚子羿逄蒙分其弓又東韻 ○ 茫 謨郎切滄茫水貌又茫茫廣大
貌亦作汒芒又養韻 汒 莊子汒若於夫子之言 芒 木正曰句芒大人賦使句芒而將行張揖曰東方青帝之文也又左傳重爲句芒又詩宅商土芒芒又音亡草耑也
鋩 刃之鋒鋩也 恾 列子恾然無以應注失據貌 慌 周官考工記慌氏治湅陸德明音茫舊本作慌誤 忙 怖也宂也 蘉 勉也書乃是不蘉上从艸
監本从廾誤 明 光明又目力也辨也著也經史中多協韻讀爲茫如易天下文明詩東方明矣匪東方則明韓愈詩謂我智不明皆協韻亦作朙又庚韻 尨 犬獽毛者爲尨
詩無使尨也吠又雜也从犬从彡俗又加犭非亦作蒙尨又養韻 蒙 荀子引詩爲下國駿蒙又東韻 庬 司馬相如傳湛恩庬洪 龍 雜色與尨同考工記上公用龍
音莫江切又東董二韻 哤 語雜亂說文異言也 邙 北邙山名 ○ 桑 蘇郎切木名又姓扶桑日出處空桑山名伊尹生處在冀北楚辭因元冥於空桑窮桑地
名在魯北左傳遂濟窮桑杜預曰窮桑少皥之號也玉篇云俗作桒又庚桑子 顙 東齊謂頟爲顙魏文帝登東巡臺臨江觀兵詩鄭人懼稽顙協韻音桑又養韻 倉 亢倉子亦
作庚桑又見下又漾韻 喪 喪紀又持服曰喪禮記子夏喪其子孔氏不喪出母孝經喪親又櫬匶記送喪不由徑又漾韻古作𠷔史記作𡀔 ○ 倉 千剛切藏穀廩

作皇 湟水出金城一名樂都水 凰雄曰鳳雌曰凰孟子鳳凰之於飛鳥古詩鳳兮鳳兮求其凰亦作皇書鳳皇來儀 艎艅艎舟名亦作皇唐劉晏爲歌艎支江船

堭堂堭合殿亦作皇 蝗蝝屬 篁竹名史記樂毅傳植於汶篁徐廣曰竹田曰篁 騜馬黃白色監本脫白色二字誤 翌以羽翿舞周禮翌舞今作皇

煌焜煌光輝炫燿貌又養漾二韻 隍城池無水爾雅壑也 徨彷徨猶徘徊也亦作傍徨彷偟 偟同上相如賦彷偟乎海外又與遑同 瑝玉聲也

惶惑也恐也又蒼惶亦作董皇 喤小兒聲也 ○邦博旁切小曰邦大曰國以丰从邑說文云古作峀廣韻國也鄭康成注周禮曰大曰邦小曰國

榜笞打漢書榜笞數千亦作搒又東漾二韻 搒同上又東漾養三韻 彭多貌也詩行人彭彭又見上 幫治鞋履也 縍同上 鞤鞋華

皮用 ○降胡江切服也說文亦作夅又下也詩我心則降福祿攸降又降婁次名又漾韻 洚水不遵道又東漾二韻 訌潰亂一曰爭訟相陷入之言詩蟊賊

內訌亦作虹詩實虹小子又東韻 虹同上又見東漾二韻 ○舡許江切舽舡吳船名又舽舡船貌俗以爲船字誤佩觿集曰舽舡之舡爲舟船其順非有如此者

洪武正韻卷第五

洪武正韻卷第六

十九庚

庚古衡切更也償也檀弓請庚之又續也詩西有長庚取續日為明也亦作賡又倉庚鳥名又十幹名易先庚後庚取更變之義漢志斂更於庚爾雅歲在庚曰上章月在庚曰窒古作亢 亢同上亢倉子莊子作亢庚又見陽漾二韻 賡續也書乃賡載歌又償也通作庚亦作更又屋韻 更改也歷也償也通作庚賡又代也更漏也戍卒也率更也老更也史記平準書悉巴蜀租賦不足以更之韋昭曰更續也或曰償也又敬韻 秔稻之不黏者周禮食醫注作粳 粳揚雄長楊賦馳騁粳稻之地 羮五味和羹亦作䰻爾雅肉謂之羹又肉汁不致五味曰大羹大音泰太古之羹也俗讀大小之大誤从羔从美 䰻俗作羮 鶊鶬鶊亦作庚 耕犂田也亦作畊 ○ 卿丘京切公卿周六卿漢九卿秦漢以後君呼臣為卿蓋貴之也隋唐以來尊之則稱公儕輩下已則稱卿故宋璟卿呼張易之監本从夕誤 輕不重又敬韻 轣一足行又敬韻 阬墟也壍溝也陷也亦作坑 坑孔安國書傳序焚書坑儒 鏗鏗鏘金玉聲也 誙言確莊子誙誙如也 硜硜硜小人貌硜硜猶碌碌也蓋堅確之意 牼宋牼人名見孟子 硻與硜同韓愈城南聯句焉能守硻硻 傾側也伏也欹也寫也圮也空也亦作頃頃 頃 頃同上王褒頌不單頃耳而聽已聰頭不正也謚法甄心動懼曰頃又梗韻 ○ 京居卿切大也爾雅丘絕高曰京廣雅四起曰京公羊傳京者大也詩憂心京京方言燕之北鄙齊楚之郊凡人之大謂之京又鄭邑名見左傳 荊木名一曰楚又州名國名又姓 驚馬駭也惶也懼也从茍茍音棘上从艹俗从苟 麠大鹿亦作麖 麖同上 經凡織縱曰經橫曰緯家語南北為經東西為緯亦從橫之義又縱橫為經回旋為營又經綸經理又常理也六經聖人載道之書也大經常理九經綱常大本也又常也界也絞也縊也直也過也徑也又敬韻 涇水出安定涇濁渭清又水出蕪湖今宣城涇縣 兢不自安貌又兢也戒也恭也凌兢懼貌堅彊也 矜矛柄

一曰憪也矜詩自飭也驕矜自負也又貞刪二韻 ○ 形 奚經切體也容也常也現也亦作㓝古作刑 侀 同上又成也記侀者成也 刑 法也罰辠也戮也剄

也說文亦作刑俗作刑 硎 砥石 郉 周公子所封國又地名在河南 鉶 羹器禮有鉶鼎周禮胹修刑膴注刑與同 型 鑄器之法亦作型 陘 連山中絕

井陘在趙亦作陘 陘 楊子山陘之蹊 娙 好也 鈃 似鍾而頸長又先韻 ○ 星 先青切五緯列宿之揔名又七星宿名壽星次名又星星猶點點也

腥 豕肉中息肉又周禮注豕膏雜膏雜膏又生肉曰腥亦作牲又敬韻 牲 周禮掌客上公牲三十有六注牲當爲腥謂腥鼎也陸音腥又音生 醒 醉蘇又夢覺又梗韻

鮏 魚臭通作腥 箵 簈箵亦作屏星又梗韻 惺 惺憽了慧也又悟也靜也又梗韻 觪 詩觪觪角弓 騂 牲赤色又馬赤黃色 垶 赤剛土亦

作垶 ○ 丁 當經切十幹名漢志火盛於丁爾雅歲在丁曰強圉月在丁曰圉又云丁首當也郭璞曰值也又零丁孤苦又丁夫民年二十已上成丁蓋人壽以百歲爲期一幹

十年則丁當四十強壯之時故曰丁 玎 玉聲 釘 鈴釘矛名又鐵釘又敬韻 行 伶行獨行亦作伶行 叮 叮嚀 ○ 聽 他經切聆也聽受也中庭曰聽

事言受事察訟於是俗作廳易禮記聖人南面而聽天下漢宣五日一聽事又從也又敬韻 廳 治官處道作聽漢音皆作聽事六朝以来乃始加广聽與廳義異者重押 綎

綎也亦作縕 縕 同上又縕屬 綎 絲綬帶綎 汀 水際平地亦作矴又敬韻 矴 同上 鞓 帶韋亦作鞓 朾 門帳又虛朾地名見春秋 ○

庭 唐丁切宮中又直也楊京曰門屏之內又敬韻 廷 朝中又去聲 娗 娗娗容好貌又銑霰二韻 筳 縒繰莞又折竹卜 霆 說文雷餘聲詩如雷如霆

爾雅疾雷謂之霆又陰陽相薄爲雷激而爲霆霹靂也又上去二音義同 蜓 蜻蜓又銑韻 莛 草莖東方朔傳以莛撞鍾又屋梁莊子舉莛與楹本或作莛又上聲義同

狿 猱狿之屬 挺 直也又縣名在膠東又梗韻 鼮 鼠文似豹漢光武得此鼠竇攸識之廣韻以爲終軍誤唐韋若虛傳韋怡諫爲職方有獲異鼠者豹首虎膽大如拳

怡諫以爲鼮鼠而賦之若虛曰非也此說文所謂鼫鼠豹文而形小一座驚服 亭 道路所舍說文民所安定又亭榭又亭亭山名在太山下又亭亭聳立貌又亭毒化育也列子亭之

毒之 停止也古作亭 渟水止亦作奠 奠考工記匠人凡行奠水磬折以參五讀若停又霰敬二韻 婷娉婷美好貌杜詩嫁女娉婷 ○馨
醯經切香遠聞 馫同上記[illegible]馫鄉音馨又先韻 興作也起也又震敬二韻 嬹悅也又敬韻 ○繩神陵切直也索也彈治也約也繩繩衆也又栢
續不斷貌又水名與澠同酈道元水經注云水自下通爲繩又玉繩星名又敬韻 澠水名在臨淄左傳有酒如澠易牙辨淄澠二水又軫銑二韻澠繩義異者分押 譝譽也
亦作繩左傳繩息爲 憴同上又憴憴戒也 ○征諸成切上伐下也正也行也取也索也亦作政 政周禮土均之政均齊天下之政又聽政役以此居鄭司農
讀去聲鄭康成曰政謂賦也音征又敬韻 鄭古國名也 貞正也記淄衣引易作偵婦人吉 楨楨榦題曰楨旁曰榦書峙乃楨榦雨頭橫木也 禎禎祥 徵
召也書明徵定保驗也休徵證也 癥腹病 正歲之首月又射侯畫謂之正又敬韻毛晃曰歲之首月本音去聲秦始皇名政讀正如征董仲舒傳正次王顏師古亦音去聲
則平去二聲可通用 ⿰糸正乘輿馬頭飾也 鯖煮煎魚肉亦作⿰月正从月誤 ⿰月正同上 鴊題肩方言齊魯謂題肩爲鴊鳥禮記月令作征鳥 鉦鐃似鈴詩鉦人
伐鼓 蒸炬也塵也又析麻中幹又麤曰薪細曰蒸詩侯薪侯蒸左傳數之薪蒸民又蒸孟子天生蒸民漢武紀屬蒸庶又進也漢書吏治蒸蒸又薰蒸史記賈誼賦雲蒸雨降竝與烝
同去聲鬱熱也晉天文志夏志南天氣至故蒸熱也 烝火氣上行一曰君也進也衆也久也薰烝也炊也殺烝也下淫上也書烝烝又漢書賈誼賦雲烝雨降史記作蒸禮記冬祭曰
烝史漢亦作蒸唯薪蒸字無作蒸者其餘本皆作烝後世假借通用義不同者自可分押也 脀升也以牲體實鼎亦作⿰月丞 ⿰月丞同上 ○成馳征切畢也就也平
也善也又姓又樂奏一終曰一成又方十里曰成左傳少康有田一成 城五雉爲城以盛民也城者成也一成而不可毀也 誠無僞也眞也實也純也信也 盛
黍稷在器曰盛一曰容受也左傳止酒一盛杜預曰一器也爾雅山如防者曰盛周禮注齍盛謂黍稷稻粱之屬可盛以爲簠簋實者又敬韻 郕國名見春秋 承下載上也
奉也受也繼也又與丞同左傳哀十八年使師師而行請承杜預曰丞佐馬援傳承掾之任又州名也又姓也又見梗敬二韻 丞翊也繼也又副貳也秦初置丞相又疑丞四輔之一

也乘御也駕也登也跨也憑也治也因也趁也詩亟其乘屋書周人乘黎注勝也孟子不如乘勢漢書聖人乘於時晉書乘輿而來又姓漢有乘昌爲黄棗侯一曰四矢爲乘古作

棄又見敬韻塍稻畦埒也畔也亦作堘本从舟今作月从月誤堘同上呈示也平也現也露也从口从壬壬音廷監本从王誤又敬韻程品也式也限也

量也銓也課也屈原賦驥將焉程兮荀子程者物之準也注程者度量之摠名又驛程道里也又漢高紀張蒼定章程注章者歷數之章術程者權衡丈尺斛斗之平法此章如歷家至朔同

日謂之章十九年七閏爲一章之類是也程如衡石程書謂律度量衡之則也文中子孝宣以章程練名實此直謂法令成章之品式爾酲病酒程佩帶又裸程露體也又梗

韻珵玉名也懲戒也止也忞也創也亦作徵承从山誤也徵荀子凡刑人之本禁暴惡惡且徵其未也注徵讀曰懲未謂將來易君子以懲忿窒欲陸曰徵

音懲史記建元年表曰荊舒是懲亦與懲同與詩荊舒是懲一義又見本韻又紙韻澄水靜而清說文作澂又澄城縣名史記河渠書作徵監本从登誤澂从山字誤也

憕平也心平曰憕瞪直視貌又敬韻○檉丑成切河柳也蟶蚌屬赬赤色亦作䞓竀䞓竀左傳哀十七年如魚竀尾杜預曰竀

赤也魚勞則尾赤也偵邏伺也杜預左傳注諜者曰游偵又問也亦作遉又敬韻又陟盈切遉又敬韻稱揚也擧也銓也道也又敬韻偁偁揚偁擧

又言也好也○令離呈切使也詩寺人之令廝役曰使令鄒陽傳使令於前又令令環聲又眷令鳥名詩眷令在原亦作鶺鴒又敬韻俗作令鴒鶺鴒通作令又

同韻如押使令之令與鶺鴒義不同可以分押伶弄也樂工也獨也玉篇使也與令同又廝役謂之使伶亦作令又樂人謂之伶官亦作泠又伶倫古樂師泠漢志黄帝使泠

倫自大夏之西昆侖之陰取竹之解谷生其竅厚均者斷兩節間吹之以爲黄鐘之宮周景王時有泠州鳩顔師古曰樂官曰伶又水名出丹陽又清泠莊子泠然善也又泠泠泉聲又水流

貌靈神也善也寵也福也巫也日曰慛靈謚法亂而不損曰靈亦作霊𤫊廣雅曰玉名說文巫以玉事神也與靈同大載禮陽氣爲精陰氣爲靈醽醁酒也

櫺楯間子窓隔也䗍螟䗍桑蟲亦作蛉蛉詩螟蛉有子蜻蛉六足四翼𦪽舟名亦作舲磷石聲酃縣名出美酒𨯝瓦器也或

作鈴靈䴇大羊細角俗作羚齡禮記古者謂年齒亦齡也鈴似鐘而小又爲圖形半裂以出聲鈿銅珠於内以鳴之今郵卒所帶者囹獄名牢也

苓卷耳草詩采苓陸云甘草葉似地黃衛風隰有苓注苓大苦也陸云甘草也又茯苓藥名又先韻聆聽也怜了慧見廣韻俗以爲憐愛字非瓴甕似瓶有

耳又瓴甋甓也詩傳作令適軨車轄間小橫木說文禮樂注亦作笭笭同上又笭箵小籠元結傳帶笭箵零餘雨也又零落也亦作零字又作霝字又音去聲又

見先字韻翎鳥羽澪水名玲玲瓏玉聲又琱鏤貌㲆毛結不理通作泠玉篇長毛也泠泠澤吳人云冰凌又梗韻昤昤曨日光也

朎朎朧月光也陵大阜也丘後高也轢也乘也犯也侮也侵也頹靡也干也詩不敢侵陵正女漢司馬相如傳飄飄有陵雲氣揚雄傳縹渺有陵雲之志馮衍論脉然有思

陵雲之意獨史記用凌字揚雄賦凌堅冰唐凌烟閣用凌字又淬也荀子兵刃不待陵而勁又嚴峻也荀子節奏欲陵生民欲寬淩水名出臨淮又歷也犯也又姓凌冰也

詩納于凌陰周禮凌人皆有兩音合與敬韻通用亦作𦝫𦝫从月誤蔆芰也亦作菱䔖菱同上䔖相如賦外發芙蓉䔖華應劭曰芙蓉蓮花䔖芰也

綾紋帛或謂之綺又謂之文繒鯪鯪鯉似獸穴居食蟻文選作鯪鯉皮曰穿山甲輘車轢漢灌夫輘轢宗室師古曰謂踐蹈也又盧登切夌越也通作夌陵

倰憐也方言趙魏燕代之間謂哀曰倰又崔倰北齊人○明眉兵切光也昭也顯也著也白也辨也通也曉也神靈也目力也莊子目徹爲明篆文作朙从冏从月古

文作明又見東韻朙同上眀玉篇視也俗以爲明暗自非盟歃血以結信禮記涖牲爲盟鳴凡出聲者皆曰鳴又敬韻鵬鷦鵬似鳳南方神鳥

名成也大也功也號也聲称也爾雅目上爲名注眉眼之間又敬韻洺水名州名銘禮記銘明旌也鄭康成曰銘之言名也陸德明音名又見爾雅鉎謂之銘

冥窅也暗也幽也青冥天也北冥海也元冥水神又梗敬質三韻覭眉目之間螟食苗心蟲蓂蓂莢歷得其分度其蓂莢生朔後一日莢生望後日一莢落又

質韻溟海也十洲記水黑色謂之溟亦作冥又梗韻鄍晉邑左傳代鄍三門○兵補明切戎器五兵一弓二殳三矛四戈五戟又弓劍曰短兵楚辭車錯轂兮短

兵接范甯注穀梁傳五兵戈戟鉞弓楯刀矢兵本戎器後世因呼士卒為兵謝弈目桓溫為老兵是也 幷 兼幷也合幷也又及也又州名在兩谷之間舜分冀州為幽州幷州又敬

韻 栟 栟櫚椶也城南聯句遠苞植蕉栟 冰 水凍亦作仌爾雅脂也又與掤通又見上又敬韻 弸 弓彊貌又滿也 掤 箭房蓋又以手覆矢曰掤詩抑釋掤

忌通作冰 ○ 平 蒲明切正也和也坦也均也易也又姓爾雅大野曰平漢志再登曰平三登曰泰又見先敬二韻 枰 博局又木名又敬韻 評 品論也量也訂

也又去聲義同 苹 萍也一曰藾蕭 坪 地平處 鉼 汲水器亦作瓶 屏 三禮圖扆今之屏風又梗敬二韻 萍 濼也浮生水上又蘋也又青萍劍名

又與苹同亦作蓱苹 蓱 同上 軿 漂車重曰輜輕曰軿一曰婦人車以其有屏蔽故曰軿又先韻 郱 邑名春秋莊元年齊人遷紀郱鄑郚 洴 漂澼莊子洴澼貌

⿰甾屏 竹筥一曰蒲器 駢 駕二車又云幷駕三馬又先韻 凭 隱几又倚也又敬韻 憑 依也㝵也託也古作馮詩作淜 馮 左傳馮軾而觀漢書馮軾下齊又馬

行疾故字从馬又徒步也與淜通漢分關中為三輔左馮翊取依馮輔翊之義又東韻 馮 同上詩有馮其翼 淜 無舟渡河 ○ 勍 渠京切彊也左傳勍敵之

人 黥 墨刑亦作剠 剠 韓愈征蜀聯句敗面碎剠剖 擎 拓也擧也又敬韻俗从苟 鯨 海大魚亦作⿰魚畺 ⿰魚畺 同上 檠 輔正弓弩器亦作擏擏又

燈架韓愈短檠歌又梗敬韻俗作苟 ⿰木敬 同上又敬韻 擏 荀子不得排擏則不能自正又梗韻 ○ 英 於京切華也蕚也榮而不實也英俊也又姓才勝萬人曰

英荀子注倍千人曰英爾雅丘再成曰英又五英樂名漢志英茂也又雲貌詩英英白雲又國名州名 韺 五韺帝嚳樂古作英後加音字 瑛 玉光 霙 雲貌一曰霰也

又陽韻 柍 說文江南橦材其實謂之柍又養韻 央 旗旂貌詩旂旐央央又鮮貌詩白旆央央又陽韻 罌 瓦器亦作甖 甖 同上 罃 同上一曰備火

長頸瓶 鸎 黃鸝亦作鶯 鶯 同上又有文章貌詩有鶯其領 櫻 櫻桃 鸚 鸚鵡能言鳥又左傳青鳥氏司啓者也杜預曰青鳥鶬鸚也以立春鳴立夏止

嚶 嚶嚶鳥相命聲詩鳥鳴嚶嚶又鳥鳴相如賦鴻鴈嚶嚶 嬰 嬰孩又加也逆也又觸也貫誣傳嬰之以芒刃唐書嬰逆鱗又繞也卓茂傳論嬰城者相望又繫也縈也荀子

處女嬰寶珠選詩余嬰沉痼疾 瓔石似玉也 纓冠系又馬鞅左傳鞶厲游纓杜預曰纓在馬膺前如索帬 攖觸也迫近也孟子莫敢攖又縈也莊子寧注物縈亦縈而未嘗不寧亦作嬰 膺胷也又當也擊也詩戎狄是膺又馬帶也詩虎韔鏤膺爾雅膺親也 應當也又料度之辭又國名又姓又敬韻 鷹鷙鳥一曰題肩一曰征鳴齊人謂之擊征左傳爽鳩鳥司寇注曰爽鳩鷹也本作雁後人加鳥字 譍以言對問又敬韻 蠅寒蜩

○盈餘輕切充也滿也盈縮史亦作贏縮過曰盈不及則曰縮也 楹柱也亦作桯 嬴少昊氏之姓又黥嬴天上造化神名一曰黥雷 瀛大海又澤中也瀛洲山名又州名也 籯漢韋賢傳黃金滿籯如淳曰竹器受三四斗師古曰說文笭也謂箱籠屬方言陳楚宋魏之間謂筲爲籯廣韻作籯監本亦作篕 贏賸餘也賈獲利也又擔也荀子贏三日之糧又受也盛也左傳襄三十一年以隸人之垣贏諸侯 攍儋也亦作贏溫 嬴美好 迎逆也迓也逢也又敬韻凡物來而接之則平聲物未來而往迓之使來則去聲 蠅說文蟲之大腹者陸佃蠅交其前足有絞繩之象爾雅青蠅亂色蒼蠅亂聲 熒屋下燈燭光一曰熒猶灼也 螢腐草所化 瀅瀅瀅洄旋貌杜甫詩洪河左瀅瀅 滎絕小水書溢爲滎又滎陽郡名文王子毛叔所封東遷封鄭史漢亦作滎陽 嵤岭嵤山深貌 營造也度也市居也經營也縱橫而度曰經回旋曰營又營營往來貌詩營營青蠅劉向傳營或耳目營迴繞也又正營屏營惶恐不安貌正音征屏音萍又軍壘曰營諸葛亮表營中之事 謍小聲說文引詩謍謍青蠅 塋說文墓地廣雅塋域葬地也霍光傳作墓塋 𤬪小瓜 瑩石似玉詩充耳琇瑩又送韻 禜祭名鄭康成曰禜之言營也 凝冰堅也成也結也停也定也書庶績其凝古文作冰說文冰謂水凝也又敬韻 冰同上古文冰作仌凝作冰後人以冰代仌以疑代冰 疑定也詩靡所止疑又徵韻

○寧奴經切安也又休謁曰假寧女嫁歸省父母曰歸寧居喪曰寧朞親以下不去官給式假亦曰假寧又願詞論語禮與其奢也寧儉又丁寧屬付諄復也漢郎顗傳丁寧再三玉篇作叮嚀又敬韻从寍从丂丂音考當作寧經史作寧俗作寧 甯願詞與寧同漢郊祀歌穰穰復正直往甯師古曰合韻平聲言獲福既多歸于正道克當往日所解也又安也王莽傳永以康寧又敬韻俗从冊非 寍安也通作寧

繒又下增字韻

嚀叮嚀〇娉普丁切娉婷美貌又敬韻荓使也詩莫予荓蜂陸德明曰字又作迸俜伶俜行不正貌亦作竛竮伶俜竮同上⿰彳甹同上

怦心急也又中直之貌甹爾雅甹夆掣曳詩作荓說文亟詞或曰甹俠也三輔謂輕財者爲甹〇清七情切澈也澄也潔也司馬遷傳受命穆清又西廂清靜

之處曰西清相如賦象輿婉僤於西清目上曰清詩清揚婉兮又敬韻从水从生从月令作清監本从月誤圊圂也从月誤青東方木色又州名从丹青之丹今作青从月誤

鯖魚名〇精子盈切眞氣也熟也細也的也專一也靈也凡物之純至者曰精古人謂玉爲精國語祀以一純二精又擇也神觀也精光英華也精鑿也目精也水精

也又敬韻菁茂貌詩菁菁者莪亦作青又蕪菁蔓菁菜名从月誤青同上詩綠竹青青其葉青青旌析羽置旄首亦作旍又表也書旌別淑慝旍

同上晶精光也水晶也亦作精蜻蜻蛚蟋蟀又蜻蜓从月誤鯖鵁鯖似鳧而脚高有毛冠辟火災亦作䴖鶄相如賦作交精从月誤鶄城南䳲句浮跡而侶

鶄鶄也䴖同上睛目精亦作精从月誤又梗韻〇餳徐盈切飴屬一名餦餭又陽韻〇情慈盈切意思也董仲舒曰人欲之謂情又理也

孟子曰物之不齊物之情也又性情猶言情性也易利正者性情也正大而天地之情可見矣又曰是故知鬼神之情狀又情實論語上好信則民莫敢不用情从月誤也晴雨晴

雲收日出也从月誤繒繒帛又金繒又姓漢功臣表有繒賀鄫說文姒姓國也在東海穀梁傳作繒今山東沂州是也騬𢷾馬後唐郭崇韜謂魏王繼岌曰騬馬亦

不可乘䁬高貌从日誤〇聲書征切說文音也从耳殸通論曰萬物之音爲聲八音中惟石聲精諧入於耳故於文耳殸爲聲又五聲也風聲也教也單出爲聲

升升降卦名又成也登也十合爲升漢志升者登合之量也又布八十縷爲一升昇日上通作升用升降升卦升合之升卽與昇平日昇之昇詩如日之升又昇平亦作升如

不同可以分押陞登也躋也陟也通作升升陞義異者分押勝任也舉也堪也又敬韻从月誤〇仍如陵切因也就也重也頻也㳅也艿說文舊草

不芟新草又生曰艿唐書裴延齡妄言長安咸陽間得陂艿數百頃礽生相因仍也列子趙襄子狩於中山藉艿燔林通作

芳陾築墻聲詩捄之陾陾毛傳衆也○生師庚切生死又出也產也生生變化不窮也平生平也昔生員弟子也又語辭若何似生太瘦生是也又漢高祖謂酈食

其曰以萬戶封生師古曰生猶言先生也文穎曰生謂諸生也又見敬韻笙十三簧女媧作明堂位女媧之笙簧漢律歷志匏曰笙應劭曰世本隨作笙師古曰匏瓠也列管匏中施

簧管端又簨也左思賦云桃笙象簟甥姊妹之子曰甥詩展我甥兮女之婿亦曰甥孟子帝館甥于貳室從孫甥曰彌甥左傳昭二十三年以肥之得備彌甥也牲

牛全又巳卜日曰牲毛全傳牛羊豕曰牲猩能言獸也鼪飛生鼠也狌猫屬莊子狸狌捕鼠鉎鐵鉎○行何庚切步也適也往也去也用也路

也唐韓琬傳器不行窊音義曰不勞曰行若惡曰窊又見陽梗漾敬四韻衡權衡又半也車軶曰衡眉上曰衡舉眉揚目曰肝衡又阿衡伊尹號玉衡星名杜衡香草衡山南嶽又維

持冠者曰衡左傳衡紞紘綖从行从角从大从行者諧聲也从大者本卄字音拱福衡橫木加於牛角所以防觸𢼄从角珩說文佩玉也上珩下橫从玉从行所以節行止也

蘅香草狀若葵臭如蘼蕪大者曰杜若宋玉賦江蘺素蘅監本脫江字爾雅作橫渹衍賦列杜衡於外術桁屋橫木又陽漾二韻莖草木幹也䪫樂名亦作

莖○亨虛庚切通也又彭亨腹脹貌韓文石鼎聯句豕腹脹彭亨又見下又養韻脝廣韻膨脝脹也韓愈城聯句若閒腹脹脝于寶易傳作亨○錚

抽庚切金聲也琤玉聲也瞠直視又敬韻橕豪柱也柱音主人音注俗作撐非鐺釜屬有耳足唐書鐺脚刺史又陽韻鎗鐘聲又酒器齊

竟陵王子良遺何默以徐景山酒鎗槍欃槍彗星又陽韻鏘樂聲漢藝文志頗能紀其鏗鏘鼓舞而不能言其義又陽韻○棖除庚切門兩旁木又杖也

亦作朾又申棖人名也朾同上又蟻別名爾雅蠪朾螘郭璞曰亦駁蚍蜉牚距也棖觸也撞也周禮作埩橙橘屬又敬韻監本从登誤瞪直視

貌又敬韻崢山峻貌亦作崝韓愈城南聯句高言軋霄崢是也傖晉陽秋云吳人謂中州人爲傖陸機謂左思爲傖父廣韻又云楚人別種也韓愈城南聯句云無端

逐飢傖○爭甾耕切鬭也競也理也辨也又敬韻凡稱物之鬭辨則從平聲與之辨難而諫正之則從去聲箏樂器也十三絃古云秦蒙恬所造說文云鼓絃竹身

樂也从竹爭聲徐曰古以竹爲之奏樂也 **緈** 屈也禮則緈結佩又縈也史記楚世家緈繳蘭臺又霰韻監本从月誤 **丁** 伐木聲 **玎** 玉聲

○ **登** 都滕切上車也成也升也進也衆也熟也漢志進業曰登 **豋** 禮器詩于豆于登亦作䜴登爾雅瓦豆謂之登如用登降三登之登卽與豆登之登不同合從重押登降之登上從癶癶音撥登豆之登从夕从又夕偏傍肉字又又偏旁手字取祭肉于豆之義也 **㽅** 唐韋縚傳盛以㽅 **㲪** 毾㲪罽也 **簦** 余廣曰笠有柄者謂之簦 **燈** 錠也說文作鐙 **鐙** 同上又豆下跗禮記祭統執鐙據此義當與登㽅通又敬韻

○ **能** 奴登切才能又工善也又勝任也書舉能其官言舉勝其任也或作能古作耐禮記聖人耐以天下爲一家說文能熊屬足似鹿獸名故凡稱有方力者皆曰能又皆泰二韻 **儜** 弱也困也俗作儜唐劉禹錫傳鼓吹裴回其聲傖儜音義云吳語作呼之聲也 **獰** 犬惡俗作儜 **薴** 葶薴草亂皃 **𧬈** 小言揚子𧬈言敗俗廣韻譻𧬈小聲 **耐** 禮記耐以天下爲一家與能同又見泰韻 **攘** 搶攘亂貌音士耕切賈誼傳國制搶攘陽韻如羊切推也 **囊** 莊子在宥篇臠卷傖囊崔氏注傖囊猶搶攘也囊音儜又如字又陽韻

○ **騰** 徒登切傳也馳也躍也升也踊也一曰犗馬月令乃合累牛騰馬注累騰皆乘匹之名从月誤 **滕** 水超涌又國名又姓又張口騁辭皃易滕口說也从月誤 **謄** 移書傳鈔也从月誤 **縢** 緘繩又約也纏也又行縢纏膊賜斜福也詩邪幅在下从月誤 **幐** 囊可帶者又敬韻从月誤 **藤** 藟也今總呼草蔓延如藟者爲藤从月誤也 **螣** 神蛇荀子螣蛇無足而飛又寢陌二韻 **虪** 黑虎說文作虪

○ **棱** 盧登切威也柧也亦作稜楞 **稜** 漢李廣傳威稜憺乎鄰國李奇曰神靈之威曰稜憺猶動也又韓稜漢章帝時人又敬韻 **楞** 同上又四方木 **輘** 車聲韓愈讀東方朔雜事詩輷輘桿狂車

○ **僧** 思登切沙門也 **鬙** 鬅鬙髮亂貌

○ **增** 咨登切益也加也增增衆也又埋幣曰增又敬韻 **曾** 姓又則也乃也又與增同孟子曾益其所不能古作曾後人借用增字又見下中从四四與臼同 **憎** 惡也 **矰** 弋射矢亦作𢧐矰 **𢧐** 同上 **繒** 三輔黃圖次飛具繒繳以射鳧鴈箭有綸者曰繒繳卽綸也 **罾** 說文魚網之有機者 **橧** 巢類禮記云夏則居橧巢 **䎖** 傳雅云䎖翥飛也又曰舉也飛鳥貌

○ **層** 木登

切重屋也又級也通作曾曾嘗也又不料之辭反辭也論語曾謂泰山不如林放乎又見上曾與層義異者分押嶒崚嶒山貌○恒胡登切常也一曰山

名爾雅恒爲北嶽又州名又姓也揯居登切引急也亦作揯从亙者蓋誤也搄淮南子大絃揯則小絃絕緪大索又敬韻从糸从亙音居鄧切與緪字不同緪从

亘亘音宣緪蓋誤也

二十尤

尤于求切過也異也責也怨也怪也甚也最也又姓漢書殊尤絕迹亦作郵肬瘤也亦作疣疣莊子附贅垂疣郵境上行書舍一云馬傳曰置步傳曰郵又

過也詩不知郵記郵罰麗於事漢成帝詔以顯朕郵又最也與尤同列子云魯之君子迷之郵者訧罪也過也惡也通作尤由從也經也用也行也因也亦作繇繇繇

繇漢書其道亡繇又與猶同又優繇與游同班固賓戲陸子優繇元帝叙傳優繇亮直注優繇寬容也又見蕭韻繇漢宣帝紀上亦亡繇知又蕭韻繇漢循吏傳宣帝

繇反陋而登至尊又云及拜刺史守相輒親見觀其所繇㽕說文木生條也引書若顛木之有㽕脂从丂上由象枝條華函之形又見感韻油說文水出武陵孱陵西東

南入江一曰膏也一曰油油和謹貌又司馬相如傳雲之油油又禮記云油然生矣蕕水邊蕕草又臭草也抌抒臼見周禮或作舀揄桃又篠感二韻蘨草成

貌亦作蘨又蕭韻揄白枌詩山有樞隰有揄樞音謳則揄音由又魚韻逌逌爾雅貌顏師古曰古作攸魷鼈也又蔽也又見魚韻鯈魚名莊子食之

鰌鯈又蕭韻斿旌旗之末垂者周禮行人建常九斿音旒游浮行爾雅順流而下曰泝游又姓又優游自如貌又見下遊遨也通作游蝣蜉蝣渠略

也亦作蝤蝤漢王襃頌蜉蝣出以陰孟康曰蜉蝣渠略也師古曰甲蟲也朝生夕死字亦作蝣爾雅疏似蛣蜣身狹而長有角叢生糞土中甲下有翅能飛又蝤蛑似蟹而大又

見下猶獸名善登木多疑慮又隴西俗謂犬子爲猶子人行每豫在前故謂遲疑不決爲猶豫也韋孟詩作繇豫亦作冘豫又尚也春秋猶三望猶繹猶朝于廟亦作由孟子王由足

用爲善又謀猶圖也道也詩我視謀猶猶之未遠匪大猶是經又似也若也詩寔命不猶論語文莫吾猶人也又猶然舒遲貌荀子猶然而材劇志大記君子蓋猶猶爾又與游同荀子優猶

知足又蕭宥二韻 **冘** 冘豫不定後漢馬援傳計冘豫未決字从犬曲其足古與尤同與侵韻內冘字不同唐史冘豫音淫誤 **猷** 道也謀也巧言詩秩秩大猷 **輶**

輕車又輕也詩德輶如毛又見有韻 **牛** 耕畜大牲也又土牛又火牛又犂牛宿名又蝸牛杜詩萬牛回首丘山重 **滺** 水流貌詩淇水滺滺陸曰本亦作浟說文作攸

攸 所也亦作逌左傳湫乎攸乎杜預曰攸垂危貌說文行水也秦刻石文作汥又與悠同又左傳哀三年鬱攸從之杜預曰鬱攸火氣又有韻 **悠** 遠也遐也思也憂也又悠

悠行貌亦作攸孟子攸然而逝又湫貌無期貌詩悠悠蒼天 ○ **抽** 丑鳩切拔也引也 **瘳** 疾瘉也 **紬** 緒也纅也谷永傳然見紬繹師古音抽謂引其端緒

也又見下又宥韻 **妯** 心動也悼也詩憂心且妯又屋韻 ○ **休** 虛尤切美善也慶也息也爾雅跳李之無實者名休故字从木从人木無人則不能生生故曰休

貅 貔貅猛獸豹屬 **庥** 庇庥廕也亦作茠庥 **髹** 赤黑漆漢書趙后傳作髤 **咻** 噢咻痛念聲又讙也孟子衆楚人咻之音平聲又麌韻又呼句切 **烋** 熏也

美也福祿也慶善也又爻韻 ○ **丘** 驅尤切阜也聚也空也大也高也又十六井曰丘爾雅注四方高中央下曰丘亦作坵又姓又宣聖名又魚韻 **區** 分也又阜

也又魚韻又見下 **龜** 龜兹國名又灰韻俗作龜 ○ **鳩** 居由切鳥名又聚也亦作九 **九** 聚也與鳩同說文作勼莊子禹親自操橐耜而九雜天下之川又有

韻 **捄** 盛土虆中又渠尤切長貌又見下又魚宥二韻 **樛** 木枝曲垂 **繆** 禮記檀弓衣衰而繆經漢孝成趙皇后傳即自繆死師古曰絞也音樛又篠宥屋三韻

朻 與樛同又有韻 **艽** 蓁艽藥名亦作芁又爻韻 ○ **求** 渠尤切覓也索也乞也又姓 **裘** 皮衣又姓與仇同出 **毬** 九鞠古謂之鞠 **觩**

角貌本與斛音義同斛亦作捄即觩也上緣斛字以偏旁从斗類入蚪字下遂使捄字重出耳觩斛捄義同不可重押如押捄棘匕之捄即與觩斛義異不妨 **逑** 聚斂又匹也亦作仇

球 美玉亦作璆說文玉磬也 **俅** 冠飾貌又戴也 **銶** 鑿屬 **絿** 急也亦作紌 **賕** 枉法致賂 **仇** 匹也康衡引詩君子好仇又讎也左傳怨耦曰仇又

傲也又姓又魚韻台高也厽三隅矛詩厽矛鋈錞又獸迹下从厶厶音私與台不同監本台字云三隅矛誤偏旁作内艽遠荒詩至于艽野又見上又見支韻

頄面顴又灰韻鼽說文寒鼻塞也月令人多鼽嚏馗爾雅中馗菌注大者名中馗廣韻今七菌可食又灰韻捄詩有捄其角亦作觩長貌又見上

虯無角龍楚辭駟玉虯以乘鷖司馬相如賦駟蒼螭兮六素虯馮衍賦駟素虯而馳騁俗作虬蟉幽蟉龍貌又有韻觓角爵貌亦作捄○憂於尤

切和行又愁也又病也優和也饒也優游也優劣也倡優也調戲也左傳曰少相狎長相優嚘吚嚘嘆聲韓愈赴江陵詩吁立久吚嚘瀀澤深亦作優詩既優

且渥櫌摩田器亦作擾耰小爾雅把謂之秉秉四曰筥筥十曰稯采戚曰秉猶握也筥稯乃多少之差也麀牝鹿幽深杳也微也隱也闇也囚也州也又謚又

有韻从𢆶从山𢆶音幽微細也呦鹿聲又吚𡂷吟聲亦作𡂷𡂷韓愈遠遊聯句巴語相吚𡂷怮憂貌又含怒不言又蕭有效三韻○周職流

切國名又姓又市也至也備也徧也密也復也又忠信爲周又比周又與賙同也輈車轅方言楚衛之間輖謂之輈侜有廱蔽也一曰侜張與譸同詩誰侜予美一云載也

輖重載又重也考工記句矛矢常矢軒輖中謂輕重適中也鵃鶻鵃鳥名調朝也詩惄如調飢又蕭嘯二韻譸譸張誑也書譸張爲幻咮曲喙又魚

御宥三韻賙振贍通作周啁啁啾聲韓愈赴江陵詩辭舌分嘲啁又爻韻州說文水中可居俗作洲周禮五黨爲州本作州从三丩音鳩聚也非三刀也

洲水中可居舟方言關西謂船關東謂舟吳越皆謂之船又載也服也詩何以舟之○儔除留切衆也侶也等也類也誰也楊子有云儔克爾與疇同

疇耕治之田又衆也書亮采惠疇又誰也書疇咨疇若予工莊子疇覺之哉顏師古曰疇誰也咨謀也言謀於衆人誰可爲事者也又發聲又等也漢宣紀疇其爵邑張晏曰漢律非

始封十城二疇者等也言不復減也祭遵傳疇等也言功臣子孫襲封與先人等杜預注左傳竝畔爲疇又類也易疇離祉荀子草木疇生注疇與儔同類也九疇九類也又曩也記疇昔之

夜詩祈父注古作𠷎說文作𠷎幬單帳又幔轂革考工記欲其幬之廉也又魚支效三韻籌壺矢又筭也𩯣髮多檮剛木又檮戭人名又支韻

鰽家語魚之大者名為鰽吾大夫愛之王肅曰鮑魚之懷任者 禂單被又魚文二韻 稠多也密也衆也醲也亦作綢 紬大絲繒古謂之紬 儵

魚名又蕭韻 綢纏也綢繆牖戶又衆也綢直如髮又尤韻 犨白色牛又牛息聲亦作犫 犫春秋郤犫漢周犫 讎匹也郭璞曰國語丹朱馮身儀之讎讎猶

儔也廣雅輩也又仇也記父之讎不與共戴天又校也謂兩本相對覆校如仇讎也又售也償也周也詩無言不讎有平去二音又與酬同償也霍光傳皆讎有功謂成事如其所言也又宥

韻 售韓愈詩賈者賞難售亦作讎漢宣帝每買餅所從買家輒大讎又見宥韻 醻主人進酒於客曰獻客荅主人曰醻亦作酬字 酬同上又報也厚也荅

也償也亦作讎 詶譸也以言荅之曰詶又宥韻 魗惡也棄也詩無我魗兮亦作斁又有韻 斁同上又擊也 ○ 留力求切住也止也駐也又

姓又栗留黃鳥又宥韻本作畱从丣从田丣音酉今經史多作留准京本舊漢書及舊本釋文作畱蓋後人傳寫之 騮赤馬黑鬣當作駵凡从丣者皆然亦作駵 駵詩騏駵是

中 瘤疣也 榴安石榴潘岳閒居賦石榴蒲桃李善曰石榴即若榴也張騫使大夏得石榴 鶹鳥少美長醜亦作流詩流離之子爾雅作鶹鷅草木疏云梟也

大則食其母張奐曰鶹鷅食母又鵂鶹一名角鴟一名鵋一名鵋鵙又鶹鷅黃鳥詩傳作栗留 遛逗遛不進貌又宥韻 流水行也演也求也覃也放也九流流輩也流離玉名

鳥名又銀重八兩曰流又流轉陶潛詩有曰流觀山海圖亦作沠字 沠荀子其沠長矣 旒斿旒廣雅天子十二旒至地諸侯九至軫大夫七至轂士三至肩爾雅謂之斿

亦作游又冕旒亦作瑬鎏斿旒與斿義同不可以重押 游左傳鞶厲游纓又見上 瑬說文垂玉廣韻美玉 裗爾雅衣裗謂之視郭璞曰衣縷也或曰袿衣之飾也

疁燒種 鏐黃金美者郭璞云紫磨金也 飀高風又蕭宥韻 劉殺也又姓又地名又枝葉稀踈謂之劉劉詩捋采其劉當作劉本作鐂又有韻 鐂徐鍇

曰說文無劉字偏旁有之疑此即劉字也从丣从金从刀刀字屈曲傳寫誤作田爾 瀏水清貌又有宥二韻 懰怨也 瑠瑠璃 漻與瀏同又蕭有宥三韻

憀悲恨又蕭韻 勠韓愈遠遊聯句躬革自相勠又屋韻 ○ 脩思劉切脯也禮有腶脩又長也飾也涓也葺也 修飾也通作脩進脩之脩與脩字同不

可重押如脯脩與脩飭可分押羞膳也進也薦也取也又致滋味爲羞周禮亨人踊陪鼎膷臐膮牛用藿羊用苦豕用薇調以五味盛於鉶器謂之鉶羹盛之於豆謂之庶羞月令仲
秋羣鳥養羞注羞謂所食也○秋此由切金行之時又禾穀熟也月令孟秋至又飛貌漢安世房中歌飛龍秋莊子有秋駕之法亦言駕馬騰驤秋秋然也揚雄賦秋秋蹌
蹌唐儒學傳序閶闔秋秋又魯史記曰春秋以二始舉四時編年爲名鞦馬鞦亦作緧又鞦韆繩戲緧考工記必緧其牛後注故書亦作[糸叟][糸叟]鄭司農曰[糸叟]讀爲緧
關東謂鞦爲緧鶖禿鶖楸梓屬又謂之杍又謂之椅亦作萩萩漢書山居千章之萩又蕭也篍吹筩又蕭嘯二韻鰍魚名亦作鰌鰌
同上又淩藉也荀子鰌之以刑罰莊子鰌我亦勝我又蹴也荀子大燕鰌吾後○啾即由切小聲湫水名又北人呼水池爲湫又篠韻揫收束也斂也聚
也爾雅秋揫也亦作愁䪅愁同上記鄉飲酒義秋之爲言愁也注愁讀爲揫也又見下韻䪅漢律歷志秋䪅也物䪅斂而成熟也酋大酋酒官之長月令大酋
監之又見下○酋似由切又酋長魁帥之稱遒迫也急也健也固也斂也勁也逸也盡也又遒人宣令之官書遒人以木鐸徇于路又音啾古作逎逎漢地
理志涿郡有逎縣師古曰古遒字蝤蟲名詩頌如蝤蠐注蝎蟲也爾雅蟦在土中名蠐螬在衣中名蝤蠐又桑蠹也囚拘也繫也慒慮也又音叢義同泅
泳也史吳兒善泅列子習於水而勇於泅○收尸周切聚也斂也捕也杜預曰秋物摧辱而可收故金正之官曰蓐收又夏冕名史記堯黃收純衣又宥韻从丩从攴攴亦作
文非○柔而由切耎也順也調也說文木曲直[田柔]良田瑈玉名蹂蹂黍蹴之也詩或簸或蹂又有宥二韻揉調順詩揉此萬邦又有宥二韻
韖廣韻熟皮又有韻鍒鐵之耎也腬肥貌○繆莫彪切枲十絜一曰絲千累又綢繆纏綿也又宥屋二韻○秠匹尤切黑黍一稃二
米又見灰賄二韻○彪補尤切虎文又小虎髟髮長垂貌潘岳賦作彪又蕭韻○滮皮休切水流貌詩滮池北流又蒲侯切瀌瀌瀌雨雪
盛貌又蕭韻○鴀方鳩切隹也亦作不不詩四牡傳鵻夫不也陸德明曰夫方于切又作鳺不方浮切又作鴀陸璣草木疏夫不名浮鳩又弗也未定之辭又姓也

晉書汲郡人不準又見模有二韻紑衣鮮絜貌詩絲衣其紑○浮房鳩切溢也禮記食浮於人表記恥名浮于行注在上曰浮又先時爲浮書鮮以不浮于天時
又氣烝貌詩云烝之浮浮又盛貌詩云雨雪浮浮又見模韻罦車上網即翻車網亦作罘又魚韻罘同上一曰免罟本作罦又魚韻烰烝也氣出盛也火氣也詩
作浮蜉蚍蜉大蟻韓愈詩蚍蜉撼大木亦作蠹漢書注螕蠹蜉蝣渠略也芣芣苢草名桴齊人謂屋棟曰桴又模韻涪水名地名也○裒
蒲侯切聚也又取也與掊同易裒多益寡古易作捊从衣从臼又旁尤切杯引取亦作裒記汙尊而杯飲史記張釋之傳長陵一抔土亦作掊捊掊漢書張釋之傳一掊土師古
曰謂手掬之也其字从手今學者讀掊爲桮勺之桮非也捊禮運注田人所捊治也掊掊克亦作裒又有韻○謀莫侯切計也議也左傳咨難爲謀又灰韻
牟牛鳴又中矢地名又過也陪也愛也進也大也麥也侵也又與謀同荀子堯舜參牟子又與侔同封禪書德牟往初又與蟊同漢景帝紀侵牟萬民李奇曰牟食苗根蟲也侵牟食
民比之牟賊也眸博雅云目珠子謂之眸通作牟侔齊等麰大麥孟子麰麥矛句兵建於車長二丈鍪釜屬又兜鍪首鎧亦作鞪又冠卷荀子冠有鍪
而無縱鞪漢書鞮鞪瞀目不明說文低目謹視也又宥韻蟊食苗根蟲亦作蚉蛑蝥牟蚉漢志吏抵冒取民財則生蚉蛑同上又蝤蛑如蟹而
大恈愛欲貌荀子恈恈然唯利之見髳國名書庸蜀羌髳亦作髦又東韻髦詩如蠻如髦毛傳髦夷髦也鄭箋髦西夷別名又支韻○侯胡鉤
切候也何也美也辭也維也又射侯也按漢書多作矦古作厌从矢取射義射之有侯所以侯中否明工拙也古者以射選賢射中者獲封爵故因謂之諸侯周人祭侯之辭曰惟若寧侯毋
或若女不寧侯不屬於王所故抗而射女此蓋因物命名因名取義轉相明也儀禮大射注侯所謂射布也尊者射之以明不寧者卑者射之以求爲侯鄭司農曰方十尺曰侯四尺曰鵠
鍭矢金鏃又宥韻猴獼猴馬留餱乾食詩迺裹餱糧亦作粮喉咽也篌箜篌樂器翭羽本一曰羽初生貌○搜疏鳩切魯頌束
矢其搜毛傳搜衆意也鄭箋搜然勁疾也又渠搜西戎也禹貢曰析支渠搜又朔方縣名也亦作叟摉索也求也聚也亦作搜騪叟同上又淅米聲詩釋之叟叟古作叜

又有韻又見下廋匿也亦作廋廋同上孟子若是手從者之廋也蒐春獵又聚人民也亦作獀騪又求索也通作搜顏師古曰春爲陽中其行木也狄爲陰中其行金也金木兵器所資故於此時蒐獮治兵也蒐索也取不孕者猶應殺氣也以殺爲名杜預亦云公羊穀梁傳皆以爲秋蒐也獀同上又獿獀南越犬名騪漢百官表騪粟都尉注如搜狩之搜搜索也又馬名亦作騣騣廣韻騙騣蕃中大馬溲便溺又淘米聲詩作叟釋文云字又作渡韓愈曰牛溲馬勃亦作浚又見篠有二韻醙廣韻白酒亦作醙鎪廣韻馬耳飾又雕鏤亦作鎪颼颼颼風貌亦作颼艘船之摠名又支韻鱐乾魚尾周禮膴鮑魚鱐亦作鱐

○鄒側鳩切縣名趙岐曰本邾子國又姓亦作鄹郰鄹說文孔子之鄉論語孰謂鄹人之子知禮乎郰左傳襄十年郰人紇扶之以出門者緅青赤色考工記五入爲緅論語君子不以紺緅飾孔曰一入爲緅三年練以緅爲飾菆左傳左射以菆杜預曰菆矢之善者又麻蒸一曰草叢生又寒韻搊手搊騶廐御又騶虞仁獸賈誼新書以詩騶虞爲騶人虞人非獸也又與菆同鼂錯傳材官騶發應劭曰騶矢之善者也又見魚宥二韻棸木名又姓詩棸子內史鯫小魚又鯫生小人又此苟七演二切義同諏咨事也又魚韻陬阪隅也聚居也孟陬正月艮東方北隅也掫擊也夜戒守有方擊刀斗之類又魚有二韻

○愁鋤尤切憂悲也慮也又見上

○謳烏侯切吟也歌也亦作嘔嘔漢書朱買臣歌嘔道中又嬰兒聲荀子咒嘔之又魚有御三韻漚水上泡又水鳥又宥韻歐歐刀又姓又有韻區量名四豆也又匿也左傳昭七年楚文王作僕區之法服氏云僕隱也區匿也爲隱亡人之法又魚韻甌小盆今俗謂盌深者爲甌樞刺榆詩山有樞協音又魚韻鷗水鳥江湖畔行色似白鴿小而羣飛者是也杜甫白鷗波浩蕩列子作漚

○彄驅侯切弓弩耑弦所居魯有公子彄摳絜衣禮記摳衣趨隅列子以黃金摳者惛注互有所投曰摳釋文摳探也以手藏物探而取之又魚韻

○腢魚侯切膊前骨今俗曰看頭亦作髃又魚有二韻齵齒相佐也考工記察其菑蚤不齵則輪雖敝不枉荀子境內之事有施易齵差者矣又齺齵齒重生一曰齒偏又魚韻

○鉤居侯切曲也亦作句又鉤致易鉤深致遠又釣鉤趙廣漢善爲鉤距鮑照

詩纖纖如玉鉤謂簾鉤也又劒屬鐮也文選吳鉤越棘又與鬮同荀子探籌投鉤俗作鈎又鉤援車名也有兩音 **拘** 同上荀子埋下裾拘又擁也曲禮以袂拘而退又取也曲禮則

自下拘之皆有兩音又魚韻 **軥** 夏車名又車鉤心木又魚韻又古侯切 **句** 曲也又魚語御三韻韝篝字竝同 **韝** 射臂決又古侯切 **褠** 單衣又衣褠

溝 水瀆周禮十夫有溝注十夫二鄰之田溝廣深各四尺爾雅水注谷曰溝 **篝** 燻籠亦作篝又古候切 **篝** 史記龜策傳即以篝燭此地徐廣曰篝籠也蓋然火而籠

罩其上也音溝陳涉世家夜篝火 **枸** 木曲荀子枸木必待檃括烝矯然後直又語有御三韻 **緱** 刀劒頭纏絲又山名 ○ **漱** 先侯切瀞也禮記諸毋不漱裳

公羊傳臨民之所漱浣亦作涑又宥韻 **鎪** 刻雕鐵物又鐵蝕也亦作鎪又見上又宥韻 **叜** 尊老之稱古作㝈晉劉琨詩昔是渭濵叜作平聲東晳傳東野遺白顛之叜亦

平聲亦作叜 **擻** 摟擻取也 ○ **兜** 當侯切兜鍪首鎧又驩兜人名亦作吺 **吺** 韓愈遠遊聯句開弓射鵰吺古文尚書驩兜作鵰吺廣韻輕出言也 ○

偷 他侯切薄也盜也亦作媮 **媮** 漢賈山傳媮合苟容又巧黠也又魚韻 **愉** 愉愉樂也詩他人是愉又魚韻 ○ **頭** 徒侯切首也从豆从頁頁音頡首也

下从人凡从頁者皆然 **投** 擲也亦作揄又適也託也棄也迎合也又姓又贈也 **揄** 班固西都賦揄文竿出比目又引也又見魚蕭有三韻 **窬** 竇也廣韻穿也又魚

宥二韻 **牏** 築牆短版又廁牏又近身小汗衫又魚韻 **骰** 骰子博陸釆具 ○ **樓** 盧侯切重屋爾雅陝西脩曲曰樓又栝樓果蓏又聚也又姓 **婁** 宿名

降婁次名離婁人名又空也曳也又姓又魚語有御四韻 **膢** 漢儀注立秋貙膢蘇林曰膢祭名也貙虎屬當以立秋日祭獸王者亦以此日出獵還祭宗廟也律歷志作貙劉又魚韻

蔞 爾雅蔏蔞注蔞蒿也初出可啖詩言刈其蔞陸璣云葉似艾白色毛詩傳草中翹翹然陸德明音力俱切又力侯切又魚語二韻 **慺** 慺悅也一曰慺慺恭謹貌又魚韻

僂 軀僂身向前也又姓左傳僂堙齊勇士又魚御宥三韻 **廔** 麗廔綺窻麗音黎玉篇廔屋𧑅 **艛** 艬艛舟名 **螻** 螻蛄蟲名 **摟** 牽也攬取也孟子摟諸侯

以代諸侯 **髏** 髑髏首骨莊子枕髑髏而卧 **縷** 葺綫又魚韻 **鞻** 四夷舞者之扉周禮鞮鞻氏又御韻 **窶** 史記淳于髡傳甌窶滿溝裴駰注甌窶便側之地又

語御二韻　漏　禮記馬黑脊而般臂漏周禮作螻鄭司農曰螻蛄是也又宥韻　○　䶊　奴侯切兔子又御韻　○　𥶰　楚搜切酒𥶰也

二十一侵

侵　七林切漸進也朘削也陵也左傳無鐘鼓曰侵公羊傳觕曰侵韓詩五穀不升曰大侵又短小曰侵漢田蚡貌侵謂貌不揚也亦作寑㝲　駸　馬行疾詩載驟駸駸　綅　絳綫又鹽韻　梫　大桂白花　鋟　以爪刻板公羊傳鋟其板又寑韻　僭　進退之旅詩以籥不僭又沁豔二韻　○　祲　咨尋切精氣感祥又日旁氣又沁韻

○　尋　徐心切繹理也搜求也仍也繼也左傳日尋干戈相尋又俄也史尋又干戈復其舊又左傳將尋師焉杜預曰尋用也又六尺曰尋小爾雅四尺謂之仞倍仞謂之尋倍尋謂之常方言尋長也自關而西秦晉梁益之間凡物長謂之尋今俗謂庸常爲尋常又姓中从工从口監本从几誤　㝷　說文與尋同韓愈送靈師詩千尋墮幽泉如用千㝷與搜尋尋師相尋之尋不妨重押　潯　旁深水涯水名　覃　姓也又覃韻　潭　揚雄解嘲或橫江潭而漁又見下又覃韻　燖　火熟物亦作燂爓膶又塩韻　鄩　國氏左傳哀元年過澆殺斟灌以代斟鄩五代劉鄩善用兵　鱏　魚名薛瓚曰無鱗口在腹下賈誼賦橫江湖之鱣鱏　鬵　鼎大上小下詩溉之釜鬵又塩韻俗作䰼　灊　水出巴郡入江書作潛又塩韻　鐔　劍鼻三蒼云劍口又劍環司馬彪云劍珥又覃韻　襑　衣博大也又感韻　○　深　式針切深淺之對又邃也水名又沁韻古作湀　蓡　蒲蒻之類周禮作深　○　斟　諸深切勺也又國名　鍼　縫器亦作針箴廣韻作鍼又砭石也又塩沁二韻　針　同上又沁韻　箴　同上荀子有箴賦又箴誡醫者以箴石刺病故有所諷刺而救其失者謂之箴古者以石爲箴左傳美疢不如惡石是也今人多以鐵爲之又沁韻　葴　茅茹又草名相如賦其高燥則生葴菥注葴馬藍也　瑊　石次玉見廣韻又覃韻　碪　擣繒石亦作砧　砧　同上又鈇也一名礩　椹　木趺周禮射甲革椹質文字指歸云俗用爲桑椹字非又見沁韻

○　諶　時壬切誠諦也信也則也亦作忱　忱　忱恂　煁　烓竈　橬　小爾雅魚之所息謂之橬橬椮也謂積柴水中令魚依之止息而取之也　○

鹺音醝才何切

鹿絶有力 ○ 監 古銜切臨下也徐曰安居以臨下監之也又領也察也又見勘韻 緘 束篋縢也封也又索也 瑊 石次玉亦作玏又侵韻 椷 木篋

也函屬一曰杯也 鑑 鏡也照也廣韻鑑諸以取月中水又明也亦作鑒又勘韻 鑒 同上韓愈酬盧雲天詩怯膽變勇神明鑒協韻音平聲周官以鑒取明水於月無音空从

通明又勘韻 ○ 嵌 丘銜切嵌巖山險貌亦作嵁 嵁 莊子大山嵁巖之下又鹽韻

二十三鹽

鹽 移廉切鹹鹺又豔韻 檐 櫋也亦作簷閻又覃勘二韻 簷 同上 櫩 同上相如賦步櫩周流注其下可行步即今之步廊也 閻 里門又姓 阽 壁危漢文詔或阽於死亡音反坫之坫一音屋檐之檐如淳曰近邊欲墮之意 炎 火光上也从重火又熱也又薰也燂也 惔 熱也爒也詩如惔如焚注音談次音炎韓詩作炎後漢書引詩亦作炎注炎焚言熱氣甚也又見覃韻 嚴 莊也毅也威重也恭謹也不寬也急也从吅厰聲徐曰急則从二口也又風氣凄冷也又姓又戒也昏鼓曰夜嚴漢明帝諱莊相襲謂裝爲嚴又州名俗作嚴非 巖 弋射所蔽者也从竹或省作厂徐曰射雉之翳所以自障也 噞 噞喁魚口上見貌 ○ 銛 思廉切利也又臿屬又竿頭施鐵鉅以擲魚爲銛从干戈之干監本从千誤 鉆 同上揚子筆不鉆而獨加諸砥 韱 山韭又細也从从韭从音尖刺也持也从两人持戈俗作韱 纖 細也微也通作韱亦作孅 䨲 霏䨲微雨亦作㢘纖 孅 相如賦孅繳施王吉傳孅介有不具者 襳 相如賦蜚襳垂髾師古曰衣長帶也 綅 綫也詩貝冑朱綅又白經黑緯曰綅又侵韻 憸 憸憸詖也利口也險也俺音淹 譣 說文譣詖姦言也 暹 日光進也又千廉切 ○ 僉 千廉切咸也皆也 籤 驗也銳也貫也

慓也 懺 字林慓懺通作韱 槧 牘也揚子叔孫通槧人也有三音又豔韻 ○ 尖 將廉切末銳杜甫詩萬點蜀山尖韓愈苦寒詩萌芽夭勾尖 殲 微盡也滅也古文作殲亦作纖 瀸 泉一見一否又漬也没也洽也俗作瀸 漸 流入也漬也浸漬也亦作湛通作瀸晉潘尼頌瀸漬徽猷又見豔韻 湛 禮記湛熾必絜

又侵感二韻蔪麥秀亦作蔪蔪枚乘七發麥秀蔪兮雉朝飛熸火滅左傳令尹子瑕卒楚師熸杜預曰吳楚之間謂火滅爲熸軍主喪亡故無復氣勢唐段秀

實傳虜師熸音義云戮也案此則與春秋齊人殲于遂之殲同○爓徐廉切湯中爚肉亦作燖燂爓禮有爓又豔韻燖燂爓同上○潛

慈鹽切禹貢沱潛既道又水伏流也藏也又魚欃也詩潛有多魚又見侵韻古作朁廣韻於朁縣在杭州今作潛下從子曰之曰从日誤灊水出巴郡書作潛漸左傳文五

年沈漸剛克今書作沈潛鬵鬲屬又侵韻俗作鬵凡从鬲者俗皆作鬲字○苫詩廉切草覆屋又凶服者以爲覆席痁瘧疾左傳痁作而伏又曰齊侯疥遂

痁○襜蚩占切敝也爾雅衣蔽前郭璞曰今蔽膝也亦作韂襝褋袡幨幨同上又車幨裳幃又絕起也考工記筋之所由幨裧同上又車裧袡

方言蔽郄齊魯之郊謂之袡襦亦作袡䑇衣動貌亦作袩佔佔漢匈奴佔佔師古曰衣裳之貌惉惉懘音敝不和亦作怗沾覘闚視記善覘覘國乎亦作

沾記我喪也斯沾鄭康成曰沾與覘同○詹之廉切多言又姓一曰至也方言詹至也齊楚之會郊或曰懷摧詹郭璞曰詩先祖于摧六日不詹此亦方國之語不專齊楚

也又與瞻同詩魯邦所瞻瞻仰視舊注曰臨視非占測也視兆也筮也又去聲噡廣韻言語也荀子噡唯則節霑雨淋也濕也濡也漬也亦作沾沾

同上○蟾時占切蟾蠩戰國策月魄象蟾兔故世因謂月彩爲蟾光廣韻以之廉切爲蟾蠩以時占切爲月彩蓋不考其所從出耳然所以有兩音者方言不同也蟾音占則

蠩音諸蟾音棎則蠩音除實一物也棎果名似柰而酸○髯而占切頰須从冄注在頤曰須在頰曰髯䫇同上枏梅枏郭璞曰似杏實酸又覃韻𦢊

龜甲邊亦作𦉰一曰有距龜呥噍貌荀子呥呥而噍蚺大蛇出晉安大者二三圍長十丈行往不舉頭袡衣緣儀禮褕衣纁袡禮記復不以袡明非常禮也亦作袡

○廉力鹽切陛廉也側隅也不貪也潔也察也廣韻儉也釋名廉斂也貌檢斂也又飛廉風伯又鳥名館名應劭曰飛廉神禽能致風氣晉灼曰身似鹿頭如爵有角蛇尾文

似豹又姓鎌鍥也亦作鐮鐮釋名鐮廉也蓋取廉隅之義韓愈苦寒詩衣被如刀鐮又曰新月似磨鐮溓薄也又溪名燫火爆車輞絕也磏亦砥

簾 箔也釋名簾廉也自障蔽爲廉恥也 **匳** 鑑匳又盛香器亦作籢奩 **奩** 漢皇后紀字後漢書注鑑匣也 **獫** 犬長喙見廣韻又見鹽韻注 **蘞** 草詩蘞蔓于野草木疏似栝樓葉盛而細子黑如燕薁不可食 **斂** 地名左傳僖二十八年齊侯晉侯會于斂盂徐音廉又上聲又琰韻 **帘** 青帘酒家望子 ○ **淹** 衣炎切漬也久留也滯也亦作奄漢郊祀歌神奄留又久觀也詩奄觀銍艾又國名 **閹** 宦人主宮門者又男無勢精閉者亦作奄 **崦** 崦嵫山下有虞泉日所入又琰韻 **醃** 菹也又鹽漬魚 **懕** 安也郭璞曰安詳之容蓋心安之也 **猒** 飽也足也斁也荀子好善無猒又豔葉二韻 **厭** 同上左傳無厭將及我又不休詩厭厭夜飲又安靜貌詩厭厭良人左傳昭公二十八年屬厭而已杜預曰屬足也言小人之腹飽猶知厭足陸德明音於炎切監本引左傳作屬猒誤又琰豔葉三韻 **饜** 飽足又豔韻孟子不奪不饜有兩音則必饜酒肉而後反去聲左傳貪惏無饜平聲杜預序饜而飫之則作去聲 ○ **黏** 尼占切著也俗作粘又豔韻 **溓** 考工記輪人雖有深泥亦弗之溓也鄭音粘 **鮎** 魚名鰋也 **拈** 撚也指取物也 ○ **箝** 其廉切籋也漢袁盎傳箝天下之口亦作鉗拑 **鉗** 鐵有所劫束亦作鈷鍼通作鈐 **拑** 漢鼂錯傳拑口不敢復言矣 **柑** 以木銜馬口公羊傳拑馬而秣之漢五行志臣畏刑而柑口又覃韻 **鈷** 鐵鈷鋷也通作鈐 **鈐** 同上又鈐鏅大犂也 **黚** 黎也黑也黚首以其頭黑也 **鍼** 與鉗同又人名又姓又侵韻 ○ **添** 他兼切益也亦作沾 **酟** 和也張景陽七命酟以春梅謂和羹也 **甛** 徒兼切甘也亦作餂从千戈之千也舊從千誤 **恬** 安也靖也莊子以智養恬从千誤 ○ **謙** 苦兼切致恭也不自滿也遜也古作嗛又見下 **嗛** 莊子大廉不嗛漢藝文志易之嗛嗛司馬相如傳嗛遜而未發又猒也荀子臭之而無嗛於鼻覃韻 ○ **兼** 古嫌切并也又豔韻 **縑** 并絲繒又絹也 **蒹** 葦屬 **鶼** 比翼鳥也 **鰜** 比目魚也 ○ **嫌** 胡兼切不平於心又疑也憎也亦作謙嫌 **謙** 荀子信而不處謙注謙讀爲嫌得信於上不處嫌疑使人疑其作威福也 **慊** 趙充國傳媮得避慊之更注慊亦嫌字 ○ **杴** 虛嚴切臿屬方言青齊呼意所好爲欲俗作次 **忺** 意所欲也 **蘞** 草味辛毒又見上

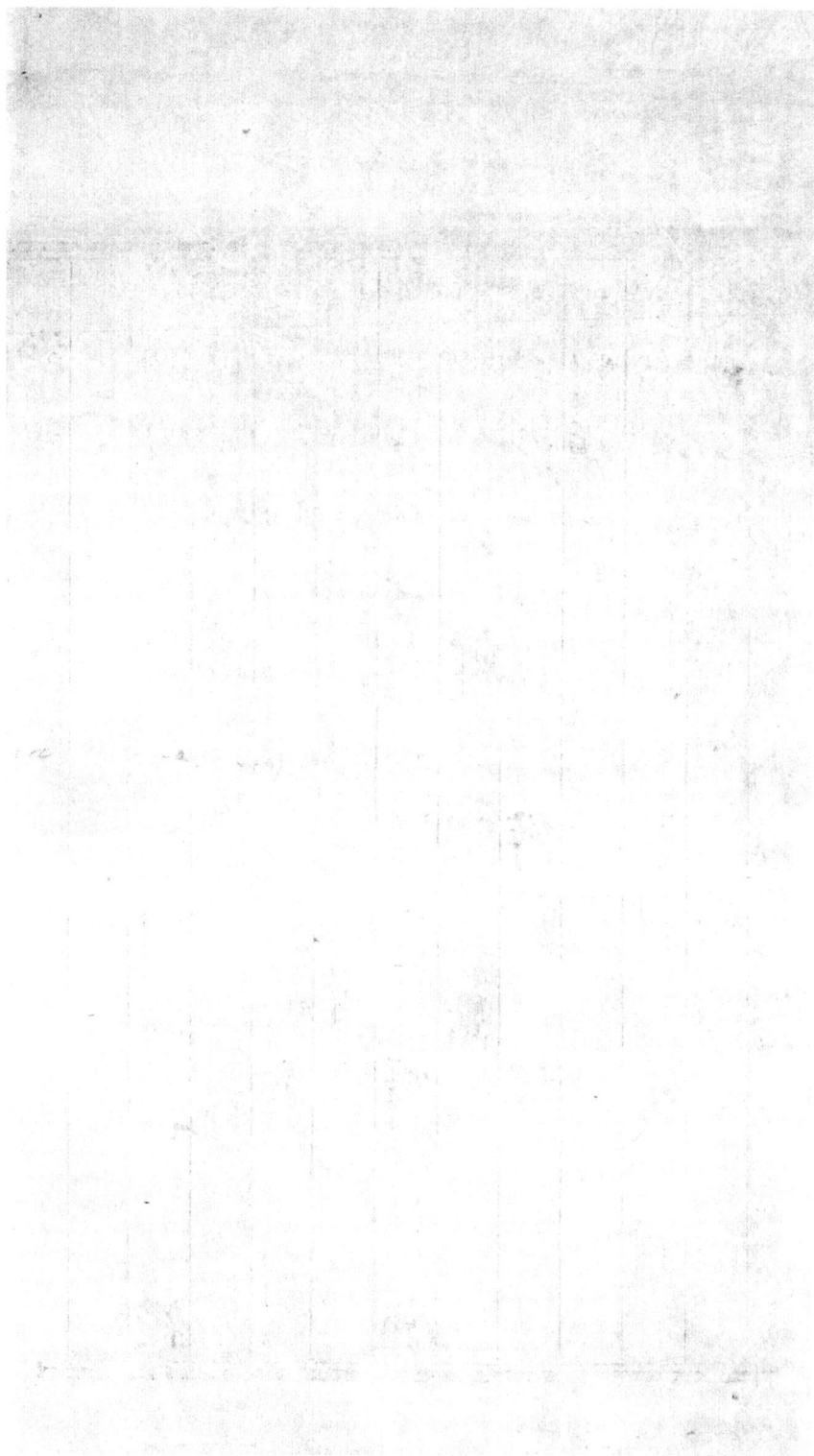

洪武正韻卷第七

上聲

一董

董多統切督也正也又姓古作董 蕫同上又鼎蕫草似蒲而細 湩乳汁又送韻 懂懵懂心亂 蓳蓳鼓鳴也 ○ 統他總切紀也總也綱也緒也撫御也又去聲毛晃曰統字諸家皆去聲唯玉篇又音桶公羊傳大一統無音合从通用 桶木器受六升又見下 侗直也一曰長大又未成器之人也又東韻

捅捅進前也 ○ 桐徒總切引也動也漢有桐馬官作酒呂氏春秋百官有桐擬又東韻 洞洞洞恭貌又鴻洞相通貌亦作絧又送韻 絧揚雄賦鴻絧徒獵又東送二韻 眮眮瞋目顧視 詷譀詷急也 酮酒壞又東韻 ○ 籠力董切箱籠又東韻 䳊小鳥史記楚世家鄒費郯邳者羅䳊也

攏攏略又拗攏籌也謂酒律 ○ 琫邊孔切佩刀下飾詩鞞琫容刀亦作鞛 鞛左傳藻率鞞鞛小爾雅刀室謂之鞞鞛宋咸曰鞞刀削上飾鞛下飾 菶草盛貌又東韻 唪多實貌詩瓜瓞唪唪又見下 玤石次玉又漾韻从丰音豐作丰誤 ○ 蠓母總切蠛蠓小飛蟲 懵心亂又東送二韻 幪幪幪茂盛貌詩麻麥幪幪又東韻 濛鴻濛又東韻 猛健犬又勇也嚴也悍也威也暴也 艋舴艋小船舴陟格切 蜢蚱蜢似螽而小胡蜢蝦[illegible]

黽[illegible]冥蛙屬[illegible]也 ○ 總作孔切聚束也又統也皆也括也合也亦作摠又總布租錢也又弁䅵之禾書百里賦納總漢書作緫俗作揔又東送二韻 縱[illegible]貌喪[illegible]欲其[illegible]縱爾又東送二韻 摠與總同又東送二韻 偬倥偬窮困也苦也不暇給也又去聲漢書音作傯[illegible]傯 [illegible]屋階中會[illegible]入東韻

總又東韻 [illegible] 蓯龍蓯山貌[illegible] 蓯[illegible]蓯草貌[illegible]入東韻 [illegible]

又東韻鬣鬣名詩作紀又髮也憁候不得志也揔將領也合也○澒胡孔切澒濛大水貌亦作澒濛鴻壯故曰混澒同作濊又濊

濛又東韻莊子作鴻濛音義云自然元氣一云海上氣竝音如字張喬月中桂詩與月轉鴻濛二音皆通嗊嗊嗊歌也廾金二未成器周禮有廾人又古猛切與礦同又諫韻

○孔康董切穴也空也甚也亦作空又孔子商湯後微子封宋其後孔父嘉爲大夫其孫因以祖字爲氏又要路曰孔道空穴也竉也通作孔考工記注轂空鑿空又

東送二韻悾誠心也倥倥傯事多恐懼也說文作恐从巩巩音戟又去聲疑也慮也○拱古總切叉手也拱翊環擁拱又兩手合持曰拱孟子拱把

之桐梓漢志一暮大拱本作共共書洪生于朝論語衆星共之古作𠬞象兩手合持之形今作共偏旁作廾又東送御三韻拲手械一曰兩手同一械又屋韻鞏固也

以皮東物也又姓𠫓言齊謂火乾爲鞏从孔俗作鞏栱大杙又栱枓也珙璧也老子作拱璧𥐫水邊大石礦銅鐵朴石亦作廾𪍊麥也舊作𪍑誤

懭悍獷獷獷不可也附又犬也○蓊烏孔切蓊鬱草木盛貌又平聲滃雲氣濃貌塕埲塕塵起翁醲貌周禮酒正注盎猶翁也成而翁

翁然又擁也莊子注磨翁而旋入又東韻○捧方孔切兩手拱承也本作奉紨枲也荀子菲紨屨亦作綦又見養韻奉尊奉也承也事也祿也與也獻

也又送韻唪口高貌又見上覂反覆逸駕亦作泛又乏也唐宋光傳公私覂竭上从西音亞俗作西泛漢武紀泛駕之馬師古曰覆也言馬有逸氣不循軌轍又諫韻

二韻○竦息勇切恭也又竦動也國語竦善抑惡悚懼也怖也或作愯愯同上又陽養二韻漢刑法志愯之以行晉灼曰古悚字師古曰愯㩳也又音所

講切𡾋山聳起貌杜甫封西嶽賦風御冊以縱𡾋㩳挺也杜甫畫鷹詩㩳身思狡兔注㩳猶竦也音荀勇切䙕禪衣也聳高也驚也方言欲也勸也聾也

駷搖銜走馬○寵丑勇切恩也愛也尊榮也龍詩何天之龍毛傳和也平聲鄭讀作寵榮名之謂也又見下及東陽二韻○宂而隴切散也雜

也剩也忙也俗作宂非茸草生貌又闒茸猥賤又東韻氄毛毳細密說文作毴或作毴𡫢偈𡫢不肖亦作闒茸軵推也淮南子軵車而餉漢馮奉世傳

再三發軵 挄 柜也又東韻 ○腫 知隴切脹也癰也 種 種類亦作穜又種種短貌左傳昭三年会髮如此種種又種種猶物物又東送二韻 穜 又東送二韻 踵 足跟又繼也躡也一曰往來貌詩疏作蹱 冢 大也爾雅山頂曰冢說文高墳也六典天官冢宰其屬則曰大宰注進退異名也百官總焉則謂之冢列職於上則稱六跳冢大之上也从勹俗作冢 塚 平曰墓封曰塚高曰墳通作冢 尰 足腫亦作瘇 瘇 賈誼傳天下之勢方病大瘇如淳曰腫足曰瘇 ○銅 直隴切魚名一曰鱧也又東韻內見 ○癑 乃湩切痛也 ○兇 許勇切擾而恐懼又東韻 洶 水涌聲又平聲 詾 衆言也赫也喧之聲也訟也亦作訩凶匈哅又東送二韻 訩凶匈哅 同上又二韻 跫 悚也莊子聞足音跫然而喜又喜貌又人行聲又東韻 詷 告言也又候伺也刺探也又明悟了知也又送韻 ○勇 委隴切銳也猛也果敢也 湧 洶湧泉上溢也亦作涌 涌 同上 踊 跳也亦作踴又刖足者之屨左傳昭三年踊貴屨賤 踴 同上 甬 草木華甬甬又鍾舞上為甬謂鍾鼻也又斛也月令角斗甬又巷道曰甬漢紀築甬道蒼頡篇作衕 慂 方言慫慂勸也南楚凡己不欲喜而旁人說之不欲怒而旁人怒之謂之慫慂亦作縱臾 臾 漢書衡山王傳曰夜縱臾如淳曰臾讀曰勇師古曰縱音子勇切縱臾猶奬也又魚韻 蛹 螽化為蛹蛹化為蛾韓愈會合聯句盻若抽獨蛹 埇 道上加土 溶 水盛又鴻溶竦踊貌相如賦紛鴻溶而上厲又東韻 筩 箭室又東韻 桶 斛也月令作甬 俑 送葬偶人設關而能跳踊又東韻 悀 心喜也又出也 擁 挾抱也衛也持也羣從也漢高紀太公擁彗亦作雍 雍 揚雄甘泉賦雍神休纂文作雝又與壅同武帝紀雍於上聞又東送二韻 壅 塞也障也堨也培也亦作雍雝又平聲 雝 詩維塵雝兮又東送二韻 永 長也遠也引也遐也方言凡施於衆長謂之永本歌永字借為永久反永為血辰字又送韻內收 ○隴 力勇切今秦鳳坂也昔在天水者最大 壟 丘壟禮記適墓不登壟壟冢也書傳壟畝也陳咊傳輟耕之壟上師古曰田中之高處亦作壠壠傳記亦或作壠 巃 方言秦晉之間冢謂之巃列子說之巃 壟 孟子龍斷趙岐曰市中㙞斷而高者也又見上及東陽二韻 ○慫 即勇切慫慂勸也亦作縱 ○

囧 居勇切窗牖開明又伯囧周太僕正 **炅** 烟氣也 **熲** 光也詩不出于熲音景又居永切同又古迥切 **泂** 遠也詩有泂酌篇 **烱** 光也明也又古迥切

褧 襌縠也說文檾也詩衣錦褧衣古作顈禮記三年之喪既顈注草名也亦作絅 **絅** 禮記衣錦尚絅

二紙

紙 諸史切楮藉不知所始後漢宦者蔡倫以魚網木皮爲紙俗以爲紙始於倫非也案前漢皇后紀已有赫蹏紙矣亦作帋 **帋** 同上 **只** 起語辭詩樂只君子又語已辭詩毋也天只又專辭又質韻佩觿集曰樂只之只本翻之介今讀若質 **咫** 中婦人手長八寸賈逵云八寸曰咫 **抵** 抵掌說文側手擊也亦作扺 **扺** 漢朱博奮髯抵几文選抵璧於谷又至也與底同漢郊祀歌抵冬降霜又濟韻 **砥** 石細於礪又平也均也詩周道如砥又史志砥柱山名亦作底底又以砥磨物也禮記儒行砥礪廉隅 **底** 同上孟子引詩周道如底又致也漢志曰官居卿以底日左傳作厎又濟韻 **厎** 同上蕭望之傳厎厲鋒鍔枚乘傳磨礱底厲鄒陽傳厎節脩德梅福傳爵祿天下之底石師古曰音紙又音脂又致也至也通作者又見寘韻內 **坻** 止也左傳物乃坻伏又支濟二韻 **枳** 似橘有刺考工記橘踰淮化爲枳又濟韻 **軹** 轂末一曰車輪所穿爲道漢書緤子嬰於軹途 **疻** 歐傷 **旨** 美味說文美也从匕从甘今作旨又志也意向也亦作恉經典通作指俗作旨 **指** 同上又歸趣也孟子願聞其指董仲舒傳豈異指哉又示也斥也指點也本手指字大曰拇二曰食中曰將四五無名亦作指前漢書孔光傳希指苟合又貢禹傳阿意順指又麾也示也斥也賈誼傳頤指如意如淳曰但動頤指麾則所欲皆如意也貢禹傳目指氣使師古曰動目以指物出氣以使人 **耆** 左傳引詩耆定厥功陸音旨杜預曰耆致也與底抵通又微寘二韻 **止** 停也至也靜也息也待也畱也居也本古趾字漢志左止右止 **畤** 漢郊祀志云作畤畤櫟陽師古曰如種韭畦之形而畤於畦中各爲一土封也又云祠之必於高山之下畤命曰畤是則凡土高處皆曰畤也說文天地五帝所基止祭也 **沚** 小渚亦作洔 **洔** 同上又水甓益且止未減也 **趾** 足指古作止象形後人加足亦與址同左傳略基趾杜預曰趾城足也 **址** 基也亦作

阯

阯 同上又交阯郡名輿地志云其夷足大指開析兩足竝立指則相交阯與趾同古字通應劭漢官儀始開北方遂交於南以爲子孫基阯也 芷 香草 徵 火音爾雅徵謂之矢漢志徵祉也物盛太而繁祉也爲火爲禮爲視爲事庚韻持陵切戒也中从彡从一从壬彡轉作山俗作徵 黹 箴縷所紩亦作絺希爾雅黹紩也郭璞曰今人呼縫衣爲黹漢晉人呼縫衣爲黹 絺 書絺繡唐書絺句繪章今刺繡之類又支韻 希 周禮希冕謂黹繡衣而戴冕祭社稷五祀之服又微韻 鵗 北方雉又見微韻

○史 詩止切吏籍也府史也又姓周禮注史掌書者宰夫之職六曰史掌官書以贊治唐書北人謂太師爲太史古作叏又寘韻 使 令也役也又寘韻 駛 馬行疾亦作駛又寘韻 始 說文女之初也又方始爲之也又星名毛晃曰本初之始則上聲詩自今以始歲其有漢書宣德自近始春秋五始天人之道何所本始易資始大始之類是也方始爲之則去聲禮記桃始華蟬始鳴之類是也 弛 說文弓解也周禮弛舍作施又作弛或作號 弛 同上 豕 豬彘總名爾雅豕子豬說文豕三毛叢居者名豬 阤 壞也舊注作壞誤又文尒切 矢 箭也陳也誓也正也直也又與屎同莊子云以籍盛矢亦作屎莊子道在屎溺天文有天屎星 屎 說文作菡 纚 冠織亦作縰 縰 同上又冠織漢制齋三服官春獻冠幘縰注縰與纚同即今之方目紗也又解韻 矖 視也又齊韻 釃 下酒也又支韻 蓰 物數五倍曰蓰又支韻 簁 簁箄竹器又支皆二韻 灑 爾雅大瑟謂之灑言琴瑟多變聲流離布出如灑也又馬韻 漇 流貌劉安招隱士文淒淒兮漇漇

○齒 昌止切牙齒又錄也年也又以年相序禮記太子入學齒冑又鑿齒獸名習鑿齒晉人 茝 香草蘪蕪別名本草芷一名白茝荀子謂之蘭槐又解韻 紕 積苧一紕又微末二韻

○耳 忍止切聽官又耳耳繁盛貌又語決辭本作𦔻象形今作耳 駬 騄駬駿馬亦作綠耳 珥 耳璫又寘韻 緝 緝緝繁盛貌詩作耳耳 餌 食也說文粉餅又寘韻 尒 尒汝又語辭俗作尒亦作爾耳从入从小監本作尒誤 爾 同上亦作爾又靡麗也近也與邇同漢儒林傳文章爾雅注邇近也 邇 近也通作爾俗作迩 迩 本作迩

○舐 甚尒切舌舐亦作䑛䑜咶狧从舌从干戈之干从千誤又去聲 䑛 同上 舓 同上 咶 同上荀子犬⋯咶犬俗作

唔非咶音火恉切鼻息也 括 漢吳王濞傳栝楝及米 ◯ 誃 尸多切張大也奢也泰也 謻 離別也周景王作誃臺徐引爾雅云堂樓邊小屋又陸雲與兄書曰

曹公所爲屋拆其該堂不可壞直以斧斫之 哆 張口又大口貌又見哿禡二韻 姼 美女也 炨 大盛 鉹 方言涼州呼甑說文云曲鉹一名鬵鼎又微韻

侈 恃也 㢋 廣也國語俠滿而㢋我亦作㢋晉王忠嗣傳軍㢋翼掩之 拸 拍也莊子介者拸畫亦作搋又㩗也 搋 同上析也㩗也 褫 奪也衣架褊也解也

又支寘二韻 䚦 角傾又人姓名列子䚦俞師曠聽之不聞 杝 析木觀其理詩析薪杝矣 灑 沾灑音不和又寘韻 袲 衣長又宋地春秋桓公十五年會于袲

恥 慙也辱也 祉 福也祿也 ◯ 陊 丈移切山摧亦作阤 阤 壞也見東方朔傳又岸際相如賦巖阤甗錡 滍 水名玉篇云出魯陽縣晉杜預還襄

陽引滍清水以澆田 泜 水名左傳晉師夾泜而軍杜預云出魯陽縣東經襄城定陵入汝又支齊二韻 ◯ 此 雌子切彼此之對又止也 佌 佌佌小也郭璞曰材

器小陋也 玼 玉色鮮又支濟二韻 ◯ 子 祖此切嗣也息也孳也爵名辰名漢志孳萌於子爾雅歲在子曰困敦左傳注卿之妻曰內子卿之庶子曰餘子又男子之通

稱又成德謂之君子嬰兒謂之赤子顏師古曰子者人之嘉稱 仔 任也克也詩佛時仔肩又支韻 耔 壅禾根亦作秄芓又支韻 秄 又支韻 芓 周禮注芸芓又

支韻 梓 木名 杍 同上又治木器 紫 黑赤間色 訾 不思稱意也詩翕翕訿訿又毀也譏也亦作訿又支韻 訿 詩潝潝訿訿爾雅云莫供職也韓詩云不

善之意又皐皐訿訿毛傳訿窳供事也 呰 口毀通作訾說文苛也爾雅此也 疵 荀子非毀疵也注或曰讀爲訾又支韻 啙 窳也短也苟且也史記啙窳偷生又

支韻 批 捽也又濟韻 跐 行貌又蹈也韓愈曹成王碑行跐汉川又音此又解韻 姊 女兄也亦作秭袁士松曰屈原秭歸縣人既被流放忽然暫歸其姊亦來因名

其地爲秭歸秭亦姊也秭歸屬南郡古夔國今歸州 秭 同上又數郭璞曰十億爲秭 滓 澱也 笫 牀簀又寘韻 胏 腊有骨易噬乾胏古文作金今作胏又食

遺 ◯ 死 想姊切殂也殁也終也盡也禮記死者澌也言若冰釋澌然而盡也說文作𣦵今文作死周禮疾醫注少曰死老曰終

三尾

尾無匪切首尾又宿名鶉尾次名瑣尾少好貌書傳交接曰尾又姓又扈也亹亹亹不倦之意亦作亹又眞韻古作亹亹同上王莽傳亹亹翼翼娓說文

順也一曰美也陫陋也○斐敷尾切文貌論語斐然成章亦作匪菲朏月未盛之明又月三日生明之名書惟丙午朏六月庚午朏有三音漢律歷志古文

月采篇三日曰朏又隊質二韻从月从出从肉誤誹非議亦作非又微韻內見非晁錯賢良策非謗不治注非讀曰誹又微韻內見悱悱悱欲言奜大也

菲薄也又與斐同唐朱敬則傳去蕢菲之牙角又菜名又見微未二韻篚箱屬通作匪漢志作棐匪古篚字象形孟子匪厥玄黃又文貌詩有匪君子又分也又非

也棐果名亦作榧又輔也書天畏棐忱又與篚同應劭注漢志方曰箱隋曰棐隋圜而長也又與匪同見康衡傳注榧木名有實出東陽諸郡爾雅翼似鮎有美實而材光

文彩如栢古所謂文木說文徐按王羲之見其門生棐机滑淨即書之棐木似杉而文白蜚負蠜春秋莊二十九年有蜚劉歆以爲負蠜性不食穀食穀爲災介蟲之孽也又山海經

獸如牛白首蛇尾又微未二韻蜰爾雅曰蜚蠦蜰即負盤臭蟲又音肥○庀匹比切具也亦作比仳離別批手擊唐史批逆鱗又見微屑二韻內

疕頭瘍諀惡言痞氣隔不通又腹結痛圮岸毀又傾覆書方命圮族从土从己與圯不同圯从巳音怡○比畀喜切竝也校也量也詩克順

克比左傳擇善而從之曰比杜預曰比方又微未質韻匕匙也取飯以上儀禮有疏匕桃匕又篚也禮以匕載鼎實升諸俎又匕首劍屬其頭如匕妣考妣妣之言媲也

秕不成粟也書若粟之有秕漢安帝賛秕我王度注喻穢也粃莊子塵垢粃糠將猶陶鑄堯舜𥘺豚祀司命朼所以載牲體亦作枇通作匕喪祭用桑吉祭用

棘扎同上吡呰也莊子吡其所不爲者也俾使也從也職也益也一曰門侍人亦作畀髀股骨也髀上曰髖又部弭切鞞刀劍削又見微梗二

韻箄簁箄竹器又支未二韻俾使也從也○庳部比切中伏舍下也亦作卑淠田百畝又文韻罷遣有罪也又微禡二韻○

米莫比切穀實又姓眯物蔽目不明莊子歎康眯目又去聲義同𥿋說文繡文如聚米亦作米書粉米絺繡洣水名出高陵弭弓末令之角弓

也又止也息也亦作彌辟餌彌周禮小祝彌烖兵漢書彌亂謂止也又微韻餌相如賦餌節排徊辟禮記有由辟焉義與弭同又微未寘霽五韻敉

撫也安也及也侎侎安也本作彌注作侎瀰𣳂盛貌又微韻又見濟韻濔滿也又眾也詩垂轡濔濔羋羊鳴又楚姓○以養倚切用也與

也爲也意也實也因也用人之師能左右之曰以本作㠯亦作巳荀子人之所以爲人者何已也注巳與以同蓋古文同作㠯後世別而爲二㠯台能之類从㠯今偏旁皆作厶

已止也畢也休也又語終辭苡薏苡又芣苡亦作苢苢詩采采芣苢矣說文語已辭柳宗元曰決辭迆邪行亦作迤也又邐迆連接也又微歌韻

迤同上崺峛崺山卑長貌峛音邐揚子觀東嶽而知眾山之峛崺也酏黍酒又微先二韻匜盥水沃手器又微韻袘衣緣亦作袘又未韻袉

同上訑自得語顗謹莊也晉有荀顗螘蚍蜉小者亦作蟻蛾字从豈亦作豈俗作螘蟻同上蛾同上學記蛾子時術之又姓左傳蛾析晉大夫

又歌韻齮齧也艤整船向岸亦作檥檥史記烏江亭長檥舟待項羽應劭曰正也孟康曰附也漢書音蟻如淳曰整船向岸也又微韻礒山峻貌劉安招

隱士嶔崟碕礒碕音綺錡三足釜一曰蘭錡兵藏又微韻轙車衡載轡者又僕人嚴駕待發之意漢郊祀歌象輿轙又微韻擬像也準擬揣度以待也易擬之而後

言薿茂也又質韻儗僭也比也禮記儗人必於其倫又微未二韻○喜許以切欣也悅也亦作憙又寘韻从壴从口作喜誤毛晃曰喜怒之喜從上聲

悅好之喜從去聲憙悅也見廣韻又未韻蟢蟢子蟲俗嬉廣韻妹嬉桀妻唐亘彥範傳桀奔南巢禍階末嬉經史亦作末喜又微未二韻豨豨豨豕走聲也

又微韻唏笑聲方言痛也又哀而不泣楚人謂哀曰唏又微未二韻俙僾俙彷佛僾音倚又微韻○徯戶倚切望待也又微韻謑恥也莊子謑髁

无任又微韻奚官女也周禮有兩音又微韻○倚隱綺切依也側也亦作猗或作奇猗同上詩猗重較兮又倚而束之也詩猗彼女桑又猗旎窈窕也

又微韻二韻輢車旁又未韻旖旖旎又微韻奇離奇委曲盤戾貌鄒陽傳輪囷離奇離音力紙切又微韻椅廣韻椅柁旖絲柎俗呼坐凳𠀤椅子又
微韻扆戶牖間又畫斧扆風亦作依依禮記斧依周禮注依其制如屏風然又喻也禮記不學博依又微韻㕈隱辭偯哭餘聲孝經哭不偯𨡸飲名
周禮酒正辨四飲之物二曰醫注醫內則所謂或以酏爲醴凡醴濁釀酏爲之則少清矣酏今之粥酏飲粥稀者之清也又微韻醷內則㳄醷注梅漿又泰質二韻譩恨也
又譽也又微韻○跽巨擬切長跪也[虫奇]蟬也又長足蟲又齊韻

四濟

濟子禮切衞詩作泲又濟濟盛貌濟水出常山又濟濟大夫之容又霽韻泲沇水東流詩出宿于泲書作濟漢地理志作泲泲與濟義同不得雙用如用濟濟者非又茜泲
釃酒也如用濟水濟濟與茜泲亦不相妨泲字與泲字不同擠排也推也莊子因其脩而擠之是也○璽想里切印也一曰信也古者尊卑共之又左傳襄公在楚
季武子使公冶問璽書追而與之秦漢以來唯至尊以爲信說文從爾从土今从玉洗滌也亦作洒灑又銑韻洒肅恭貌又見解賄銑馬四韻灑揚子巢父灑耳
又汛也亦作洒又馬解泰三韻徙遷移篆文作𨑩當作辿今轉爲徙躧徐行貌又履不躡跟也亦作蹝屣蹝孟子猶棄敝蹝亦作屣屣同上[革麗]
華屨[革徙]同上葸畏懼貌亦作諰鰓質殼貌諰同上又思也荀子諰諰然思之意鰓同上禗禗禗不安貌漢郊祀歌靈禗禗象輿轙枲麻有
子曰枲無子曰苴从台从朩台音怡朩音匹刃切麻片也从朩誤○泚此禮切水清又音此義同玼玉色鮮又支紙二韻批捽也又紙韻緀帛文
貌說文引詩緀兮斐兮又齊韻○邸典禮切舍也周禮四圭有邸邸舍也爲圭之舍也又本也圭四出中共一璧猶衆枝同一根柢也顏師古曰漢制凡郡國朝宿之舍在京
師者率名邸邸至也言所歸至也今人謂逆旅爲邸蓋出於此又至也與抵同史記河渠書西邸瓠口又觸也風賦邸華葉而振氣又支韻氐宿名亡也又大氐與抵同又齊韻

柢 根柢亦作氐又見齊韻 底 下也器臀也癃滯也亦作尼又當也至也列子沐頮底春被裘又紙韻 底 列子無底之谷名曰歸虛 詆 訶也詐也又齊韻

觝 觸也亦作牴抵史記李斯傳二世作觳抵優俳之觀應劭曰戰國之時稍增講武之禮以爲戲樂用相夸示秦更名曰角抵角者角材也抵者相抵觸也漢武元封三年作角抵戲張騫傳作角氐又支韻 牴 同上 抵 擠也觸也擲也至也大凡也亦作氐漢志大氐皆遇告師古曰大抵大歸也唐書作大底又當也杜甫詩家書抵萬金又紙韻 坻 隴坻又支紙二韻

阺 揚雄解嘲響若阺隤師古曰蜀人名山旁堆欲墮曰阺 弤 彫弓 軧 車後 疷 病也亦作疧疧又微韻 提 滯也亦作底[illegible]兆曰緣邊也又齊韻

疷 詩俾我疷兮又微韻 ○ 體 他禮切身也又肢體孟子四端猶四體詩方苞方體鄭箋體成形也又質也詩相鼠有體王弼明爻體質不必齊也又曰卦體不由乎爻也治體者治之體勢規模也體貌大臣者加容貌以敬之也亦作軆躰俗作体非体音蒲本切麤貌又劣也 軆 同上 躰 同上荀子脩身篇注物躰不具謂之倚

醍 酒赤色也 緹 帛丹黃色周禮注緹衣古兵服之遺色纁也漢官儀執金吾緹騎二百人又齊韻 ○ 你 乃里切汝也秦人呼傍人之稱 柅 止輪木又絡絲柎又質韻 抳 同上又止也王肅易繫于金柅又質韻 旎 旖旎旌旗從風貌廣韻旗舒貌字亦作旑旎 狔 同上又旖狔猗窈狔也 泥 泥泥露貌亦作苨又齊韻

苨 同上 鑈 絡絲趺子夏易繫于金鑈 禰 父廟又姓 瀰 水流貌亦作瀰又齊韻 濔 同上又衆也詩垂轡濔濔又尾韻 檷 絡絲柎亦作柅鑈

薾 華盛亦作苨 ○ 掜 五禮切寄也捉也莊子終日握而手不掜又屑韻 ○ 里 良醴切五隣爲里孟子方里而井井九百畝又憂也詩云如何里又路程今以三百六十步爲一里又漢制長安有戚里人君姻戚居之後世因謂外戚爲戚里 理 治玉又料理又文理脈理也事之有理猶物之有脈循之則治逆之則亂物之脈理惟玉最密故字从玉偏旁作王同治玉治民必循其理故旨曰理治獄亦曰理理亂曰理又膚肉之間曰腠理以其有脈理也 俚 聊也賴也鄙俗也又南人[illegible]蠻屬 裏 衣表

鯉 魚名有神能飛王安石曰鯉三十六鱗 悝 憂也詩作里又灰韻 李 果名又姓又行寮僕從左傳行李之往來或以爲李字說作李孛古使字亦作行理

娌 妯娌 禮 理也說文禮履也所以事神致福也釋名禮體也得其事體也孟子禮之實節文斯二者蓋因人心之仁義而爲之品秩使各得其叙謂之禮字从示示古祇字盖

五禮莫重於祭从豊者其器也 礼 廣韻古文作礼舊注作礼字訛也 醴 甘酒一宿熟 鱧 鱯也俗以爲鮦 澧 水出衡山因爲州名 蠡 蚌屬彭蠡澤今

南康軍湖又蠡吾縣在涿郡范蠡人名又物欲絶貌孟子以追蠡又齊歌二韻 盠 食簞又齊韻 豊 禮器也篆文作豊與豐盛之豐不同蔡邕以豊同豐誤 欐 小舟

一曰屋稳莊子求高名之麗者亦作麗又車名也莊子云梁欐可以衝城又漢司馬相如大人賦駕應龍象輿之蠖略委麗兮師古曰行步進止貌又見霽韻內 麗 同上 梩

本名又音力知切孟子虆梩而掩之 履 草曰扉麻曰屨皮曰履又福也禄也禮也踐也本作履从尸利也从彳从夂步行也从舟載也舟今作冃舟能載物履能載人 邐 邐迤

行貌又迤邐連接也因循也 ○ 己 居里切身也十幹戊己又尾韻 紀 維也大綱小紀總之爲綱周之爲紀七政終始斗牛故曰星紀又紀極也會也事也理也編著

也又國名又姓又十二年爲一紀取歲星一周天 ○ 几 凭器亦作机鉤挑者爲几案之几不鉤挑者爲几音殳鳥短羽也 机 左傳設机而不倚易渙奔其机又木名

麂 麋屬亦作麿 麿 同上 氿 水涯 蟣 蝨子又齊韻 幾 問多少之辭未多時曰無幾未幾物無多亦曰無幾又齊霽二韻 穖 禾穖 掎

掎角又偏引也又齊韻 踦 塞也公羊傳相與踦閭而語謂閈一扇一人在內一人在外也又齊韻 剞 劂也又齊韻 庋 板爲閣以藏物內則大夫七十而有閣注

板爲之庋食物也亦作庪又音詭 枳 爾雅枳首蛇注岐蛇也亦作枝 ○ 起 驅里切興也作也立也發也 屺 山有草木从山从己从巳誤 杞 木名

又國名又姓从巳誤 芑 白苗嘉穀从巳誤 玘 佩玉 豈 非然之辭又樂也詩飲酒樂豈協韻如字又解韻上从巨亦作乡俗从山 ⿱艹豈 呂氏春秋菜之美者有雲

夢之⿱艹豈又隊韻 ⿰山忌 山高貌 ⿰禾己 禾名管子其種穋⿰禾己 綺 說文繒也从糸奇聲師古曰今細綾又姓漢四皓綺里季 觭 角一俯一仰又齊韻 啓 教也咨也

開也跽也左傳分至啓閉又曰啓塞從時杜預曰立春立夏爲啓立秋立冬爲閉又曰門戶道橋頭之□城郭牆垣謂之塞故特隨壞時而治之又軍左翼曰啓見左傳襄公二十三年

启 明□誤之启明詩作啓明說文启也 **𩠐** 下拜首至地又齊韻从禾誤 **棨** 棨戟兵欄前漢匈奴傳有□之戟曰棨戟亦作綮一曰傳信過關之傳刻木爲合符

綮 戟文一曰戟衣也 **綮** 緻繒也或作綮

五語

語 偶許切說文直言曰言論難曰語御韻牛據切告之也毛晃曰言語之語則上聲詩于時語語論語食不語史偶語陸賈新語之類是也言事告人則從去聲孝經吾語汝論語子語魯太師樂孟子語人曰王語暴以好樂吾語子遊之類是也 **齬** 齒不相値又魚模二韻 **鋙** 說文鉏鋙物不相當宋玉九辯圜鑿而方枘兮吾固知鉏鋙而難入又不安貌亦作岨峿又模韻 **峿** 陸機文賦或岨峿而不安 **圄** 囹圄獄也又囚也左傳宣四年圄伯嬴於轑陽而殺之又守也亦作圉 **圉** 同上東方朔傳圄圄空虛又養馬者左傳馬有圉又邊垂左傳聊以固吾圉又與敔同詩鞉磬柷圉又與禦同莊子其來不可圉又御韻 **篽** 說文禁苑也通作籞 **籞** 漢書音義折竹以繩挂連之使人不得往來謂之籞臣謂籞之言禦也以竹爲之故以竹又池中編竹籬以養魚也 **敔** 樂器如伏虎脊有二十七鉏鋙戛之以止樂又名曰楬亦作圉 **禦** 拒也止也亦作御圉又見御韻

御 詩亦以御冬又御敵于竟又御禡二韻 **衙** 衙衙行貌又䟽遠貌楚辭道飛廉之衙衙又魚麻二韻 **鋙** 鉏鋙 **麌** 麌鹿聚貌亦作噳又魚韻 **噳** 詩麀鹿噳噳 **俁** 俁俁大也 **與** 黨與施與又及也許也從也與與威儀中適貌容與閑適貌漢郊祀歌澹容與相如賦翺翔容與言自得也又待也論語歲不我與馮衍賦壽冉冉其不與又如也鼂錯傳中國之人弗與也又魚御二韻 **予** 賜也通作與与又魚韻 **与** 說文賜也古予字隸轉作与後作與 **⿺走與** 安行 **庾** 倉庾又姓又量名考工記庾實二觳觳受斗二升俗作庾誤 **斞** 量名亦作庾十六斗也 **䠼** 莊子䠼斛不敢入於四境釋文音庾六斛四斗也 **俞** 荀子俞少愈辱又俞務俞遠汪泣讀作愈又魚韻 **愈** 勝也過也賢也進益也亦作俞本作愈又魚韻 **瘉** 病瘳過作愈又魚御二韻 **窳** 器空中又隋也惡也邪也苦窳器不中也說文[illegible]也 **貐**

貗貐似貙虎爪食人迅走

瘐 漢宣帝詔瘐死獄中蘇林曰瘐病也囚徒病律名為瘐如淳曰囚以飢寒死曰瘐師古曰瘐字或作瘉其音亦同俗讀為瘦誤

楰 鼠梓爾雅注楸屬詩北山有楰又魚韻

㥚 懼也

羽 水音古作羽俗作羽漢志羽宇也物聚臧宇覆之為水為智為聽為物爾雅羽謂之柳又翼毛也羽物鳳為長又舒也聚也毛居正曰俗以舊本上聲羽字下不注其義去聲羽字下云翼毛也遂以上聲為宮羽字去聲為羽毛字非也案詩蜉蝣之羽衣裳楚楚正作上聲

禹 蟲一名蠁又夏禹顏師古曰禹湯皆字三王去唐之文從高古之質故夏商之王皆以名為號臣案書曰伯禹作司空則近乎字又曰來禹則又若名湯曰予小子履則湯字也史記湯字天乙則湯亦非字顏師古說未足為據

雨 風雨之雨水烝為雲降為雨於文从天下水隸變作雨易坎為雨又御韻

⿱雨禹 雨貌

宇 宇宙亦作寓又大也氣宇也尸子天地四方曰宇往古來今曰宙說文天地四方曰宇舟輿所極覆曰宙三蒼云四方上下曰宇往古來今曰宙又國之四垂為宇韓詩屋霤為宇陸德明曰屋四垂為宇又隤下曰宇考工記宇欲卑

瑀 石似王也

偊 東方朔傳行步偊旅師古曰曲躬貌

○**傴** 於語切傴僂

噢 噢咻痛念之聲亦作燠又御韻

燠 同上又御效屋三韻

嫗 禮記注以體曰嫗又老婦之稱又御韻

痀 脊曲莊子痀僂承蜩又魚韻

○**許** 虛呂切約與之也可也與也容也聽也又國名又姓又姥韻

詡 大言也和也普也遍也敏而有勇也

冔 商冠名又魚韻上从冃冃音冒从曰誤

訏 大也詩川澤訏訏又魚韻

昫 日出溫也又御韻

咻 噢咻痛念之聲又讙也又尤韻

膴 腜肉又模姥韻

煦 吹也亦作欨呴唐魏鄭公傳護民之勞煦之若子又呈示也又魚韻

呴 又魚有御三韻

姁 嫗也呂氏春秋姁姁然相樂也又漢高后字娥姁

栩 木名一名杼一名橡人栩栩忻暢之貌

珝 玉名

○**舉** 居許切扛也挈也稱也動也揚也拔也皆也小爾雅二十四銖曰兩兩有半曰捷倍捷曰舉又御韻

莒 草可為繩又國名

筥 箱也圓曰筥亦作簴小爾雅把謂之秉秉四曰筥亦作籧方言江沔之間謂之篆趙代之間謂之篕小者南楚謂之簍自關而西秦晉之間謂之箄籧

籧 禮記月令具曲植籧又魚韻

弆 藏也作去

去 漢陳遵善書與人尺牘主皆藏去以為榮注去亦臧也音舉

麮 煑麥飯曰子頁曰臣與之瓜對

柜 木名

欅 木一名

杜甫詩櫟柳枝枝弱**矩**正方之則又法也儀也廉隅也常也亦作榘矩**萬**考工記曰可規可萬**枸**木名蜀以爲醬亦作蒟顏師古曰子形如桑椹緣木而生味尤辛今

宕渠有之又尤有御三韻**蒟**同上又蒟蒻根似芋葉似天南星而大蜀都賦其圃則有蒟蒻茱萸又御韻**句**方也莊子履句屨者知地形又魚尤御韻**鄅**國名後以

爲姓廣韻音禹**楀**木名又氏也詩楀維師氏**柜**白招柜亦作矩又陣名左傳右拒左拒昭元年偏爲前拒史記酈商傳攻其前拒又御韻**踽**踽踽有威儀如無所施之

貌孟子踽踽涼涼**椇**枳也禮婦人之摯椇榛脯脩棗栗○**去**丘舉切撤也除也又見上又魚御二韻毛晃曰徹去之去則從上聲如論語去喪去食去兵易去故

周官叁分去一之類是也來去之去相去之去則從去聲孟子去齊去魯去者不追賢不肖之相去之類是也又御韻**胠**腋下脅又魚御合三韻○**寠**巨許切貧

無禮亦作窶又御韻**窶**又見御韻**齬**齒腐又啓貌後漢書齬齒笑**踽**疏行貌亦作偊見上**偊**同上列子偊偊而步又見上○**沮**再呂切止

之也過也兩也抑也又魚御二韻**咀**吹咀含味韓愈進學解云含英咀華又清藥**且**恭謹貌詩有萋有且又七序切又魚模者三韻**苴**履中草又魚模麻馬者御

六韻○**墅**承與切田廬又洲嶼又去聲**野**此正古墅字田下已从土後人以其借爲郊野字復加土字○**暑**賞呂切蒸熱也**鼠**蟲似獸善

竊畫伏夜動說文穴蟲之總名也又一前一郤曰首鼠漢灌夫傳首鼠兩端又憂也詩鼠思泣血**黍**利高燥者曰黍早熟禾也說文禾屬而黏孔子曰黍可爲酒謂糯黍**癙**

憂病詩癙憂以痒亦作鼠○**紓**神與切緩也又魚韻**抒**挹也浚治也又除也左傳難必抒矣又引而泄之也班固兩都賦序抒下情又劉向傳一抒愚意王褒傳略陳

愚而抒情素亦作杼又常恕切**杼**劉向別錄鄒子曰杼意通旨文選兩都賦序或以杼下情而通諷諭字从木又栩也又橡也莊子食杼栗又直處切機杼之持緯者又后杼少康子

○**主**腫庾切君也宰也領也掌也守也當也賓之對也意所注也又廟社寓神靈者謂之主左傳襄十九年事吳敢不如事主上一點本音主與一不同今俗或作主非又御

韻**麈**麋屬尾能生風辟蠅蚋**枓**斞器有柄形如北斗用以斟酌亦作斗又有韻**鬻**煮也亦作煑**褚**褚也左傳取我衣冠而褚之又裝衣莊子褚小者不

可以懷大漢南粵傳文帝遣陸賈遺南粵王上褚五十衣中褚三十衣下褚二十衣師古曰以綿裝衣曰褚上中下綿之厚薄多少之差也音竹呂切又姓左傳褚師段宋共公子子石食采

於褚其德可師因號褚師後人因氏焉廣韻又音楮恐誤又見下 **紵** 綿絮裝衣漢劉向傳用紵絮斮陳師古曰紵絮者可以紵衣之絮也揚子法言紵絮三千廣韻亦作衿又去聲

陼 小淵亦作渚說文丘也爾雅丘如陼曰陼丘相如賦奄薄水渚 **渚** 左傳王在渚宮杜預曰小淵曰渚又水名魚韻 **柱** 刺也距也漢朱雲速柱五鹿君 **黈** 有所

絕止黙而識之謂之黈點衛常書勢點[illegible]黈點黹 ○ **杵** 敔呂切曰杵 **處** 居也止也制也息也定也又分別處置曰區處女未嫁曰處子士未仕曰處士又見御韻

楮 木名皮可爲紙毛穎傳云會稽楮先生是也 **褚** 綿絮裝衣曰褚蘇頲褚無長貲 ○ **呂** 兩舉切說文字林脊骨也象形亦作膂又陰律名呂旅也方言呂長

也東齊曰弦宋魯曰呂又姓廣韻云大嶽爲禹心呂之臣故封呂侯後因爲氏太公望姓姜氏呂即其後也秦漢以來遂以呂爲姓俗作呂 **膂** 脊骨篆文作膂亦作旅 **旅**

同上書旅力既愆詩靡有旅力又五卒爲旅百人也又陳也衆也行旅逆旅卦名山川祭名也又俱進退曰旅又與穭同光武紀野穀旅生 **祣** 祭山川名經典通作旅傳寫誤耳義

當从示 **簇** 飯器方言南楚謂之筲趙魏之郊謂之簇 **侶** 徒也伴也明也陸機草木疏麟不侶行 **慮** 不勉彊貌荀子慮慮然注法言云心不力也 **穭** 禾不

因播種而自生亦作旅稆 **稆** 唐馬燧爲懷州刺史稆生于境 **梠** 楣也又櫋端連綿木也 **縷** 苴綫又藍縷敝衣亦作褸又𧝍縷委曲也吳都賦嗟難得而𧝍縷注次序

也𧝍音羅縷亦作謱又尤韻 **褸** 方言襤褸短者以布而無緣謂之襤褸敝而紩之謂之襤褸自關而西謂之統裾小爾雅布褐而紩之謂之藍縷又衽也 **僂** 尩僂又疾也公

笁傳夫人不可僂荀子賣之不可僂售也又俯也荀子未嘗僂指又痀僂又傴僂又尤御宥三韻 **嶁** 岣嶁衡山名岣音矩又有韻 **漊** 漊漊雨貌一曰習醉不醒又魚有韻

婁 繫馬曰維繫牛曰婁左傳牛馬維婁又魚尤有御四韻 **蔞** 考工記爲萬蔞以運輪上又魚尤二韻 ○ **汝** 忍與切爾也本作女汝水名也出天息山後人

借爲爾汝字 **女** 同上又尼呂切又見御韻 **籹** 粔籹蜜餌 **乳** 湩也又御韻 **醹** 酒厚又魚韻 ○ **取** 此主切索也獲也收也受也攬也又聚有

御三韻 ○女 尼呂切女子凡未嫁謂之女已嫁謂之婦又宿名 ○胥 私呂切有才知也詩君子樂胥顔師古漢書注曰樂得有材知之人使在位也又皆也相也又魚韻 諝 同上通作胥又魚韻 稰 熟穫曰稰又魚韻 醑 酒也又籭酒亦作湑詩有酒湑我毛傳以筐盪酒曰醑以藪曰湑鄭氏箋云湑莤也與縮酒同義 湑 同上又露貌又魚韻 糈 糧也又魚韻

洪武正韻卷第七

洪武正韻卷第八

六 姥

姥莫補切女老稱又天姥山　母父母說文从女象懷子形蒼頡篇其中兩點象女之乳　姆女師婦人五十無子出不復嫁以婦道教人者　拇大指　某代名　畒步百爲畒或作晦今作畆俗　牡畜父飛曰雄雌走曰牝牡　莽宿草　鉧鈷鉧溫器又並見養韻　○普滂五切日色博也大也徧也

浦水濵風土記大水有小口別通曰浦　溥大也廣也通作普從浦從寸俗作溥非　誧廣韻大也助也又模韻　○補博古切補衣裨也塡也從衣

譜籍錄　圃說文種菜曰圃周禮注樹果蓏曰圃　○祖摠五切始也法也本也上也又本而組之也仲尼祖述堯舜應劭曰始取天下者爲祖高帝稱高祖是也師古曰祖始也始受命也又祭道神曰祖詩取羝以軷謂祖祭也應劭風俗通曰祖祖也今謂餞行曰祖道先儒謂不敢斥其人若祭於道而飲酒爾此說非也烏有餞人之行反以鬼事言之蓋取徂送始行之意　珇珪琮之瑑凸起又美好也　組印綬又綫也亦作䋤又經緯也文選組織仁義　駔考工記玉人駔琮五寸宗后以爲權又曰駔琮七寸鼻寸有半天子以爲權後鄭讀駔爲組謂以組繫琮因名駔琮也先鄭以爲稱錘以起量用爲權故有鼻又駔猶麤也又駿馬又養韻　○粗坐五切略也䟡也又去聲義同又模韻

○覩董五切見也亦作睹　睹莊子今我睹子之難窮也　堵五版爲堵又姓又鐘磬編挂之二八十六枚在一簴謂之堵又音者堵陽縣名　[illegible]不名又語韻　暏詰朝欲明也　土圜土獄城也獄城必圜示仁也又見下　賭博財　○土他魯切土地稱地爲后土取厚載之義古后厚通又共工氏子曰句龍爲后土后者主也杜預曰土乃牧養之官故稱后　吐出也舒也寫也又暮韻　稌沛國呼稻爲稌利下濕又徒戶切又見模韻內注　○魯郎古切國名又姓又愚也鈍也　虜獲也掠也服也酋虜也亦作鹵中從毋音貫今作虜　鹵漢高帝紀毋得鹵掠及黥傳鹵獲因與之鹵虜通用又鹹亦作滷又與鹵同滷鹵竝滷

漂鹵又鹵薄法從物數又鹵莽輕䀾苟且也

滷又音斥

櫓大盾亦作鹵又城上望樓曰櫓

艣[illegible]進舟似[illegible]而長亦通作櫓

詁誹謗言不安也

〇

弩奴古切䠞虞曰弩

砮石箭又模韻

努用力也文選古詩少壯不努力魏文帝與吳質書少壯真當努力

〇

古公土切遠代又姓又久也老也詩逝不古處

詁詁訓通古今之言而明其故也又暮韻

鼓華音之器說文鼓郭也春分之音萬物郭皮甲而出故謂之鼓漢律歷志皮曰鼓又量器記獻釆者操量鼓篆文作鼓從壴從支亦作鼓從攴攴音㢮與鼓鼙之鼓不同

鼔同上俗作鼓

鼓擊也撫也歛也㪣也動盪之也詩鼓瑟鼓琴鼓鍾于宮左傳一鼓作氣孟子塡然鼓之揚子鼓舞萬民從攴攴音扑亦作鼓凡用鼓擊鼓舞之鼓與鍾鼓之鼓不妨重押

瞽目有眹而無明曰瞽目盲則耳聰使爲樂師名之曰瞽因所掌而命名也書瞽奏鼓

股髀幹

估市稅又論價也

賈行賣曰商坐販曰賈又馬禡二韻

鹽鹽池一曰不堅固詩王事靡鹽左傳僖二十八年楚子伏己而鹽其腦杜預曰鹽唼也又見模韻

蠱卦名事也亂也又腹中蟲左傳皿蟲爲蠱穀之飛亦爲蠱謂蛾也又師巫爲蠱杜預曰惑也又毒也

罟網也從冂冂與网同网古罔字亦作罟

羖牡羊

牯牡牛

酤詩無酒酤我買也又模暮二韻

夃市多得曰夃又模韻

〇

苦孔五切炎上之味又困悴也勤勞也厭患也陵侮也辛楚也又萊名方言苦快也自山而東或曰逞楚曰苦秦曰了宋鄭周洛韓魏之間曰苦郭璞曰苦而爲快猶以臭爲香治爲亂反覆用之也又濫惡曰苦國語辨其功苦韋昭曰堅曰功脃曰苦西京賦鬻良雜苦史記器不苦窳亦作楛又公土切又麤上聲

楛濫惡也荀子注凡器物濫惡若謂之楛又暮韻

〇

虎火五切西方猛獸從虍從几几音人

琥瑞玉周禮以白琥禮西方注爲虎形虎猛象秋

滸水涯詩率西水滸爾雅淮爲滸又曰岸上滸謂水岸也

許怖貌詩伐木許許又語韻

〇

五阮古切中數亦作伍偏旁作乂

伍荀子伍伯與五[illegible]又周禮五人爲伍又參伍三相參爲參五相伍爲伍又姓

午辰名爾雅歲在午曰敦牂漢志咢市於午馬屬午故司謂之典午霍光傳旁午分布也又一縱一橫曰旁午縱爲經橫爲緯南北經也東西緯也子午當中爲縱卯酉在旁爲橫曰旁午者互言之也又逆也與迕同禮記午其衆以伐有道又暮韻

迕逆也遣也禮記[illegible]迕其衆以伐有道又暮

韻 昕明也 仵偶也通作伍 ○楚創五切荎楚又荊也又國名又姓又州名又辛酸痛楚又楚楚鮮整貌又去聲 礎[illegible]礎石也 濋水名爾雅

濟爲泲 𪓐說文會五綵鮮貌引詩衣裳𪓐𪓐 憷痛也見音譜通作楚 ○塢安古切小鄣也山阿也壘壁也一曰庫城服虔通俗文曰營居曰塢亦作隖

隝古文作[illegible] 鄔太原縣名隝轉爲鄔猶障之爲鄣 瑦石似玉也 ○所踈五切指物之辭攸也方所也處所也又伐木聲又姓漢武近臣所忠方所者

指所嚮之方處所者指所在之處二者雖異其爲所則一也漢制車駕行幸所在曰行在所蔡邕獨斷天子以四海爲家故謂所居爲行在所 糈糧也又祭神名又魚韻 郥

齎財卜問詩握粟出卜是也與糈通 ○阻壯所切隔也憂也險阻也山巇曰險水隔曰阻若泛言則山水皆可通用亦作岨又恃險自固史秦地阻山帶河 岨崯岨

高唐賦高丘之岨又岨峿不安貌 ○俎祭器以机盛牲體者說文俎禮俎也从半肉在且上 齟齒不相值曰齟齬又作[illegible]又菹租二音 ○撫斐古切安也救

也摩也按也慰勉也彈也擊也古作攺亦作拊 拊左傳拊而勉之又搏拊樂器所以節樂 弣弓把中曲禮左手承弣 捬趙充國傳捬循和輯注古撫字 甫

大也始也又衆也我也美也章甫商冠名亦作父說文甫男子美稱篆文從父從用今作甫 父古者以字配父造父慶父是也五十則以伯仲周之八士是也若不滿五十而死亦

稱伯仲故於冠時亦或以仲叔季配字之又尚父仲父尊稱也宋戴公之子曰皇父因命族曰皇父氏至秦徙茂陵改父爲甫又章父冠賈誼賦章父薦屨古父甫通用單父縣名狐父城父

地名又莫韻 府藏也又周禮注府治藏者若宰夫八職五曰府掌官契以治藏是也又聚也書惟府辜功又五藏六府又水火金木土穀亦謂之六府漢制藏錢之府天子曰少府

諸侯曰私府漢武立樂府師古曰樂府之名蓋起於此漢制孝惠三年使樂府令夏侯寬備其簫管是前此已有樂府之名矣唐制大州曰府兵衞曰府官吏大僚所居亦曰府又與俯同荀

子府然若渠堰隄枯之於已也列于王府而視之蓋古無俯字其中尸從人後又加人字以別府庫之府今若用荀子府然之府列子府視之府則與俯同用五藏六府之府則與腑同皆不

可重押若用府庫州府府吏府笫之府即與俯腑二字可[illegible]押 俯俛也古作俯說文作俛亦作頫 俛晁錯傳在俛仰之間耳東方朔傳鶴俛啄一而古曰俛即俯字俯低也又

古免又銑韻 **頫** 史記頫仰漢書賈誼過秦論頫首係頸音俯史記作俛又麌韻 **腑** 藏腑心肺肝脾腎爲五臟小腸胃膽大腸膀胱命門爲六腑經典作府 **脯** 脂肉

禮記牛脩鹿脯東方朔曰乾肉爲脯 **黼** 白黑相次文周禮注斧謂之黼謂裳繡斧形以絳帛爲質白黑爲文考工記白與黑謂之黼白西方之色黑北方之色西北白黑之交乾陽位

馬剛健能斷故畫斧以白黑爲文 **簠** 盛黍稷祭器外圓內方其容受如[illegible] **斧** 斧鉞 **莆** 蓮莆瑞草堯時生於廚其葉自扇以涼飲膳又模韻 **俌** [illegible]云輔也

○ **武** 罔古切文武威也斷也勇也剛也迹也又姓又角力也唐人呼虎爲武蓋避諱也又冠卷曰武又武王樂名古文止戈爲武今文亦然左傳戡定禍亂曰武 **舞** 蹈舞以手曰舞以足曰蹈又變弄也亦作儛 **儛** 莊子再命而於車上儛又山名齊景公曰吾欲觀於轉附朝儛 **侮** 慢也侵也輕也戲弄也亦作侮務 **㑄** 漢五行志慢侮之心生 **務** 詩外禦其務又暮韻 **膴** 美也詩周原膴膴又厚也詩則無膴仕 **廡** 堂下周廊又蕃廡豐貌與橆同 **嫵** 媚也張敞傳作憮 **碔** 碔砆石次玉亦作珷董仲舒傳作武夫 **甒** 周魏間謂罌曰甒 **鵡** 鸚鵡能言鳥亦作鵐 **鵐** 同上 **罞** 雉罔又灰韻 **憮** 愛也媚也悵也不動貌又失意貌

橆 豐也說文引書庶草繁橆今書作廡橆橆廡義同不得雙押義異者非 ○ **數** 所武切計也又責也左傳昭元年乃執子南而數之又簍數薦戴器者劉郊曰郎寄生宛童也亦作籔藪又暮屋藥韻內 **籔** 十六斗曰籔又簍數四足几也亦作數窶又有韻 **藪** 周禮五藪三秏小爾雅釜二有半謂之藪藪二有半謂之缶宋咸曰一斛六斗曰藪數一作簍又窶藪宛童也又有韻 **簍** 又有韻

七解

解 佳買切散之也脫之也判也說也 ○ **蟹** 下買切螃蟹介蟲六跪二螯 **解** 卦名緩也散也物自散解又曉也又姓又見上又泰韻 **澥** 勃澥海別枝相如賦作勃澥 **嶰** 山澗間又嶰谷谷名亦作解漢律歷志黃帝使泠綸取竹之嶰谷孟康曰解脫也谷竹溝也取竹之脫無溝節者也一說昆侖之北谷名也 ○ **罷** [illegible]

部買切遣囚也休也止也閩人呼父爲郎罷又唐顧况詩兒餒嗔郎罷又微禡二韻 ○ 擺 補買切押闔也開也撥也捭而振之也兩手擊也亦作押 捭 鬼谷子有押闔

篇蘇秦學捭闔揣摩又箕韻 ○ 灑 所蟹切汛也亦作洒爾雅大瑟謂之灑 洒 同上 躧 徐行貌又履不躡跟亦作蹝縰 縰 記櫛縰笄總 ○

蹝 柺買切行貌又蹈也 ○ 買 莫蟹切市也售人之物曰買從网從貝网音网亦作冈网俗作買 ○ 夥 胡買切楚謂多曰夥見史記陳勝傳又哿韻

○ 柺 古買切後漢王峻使契丹契丹主賜木柺 掛 置而不用曰掛易掛一以象三又合而置之曰掛易再扐而後掛陸有兩音又禡韻 ○ 蒯 苦柺切姓

也又泰韻 ○ 駭 下楷切驚也亦作駴又與豥同詩箋云豕四蹢皆白曰駭 駴 莊子聖人駴天下賢人駴世君子駴國音義云改民之視聽也又疾雷擊鼓曰駭周禮鼓 騃 語駭

皆駴 綊 掛也束也又皆韻 豥 豕四蹢皆白亦作駭 ○ 鍇 口駭切九江謂好鐵爲鍇 楷 模也式也法也說文木名又皆韻 ○

切癡也又寘韻 ○ 矮 鴉蟹切短也不長也 ○ 海 呼改切滄溟爾雅九夷八狄七戎六蠻謂之四海海晦也取其荒遠冥昧之稱 ○ 醢 肉醬 ○

愷 可改切樂也亦作凱豈又軍勝之樂周禮奏愷樂左傳晉文公振旅愷以入于晉 凱 同上又善也元凱舜十六相又和也南風謂之凱風 豈 詩豈弟君子飲酒樂

豈又紙韻文從巳亦作山俗作山凡從豈者皆然 塏 高爽左傳更諸爽塏杜預曰爽明也又去聲義同 鎧 甲也又去聲義同 闓 闓也解也又皆韻 ○

改 居愷切更也易也從身已之已從攴今作改監本從巳誤 胲 頰下曰胲又足大指又備也又皆韻 陔 重也階次也亦作閡漢郊祀歌專精厲意逝九閡如淳曰閡亦

陔也淮南子期乎九陔之上謂九天之上也顏師古曰閡合韻音改又隴也又皆韻 ○ 靉 依改切雲盛貌 靄 雲集貌又見曷韻 雲 謝惠連雪賦連氛累靄又

曷韻 譪 人臣盡力之美詩譪譪王多吉士亦多貌草木茂盛雜貌 毒 說文士之無行者曰嫪毒嫪郎到切又嫪毒秦始皇時人俗作毐毒非嫪音劉非嫪字也 欸 相應

聲見廣韻亦作唉又皆韻 乃 欸乃[illegible]相應聲[illegible]湖中節歌聲元結集作欸乃誤柳宗元詩款乃一聲山水綠本或作欵乃誤欵與乃同音與作欸亦作款乃欵音襖又音

懊○采此宰切摘也取也擥也並並詩亦作採又事也書亮采服采又且彩古五采漢書想聞采又木名韓子采椽不斷又奏韻埰采本从爫从木

後人加彡於旁髮髻髮彩文色也精光也本作𢒪棌木名司馬遷傳棌椽不斷揚雄傳唐虞棌椽亦作采棌采義不同者自從雙押又去聲義同寀記文

同地為寀又泰韻爾雅尸寀也寀也官也郭璞曰寀謂寀地同地為寀同官為寮音七代切師古注漢刑法志曰采官也因官食地故曰采地又引爾雅寀寮作采寮是寀與采地之采同

音也二韻可通押綵繒繒○宰子改切主也制也烹也屠也又姓縡事也載年也爾雅唐虞曰載歲終更始又見泰韻○茝

昌改切香草顏師古曰即今白芷或云蘼蕪別名又紙韻○駘蕩改切駘蕩廣大之意也又皆韻詒欺詒詐通作紿又見微泰二韻紿同上○

乃曩改切辭之緩也亦作迺又汝也春秋傳乃者難辭也王安石曰乃為繼事之辭又見上迺俗作迺非嬭乳母亦作妳○揣楚柺切度也試也量

也除也揣摩也又度高曰揣亦作揣俗作揣又寒哿二韻

八賄

賄呼猥切財也贈送也鄭康成曰金玉曰貨布帛曰賄悔懊也又呼內切案悔字兩音一義姤易曰亢龍有悔復卦曰無祇悔詩曰其德靡悔書曰雖悔可追論語行寡悔死

而無悔○痗戶賄切病也一曰腫旁出壞同上病也亦作痗又泰韻瘣晉有慕容瘣○猥烏賄切犬聲又鄙也遝也䚈角曲中

椳門樞又灰韻萎蔫綏貌馬援傳萎腇咋舌又灰隊二韻委委曲也頓也屬也隨也任也棄置也又端委禮衣左傳弁冕端委以治民又灰隊二韻骫

骫骳屈曲也唐鄭注傳撓骫朝法廣韻骨曲也又隊韻從骨從八九之九○蔿羽委切草名又姓亦作薳蘤草榮闈闈門也洧水名碨嵔貌

藬藍蓼秀也芛草木華初生也鮪鱣屬大曰王鮪小曰鮇周洛曰鮪蜀曰䱛鱨出鞏山穴中三月遡河上能度龍門則為龍鮔音亘鱨毋鄧切痏疻痏薛宣

傳注以杖手毆擊人剥其皮膚腫起青黑而無宿瘢者律謂之疻痏又瘡痏 韙 是也左傳犯五不韙亦作愇 愇 班固幽通賦愇世業之可懷 偉 奇也大也

韡 草盛貌 䬐 大風貌江賦長風䬐以增扇 葦 葭屬 暐 光盛貌 煒 盛赤 唯 應聲又見微韻 壝 埒也又灰韻 踓 [illegible]也

瑋 瑰瑋琦翫也一曰美玉 ○ 隗 五猥切隗隗高也郭隗人名大隗山名又灰韻 嵬 崔嵬山貌亦作峞又灰韻 頠 閑習容止貌又姓也晉有裴頠

姽 好貌宋玉神女賦既姽嫿於幽静又閑體行姽姽也 硊 磈硊石貌 ○ 美 莫鄙切嘉也好也甘也 媺 同上 渼 水名在京兆 浼 汚也又水流平貌

每 草上出又每常又屢也各也凡也又灰隊二韻 痗 病也又隊韻 脢 夾脊肉一曰心上口下易咸其脢又灰隊二韻 脥 內則擣珍取牛羊麋鹿麕之肉必脥

靡 披靡又靡曼奢麗也 䯵 乘輿金飾馬 ○ 漼 取猥切深也又灰韻 璀 璀璨玉光 皠 白也 洒 高峻貌詩新臺有洒又解韻

綷 綷縩衣聲班倢伃賦紛綷縩兮綺素聲相如作萃蔡又隊韻 ○ 壘 魯猥切郒壘壯貌又畏壘山名軍壁亦作櫐 磊 衆石狀也 礨 陵阜貌相如賦丘虛堀礨亦作礧又小穴也莊子礨空之在大澤

櫑 櫑具劔飾又古木劔又灰韻 礧 與礨同又磈礧石貌杜甫詩水清石礧礧又朝獻太清宮賦浩劫礧砢又隊韻

儡 廣韻傀儡戲唐段綸使楊思齊造傀儡太宗怒削綸階傀若猥切 櫐 杜甫朝享太廟賦鴻洞槍櫐鴟鳴賦搏風槍櫐木櫐也 累 增也疊也亦作絫櫐又灰隊二韻

絫 同上又十黍之重通作累從厽音同厽上爲牆壁也又灰韻 櫐 同上又與櫐同選二京楊賦木擁槍櫐以爲儲胥又灰韻 藟 草似葛葉似艾亦作虆又蔓也

虆 陸機草木疏一名巨荒似蘡薁連蔓而生幽州人謂之椎虆 㠥 㠥礧山貌亦作磥礧莊子作畏壘畏音於鬼切 樏 禹山行所乘本作欙又器似盤中有槅又灰韻

讄 與誄同古者卿大夫殁則君命有司累其功德爲文以哀之曰讄周禮小史掌讀誄是也論語誄曰禱爾于上下神祇蓋引古人誄辭以明疾病有禱祈之事非以誄爲禱也鄭氏注同禮遂以讄爲禱誤[illegible]本注云禱也亦誤 誄 同上 蜼 狖屬尾長雨則挂於木以尾塞鼻爾雅卬鼻長尾又隊韻内 [illegible] 飛走且[illegible] ○ [illegible] 張古

莊子㟴欠韻 磈同上 偎偎偎 歸山小而衆又見灰韻内 𨂝馬蔘似蔘而大又見下又灰韻 ○ 餧奴罍切飢也餧腇同又魚敗亦作鯘

鯘又豢韻 餧同上又爾雅魚謂之餧注肉爛也論語魚餧而肉敗不食魚腐自內出肉爛自外入 腇同上漢馬援傳萎腇咋舌萎腇耎弱貌亦作腲 ○ 埵主藥

切擊也又哿韻 箠馬策又杖也漢景帝定箠令師古曰箠策也所以擊者亦作棰 錘鍛器莊子在鑪錘之間又見灰韻 棰路溫舒傳棰楚之下何求而不得是也

○ 繠如累切垂也葉也又佩垂貌左傳佩玉繠然服飾備也汝水切音義並同重出誤故去其一 蕊花心鬚亦作蘂蕊 蘂同上 蕋同上又草木叢

生貌又聚也 甤說文草木實甤甤 菙荊也周禮有菙氏 ○ 髓息委切骨中脂亦作𩩃髓古作䯝 𩩃揚雄賦𩩃伊吾注𩩃入伊吾水言其大破

死亡也 髓漢鄒陽傳入於骨髓 䯝漢郊祀志先鷩鶡䯝 瀡方言齊人謂滑曰瀡禮記滫瀡以滑之 䕤草木華敷貌又藥韻 靃王篇露也廣韻靃靡

草木弱貌韓愈城南聯句春遊轢靃靡又藥韻 巂越巂古卭都國武帝元鼎年間始置郡名有巂水言越此水以章休盛也 ○ 岯部癸切山一成書作伾又灰韻内

伾書至于大伾又灰韻 秠黑黍一稃二米又秠糠亦作粃又灰尤二韻 ○ 觜即委切鳥喙又支韻 ○ 趡千水切走也又地名春秋會于趡

○ 跬犬蘂切半步一舉足也亦作頍蹞 頍禮記頍步而弗敢忘孝也又庚梗二韻 蹞荀子不積蹞步無以至千里 頍弁貌又舉頭貌 纇

莊子其顙頯注太朴之貌 ○ 水式軌切五行之首又姓 準同上考工記輈注則利準鄭司農讀如水鄭康成如字又軫脣二韻 ○ 毀又虎委切壞也破

也缺也虧也訾也 磈同上列子事有破磈而後有舞仁義者 烜取火於日又舉火也周禮有司烜氏又見先銑二韻 燬火也又火焚壞也 毇米八斛舂

取八斗也 譭謗也譖也 虫蟲一名蝮博三寸首大如擘篆作虫象形物之微細或飛行或毛甲皆以象之此古文虺字 虺虺蜥以注鳴者通作虫又見灰韻内

巋荀子其在中巋之言也注中巋與仲虺同又見灰韻 焜火也吳楚之閒謂火曰焜亦作燬佩觿集曰水爲𤆍火爲焜形聲異而物同其交相有如此者 芔草總名又

隊韻 𠔁 司馬相如賦劉莅𠔁歘師古曰𠔁古卉字又隊韻 ○ 詭 古委切異也詐也戾也又枉道逐物爲詭違亦作恑傀 恑 莊子恢恑譎怪道通爲一

傀 怪異周禮大傀烖又見灰韻内 祪 毀廟之主從示從危示即古神祇之祇字監本從衣誤 佹 重累又戾也左傳諸侯佹諸又灰韻 垝 毀垣詩作詭凡

垣墉圮壞皆曰垝垝猶毀也圮也 鉇 說文臿屬揚雄傳注鶗鴂一名買鉇春中鳴則農事興故名買鉇又名布穀蓋聞其聲則思買鉇臿以布種也舊注臿屬字誤也廣韻戾鋸齒

一曰鎣鐵玉篇魚鬼切云以揆鋸齒也 庪 爾雅祭山之名又庪閣所以藏食物又音倚亦作庋禮記檀弓始死之奠其餘閣也與注不容改新閣庋藏食物釋文庋字又作庪有上

去兩音唐書牛仙客傳前後錫與緘庋不敢用又隊韻 癸 十幹名漢志陳揆於癸爾雅歲在癸曰昭陽月在癸曰極癸者歸也於時爲冬方在北五行屬水五運屬火 湀

水流 軌 車軌詩匏有苦葉注由輈以上爲軌又跡也法也則也姦軌也循也史漢星辰軌道賈誼傳諸侯軌道注軌謂遵法制也又賈山至言軌事之大者也師古曰軌謂法度也左

傳講事以度軌量謂之軌 簋 盛黍稷器内圓外方受斗二升考工記旊人爲簋實一觳崇尺厚半寸 氿 水厓枯土又仄出泉 晷 日景又規也 宄 在外爲姦

在内爲宄漢書作姦軌 厬 泉側出亦作⿰氵軌詩作氿 ⿰氵軌 同上 匭 匣也 鬼 輿鬼宿名又人死曰鬼鬼者歸也寬氣歸于天體魄復于地輿鬼星中與胃星下大

陵昆中之星皆爲積尸氣即寬氣之所歸也 ○ 彼 補委切對此之稱 佊 邪也廣韻引論語子西佊哉又寘韻 鄙 周禮五鄰爲鄙注五百家也又邊也陋也

澉薄之也古作啚 啚 同上說文嗇也俗以爲圖字非 否 㦤也惡也詩邦國若否易利出否又部鄙切塞也卦名有韻俯九切不可又不然也毛晃曰易師出以律否臧凶陸

德明音鄙馬融鄭康成王肅音方有切左傳師出臧否亦如之陸音鄙又方九切如此類者亦可通押 ○ 嚭 普鄙切大也 嚭 春秋伯嚭之孫嚭爲吳太宰

秠 黑黍一稃二米又秠穅亦作粃又灰尤二韻 ⿰目皮 方言器破而未離南楚之間謂之⿰目皮 被 披靡震懾貌又開少分也散也又灰韻 ○ 否 部鄙切塞

[illegible]也易天地不否俗別爲否非 琲 珠五百枚文選吳都賦注珠十貫爲一琲又隊韻 痱 風病又微韻

九軫

軫止忍切車後横木又宿名又動也診視也驗也候脉也又震韻疹脣瘍胗同上古疹字風賦中脣爲胗眕目有所限而止又安重貌左傳憾而
能眕者鮮矣注不能自安自重鬒稠髮亦作䪾廣韻作㐱䪾左傳有仍氏生女䪾黑而甚美光可以鑑杜預曰美髮爲䪾又黑貌振振之也又與袗同玉藻振絺綌
不入公門又眞震二韻畛田間道周禮十夫有溝溝上有畛注十夫二鄰之田溝廣深各四尺畛容大車又致也禮記畛於鬼神又眞韻稹穜穊也相迫也聚物也郭璞曰
今人呼物叢緻者爲稹袗玄服亦作裖說文袨服也又畫也孟子被袗衣月令釋文軫輅當作袗有兩音又單也論語袗絺綌裖同上又與縝同相如賦盤石裖崖注裖砛
致也謂重密而累積裖砛竝之忍切砛同上縝結也絲縷也纑也密也又單也論語作袗又眞韻紾軍衣又轉也轉繩也捩也孟子紾兄之臂而奪之食又銑韻
○忍爾軫切安於不仁曰忍又忍耐又嬌也荀子行忍性情然後能脩○哂失忍切微笑一云大笑亦作矧矧況也詞也說文作㖷又笑貌禮記笑
不至矧注齒本曰矧大笑則見○引以忍切導也延也長也久也漢志十丈爲引引者信也用竹爲之李奇曰引長十丈高一分廣六分唯竹篾柔而堅爲空耳又羊晉切禮
記云弔於葬者執引蚓蚯蚓黃帝時有大蚓亦作螾又羊晉切螾又眞韻又羊晉切紖引軸一云駕車靼在胷曰紖又羊晉切釿爾雅錫謂之釿又羊
晉切濥水行地中又羊晉切戭長鎗又人名又銑韻又羊晉切縯長也又見銑韻尹治也正也又姓又伊尹人名湯使正天下應劭曰天子之相稱師尹薛瓚
曰諸侯之卿唯楚稱令尹其餘國稱相延邑大夫止稱尹如沈尹戌芋尹無宇之類是也今俗呼縣令曰令尹失其義矣○嶙良忍切隱嶙山峻貌又眞韻轔轔轔
衆車聲又眞震二韻璘玉文又眞韻○盡即忍切皆也左傳周禮盡在魯又盡之也晉獻公曰必盡敵又縱令也禮記虛坐盡後食坐盡前俗作儘儘同上
○囅丑忍切笑貌又大笑貌又齒善又宜稱人三切○紖直忍切牛系亦作緣禮迎牲君執紖又以忍切周禮釋文又羊晉切○泯弭信切水

貌又没也殈也盡也黽勉也亦作僶僶陸機文賦在愍痛愍又恤也憐也春秋閔閔
泯泯猶芒芒也又董銑二韻有無而僶俛公史漢作愍或作緡湣同
同上又憂也傷緡同上又與暋湣史記齊湣憫憫默亦憂敃彊也書暋書暋不畏
也宗也又姓同又真韻王或作暋也恤也作暋昏死又見真
韻昏同上書不昏敏恭也疾也達也聰也捷也五音商謂之敏詩履潤水流貌亦作泯
作勞又真韻帝武敏歆毛傳疾也鄭箋拇也足大指謂之敏杜甫詩江流泯
泯簢中空類竹爾○緊居忍切謹愨也專也重也董堇草名又木名月令木堇榮
清雅簢筡中糾急也上從廿從廿誤一名日及一名舜華又震
韻從巹謹身有所承也从巹以瓢爲酒器婚禮用之從槿木槿爾雅櫬○窘巨隕
丠非承从己从巳誤丞從卩卩音節俗作卺椵亦作堇切迫
也亦僒賈誼服賦僒若囚拘蘇林注謂人肩傴僒李善注文選曰僒囚拘之貌五臣注僒困
作僒也愚者繫縛俗累囦如囚人拘束其字並不从人唯孫強新加字玉篇及開元文字
有作僒字囷圓廩又菌地箘美竹韋昭云一蜠貝屬又○稛苦隕切蒱也國語
並音窘真韻蕈名聆風又真韻真韻稛載而歸从倉囷
之囷與韻內稛字不麇束縛亦作麕左傳哀元年羅無勇麇之麕又真○準之允切
同彼从窮囷之囷又左傳求諸侯而麇至又見真韻內韻平也均
也麡也則也擬也倣也漢志繩直生準其在五則爲揆平取正之器又樂器所以准字林與
協律又賄胥二韻漢高祖隆準文頴音準的之準服虔音拙許負曰鼻頭曰準準同并
子平埻射的周禮或純爾雅緣謂之純郭璞曰衣緣淳周禮內宰出其度量淳制注淳
中准作準又射臬飾也又去聲義同又真韻制故書爲敦杜子春讀敦爲純
音準純謂幅廣也制謂匹長也鄭康成曰純制敦同上又見灰真○蠢尺允切蟲動又
天子巡守禮所云制幣丈八尺純四䊷又真韻寒蕭隊震韻不遜也惷也出
也作也亦作春左春同上周禮梓人䮞駮踳雜也舛舛○盾乳允切兵器干櫓之
傳蠢蠢注擾動也祢以功又真韻馬也亦作䮞屬所以蔽目扞身亦
[illegible]蛸又見楯同上又撊蝡淮南子蠉飛蝡動蠕同揗摩也又去○笋聳允切竹
又震韻楯又真韻亦作蠕又銑韻上聲義同萌亦作筍

俗作笋書曰敦重筍蒻竹馬云箬箬也徐云篔竹又竹輿也 筸 莊子竿奚亡寸不筭不久竹也言不能復生筭也 簨 加䜴鍾磬者橫曰簨縱曰虡釋名簨峻也上高峻也考工

記作筍亦作栒簨 栒 同 簨 上从筍从六六音基簨虡字皆从六舊从大誤 隼 鷙鳥祝鳩也顏師古曰即今所謂鶻者也 ○ 隕 羽敏切落也亦作霣

殞磒又先韻 殞 殁也 愪 憂也 霣 齊人謂雷爲霣 磒 列子王若磒虛焉 緷 特綱繩又眞韻 抎 聲也揚子鍾鼓不抎 允 信也肯也又中

允官名亦作盾又音鈆允吾谷名縣名 盾 同上班固叙傳數遺中盾請問近臣顏師古曰盾讀曰允中允太子詹事之屬也又見上 犹 玁犹漢匈奴傳作獫允 鈗

兵器舊注周書一人冕執鈗誤案今尚書一人冕執鈗陸音以稅切廣韻徒外切矛也與鈗字不同 蜳 莊子螴蜳不安定也又都昆切 ○ 吻 武粉切口脣邊曰吻亦作

脗又音泯 脗 同上又脗合無際貌又音泯義同 刎 割也禮記不至者刎其人漢書張耳陳餘爲吻頸之交又斷也或作歾史記循吏傳自歾禮韻續降脗字脗合也

抆 揩拭也漢朱博傳抆拭用之注云摩也又震韻從手從文舊從攵誤 ○ 粉 府吻切米細又燒鈆汞成粉又設采潤色謂之粉澤 分 爾雅律謂之分音粉郭璞

曰律管可以分氣又眞震二韻 ○ 惲 委粉切謀也議也厚重也 苑 屈也積也詩我心苑結禮記事大積焉而不苑又銑術二韻 輐 輴輐車名亦作輼又先韻

輼 又眞韻 ○ 攟 舉允切拾也取也亦作攈捃又去聲義同 攈 同上 捃 同上 ○ 隱 於謹切說文蔽也从阜㥯聲又安也痛也藏也蔽也

匿也廣韻私也又微也度也又憂戚貌荀子隱隱兮其恐人之不當也古作㥯又震韻 㥯 同上廣韻謹也又眞韻 濦 水出少室山亦作㶏溵又眞韻 㶏 又眞韻

溵 又眞韻 ⿰車㥯 車聲亦作⿰車殷 ⿰車殷 同上 磤 雷聲亦作殷又眞韻 殷 詩殷其雷又殷殷盛貌漢郊祀歌靈殷殷爛楊光詩憂心殷殷然音隱又音於斤切

又刪先眞三韻 櫽 屋脊棟 ⿰亻㥯 依人也又眞韻 ⿰阝㯻 隱栝見說文揉曲者曰隱正方者曰栝亦作隱俗作櫽 ○ 螼 許謹切蚯蚓吳楚謂之寒螼也

○ 听 語謹切听然笑貌相如賦听然而咲又見眞韻內 ○ 梱 苦本切門橛亦作閫又去聲義同 閫 同上 壼 宮中道又居也廣韻爾雅宮中

衖謂之壼郭璞曰衖閤門道也又卞壼人名又去聲義同 稛 紮束又成熟又捲衣从困與本韻内稛字不同 悃 悃愊實情楚辭悃悃款款王逸注曰志純一也亦猶實也

捆 織也孟子捆屨注捆猶叩椓也織屨欲使堅故叩之也又取也抒也纂組也 齫 齫齦齒起貌荀子齫然而齒墜矣 ○ 衮 古本切說文衮龍衣也从衣公

聲衮阿曲也謂繡龍蟠曲也龍章法服也俗作衮 卷 禮記三公一命卷天子卷冕又先銑霰三韻 裷 荀子天子袾裷衣冕 緄 帶也詩竹閉緄縢注緄繩也王篇織

成章也又眞韻内 蓘 壅苗曰蓘左傳是穮是蓘 硍 鍾病聲周禮高聲硍 錕 車釭 𩨷 禹父名書作鯀楚辭作鮌 鯀 同上又魚名也 鮌 楚辭鮌悻

直以亡身又魚名李善文選作鮌 橐 大東亦作緷又音混 緷 同上又百羽爾雅百羽謂之緷 縳 周禮十羽爲審百羽爲摶十摶爲縳又霰韻内見 ○ 穩

烏本切安也持穀衆也 ○ 本 布衮切根本又治也下也舊也說文木下曰本作本誤 笨 竹裏 畚 蒲器盛種亦作畚 畚 左傳宋災陳畚輂杜預曰

畚盛土器以草索爲之筥屬也方言畚也江淮南楚之間謂之帀沅湘之間謂之畚趙魏之間謂之臬東齊謂之梩 ○ 𣄴 部本切舟篷 軬 車上篷又父遠切不可雙

押故去之 ○ 損 蘇本切卦名減也傷也貶也 ○ 忖 趨本切思也度也 刌 斷也割也截也短切也又震韻 ○ 撙 祖本切裁抑也廣韻

挫趨也禮記恭敬撙節亦作僔撙王吉傳馮式撙銜 僔 荀子恭敬而僔廣韻衆也 繜 楊倞注與撙同 噂 詩噂沓背憎箋噂猶噂噂沓猶沓沓噂噂沓沓相對談語背則

相憎逐 𠟉 𠟉減見廣韻 蓴 苯蓴草叢生貌魏都賦嘉穎離合以蓴蓴 ○ 鱒 徂本切赤目魚又震韻 壿 舞貌又眞韻 ○ 很 呼懇

切很戾廣韻俗作佷 ○ 懇 口很切懇惻情實也信也悃也亦作貇頎 頎 禮記頎乎其至也考工記輈欲頎典又微韻 貇 同上劉向傳貇貇數奸死亡之誅師

古曰貇貇欲誠之意 墾 耕田用力也又土也闢也治也發也 齦 齧也又眞韻 ○ 品 丕敏切官品等列也法也衆庶也品級也類也式也

十罕

罕 許侃切兔網一曰畢又𡔴少也篆文作𦊨今作罕亦作罕 罕 同上又漢書罕幵皆旦羌種 ○ 侃 空罕切剛直又和樂貌亦作偘 偘 同上亭將帥烏 又

偘又薛延老偘偘不干虛譽 衎 喜也和樂也 ○ 稈 古罕切禾莖亦作秆 秆 左傳或取一秉秆焉又作桿又翰韻 笴 箭笴亦作簳 又笴韻內見

簳 同上 ○ 澣 胡管切濯垢亦作浣 浣 同上 捖 考工記捖摩之工音侯管切又見轄韻 睆 睆城縣名今舒州懷寧縣馬援傳攻没睆城

暖 目皆說文大目也又見銑韻 睅 大目左傳睅其目杜預曰出目亦作睆 睆 同上又明貌詩睆彼牽牛睍睆黃鳥又窮視貌莊子睆然在纆徽之中 莞

小笑貌論語夫子莞爾而笑歡韻姑歡切草名 鋎 刃也 輐 圓也刓去圭角也莊子椎拍輐斷亦作皖又翰韻 鯇 同上又魚名又翰韻 ○ 盌 烏管切小

盂亦作椀 椀 ○ 款 苦管切衷曲也誠也敬也叩也至也啚也除也重也愛也誌也親也从土俗从七誤亦作欵 梡 有虞氏俎有足如案又胡官切木名也

窾 空也莊子導大窾 ○ 管 古緩切樂器又筆彄也主當也鍵也國名又姓亦作筦琯 筦 賈誼引筦子董仲舒傳鍾鼓筦絃東方朔傳以筦闚天 琯

同上又玉琯 輨 車轂耑鐵 錧 田器車具又與輨同孟子題辭五經之錧鎋 館 客舍馬援傳作舘孟子帝館甥于貳室注舍之於貳室檀弓客至無所館生於我乎

館又去聲義同 舘 同上 痯 病也又去聲 斡 運也轉也賈誼賦斡流而遷又曰斡棄周鼎而寶康瓠又曷韻 悹 憂也亦作悹又去聲 ○ 滿

莫旱切盈也充也足也又姓从水从㒼从𦽎誤 懣 煩冤又震韻从㒼从𦽎誤 ○ 纂 作管切似組而赤黑色 纘 繼也綜集也亦作纂左傳纂乃祖考 酇 百家

又五鄉爲酇周禮四里爲酇五酇爲鄙又酇列亦作欑寒韻徂官切聚也百家也又歌韻 欑 左傳昭元年注禜祭爲營欑又寒韻 穳 鋋也 鐏 矛戟柄底鋭者曰鐏曲禮

進戈者前其鐏 ○ 短 都管切促也不長也 斷 截也翦也又徒管切絕也翰韻都玩切決也徒玩切絕也篆作㡭今作斷截之使斷則都管切斷金斷檝斷鞅之類是也

自然判絕則徒管徒玩二切 ○ 畽 土管切禽獸所踐處亦作疃 疃 詩町疃鹿場毛傳疃鹿迹也 ○ 卵 魯管切羽蟲所生篆作卵从𠂹从八今作

卵俗作卵又音昆○煗乃管切温也火氣又曰氣亦作暖煗又先韻煗班固賓戲孔席不煗愞弱也怯也漢武帝天漢三年匈奴入鴈門太守坐畏愞棄
市如淳音如掾切師古音乃管切又銑箇二韻偄上同渜湯也

十一產

產楚簡切生也產業也大篇也左傳屈產之乘杜預曰屈地生良馬趙岐以屈產爲地名誤本作產从產者皆然簅大篇似笛三孔而短爾雅作產犍畜犍畜牲也亦
作產嵼嵼嵼山貌滻水名在京兆剗削平也亦作剷剷杜牧原十六衛府兵內剷丳炙肉丳韓愈詩如以肉貫丳鏟平木之器又與剗同
海賦鏟臨崖之阜陸杜甫詩意欲鏟疊嶂又損削也唐史埋光鏟彩陳子昂傳鏟山輦石又諫韻○赧乃版切亦作赧从赤从卩从又俗作赧𧹞小爾雅面赤愧方言
秦晉之間凡愧而見上曰赧戁恭也悚懼也○僩下赧切寬大貌詩瑟兮僩兮韓詩武貌說文武猛又音簡憪寬大貌通作僩又不安貌漢文帝紀
憪然念外人之有非又勁忿貌唐王叔文傳憪然以爲天下無人又刪韻撊勁忿貌春秋傳撊然授兵○綰烏版切繫也攌史記賈誼賦攌如囚拘
○版補綰切判也爾雅版版僻也亦作板板詩大雅板篇上帝板板音版注板板反也反謂反側不正也又木片又與鈑同莊子金板六弢鈑餅金曰鈑也
蝂蝂蝜虫昄大也又蒲版切反順習貌詩威儀反反又見下○返甫版切還也通作反反反覆又刪諫二韻阪爾雅陂者曰阪
亦作坂軓車耳反出應劭以車輜爲軓以簟爲之或用革所以爲藩屏翳塵泥也从七十○飯父版切飲也餐也又諫韻凡餐食之飯與飲之之飯皆上聲禮記飯
黍文王一飯再飯范睢傳鮑宣傳一飯外戚傳強飯莊子飯牛喪禮飯含之類是也炊黍之飯去聲毋摶飯祭先飯之類是也笲竹器盛棗脩者又刪霰二韻○晩
武綰切暮也輓引車亦作挽挽同上娩婉娩媚也[illegible]也又銑霰二韻○醆阻限切盎齊酒濁而微清禮有醆斝琖爵屬一作[illegible]

盞同上 棧小橋爾雅鍾小者謂之棧又銑諫二韻 ○ 棧山版切示也揚子鷹集棧棧 ○ 僝仕簡切見也書方鳩僝功說文具也又去聲

○ 簡古眼切牒也畢也策也要也大也略也求也選也忽慢也分別也又手版古制長二尺四寸短者半之蔡邕曰漢制長二尺短者半之蓋單執一札謂之簡禮記云執簡記是也連編諸簡乃名爲策古文作册象編簡之形杜預曰大事書之於策是也又諫也左傳成八年猶之未遠是用大簡 柬分別選之亦作揀荀子安燕而血氣不惰柬理也注柬與簡同擇也从束从八 睞陰旦日明从東誤 襇暈衣又殺縫又諫韻 ○ 眼五簡切目也又魚懇切考工記輪人望其轂欲其眼也注眼出大貌 ○

儹積産切聚也 ○ 亶多簡切誠也信也篤也大也多也亦作單僤又見諫韻 單詩俾爾單厚又刪先霰三韻 僤篤也詩逢天僤怒又銑諫二韻 ○ 癉病也書彰善癉惡亦作癉又哿諫箇三韻 ○ 坦他亶切平夷也安也明也亦作儃僤 儃莊子儃儃然不趍餘音見諫韻 憚荀子是憚憚非變也注古憚與坦同又諫韻 ○ 嬾魯簡切惰也亦作孏孏旁从負从頁誤 孏見後漢王丹傳唐書李程性孏 懶杜甫詩失學從兒懶 灡潘灡米汁亦作瀾又刪韻 讕詆諱漢書抵讕置辭谷永傳滿讕詆天注欺罔也 ○ 散蘇簡切跣離而不聚又冗散閑散莊子以不才木爲散木郭璞曰不在可用之數故曰散木揚倞曰不自檢束爲散又音去聲見諫韻 饊熬稻 繖蓋也亦作傘 傘韓愈詩赫赫炎官張火傘 ○ 矕母板切視貌 鋑馬首飾西京賦金鋑鏤鍚 黢暗也 ○ 眅普板切白眼也

十二銑

銑蘇典切金之澤者又小鑿又鐘兩角謂之銑亦作鍌 跣徒足履地禮喪則徒跣祭則不跣主恭也燕有跣主歡也 毨書鳥獸毛毨孔安國曰毨理也毛更生整理也說文毨選也毛盛可選取爲器用也 洒肅貌禮一爵而色洒如又滌也莊子去皮洒心亦作洗又見薺解馬泰四韻 洗書自洗腆致用酒又姑洗律名洗馬官亦作先又薺

韻先前漢志太子太傅少傅屬官有先馬張晏曰先馬員十六人秩比謁者如淳曰前驅也國語曰句踐親為夫差先馬或作洗後漢職如謁者太子出則當直者前驅導威儀也
又先霰二韻 獮秋曰教治兵曰獮杜預曰獮殺也以殺為名順秋氣也篆作𤢂今作獮 省同上禮記玉藻君𧜟裘以誓省鄭康成曰省讀為獮又見梗韻內 鮮
希也少也善也又小山別大山亦作鱻尟尠又先韻 鱻班固賦鱻生民之腴在又僊韻 尟說文是少也尟俱存也 廯困倉又僊韻 䉳竹名又篺䉳今人戶
版籍也篇音遺 蘚苔蘚垣衣 癬乾瘍 燹野火字林云逆燒字統云野火 ○扁補典切石貌詩有扁斯石又婢典切又姓又先霰韻 褊衣小又敝
又褊小陿陋又褊急詩維是褊心 惼爾雅急也莊子惼心之人不怒 諞巧言又先韻 匾不圓也 貶謫也損也抑也 辨禮記玉藻立容辨注讀為
貶自卑貶謂磬折也又諫霰二韻 ○免美兗切事不相及又罷也止也黜也脫也去也又震韻 緬遠也綢繆反覆也微絲也亦作[illegible] 勔勉也方言周鄭之間
相勸勉為勔 沔水名又與湎同漢禮樂志湛沔自若 湎溺也沈湎飲酒齊其色韓詩飲酒閉門不出容曰湎 黽黽阨在陝縣東亦作澠又董軫二韻 澠澠池
縣名在河南又庚韻內 殙不明也眩也莊子以黃金注者殙 丏不見也象壅蔽形又泰韻 勉懋也勤也亦作免谷永傳閔勉遁樂亦作俛 俛陸機文賦
有無僶俛又俯也又姺韻 冕冠有旒冕之言俛也後仰前俯主於恭也亦作絻从冃冃與冒同从曰誤 絻荀子郊之麻絻也又音問 端禮記士玄端諸侯玄端以祭天
子玄端而朝日於東門之外皆音冕又寒韻 娩婉娩媚也順也產子也亦作免俛又震韻 㝃產子又震韻 葂闕人名莊子有蔣閭葂亦作菟 ○典
多腆切主也經也常也法也文从冊从六今作典 ○腆他典切厚也多也至也善也 琠玉名 靦面見一曰慙也又面目貌詩有靦面目亦作㥏 㥏
方言慙也荊楊青徐之間曰㥏若梁益秦晉之間言心內慙矣 蚕爾雅螼蚓蜸蚕郭云即蜿蟺也江東呼為寒蚓俗用為蠶字非 淟淟涊垢濁又汩沒也唐書贊淟汩於隋先
汩於唐 ○娗徒典切列子眂娗諈諉張湛曰眂娗不開通貌方言眂娗欺慢之語也郭璞曰以言相嗤弄也又庚韻 紾角理㩻也周禮老牛之角紾而昔[illegible]垂

五百卌三

絕𥈔沴又彰韻

沴 陰陽氣亂曰沴又霰韻 **典** 堅淟貌若云記輔𡿨須典 **瘨** 病也詩瘨我飢饉又先韻 **塡** 若也詩哀我塡寡又眞震先霰四韻 ○**顯** 呼典切明也著也光也覿也 **憲** 興盛貌中庸引詩憲憲令德音顯又如字又霰韻 **幰** 車上張繒曰幰亦作𢄼 **韅** 牛駕具在背曰韅又霰韻 ○**繭** 吉典切蠶衣又綿衣禮記纊爲繭又繭繭聲色微貌禮記色容繭繭亦作蠒 **襺** 纊著衣春秋傳重襺衣裘亦作繭 **豣** 麢絕有力曰豣又先韻 **趼** 胝也通作蠒謂足胝起如蠒 ○**峴** 胡典切山在襄陽又峻嶺 **俔** 譬也詩俔天之妹又霰韻 **晛** 日氣詩見晛曰消又日出好貌又霰韻从目誤 **睍** 明貌詩睍睆黃鳥又視貌

○**犬** 苦畎切狗有懸蹏者亦通稱 **雚** 葦初生者蘆荻是也雚上从艹从廾誤 ○**畎** 古犬切田中溝亦作甽又小谷書濬畎羽畎 **甽** 漢志后稷始甽田以二耜爲耦廣尺深尺曰甽亦作𤰝𤰝 **𤰝** 漢志一晦三𤰝 **𤰝** 周禮染人注羽𤰝夏狄 ○**詃** 詐也又誘也又胡涓切 ○**琄** 胡犬切王貌詩鞙鞙佩璲不以其長釋文字亦作琄刺無才德而尸位佩玉也俗作琄 **鞙** 大車縛軛靼又鞙鞙刃削又與琄同俗作鞙 **蜎** 揚雄賦蜎蜎蠉之中張晏曰刻鏤之形師古曰言屋中之深廣也蜎音一兖切蜎音下兖切與胡犬切同俗作蜎从肙者皆然又先韻

○**淺** 七演切不深苟子少聞曰淺 ○**翦** 子演切羽生也一曰齊斷也又殺也字亦作剪劗鬋踐揃棧又淺黑色亦作前爾雅翦齊也郭璞曰南方人呼翦刀爲劗刀劗遵爲切禮記不翦其類鄭康成曰翦割截也周禮有翦氏掌除蠹魚蠹書劉向列子序作棧俗作翦 **棧** 同上又諫韻 **剪** 杜甫詩焉得幷州快剪刀剪取吳松半江水 **劗** 嚴助傳劗髮文身之民張揖曰劗古剪字 **鬋** 韋孟詩鬋茅又鬋鬢也禮記不蚤鬋又先霰二韻 **踐** 周禮甸師注不踐其類音剪又霰韻 **揃** 史記蒙恬傳周公自揃其爪沈於河又搣也 **煎** 煎筆羌屬趙充國傳先零豪封煎又先霰二韻 **前** 周禮木路前樊鵠纓注前讀爲緇翦之翦淺黑也又先韻 **錢** 田器詩庤乃錢鎛又先韻 **戩** 福祥 **譾** 淺也李斯傳能薄材譾 **帴** 狹也考工記以博爲帴

○**選** 須兖切擇也亦作撰又數也左傳昭元年弗去懼選又白選貨名亦作撰饌又霰韻 **撰** 周禮夏官羣吏撰車徒陸音選又諫韻 **饌** 史記

平準書白撰直三千蘇林曰撰音選擇之選劉氏音息戀切尚書大傳云夏后氏不殺不刑死罪罰二千饌馬融云饌六兩漢書作撰二字音同漢書食貨志白撰直三千無音當依史記注

於獮線二韻通押 罥網也以繯獸足又霰韻 ○ 雋徂兗切肥肉又鳥肥又姓漢有雋不疑又縣名 吮窋也史記吳起為卒吮疽 ○ 臇子兗

切小臛曹子建七啓臇漢南之鳴鶉 ○ 闡齒兗切闡也開也顯也大也明也 燀說文炊也左傳燀之以薪又然也又先韻 幝敝貌詩檀車幝幝又見刪韻

嘽緩聲寬綽貌禮記其聲嘽以緩又刪先二韻 繟寬綽又帶緩又霰韻 蕆解也備也左傳寡君願以蕆事又曰以蕆陳事杜預曰敕也又去貨 ○ 蟺

上演切蛩蟺蚯蚓也荀子蚰蟺之穴 蟬蜿蟬舞盤曲貌又先韻 僤婉僤行動貌相如賦象輿婉僤於西清又見產韻內 潬相如賦宛潬膠盭郭璞曰憤薄相摎也又

諓韻 熯乾也又炙也又寒翰二韻 ○ 舛尺兗切差午錯也駁也相背也亦作僢 僢淮南子分流僢馳 喘疾息又微言亦作端古作嘴 端

荀子勸學篇端而言注端讀為喘臣道篇作喘又見上又寒韻 舛晚取搽也 ⿰虫耑蟲動莊子作喘 ○ 轉止兗切輾轉反側也廣韻動也運也又旋也自運也軫轉

無窮又霰韻 剸截也斷也 膞切肉又見下一 鱄廣韻魚名美也出洞庭湖後漢馬嚴子名鱄勸學省中又先韻 ○ 輭乳兗切柔也亦作需廣韻俗作

軟从欠誤 需考工記弓人薄其帤則需需謂不充滿也輀人馬不契需又魚韻 ⿰需刂輀人腥脂之則需注故書作⿰需刂 碝石次王一曰珉也亦作瑌瓀礝 瓀禮記

士佩瓀玟又先韻 礝相如賦礝石武夫注礝石白者如氷半赤色 壖城下田又岸邊地亦作⿰目耎堧史記河渠書故盡河壖韋昭音而緣切謂緣河邊地索隱曰又音人兗

切又先韻 愞選愞劣弱亦作懦偄蠕濡耎又箇翰霰罕四韻从犬誤 濡莊子以濡弱謙下為表又魚韻 耎同上又喘耎蟲動貌說文稍前大也今俗从大誤

蝡蝡蝡動貌亦作蠕臑又銑韻从犬誤 蠕荀子勸學篇蠕而動又與懦同史記律書選蠕覩皇又軫韻 臑荀子臣道篇臑而動又魚先交效四韻 膞鄭氏

易腓膞腨也 究柔韋考工記注蒼頡篇有鞄究亦作甍耎 ○ 展之輦切誠也舒也信也開也方言荆吳淮汭之間謂信曰展又展衣亦作襢又去 [illegible]

丹穀衣周禮作展**襢**同上又霰韻**䡨**臥不周曰䡨又見下又霰韻**樿**木名禮記櫛用樿又樿杓又霰韻**皽**皮寬皃膜也○**輦**力

切人步挽車漢書注駕人以行曰輦又般運也从扶从車扶音伴並行也**璉**瑚璉宗廟器**槤**般運也前史何遠爲武昌太守以錢買井水不受錢者槤水還之通作輦

○**衍**以淺切廣也一曰長也溢又豐也延袤也寬也盛也饒也盈也延也又蕃衍曼衍易大衍史記封禪書注山阪曰衍又三輔謂山陵間爲衍周禮注下平曰衍又見霰韻

羨壁羨以起度又溢也又霰韻**演**水長流貌又廣也又音踐宋城門名見莊子**戭**長槍又人名古有檮戭左傳音上聲漢書韋昭注作去聲又軫韻**縯**

㳂也又軫韻**沇**水出王屋山亦作渷又流衍貌漢郊祀歌沇沇四塞**渷**同上說文亦作台兖兖皆从台俗書作公與公厶之厶不同**兖**州名俗作充○**齞**語靈齒登

輾尼展切轢也亦作碾又霰韻**碾**同上**趁**踐也亦作蹍又霰韻**蹍**莊子蹍市人之足**跈**踐也又止也莊子更而不止則跈**甗**甑也又與巘同

徙子好色賦齞脣歷齒**撚**蹂也執也以指撚物也**涊**淟涊枚乘七發涊然汗出注汗貌○**巘**語蹇切山形似甗又山峯也

又見先霰二韻俗作甗凡从鬳者俗皆作鬲**甗**王甗又與巘同**讞**議獄又霰屑二韻宋元祐間許三韻通押○**臠**盧轉切說文臞也一曰塊切肉又寒韻

腁相如賦腁割輪焠師古曰腁與臠同**孌**婉孌美好貌說文慕也又霰韻○**遣**驅演切袪也逐也發也送也縱也○**蹇**九輦切音與寋同跛

也从足寒省聲廣韻屯難也又周易卦名又姓蹇叔義與寋同**楗**與蹇同考工記左不楗又霰韻**寋**爾雅徒鼓謇謂之寋**建**翻水漢書建瓴水又霰韻**謇**難也

止言也吃也亦作謇**謇**同上又謇諤忠也直言貌晉王豹傳王臣謇謇**搴**拔取也亦作攓擇又先韻**攓**同上○**蜎**巨捲切蟲名又撓也考工記廬人欲

無蜎又見上○**卷**古轉切曲卷又𢍏卷之也亦作捲又見先霰二韻**捲**又先霰二韻**菤**菤耳詩作卷**韏**爾雅革中辨謂之韏車上所用皮也

又霰韻○**阮**五遠切姓也**遠**遼也遙也指遠定體又霰韻凡遠近之遠上聲論語訢謂遠也巳矣詩其人甚遠之類是也遠離之遠去聲論語敬鬼神而遠之遠

之則怨易遠小人之類是也俗作遠○**宛**於阮切出草自覆又宛然猶依然也爾雅宛中宛丘又丘上有丘爲宛又小貌又先韻**惌**小孔貌考工記凡察革之道眡其鑽空欲其惌也**涴**涴演水貌又寒箇韻**婉**順也美也**琬**玉名也周禮云琬圭以治德結好**畹**田三十畝曰畹又去聲義同**苑**所以養禽獸又文貌詩蒙伐有苑又軫質二韻**菀**茂貌詩菀柳篇有菀者柳注茂木也桑柔篇菀彼桑柔注茂貌皆有宛鬱二音小弁詩菀彼柳斯**踠**馬足跌也**蜿**蜿蟬舞盤曲貌蟬上聲又先韻○**晅**況遠切日氣曝也亦作晅烜煖从日从烜从恒誤**烜**易日以烜之廣韻光明也又威儀容止宣著貌詩赫兮烜兮禮記引詩作咺喧又先翰韻**咺**同上又朝鮮謂兒哭不止曰咺方言咺痛也哀泣不止曰咺宰咺人名又先韻**喧**禮記大學赫兮喧兮又哀泣不止漢武帝賦悲愁於邑喧不可止兮又先韻**諼**詐也又先韻**煖**溫也又曝也與暄同樂記煖之以日月史記燕世家趙將龐煖又先罕二韻又作暖**暖**廣韻大目也又罕韻**蠉**蟲行又先韻俗作蝝○**偃**於幰切偃息仆也服也靡也臥也又偃鼠又偃蹇驕敖見左傳哀六年亦作匽又霰韻**匽**漢郊祀歌與文匽武王吉傳風寒匽薄又匽也又匽豬霤下池又霰韻**鶠**鳳名**㫃**旌旗之斿从方从入凡旌旗之類从㫃與於字不同**鄢**地在陳留亦作傿漢地理志陳留郡傿縣應劭曰鄭伯克段於鄢是也師古音偃又潁川有傿陵縣又見先韻內**堰**壅水爲埭又霰韻**鼴**鼠名一曰鼹廣韻云形大如牛好偃河而飲水通作匽又霰韻**鰋**魚名**蝘**蝘蜓

洪武正韻卷第八

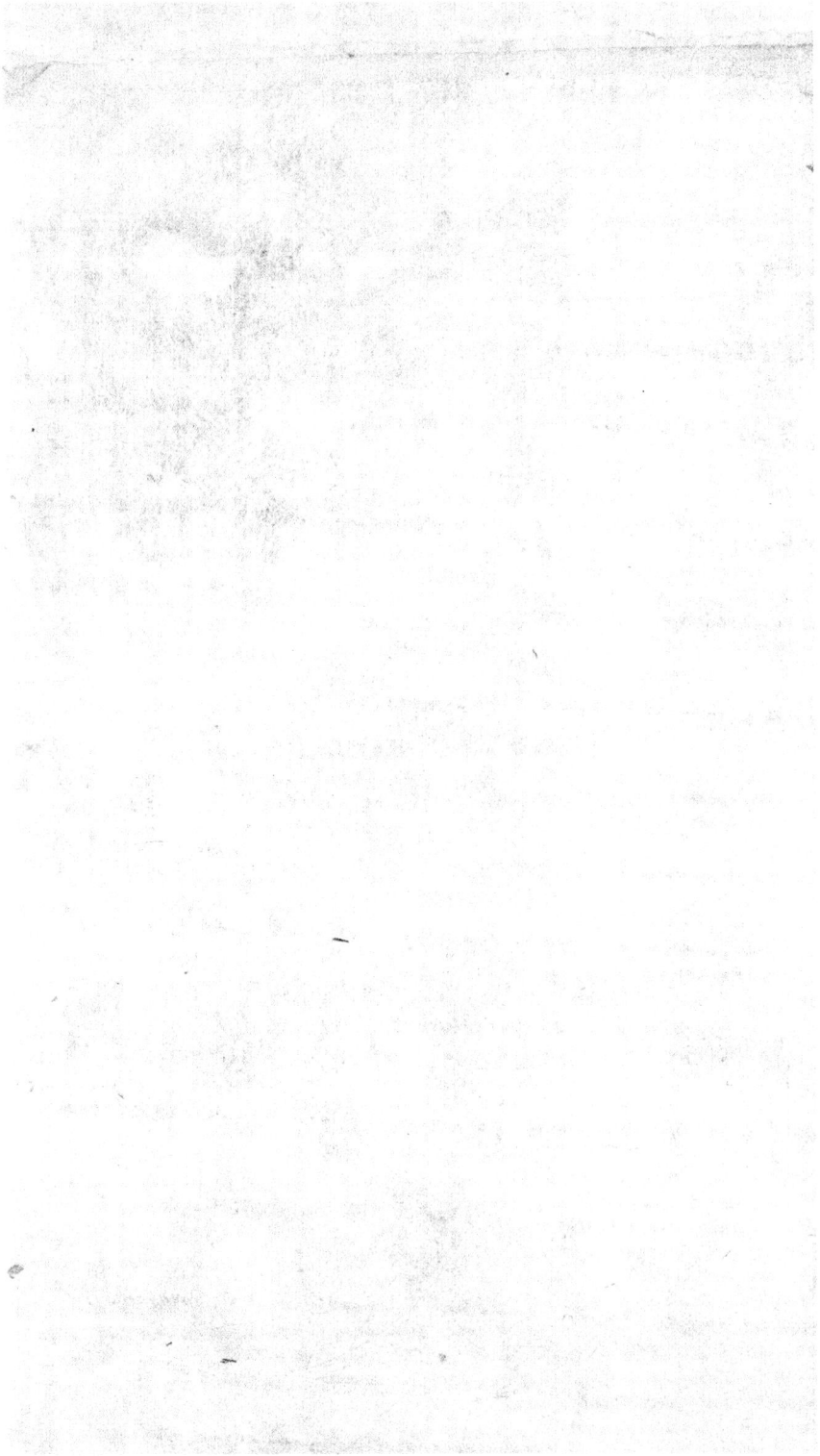

洪武正韻卷第九

十三篠

篠先了切小竹篆文作筱今作篠 謏誘爲善也又小也禮記足以謏聞 溲便溺又尤韻 小微小又小草遠志也見晉書王蔚作苶 ○湫

子了切湫隘沮洳偪仄也又尤韻 剿絶也截也殺也亦作勦樔剿又屋韻 勦書天用勦絶其命有二音从巢从刀與勦字不同又屋韻 樔漢武帝賦命樔絶而不長

勦勞也春秋傳安用勦民孟子題辭心勦形瘵又爻韻 剿漢西域傳封郭欽爲剿胡子師古曰剿絶也音子少切字本作剿轉寫訛耳 ○褭乃了切以組帶

馬又騕褭駿馬金喙而身赤色亦作要褭相如賦作要褭 嫋嫋嫋長弱貌又曳貌亦作褭褭 嬲戲相擾也晉嵇叔夜嬲之不置注擿嬈也通作嬈 嬈戲弄又苛擾又

蕭韻 𠑊偠𠑊舞者𠑊身若環也 裊騕裊神馬赤喙黑身 鳥禽總名一曰常時曰鳥胎卵曰禽又白鳥蚊也俗作鳥 蔦寄生草爾雅寓木曰宛童又音釣義

同 ○朓土了切朓朒晦而月見於西方曰朓朔而月見東方曰朒月行度贏則晦見於西縮則朔見於東二字皆從日月之月又蕭韻 挑弄也戲也引調也亦作誂

漢書挑戰後漢書挑妻薛瓚挑戰擿挑敵以求戰也左傳謂之致師又撓挑又蕭韻 誂說文相誘也 窕輕窕荀子雲賦充盈大宇而不窕 䠷身長貌 ○

了盧皎切決也訖也曉解也 瞭目睛明孟子眸子瞭馬又蕭韻又去聲 繚纏也繞也亦作繆又蕭嘯二韻 繆相如賦繆繞玉綏又尤宥屋三韻 蓼

辛草詩予又集于蓼又國名春秋宣八年楚人滅舒蓼注舒蓼二國名又屋韻 鄝穀梁傳楚人滅舒鄝陸音了本文作蓼 憭照察也慧也 僚好貌詩佼人僚兮亦

作嫽廣韻朋也是僚友字通用又蕭韻 嫽同上又慧也漢西域傳楚主侍者馮嫽又見嘯韻 撩扶也又蕭韻 釕飾瑛謂之釕 ○嬥徒了切說

文直好貌从女翟聲一曰[illegible]也又韓詩嬥歌巴人歌也又[illegible]嬥往來貌 ○杳伊鳥切說文冥也从日在木下夾漈鄭氏曰木若木也日所出降在上曰杲在中曰東在下曰

杳廣韻深也寬也寂㝁或作窅 夭 尺沼殀也短折也亦蕭韻 㝔 爾雅㝔子 殀 殀通作夭孟子殀壽不貳禮記不制不殀夭 窈 深遠又靜幽方言美心爲

窈亦作眑 眑 漢房中歌清思眑眑又有韻 突 室東南隅也 宎 同上莊子鷄生於宎亦作突又蕭嘯二韻 窔 爾雅室東南隅謂之窔荀子奧窔之間又嘯韻

窅 深目又深進貌莊子窅然喪其天下韓文窅爾神化 ○ 溔 以沼切浩溔大水貌 鷕 雉鳴也 舀 抒臼亦作抌又作眈韶 抌 同上 [illegible]

視貌海賦羣妖遻迕眇䁠冶夷又美目也 皛 明也顯也从三白又古迴切 [illegible] 淼皛水遠 芍 鳧茈又藥韻 ○ 皎 吉了切月之白又月光 皦

明也詩有如皦曰 曒 玉石之白 璬 玉佩 繳 纏也劉向別錄繳紛爭言又藥韻 矯 揉箭曰矯又詐也託也又強貌亢貌矯矯高舉貌亦作撟又蕭韻 撟

漢書撟當世反諸正周禮撟邦令又舉手也又強貌荀子撟然剛折端立而無傾側之心又屈也荀子率羣臣百吏相與強曰撟君 橋 荀子橋飾其情性漢陳湯橋發兵斬郅支單于

史記舌橋然而不下張守節史記正義音上聲又屈也亦作撟又蕭嘯韻 蟜 蟲也枚乘七發蚑蟜蠼蟻又相如賦夭蟜技格注夭蟜頻申也又姓檀弓蟜固又蕭韻 譑 發人

罪也荀子有貪利糾譑之名 蹻 蹻蹻憍也又舉足加高貌漢紀可蹻足待也又蕭韻 敿 繫也書敿乃干亦作敿 ○ 沼 止少切說文池也左傳沼沚之毛注

跡沼者池之別名一曰圓曰池曲曰沼 ○ 糾 其繞切舒遲之姿詩舒窈糾兮又笠貌詩其笠伊糾又有韻 ○ 擾 市沼切煩也亂也亦作撓嬈又順也馴也

又蕭韻劉累學擾龍應劭曰能順養其嗜慾也顏師古音上聲又音饒 撓 同上又效韻 嬈 同上亂也苛擾也亂錯傳除苛解嬈又見上又蕭韻 繞 纏也又嘯韻

遶 圍遶亦作繞 犪 牛柔謹馴伏又蕭韻 ○ 趙 直擾切刺也詩其鎛斯趙又嘯韻 [illegible] 刺也通作趙考工記注引詩其鎛斯[illegible] ○ 悄

七小切爾雅悄悄慍也郭璞曰賢人愁恨也又靜也憂也又嘯韻 愀 色變 ○ 少 始沼切不多也又嘯韻 ○ 曉 馨杳切說文明也从日堯聲廣韻曙

也又慧也知也了也又開喻也又旦也 ○ 表 彼小切衣之外也又標也明也㦤表釋名下言於上曰表又杪也末也外也 褾 袖端又卷褾飾从衣从票从示誤一从

⿰山票山顛 ○ 縹普沼切帛色青白又蕭韻 瞟目䀹又一目病 漂浮也又水中擊絮韓信寄食於漂母又去聲同 醥清酒蜀都賦觴以醥清是也

膘牛脅後髀之前連膚肉 剽末也莊子有長而無本剽者宙也又嘯韻 䁃禽毛變色 麃禮記內則鳥麃色而沙鳴貍亦作䗾 ○ 摽婢小切擊

也詩寤擗有摽注拊心貌又摽有梅落也 慓急也又蕭韻 蔈落也 藨草可爲席又鹿藿又蕭韻 苞草可爲屨禮苞屨不入公門又爻韻 ○ 眇弭沼切一目小也又偏盲也微也細也末也盡也又嘯韻 渺水貌 藐遠也小也弱也左傳以是藐諸孤又輕視貌孟子說大人則藐之又藥韻 淼大水 秒禾芒班固敘傳造計秒忽 篎小管亦作影又嘯韻 杪木末也

十四巧

巧苦絞切技巧巧拙之反機巧又黠慧又工於命中孟子智譬則巧也莊子以瓦注者巧又去聲義同 ○ 佼古巧切好也亦作姣妖又庸人之敏者佼也 姣史記秦有長姣美人又姣媚 狡狂也猾也疾也健也說文少拘也匈奴地有狡犬巨口黑身 攪亂之也撓也詩祇攪我心又手動也亦作捁 捁韓愈曹成王碑捁其州 絞纏縛也糾也縊也又死刑絣而縛之又刺也急也論語直而無禮則絞又國名左傳楚伐絞 筊竹索又爻韻 膠動亂貌莊子膠膠擾擾乎又爻韻

校疾也考工記中有變馬故校又曰釋之則不校又效韻 ○ 飽博巧切饜飫 ○ 卯莫飽切辰名爾雅歲在卯曰單閼漢志冒卯於卯古文作丣从兩戶相背日出於丣闢戶之時也凡昴聊之類从丣與丣不同丣音酉从兩闔戶上畫連日入於丣闔戶之時也卯本音子兮切事之制也說文又音卿唯卿字从卯今經史从丣从丣者皆作卯蓋轉寫承訛已久唯舊本毛詩及陸德明釋文卯字作丣京本漢書聊字作聊畱字作畱[illegible]存一二耳 昴宿名西陸大梁之次胃昴畢也本作昴 茆鳧葵鄭小同云蓴[illegible][illegible]木蹞云或云[illegible]葵[illegible]猪蓴也本作茆蓋以寅丣之丣舊又有韻力九切菜又九切从艸从中丣之丣音義與茆同乃蒲[illegible][illegible]非蒲[illegible]之[illegible]互[illegible]誤矣 ○ 稍山巧切漸也又

效韻〇𤒃楚絞切乾熬亦作炒說文作鬻炒同上〇爪側絞切說文丮也孔音戟手足甲也手曰爪亦作蚤古作𠂄今作爪象形蚤同上
禮記不蚤鬋謂不翦剔其爪也周禮車蚤輻入牙中者也上从叉又見下瑵阜蓋玉瑵考工記作蚤抓爪同亂搔掐也〇撓女巧切木曲又動亂也孟子不
膚撓又蕭韻〇拗於巧切手拉也折也尉繚子拗矢折矛又效屋二韻〇齩五巧切齧也唐獨孤及傳麥不登則易子齩骨矣韓愈荅孟郊詩從嗔我須齩
張景陽七命口齩飛刃亦作咬咬佩觿集曰鳥鳴之咬爲齩齧其順非有如此然俗所常用杜甫彭衙行癡女飢咬我又交韻〇骹胡飽切脛也考工記參分其股
圜去一以爲骹圜汙骹謂輻近牙者也人脛近足者細於股謂之骹羊脛細者亦爲骹又見交效二韻〇好許考切美也佳也相善也又效韻〇考苦襖
切壽考老也稽察也成也周禮作攷方言婦稱妣曰母姼稱父考曰父姼郭璞曰古者通以考妣爲生字之稱易蠱卦有子考無咎謂父也後世父母亡則稱考妣又落成也左傳考仲子之
宮又擊也詩弗鼓弗考又瑕璺淮南子夏后氏之璜不能無考案老字下从七音化考字下从丂音考反丂爲丆丆音呵各自成文非反七爲丂也周禮六書三曰轉注謂一字數義展轉注
釋而後可通後世不得其說遂以反此作彼爲轉注衛常書勢云五曰轉注考老是也裴務齊切韻考字左迴老字右轉其說皆非攷周禮官府設其攷主攷成也佐成事者又叩也
稽察也周禮宰夫攷其治槀木枯亦作槁漢房中歌枯槀復産又古老切書草俗作稾又見下薧乾也周禮乾肉曰薧栲木名山樗也似樗色小白葉差狹詩山有
栲〇杲古老切日出又明白也从曰在木上暠白貌俗作暠亦作皜皜同上孟子皜皜乎本作暤槁孟子苗則槁矣莊子形固可使如槁木廣韻又
音考縞縰鮮色又繒之精白者曰縞又白也俗作縞漢高帝紀兵皆縞素月賦連觀霜縞又效韻槀稈也亦作藳稾藳稾俗作稾藁說文禾莖爲藳去皮爲秸又文
草也俗作藳屈原傳屬藁草未定槀同上又文草俗作稾藁同上槀漢書席槀請罪禮記槀鞂之設又書草漢孔光傳輒削草服虔曰言已繕書輒削壞其槀又矢
簳亦作笴馬融長笛賦持箭槀而塑立俗作槀笴考工記妢胡之笴注矢幹也杜子春讀爲槀謂箭槀又見旱哿二韻皓潔白精瑩貌詩白石皓皓〇媪烏考

切女老稱也神曰媪俗曰媪漢郊祀歌媪神蕃釐安世歌后土富媪張晏曰媪老母稱也坤爲母故稱媪又術韻 夭 物穉曰夭禮記不殀夭月令毋殺孩蟲胎夭飛鳥又見蕭條二韻

襖 裘屬 麌 麌子又篠韻 懊 懊惱也 ○寶 博杲切珍也瑞也符璽也重也貴也亦作珤 珤 後漢紀珍珤萬倍 葆 草盛又草叢生又葆旅野葆實可食又合聚五采羽爲幢曰羽葆又韜藏也莊子此之謂葆光 鴇 鳥名似鴈而大無後趾又馬驪白雜毛曰鴇 保 抱也全之也安也恃也又依也守也月令四鄙入保漢書保東阿又保任也論語不保其往也漢宣帝紀阿保之功薛瓚曰阿倚也保養也大戴禮保保其身體命官曰大保范雎傳今離阿保之手又與褓同封禪書隆於繈保篆文从人从子从八盖象人抱子形今文作保當作保凡從保者皆然 緥 小兒衣亦作褓 褓 李奇曰小兒大藉又齊人名小兒袍爲褓卽褟也詩載衣之褟是也 堢 堢障亦作堡王篇云隄也 堡 同上 狍 矢羽 ○掃 蘇老切糞除也亦作埽騷又效韻 埽 同上 騷 李斯傳竈上騷除又見蕭韻 嫂 兄之妻古作㛮 㛮 漢馬援敬事寡㛮 ○草 采早切百卉又創造也文稾也又雜亂不齊貌又苗蕑曰草草古作艸亦作屮偏傍作艹 屮 鼂錯傳屮茅臣無識知董仲舒傳朱屮生論語小人之德屮又敕列切草木初生 懆 懆懆愁不安貌說文云愁不申也又效韻毛晃謹案詩小雅白華篇念子懆懆陸音七感切又引說文七倒切云亦作慘慘北山詩或慘慘劬勞陸音七感切字亦作懆蓋俗書懆與慘更互訛舛陸氏不加辨正而互音之非也白華詩懆字當作草慥二音不當作七感切字作慘者亦非北山詩慘字當作七感切字不當作懆又陳風月出詩勞心慘兮當作懆誤作慘 慅 憂也詩勞心慅兮又爻韻 ○早 子杲切晨也初時也通作蚤 蚤 同上 蚤 抱朴子蚤蚤攻君臥不獲安 澡 洗滌 璪 石次玉又哿韻 繅 周禮典瑞繅藉五采五就注云繅有五采文所以薦玉木爲中幹韋衣而畫之就成也五就五帀也繅讀曰藻又見爻韻內 藻 水草通作藻又與繅同又文辭曰藻謂藻有文而辭如之又華飾曰黼藻謂如衣裳之繡藻火黼黻也杜詩傳士卒鳧藻注和睦歡悅如鳧之戲於水藻也禮記玉藻注以藻紃貫玉爲之飾雜采曰藻天子[illegible]亦作璪 藻 班固賓戲摛藻如春華 璪 玉飾如水藻文玉藻篇注古文作璪 繰 繅曰繰又紺色又爻韻 棗 果名小爾雅棘

實謂之[illegible]又姓从兩東束音刺古棘字俗作棗 ○倒都杲切[illegible]也又效韻 擣[illegible]也敲也舂也又手推亦作擣 槝禮記內則注煬擣熬穀也釋文[illegible]本又作

搗杜甫詩半濕搗香杭 禱祈請也文字音義求福曰禱 島水中有山亦作隝 隝相如賦皐陵別隝班固叙傳伏于海隝 禂馬祭又魚韻 𧳜

西南夷名又作獠又音老義同 ○討土杲切治也尋也求也訶也去也探也 ○老魯杲切年高說文七十曰老 恅悼恅心亂 轑車蓋弓又

蕭爻嘯三韻 橑同上見廣韻又椽也楚辭蘭橑注以木蘭為橑又蕭韻 䕩遼實乾梅之屬亦作橑 潦行潦路上流水又雨澤曲禮水潦降注雨水謂之潦月令

丘隰水潦注以為大雨故世謂霪雨為潦又爻效二韻 獠西南夷名亦作𧳜 ○腦乃老切頂髓周禮作𠚋从肉从巛从囟今作腦囟音迅頂門也 𠚋考工

記角之本蹙於𠚋 惱有所恨痛又車物撓心也 瑙瑪瑙文石亦作碼碯

十五哿

哿嘉我切可也嘉也詩哿矣富人 舸方言南楚江湘凡船大者謂之舸小者謂之艖又歌韻 笴箭幹又罕巧韻 ○可口我切可否之對許也肯也又

僅足以之辭論語子曰可也列子疏食惡肉可得而食又不可曰可反言之也書試可乃已言試而不可乃已之也 軻車接軸又轗軻車行不利故人不得志謂之轗軻亦作埳軻楚

辭埳軻留滯王逸曰不遇也又去聲義同又歌韻 坷坎坷地不平又去聲義同 ○妸烏可切妸娜廣韻亦作婀又歌韻 娿媕娿不決又姓莊子子娿何甘

又歌韻 猗猗儺詩猗儺其枝注柔順也俗作猗又微尾二韻 ○我五可切自己也 硪𥔲硪山高貌 騀馬搖頭也 ○左臧可切左

右手之左指左右定位从𠂇从工𠂇音左戾也說文左手也象形毛晃曰人道尚右以右為尊故非正之術曰左道謫官曰左遷又手足便右以左為僻故凡幽猥皆曰僻左策畫不適事皆

曰左計漢武帝作左官之律音義曰人道尚右捨天子仕諸侯為左官也左僻也自漢以來至唐亦謂去朝廷為州縣曰左遷又姓其先齊之公族有左右公子因氏焉又謚左楊惲傳左驗

明白言在左右見此事者又見箇韻 𡯨 𡯨足偏廢从允古謂刖者爲介 ○ 癉 丁可切勞也亦作憚又產諫箇三韻 憚 同上又諫箇二韻 哆 張口

廣韻語聲韓愈元和聖德詩錯落侈哆又紙禡二韻 嚲 廣也又垂下貌俗作軃 ○ 拕 待可切引也揚雄傳紵青拕紫又歌韻 拖 同上論語加朝服拖

紳西都賦拖熊螭皆有上去二音又歌箇二韻 沱 潛沱水貌亦作沲沲又歌韻 沲 同上 沲 杜甫朝享太廟賦潛沲乎渙汗 陁 壞也又歌紙二韻 ○

娜 奴可切婀娜美也又舒遲貌亦作婀娜 那 同上又何也俗作那又歌箇二韻 橠 橠橠木盛貌 㫊 旖㫊旎旗貌 袲 袲袲衣長好貌又微紙二

韻 儺 行有節詩佩玉之儺有平上二音又柔順也又茂貌詩猗儺其枝又歌韻 ○ 麼 忙果切幺麼小也从麻从幺从么誤 麿 班彪王命論幺麿尚不及數子

又見歌韻 ○ 瑳 千可切玉色又笑貌詩巧笑之瑳平上二音又歌韻內 ○ 果 古火切木實又勝也剋也決也殺敵爲果又音顆果然飽貌也又見翰韻

倮 鬌倮陝隘也左思魏都賦風俗以鬌倮爲嫿亦作解果荀子解果其冠又見下又馬韻 剿 割也唐文粹劉寬天有剿竹論 裹 纏也包也又指所包之苞也杜甫樂

裹闕心又去聲義同 蜾 蜾臝細腰蜂一名蒲盧俗呼蠮螉莊子細腰者化謂蒲盧也詩螟蛉有子蜾臝負之注螟蛉桑虫也蜾臝蒲盧也箋蒲盧取桑蟲之子負持而去嫗嘔養

之以成其子 ○ 顆 苦果切小頭又珠顆又土塊漢賈山傳蓬顆蔽冢亦作堁 堁 堀堁塺起貌又塵塺又箇韻 ○ 火 虎果切五行二曰火卦屬離水

火三極之精神水爲精火爲神在天爲日爲電在地爲火在人爲心又大火鶉火次名左傳人火曰火天火曰災春秋書御廩災宣榭火是也又燈也文選詩朱火燭照人 ○ 夥

胡果切楚謂多曰夥又解韻 髁 不正貌一曰反刻也莊子謑髁無任 輠 車盛膏器亦作𨍏又馬韻 𨍏 同上又歌韻 ○ 婐 烏果切女侍也亦作果

孟子二女果 ○ 跛 補火切行不正足偏廢也亦作尬又末韻 磻 以石箸惟繳又寒歌箇三韻 ○ 頗 普火切不正也頭偏也又差多曰頗

多良八曰頗夊多有巨[illegible]又歌韻 叵 不可也反可曰叵 ○ 鎖 蘇果切銀鐺俗作鏁从金从小从貝从巛誤 瑣 玉聲又[illegible]又細也小也瑣瑣繁碎猥屑

貌易旒琑荀子爲姦紅之行曰瑣亦作璅一青瑣孟康曰以青畫戶邊鏤中天子制也顏師古曰孟說是刻爲連瑣文而青塗也漢制給事黃門之職日暮入對青瑣門拜名曰夕郎宮闕

簿曰青瑣門在南宮毛晃曰漢宮除青瑣門外其他門有青塗連瑣者皆謂之青瑣王根驕奢僭上赤墀青瑣晉賈謐傳作青璅又凡物刻鏤胥結交加爲連瑣文者皆曰瑣非特門鎖也吳

都賦畢罕瑣結是也从巛誤 **璅** 晉習鑿齒傳璅璅常流注騷欲少留此靈璅兮注靈以喻君璅門鏤也又巧韻 **䫀** 小麥屑也 **娑** 漢有駁娑殿遝娑吐蕃城名亦作迯

[illegible]揚雄傳神明駁娑顏師古音平聲是有二音又箇韻 ○ **朶** 都火切木垂朶又花朶杜甫詩白花簷外朶又張順貌易觀我朶頤釋文云動也京房易作揣 **揣** 度高

曰揣又凡稱量忖度皆曰端亦作揣捶又寒解二韻 **挆** 同上 **捶** 莊子犬馬之捶鉤者注玷捶鉤之輕重玷音點捶音朶又賄韻 **埵** 堅土又果實下垂貌荀子鹿埵隴種

崜 山形 **䅜** 禾垂貌 **鬌** 小兒翦髮爲鬌內則注鬌所遺髮也謂留髮爲角子者也又徒果切 **綵** 晃前垂也 ○ **妥** 吐火切安也平也妥帖也

綏 禮記國君綏視注彌高曰綏又曰執天子之器則上衡國君則平衡大夫則綏之注上衡上於心綏謂下於心則又爲小俯之義又見灰韻 **鰖** 魚子已生从魚从隋从隨

誤 **橢** 器圓而大說文車笭中器从隨誤 **婧** 好也方言美也南楚之外曰婧又不嚴飾曰燕婧漢書張敞被輕婧之名又見箇韻 **撱** 爾雅注撱狹長也史記平準書

復ㄴ撱之又掠也亦作墮 **隋** 大裂肉又圜而長又灰韻 **墮** 落也墜也又灰箇二韻 **憜** 漢高帝紀士卒憜指又曰漢王急推憜二子賈誼傳梁王憜馬又見箇韻

惰 怠也不恭也亦作嫷憜撱又見箇韻 **憜** 漢韋元成傳戒供事靡憜又見箇韻 **嶞** 爾雅巒山曰嶞又山小又山狹而長又吐火切 **垛** 堂塾又射埻 ○

祼 魯果切赤體亦作臝躶倮果臝 **果** 周禮龜人東龜曰果屬 **臝** 莊子解衣盤礴臝又果臝栝樓也齊人呼爲天瓜又蜾臝細腰蜂亦作臝 **臝** 蜾臝又歌韻

蠡 疥病左氏傳爲其不疾瘯蠡又見齊歌濟三韻 **攭** 無毛羽貌與倮同荀子蠡賦攭攭兮其狀屢化如神 **蓏** 在木曰果在地曰蓏有核曰果無核曰蓏植生曰果蔓生

曰蓏木實曰果草實曰蓏 **瘰** 筋結病也又瘰 **砢** 磊砢眾石貌从石可聲相如賦水石磊砢又閜砢相扶持貌相如賦抗衡閜砢 **邏** 遮也巡也又見箇韻 ○

婐 五果切婐妸身弱貌韓愈元和聖德詩曰君月妃煥赫婐妸

十六馬

馬 莫瓦切乘畜生於午禀火氣而生火不能生木故有肝無膽膽木之精氣也木臟不足故食其肝者死易乾爲馬馬與蠶同氣物不兩大蠶四月死五月再生蠶盛則馬病故周官禁原蠶說文馬武也象頭髦尾四足之形又姓馬服君趙奢之後 禡 禡碯文石也 ○ 把 補瓦切執也荷也秉也 ○ 鮓 側雅切葅也釀魚肉爲葅也亦作鮺

苴 土苴查滓也糞草糟粕之類莊子土苴以治天下音側下切又魚模麻語者御六韻 ○ 灑 沙雅切汛也亦作洒又見解濟泰三韻 洒 同上又濟銑泰三韻 ○ 賈 舉雅切姓也又姥韻上从西西許下切音亞覆也賈覈覆類皆从西俗作賈 斝 鬱鬯之尊又玉爵亦作斚禮記夏后氏以醆商以斝周以爵又尊名禮斚彝注畫爲禾稼之狀蓋斚稼聲相近也又去聲義同 假 太也借也非真也亦作叚又麻韻 嘏 福也大也遠也又嘏者祝爲尸致福於主人之辭又禮記嘏以慈告

檟 山楸亦作榎夏 夏 禮記夏楚二物又陽夏縣在亳州又禡韻 假 至也又麻陌二韻 椵 木可作几爾雅𣜷椵 ○ 閜 許雅切廣韻大裂相如賦唅呀豁閜郭璞曰澗谷之形容也杜甫大清宮賦仡神光而㟏閜 ○ 啞 倚雅切瘖也又麻陌二韻 瘂 同上 ○ 雅 語賈切正也又素也漢書一日之雅卜式雅行躬耕又閒雅又楚烏也亦作鴉孔叢子純黑而反哺者謂之烏小而腹下白不反哺者謂之雅烏又雅烏鸒也朱咸雅鴉竝音五下切荀子注雅正也烏有善德者謂之雅說文音平聲又麻韻

庌 廡也漢野路候迎賓客處皆有庌舍庌者迓也又周官夏庌馬庑之廡下使涼也又禡韻 疋 詩大疋說文尔疋字今作雅與疋字不同又模韻 ○ 踝 戶瓦切腿兩旁曰內外踝 輠 轂轉貌又哿韻 倮 赤袒又哿韻 觟 牝羊角淮南子楚文王服觟冠注如御史豸冠 ○ 骻 苦瓦切髀骨亦作髁

銙 帶銙唐柳渾傳玉工爲上作帶誤毀一銙 㡓 小衫也亦作袴 ○ 寡 古瓦切小也孤特也大戴禮五十無夫曰寡凡孀嫠皆曰寡婦 ○ 瓦 五寡

切𡰪瓦又危委切莊子云𡦹凡結繩集韻洞○打部雅切擊也北史張彝傳擊打其門杜甫觀打魚歌又詩云棗孰从人打皆無音又梗韻○㾦數瓦切上

黨薓人縣傻傻俏不仁一曰輕慧貌

十七者

者止野切即物之辭若曰如彼者如此者又此也凡稱此箇曰者箇俗多用這字這乃魚戰切迎也佩觿集曰迎這之這爲者回其順非有如此者俗又借用遮字亦非古文下从白今作者俗作者赭赤色詩赫如渥赭又赤土俗作赭○寫先野切傾也輸也舒也除也程也盡也又謄鈔又摹畫瀉瀉泄水考工記以澮瀉水又見蕪韻

檺案也○且七野切借曰之辭如論語且予與其死於臣之手也又姑且發語且夫且如之類是也又與古語載字同且戰且卻之類是也又與姑同且以喜樂且以永日之類是也又未定之辭如俗言漫且如此且胡爲其不可以反宿之類是也又此也詩匪且有且是也又與又同詩式歌且舞多且旨是也又苟且草率又魚模語三韻○捨始野切釋也棄也亦作舍舍論語不舍晝夜荀子不可須臾舍也又止息也處也又見蕪韻內俗作舍○苴才野切慢也一曰伺也荀子藍苴路作以知而非又魚麻馬三韻

灺燈燭燼○𪒟昌者切寬大也哆大貌廣韻脣下垂貌又紙哿禡三韻𨒪距也又陌韻䰀醜也俗作䰀奓推開也莊子奓戶而入又麻禡二韻撦裂開衣撦撦也○野以者切郊外曰野牧外曰野大野曰平亦作壄埜又朴野論語質勝文則野又語韻埜司馬相如傳膏液潤埜草而不辭也

也語已辭柳宗元曰決辭也又音以冶鎔也銷也鑄也又鑄匠謂之冶莊子大冶必以爲不祥之金又曰以造化爲大冶董仲舒傳惟冶者之所鑄又裝飾也易冶容誨淫蠱媚也又姹韻○惹爾者切亂也引著也若乾草又浮屠所居西域謂之蘭若謂空靜處也又藥韻○姐子野切蜀人呼母曰姐

十八養

養 以兩切育也樂也飾也又與癢同荀子骨體膚理辨寒暑疾養又養養心憂不定貌詩憂心養養又漾韻凡生養養育與涵養皆上聲如孟子養氣與苟得其養禮記學養子而後嫁之類是也彼非自養而我養之則去聲如孝經以養父母論語是謂能養孟子以天下養養親養志之類是也 **懩** 心所欲也潘岳射雉賦徒心煩而技懩注有藝欲達曰技懩亦作癢杜甫詩瘖蕞何技癢 **瀁** 滉瀁水貌又去聲 **癢** 痛癢亦作痒又皮瘍 **痒** 同上又陽韻 ○ **鞅** 倚兩切牛駕具在腹曰鞅說文頸組曰鞅此馬鞅也亦謂之纓又强也懟也與怏同又漾韻 **怏** 懟也情不滿足也亦作鞅義同者不得重押如用牛馬鞅者非又漾韻 **佒** 莊子緣循偃佒郭云偃佒不能俯執者也 **詇** 早知也又智也又去聲義同 **鉠** 飽貌又去聲義同 **柍** 屋中央又木名又庚韻 ○ **奬** 子兩切勸使又縱臾又助也崇也稱也亦作獎說文从將从犬嗾犬厲之也當作獎 **獎** 左氏傳獎順夫法皆獎王室以獎天衷 **蔣** 菰蔣又地名周公子封於蔣後遂爲姓又陽韻 **槳** 所以隱櫂縱曰櫓橫曰槳當作槳又陽韻 ○ **兩** 良獎切二十四銖古作兩說文引易參天兩地漢志兩者兩黃鍾律之重也李奇曰黃鍾之律十二銖兩十二得二十四也一曰偶也再也易參天兩地地數六二與四兩者爲六也亦曰兩三爲六也又周禮五伍爲兩又罔兩土石怪又飾也左傳宣十二年御下兩馬又漾韻从入入音兩二入也俗作兩 **裲** 裲襠 **魎** 魍魎山川精物說文作蛧蜽莊子左傳作罔兩杜預曰水神也孔叢子土石之怪夔罔兩水石之怪龍罔象今山鬼一脚即夔罔兩非水神也亦作 **蜽** 國語木石之怪夔蛧蜽又蟲名 **良** 周官方相氏毆方良方音罔良音兩西京賦腦方良又陽韻 **緉** 雙履又絞也履兩頭也又漾韻 **掚** 飾也春秋傳御下掚馬本作兩 ○ **彊** 巨兩切勉彊力行也牽彊假合也又自是而不肯資人曰彊又倔彊不順從也木彊不和柔貌亦作强又姓光武紀强華奉赤伏符又陽韻 **强** 同上又陽漾二韻 ○ **仰** 魚兩切擧也反首望也又青帝名靈威仰又偃仰仰臥也亦作卬又陽韻 **卬** 詩瞻卬昊天漢王褒傳偃卬誳信音仰又陽韻从匕𠨍之匕从卩卩音節 ○ **想** 息兩切思也意之也 **鮝** 魚腊也

○甊楚兩切除垢瓦石又見下　搶著也史記頭搶地入見下又陽韻　㼩瓦石洗物韓愈元和聖德詩澌灈刷㼩　[illegible]山相[illegible]貌杜甫封西嶽賦羣山為之相㛊

剩皮傷也　○敞昌兩切冋也曠也豁也又敞怳[illegible]不諦也相如賦德敞怳而亡聞　鷩𣯶翎又析鳥羽為旗衣之屬　倘怱止貌莊子倘然止

惝惝惘失意貌莊子客出而君惝然亦作㦫通作敞又杜蕩切　㦫㦫怳驚貌又失精神貌　廠屋無壁　㢢寬也通作敞　昶日長也通也明也舒也

鋹廣韻利也五代有劉鋹　○掌止兩切手心又主也又常主也左傳使其後掌之孟子我使掌與汝乘古作爪覆手為爪反爪為爪今作掌　長孟也古作镸凡齒高位尊皆曰長周禮都鄙建其長注謂公卿大夫王子弟食采邑者今曰命長又長民詩克長克君左傳教誨不倦曰長又生長長養董仲舒傳陽常居大夏而以生養育長為事又夷狄首領唐書蠻夷君長又陽漾二韻

○爽所兩切明也清快也差也忒也又肅爽馬名又陽韻　騻驌騻良馬亦作驌爽又陽韻　鷞鸘鷞神鳥亦作鸘爽又陽韻　塽地高明處通作爽　漺淨也　甊半瓦　[illegible]弊也漢志[illegible]之以行又陽董二韻

○響許兩切應聲亦作嚮鄉向　嚮荀子應之如影響莊子砉然嚮然漢書天下嚮應張釋之傳猶於景響又與饗同漢宣紀上帝嘉嚮又兩階間又漾韻　鄉董仲舒傳如影鄉之應形聲又陽漾二韻　饗鄉人飲酒又歆也詩既右饗之又大饗與享同又陽韻

曏明也莊子證曏今故又少時也不久也又漾韻　蠁蛹中蟲一名禹知聲者又肸蠁布貌相如賦肸蠁布寫注云盛作也又漾韻

享獻也祭也臨也向也歆也孔安國曰奉上之謂享又享禮論語享禮有容色左傳成十二年享以訓恭儉宴以示慈惠杜預曰享有體貌設几而不倚爵盈而不飲肴乾而不食所以訓恭儉宴則折俎相與共食本作亯亦作亨饗又陽韻俗作享

亨古享字易公用亨于天子王用亨于岐山聖人亨上帝王用亨于帝利用亨祀皆作亨竝音香兩切俗本有作享者後人妄加耳相如傳稽首來亨俗作亨又庚韻

向古嚮字左傳晉大夫羊舌肸字叔向音香兩切漢刑法志作叔嚮顏師古音許兩切蓋古字作向後有嚮字名肸字向是取肸向嚮布之義也又漾韻

○襁居仰切論語襁負其子博物志曰織縷為之廣八寸長二尺以約小兒於背上李奇曰絡也以繒布為之絡負小兒孟康曰即今之

小兒繃顔帀古曰孟說是繦犄類也絲有類又錢貫漢志萬室之邑藏繦千萬兒寬傳繦屬不絕師古曰繦索也言若繩索之相屬也鏹以繦貫錢○壤汝兩

切柔土無塊又境壤糞壤鄒陽傳壤子王梁代師古曰梁益之間所愛謂其肥盛曰壤穰豐也又陽韻攘擾也浩攘繁冗也又陽庚二韻䑋盛肥曰䑋亦作壤

○賞始兩切褒賜酬功也嘉也賞罰國之二柄○上是掌切登也進也又漾韻○髣妃兩切髣髴猶依稀也見不審貌亦作仿佛彷彿昉佛

仿彷同上又陽韻昉王篇云古昉佛見似不諦又昉倣與倣同袁楚客規魏元忠書非昉禁獻紡網絲又紡績昉旦初明也又始也倣

倣也依也亦作放放禮記有放而文漢貢禹傳亦相放效論語放於利而行又陽漾二韻瓬埏埴之工考工記瓬人爲簋訪謀也及也問也又漾韻舫

並兩船又方船也亦作枋○罔文紡切罔罟易作結繩而爲網罟詩天之降罔史漢禁罔疎闊亦作網又誣也無也又羅致也孟子是罔民也又罔兩若有若無又土石之怪

又罔象水怪亦作方又罔罔昏蒙無知貌論語學而不思則罔少儀衣服在身而不知其名曰罔篆作网今作罔偏旁作冈冈网凡罝罘罦羅皆从网蝄說文蝄蜽山川之精物淮

南子說狀如三歲小兒赤黑色赤目長耳美髮从虫网聲或作蛧今作魍魍同上網罔網義同者不得重押如押欺罔及網罟者非方方良良上聲又陽韻誷

誣也通作罔惘惘然失志貌輞車輞又川名○枉嫗往切曲也抑屈也○往羽枉切之也去也行也至也暀德也是也光也

美也又漾韻○慌呼廣切懩慌昏也又慌惚不分明亦作怳恍荒茪茪怳狂貌又怳惚惝怳亦作茪莊子神心惚恍又作恍茪漢武帝賦寖淫敞茪

恍老子惚兮恍兮[illegible]旱熱也[illegible][illegible]月不明貌○搶七兩切爭取也突也○迋具往切欺也怨也又漾韻又誑也徍徃徃

劇也又遑遽貌見楚辭曰偟攘○黨多曩切五百家又朋也偏也長也輩也美也比也入頻也荀子怪星之黨見又見下讜善言中理又去聲義同[illegible]說文

地名周禮五百家也从邑尚聲党党項虜名又姓○儻他曩切倜儻卓異又或然之辭亦作黨黨董仲舒傳黨可得見于[illegible][illegible]鬼神詞也京[illegible]

延壽獨得□十之說也 [illegible] 又㮾韻 ○ 曭 日不明 曭 月無光 ○ 曩 乃黨切□也□也 灢 漢書□又水名亦作瀼

灢 杜甫有歸灢西田詩又元結後家灢濱又漾韻 ○ 榜 補曩切木片又標榜亦作㔙又東陽漾三韻 紺 枲屬亦作帛或曰皃皮屨又陽董韻 ○

莽 母黨切莽草可以毒魚又茻深貌左傳哀元年暴骨如莽杜預注草生廣野莽莽然故曰草莽又與𦵔同杜甫詩莽莽萬重山又鹵莽苟且貌又姥有韻 𡾰 嵣𡾰山貌也

𥊞 曭𥊞不明 漭 沆漭水大也 蟒 大虵也 鏻 鉡鏻溫器又姥韻 茫 相如賦鴻濛沆茫又見陽韻 ○ 顙 寫曩切東齊謂額爲顙又陽韻

磉 柱下礎也 嗓 喉嗓也 𤸁 馬病也 ○ 蒼 采莽切莽蒼莊子音義近野也一曰草野之色又陽韻 ○ 駔 子黨切駿馬又牡馬又牙

儈也會兩家之買賣如今度市也呂氏春秋曰段干木晉之大駔也又見姥韻 髒 骯髒體盤 ○ 奘 在黨切駔大方言秦晉間人大謂奘或謂之壯又漾韻 ○

沆 下黨切漭沆大水貌又漾韻 吭 聲也又頸也亦作肮頏又陽漾二韻 魧 大貝如車輞爾雅作魧亦作蚢 蚢 同上又陽韻 骯 骯髒體盤 ○

忼 口黨切竭誠又忼慨感傷之意又倜儻也亦作慷又陽韻 慷 同上又陽韻 ○ 坱 於黨切塵也楚辭坱兮軋兮王逸曰坱霧昧貌說文塵埃也又坱圠無垠

齊貌賈誼賦坱圠無垠又漾韻 泱 水貌又陽韻 岟 山貌 醠 濁酒又漾韻 盎 盆也亦作瓮又漾韻 瓮 莊子甕瓮大癭是也 ○ 㽘

舉盎切境也陌也又陽韻 䴚 鹽澤 ○ 䭲 語㽘切馬驚怒貌 ○ 懬 苦廣切大也 ○ 廣 古慌切大也闊也闢也播也又度廣曰廣又廣

輪廣袤東西曰廣南北曰輪曰袤檀弓廣輪揜坎注輪從也從音子容切據此則是橫量曰廣從量曰輪又兵車左右廣又副車曰貳廣見左傳襄二十三年 ○ 朗 盧黨切明

也亦姓

十九梗

○ 講 古養切論也謀也究也告也和解也 耩 耕也 港 分水流又水中行舟道

梗 古冷切木也又直也孔叢子爲回梗梗亮直亦作鯁又桔梗藥名戰國策求柴葫桔梗於
沮澤則累世不得一焉又塞也害也病也詩至今爲梗方言梗略也郭璞曰梗槪大
略也廣韻作 梗 見廣韻此當爲梗撓之梗 鯁 魚骨又骨不下咽世謂謇諤爲骨
梗又枝梗 鯁謂直言難受如骨之鯁咽也 綆 汲索亦作絙方言自關而東周洛韓
魏之間謂之綆或謂之絡關西 枕秉傳單極 語爲舌所介礙又咽塞也後漢書祝哽
謂之繘又箪也考工記眂其綆 絙 之絙斷幹 哽 在前祝噎在後注老人食多哽咽故置
之於前後祝之也一曰與鯁同前漢賈山傳作祝鯁又 骾 骨留咽中 耿 介也光也憂也詩
哽咽悲塞也莊子哽而不止則跈注哽塞也與梗同 通作鯁 耿耿不寐猶儆儆
也又 ○ 瑒 杖梗切珪尺二寸有瓚 ○ 丙 補景切十幹名爾雅歲在丙曰柔兆月在丙
姓 以祀宗廟又陽漾二韻 曰修漢志明炳於丙丙丁火行丙陽火丁陰
火 炳 明也亦 怲 怲怲擾也 邴 邑名又姓漢丙吉 蛃 白蟫 秉 禾秉又把也執也又
姓 作昞 又敬韻 宣帝紀作邴吉 魚 姓又十六斗曰籔十
籔曰秉小爾雅二鍾謂之秉秉十六斛又 棅 持也通 寎 爾雅三月 麩 麩餈亦 餅 魏志
祀謂之秉左傳或取一秉秆又敬韻 作秉 爲寎月 作餅 畫餅
不可食晉何晏傳湯餅 鉼 金鈑曰鉼 屛 蕃蔽又蕭牆鄭康成曰天子外屛諸侯內屛大夫以簾
東晳有餅賦亦作麩 士以帷又屛風廣雅罘罳謂之屛又除也斥也詩作之
屛之書屛棄典刑禮記屛之遠之論 荓 莊子至貴國爵幷焉注幷棄 荀子恭儉者偋五
語屛四惡又庚敬二韻亦作幷偋辟 除也俗作幷又庚敬二韻 偋 兵也又見敬韻
辟 莊子至信辟金又 迸 禮記迸諸四 箳 箳篂車蔽當車上竹席摩塵者前曰藩後曰笰
微未寘質紙五韻 夷又迸韻 旁曰翰揔曰茀亦作屛星孔悄爲別駕車舊有
屛星如刺史車是刺史 併 并也合也和也 鞞 補鼎切刀劍削亦 鞸 詩鞞琫有珌釋
本有之非特別駕也 又見敬韻內 作鞸又微尾二韻 文云字亦作鞸
賜穀也又與也 給也受也 [illegible] 漢西域 [illegible] 諸國稟食得以自贍後漢書稟給如律又曰
受命曰稟左傳稟命則不威又中子 [illegible] 適亦無稟令俗以白事 [illegible] 古無此義俗作禀 ○ 稟
景 居影切光也明也 [illegible] 周禮曰至之景又 境 界也亦 [illegible] 首割 頭
大也像也 [illegible] 又姓又見下 作竟 剄 [illegible] 頸 莖頭 儆 [illegible] 警

言之弁也寤之巡警也擏作檠又□韻檠□禮弓人注□□□中又正□□曰擎□□正弓也蘇武能檠弓弩亦作擏又庚□二韻擏正□□□了擏之而已
矣又與擏同又庚韻憬覺悟詩憬彼淮夷又遠也璟玉光○涬下頂切狠恚貌莊子悻悻然見於其面楚辭鯀婞直以亡身婞同上涬溟涬
自然氣又大水又溟涬混□貌涬塞也○省所景切視也漢以禁中爲省中顏師古曰省察也言入此中者皆當察視不可妄也又簡少也荀子省官職又見下又鉼
韻眚過也目病生翳又赦也春秋肆大眚是也又左傳不以一眚掩大德又妖病曰眚李奇曰內祆曰眚外祆曰祥瘠瘦也○頂都領切頭顛鼎
去象寶器易鼎卦彖曰鼎象也序卦曰革物者莫若鼎雜卦曰鼎取新也又方也賈誼傳天子春秋鼎盛又當也康衡傳康鼎來言康且來也酊酩酊甚醉貌亦作茗艼艼
晉山簡傳茗艼無所知打擊也穀梁傳宣公十八年注捝謂捶打也陸音頂又馬韻○挺他鼎切超挺也直也又寬也月令挺重囚梃孟子可使制梃以撻
□楚之堅甲利兵趙岐曰梃杖也漢書陳吳奮其白梃鋌箭鋌考工記冶氏爲殺矢刃長寸圍寸鋌十之注鋌箭足入藁中者也又音定金銀鋌也艇船小而長町
田區畔埒脡脯肉又直也禮記鮮魚曰脡祭舊音待鼎切誤侹徑侹直也代也敬也舊待鼎切誤又敬韻珽玉名說文大圭長三尺杼上終葵首左傳袞冕黼珽禮記
玉藻天子搢珽方正於天下也注珽之言珽然無所屈也相玉書曰珽玉六寸明自炤俗誤作斑唐有姚珽頲狹頭又直也圢平也莛廣韻草莖也又見庚韻
娗廣韻長好貌又庚銑韻○拯之庱切上舉也援也救也助也左傳宣十二年注出溺爲拯古作承亦作拼撜拯承同上晉譙王承亦作承丞又見庚韻
內拼唐陽於陵傳拼贍貧民撜同上拯易不拯其隨陸音拯本亦作拯輂軺車後登从丞从車作輂誤烝鬱熱亦作蒸易小過注烝而爲雨晉
天文志夏志南天氣至故烝熱也又見庚韻蒸列子注溫蒸同乎炎火又□許又音去聲整齊也从攴从束正諧聲束之又小擊之使正也○逞丑郢切矜
也自呈也通也快也疾也免也盡也又不檢謂之不逞从壬壬音頲騁馳騖从馬从由从丂庱吳興亭名孫權射虎處又蚩陵切裎袒也曲單衣謂之裎又庚韻

○領 里郢切項之背又管領又要也又統理也禮記父子君臣之節又凡衣要襘著項領㔁皆曰領漢書音義所謂頸下施衿領正方學者之服此又深衣與古青衿是也又文選劉公幹詩沈迷簿領書注領錄也又山道嚴助傳輿轎而踰領又首領將帥及酋長如人身之有頭項也 ○嶺 山道古作領 ○衿 下裳曰衿 ○茗 莫鼎切茶晩取者亦作榠 ○冥 昏蔽也詩維塵冥冥又庚敬質三韻 ○暝 洎目又先敬霰三韻 ○溟 溟涬江賦電注杳溟又庚韻 ○影 於丙切形影本作景葛洪加彡 ○景 莊子飛鳥之景罔兩問景漢書項羽贊羸糧景從張釋之傳下之化上疾於景響董仲舒傳如景響之應形聲吳都賦形僨景僵 ○癭 頸瘤也 ○廮 安止也又廮陶縣名在鉅鹿 ○穎 庚頃切禾穎穟穟又穗也書異畝同穎詩實穎實栗小爾雅禾穗謂之穎 ○潁 水名潁川郡从水俗作頴非 ○郢 地名在楚地俗作郢从壬 ○梬 棗似柿而小 ○顈 乃挺切項也 ○請 七井切謁也祈也扣也又請綌又敬韻 ○睛 䀹睛不悅目貌又庚韻 ○井 子郢切田九百畝曰井象九區之形市井邑居爲市野廬爲井又井泉易井卦東井宿名井井良易[illegible]文經畫端整貌荀子井井兮其有條理也又往來連屬貌易往來井井又姓古作丼象幹甕之形 ○綮 棄挺切肯綮筋肉結處又齊韻 ○頃 田百畝也後漢黃憲傳汪汪若千頃之陂亦作頃又庚賄二韻 ○檾 枲屬或作蘔又作苘 ○省 息井切察也覸也 ○渻 水出丘前曰渻丘又姓又人名莊子紀渻爾雅音所景切 ○箵 笭箵小籠唐元結傳帶笭箵 ○醒 醉寤又庚韻 ○惺 字林悟也又見庚韻內 ○篂 箳篂籭音餅則篂亦上聲籭音瓶則篂十二聲亦作屏星又庚韻 ○皿 眉景切食器盤盂之屬 ○烓 火郢切行竈見廣韻又微隊韻 ○肯 苦等切筋肉會處曰肯莊子技經肯綮之未嘗又可也說文作肎骨間肉也一曰骨無肉从肉冎省文漢書作肎 ○肎 說文引詩惠然肎來 ○肻 漢西域傳桀黠不肻給 ○殑 色拯切殑殑欲死貌 ○冼 凉冼寒貌冼其拯切 ○冷 魯梗切清甚也寒也又庚韻 ○等 多肯切齊也類也輩也等級也

待也稱重也

二十五有

有云九切對無之稱象作有从又从肉今文作有又宥韻 友同志爲友友有相佐佑之義又與人泊善曰友善又善兄弟爲友 酉辰名爾雅歲在酉曰作噩漢法
畱孰於酉又飽也老也就也首也古作丣篆作酉本音卣象形借爲申酉之酉 丣闔戶爲丣日入時也今通作酉 牖穿壁以木爲窻又道也向也開明也詩天之牖民是也
卣中尊宗廟彝器者尊有三品上曰彝中曰卣下曰罍郭璞曰卣不大不小在彝罍之閒周禮六尊是也爾雅疏彝受三斗尊五斗罍受六斗古作卣亦作脩 脩周禮卣人廟用
滫鄭康成曰脩讀爲卣又蕭尤二韻 槱積柴燎以祭天亦作楢又平去二聲義同 楢同上 庮久屋朽木臭周禮牛夜鳴則庮又平聲義同 莠禾下生莠又草
也藏也詩莠言自口 誘導也教也引也進也說文相訹呼也 羑羑里文王所囚處又道也書誕受羑若 ○ 滫息有切說文久泔也秦人謂溲曰滫溲所九切
禮記滫瀡以滑之又溺也荀子其漸之滫亦作糔 糔內則爲稻粉糔溲之以爲酏 ○ 酒子酉切儀狄杜康所作又元酒明水也 ○ 首始九切元
也俗呼爲頭又始也先也君爲元首易乾爲首又魁帥也古作𩠐又宥韻 手手足又貪縱爲非曰放手後漢書殘吏放手又失業本業曰游手 守主守攻守洪範有爲有守
莊子守而勿失之類是也又宥韻 ○ 帚止酉切拚帚箒也 肘臂節 ○ 醜齒九切類也衆也𡨋也惡也穢也亦作䰧 丑辰名爾雅歲在丑曰
赤奮若漢志紐牙於丑 杻手械又女九切木名亦作杽 ○ 蹂忍九切蹙踐也獸足蹂地又去聲義同 厹說文獸足蹂地爾雅狐貍貛貉醜其足蹞其跡
厹又尤韻 煣矯揉曲直之也又去聲義同又尤韻 輮車輞又踐也漢李陵傳深輮戎馬之地又去聲義同 糅雜也謝惠連雪賦紛糅亂而遂多又去聲義同 鞣
廣韻熟皮韓愈曹成王碑大鞣長平又見尤韻內 ○ 柳力九切木名古亦作茆又宿名爾雅咮謂之柳又曰柳鶉火也服虔曰東郡謂廣轍車爲柳李奇曰大牛車爲柳鄧
展曰喪車爲柳本作栁 茆蒲茆舊作茆注鳧葵誤 罶魚笱爾雅嫠婦之笱謂之罶郭璞引詩傳曰曲梁也謂以薄爲魚笱詩魚麗于罶俗作罶 瀏水清貌亦作[illegible]

又尤宥二韻璆又蕭尤宥三韻蟉蛐蟉龍貌也飀緒風曰飀本作飂懰好也詩佼人懰兮陸德明曰字亦作劉埤蒼作嬼妖也本作懰又尤韻

○紐女九切結會也忸愧也又慣習也玩也狎也荀子忸之以慶賞注忸與狃同又見屋韻內鈕印鼻鏡鼻弩鼻又姓狃犬性驕又狎也習也就也

又去聲杻木名檍也葉似杏而尖白色皮正赤其理多曲少直材可為弓弩幹又見上○黝於糾切青黑色亦作幽幽禮記一命緼𩌦幽衡再命赤𩌦

幽𣴓又尤韻眑幽靜又深遠也又篠韻岰山曲貌怮憂也又蕭尤效三韻泑澤名在崑崙山下懮舒遲貌詩舒懮受兮○朽

許久切木腐也○糗去九切熬米麥又宥韻○九舉有切老陽數九者究也又尤韻久長久也玖黑石次玉灸灼體療病又去

聲義同韭葷菜名說文一種而久故謂之韭糾繩三合又絞也督也彈也急也戾也亦作糺又舒遲之姿詩舒窈糾兮又笠貌詩其笠伊糾又繚戾貌詩糾糾葛屨又篠

韻糺魏都賦勍敵糺紛赳輕武有才力貌爾雅勇也朻木名又尤韻○黈他口切黃色又冕旁纊曰黈纊東方朔傳黈纊充耳所以塞聰顏師

古曰以黃綿為圜用組掛之於冕垂兩耳旁示不外聽也妵好貌又人名左傳昭公二十一年華妵居于新里○鋀徒口切酒器也揄引也又魚尤蕭

三韻○塿郎斗切培塿小阜亦作部婁婁左傳部婁無松柏又魚尤語御四韻甊瓿甊甖也嶁山顛又語韻䴞麰䴞環餅干寶司徒儀祭

吏用麰䴞簍籠也又同上下漊通水溝又魚語二韻○否俯九切不然也臧否也經史亦作不又賄韻如詩未知臧否之類即音補靡切不同上又尤

術二韻義同者合於二韻通押○溲所九切沃也水調粉麪也又尤韻醙白酒亦作醙又見尤韻獀春獵曰獀亦作蒐又平聲蒐同上又平聲

○掫側九切擊也行夜持更者左傳陪臣干掫又曰賓將掫即今擊柝也又魚尤二韻○吼許偶切虓聲一曰牛鳴亦作呴吽又宥韻呴同上又魚

語御三韻吽大爭聲又魚侯切㖃厚怒聲也○口苦偶切易兌為口釦金飾器口又譁動也春秋外傳三軍皆譁釦以振旅○

耇樂偶切耇久也詩汝耇凍黎也爾雅耇壽也一曰老人面若垢故曰耇 珣石次玉也 苟苟且草率也又姓又誠也又纔也論語苟美矣又果也孟子苟得其養左
傳苟有明信又與若同中庸苟無其德苟無其位又但也揚子非苟知之上从艸與敬亟苟字不同 枸枸櫞又尤語御三韻 笱竹器承梁之空以取魚者也 狗犬也
爾雅大未成毫曰狗 猗同上荀子曾不如相雞猗之可以爲名也 詬恥也路溫舒傳國君含詬 ○ 歐於口切吐也亦作嘔舊注云捶擊誤歐吐字从欠伸
之欠毆擊字从殸攴之攴亦作殳文同 嘔同上又尤魚御三韻 毆捶擊也亦作毆歐又魚韻 毆同上 歐同上 ○ 偶語口切伉儷也合也匹也
兩也對也諧也凡數雙曰偶隻曰奇亦作耦又適然也俑也像也木像曰木偶土像曰土偶耦與偶義同者不得雙用如用耦耕與偶然土木偶者非 耦易陽卦奇陰卦耦左傳嘉
耦曰妃又曰齊大非吾耦也又耒廣五寸爲伐二伐爲耦漢志后稷始甽田以二耜爲耦注併兩耜而耕也又二人爲耦左傳射者三耦周官射人王六耦諸侯四耦大夫士三耦 髃
腢前骨今人曰肩頭亦作腢又魚韻 腢同上 蕅芙蕖根亦作藕 藕同上 喁相呼聲莊子後者唱喁又東魚二韻 ○ 剖普偶切判也破也亦作部
部同上荀子名聲部發於天地之間又薄口切部曲又見暮韻 掊擊也莊子自掊擊於世俗又與剖同莊子吾爲其無用而掊之 ○ 培薄口切培塿小阜也
本作附婁春秋傳附婁無松栢 蔀覆曖物易豐其蔀又瀆也又菜名又暮韻 瓿甂也甂卽罌也又模韻 醅豕肉醬 ○ 叟蘇偶切尊老之稱古作叜
亦作傁又尤韻 傁左傳傅傁晉大夫 瞍目無眸子 藪大澤亦作棷漢武帝紀麟鳳在郊藪又十六斗曰藪亦作籔窶又姥韻 籔十六斗又炊籅漉米器又
姥韻 棷禮記麟鳳在郊棷注聚草也與藪同不得重押如押斗藪者非俗作掫又隊韻 嗾使大聲又宥韻 蔌菜謂之蔌又屋韻 ○ 趣此苟切促也趣
馬官名主駕又魚御屋三韻俗作趣 取獲也取予之對又魚語御三韻 ○ 走子口切趨走也指趨走之體而言之也又宥韻 ○ 斗當口切量名十升爲
斗漢志斗者聚升之量也又宿名南北二斗象皆如斗又科斗蛙雛又斗絕崖壁峭絕也又與也亦作科豆又斟器是也 枓同上又拱枓又語韻 豆同上考工記梓人一

獻而三酬則一豆矣注豆當作斗釋文音斗毛居正曰豆自是古斗字如豆區釜鍾之類後人誤作俎豆之豆讀之今俗書斗斛之斗爲㪷蓋訛併耳杜預注左傳四升爲豆四豆爲區無音又有韻

蚪 蝌蚪亦作科斗 **陡** 峻也頓也逗作斗

二十一寢

寢 七稔切堂室也古者正朝曰路寢次曰燕寢又次曰小寢爾雅室有東西廂曰廟無曰寢又凡居室皆曰寢禮記庶人祭於寢是也亦作寑又卧也息也又貌不揚曰寢亦作侵

寑 漢車千秋爲高寑郎注云高廟衛寑之郎

侵 漢田蚡傳貌侵師古曰短小曰侵又見侵韻

鋟 爪刻也公羊傳鋟其板今雕印曰鋟板又侵韻 ○

寖 子衽切縣名在汝南漢地理志注應劭曰叔敖子所邑之寖丘是也至宋更名固始師古曰寖音子衽切又濫也 ○

審 式荏切悉也詳也熟究也从宀从釆从田釆蒲莧切說文作宷與寀宷字不同俗作審

諗 謀也告也相思念也又沁韻

沈 國名臺駘之後又姓又見下又侵覃沁三韻

瞫 竊視又丑甚切人名

嬸 俗呼叔母曰嬸

⿰牜冘 牛名

淰 魚駭貌禮記以龍爲畜故魚鮪不淰淰之言閃也又琰韻 ○

瀋 昌枕切汁也左傳猶拾瀋也亦作沈

沈 禮記檀弓爲揄沈故設撥 ○

枕 章荏切卧薦首者又沁韻毛晃曰衾枕之枕上聲詩角枕粲兮之類是也以首枕物去聲論語曲肱而枕之易險且枕之類是也 ○

餁 忍枕切熟食亦作飪

飪 同上

稔 穀熟古人謂一年爲一稔取穀一熟也

腍 熟也郊特牲腥肆爓腍祭

衽 衣襟又卧褥亦作袵又沁韻 ○

袵 同上注卧褥也

荏 方言關之東西或謂之蘇或謂之荏又柔弱也論語色厲而內荏詩荏染柔木又荏染猶侵尋也 ○

恁 女錦切思也念也 ○

吟 魚錦切揚雄解嘲蔡澤雖噤吟而笑唐舉師古曰噤吟頷頤貌俗作吟又侵沁二韻 ○

踸 丑錦切行無常貌亦作趻

趻 莊子吾以一足趻踔而行

瞫 左傳狼瞫君子也又見上 ○

廩 力錦切倉有屋曰廩古作稟後世加广以別之又尢懔也與懍同賈誼書爲此廩廩从广从㐭从禾俗作廪

稟 禮記中霤用既稟稱士音彼錦切又力錦切古者給人以食

取之於倉廩故亦稱廩給如漢書廩食從書廩給字無音亦合依禮記釋文通用俗作禀 懍 危懼也亦作𢒎義同者不得重耳如押倉廩者非俗作懔 凜 寒也俗作凛

○錦 居飲切說文襄邑織文也徐曰襄雜色也漢魏郡有縣能織錦綺因名襄邑又釋名錦金也作之用功重其價如金故字从金帛 ○飲 於錦切歠也飲食也凡可飲者亦謂之飲周禮四飲左傳下取飲注云飲謂酒也又沁韻 ○瘆 所錦切洛澤謂之瘆瘮又寒病也 槮 聚柴水中以取魚亦作罧又桑錦切又侵感二韻 ○墋 楚錦切不清澄皃陸機漢高祖功臣贊茫茫宇宙上墋下黷注墋垢也黷濁也又土也 ○糝 桑錦切米粒和羹周禮糝食亦作糂又見感韻內 糂 同上

二十二感

感 古紞切感應格也動也觸也又勘韻 [石感] 石篋也封禪所用 [匚贛] 箱類又器蓋又送韻 ○髧 徒感切髮垂貌詩髧彼兩髦 抌 刺也擊也又尤韻 黮 黑也束皙補亡詩黮黮重雲又勘韻 窞 坎傍入一曰坎底入于坎窞亦作欿 欿 同上又坎欿周地見左傳僖公二十四年又見下 啿 豐厚貌漢郊祀歌羣生啿啿 ○坎 苦感切卦名險也陷也小阱也又小罍形似壺亦作埳臽又坎坎擊鼓聲又詩坎其擊鼓又坎坎鼓我是也 埳 莊子埳井之蛙與坎同又埳坷轗阻不遇貌 臽 同上又勘韻 惂 憂困也 欿 不足貌孟子如其自視欿然則過人遠矣 轗 轗軻車行不利也又去聲 ○晻 鄔感切不明也又勘琰二韻 馣 馣馣香氣 菴 菴藹翳薈也文選蜀都賦茂八區而菴藹焉又覃勘二韻 揞 藏也手覆也 唵 手進食也 闇 晦也中庸君子之道闇然而日章有兩音又勘韻 暗 泣不止又暗醷聚氣貌又見侵沁二韻內 黭 黑色又卒至貌荀子黭然而雷擊之 匼 奄媚迎合也唐蕭復傳盧杞諂諛阿匼又合韻 ○頷 五感切說文低頭也左傳迎于門頷之而已徐曰點頭以應也或作頜徐曰今左傳作頷假借之也集韻亦作頷 ○糝 桑感切米粒和羹亦作糂

又雜也亦作糝同上參周禮司裘注大射大侯九十參七十干五十陸德明㗊丁文參音素感
參又寢韻　切又與桑感切同又鄉射記注大侯九十弓糝侯七十弓豻侯五十
弓大射禮注云參讀曰糝槮小爾雅槮槮聚柴水中以取魚也亦作罧詩傳及爾
槮雜也又侵覃勘三韻　雅作槮郭景純從小爾雅改槮爲槮又侵寢沁三韻○慘
七感切憯也酷毒也慽憯痛也通𢉺病而痛也黲淺青○歜徂感切昌蒲葅左傳
戚也愁恨也亦作憯　作慘　通作慘　黑色　享有昌歜又屋韻
○寁子感切速也詩不昝蜀昝堅勸李○紞都感切杜預曰冠之垂者又黕滓
寁故也又葉韻　勢降桓溫　擊鼓聲晉書紞如打五鼓　垢
又黑貌潘岳籍田賦翠眈虎視又○襑他感切衣博
幕黕以雲布俗作黕　覃韻　大也又侵韻醓血醢
肉醢醰莊子唶醰物也音
義云聚氣貌又尾
泰質嗿衆聲詩有菼菼之初生毛詩碩人傳菼薍也郭璞緂帛青黃色又毯毛席也
三韻　嗿其饁　云薍似葦而小陸機云薍或謂之荻　衣采色鮮　或作毭
䌨毳衣說文帛騅色引詩毳衣倓安也安然不疑也荀子倓然見管仲之能足以
如䌨騅倉白色也今詩作菼　託國也又恬也靜也又徒感切繳夷贖罪貨也
䟩下斬切豆㺌犬吠不○檻胡覽切欄也檻也軒版也谷永傳檻塞大異注檻猶閑
半生也　止也　也又檻檻車聲又泉正出曰檻泉詩觱沸檻泉有兩音
亦作濫艦戰船也四方○闞虎覽切怒聲詩闞[illegible]堅喊聲也揚子顑顑頷不飽
艫艎　施版以禦矢　如虓虎又勘韻　土　狄牙能喊　貌離騷長
顑頷兮何傷韓愈送[illegible]谷開也江賦○膽覩敢切○壈盧感切坎壈屯蹇轗
無本詩皋室長顑頷　[illegible]如地裂　肝膽也　不得志也俗作壈轗
車不進一○敢古覽切果敢勇敢忍○澉澉甕韓愈納涼聯　撖撖　○覽魯敢切視
曰車不平　爲也篆作[illegible]古作[illegible]　句淡澉甘瓜濯　攬　也从監
見俗作覽又去聲漢葺孟詩攬手取亦作擥擥俗作擥光武紀總攬攬
曾不斯覽師古曰合韻音濫　上从監俗作攬　擥　檻攬綱　攬
古斬切押也鹼鹹也○黯乙減切深黑又人名黶黑痕又人名春秋晉黬痕也
減耗也亦姓　鹵也　漢有汲黯俗作黯　欒黶琰韻俗作黶　云[illegible]底○減

黑莊子有生黬青黑黬也俗作黯黵色也 ○摻所斬切快也詩摻子之袪兮毛傳摻擥也又覃勘二韻 摲次也人截取也 [illegible]犬容頭進

斬側減切斷首又盡也禮斬衰謂裳下不緝正割如斬然 ○啿丈減切豐厚貌漢郊祀歌云羣生啿啿又音黮 ○嶃士減切高峻貌又覃韻

巉巉巗山高峻貌又覃韻

二十三琰

琰以冉切璧上美色又琰圭九寸 剡銳利又削也斬也易剡木為楫賈誼傳剡手以衝仇人之匈荀子安欲剡其勁亦作覃錟又見下 掞削也易剡木為楫釋文作掞音以冉切亦作剡又豔韻 覃詩以我覃耜注覃利也又覃韻 錟史記過秦論非錟於句戟長鎩又覃韻 淡廣韻澹淡水貌相如賦隨風澹淡郭璞曰烏任風波自縱漂貌又勘韻 ○奄衣檢切覆也蓋也大有餘也忽也止也藏也取也遽也同也又東夷國名書昔朕來自奄又曰遂踐奄又曰王歸自奄孟子誅討伐奄竝無音當作上聲用又豔豔二韻 掩遮也蓋也閉也歛也閉取也小上曰掩乘其不備而覆之曰掩爾雅矜憐撫掩郭璞曰撫掩猶撫指謂慰恤也亦作揜 揜禮記誠之不可揜顯者不可揜又取也闕東謂取為揜 罨網揜取物蜀都賦罨翡翠俗作罨又合韻 崦崦嵫山日入處又鹽韻 閹寺人亦作奄周禮奄音於檢切注云精氣閉藏者後世謂之宦人奄閹義異者可重用又鹽韻 晻日無光又感勘二韻 渰雲雨貌詩有渰淒淒注雲興貌釋文云本亦作弇漢書作黤又覃韻 黤青黑色又感韻 弇蓋也又鍾形中寬周禮弇聲鬱又覃豔二韻 厭禳也笮也伏也服也又惡也論語天厭之有兩音左傳將以厭衆謂欲服衆也禮記大學厭然揜其不善而著其善注厭讀為黶厭閉藏貌是義與奄藏之奄同又鹽豔葉合四韻 黶面有黑子又感韻 檿山桑有點文者書厥篚檿絲詩其檿其柘 魘廣韻睡中魘蓋氣窒心懼而神亂則魘韓愈遊湘西寺詩怵惕夢成魘又葉韻 埯土覆物也 [illegible]亭名也 ○閃失冉切闚頭門中又韓避廣韻出門貌又豔韻 覢暫見也 睒晶熒貌廣韻暫見韓愈詩

太白睒睒吳都賦忘其所以睒賜 淰 閃也魚驚貌禮運魚鮪不淰又寑韻 陜 地名弘農陜也从阜从夾人作陜有弍別閃三晉从二入與陜隘字不同陝从夾輔之夾

潣 水動貌从水閃 ○ 冉 而琰切毛冉冉又冉冉行貌楚辭老冉冉其將至今作冄亦作冉 苒 荏苒柔弱貌又荏苒猶侵尋也亦作染冉義不同者可分押

染 染色又柔也詩荏染柔木又豔韻从八九之九俗从丸非 剡 縣名在會稽又見上 ○ 諂 丑琰切諂諛亦作讇 讇 漢五行志爲佞讇之計劉輔傳朝廷

無讇諛之士 ○ 斂 力冉切收也聚也曆法春夏曰發秋冬曰斂又豔豔二韻 羷 羊角三觠為羷 蘞 草名詩蘞蔓于野又見豔豔二韻 溓 黏也考工

記輪人雖有深泥亦弗之溓也又豔韻 ○ 險 虛檢切巇險也深陷不可測也危也阻難也易坎險也天險不可升也地險山川丘陵也王公設險以守其國凡不可犯者皆

險也亦作嶮 嶮 同上 譣 譣詖姦言通作險又豔韻 獫 獫狁北夷俗作玁亦作獫 撿 同上又長喙犬又豔豔二韻 ○ 檢 居奄切書檢印窠封

題也又校也柅也檢柙防範也三蒼解詁云檢法度也爾雅檢等也釋云檢模範也郭璞云模範同等說文云書署也署程式也今俗謂文書稾為檢字是也漢武帝紀注封禪有金策石函

金泥玉檢謂以玉為檢束也 撿 拘撿又巡察也搜也校也柅也舉也漢書法令撿式注撿局也謂防束也 瞼 目上下瞼也 臉 面臉也 ○ 隒 魚檢

切山形如重甑爾雅重甗曰隒 噞 噞喁魚口上見貌又豔豔二韻 儼 恭也昂頭也一曰好貌亦作嚴曮 嚴 書嚴恭寅畏天命有兩音荀子嚴嚴兮其能欽己也注嚴

有威重之貌漢匡衡傳正躬嚴恪臨衆之儀也又豔韻 曮 曰躔又矜莊貌詩碩大且曮陸德明云本又作㘙 广 因巖為屋棟頭曰广凡屋之類如廳廂廊廡庠序等字皆

从广 ○ 颭 職琰切風蕩激也 ○ 忝 他點切說文玷辱也又一亦也 餂 鉤取也孟子以言餂之又音甛義同 ○ 點 多忝切點注又更點

俗作點 蔵 草名又人名孔子弟子公西蔵奚容蔵 ○ 淰 乃點切濁也又見上 姌 纖細貌本作姌 ○ 歉 苦剡切食不滿歉[illegible]傳一穀不升曰

歉又不足貌亦作嗛又豔韻 慊 恨也又饜也亦作嗛又豔葉二韻 嗛 猿猴藏食又與歉同荀子謹畏而嗛又與歉同荀之臭之而無嗛於鼻注嗛與慊同義不同者可分

狎又鹽韻

謙 禮記大學此之謂自謙注謙讀爲慊慊之言厭 釋文謙音苦劍切自謙謂誠[illegible]也又鹽韻

洪武正韻卷第九

洪武正韻卷第十

去聲

·一送

送 蘇弄切餞也遣也將也隨也贈行曰送漢陸賈傳他送亦千金蘇林曰非橐中物故曰他送 宋 國名又姓 ○ 鳳 馮貢切瑞禽神鳥之長一名鶠麟前鹿後
蛇頸魚尾龍文龜背燕頷雞喙聲若簫翼若干出於東方君子之國見則天下大安寧王者德盛則鳳至爾雅鶠鳳其雌皇孔演圖曰鳳爲火精生於丹穴非梧桐不棲非竹實不食非醴泉
不飲身備五色鳴中五音有道則見在天爲朱雀又州名後魏南岐州改鳳州古文作朋 朋 篆作𠁥象形鳳飛羣鳥从之以萬數故借爲朋黨字又東韻 奉 漢書武帝紀奉
祿公孫弘傳奉祿甚多奉者養也予之祿以養之也又董韻 縫 衣會又東韻 [illegible] 款書 ○ 謥 千弄切謥詷言急俗作謥 憁 憁恫不得志也俗作憁
○ 糉 作弄切角黍亦作粽 粽 同上 傯 倥傯苦也不暇也窮困也亦作摠俗作傯又董韻 ·摠 同上俗作揔又東董二韻 緵 魚網江東[illegible]爲[illegible]
罟亦作緫又東韻 總 同上又數絲魏都賦繷總清河又東董二韻 㚇 鳥飛歛足亦作𥀬又東董二韻 翪 同上 綜 機縷 猔 豕生[illegible]豕 ○
足用切緵也含也放縱也肆也亦作從又東韻 從 論語從之純如也又隨行又見下及東陽二韻 ○ 涷 多貢切水[illegible]又音東義同 棟 [illegible]
○ 痛 他貢切隱也傷也楚也疼也 ○ 洞 徒弄切空也恭也又幽邃又董韻 峒 山一穴又東韻 絧 鴻絧相[illegible]洞又[illegible]
衕 通街又平聲義同 詷 [illegible]又董二韻 [illegible]又 恫 [illegible]不得志[illegible]也又東[illegible] [illegible]通簫亦作洞[illegible]
動 則上聲彼不動而我動之則去聲[illegible]下誰[illegible]而[illegible]經[illegible]引[illegible] [illegible]動字[illegible] [illegible]洞[illegible] [illegible]

顏師古協韻音去聲則動靜之[illegible]亦可作去 慟 哀過動心 ○ 弄 盧貢切玩也戲也侮也 [illegible] [illegible]吟 ○ 哄 [illegible]貢切衆[illegible]唱聲又[illegible]哄呵喝
聲也 鬨 鬭聲从鬥从共鬥音鬭兩士相對兵仗在後象鬭之形緣孟子鄒與魯鬨揚子一鬨之市皆有兩音後人傳寫誤从門是以廣韻注云凡从鬥者今與門戶字同其實非也人
場屋中用孟子揚子及經史中假借字姑从門其餘字依本文一作閧俗 閧 同上 洚 洪水水不遵道又東陽漾三韻 横 不以理也又作反孟切又東韻 蝗 螽也
記華孟切 潢 說文小津也一曰以船渡舊作戶孟切 汞 水銀 ○ 烘 呼貢切烘燎火乾也又東韻 轟 衆車聲也舊作呼孟切又東韻 輷 同上
舊作呼孟切又東韻 ○ 控 苦貢切引也告也詩控于大邦集傳控持而告之也又操制也詩抑磬控忌注止馬曰控謂勒止也又陽韻 鞚 馬勒通作控 悾 上
信也愨也又東陽二韻 空 缺也又空乏也選詩潭影空人心又東董二韻 倥 倥傯困貌 䛪 多言又詢問也 躳 役使也又作倗 ○ 貢 古送切獻
也薦也周禮八則五曰賦貢以馭其用注貢功也九職之功所稅也又姓夏后氏稅名書禹貢釋文云字或作贛 贛 賜也又與貢同又勘韻 [illegible] 小杯又感韻 瓨
至也甘泉賦登椽欒而瓨天門俗作玒 [illegible] 地名 䲨 鳧讓食也 供 陳設又具也通作共又東韻 共 漢文帝詔共養于高廟漢共養長信宮又見下及東董御
三韻 澒 水名 ○ 瓮 烏貢切罌也亦作甕罋 罋 汲瓶 甕 易井卦九二甕敝漏又東韻 ○ 夢 蒙弄切神交為夢亦作㝱寢又雲夢澤名
周禮作㝱又東韻俗作夢 㝱 [illegible] 同上 懵 不明又悶也舊作莫更切又東董二韻亦作懜懵 懜 惛也舊作莫更切又東韻 瞢 同上又目不明又雲瞢澤
名又日月瞢瞢無光之氣亦悶也左傳不與於會亦無瞢焉舊作莫更切又東韻 溕 微雨 霿 天氣下地不應曰霿又東宥二韻 雺 同上 艨 艨艟戰船又東
韻 孟 長也勉也始也又姓氏舊作莫更切 盟 盟津水名又庚韻舊作莫更切 [illegible] 魚名也舊作莫更切 [illegible] 重鏝舊作莫更切 [illegible] 夢夢新睡起舊作莫
更切 ○ 賵 撫鳳切贈死物應劭注漢書曰車馬曰賵衣服曰襚杜預注左傳曰賵助喪之物公羊傳曰賵者以乘馬東帛車馬曰賵貨財曰賻衣被曰襚注賵猶覆也賻猶助

也遂循遺也知生者賵賻知死者贈遂 麷熬麥又東韻 諷誦也記音曰諷又微刺也亦作風 風因風感物曰風又東韻 葑葑田又菰根也又東韻

封大也厚也又以土封物曰封又東覈二韻 俸秩祿亦作奉 ○雍於用切蔽也擁也滯也又姓文王子雍伯之後左傳郜雍曹滕杜預曰雍國在河內山陽

縣西又州名禹貢黑水西河惟雍州本作雝又東董二韻 雝同上又東董二韻 灉水名爾雅水自河出為灉又曰灉反入書灉沮會同亦作維灉又東韻 維職方

氏其浸盧維注當作雷雍釋文盧音雷維音於恭切案書禹貢雍作灉釋文有平去二音則維字亦當有兩音又東微二韻 灉同上唐有劉灉音紆用切又東韻 壅加培也

饔熟食又朝食曰饔夕食曰飧亦作饔又東韻 饔同上 ⿰革邕靴靿 ⿰衤邕襪袎 ○衆之仲切三人為衆又多也又姓又東韻篆从目从三人當作眾

今作衆 中注的也當也詩周室中興又要也周禮天官凡官府都鄉州及都鄙之治中受而藏之鄭司農曰治中謂其治職簿書之要也莊子中身當心則為病又與衷同折中又

半也又東韻 衷折衷衷猶中也平也當也亦作中中衷義同者不得重押如用治中及中的中興中著之中中半之中與折衷者非又東韻 種蓺也本作穜又東董二韻

穜同上又東董二韻 ⿰童瓦甕屬 湩乳汁亦作重又音凍義同 重漢匈奴傳不如重酪之便美 ○仲直衆切中也次也周人冠而字五十乃加

伯仲亦作中 中同上又中籥月令律中中呂又姓 蟲蟲食物又東韻 重再也難也厚也遲也輜重也滯也威尊也又物不輕也又東韻 ○用余頌

切以也使也庸也 詠詠歌謳吟也古作永亦作咏舊作為命切 永書歌永言聲依永徐音詠舊作為命切又董韻 咏同上 泳游泳潛行水底曰泳 禜

禳風雨祭周禮禜門用瓢齎鄭康成曰禜之言營也說文禜設綿蕝為營以祈水旱舊作為命切又庚韻 醟湛酒舊作為命切又東韻 瑩玉色一曰石次玉一曰潔也逸論語

如玉之瑩舊作烏定切又見庚韻 瀅汀瀅火澄韓愈詩曲江汀瀅水平盃又汀瀅不遂志貌廣韻小水也舊作烏定切 鎣器也磨也飾也亦作瑩又音營舊作烏定切

⿰忄瑩志恨也舊作烏定切 ○頌似用切稱述也詩美盛德之形容以其成功告於神明者曰頌又東韻 誦諷誦又公言之 訟爭訟又爭罪曰獄爭財曰

訟又東韻
○從 才仲切隨行從天子[illegible]法從侍從漢[illegible]使[illegible] 言其少年而從[illegible]也亦曰傔從傔兼也音[illegible]又見上及東陽二韻
○匈 許用切讙譁亦作訩詾凶于君[illegible]不為小人匈匈也而輟行又東董二韻
訩 詾 凶 同上又東董韻
哅 荀子掩耳而聽[illegible] 以為[illegible]哅又東董[illegible]
嗅 鼻審氣又宥韻
夐 營求也冠絕也遠也 舊作呼正切又霰韻
詗 候伺也刺探也漢書為中詗舊作呼正切又董韻
迥 寥遠也
瞏 直視貌舊作呼正切
○共 渠貢切同也皆也合也公也
○惷 丑用切愚也又東陽漾三韻
矗 高起也直貌又屋韻
○齈 奴凍切多涕鼻疾也
鬞 鬆亂
○迸 補夢切走逸也涌也又梗韻舊作比孟切亦作逬
逬 同上舊作比孟切
跰 史記歲星晨出為跰踵舊作比孟切
榜 進船舊作比孟切又陽養漾三韻
搒 同上又說文掩也又笞打也舊作比孟切又陽養漾三韻
堋 射垺又壅江水灌溉曰堋舊作逋鄧切又東韻
塴 葬下棺左傳昭十二年毀之則朝而塴詩傳作㑭舊作逋鄧切
○蠯 蒲夢切蚌脩為蠯圓為蠇亦作蠯舊作蒲猛切義同
蠯 同上舊作蒲猛切義同

二寘

寘 支試切置之也納之也猶言安著也又止也廢也又微未二韻
忮 很也莊子大勇不忮又懻忮傷害詩不忮不求又勁很也亦作伎
伎 同上廣韻引詩鞠人伎忒又奇寄切
觶 酒器實曰觴虛曰觶禮記尊者舉觶卑者舉角孔穎達曰觶者適也受三升又罰爵又支韻
至 到也又極也又案說文鳥飛从高下至地也故篆文作㞷象其形也
摯 握持又姓又與贄同周禮以王作六摯禮記凡摯天子鬯諸侯圭又與鷙同禮記前有摯獸則載貔貅詩傳云雎鳩摯而有別情意深至
鷙 猛擊鳥鷹鸇之類廣雅鷙執也取其能服執衆鳥漢杜詩傳湯武善御衆故無忿鷙之師注鷙擊也凡鳥之勇獸之猛者皆曰鷙亦作鷙摯
鷙 月令鷹隼蚤鷙鳥也
贄 執贄本作贄亦作質書五玉三帛二生一死贄
質 孟子不傳質為臣又物相質當也左傳周鄭交質又質韻
礩 柱礎又質韻
志 在心為志謂意志也又脊鏃不翦羽為志又記也與誌同漢書十

志又旗也史記沛公以周昌爲𢧐志篆文作𢀳从之从心心之所之謂之志論語所謂志於道是也 **誌** 記也亦作志識又吳楚俗謂黑子爲誌中國通乎爲黶黑子 **識** 書序識其政事又見下及質韻 **織** 織文錦綺屬亦作誌書禹貢厥篚織文無音當於去入二聲通用又見下及質韻 **底** 書震澤底定史記音致又支紙二韻 **疐** 礙不行又頓也跆也亦作𨅝又霽韻 **𨅝** 同上 **躓** 跲也與𨅝通又支韻 **輊** 車前重漢馬援傳居前不能令人輕 **驇** 馬重从鳥誤 **懫** 忿也恨也懟也止也亦作懥 **懥** 大學心有所忿懥則不得其正 ○ **胾** 大臠肉禮左殽右胾注骨體曰殽切肉曰胾 **剚** 插刃又置也李奇曰東方人以物插地皆爲剚 **椔** 木立死亦作菑又支韻 **菑** 同上又支韻 **傳** 立事曰傳周禮太宰事典以任百官注任猶傳也陸德明云傳猶立也 ○ **試** 式至切用也嘗也探也較也 **弑** 下殺上也 **識** 旌識謂以旌旗爲表也左傳宣十二年注楚以茅爲旌識音申志切又表識謂有所標表令異曰可識知也漢劉向傳不可不識也師古曰墓須表識音式志切又見上及質韻 **始** 方始爲之月令桃始華蟬始鳴音式志切又紙韻 **室** 房也晉束晳傳心存無營之室協韻去聲又刀削又質韻 **失** 過也縱也晉宴射詩過則有失音試又質韻 **翅** 不止如是也通作啻 **啻** 同上 **施** 布也散也與也論語博施於民易雲行雨施德施普也並音始豉切書以五采彰施于五色祭法法施于民論語勿施於人並音从去聲又支韻 **鍦** 短矛又支韻 **駛** 馬行疾亦作駛 **使** 將命者東觀記馬援祖父賓宣帝時以郎持節號使君又遣人聘問曰使論語蘧伯玉使人於孔子又紙韻 **史** 史君通作使又紙韻 ○ **翅** 昌志切說文翼也亦作䎶翨从羽从支聲又不翅過多也又支韻 **䎶** 史記楚世家三國布䎶俗作𦐖 **翨** 周禮有翨氏掌攻猛鳥以獻其羽翮 **熾** 說文火盛也从火从戠聲或作熾古作考 **饎** 說文酒食也方言熟食亦作糦饎 **糦** 同上 **𩟄** 周禮有饎人主炊官注亦作饎 **幟** 旗也廣雅幡也又作織亦作熾 **織** 漢志[illegible]其織加其上又質韻 **埴** 黏土又質韻 **廁** 說文閒也雜也[illegible]也圂也又[illegible]高垂邊曰廁又高岸夾水曰廁亦作廁 **廁** 同上 ○ **侍** 時至切近也從也承也亦作𠊋 **寺** 同上又寺人奄宦亦作闍又見下 **蒔** 植立也又種也又支[illegible] **豉** 鹽[illegible]从[illegible]

說文跂亦作枝蓋古[illegible] 字互一名古故字亦从卉 呫 [illegible]也好 小作老[illegible] 耆 古[illegible]耆[illegible] 又[illegible]二韻之 謉 [illegible]比[illegible]作[illegible] 眂說文作眂示古字通用
眎 同上又與示同趙充國傳漕穀 臨羌以眎羌虜亦作眂又支韻 眡 同上 示 垂示也吴[illegible]也又支韻 謚 誄行立號以易名[illegible]謚法 自周始亦作諡
謚 漢書賜 之令謚 事 世務大曰政小曰事紀綱法度曰政動作云爲曰事三公之任 曰三事六卿之任曰六事又奉也營也治也職也采也載也 士 漢志學 以居位
曰士又未娶謂之士詩以穀我士女釐爾士女又事也大事曰公小事曰士詩勿士行枚又察 也理也故治獄者謂之士又士卒又漢制當爵爲侯而奪免者曰公士又士伍謂無爵而與士
卒爲 伍也 仕 說文學也从人从 士聲一曰仕宦也 是 是非之對又 正也直也 市 買賣之所也易曰中爲市又買物論語沽 酒市脯及物貨相貿易賣買皆謂之市
柹 說文赤實果从木从朿聲類篇曰 俗作柿非柹音芳吠切削木片也 恃 恃賴依 怙也 氏 姓氏左傳因生 賜姓胙土命氏 諟 理也審也諦也 正也亦作媞
媞 同上一曰妍黠又江淮 之間謂母爲媞又齊韻 禔 衣服端正 貌又齊韻 ⿰足氏 蹟也舊注 作積誤 阺 岸傍欲 落者 阸 爾雅本作戹落 時謂之戹一曰
砌 也 俟 待也又 微韻 竢 同上 以竢後聖君子 騃 駓騃獸行西京賦羣獸 駓騃又癡也又解韻 涘 水 涯 ○ 二 而至切地數 之始古作弍
貳 副也重也疑也敵也不一也攜貳離心也古亦借用二字左 傳臣無二心又貳副也謂副本也又副車曰貳車亦作貣 貸 差貸月令宿離不貸毋 或差貸竝音二又泰陌
二 韻 樲 棗屬孟子養其樲棘注 樲棘小棘所謂酸棗也 餌 食也說文粉餅也又釣餌魚者莊子 以五十犗爲餌賈誼傳五餌又紙韻 珥 瑱也一名耳璫 又插也又紙韻
鉺 玉篇鉤也韓愈城南 聯句脩箭裊金鉺 聏 和也莊子以聏合驩音義 云聏和萬物也又支韻 刵 斷 耳 毦 氅毦飾 又罽也 咡 口旁 曰咡 ⿰血耳
開刑書殺雞血祭爲⿰血耳周禮注 割牲耳血及毛祭以爲刉⿰血耳 ○ 智 知勢切心 有所知也 知 同上論語知者知及之焉得知易知者 見之中庸知者過之知仁勇荀子是是
非謂之知竝音 智又姓又支韻 ⿱⿰矢亍日 同 上 緻 密 也 致 極也送至也使之至也趣也从至 从夊夊音綏俗作致大學致知 置 貫而立也詩置我 鞉鼓又驛也馬迹

曰置漢書有便宜因騎置以聞師古曰即今驛馬也黃霸傳郵亭師古曰行書舍傳遞文書所止處孟子速於置郵而傳命又設也安也赦也建也措也弃也又音治

制 節也裁也斷也正也御也檢也法禁也造也顏師古注漢書天子之言一曰制書二曰詔書制書者謂爲制度之命

製 同上通作制

晣 明也亦作晣又屑韻

晣 同上又屑韻

哲 星光也詩明星哲哲又屑韻

折 斷之也班固西都賦秦成力折協韻音制又齊屑二韻

鯯 魚名

○**誓** 時智切約信也

噬 齧也易噬嗑卦

筮 揲蓍以占

逝 往也去也亦作遰

忕 習也从心从大又泰韻

澨 水涯也又水名禹貢過三澨

遾 逮也郭璞曰東齊曰遏北燕曰遾又及也

○**世** 始制切三十年爲一世又當時爲世又父子相代爲一世

貰 貸也賒也又蕪韻

勢 勢力權勢形勢又氣燄也陽氣也又外腎爲勢亦作埶慹

埶 同上又未韻

慹 情態與慹字不同慹从執从心音躡此从埶

○**掣** 尺制切掣曳易其牛掣王弼云滯隔不進也又與觢同鄭康成作觢牛角皆踊也又屑韻

觢 說文牛一角俯一角仰引易其牛觢本作之世切

懘 怗懘音敗不和貌又紙韻

揥 摘也象揥所以摘髮詩象之揥也又魏風佩其象揥注象揥所以爲飾也

㡎 止也宋玉九辯坎㡎而沈藏謂冬時物陷止潛藏也

裻 衣長好貌又霽韻

眙 直視一曰注視又徵韻

○**治** 直制切理效也又攻也从水从台台音怡諸聲也古作乿毛晃曰治本平聲脩治字借爲去聲經典釋文皆無音唯治道平治字皆去聲又支韻

致 禮記必工致爲上考工記輪人注慎均致貌鄭司農注地官曰膏物謂楊柳之屬理致且白如膏注

穉 幼木亦作稚今人物幼小皆曰稚

稚 陶淵明詞作稚

遲 待也又欲速而以彼爲緩曰遲使彼待行以待此亦曰遲亦作遅又支韻

遅 同上又支韻

謘 語諄謘荀子衆積謘謘乎又支韻

值 遇也當也亦作直又持也詩值其鷺羽

直 月令注宿直謂係某星也漢張敞與朱邑書直敞遠[illegible]守[illegible]郡寧成傳無直寧成之怒垃與值同孟子直不百步耳亦音值俗作直又質韻

植 種也一曰將也左傳華元爲植又立也[illegible]宗伯注植壁賈誼賦方正倒植又囂[illegible]月令[illegible]具曲植注植槌也[illegible]作植又質韻

䙏 解也脫也荀子[illegible]而[illegible]又[illegible]

埶 邑名在[illegible]左傳[illegible]工[illegible]家也

[illegible] [illegible]也積也淹也留也[illegible]

[illegible]蹛同 蹛同上 𤺌久病也下[illegible]亦白曰𤺌言屬[illegible]而難去 豸蟲無足[illegible]也止也左傳宣十六年[illegible]豸平又泰韻 雉[illegible]王姓為五工正[illegible]器
用正度量夷民者也杜預曰雉有五種東方曰鷷西方曰鶅南方曰翟北曰鵗伊洛之南曰翬又五版為雉或作鴙[illegible] 薙芟也廣韻曰芟草又霽韻 峙峻峙山立也又供峙具
也書峙乃糗糧 跱說文本作峙躇也徐曰行不進也 庤儲置屋下亦作偫詩庤乃錢鎛 痔後病也又隱創也莊子舐痔得車 ○恣資四切說文縱
肆也 積聚也儲蓄也周禮遺人掌委積左傳居則具一日之積凡指所聚之物曰積則去聲取物而積壘之則入聲 柴積也亦謂所積之物也新禽之積皆曰柴詩助我舉
柴謂積禽也說文作𦘤薪柴委積義同不可重押舉柴與委積義異可分押又皆泰二韻 漬漚也浸也又與胔同 骴殘骨亦作胔又平聲 胔月令掩骼埋胔注骨枯曰
骼肉腐曰胔釋文露骨曰骼有肉曰胔亦作骴又平聲 眥目際又睚眥舉目相忤貌又衣交裾處曰眥爾雅衣眥謂之襟謂裾交處如人眼脣眥頭也又泰韻 笫牀簀
也从竹从朿又紙韻 ○自疾二切所从來也由也率也躬親也 字乳也愛也撫也文字也 孳乳化曰孳通作字又支韻 牸牝牛 ○次
七四切次第也行師再宿為信過信為次又位次周禮大次若今更衣處也又婦人首飾次第髮長短為之所謂髲髢也又支韻 刺諷刺譏切也又訊也周官司刺掌三刺一訊羣
吏二訊羣臣三訊萬民注刺殺也訊而有罪則殺之又直傷也爾雅殺也公羊傳刺之者殺之也又書姓名於奏白曰刺後漢書漫刺覆刺又棘芒本作朿又以針黹物曰刺又此亦切
諫數諫謂數其過而諫之如變淮正諫之類詩作刺 庛耒面也考工記車人為耒庛鄭康成讀作刺 佽便利詩決拾既佽又助也詩胡不佽焉又代也遞也及也
又佽飛古劔士漢取為軍名亦作佽 佽荀子注云荆有佽飛得宝劔於干越 髲婦人首飾說文用梳比也通作次謂編次髮長短為之以為飾所謂髲也 絘續所未緝
者又周禮廛人掌斂市絘布鄭司農曰絘布列肆之稅布也 ○笥相恣切竹器圓曰簞方曰笥 思意也[illegible]也情緒也楊雄甘泉賦儲精垂思陸機文賦罄澄心以
凝思尚書序研精覃思又悲也詩鼠思哀以思又支皆二韻 伺奄闞也偵候也又支韻 司官司也主守也康衛敘傳雨于二司魏都賦欒劑有司皆協韻去聲又支韻

僿 無悃誠又細碎也又泰韻 四 倍二爲四說文陰數也从口从八口音圍象四方也八者別也口中八象四分之形古文作亖 肆 陳也次也緩也放也列也遂也恣也踞也量也又市鬻之舍也又編挂鍾磬各一堵謂之肆四又縱也陳其尸曰肆古作肆今作肆又未韻及質韻 駟 一乘四馬又大駟房星又四人共車左傳文十一年富父終生駟乘又音恐 泗 水名受泲水東入淮又液自鼻出曰泗文中子禮樂篇仲尼之宅四濱作四與泗通 柶 匕也 賜 錫也上予下曰賜下獻上曰貢子貢名賜互取義也从貝从易亦作陽 澌 澌水索盡也亦作澌又支韻 澌 水上流冰也又支韻 瀃 泄水門曰障水 杫 組机也 ○ 寺 詳恣切司也廷也官舍有法度者官吏之所止也又寺人閹宦也又浮屠所居謂之寺亦以官府得名也 嗣 繼也 飤 以食食人亦作食飼 食 同上詩飲之食之孟子食志食功又餅也又飯也糧也論語孟子簞食周禮稟人賙賜稍食並音飤又質韻 飼 同上 似 說文似象肖也詩似續妣祖本作侣省作仏 巳 辰名爾雅歲在巳曰大荒落又嗣也起也陽氣生於子終於巳巳者終巳也象陽氣既極回復之形俗以有鉤挑者爲終巳之巳以無鉤挑者爲辰巳之巳誤矣 祀 祭也亦作禩又年也爾雅商曰祀取四時祀事一終 姒 娣姒杜預曰兄弟之妻相謂曰姒蓋妯娌相呼自以身年長少爲名年長爲姒少爲娣又姊妹共嫁一夫則妹呼姊爲姒姊呼妹爲娣又姓 耜 臿也柄曲木曰耒耑刃曰耜 汜 水名荀子至汜而汜又說文水別復入水也詩江有汜一曰窮瀆又濛汜日入處與汜字不同辨在諫韻 兕 爾雅兕似牛注一角青色重千斤皮堅厚可制鎧交州記兕有一角長三尺餘形如馬鞭柄陸佃云兕善抵觸故先王制罰爵以爲酒戒

三未

未 無沸切六月之辰也五行木老於未象木重枝葉也支辰名太歲在未曰協洽又前漢書律曆志昧薆於未又猶未也 味 說文滋味也从口未聲五味物之精液臍生所成有酸鹹甘苦辛又禮瘍醫以酸養骨以辛養節以鹹養脉以苦養肉以滑養竅 ○ 罻 [illegible]切覆也[illegible]謂之[illegible]覆以[illegible]爲[illegible]罻[illegible]謂之[illegible]左傳[illegible]

扉屨注屝草屨菲禮記不菲不菲又微尾二韻跳別足也亦作剕剕上同厞隱也又微韻痱風病亦作又見微韻腓避也亦

作舵又微韻舵班固幽通賦安悩悩而不舵兮翡赤羽雀貢山至言飾以翡翠雁似曰雄曰翡雌曰翠異物志翡色赤而大於翠師古曰鳥名別類非雌雄異名也

俗作翡狒狒狒獸名如人被髮迅走食人[illegible]吳都賦萬萬笑而被格⿰目弗方言物乾列子脊未⿰目弗⿰禾費稻紫莖也⿸广費菓實費姓也漢有

費直蜚說文臭蟲負蠜也一名阜蠜即蝗子也左傳有蜚不為災不書本草謂之蜚蠊亦謂之蜚蠊又獸名本作蟗省作蜚又微尾韻吠犬鳴也集韻作狒狓茷草葉

盛貌○費芳未切耗也糜也又見上怫漢郊祀歌相放怫顏師古曰放音昉怫音沸沸觱沸泉漏出貌又涫也又隊質二韻⿱沸鬲涫也亦通作沸俗作

⿱沸鬲芾蔽芾小木盛貌周南詩云蔽芾甘棠集韻或作茀又術韻廢弛也頹也壞也不舉也替也圮也放也大也說文屋傾也爾雅捨也又止也隋也左傳廢于鑪炭又月韻監本

从癹誤癈固疾不復可用者亦作廢禮記孤獨癈疾从癹誤茇草也史記河渠書瓠子歌搴長茇兮沈美玉索隱曰茇一作茷音廢又音紼又術曷二韻肺金藏

又削木札見漢書劉向田蚡傳注又隊韻柿說文削木札詩伐木許許毛氏詩傳許許柿貌亦作肺又紙韻○譬匹義切諭也亦作辟辟孟子譬若掘井中庸

辟如行遠必自邇又見下又見微濟二韻⿰目畀⿰目畀睨傍視也亦作睥僻下从丌丌音基从廾誤僻同上杜預注左傳曰陴城上僻倪也亦作埤堄又質韻濞水暴至聲

又見下淠舟行貌詩淠彼涇舟又淠淠衆也又見下轡馬轡也詩六轡如絲一曰靶亦作⿰革必媲配也耦也潎水中擊絮又激也又屑韻撆擊也

略也引也韓愈曹成王碑撇斬水又屑韻○閟必忌切掩也塞也閟也又音鼈見陶詩箅甑蔽說文蔽也亦作箄箄蔽也考工記注輪箄則車行不掉又

灰尾二韻祕隱也密也神也視也藏也从示从必監本从禾誤毖謹也告也遠也閟閉也深也幽也泌狹流又質韻鄪邑名亦作費費

同上論語使閔子騫爲費宰又見上柲戈戟柄或作⿰革必又質韻畀付與也又浦至切从田从丌从廾誤庇廕也亦作庛屋宇庇草木作芘俗通用芘蔭也

覆也又草名

比 及也論語比及三年禮記比御而不入孟子比其反也且比化有又微尾質三韻又見下

嬖 便辟左右近習者也

詖 險詖不平之言又辯也慧也佞也又微韻

陂 傾邪也不平曰險不正曰陂又灰歌二韻

跛 偏任爲跛依物爲倚禮記有司跛倚以臨祭偏任者一足仄立也又哥韻

蘢 籅籅飾爾雅旄謂之蘢又旄牛尾舞者所執又微韻

彼 邪也廣韻引論語子西彼哉又哀也又賄韻

披 持棺者禮士執披又灰賄二韻

蔽 爾雅小草障也又斷也書官占惟先蔽志丕蔽要囚亦作弊又蔽循蓋也亦作敝又質韻

敝 東方朔傳主自執宰敝膝顏師古曰爲賤者之服是敝與蔽同

弊 周禮太宰官計以弊邦治小宰以六計弊羣吏之治大司寇凡庶民之獄訟以邦成弊之並注云弊斷也與蔽同又見下

臂 肱腕也

賁 卦名飾也又眞刪二韻

○

避 䚘義切違也迴也亦作辟

辟 論語辟世辟地辟色辟言趨而辟之孟子伯夷大公辟紂

薜 薜荔香草說文似蒲而小根可爲蔽

罼 鳥罔

敝 敗衣也帗也左傳敝邑與弊同

弊 同上又敗也惡也通作敝又仆也周禮獸人弊田注弊仆也仆而田止又姦欺也又見上又霽韻

獘 頓仆也困也惡也下从犬又死也

斃 同上

幣 束帛又錢也

鼻 面之中部鼻良爲鼻鼻者始也人之胚胎鼻先受形故謂始祖爲鼻祖說文引氣自畀也从自从畀

比 卦名易彖比吉也比輔也又近也黨也密也又恊也並也揔也親近也頻也漢書比年猶頻年也周禮地官五家爲比小司徒三年則大比

庳 國名

庳 孟子封之有庳鄒陽傳作封象有畀又灰尾二韻

婢 女奴說文女之卑者从女从卑禮記自稱曰婢子注婢之言卑

濞 人名漢吳王濞又見上

渒 水名在汝南又見上

奰 不醉而怒一曰怒也詩內奰于中國

贔 贔屓作力貌

紕 飾也詩素絲紕之註織組也蓋以織組爲飾也又微紙韻

陛 階也應劭曰陛者升堂之陛王者必有執兵陳於階陛之側羣臣與至尊言不敢指斥故呼在陛下者而告之因卑達尊之意也漢高祖五年諸侯上疏始稱陛下又尊者之陛曰納陛孟康曰納內也謂鑿殿基際爲陛不使露也顏師古曰尊者不欲露而升陛故內之於霤下或作坒

梐 行馬亦謂之梐周禮王會同之舍設梐枑

髀 韓愈陸渾山火詩髹其皮肉通䏶䏶亦作胜

䏶 唐李甘蠶直剡䏶以急親病又膍胵胃脘也胵音至又作脾䏶

狴 狴犴牢獄名[illegible]韻所以[illegible]非[illegible]也亦作䠶又[illegible]韻[illegible]

〇袂彌心切袖也〇謎隱語也〇異以袂切奇也分也怪也違也肄習也勞也又嫩條也詩亦後生曰肄亦作肄肆肆左傳注講肄音與肄同勩勞也亦作肄廙恭也又質韻隶本也及也又音代易難易之對又不難也平夷也簡易樂易和易又芟易治也輕易也忽也又質韻

傷揚子藺相如剔而不傷敡廣韻輕簡爲敡通作易與敡字不同施及也詩施于孫子又延也詩施于中谷又孟子施從良人之所之漢衛綰傳劔人之所施易顏師古曰施讀如貤貤移與也貤易猶貿易也又凡物一重爲一貤又延也相如賦貤丘陵顏師古曰貤猶延也一曰重物次第也又支韻袘衣緣亦作袘又尾韻

訑同上又相如賦揚訑戌削注訑衣袖也又紙韻异舉也退也已也又與異同列子重囚纍梏何以异哉張湛曰异古異字又微韻詒遺也貺也又微解泰三韻

貽同上又微韻義宜也理也節行也由仁而行得其宜曰義誼董仲舒傳摩民以誼⿰氵⿱臧木白⿱臧木馬名列子右驂赤驥而左⿱臧木注古義字議謀也評也擇也謫也

儗佁儗固滯貌又微尾二韻劓刑截鼻也藝才伎也度也業也常也準也種也亦作埶杜預曰藝法制也周禮六藝禮樂射御書數又六經謂之六藝書蒙羽其藝謂種植也

蓺史記六蓺漢書蓺文詩蓺麻如之何我蓺黍稷竝作蓺埶同上見說文囈列子啽囈呻呼釋文衆言也啽音嵒⿰扌埶木相磨也

褹複襦襼袂也唐劉文靜傳奮襼大呼槸木枝相磨艾息也絕也左傳昭元年國未艾也陸音魚計切與藝音同又割也芟也俊乂也亦作乂又治也安也又泰韻

乂治也俊乂也又割也通作艾又泰韻刈割也通作艾又⿱辟乂安也治也通作艾⿱乂心創乂懲也亦作艾又又泰韻毅剛毅有立也左傳致果爲毅

藙煎茱萸禮記用藙漢會稽獻藙曳曳曳徐也引也亦作拽抴又屑韻从申从丿丿音曳至也監本上有點誤拽同上又屑韻抴同上俗作抴又屑韻

跇踰也袣衣長亦作⿰衤世加點誤⿰衤世同上又褰也相如賦曳獨繭之褕⿰衤世呭呭呭多言也亦作⿰言曳詍⿰言曳同上詍荀子辨利非以言是則謂之詍注以言亂是謂之詍詩無然詍詍

枻楫也亦作栧又屑韻栧同上洩洩洩舒散貌又屑韻泄同上又泄泄多人貌孟子曰泄泄猶沓沓也又屑韻

漢兹蓸禮記作溹 裔末也邊也胄也説文衣裾也又容裔縱肆也苗裔種族也又裔裔羣行貌 濤溶濤水貌 ○戲許意切嬉也謔也歇也説文三軍之

偏也一曰兵也又支模二韻 憙好也悅也亦作喜又尾韻 嬉可嬉美姿顏也又微尾二韻 欷泣餘聲亦作唏又微韻 唏漢史丹嘘唏而起廣韻唏也又

微韻 餼饋客生食及芻米詩傳牲腥曰餼亦作氣既 既禮記中庸既廩稱事又霽韻 黖物生貌吳都賦萬物蠢生芒芒黖黖 愾大息詩愾我寤歎又云一也

禮記愾乎天下矣又見泰韻 熂芟草燒之 霼雲貌又泰韻 摡取也一曰拭也又泰韻 塈仰塗書惟其塗塈茨又取也詩頃筐塈之又息也詩伊余來塈

民之攸塈塈有依附之義下之附上若仰塗然又作墍 墍同上又音忌義同 齂卧息 咥笑聲詩咥其笑矣又質屑二韻 屭贔屭壯大貌又作力貌又

魏都賦云巨靈贔屭亦作屓見廣韻內 屓同上韓愈月蝕詩寒氣贔屓頑無風吳都賦巨鼇贔屓 豷豕息又寒浞少子澆之弟也封於戈少康使其子后杼誘而殺之見

左傳史記从豕从壹監本从豕誤 ○系胡戲切緒也繼也又聯屬也亦作繫係 繫周禮瞽矇奠世繫小史掌世繫辨招穆注世繫謂帝繫諸侯卿大夫世本之屬又擊

繫聯絡也亦作係又霽韻 係同上又聯絡也挈束也統屬也賈誼賦使騏驥不可係羈兮賈誼傳係單于頸而制其命蘇武傳鴈足有係帛書孟子係累其子弟又吉詣切結也縛也

盻恨視貌一曰下視與盼字不同佩觿集曰流俗以盻恨之盻爲盼睞之盼莫以爲非廣韻作計研切説文作胡計切恨視也孟子使民盻盻然陸德明引説文作五禮切亦誤

禊祓禊除惡祭名三月上巳臨水祓除不祥 妎苛妎也又心不了也妬也又泰韻 ○意於戲切志意心之所嚮也又微質二韻 薏蓮的中又薏苡

草名子可服又尾韻 輢車旁又尾韻 衣著衣也 懿美也温柔聖克也又支韻 医藏弓弩矢器也 翳隱也蔽也羽葆也又微質二韻 繄語助

又發語辭又是也依也又微韻 薿薿薈草盛貌 嫕婉嫕柔順貌亦作瘱 瘱同上説文靜也漢成傳姚瘱有節操 殪殺也死也又仆也 饐陰而

風詩終風且曀 壇天陰塵説文引詩壇壇其陰亦作曀今詩作曀 墍同上又微韻 縊絞也又經也 瞖目疾 撎舉手揖也 饐飯傷濕又

悸又見隊韻音同

不下也亦作餉又屑韻 餲 漢賈山傳祈餉在前顏師古曰餲古饐字又屑韻 瘞 [illegible]幽薶 ○ 芰 奇寄切蔆也 騎 [illegible]作騎[illegible]徙部 跂

㝵足蟲又齊韻 伎 伎倆能解也[illegible]也藝也陸機文賦辭呈才以效伎音忌亦作技 技 禮記執技以事[illegible]漢書中國長技五又曰百工技巧咸精其能[illegible]荀子梧鼠五技而窮

妓 女樂晉謝安石攜妓遊東山 忌 畏也憚也嫉也又忌諱夕巳 偈 武貌又屑韻 嵑 圓石爲嵑方石爲碑亦作碣又屑韻內 臮 衆詞與也說文

引虞書臮臯陶今書作暨 洎 及也潤也又霽韻 暨 又日頰見也又霽韻 覬 至也左傳善鄭以勸來者猶懼不覬也 垍 堅土 綦 春秋夏父弗忌禮記

作弟綦注齊謂之綦又屨飾內則綦屨又微韻 諅 說文引周書不諅于凶德今書作忌 誋 誡也告也信也 惎 教也謀也毒也又閒惎亦作[忄其] [忄其] 同上 悸

心動又帶下垂貌詩垂帶悸兮是也

四霽

霽 子計切雨止漢魏相霽威嚴唐太宗霽威義如雨止也 濟 渡也通也又相濟易既濟未濟卦名方言過度謂之[illegible]濟顏師古曰以舟船曰濟又止也詩不能旋濟又逗也

左傳以水濟水又事遂也賙救也又濟韻 擠 排也推也漢薛宣傳擠排宗室莊子因其脩以擠之又齊濟二韻 祭 祭祀至也察也又泰韻从肉从右手今作祭非从[illegible]也

際 邊也畔也會也方也交也合也極也 穄 粟名糜也 ○ 劑 才詣切分劑亦作齊又支韻 齊 同上周禮食醫注食有和齊藥之類也又和也又酒以度

量節作者謂之齊周禮五齊三酒亦作齍又火齊珠名又支齊皆濟四韻 齌 同上又炊餔疾也 嚌 嘗也飲至齒也 [酉齊] 醬也鹹也通作齊 懠 怒也又齊韻

穧 刈禾把數詩釋文穧也案詩大田篇彼有不穫穉此有不斂穧則穧非穫明矣朱氏曰穧束也謂此有不斂之穧束也廣韻又音祭 薺 甘菜名 癠 病也 眥

目際亦作眦又衣襟交領曰眥又寘韻 鮆 刀魚又鮎鮆 ○ 細 思計切小也微也密也 壻 說文夫也徐曰壻有才之稱又女之長也集韻或作婿俗作聟

㪙非也 婿上同
○砌七計切階甃亦作墄
墄三輔黃圖未央前殿右墄左平音砌又陌韻
切衆也大凡也又屑韻
⿰目祭視貌嵇康琴賦明嫿⿰目祭惠顏延年詩聆龍⿰目祭九淵竝音砌
妻以女嫁人曰妻又齊韻
○帝丁計切帝王君也諦也上帝天之神也
諦審也古作謕亦作諟
謕又齊韻
諟同上
嚏悟解氣噴鼻也關通則嚏詩願言則嚏舊音竹利切非亦作嚏
疐本也又與蔕同禮記疐李疐之削瓜土疐之亦作疐又寘韻
柢根柢亦作□又齊濟二韻
氏同上又齊濟二韻
泜水名在常山又支紙二韻
締結不解也
蔕根蔕果蔕綴當也亦通作柢又泰韻
螮螮蝀虹也詩螮蝀在東是也
○替他計切代也廢也滅也委靡也又音鐵
鬀鬀髮亦作剃大人曰髡小兒曰鬀盡及身毛曰鬄音剔
剃同上
梯整髮釵上木从帝
涕淚也詩傳自目曰涕素問涕之與泣譬人兄弟急則俱死生則俱生據此則泣爲淚涕爲鼻液也今俗亦謂鼻液爲涕又目涕又濟韻
褅褓也亦作裼
裼同上又與鬄同婦被裼又昔韻
鬄髮也亦作髢
薙芟也又見寘字韻
殢極困又直計切
屜屜中薦也
○第大計切第宅孟康曰有甲乙次第故曰第也又次第亦作弟又但也鄙食其傳第言之亦作弟本从竹从弟今省作弟
弟兄弟唐人兩姨之子相謂爲外昆弟姑舅之子相謂爲內昆弟魏志楊阜傳稱外兄姜叙而皇甫謐列女傳叙姑子楊阜則舅子稱姑子爲外兄弟姑子稱舅子爲內兄弟左傳聲伯之母出嫁於齊管于奚生二子而寡以歸聲伯聲伯以其外弟爲大夫而嫁其外妹於施孝叔杜預曰外弟管于奚之子是同母異父亦稱外兄弟也又孝弟又豈弟樂易也通作悌又但也
悌愷悌又孝悌亦作弟
娣女娣又兄弟之妻先後曰娣姒又曰妯娌曲禮世婦姪娣注妻之妹從妻來者爲娣
睇小視
瑅佩玉洛神賦抗瓊瑅以和予兮
遞更迭又迢遞遠也又傳遞俗作遆通作遰又齊韻
遆上同
遰迢遰又去也避也从帶从辵
禘祭名禮五年一禘禘其祖之所自出以其祖配之審禘昭穆而祭於太祖之春秋吉禘于莊公禘于太廟
鈦以鐵加足說文鐵鉗也在頸曰鉗在足曰鈦又泰韻
軑車轄又泰韻
棣車下木又常棣棣也唐棣移也相如賦[illegible]棣郭璞[illegible]曰子如櫻桃可[illegible]今之山櫻桃[illegible]又[illegible]
杕[illegible]不獨生又孤高貌詩[illegible]

有杕之杜又木盛貌从木从大監本从大誤**踶**[illegible]衛[illegible]清氏[illegible]切馬或奔踶而致千里又齊韻**提**[illegible]義[illegible]齊韻擲[illegible]十槌[illegible]**是**[illegible]視[illegible]詩韻似有[illegible]令又齊韻

地土地也亦作墬埊**墬**同上**埊**見戰國策又趙充國傳排折羌虜令不得歸肥饒之埊○**泜**乃計切濘也執不通也又齊濟二韻**泥**近也

膩肥膩也**殢**滯也○**詣**倪計切至也造也**栺**枍栺木名漢有枍栺宮西都賦洞枍栺以與天梁**羿**古射師帝嚳射官一曰后羿有窮國

君論語羿善射从羽从廾羽箭也羿以工射爲義古善射者以名其官**羿**揚雄賦羿氏控弦說文羽之羿風謂箭乘風而疾也一古諸侯一射師羿射師以官而爲諸侯**睨**

睥睨衺視**堄**埤堄城上女牆亦作僻倪又作睥睨杜甫詩睥睨登哀析蓋女牆開箭眼以窺望城下因以爲名**倪**同上左傳守陴者皆哭杜預曰陴城上僻倪也又天倪自

然之分又齊韻內**甈**破也揚子剛則甈**寱**玉篇寱言唐元結有寱論譏諫官不言事見文粹**帠**法也莊子汝又何帠以治天下感予之心爲○**利**

力地切空也通也銛也利澤也順易也財用也功用也**莅**臨也亦作蒞涖**涖**詩公劉亭成王將涖政音利又涖涖水聲**吏**所使者受命於天謂之天吏受命於君謂

之官吏府史之屬亦曰吏**詈**罵詈正斥曰罵旁及曰詈**離**相去也漸相遠離肉不附骨也又齊韻**麗**美也著也附也施也華也光明也又小舟一曰屋檼莊子求高

明之麗者斬之亦作欐又幸名莊子梁麗可以衝城又見齊濟二韻上从丽丽音戾本也又鹿皮也俗从兩日非**欐**列子餘音繞梁欐又曰居則連欐殷敬順曰欐阜棟也

䕻說文草木相附䕻而生通作麗又齊韻**儷**偶也左氏傳已不能庇其伉儷亦通作離**攦**折也撕也莊子攦工倕之指而天下始人有其巧矣又屑韻**隸**

附屬也亦作隸又僕隸俗作隷**隷**同上**戾**斜也曲也乖也遠也罪也很也又定也詩云靡所止戾方言云一也詩魯侯戾止鳶飛戾天書無遠用戾漢書注古作盭又屑韻

盭同上又弼也亦作㪟又染綠草也綟名也漢書諸侯王金璽盭綬盭音戾草名也似艾可染綠因以名綬也又屑韻**㪟**同上**綟**同上晉書綠綟綬通作盭**劙**

力刺又割也直破也荀子劙盤盂又齊霽二韻**悷**懍悷悲貌**𩗗**飃𩗗風聲**攭**分判也亦作劙荀子雲賦攭兮其相逐而反也**沴**陰陽氣亂又水不利一曰妖氣

唐宋務光傳注士崇曰五行志氣相傷謂之沴沴猶臨位不和意也又銑韻 珕 刀飾說文蜃屬 荔 草名又荔支果名亦作離 颲 風貌江賦[illegible]萸颲而氣整 唳

鶴鳴又嘹唳鴈聲 淚 漢武帝賦秋氣潛以淒淚注寒涼之貌又見隊韻 例 凡例事比也皆也左傳序其發凡而起例也 厲 嚴正也勉也磨也又褰衣涉水曰厲

又厲鬼又醜惡又鞶厲繒囊也亦作裂又泰屑二韻 裂 禮記內則注鞶囊盛帨巾者用韋今用繒有飾緣則是鞶裂詩云垂帶而厲紀子帛名裂繻釋文裂音列或音厲厲與裂皆合

於二韻通用 礪 礲也砥石也通作厲 勵 勉也通作厲 禲 妖鬼通作厲 濿 褰衣渡水通作厲 癘 疾疫亦作痢又泰韻 痢 公羊傳莊二十

一年大災者何痢也 蠣 蚌屬附石而生一名蠔山 穲 禾穲也 糲 䊪也米十六斗爲米一斛又曷韻 迾 遮也又屑韻 栵 栭也詩其灌其栵小栗也

又屑韻 ○ 計 吉詣切籌策又算也會計也又姓又最簿漢制郡國歲時上計師古曰計若今諸州之計帳 薊 姓也又草名又地名又木也或作𨛗 繫 結也

縛也亦作係 係 同上易遯卦係遯有疾厲音吉詣切 繼 續也紹也本作𢇍 𢇍 反𢇍爲繼古絕字 髻 綰髮亦作紒結又屑韻 紒 同上又屑韻

結 漢書陸賈傳椎結又屑韻 𨛗 地名通作薊 轚 車牽也擢相轚挍周禮舟車轚互注轚互謂迫隘處劉兆注穀梁傳云轚繼也又質韻 寄 寓也附託也

倚 石矼亦作碕俗作倚又齊韻 冀 說文北方也徐曰北方之州也爾雅兩河間曰冀州五代改大名府又秦鉅鹿郡地魏置北冀州又姓又欲也 兾 禹貢作兾州

覬 覬覦希幸也俗作覬亦作㦤 㦤 忮很也又強力漢作㦤 洎 肉汁也又灌釜中曰洎 既 盡也已也又未韻 穊 稠也 驥 良馬名亦作驥

驥 論語作驥 季 少也小稱左傳伯仲叔季凡末月曰季月末世曰季世 記 誌也又書疏 其 語已辭亦作忌已又微韻 忌 同上又未韻 巳

同上又尾韻 禨 福祥又沐而飲也禮記玉藻進禨注云飲作樂也沐必造飲祭氣也故沐而飲謂之禨又齊韻 餼 及也 刉 刲也又見齊韻內 幾 未已也又

將及也列子齊莊公攻之降北國幾克犖又齋齊二韻 猘 狾犬宋書張收嘗爲猘犬所傷食蝦蟆膾而愈亦作狾[illegible]五丁[illegible]宋[illegible]征例切 狾 同上 罽

魚網也

罽 西胡毳布織毛爲之若今氍毹氍毹之類漢髙紀作罽俗作罽

瀱 井一有水一無水□□說文从水从罽□□作瀱誤

瘈 狾犬左傳哀十二年國狗之瘈又胡計切瘈瘲

○器 去異切說文皿也亦作噐

弃 捐也遺也背也亦作棄

棄 同上

氣 云氣也息也亦作炁气

气 同上說文雲气也又與人物亦作乞又質韻

乞 與人物亦作气又質韻

企 舉踵而望也亦作跂又上聲

跂 同上又垂足坐舉足望也莊子楊墨乃始離跂自以爲得方言云躄也梁益之間曰跂又見支韻

蚑 蟲行貌又支韻

亟 數也遽也又質韻

娸 醜也班固張禹傳安昌貨殖朱雲作娸又齊韻

契 券也合也刻也又憂苦也詩契契寤歎又屑韻又音乞契丹國名从丰从刀从大丰音害

栔 刻也亦作契鍥契又屑韻

鍥 同上又屑韻

契 晉虞溥傳契而舍之金石不知契而不舍金石可虧又見屑韻

挈 絕也相如賦挈三神之歡又見屑韻

甈 周禮牧人注甈毀也又見上

憩 息也亦作憇愒

憇 詩召伯所憇

愒 詩不尚愒焉汔可小愒竝息也又泰屑二韻

揭 褰裳渡水曰揭又音竭見屑韻

洪武正韻卷第十

洪武正韻卷第十一

五御

御 魚據切侍也撫也統也進也使也幸也用也御馬也亦作馭又歩挽輦車詩徒御不驚又止也扞也亦作禦圉又勸侑曰御禮記御食於君又凡衣服被於體飲食適於口嬪妾接於寢器物用於手皆曰御又天子所止謂之御前書曰御書服曰御服皆取統御四海之義又語禡二韻 **馭** 周官大宰以八柄詔王馭羣臣以八統詔王馭萬民大馭掌馭王路戎僕掌馭戎車道僕掌馭象路田僕掌馭田路馭夫掌馭貳車保氏四曰五馭大司徒作御詩書皆作御御與馭義同者不得重押義異者非 **禦** 止也扞也拒也亦作御又語韻 **圉** 禦也止也扞也陲也賈誼敘傳以強守圉協韻去聲又語韻 **語** 以言告人也又語韻 **漁** 佃漁揚雄解嘲或橫江潭而漁協韻音去聲又魚韻 **⿰⿸虍魚攵** 周禮⿰⿸虍魚攵人釋文音魚又音御亦作斂又魚韻 **遇** 相逢也爾雅遇偶也不期而會也又冬朝之名又侍也 **寓** 寄也託也又魚韻 **禺** 母猴屬又東魚二韻 **虞** 娛樂揚雄賦反五帝之虞協韻去聲又魚韻 **豫** 卦名逸也遊也悅也安也猒也樂也怠也猶豫也早也先也通作預與豫本獸名象屬故字从象禹貢荊河爲豫州秦三川郡後魏置司州改豫州晉地理志豫飾也言稟中和之氣性理安舒舒音豫 **預** 先也安也廣韻樂也佚也怠也猒也通作豫又及也參預也干也通作與 **與** 及也參與也干也通作預豫史記猶與未決漢書猛虎猶與又方與縣名如用豫卦豫州逸豫與杜預參預猶與之類是也又魚語二韻 **悆** 喜也 **譽** 聲譽孟子令聞廣譽又叔譽晉叔向也又魚韻 **轝** 兩手對舉之車又江南謂轎爲肩轝又魚韻 **輿** 平輿汝南地名又魚韻 **礜** 藥石蠶食之肥鼠食之死 **穥** 禾稼謂之穥又穥穥黍稷美也 **蕷** 山藥亦作薁 **藇** 又語韻 **澦** 灩澦堆在瞿塘峽口 **鸒** 鵯烏也一名卑居亦作鷽又魚韻 **芌** 草根可食大者曰蹲鴟亦作芋 **芋** 東方朔曰關中土宜薑芋顏師古曰芋葉似藕荷而長不圓其根正白可食亦有紫者杜甫詩紫收岷嶺芋又魚韻 **雨** 自上而下之曰雨詩雨[illegible]雨我公田春秋大雨雪說文雨本去聲今以雨字在上聲而雨[illegible]聲又語韻

雩郭璞爾雅注江東呼美人虹爲雩古作雩又魚韻 裕饒也寬也一曰衣物寬饒也从衣从谷 欲作欲潘岳西征賦泊恬靜以無欲協韻音喻又屋韻二 諭
告也譬也曉也亦作喻亦作諭 喻同上又姓又魚韻當作喻 瘉病也詩交相爲瘉當作瘉又魚語二韻 籲呼也龥和也 ○ 飫依據切燕食亦作𩚵說文
飽也亦作饇从食从夭隻从大誤 饇同上詩如食宜饇又私燕飲也 淤澱滓方言水中可居爲洲三輔謂之淤上林賦行乎洲淤之浦又魚韻 瘀氣血壅病宋玉
九辯形銷鑠而瘀傷 棜陳饌薦尊器也又無足尊也 嫗煦嫗又母也又老婦之稱又體嫗之也又語韻 嘔嘘也又嘔喻和悅貌漢王褒傳嘔喻受之又魚尤有三韻
燠燠咻痛念之聲亦作噢又語效屋三韻 ○ 孺而遇切稚也屬也長也爾雅屬也說文乳子也一曰輸也尚小也从子需聲 乳育也又語韻 茹
說文飤馬也菜也茅根也食也受也詩柔亦不茹莊子不茹葷又則度也詩玁狁匪茹不可以茹又相牽引貌又魚韻上聲義同 洳沮洳漸溼之地又魚韻 如似也往也
左傳不如從長陸德明讀蘇軾和陶潛明詩乃比藺相如作去聲押又魚韻 ○ 去區遇切相違也又來去相去去就離去之去又魚語二韻 呿口開也莊子口呿而
不合又魚麻二韻 胠脅也又魚語合三韻 㰦欠㰦終風詩釋文毛訓嚏作㰦今俗云欠欠㰦㰦又體倦則伸志倦則㰦或作呿出莊子見上 ○ 據居御切依
據也引援也按也拒守也亦作据 鐻樂器似夾鍾莊子梓慶削鐻又魚語二韻 倨倨慠亦作裾又箕倨夷俟也亦作踞 裾漢趙禹爲人廉裾又魚韻 踞蹲踞
獸直前足坐也又箕踞人傲坐形如箕也亦作倨史記張耳傳高祖箕踞又據物而坐曰踞汲黯傳上踞廁視之 据戟挶手病詩予手拮据又魚韻 擧揚也挈起也揚雄解
嘲蔡澤雖禁吟而笑唐舉師古曰協韻居御切崔駰達旨辭或望色而斯舉亦音據又語韻 鋸刀鋸 居止也詩日月其居又處也詩維鳩居之王肅音去聲又齊魚二韻
屨說文革履也 鞻同上周禮鞮鞻氏注鞮鞻四夷舞者所扉也又音屢又尤韻 絇絲數又魚韻 句句絕文詞止處曰句又方也莊子履句屨者知地形
又魚尤語三韻 ○ 瞿忌遇切鷹隼視失守貌亦作懼又魚韻 戄漢東方朔傳戄然易容東漢申屠剛傳戄然自刻又作愳戀 蒟木實可爲醬亦作枸又語

韻**枸** 同上又尤語有三韻 **具** 備也辦也器具也从目从廾今作具 **颶** 海中大風韓愈赴江陵詩颶起最可畏注嶺南錄異云嶺嶠夏秋雄風曰颶音具旁千里長荒

雜錄云南方諸郡皆有颶風以其四面風俱至也蘇軾颶風賦颶風者具四方之風也永嘉人謂之風癡 **共** 周禮內饔掌共羞脩刑膴胖骨鱐以待共膳注掌共共當爲具釋文音具

又東董送三韻 **餶** 寒餶餅屬過作具 **遽** 傳也窘也急猝也戰慄也亦作渠又魚韻 **渠** 同上詩庭燎注渠未央釋文渠其據切義與遽同言未便至夜分也又豈也亦

作詎又上聲漢書渠有其人乎唐書渠老一儒哉又魚韻 **詎** 同上豈也止也至也格也亦作巨渠假借用之 **巨** 大也適作鉅又與詎同豈也漢書巨能入乎又姓漢有巨武

鉅 同上又大剛也又呂知矯貎莊子一命而呂鉅又鉤鉅潘岳西征賦弛青鯤於網鉅 **距** 雞距凡刄鋒倒刺皆曰距亦作鉅趙廣漢善爲鉤距晉灼曰距閉也衆莫覺所由以

閉其術爲距也毛居正曰晉說未明所謂鉤距者如釣鉤之有距呑之則順吐之則逆使人入其術中而不能出以鉤索其隱情也亦作鉅又馬援傳黠羌欲旅距注旅距不從貌又捍也孟

子距楊墨距詖行距人於千里之外與拒同爾雅作距 **歫** 同上郭璞曰去也書傳云至也 **拒** 禦也捍也格也違也亦作距汲黯傳智足以距諫 **鉅** 相如賦建千將

之雄戟張揖曰雄戟胡中有鉅者 **秬** 黑黍 **懅** 懼也慙也後漢書王霸慙懅而退 **勮** 勤務又懼也疾也唐有王勮 **醵** 合錢飲酒又魚藥二韻 **虡**

鐘鼓柎亦作簴鐻說文虡飾爲猛獸又飛虡天上神獸鹿頭龍身鐘鼓之柎飾爲此獸故謂柎爲虡爾雅木謂之簴所以持鐘磬也 **簴** 釋名橫曰栒縱曰簴簴舉也在旁舉鐘也

炬 束葦燒之說文作苣 **苣** 同上又菜名 **駏** 駏驉獸名亦馬名唐文粹李賀小傳從小奚奴騎距驉字誤从足當从馬 **蚷** 商蚷蟲名又見魚韻 ○

絮 息據切敝緜一曰繅餘爲絮不繅爲緜 ○ **覷** 七慮切伺視也 **狙** 同上又猴也又魚韻 **蜡** 周禮蜡氏掌除骴注骨肉腐臭蠅蟲所蜡音狙伺之狙又

禡韻 **娶** 取婦也禮記作取 **取** 同上又索也詩如酌孔取箋云孔取謂度所勝多少又獲也收也受也又魚語有三韻 **趣** 疾也向也亦作趨又指意也又魚有屋三

韻 **趨** 同上又魚屋二韻 ○ **怚** 將豫切驕也 **沮** 漸沮浸溼之地詩汾沮沮洳又魚語二韻 **苴** 茅苴藉封祭軍白麟對苴白茅於江淮云租又魚模

网音罔古篆网字
罘音孚又見尤韻

麻語馬者六韻 足 益也又足恭便僻貌又足其不足曰足見周禮地官注釋文又屋韻 ○聚 族湊也會也斂也衆也邑落曰聚漢平帝立學官聚曰序顏師古曰聚

小於鄉音才諭切又上聲義同 豎 也 上精八 ○敘 詳慮切次敘又敘述也通作序从余从攴今作敍从又誤 序 堂東西廂也故从广又商學名孟子殷曰序或

借爲次序字如用庠序廊序則與敍字義異自可雙押同者非 緒 絲端又基緒統系也 漵 浦漵从又誤 嶼 山在水中 鱮 魚名 藇 美也詩釃酒有藇亦

作醾上聲義同 芧 芧栗莊子狙公賦芧亦作杼又見下 杼 杼栗莊子食 ○恕 商豫切以己體人曰恕論語子貢問曰有一言而可以終身行之者乎子曰其

恕乎己所不欲勿施於人 庶 衆也侈也冀也近也又章庶掌與二切周禮庶氏古作庻 戍 守邊又還也舍也从人从戈人荷戈所以戍也 輸 委輸漢有三輔委輸官掌

委輸者也凡以物送之曰輸音平聲指所送之物曰輸則音去聲委輸之委亦音去聲當作輸又魚韻 隃 西隃鴈門地名當作隃又魚蕭二韻 束 結約也周禮司約注約言

語之約束釋文約於妙切束詩注切竝又音如字據此則漢書要束字亦當有兩音又束縛也縛字有兩音束字亦當兩音又屋韻 ○樹 殊遇切生植之總名也又扶樹植也

澍 時雨也又音注 裋 說文豎使布長襦集韻或作襡前貢禹傳穅豆不贍裋褐不完師古曰裋者僮豎所著褐毛布衣 豎 立也亦作竪侸童僕未冠者莊子音上聲

署 說文部署也各有所网屬也徐曰署置之言羅絡之若罘网也廣韻書也又官舍曰署國語位政之建也署位之表也謂表識也 曙 旦也廣韻曉也集韻或省作曙

○豦 昌據切所也又語韻 絮 調羹禮記毋絮羹注絮猶調也詳於味疏云就食器中調足鹽梅是嫌食惡又見上 ○著 陟慮切明也章也紀述也亦作

著又朝內列位曰表著又見下又魚語藥三韻 箸 同上又見下 翥 飛舉也 註 訓釋也 注 灌注水流射也亦作主又與註同又眷注意所主也又注措謂

指嚮措置也又蟲喙考工記以注鳴者又宥韻 主 荀子主量必平似注音訓與注同又語韻 霔 時雨亦作注又霖霔 咮 鳥聲又喙也亦作注又魚尤宥三韻 鑄

鎔金入範 貯 積也居也盛也亦作褚 褚 同上 軴 車 [illegible] 戎服蔽膝一曰皮袴亦作注左傳有韎韋之跗注杜預曰韎赤色跗注戎服若袴而屬於跗與袴連

炷 火炷燼所著者又上聲 **馵** 馬後左足白也 **屬** 甲札之數禮犀甲七屬又著也又屋韻 **紸** 著也荀子紸纊聽息之時楊倞曰紸讀為注注纊即屬纊也

燭 照也明也漢武帝紀光集于靈壇一夜三燭音注亦作炷又屋韻 **爥** 文選東都賦散皇明以爥幽 **曯** 照也文粹沈亞之上冢官書成鏡包陽當日而曯之則能延燧與火又屋韻 **祝** 周禮瘍醫掌祝藥注云祝讀如注病之注謂柎著藥也又宥屋二韻 **柱** 撐也楮也又見下 **駐** 馬止 **⿺辶馬** 馬不行又音充音同 **鉒** 置也又送死人物也

○ **筯** 治據切挾也亦作箸 **箸** 同上又見上及藥韻 **柱** 楹也又見上 **住** 停手見廣韻止也 **除** 減也去也詩日月其除風雨攸除又開出也詩同福不除又魚韻 **著** 朝內列位又門屏之間齊風有著詩顏師古曰著地名卽濟南郡著縣一曰門屏之間又見上 **躇** 躊躇住足也漢武帝賦哀裵回以躊躇音去聲又魚藥二韻

杼 機杼機之持緯者又后杼少康子又見上 **佇** 人立亦作竚 **羜** 五月羔詩既有肥羜爾雅未成羊曰羜 **紵** 粗絟者紵說文緜屬亦作苧 **苧** 草可織布 **眝** 張目長眙 **宁** 門屏之間禮記天子當宁而立亦作著又魚韻 **坾** 積塵 **芧** 草名廣韻草可為繩相如賦蔣芧青薠又見上

泞 濬也杜甫朝享太廟賦元澤淡泞乎無極 ○ **噓** 許御切吹噓見廣韻韓愈元和聖德詩柴䬸噓呵音去聲又魚韻 **煦** 說文烝也一曰赤貌一曰溫潤又語韻 **昫** 說文日出溫也从日句聲又昫衍縣名又魚語韻 **呴** 氣以溫之也或作欨亦作咻休周禮考工記夫角之末休於氣通作煦禮記嫗煦覆育又見魚語有三韻

酗 說文醉醟也或作酗書沈酗于酒以酒為凶曰酗前趙充國傳醉酗羌人師古曰卽酗字醉怒曰酗 ○ **慮** 良據切謀思也憂也疑也又總計曰亡慮前漢書注師古曰舉凡之言無非思慮而大計增韻猶言多少如是無疑 **鑢** 錯銅 **⿰金閭** 同上考工記注磨⿰金閭之器 **勴** 助也賛勉也 **爈** 熾爈 **濾** 濾去滓也 **⿰言慮** 詐也

錄 史錄因亦作慮因俗作録又屋韻 **寠** 貧無禮也亦作窶詩正月箋小人富而窶陋將貴也窶上聲又意遽又尤語二韻 **屢** 頻數也疾也亦作婁 **婁** 又魚尤語有四韻 **僂** 尪僂又傴僂又莊子痀僂承蜩有兩音又尤語宥三韻 ○ **女** 尼據切以女妻人又語韻 **⿰㲋兒** 兔子韓愈毛穎傳明眎八世孫⿰㲋兒又元韻

暮莫故切曰晚又冥也本作莫 莫同上又藥陌二韻 慕習也思也系戀也 墓塋也鄭康成曰冢塋之地孝子所思慕之處檀弓古也墓而不墳注墓謂

兆域今之封塋也土之高者曰墳又模韻 募廣求又招也 慔勉也 ○鋪普故切設也陳也又賈肆也又見模韻 誧玉篇謀也又見模姥二韻

○布博故切陳也鋪也又錢別名漢志布於布謂錢之流布廣於布帛也又布帛小爾雅麻紵葛曰布篆文从父从巾今作布 佈徧也 怖惶懼也亦作悑

圃種菜曰圃又圃田鄭地列子居鄭圃又姥韻 抪布散也擊也漢中山靖王傳塵埃抪散 ○步薄故切徐行又一舉足曰步爾雅堂下謂之步步布也禮

所謂堂下布武是也又曰徒鼓瑟謂之步又輦行曰步武成王朝步自周召誥王朝步自周則至于豐畢命王朝步自宗周至于豐皆輦行也後世稱輦車曰步輦謂人荷而行不駕馬也又

水際渡頭曰步又司馬法六尺爲步又姓又災害馬之神周禮校人冬祭馬步从止从少反止爲少音他達切蹈也今文作少从少誤 捕擒捉也亦作搏 搏同上又藥韻

⿰馬步⿰馬步馬習馬也 哺食在口又口飤韓愈詩雞來哺其兒 ⿰米甫餹餌亦作餔 餔同上又食也孟子徒餔啜也有兩音又模韻 荹亂草 酺會飲

食一曰災害之神馬病蝗螟害稼皆祭之周禮族師春秋祭酺注云酺者爲人物裁害之神也故書酺或爲步杜子春云當爲酺又模韻 鞴鞴韇箭室亦作鞴俗作鞴亦一作步又一

名箙又見屋字韻 簿笏也又籍也又領也孔子先簿正祭器荀子五官簿之而不知又車駕法從次第爲鹵簿又藥韻 部分也又摠也部伍又部曲說文天水狄部从邑

咅聲徐曰部屬也部之言簿也呂氏春秋曰黎丘北部太玄方州部分部諸縣又有韻 蔀覆曖物易豐其蔀音部又步口切又有韻 ○素蘇故切質素又情素又白

也徒也又故舊平常曰雅素常所踐履曰素履又徒行曰素行又與傃同中庸曰素其位而行謂安其常分而行也又霍光傳注菜食無肉曰素食鄭康成解喪服素食曰平常之食失之矣

又白練曰素又衣物無飾曰素禮喪物尚素又器皿桮棬之朴曰素从𠂢从糸 訴告也訟也亦作愬或作⿰言朔 愬同上又陌韻 愫眞情通作素 傃向也又循

其常分曰傃中庸傃其位而行注傃皆讀曰素今本作素傃傃二字與素同者不可重押義異者非
溯逆流而上曰泝洄順流而下曰泝游又凡逆流而上皆曰泝亦作泝遡同
泝左傳沿漢泝江杜預曰沿順流泝逆流也 遡同上又迎也向也揚子其遡於日乎 塐埏土象物亦作塑 塑同上 嗉鳥亢也 ○措
倉故切處置也安著也施布也又委置也亦作厝通作錯 厝同上又藥韻 錯同上又金塗謂之錯又姓又藥韻 醋苦酒又酸也亦作酢又藥韻 酢同上
又藥韻 ○祚請故切位也祿福也說文作胙 胙建置社稷曰胙左傳胙之土而命之氏又守社稷曰胙左傳無克胙國又福之使社稷久長曰胙揚子天胙光德
阼東階 葄籍也 飵相謁食也 ○作臧祚切造為也後漢廉范傳廉叔度來何暮不禁火民安作平生無襦今五袴又箇藥二韻 祖餞行也祖
奠送行祭也禮記檀弓生祖謂人既祖塡池注移柩車去載軷為行始也又姥韻周禮喪祝注祖謂葬祖於庭象生時出則祖也釋文無音漢書疏廣傳設祖道亦無音合於上去二聲通押
○助狀祚切益也佐輔也勴也求也嚴也相也 耡商時之稅又模韻 ○詛莊助切說文詶也詩以詛爾斯 ○妒都故切爭色詩作妬
詫祭奠酒爵亦作咤 咤書王三宿三祭三咤許叔重作詫 姹美女又河上姹女水銀也又馬禡二韻 奼同上又馬韻 斁敗也又見質韻
蠹食木蟲古作螙蛀蟲皆曰蠹 秅禾四百秉又麻韻 ○度獨故切過也則也分寸丈尺引曰五度又與渡同賈誼曰度江河亡維楫又藥韻 渡
濟也古作度俗作渡 鍍又塗金飾物又模韻 肚腹肚又腸肚韓愈詩腸肚鎮煎爛又音睹字 杜木名或曰甘棠說文牡曰棠牝曰杜詩杕杜是也又姓又塞也澀也
方言杜根也宋齊曰杜或曰芰 𢾾閉也塞也通作杜 土桑根白皮詩徹彼桑土亦作土郭璞注方言引詩作桑杜案方言杜根也是木根之皮也舊註誤矣杜土義異者亦
不妨雙押又姥韻 䓉杜蘅亦作杜衡 ○兔土故切獸名亦作菟 菟嚴延年傳韓盧取菟又模韻 吐寫也歐也又姥韻 鵵木兔鳥有毛角
○路魯故切一達謂之道路又大也車也又姓又羸瘠也勞弊也孟子是率天下而路也又相[illegible]貌若江田疇[illegible]都邑路[illegible]路謂[illegible]城郭牆[illegible]義皆謂露[illegible]也

……又藥韻 輅 民也……禮作路左傳……路杜詩……朱車也釋名謂……載 首告行於道路也路輅義同義異者非又暮禡二韻 賂 ……遺也 贈也 璐 玉名 露 天氣……著物

爲露說文潤澤也……邑月令陰之液也又現也又羸也左傳……心 潞 水名冀州之浸 又國名州名 簬 ……名

年勿使有所壅閉湫底以露其體蓋人羸則體露列子形甚露

亦作簬 鷺 說文白鷺爾雅名舂鉏郭璞云頭翅背上皆有長翰毛一名……鷺楚威王時有朱鷺又鼓吹朱鷺曲或作鷺亦作鵅 ○ 怒 奴故切恚也……也中庸喜怒哀

樂之未發謂之中詩大雅王赫斯怒孟子文王一怒而安天下之民竝無音唯衛風逢彼之怒釋文云怒協韻上聲 ○ 護 胡故切擁全之也救視也又與濩同荀子武象起而韶護廢上从廾非从廾也俗作護

濩 布濩流散也又湯樂名漢志濩言救民也又藥陌二韻俗作濩 頀 大頀湯樂名亦作護濩三字義同者不得重押義異者非俗作頀

嫮 美容貌亦作嫭 嫭 揚雄傳知衆嫭之嫉妒兮顏師古音火故切又好也亦作嫮漢郊祀歌衆嫭竝孟康音五非也 瓠 匏也爾雅康瓠謂之甈又姓淮南子瓠巴善琴

穫 焦穫周地名詩整居焦穫又藥韻 互 差互周禮鼈人掌取互物注鄭司農曰互物有甲者𧓍胡龜鼈之屬 冱 寒凝 枑 梐枑行馬 涸 水竭又與冱同謝惠連雪賦焦溪涸又藥韻

戶 戶門也半門爲戶又在內曰戶在外曰門易節卦初九不出戶庭九二不出門庭是也又民家聯比謂之編戶又止也左傳屈蕩戶之俗作户

下 上下詩宗室牖下陸德明曰如字協韻則音戶宋玉賦序陽臺之下亦音戶又禡韻 怙 恃也 祜 福也俗作祐 岵 山無草木 昈 明也文也揚雄賦昈分殊事

酤 一宿酒又模韻又見下 扈 有扈國名又姓又尾也後從曰扈又止也左傳扈民無淫又鳥名詩交交桑扈左傳九扈爲九農正爾雅山卑而大曰扈又披也離騷經扈江蘺與辟芷注楚人名披爲扈

雇 九雇農侯鳥名亦作鳸扈 鳸 同上 鄠 鄠杜右扶風縣名縣今屬西安 嶇 山卑而大爾雅作扈 楛 榛楛木名詩榛楛濟濟書惟箘簬楛 ○ 謼 呼故切號謼又模韻 呼 同上又模韻 嘑 孟子嘑爾而與之趙岐曰咄嘑之貌又模韻 ○ 庫 苦故切貯物舍

絝 脛衣亦作袴漢外戚傳窮絝注今之緄襠袴 袴 同上又馬禡二韻 ○ 顧 古慕切迴也又眷也又姓亦作頋又與雇同漢平帝紀女子犯罪出顧山錢量

錯傳斂民財以齎其功顏師古曰顧讎也若今言雇賃也又思念也漢志贊顧古爲之有數又

賈誼傳足反居上首顧居下顏師古曰顧亦反也言如人反顧然按書顧不諒哉又韋顧二國

名 **雇** 傭也亦作顧又見上 **詁** 詁訓通古今之言而明其故也亦作故 **故** 固爲之也舊也六因也物故死也大故喪事也又與詁同賈誼爲左氏傳訓故漢藝文志

亦作訓故顏師古曰故者通其指義也今俗本毛詩改故訓傳爲詁字失眞耳訓者釋所言之理故考明所載事物之故也 **固** 堅也牢也執滯也又本然之辭孟子固所願也

錮 鑄塞之也禁錮重繫也又與痼同賈誼傳以爲錮疾 **痼** 久固之疾 **酤** 賣也亦作沽漢武帝天漢二年初榷酒酤案詩小雅伐木篇無酒酤我毛傳云酤一宿酒也箋

云酤買也然酒酤買之陸德明云毛音戶鄭音故又音沽是酤買之酤亦有平去二音通押又模姥韻又見上 **沽** 屠沽賣酒者尸子曰屠者割肉知牛之多少則沽者亦知酒之多少

也又賣也其義正謂賣酒與平去二音義同合從通押又模韻 **涸** 寒凝閉也西京賦涸陰沍寒 **鯝** 魚肚中腸 ○ **汙** 烏故切說文曰汙薉也从水于聲又一曰

小池爲汙廣韻又染也集韻或作洿濊 **惡** 恥也憎也集韻或作⿰言亞又易繫辭言天下之至賾而不可惡也陸音於嫁切云亦作亞亞次也又音烏路烏洛二切又見模藥二韻

嗚 歎聲後漢袁安傳噫嗚流涕音一故切又模韻 **洿** 貪也通作汚 **垩** 涂也周禮注素車以白土垩車藻車以蒼土垩車又藥韻 **雘** 丹雘顏延年赭白馬賦兼

飾丹雘協韻音汚又藥韻 ○ **誤** 五故切謬也亦作悞又惑也荀子誤於亂說 **悞** 同上楊子陳平之無悞又欺也 **悟** 覺悟亦作寤 **寤** 項羽贊尚不覺

寤又寐覺 **晤** 明也爽也詩可以晤語毛傳遇也鄭箋對也又以言曉人 **捂** 相抵觸也逆也忤也斜柱也楮梧也司馬遷贊抵捂謂枝柱不安也又模韻 **梧** 同上又[illegible]

梧壯大貌又模韻 **遻** 遇也逢也見也驚也逆也亦作遻迕〻倍班固賦乘高而遻神又藥韻 **遌** 莊子遌物而不慴音義云本亦作遻 **迕** 同上又違也禮記王藉[illegible]

迕其衆以伐有道又姥韻 **午** 同上荀子午其軍又逆也禮記午其衆以伐有道音五故切又如字又違背也劉向傳[illegible]臣忤[illegible]又姥韻 **俉** [illegible]史記天官書黃人逢俉[illegible]言

忤 亦[illegible]逆也[illegible]矢也 **啎** [illegible]不可[illegible]兮王[illegible]曰啎[illegible]同上[illegible]逢也屈原懷沙賦重 **逜** [illegible]也[illegible]逆啎也[illegible]錯[illegible]

又藥韻[illegible]說也孟子使人乃以心服而不敢[illegible]立又藥韻○疏所去切條陳之記也又魚韻俗作䟽數校也亦[illegible]筭也周禮有九數方田粟米差分

少廣商功均輸方程贏不足旁要世本曰隷首作數又名數之數禮記表記取數之多者仁也又姥屋藥三韻○赴芳故切奔也至也趨說也仆頓也僵也亦作踣

踣莊子申徒狄因以踣河又陌韻訃至也又告喪也付畀也授也又周禮大祝付練祥掌國事注付當爲祔祭先王以付後死者釋文又音附傅相也又姓

也又官名傳之德義曰傅又麗著也又左傳毛將安傅又牽合曰傅會又模韻尃華葉布也賦貢賦稅賦禹貢厥賦惟上上錯注賦謂土地所生以供天子九州皆有賦貢與

賦不同周禮大宰八則五曰賦貢注賦口率出泉也貢功也九職之功所稅也漢刑法志畿方千里有賦有稅稅以足食賦以足兵戎馬車徒干戈素具故後亦謂兵師爲賦左傳悉索敝賦

是也又詩六義二曰賦鄭氏周禮注賦之言鋪直鋪陳善惡漢書不歌而頌曰賦賦者古詩之流也又貢士曰賦鼂錯策以臣充賦猶民歸賦於縣官故曰上以正取謂之賦又發施也又詩

賦政于外又給與也分畀也責取也稟受也富備也豐於財也史記富於春秋謂年幼齒方歷又姓左傳周大夫富辰鼂錯傳人情莫不欲富亦作冨副貳也佐也稱也

后夫人首飾也又見屋韻內○附防父切寄也依也麗也又益也亦作坿又轉附山名又肺附心膂田蚡以肺附爲相劉向得託肺附衛青傳注肺附謂親戚也若身之於

心膂也亦作肺附麗字亦作傅坿白坿相如賦雌黃白坿蘇林曰白坿白石英也說文益也與附同駙副馬也鮒魚名祔合食於先祖又合葬亦作付

柎華下萼又檢柎木名又醫人名又模韻胕肺附心膂亦作附晉書作肺腑誤賻助也贈終者布帛又公羊傳貨財曰賻父父母說文父矩也家長率

教者詩維師尚父鄭康成曰可尚可父也諸家又音甫荀子齊桓公立管仲爲仲父楊倞曰仲者夷吾之字父事之故號爲仲父㕮㕮咀嚼也鬴鍑屬亦作釜俗作鬴

釜篆文作釜從父從金今省作釜小爾雅區四謂之釜六斗四升也滏水名輔車輔兩旁夾車木也又頰顋也形如車輔故曰輔車又毗輔也扶也弼也腐

爛也朽也敗也又宮刑曰腐補禾穳積也跗廣韻俞跗古醫名見史記又漢書揚雄傳曳跗音敷字从通用又模韻婦妻也子妻亦曰婦婦之言服也服事於夫

也妻父曰婦翁女子巳嫁曰婦人又好貌荀子琴婦好又曰其容婦說
文从女从帚服勤事也从女持帚洒掃也亦與負同又俗或作媍字
負 擔也背荷也孫負
也又恃也又受貸
不償曰負背恩忘德曰負又丘背有丘曰負如淳曰俗謂老大母爲阿
負顏師古曰古語謂老母爲負漢高祖從武負貰酒从人从貝俗作負
萯 王萯草名
俗作萯
偩 偩
抱
禮記禮樂偩天地之情偩猶任載
也注云偩猶依象非也俗作偩
○務 亡暮切事務也專力於事
也强也遽也趣也又上聲
婺 婺女
星名
瞀 目不明
又尤韻
霚 說文地氣發
天不應也
騖 漢書音義直騁
曰馳亂馳曰騖

七泰

泰 他蓋切卦名通也寬也安也大也過也極也甚也
侈也爾雅丘右陵曰泰西風謂之泰詩作大風
太 大也過也甚也通作泰顏師古曰
大上居尊上之位者古作大又他
達切大
末縣名
大 易保合大和繫辭易有大極詩大叔于田大原大王大伯大師禮記大上貴德猶
言最上也至尊之號又六大大羹大牢國語大采朝日莊子在大極之先大淸大
倉大古漢書大子大師大傅大中大夫大守竝音
泰古字無點後人加點以別之又見下又箇韻
汰 沙汰又
轄韻
忲 奢也侈也亦作㤥又
微韻監本从太誤
貸
施予又借也
又寘陌二韻
態 意也縱也
又情態
詒 疑疾莊子誒詒數曰注懈倦貌一云失魂魄
也誒音愛又欺也亦作紿又見微解二韻
紿 欺也又絲
縈難理又
解
韻
○代 度耐切世也更也
替也國名郡名
岱 岱宗東岳泰山
爲衆山之宗
黛 畫墨又青黛似空青而色
深韓文盤谷序粉白黛綠
袋 囊
也
逮 及也追也還也
亦作迨義同
迨 及也詩迨其謂之迨
天之未陰雨與逮同
待 俟也擬也遇也周官大宰以典待邦國之
治論語以季孟之間待之又我待賈者也
易有待而行待時而
動竝無音今從通用
殆 說文曰危也一曰近也又將也易其殆庶幾乎又詩
迨及公子同歸又與怠同左傳昭五年滋潊邑休殆
怠 懈也倦也
又解韻
箈 竹萌亦作
笞又皆韻
箈 周禮箈菹鴈醢音迨同有兩音則箈字亦有去
聲音又〻上六字竝台依逮字例通用又
靆 曖靆不明貌王篇唐
韻〻音〻也〻切義同

埭 壅水爲堰亦作碌 碌 見上 瑇 玳瑁龜屬身似龜首尾如鸚鵡甲又應劭曰雄曰瑇瑁雌曰觜蠵亦作玳毒 毒 同上又屋韻 靆 靉靆雲貌亦作

隸 大 說文天大地大人亦大焉象人形徐曰本古文人字小大之對 汏 濤汏也又澌瀟也又轄韻 軑 車輪漢地理志有軑縣又霽韻 鈦 鍊鉗械足者又見霽

韻 ○ 帶 當蓋切紳也又磐革帶凡衣物結束皆有帶又蛇別名莊子蝍蛆甘帶說文男子鞶革婦人鞶絲象繫佩之形帶有巾故从巾 ⿸疒帶 病也 蹛 踶也又匈

奴地有蹛林服虔曰匈奴秋社八月中會祭處曰蹛林顏師古曰蹛者繞林木而祭也臣聞鮮卑之俗自古相傳秋天之祭無林木者尚植柳枝衆騎馳遶三周迺止顏說是也又見霽韻

蔕 根蔕又霽韻 ○ 戴 丁代切國名又姓又頂荷也又鳥名禮記戴勝降于桑亦作載 載 禮記載青旂載青精詩載弁俅俅又見解韻又見下 ○

賴 落蓋切恃也國名又姓也又讎也南楚之外曰賴秦晉曰讎又利也無利入於家曰亡賴又顧藉也 禶 祩禶祝詛 瀨 瀨也吳楚謂之瀨中國謂之磧說文水流沙上

也 籟 三孔籥又凡孔竅機栝皆曰籟莊子人籟則比竹是已地籟則衆竅是已天籟則人心之自動者是已 癩 疥也痒也 藾 藾蕭苹也詩食野之苹鄭箋藾蕭也見爾

雅又蔭也莊子曰隱將芘其所藾 糲 粗也又霽曷二韻 癘 惡疾又與癩同莊子物不疵癘又霽韻 厲 惡也莊子厲之人夜半生子舊有兩音又見霽韻 ○

倈 洛代切勞倈也荅其勤曰勞無其至曰倈又慰勉而招之也亦作勑來倈又皆韻 勑 同上又質韻 來 同上又至也相如封禪頌今視其來協韻去聲文選上林

賦馳騖往來亦音去聲又齊皆二韻往來與勞倈義異自可分押 倈 漢陳涉傳勞倈慰勉又皆韻 萊 廣韻查也又皆韻 賚 賜也 睞 眄睞傍視 ○

柰 尼帶切果名徐鍇韻譜云俗別作奈非 奈 如也渴也那也能如之何曰奈何又問如之何曰奈何無如之何亦曰奈何又曰爭奈又箇韻 耐 罪不至髡漢高祖紀

耐以上請之如淳曰耐猶任也任其事也言任罪不至髡之事也後漢注耐輕刑之名漢書音義曰一歲刑爲罰作二歲刑已上爲耐耐音乃代切亦作耏又耐事耐久亦作能又見庚韻

耏 廣韻頷也案漢書注顏師古曰依應氏之說耏當音而如氏之說則音乃代切義亦兩通又支韻 能 同上鼂錯傳能暑能寒又技能也又姓又見皆庚二韻 鼐

鼎之絶大者

⿰日能日無光也 ○

菜倉代切蔬也亦作采菜采義異者分押

采周禮大胥春入學舍菜合舞鄭司農曰舍采謂舞者皆持芬香之采或曰古者士見於師以菜爲摯或曰學者皆人君卿大夫之子衣服采飾舍菜者減損解釋盛服以下其師鄭康成曰舍即釋也采讀爲菜始入學必舍菜禮先師也菜蘋蘩之屬詩簡兮注舍采亦與菜同又王子諸侯卿大夫食邑書百里采無音亦作寀埰顏師古注漢志曰采官也因官食地故曰采地又解韻

寀郭璞曰寀地同地爲寀同官爲寮音去聲又解韻

蔡國名又姓又法也草丰又草際也漢志元龜爲蔡論語臧文仲居蔡古文作⿱林囟又轄韻

⿰糸蔡綷縩綺素聲亦作縩相如賦作萃蔡

縩班婕妤賦紛綷縩兮綺素聲 ○

蓋居大切覆也掩也苫也車蓋也張帛也又大率也發語端也俗作盖又合韻

匃乞也亦作匄丐又曷韻

匄漢陳湯匄貸無節西域傳乞匄無所得春秋士匄亞卿又乞與也漢西域傳我匄若馬又曷韻陳湯傳無音凡無音者亦合通用

丐同上又銑韻

漑灌漑又沆漑水流聲又音既

摡滌也說文引詩摡之釜鬵今詩作漑周禮世婦率女官而濯概注概拭也又霽韻

扢摩也

槩平斗斛者亦作概又節槩操介也大槩大率也感槩感觸經心也莊子豈能無槩然於心

概同上又節也吳都賦俗有節概之風

剴切也近也又皆韻 ○

愛於蓋切慕也憐也恩也寵也好樂也說文行貌

僾仿佛也說文引詩僾而不見今詩作愛禮記祭義祭之日入室僾然必有見乎其位釋文云微見貌

薆隱也蔽也又晻薆香氣相如賦晻薆苾茀

謁隂晦也韓愈秋雨聯句牖變景明謁一本作譪義同又屑韻

餲香也城南聯句遝蘭銷晚餲

壒塵也

⿰日蓋日色

曖晻曖不明 ○

艾牛蓋切草名可灸又老也熟也曲禮五十曰艾詩或肅或艾爾雅艾歷也郭璞曰長者多更歷也又云頤艾育養也万言汝頴梁宋之間謂養爲艾又曰東齊魯衛之間凡尊長謂之傁或謂之艾屈原九歌竦長劒兮擁幼艾注艾長也幼艾猶言少長也又美好也孟子知好色則慕少艾又過半也詩夜未艾又息也左傳方興未艾又養也安也詩保艾爾雅又懲創也魏相傳無所懲艾又艾豭牡豬亦作猳又未韻

⿱乂心創⿱乂心懲也亦作艾乂義同考不得重押義異者非又未韻

礙止也距也妨也阻也限也亦作硋王篇亦作㝵

硋列子雲霧不硋其覗

閡外閡又與礙同文選隔閡又皆韻 ○

害下蓋切傷也嫉

也忌也好也不利也又曷韻中从丰丰音害 **妎** 妒也通作害又未韻 **亥** 辰名豕亥胡亥漢志該閡於亥左傳亥有二首六身爾雅歲在亥曰大淵獻淵音淵 ○

外 五塊切表也遠也疏斥也霍光傳盡外我家 ○ **嗄** 於邁切氣逆老子終日號而嗌不嗄又禡韻 **餲** 食敗又見曷二韻 **喝** 嘶聲司馬相如賦聲

流喝又曷韻 ○ **慨** 丘蓋切忼慨竭誠貌太史公曰婢妾賤人感慨而自殺者非能勇也徐廣曰或作嘅音同 **概** 同上又居代切平斗斛者 **愾** 同上晉段灼傳

私懷忼愾陸機傳議論忼愾又怒也左傳諸侯敵王所愾而獻其功又質韻 **嘅** 嘆也 **欬** 逆氣又謦欬亦作咳 **咳** 禮記咳而名之又小兒笑貌又皆韻 **磕** 石聲

也亦作磕 **礚** 相如賦琅琅礚礚又合韻 **愒** 貪也左傳昭元年主民翫歲而愒曰注翫愒皆貪也又霽屑二韻 ○ **再** 作代切兩也重也 **載** 承也勝也

易大車以載詩載沈載浮案爾雅唐虞曰載無音書朕在位七十載五載一巡狩三載考績亦無音廣韻上去二聲皆曰年也謂之載者以年運而往爲義又事也書熙帝之載又則也詩載

號載呶又盟書曰載書見左傳孟子又國語太史司載糾虔天刑韋昭曰載天文也詩上天之載謂洪造也音再又典籍曰載籍取記載之義又始也 **裁** 鑒別又制也公羊辨而裁

又皆韻 **栽** 築牆長版左傳水昏正而栽又皆韻 **截** 酢漿 ○ **在** 昨代切所也存也察也又上聲義同 ○ **嘬** 楚邁切一舉盡臠禮記毋嘬炙又齧

也孟子蠅蚋姑嘬之 ○ **蠆** 丑邁切長尾爲蠆短尾爲蠍孝經緯曰蜂蠆垂芒爲其毒在後 **慸** 蔕芥刺鯁也亦作蔕慸 **蔕** 司馬相如賦曾不蔕芥賈誼曰細故

蔕芥顡師古曰小鯁也又未韻 **慸** 史記賈誼賦細故慸葪韋昭音蠆 **瘥** 病瘥也亦作差又歌韻 **差** 較也左傳宣十二年注捖旆投衡使不帆風差輕又支皆歌麻

箇禡六韻 **泾** 水浦亦作汊 ○ **戒** 居拜切敕也警也謹也備也具也防患曰戒亦作誡 **誡** 易小懲而大誡荀子受諫而能誡賈誼傳前車覆後車誡竝與戒同

又警敕之辭曰誡文中子續詩四曰歎以陳誨立誡於家也續書有訓有誡義同者不可雙押如用立誡訓誡與齋戒之戒不妨分押 **悈** 飭也急也 **介** 大也助也副也閱也

佐佑也亦介也繫也甲也間也廁也古者主有擯客有介孔叢子士無介不見魯仲連傳注相佑助曰紹介又因也左傳介人之寵又曰敢介大國又細故曰纖介竇融傳長無纖介郭子儀無

纖介自嫌亦作芥又幾微也易介于石又所守之節介然堅正不移貌易憂悔吝者存乎介王弼曰當其憂悔吝之時其介不可慢也孟子柳下惠不以三公易其介又側畔也楚辭悲江介

之遺風三都賦況江介之湫湄又微閒貌孟子山徑之蹊閒介然又一夫曰一介左傳一介之使書如有一介臣又與芥同左傳介其雞杜預曰擣芥子播其羽又轄韻 **价** 善也節也

詩价人維藩荀子作介人又侶价與介同 **界** 境也垂也分畫也限也亦作畍又離閒也揚雄解嘲范雎界涇陽注界仏閒其兄弟使疏涇陽秦昭王弟貴用事也 **⿱髟介** 簪髻

忦 懦也亦作介 **犗** 犍牛凡畜健强者皆曰犗 **疥** 瘡疥 **玠** 大圭詩書作介 **⿱宀介** 獨居 **魪** 比目魚也 **芥** 辛菜又小草也 **屆** 至也舍也

極也當也說文行不伎也篆文作屆从土凷之凷今書作屆古作艐艐 **艐** 方言艐至者郭璞曰古屆字又東韻 **⿰月㚇** 同上又著也相如大人賦踏以艐路又東韻 **懈**

懶也怠也亦作解 **解** 詩夙夜匪解又除也發也又見下又解韻 **廨** 官舍 **繲** 故衣又浣衣也 ○ **隘** 烏懈切陋也陜也險也亦作阨阸又陌韻 **阨**

同上又陌韻 **阸** 史記律書擁丘阻阸 **搤** 持也握也捉也按也又陌韻 **噫** 飽食息內則不敢噦噫莊子大塊噫氣又徽韻 **醷** 莊子噫醷物也音義云聚氣貌

⿰言厄 不平聲亦作呃 **呃** 同上 ○ **睚** 牛懈切怒視又目際亦作厓又皆韻 **厓** 漢書孔光傳厓眥莫不誅傷音崖作平聲 ○ **⿰壴皆** 口戒切鼓名亦

作揩 **揩** 同上又皆韻 ○ **派** 普夬切水分流古作㡀俗作㲴或作派非㲴音孤水名 **湃** 滂湃水聲 ○ **拜** 布怪切拜手手至地禮記拜服也稽

首服之甚也从兩手从丅丅古下字篆文作㨃今作拜鄭康成曰拜而後稽顙曰吉拜稽顙而後拜曰凶拜婦人吉事肅拜凶事手拜荀子平衡曰拜下衡曰稽首至地曰稽顙注平衡謂磬

折首與要平又拔也詩勿翦勿拜亦作扒 **㨃** 周禮大祝辨九㨃从手从芔从本本音滔 **扒** 拔也詩云勿翦勿扒 **敗** 敗之也又見下凡物不自敗而敗之則北邁切詩勿

翦勿敗春秋敗某師之類是也物自敗壞則薄邁切春秋書敗績論語魚餒肉敗之類是也 ○ **敗** 薄邁切敗壞敗北頹也毀也破也彫也肉臭壞也又虛羸也荀子曰孟子

惡敗而出妻義與憊相近 **唄** 梵音唐書王縉佐代宗作內道場晝夜梵唄 **粺** 毇也又精米 **稗** 稃也又草似穀又細也漢志小說謂之稗說唐陸贄傳筆稗販之緡

駃又屑韻音決駃騠馬名生七日超母

稗謂細民也俗本作稗誤 憊病也𢙲也亦作𢥞 韛韋囊所以吹火亦作𬋽 排漢杜詩造作水排鑄農器揚雄以排囊盛石灰於車上南史韋孝寬傳以皮排吹之

又皆韻 𦨣船後𦨣木 糒乾糗 ○賣莫懈切鬻物中从囬與网同 邁行進也往也過也老也又與勱同左傳傳引書皐陶邁種德杜預曰邁勉也

勱勉也 佅東夷樂名禮記作昧周禮作韎 昧禮記明堂位昧東夷之樂也又隊韻 韎赤韋又隊韻 霾風而雨土又霾齊皆二韻 ○曬

所賣切暴也 灑汛也亦作洒又濟解馬三韻 洒同上又濟解銑馬四韻 鎩鈹有鐔也曰長矛又鎩翮摧翼也又見轄韻 殺削也減也衰小也疾也猛

也害也亦作煞周禮作閷又轄屑二韻从乂从木从殳監本从木誤 煞同上又轄韻 閷考工記凡爲防方其閷又轄韻 ○塞先代切隔也邊界也又陌韻

簺行棊相塞曰簺莊子作博塞塞簺義異者分押又陌韻 僿細碎又寘韻 賽報也漢郊祀志冬賽禱祈 ○怪古壞切異也奇也楊倞曰非常之事

曰怪亦作恠 恠同上 硁硁石似玉 壞毀之也廣韻亦作𣀔又上聲凡物不自敗而毀之則古壞切魯恭王壞孔子宅書無壞我高祖寡命孟子壞宮室以爲汚池之

類是也物自敗則胡怪切春秋傳魯城門壞之類是也又見下 夬卦名決也 𤞣狡也亦作獪 獪同上又隊韻 ○砦助邁切木柵又壘也亦作寨柴

寨同上又羊栖宿處又陌韻 柴莊子柴柵又皆寘二韻 廌解廌神羊亦作獬豸 豸獬豸亦作廌 眦睚眦舉目相忤貌亦作眥范睢睚眦之怨必報

杜欽睚眦必報注睚舉眼也眦即眥字謂目際也言舉目相忤必報之也 眥孔光傳厓眥莫不誅傷顏師古曰眥疾智切又士懈切後漢左雄疏云髡鉗之戮生於睚眥又見寘韻

○債側賣切負也亦作責又陌韻 責同上又誚也左傳西鄰責言又陌韻 瘵病也 祭國名又姓又霽韻 ○快苦夬切稱意又爽快

又急疾也 駃駃馬行千里 噲咽也又子噲樊噲人名又噲噲與快同斯干詩噲噲其正鄭箋噲噲猶快快也从田誤 蒯草名亦作蔽蕢周禮注蒯桴萓簫三輔黃

圖上林苑中蒯池生蒯草以織席又解韻 蔽左傳無棄菅蔽爾雅息也又草中爲索 蕢禮記蕢桴而土鼓又杜蕢蕢聵人名亦作屠蒯蒯聵又[illegible]土亦作塊凷又見隊韻

塊土塊也亦作凷 凷同上从土 ○ 械下戒切器具又桎梏三蒼云械揔名也說文云無所盛曰械 齘齒齘齒上下相柢處考工記函人凡甲衣之欲其無齘也注齘謂如齒齘廣韻云類齘切齒怒貌類于禁切 㒓俠也楚辭何文肆而質㒓亦作𩏂 𩏂揚雄傳何文肆而質𩏂應劭曰𩏂狹也又葷菜葉似韭亦作薤 薤同上山上有薤者下有金韓愈詩金薤垂琳琅 瀣沆瀣北方夜半氣也楚辭餐六氣而飲沆瀣 譮怒聲也 忦忽也 邂邂逅不期而會也 解散也物自散解又考工記弓人凡茭解注接中也又賈誼傳所排擊剝割皆衆理解也顏師古曰解支節也又姓也又見解韻作上聲 繲浣衣故衣 獬獬豸似羊一角亦作解廌 ○ 壞華賣切物自敗也 ○ 帥所塊切主也率也統也領也將帥師帥亦作率文字指歸曰佩巾也帥帨也故字从巾借爲將帥及帥師字又見陌韻 率同上又捕鳥網帥率義同者不得雙押義異者非又陌韻

八隊

隊杜對切羣也又見下 兌馳易也通也穴也又易兌爲澤澤者水中之鍾聚也又戌蹊也如楊倞之說則卦名亦有隊音又悅也直也詩松柏斯兌从㕣从儿㕣音沿儿與人同象兌卦又象人笑貌亦作兊凡从兊者皆然又見下 駾詩大雅緜篇昆夷駾矣毛傳駾突也箋混夷惶怖驚走奔突入此柞棫之中而逃也釋文駾徒對切 䨴靉䨴雲貌 䓱草盛貌 憝怨也恨也惡也亦作傚憝譈俗作懟 錞矛蹲平者俗作錞又都昆切 鐓禮記進矛戟者前其鐓注平底曰鐓取其鐓也俗作鐓 剢削也 奪地名徑也禮記檀弓齊莊公襲莒于奪又曷韻 鞔補也 銳矛也書一人冕執銳說文音兌㙞音睿又見下 ○ 對都內切遂也答也當也配也應也古作對漢文帝以爲言多非誠故去其口从土从丵从寸今作對又音咄班固幽通賦儀遺讖以應對師古曰合音入聲 碓舂具廣雅碻碓也通俗文水碓曰轓車孔融論水碓之巧勝於聖人之斲木掘地晉杜預作連機碓又灰韻 敦器名周禮珠槃玉敦注敦槃類珠玉以爲飾古者以槃盛血以敦盛食鄭司農云玉敦歃血玉器又九嬪凡祭祀贊玉齍

注王齍玉敦啓黍稷器禮記明堂位有虞氏兩敦注黍器之音對俗作敦又灰寒蕭豪霽效六韻 轛車橫軨又立曰轛橫曰軹考工記云一以爲轛圍 祋殳也詩何戈與
殺俗作殺亦作殳杸又魚術二韻从示从殳監本从衣誤 殳同上說文杖也擊也又魚韻 ○ 退吐內切郤也亦作逷 娧娧媠舒遲貌毛詩作脫俗作娧
脫詩舒而脫脫兮俗作脫 蛻蛇蟬解也又音稅義同 稅禮記檀弓小功不稅注曰月已過乃聞喪而服曰稅陸無音徐音他外切 ○ 類力遂
切善也法也等也種類也肖似也說文種類相似唯犬爲甚故从犬 率等也摠率也亦作類易王弼略例率相比而無應音類又如字 淚目液也又霽韻 禷師祭爾雅
是禷是禡師祭也亦作類以事類祭天神也 累垒也縈也玷也又事相緣及也古作纍亦作絫又灰賄二韻 纇絲節也疵也唐李遜傳治條疏纇又戾也左傳忿纇無期
酹餟祭以酒沃地也 耒手耕曲木月令親載耒耜从木推手 礧轉石相如賦礧石相擊亦作雷擂廣韻礧磓重也磓音隊又賄韻 雷晁錯傳具藺石如淳
曰城上雷石也雷來內切俗作檑又灰韻 檑廣韻檑鼓又轉石唐李光弼傳作檑石車俗本作檑誤 ○ 配滂佩切侑也對也合也匹也又品配又流刑隷也
妃匹也偶也亦作配又微韻 朏月三日明生之名又廣韻云向曉色又尾韻从日月之月 伂顛伂仆也通作沛 沛同上又郡名地名沛郡豐沛是也又水名
出遼東又澤名左傳齊侯田于沛又孟子沛然下雨又曰民之歸仁也猶水之就下沛然誰能禦之吳都賦包暘谷之滂沛 霈霶霈雨貌水流貌說文作沛 肺茂貌詩其
葉肺肺又未韻 浿水在樂浪唐書李勣爲浿江道大揔管又音派義同 沸波湧貌相如賦波鴻沸又未韻 帔裙屬 ○ 旆步昧切旗也繼旐曰旆亦作沛茷
左傳以兵車之旆與罕駟車先陳杜曰旆先驅車也 沛易豐其沛幡幔也草棘曰沛漸如曰沛孟子沛澤多而禽獸至 茷陸曰繼旐曰茷左傳蒨茷是也一曰旆與茷古今字
殊又茷茷有法度也詩其旂茷茷 軷祭道神見廣韻 佩玉佩亦作珮之服之也說文大帶佩也从人从凡从巾佩必有巾禮凡帶必有佩玉 珮同上陸曰依字从人
或王傍非然循襲既久不敢去也荀子珮寶玉 背違也棄也孤負也反面也亦作偝倍又見下 偝禮記毋偝立 倍孟子師死而遂倍之禮記倍畔倍死忘生又部

倍惡戾之言又物相二曰倍又灰韻詩亂也垂也亦作悖悖同上時暗也茀史記天官書星茀于河音佩即孛星也焙煏也邶國名一曰

商邑鄭曰邶鄘衛者殷紂畿內地名屬古冀州自紂城而北曰邶南曰鄘東曰衛衛在汲郡朝歌縣紂之所都亦作鄁北分異也書分北三苗又陌韻拔枝葉生詩松柏

斯拔又曰柞棫拔矣又轄韻琲珠五百枚又賄韻被及也又爲被所及也又寢衣也首飾也蒙被也又具也周亞夫傳甲楯五百被被披也甲楯人所披帶故以一具爲

一被又姓漢王褒傳九江被公書光被四表西被于流沙詩文王之道被于南國被文王之化天下純被皆音去聲髲鬄也亦作被詩被之僮僮首飾之被與髲義同骳骫骳

屈曲貌又上聲鞁馬駕具鞍上被也又能止馬使徐行者國語吾兩鞁將絕備具也足也成也咸也副也預辦也防也蒱具也古作蒱犕玉篇服也以鞍

裝馬也漢書作被當與被字通用一曰牛八歲謂之犕鞴廣韻車紴也字亦作鞴糒糗糒乾飯也○背邦妹切身北曰背又堂北曰背又負也又見上

輩軍發車百兩又等也班也比也輩行也貝海介蟲居陸名贆在水名蛽又織具又姓从目从八狽狼屬神異經狽無前足附狼而行○妹莫佩

切女娣又與沬同又邑名水名書明大命于妹邦韎茅蒐染赤韋也又泰韻眛昧爽旦微明又斗後星易日中見昧媚嫵媚諂媚每田美也左傳原田每

每又灰賄二韻脢夾脊肉一曰口下心上亦作脄又灰賄韻脄內則取牛羊麋鹿麕之肉必脄有上去二音瑁瑇瑁龜屬亦作毒冒蝳蝐又音墨又效韻冒

相如賦毒冒元龜又效陌二韻沬水名在衛詩沬之鄉矣書作妹妹與沬義異者分押又微晦也亦作媒又小星易日中見沬王注微明也子夏易沬小星也又巳也江文通詩服義

方無沬又見下媒莊子媒媒晦晦又灰韻魅精怪亦作魃从鬼从未俗作魅鬽同上俗作鬽媢妬嫉廣韻夫妬婦又效陌二韻眛目不明

痗病也篃竹名寐寢也臥也息也寐者昧也目閉神藏莊子其寐也魂交靡揚雄賦聖風雲靡穎師古曰協韻音去聲○歲須銳切年歲說

文曰木星也从步从戌越歷二十八宿宣徧陰陽十二月一次釋名歲越也越故限也楚辭獻歲發春獻進也爾雅春爲發生言新歲進而[illegible]生也後漢馮衍顯志賦開歲發春兮悵太子曰

開發皆始也爾雅夏曰歲郭璞曰取歲星行一次也大星謂之歲星與年論之歲義貴相因以其一年行一次十二次而周天故一歲歲星行一次而四時之功畢故年謂之歲从步者躔度之行可推步也从戌者木星之精生於亥自亥而行至戌而周天戌與歲亦諧聲俗作歲 **總**疏布一曰布縷細也又胡桂旋芮二切並同義也 **綷**布縷細也 **碎**細碎也又破碎史記藺相如謂秦王曰吾頭與璧俱碎於柱矣 **誶**誚也告也詬也離騷下章辭曰誶誶告也 **睟**子生一歲睟時者周時也又音醉義同 **祟**神禍也从示从出徐曰禍者人之所召神因而附之祟者神自出以警人者前江充傳祟在巫蠱注師古曰禍咎之徵鬼神所以示人也 **粹**不雜也賈誼傳粹於羣下蘇林曰粹純也言是埶悉在羣下 **睟**清和潤澤貌孟子睟然見於面 **邃**說文深遠也从穴遂聲

○**遂**徐醉切成也就也因也繼也从也又周禮五縣爲遂鄭司農曰百里外曰六遂遂人主之左傳僖四年遂伐楚杜預曰遂兩事之辭又因循也荀子小事殆乎遂亦作術又擅成事也公羊傳太夫無遂事易無攸遂 **術**禮記審端經音經術音遂此與夫間有遂之遂同又學記術有序音遂此與六遂之遂同若此類則不可變抑如用徑術黨術與成遂之遂自可重押又術韻 **鐩**火鑑亦作燧又作鐆 **燧**同上又火燼古有燧人氏論語鑽燧改火註鑽火各異木是以鑽燧爲鑽木出火也或曰燧取火之木也又烽燧晝燔燧夜舉烽以警寇也又塞亭上守㷭燧者亦作㷭 **㷭**相如游獵賦舉㷭㷭 **䥙**與鐩同 **䅻**禾秀又禾穗之貌 **隧**墓道亦作墜左傳隧而相見注隧今延道延道即墓道也又徑路曰隧詩大風有隧注隧道也又見下 **墜**同上 **襚**贈終衣 **旞**全羽繫旌上周禮全羽爲旞 **璲**佩玉 **繸**綬也所以連繫佩玉者从糸从遂監本从遂誤 **檖**陽檖木名一名赤羅詩作檖監本作椽誤 **澻**田間溝亦作遂周禮夫間有遂注一夫百畮之田遂廣深各二尺

○**穗**禾穎亦作穟廣韻作采 **篲**竹埽帚本作彗 **彗**同上說文埽竹也从又持甡徐曰指事廣韻帚也又彗星形如彗除舊布新之象又漢高紀太公擁彗注帚也

○**翠**七醉切鳥名赤羽曰翡青羽曰翠翠小如燕毛青黑色翎深青有光彩飛水上食魚翡大如鳩毛紫赤翎點點青不深無光彩林棲不食魚今俗呼翠亦曰翡翠杜甫詩以翡翠對鵾雞是也又翡翠碧玉能屑金韓愈詩以翡翠對琉璃是也又尾肉曰翠內則舒鳧翠 **脃**說文小耎易斷也俗作脆 **倅**

副車周禮戎僕掌王倅傳之政亦作萃又夏官諸子遊倅使脩德學道江遊倅倅之未仕者又術韻 淬 滅火器又染也犯也寒也 焠 堅刃史記天官書火與水合為焠漢書

王褒傳淸水淬其鋒顏師古曰焠謂燒而內水中以堅之也 啐 嘗入口也亦啐噱也又質韻 ○萃 秦醉切卦名聚也 顇 顦顇憂瘠亦作萃悴 悴

同上國語曰以憔悴又憂也 瘁 同上班固賓戲朝為榮華夕而焦瘁又病也 崒 聚集也 襊 衣游縫也 竅 塞也陸贄關中事狀黨有賊臣蹈竅 踤

大玄經鷩踤于林 ○潰 胡對切逃散也亂也左傳民逃其上曰潰杜預曰衆散流移若積水之潰又遂也詩是用不潰于成又曰草木潰茂 讀 覺悟說文中止也司

馬法師多則民讀讀止也又呼聚也 聵 耳聾曰聵从耳 瞶 目疾曰瞶从目 闠 市外門 匯 水回合也書東匯澤為彭蠡說文器也 荳 呂氏春秋菜之

美者有雲夢之荳又濟韻 回 繞也避也又畏避不盡情漢王溫舒傳即有避回注避回謂不盡意捕擊盜賊又迂曲趙充國傳回遠千里亦作迴迴又灰韻 迴 見上 會

總也要也聚也合也周禮時見曰會又畫文與繪同又見下从亼从四从曰亼音集四音聰曰音越从罒誤 繪 畫文論語繪事後素亦作繢又繡文从罒誤 繢 考工記畫

繢之事雜五采 禬 除殃祭又古外切从罒誤 慧 性通解也妍也了也曉黠也亦作惠 惠 說文仁也从心从叀徐曰為惠者心專也恩也賜也順也書一人執惠注曰三

隅矛鈄刃也又姓从叀省文作叀慧惠義異者可分押 憓 愛也 譓 多謀智也 轊 車軸頭本作叀相如賦轊騎騾師古曰車軸頭衝殺之也 蕙 似蘭而香郁一

莖數十花楚辭又植蕙之百畝 隋 周禮守祧既祭則藏其隋鄭司農曰隋神前沃灌器名康成謂尸所祭肺脊黍稷之屬藏之以依神也又見灰韻 ○誨 呼對切曉

教也 悔 懊恨也又晦韻 晦 不明也月盡也爾雅霧謂之晦 𠧩 易卦上體書洪範作悔 頮 濊面也亦作湏沬 額 同上 沬 漢武帝賦涕子憯欷

湊沬悵兮晉灼音水沬面之沬言涕淚湊集覆面而下也 譢 衆聲詩有譢其聲 翽 飛聲詩翽翽其羽又口外切 顪 頤下毛莊子壓其顪亦作𪗴 噦

鑾聲詩鑾聲噦噦亦作鐬又鳥聲 鐬 同上 喙 漢志彖為喙又星又有 諱 避諱也隱也又護短曰諱 卉 草總名又賄韻古作芔 芔 同上

漢書相如上林賦𤅊然興道而遷叙師古曰𤅊然猶忽然也又選音忽誤又賄韻 **蝯** 猴屬又蹄韻 **毀** 燬之也又小兒去齒男八歲女七歲又賄韻凡成毀之毀上聲莊子其成也毀也之類是也非自壞而毀之則去聲孟子毀其宗廟之類是也惡聲令聞之毀譽則毀上聲譽去聲孟子有不虞之譽有求全之毀之類是也忌其人而毀之媢其人而譽之則毀去聲譽平聲論語誰毀誰譽之類是也然論語譽字有音毀字無音六經子史中成毀之毀與隳毀之毀皆無音姑从通用唯讀書點校者不可不知

嘒 小聲詩鳴蜩嘒嘒又嘒同

彗 小星貌詩作嘒

○

汭 儒税切水相入也孔安國注禹貢曰水北曰汭杜預注左傳曰水之隈曲曰汭又曰水曲流爲内亦作芮

芮 水涯詩芮鞫之卽毛傳芮水厓也鄭箋水内曰芮水外曰鞫又國名又姓又草生狀

枘 木端所以入鑿宋玉九辯圜枘而方鑿兮吾固知鉏鋙而難入

内 同上考工記注調其鑿内而合之又合韻又見下

蜹 醯雞一名蠛蠓荀子醯酸而蜹聚焉

叡 深明通達亦作睿容

睿 漢五行志思之不容

銳 利也芒也通進也又細小也左傳昭十六年以玉賈罪不亦銳乎又見上

兌 荀子仁人之兵兌則若莫耶之利鋒當之者潰新序作銳是兌與銳同史記天官書天棓長四尺末兌天槍長數丈兩頭兌並與銳同蓋古作兌後人加金以別之耳俗作兑又見上

棁 說文杖也爾衛傳持三尺棁杖接地大罵

○

儈 古會切會合市人乎儈也从罒誤

襘 領之交會左傳昭公十一年衣有襘帶有結視不過結襘之閒其字从衣與穰襘字不同說文以襘爲帶結非也舊韻从示亦非从罒誤

劊 斷也亦作刽从罒誤

鱠 魚鱠亦作膾

膾 細切肉牛羊魚之腥聶而切之爲膾論語膾不厭細內則牛膾魚膾又曰大夫燕食有膾無脯有脯無膾又曰肉腥細者爲膾大者爲軒

廥 芻藁之藏

獪 狡也

鄶 國名在滎陽左傳自鄶以下無譏焉詩作檜

檜 同上又木名松葉柏身又與檜同又見爲韻

澮 水注溝周禮千夫有澮注澮廣二尋深二仞爲巜會也凡㵽俞等字皆从巜

旝 旃也左傳旝動而鼓杜預曰旝旃也通帛爲之蓋今大將之麾也又機石置木石上發以槌擊也廣韻木壘石投敵也亦作檜

䯤 骨擿可會髮又五采束髮一曰冠縫說文引詩䯤弁如星亦作會

會 詩會弁如星又計也周禮有會歲有會膳夫歲終則會唯王及后世子之膳不會孟子會計當而已矣又總之也合之也又髻也莊子會撮指天

鬠 髻也亦作會又括髮

又見未韻音忌意同

也荀子沐浴醫體璯玉飾冠縫亦作髓憒心亂慖恨也幗婦人喪冠又陌韻貴尊高也賢漢書食貨志鹽鐵器苦惡賈貴又曰商者

少物賢瞶極視見廣韻劌傷也割也又曹劌魯人橛夏組亦作嶡又月韻嶡禮記夏后氏以嶡注嶡之言蹷也又山崛起貌撅揭衣禮記

內則不涉不撅劂剞劂曲刀亦作劂又質屑二韻劂同上又質韻蹶動也嘉也僵也亦作蹷又屑韻蹷荀子蹷蹷然惡之動也又屑韻鱖魚名

桂木名又姓筀竹名鴂鶗鴂鳥名亦作鴃鴂揚雄傳注一名買鵵一名子規一名杜鵑常以立夏鳴鳴則衆芳皆歇而農事興音桂又音訣離騷恐鶗鴂之先鳴兮使

夫百草爲之不芳又見灰韻愧慙也亦作媿媿同上騩馬淺黑色又灰韻勩弊也力乏也魏蔣濟傳彫勩之民不爲國用釋文無音案唐書多用彫勩

勞於賨萃音訓云學者多讀爲愧庪爾雅祭山之名又食閣亦作庋庋同上○匱具位切乏也竭也匣也鐀匣也司馬遷紬石室金鐀之書亦作

匱蕢草器簣書功虧一簣漢書一簣障江河論語未成一簣雖覆一簣注簣土籠也饋進食以餉也饁也亦作餽餽同上又貽也孟子餽兼金櫃

櫃匧跪拜跪聲類云跽也又足也荀子蟹六跪而二螯韓子以刖足爲刖跪揆度也悸心動又帶下垂貌詩垂帶悸兮○墜直類切隕落亦作隊隧

隊詩爲國之基隊矣左傳俾隊其師罔敢失隊竝音墜隧班固賓戲厥宗亦隧王莽傳不隧如髮荀子武王伐紂至共頭而山隧懟怨懟亦作譵譵同上

隊與墜同唐書高鉥傳隊舊典縋以繩垂物錘錘謂之權即秤鎚也又灰賄二韻硾鎮也呂氏春秋硾之以石亦作磓又揣量物輕重也亦作礈或作倕

磓見上又灰韻礈見上甀小口罌又支韻槌蠶薄柱又灰韻膇重膇下腫腄東萊縣名漢郊祀志立祠之罘山於腄主父偃傳飛芻輓

粟起於黃腄又灰韻○穢烏胃切惡也汚也又荒也蕪也亦作薉濊俗从歲下同薉荀子涂薉則塞濊注濊深廣洋溢貌又與穢同李尋傳盪滌濁濊又見

曷韻內獩獩貊國名薈草多貌詩薈兮蔚兮从曾誤懀心惡也凡从會者亦皆作會餧飤也委蓄也周禮宰夫掌牢禮委積注委積謂牢米薪

紛給賓客詩在積字下又末流也學記或源也或委
也注原泉所出也委流所聚也陸音於偽切又賄韻
骫 骫骳屈曲貌又於詭切案漢書枚乘傳其文骫骳骫音委骳音被委積二字皆有兩音舊收骫字入上聲骳字入去聲兩有未盡今皆作兩音收入仍合依被字例許得通押
萎 說文飤牛也凡草飤畜曰萎又灰韻
尉 候也安也又火斗熨器篆文作叞从𡰥从火从又又偏旁手字持火所以申繒也今亦作尉又質韻俗加火作熨
慰 安之也有以慰其情也通作尉漢車千秋傳尉安黎庶顏師古曰尉安之字本無心尉與慰義同者不得重押義異者非
畏 忌也怖也心服也又灰韻又烏賄切畏壘山名
罻 捕鳥網又術韻
蔚 牡蒿又茂也又文深密貌易其文蔚也有兩音又術韻
霨 雲起貌
○胃 于貴切穀府亦作腸胃字下从月偏傍肉字也加月於其傍後人妄添耳
謂 與之言也告也報也事有可稱曰有謂失於事宜不可名言曰亡謂非與之言而稱其人亦曰謂論語子謂子賤子謂子產子謂仲弓是也指事而言亦曰謂詩謂天蓋高之類是也稱其言亦曰謂論語此之謂也其斯之謂與是也
㥜 怫㥜不安怫音未
渭 水出隴西涇濁渭清
彙 類也茂也又蟲名又與蝟同爾雅彙毛刺俗作彙
蝟 蟲似豪豬而小賈逵傳如蝟毛而起
緯 縱曰經橫曰緯家語南北爲經東西爲緯又天象定者爲經動者爲緯
緭 繒也
煟 火光
位 易聖人之大寶曰位位者正也列也涖也凡所當立者皆曰位位中庭之左右謂之位又郭璞曰羣臣之列位也
衛 國名又姓又捍也護也防也
璏 劒鼻玉
轊 車軸耑田單傳轊折車轂本作軎
軎 轂末軸頭也考工記注軑軎也又音彗亦作轊
槥 小棺漢高帝紀士卒從軍死者爲槥
熭 火乾又日曬也亦作熭
彗 日中必彗
爲 所以也緣也助也護也與也
遺 餽也贈也周禮遺人注遺謂以物有所贈遺也木瓜序遺之車馬器服又支韻
壝 土埒又支賄韻
僞 非眞又詭也詐假也
磑 說文曰䃮也世本公輸般作磑俗作磑又灰韻
魏 國名又姓又象魏觀闕也象者法象也魏者高巍也會人因謂教令之書爲象魏左傳哀三年命藏象魏又灰韻
犩 獸名如牛而大肉數千斤又灰韻
恚 怒恨也
烓 行竈
○惴 之瑞切憂懼也
錘 鍛器莊子在鑪錘之間也又灰韻
諈 爾雅諈諉累也郭璞注曰以言相屬累也列子注煩重貌
贅 謂以物而質錢也說文贅肬也莊子附贅垂肬肬瘤

也贅罷瘂也又男附女家謂之贅壻漢書家貧子壯則出贅又屬也詩具贅卒荒老子餘食贅行注云行之無當曰贅又會也漢武帝紀毋贅聚又項椎骨也莊子句贅指天**綴**聯也又諸外切**餟**祭酹酒一曰連祭亦作醊又屑韻**醊**史記封禪書爲醊食羣臣從者又屑韻**畷**井田間道左思賦畷畛無數又屑韻**錣**羊車箠箸箴其耑亦謂之銴○**吹**嗤瑞切噓之也又鼓吹也凡吹笛簫成音者皆謂之吹月令入學習吹爾雅徒吹謂之和又灰韻**出**出之也又吐也進也現也寫也斥也遠也凡物自出則入聲使之出則去聲詩匪舌是出音尺類切亦有作兩音者易出涕沱若利出否皆有兩音又術韻**毳**廣韻細毛又與脃同荀子云事小敵毳漢丙吉傳數奉甘毳食物**膬**枚乘七發甘膬腥膿**竁**穿壙**橇**禹泥行所乘亦作毳又蕭韻**喙**口喙又宥韻○**瑞**殊僞切以玉爲信曰瑞周禮春官以玉作六瑞以等邦國王執鎮圭公執植圭侯執信圭伯執躬圭子執穀璧男執蒲璧又典瑞掌王瑞玉器之藏注人執以見曰瑞禮神器曰瑞符信也又嘉祥符應曰瑞**倕**唐虞共工名書作垂陸德明音如字又音瑞又灰韻**睡**坐寐令睡眠通稱○**稅**輸芮切征稅租也又稅駕脫鞅憩息也班固叙傳稅介免冑謂脫甲冑也又以物遺人曰稅檀弓未仕者不稅人如稅人則以父兄之命注稅謂遺曰稅檀弓小功不稅乎人又日月已過乃聞喪而服又音娧**說**詩說于農郊與稅駕同又說誘以言諭人使從已也又他括切與脫同又屑韻稅說義不同者自從分押**祱**贈終衣被又禮注日月已過乃聞喪而服曰祱禮記作稅同**帨**帉帨佩巾**餽**小餟**涚**過水又清也洗也禮有涚齊郊特牲明水涚齊貴新也注五齊濁泲之使清謂之涚水**蛻**蛇蟬解也又見上○**諉**女恚切爾雅諈諉累也郭璞曰以言相屬累曰諈諉又買誼傳尚有可諉蔡謨曰諉記也○**內**奴對切中也裏也入也又房室曰內晁錯傳有一堂二內又天子宮禁謂之內漢制天子內中曰行內行內猶禁中也唐有三內皇城在長安西北隅曰西內東內曰大明宮在西內之東南內曰興慶宮在東內之南又寢室曰臥內蜀志延入臥內又合韻○**喟**丘媿切歎息聲亦作嘳**嘳**屈原賦永歎嘳兮**巋**山貌又灰韻**繢**衣系又細也**觖**怨望又屑韻**堁**塵起貌又塵塺也**穳**麄糠○**醉**將遂切爲酒所酣曰醉說文醉卒也各卒其度量不至於亂也

祽月祭名俗作祽 綷會五采繒又音倅綷縩絢素聲 最作而聚之也一曰凡也尤也又極最也優也上也㝡也注書音義上功曰最後漢書注最凡要之首言課居先也从冃从取監本从日誤 棷禮記鳳麟在郊棷音最澤也又有韻 稡聚也郭璞爾雅序會稡舊說唐書稡其行事又術韻 蕝束茅表位也漢叔孫通爲綿蕝之儀春秋傳置茅蕝也亦作蕞又屑韻 蕞史記禮書作綿蕞徐廣云表位標準如淳曰置設綿索爲習肄處謂以茅翦樹地爲纂位又徂會切小貌又屑韻 ○ 辠徂誨切辠也愆也又罰罪曰辠文字音義从自从辛自古鼻字言辠人蹙鼻辛苦之憂賈誼傳使民日遷善遠辠 罪秦始皇以辠字似皇字乃改爲罪又罰罪曰罪書罪人以族 嶵嵾嶵山貌亦作⿱山非 ○ 睢香萃切恣睢暴戾矜放貌又灰韻

九震

震之刃切卦名易震爲雷謂雷震之所爲也繇曰震來虩虩又直謂雷爲震也震動也威也懼也起也妊娠也詩載震載夙亦作娠蜄又眞韻 振舉救也整也奮也裂也動也又眞軫二韻 賑富也賙也 侲童子漢制儺於禁中用侲子又燕齊間謂養馬者爲侲亦作娠 蜄史記歷書辰者言萬物之蜄也音振索隱曰或作娠同音又見下 䟴動也見玉篇又眞韻 挋拭也給也㓗清也 甄掉也周禮薄聲甄又眞先二韻 鎭安也又宝鎭亦作瑱又藩鎭山鎭皆取安重鎭壓之義又眞韻 塡宊也撫也漢書鎭撫字多作塡又鎭星土星也晉天文志作塡星又壓也又眞韻 瑱玉充耳又玉瑱與鎭同唐將來瑱又眞霰二韻 ○ 陣直刃切行列經典作陳楊子音義云古作𨻰佩觿集内云軍陳爲陣始於王羲之小學章 陳見上又眞韻 診莊子匠石覺而診其夢司馬向云診占夢也 楮木名汁可作酒亦作櫘 眹目童子又幾微萌兆謂之眹 ○ 稕朱閏切束稈 埻射的又軫韻 訰訰訰亂也又眞韻 ○ 刃而振切鋒刃又與韌同刃加鉅爲刃象形俗作刄 韌堅柔難斷周禮山虞注作刃詩箋作忍 忍大雅柳箋柔忍之木荏染然釋文忍音刃字亦作仞又軫韻 仞八尺曰仞仞小爾雅四尺謂之仞

包咸鄭康成皆謂七尺曰仞應劭注漢書五尺六寸曰仞顏師古曰非也八尺曰仞取人申臂
之一尋也師古以八尺爲仞是也而以仞爲申臂一尋則非也一尋止六尺爾孔安國曰八尺
曰仞又度深曰仞左傳昭三十一年仞溝洫又與認同列子仞而有之 **訒** 難也論語其言也訒 **認** 辨識又與訒同荀子外是者謂之認注認難也 **軔** 礙車上輪木又
與仞同孟子掘井九軔 **物** 充滿詩於物魚躍 ○ **閏** 儒順切餘分附月也周禮注於文王在門謂之閏是以禮閏月詔王居門 **潤** 濕潤又澤也滋也浸漬也
說益也監本从王誤 ○ **憖** 魚僅切問也恭謹也強也傷也且也閑也詩不憖遺一老注強也方言傷也楚頻之間謂之憖又發語音左傳憖使吾君聞以爲快又缺也文十二
年皆未憖 **浧** 澱也滓也 ○ **孕** 年進切懷孕 **胤** 說文子孫相承續也从肉从八象其長也么亦象重累也徐曰會意廣韻繼也嗣也一曰國名又姓 **靷**
駕牛馬具在胷曰靷詩陰靷鋈續注靳環靳者言其常處游在驂馬背上左傳如驂之有靳 **紖** 牽車紼也 **朄** 說文擊小鼓引樂聲也 **酳** 酒漱口也 ○ **印**
衣刃切刻文合信也小爾雅璽謂之印漢官儀諸王侯黃金印槖鈕文曰王列侯黃金印龜鈕文曰章御史大夫金印紫綬文曰章中二千石銀印龜鈕文曰章千石至四百石皆銅印文曰
印 **㥯** 依人也 **檼** 屋脊又棟也 **隱** 孟子隱几而臥又築也漢賈山傳隱以金椎又軫韻 **殷** 中也莊子其不殷非天之罪又見眞删軫三韻 ○ **慎**
時刃切从心从眞心眞爲慎說文謹也从屮从谷爲眘屮草也徐曰愼不[illegible]也古亦作眘前武紀海外肅眘莫不賀又史記虞卿傳王眘勿予 **蜃** 大蛤說文雉入大水所化又蜄化爲
蜃似蛟無足亦作蜃蜄 **蜃** 服虔曰脤祭社之肉盛以蜃器故謂之脤通作蜃周禮掌蜃注引春秋歸脤作歸蜃鬯人職凡四方山川用蜃器謂器以蜃飾因名焉 **蜄** 史記
天官書海旁蜄氣象樓臺莊子以蜄盛酒古人多以蜄爲器非特盛祭肉之器也又見上 **脤** 春秋定公十四年天王使石尚來歸脤杜預曰脤祭社之肉盛以脤器亦作祳 **祳**
同上 **腎** 水藏 ○ **信** 思晉切誠信慤實也不疑也不差爽也於文人言爲信又左傳再宿爲信孟子有諸己之謂信又眞韻 **訊** 問也告也亦作誶 **訙**
荀子雲賦行遠疾速而不可訊訊司也从言从卂卂音卂从凡誤 **迅** 欲疾也又奮迅與巽也亦作 **阠** 陵名爾雅東陵阠 **汛** 灑也 ○ **晉** 即刃

切圭名進已書亞國名又姓又與搢同周官王儺凡田王提馬而之諸侯晉大夫馳注晉謂抑也抑之上弁也縉赤白色又與搢同漢志縉紳者弗道李奇曰縉插也插笏於紳節之
古曰才子說插示也字本作搢插笏於大帶革帶之間耳非插於大帶也又霰韻搢插也亦作晉周禮王晉大圭莊子搢紳先生亦作縉又霰韻瑨美石似玉著亦作璡
璡同上進登也升也行前也善也效也薦也亦作薦薦同上見廣雅列子王薦而問之亦音進又與搢同史記薦紳先生難言之徐廣曰薦紳即搢紳也古字假借又
霰韻○盡齊進切空也竭也終也賮會禮之財又贈行財又琛賮珍貨也亦作贐贐進贐賮並同上進同上漢高紀蕭何主進又贈傳
之財曰進漢陳遵與宣帝博數負進唐書學進蓋今人謂博勝得財曰得進得多曰學進藎進也詩王之藎臣朱氏曰藎進也言其忠愛之篤進進無已也又餘也○燼
徐刃切火餘燭餘又遺民曰燼左傳靡自有鬲氏收二國之燼以滅浞而立少康○親寸遴切左傳庶人工商各有分親注以親疏爲分別釋文有平去兩音今世謂姻家
爲親家又眞韻○趁丑刃切踐也逐也亦作趂陸機文賦舞者赴節以投袂是也韻疢病也亦作疹○藽初覲切木槿亦作櫬櫬同上又梧
也又椑棺謂之櫬襯近身衣也儭裏也齓毀齒○菣去刃切香蒿亦作藍又霰韻藍同上又霰韻○釁許刃切血祭亦
作衅與牲血塗器曰釁血者幽陰之物釁用血蓋所以厭變怪禦妖釁也禦妖釁而謂之釁猶治乱曰乱也周禮天府上春釁寶鎮及寶器注釁謂殺牲以血血之大祝隋釁謂薦血也凡血
祭曰釁又罅隙曰釁或謂器成必有釁隙殺牲取血塗其釁隙以厭除不祥因謂之釁又爭端曰釁謂瑕隙也亦作璺又賈誼傳釁面吞炭鄭曰釁漆面以易貌顏曰釁熏也以毒熏入之也
衅同上興同上禮記既興器用幣又庚敬二韻璺隙罅通作釁𤮮器裂也焮灸也春秋傳行火所焮○僅具吝切少也略也纔
也劣也亦作廑勵慬又眞韻廑同上廿二仲舒策廑能勿失賈誼傳其次廑得舍人顏曰廑與僅同劣也又見眞韻勵同上禮記勵有存者注少也又眞韻慬同上
公羊傳定八年慬然後得免音與僅同又[illegible]韻瘽病也漢文紀和瘽身從事菫草名詩菫荼如飴又軫韻覲周官大宗伯秋見曰覲注覲之言也欲其勤王之事禮記

曲禮天子當依而立諸侯北面而見天子曰覲 **墐** 塗也詩塞向墐戶 **瑾** 美玉楚辭懷瑾握瑜 **饉** 菜不熟曰饉韓詩五穀不升曰饉 **殣** 瘞尸詩尚或殣之又

餓殍爲殣左傳道殣相望 **靳** 固也吝也又姓又戲而愧曰靳左傳莊十一年宋公靳之 **斤** 斤斤察也周頌斤斤其明毛傳斤斤明察也又眞韻 **㨷** 拭也 **劤** 多力

貌 **近** 附也親也近之也又不遠也 ○ **吝** 良刃切悔吝○鄙吝易屯六三往吝謂不知幾冒險而往以自取窮可鄙賤也又羞吝恒卦九三或承之羞往吝家人卦

九三婦子嘻嘻終吝皆謂可羞吝易坤爲吝論語出內之吝謂之有司皆謂靳惜也又恨也噬嗑六三小吝无咎謂小有悔恨也亦作吝悋恡 **悋** 鄙也慳也惜也亦作悋恡通作吝

悋 文中子問易篇攺過不悋俗作恡 **憐** 荀子無邑憐之心又先韻 **瞵** 視不明又眞刪二韻 **遴** 行難又謹選亦作僯 **蹸** 轢也踐也亦作轔閵轥躪

轔 同上 **閵** 相如賦徒車之所閵轢 **轥** 見廣韻 **躙** 同上俗加艸 **𤳳** 觚𤳳見廣韻 **粼** 竹類爾雅粼堅中亦作𥴠又眞韻 **𥴠** 同上

磷 薄石又石磷又眞韻 **粦** 野火又鬼火兵死及牛馬之血爲粦又作燐又眞韻 **燐** 同上又螢火亦作蟒又眞韻 **蟒** 同上 **藺** 莞屬可爲席又姓也

甐 動也敝也考工記不甐於鑿亦作鄰又眞韻 **潾** 玉篇水清貌又眞刪二韻 ○ **儐** 必刃切導也通作擯古者諸侯自相爲賓之禮各有副賓副曰介主副曰

擯又陳也詩儐爾籩豆 **擯** 同上論語君召使擯又斥也 **賓** 禮記大夫有所往必與公士爲賓注賓作介也莊子賓者以告列子音義云賓通客之人音儐又云獻蔥韭以

賓寡人與擯斥之擯同又曰退仁義賓禮樂儐擯賓義同者不得重押義異者非又眞韻 **鬢** 頟旁髮也 **殯** 黃塗禮記殯於客位又送葬歌曲曰虞殯左傳公孫夏命其徒歌虞

殯 ○ **牝** 婢愼切母畜也 **臏** 刖刑去膝蓋骨 ○ **俊** 祖峻切智過千人曰俊楚辭注千人才爲俊北史蘇綽傳萬人之秀曰俊又大而敏也亦作儁峻

儁 同上又偉也絕異也又雋也左傳得儁曰克 **峻** 禮記大學克明峻德音峻又[illegible]字 **畯** 農夫詩傳田大夫也箋云司嗇也今之嗇夫甫田詩注周禮籥章歛豳雅

擊土鼓以樂田畯鄭司農云畯古之先敎田者禮記郊特牲注司嗇后稷是也 **餕** 所食之餘禮記餕餘不祭又食人之餘曰餕 **晙** 明也早也 **駿** 馬良逸又大也詩駿

命不易音峻又音俊[illegible]狡兎名狻狡兎又眞韻○峻須閏切高也險峭也嚴急也通也亦作埈駿又見上埈同駿詩駿極于天又駿發爾私毛傳大也箋疾也又駿奔走逡奔走竝音峻亦作逡若訓大則又音俊已見上逡禮記大傳執豆籩逡奔走又眞韻恂嚴謹貌禮記大學恂慄也有兩音又信也樂也溫恭貌又眞韻筍竹輿公羊傳文十五年筍將而來也音峻又軫韻洵公羊傳定四年朋友相衛而不相洵注洵出表辭猶先也不當先相擊刺音峻又眞韻濬深通川也疏瀹也又深也濬哲文明是也又深之也隨山濬川是也浚深也瀹也洵也通作濬又水名在衛今浚儀縣鵔鵔鸃似鳳鵕鵕鸏鷩也漢初侍中服鵕鸏冠

潠含水噴亦作噀[口孫]噀後漢欒巴噀酒[口孫]同上○巽蘇困切卦名入也順也柔也卑也亦作巺俗作巽遜遁也亦作孫又順也辭避也謙恭也通作愻孫巽孫春秋夫人孫于齊公孫于邾杜預曰內諱奔故謂之孫又順也謙也論語孫以出之又眞韻愻見上○焌祖寸切然火周禮遂龡其焌又質韻捘推也又擠也陷也左傳定八年捘衛侯之手陸音子對切誤當作祖寸切○殉松閏切偶人送死亂世以人從葬檀弓不殆於用殉乎哉又從也孟子以身殉道以道殉身又營也求也徇行示書遒人以木鐸徇于路又自衒名行薛瓚注史記以身從物曰徇殉同亦作侚○舜輸閏切有虞氏號張晏曰仁聖盛明曰舜舜之言充也說文艸也楚謂之葍秦謂之蔓蕣木槿詩作䑞瞬目開闔搖亦作眣瞚眴眣見公羊傳瞚莊子終日視而目不瞚眴項籍傳眴目視之又眞震二韻鬊鬊鬝又毛貌禮記注亂髮也○順食閏切不逆也和也從也詩克順克比左傳慈惠徧服曰順○奔逋悶切奔走湊集也又見眞字韻○論盧困切論議也辯論也又眞韻○問文運切訊也聘也又問遺論語問人於他邦問遺物又聲問康衡傳淑問揚乎疆外與聞同聞名達曰聞詩令聞令望亦作問又聲徹曰聞詩聲聞于天聲聞于外又眞韻璺璺罅本作璺方言秦晉器破而未離謂之璺紊絲亂也抆拭也又軫韻汶水出琅邪又眞韻娩生子亦作娩免又銑韻挽同上又銑韻免同上又喪禮去冠括髮也亦作絻免服輕於緦亦作絻又銑韻絻左傳季氏

不絻杜預曰絻喪冠也又晉趙鞅納衛太子于戚使太子絻杜預曰絻者始發喪之服又銑韻〇**分**扶問切名分也分劑也禮記分毋求多荀子分分兮其有終始也又眞軫二韻

鼢魚別名出東夷**枌**莊子隱枌之丘又眞韻**鼢**地行鼠亦作蚡**蚡**同上**扮**握也**憤**論語不憤不啓又懣也怒也亦作賁**賁**怒聲禮記廣賁之音作而民剛毅又與墳同穀梁傳覆酒於地而地賁注賁沸地也又音奮覆敗也禮記賁軍之將陸音奮又眞未二韻**墳**土膏脈起書厥土赤埴墳又眞韻**濆**

濆湧又眞韻**蕡**雜香草周禮籩人其實蕡蕡注蕡枲實也〇**僨**方問切僵也**拚**禮記埽席前曰拚又先霰二韻**坌**埽除也通作拚**奔**詩行

蕡注奔軍之將陸音奮又眞韻**忿**怒也悁也**奮**揚也又鳥張毛羽奮奞也奞音迅**瀵**水名又音盆**糞**穢也治也培也孟子糞其田又掃除也與坌拚同左

傳糞除宗祧糞除先人之敝廬〇**郡**具運切杜預曰周書作人篇曰周制天子地方千里分爲四縣縣有四郡故春秋傳上大夫受縣下大夫受郡秦初天下置三十六郡以

監天下之縣釋名郡羣也人所羣聚也〇**醞**於問切釀也又醞藉含蓄**温**漢義縱少温藉詩飲酒温克鄭箋中正通知之人飲酒雖醉猶能温藉自持以勝陸音去

聲禮器温之至也注皆爲温藉重禮內則柔色以温之又眞韻**慍**心所緼積而怒**熅**以火伸物亦作温又眞韻**榲**杜也**䵤**麴也**蘊**積也蓄也奥也亦作

藴緼又眞韻**薀**同上左傳薀利生孽又水草也蘋蘩薀藻之菜又眞韻**縕**同上易大傳乾坤其易之縕邪又枲也紼也絮也論語縕袍孔安國曰枲著也謂雜用枲麻以絮

著袍禮記縕爲袍鄭康成曰縕舊絮也又亂麻蒯通傳束縕請火**韞**包藏也論語韞櫝而藏諸陸機文賦石韞玉而山輝〇**訓**吁運切教誡也誨也亦雅訓道化道

說文義也如某字訓作某義从言川聲徐曰訓者順其意以訓之也又男曰教女曰訓又姓也集韻古作訔又作平聲音熏見眞韻**爋**光乾物〇**運**禹慍切行也轉

也動也用也又五運五行气化流轉之名又天造曰運韓愈詩君子法天運又運祚漢高祖賛漢承堯運謂曆數也又國語廣運百圭東西爲廣南北爲運**暈**日月氣亦作煇

煇周禮眡祲掌十煇之法鄭司農曰煇日光炁也又文韻**餫**對饋**鄆**地名屬古兗州魯昭公出居之地今有鄆州**韻**和也音諧也又風度亦作韵均二字

均同上又同忠平也左傳僖五年均服振振服也陸音如字當有兩音亦作袀又眞韻 ○袀同上又眞韻 員員人名後人慕之以爲姓唐有員半千又眞先二韻

鞼攻皮之工考工記鞼人爲皇陶禮記作鞼又霰韻 韗同上又霰韻 ○圂胡困切憂也擾也悶亂也又汚辱也禮記儒有不圂君王范雎傳天以寡人圂先生漢陸賈傳無久圂公爲也唐元結傳一第圂子耳義與溷同

溷濁也亦作㥵又廁也晉左思作賦門庭藩溷皆著紙筆亦作圂又眞韻 㥵漢王襃傳延袤百丈而不㥵

混水雜流一曰混沌陰陽未分亦作渾玉篇大也又混濁也 渾荀子財貨渾渾如泉源莊子渾沌又渾天圓貌渾然無圭角也又眞韻 棍槊也揚雄解難形之美老不可棍於世俗之目

緷大束亦作槖又眞韻 焜焜煌光也亦作煇煌 煇相如封禪頌炳煇煌又見上又灰眞二韻 ○顐吾困切諧劇元結時議諧臣顐官怡愉于顏玉篇又作諢

諢同上 ○惛呼困切不憭又眞韻 ○困苦悶切卦名窮也悴也又病甚又倦劇力乏也古文作朱 ○噴普悶切鼓鼻也嚏也噀也又眞韻

○坌步悶切塵坋也竝也亦作坋相如賦坌入曾宮之嵯峩 坋同上 湓水聲又眞韻 ○悶莫困切煩悶心鬱也亦作懣

懣同上 ○寸村困切十粟爲分十分爲寸十寸爲尺家語布指知寸漢志寸者刌也有法度可刌凡法度字皆从寸 刌斷也切也割也截也度也

○鐏祖悶切祕底銳者又子困切又罕韻 鱒魚名又魚入泥也又軫韻 ○頓都困切下首又貯也次也杜甫詩頓頓食黃魚謂食一次也又壞也左傳襄四年甲兵不頓昭元年師徒不頓又丘一成曰頓丘詩至于頓丘又陡頓遽也又見下又音突

敦豎也又太歲在子曰困敦又丘一成曰敦丘詩作頓班固賓戲欲從旋敦而度高平泰山音丁回切說又灰寒蕭效眞五韻 ○鈍杜困切不利亦作頓 頓史記賈誼賦莫邪爲頓漢書芒刃不頓又不頓一戟又翟方進遲頓不及事

盾趙盾晉卿 沌混沌 敦渾敦不開通貌左傳天下之民謂之渾敦注云謂驩兜也 囤篅囤盛穀也 豚禮記圈豚行不舉足鄭康成曰圈轉也豚之言若有所循不舉足謂行曳踵也孔子執圭則然此徐趍也圈去阮切又眞韻

腯肥也又人名檀弓仲子舍其孫腯而立衍 遯卦名退也隱也避也遜也逃也亦作遁

遁同上又眞韻遯同上漢匈奴贊遯逃竄伏○嫩奴困切弱也腝肉腝嫰弱也又少好貌俗作嫩○褪吐困切卸衣也

又花謝也○恨下艮切怨恨也○艮古恨切卦名堅也止也門限限也○硍苦恨切石有痕曰硍珢玉有起跡曰珢

洪武正韻卷第十一

洪武正韻卷第十二

十翰

翰侯幹切鳥羽又筆也書詞也高飛也天雞五色羽也又榦也詩維周之翰王后維翰之屛之翰召公維翰有平去二音又寒韻 駻馬突亦作馯曰馬高六尺 馯同上又姓孔子弟子馯臂 旱亢陽不雨又山也 悍性勇急又強很 汗人液又寒韻 瀚北海漢霍去病傳作翰海又浩瀚廣大貌 捍衛也扞也抵也亦作扞干 扞同上 干詩公侯干城左傳天下有道則公侯能爲民干城竝音去聲又本韻及寒韻 ⿰旱皮射韝以皮⿰旱皮臂 銲臂鎧也亦作釬 釬同上又急也莊子有緩而釬 閈閭也里門曰閈王篇云居也垣也 垾小隄也 ○ 榦古汗切井欄又牆版又柄也柘木也亦作幹 幹事之能易乾文言貞者事之幹也言事以貞立猶垣牆有版幹又軀幹木身骨幹人脊脅之骨也又築牆版也亦作榦又見寒韻 旰日晚也 盰目多白一曰張目也 ⿰氵盰淲淲⿰氵盰⿰氵盰水流疾貌中从目从盰誤 秆禾莖藁也左傳或取一秉秆又罕韻 骭骹骨即脛骨也甯戚歌短布單衣適至骭亦作榦左傳唯是褊衵所以藉幹又諫韻 ○ 漢虛汗切天河詩維天有漢又水名又地名漢中在南鄭沛公封漢王因爲國號 暵乾也亦作熯又見寒韻 熯又見寒韻 ○ 看袪幹切視也又寒韻 侃剛直又和樂貌亦作偘又罕韻 偘見廣韻又罕韻 衎喜也樂也又罕韻 ○ 按於幹切抑也止也據也荀子是按曰是非按曰非又撫也平原君傳毛遂按劒而前鄒陽傳按劒相眄又控也漢文帝按轡徐行又勑也 案几屬亦作桉又察行也考驗也舉也據也與按同荀子案飾其辭董仲舒策謹案春秋又漢書賈誼傳桉之當今之務鄒陽傳桉劒而怒桉劒相眄字作桉其字皆从木史記从才桉案按三字義同者不得重押義異者非 ○ 岸魚幹切崖也廣韻水涯高者王篇魁岸雄傑也高也又露頷曰岸漢光武岸幘見馬援又獄也詩宜岸宜獄 騂馬行貌又馬額白至脣 豻胡地野犬似狐而小又野獄曰豻亦作犴又豻侯射的亦作干又寒韻 犴同上王篇狴犴牢名

又獄也揚子狴犴使人多禮乎本作陛岸古人假借用又寒韻

干 同上周禮司裘□□射□五十大射□注干讀同犴切犬也鄉射記作豻侯又古岸字

矸 [illegible]貌甯戚歌曰南山矸白石爛廣韻古案切石淨侯犴切砲也二音罕用故不收入

諺 畔諺剛猛也書乃逸乃諺見說文今書作諺音彥注云叛諺不恭亦作喭又霰韻

喭 論語由也喭亦作喭又弔失容也又霰韻

○**換** 胡玩切易也从手从側人从宂从廾今文作換

逭 逃也迭也步也轉也周也

援 詩無然畔援鄭音換跋扈也又先霰韻

緩 舒遲又縱也

漶 漫漶不分別之貌

○**喚** 呼玩切評也

奐 大也禮記美哉奐焉注奐言衆多釋文云奐爛言衆多也又文采粲明貌

渙 流散解□左傳亭渙然氷釋又卦名易渙離也

煥 火光王篇明也亦作奐論語煥乎其有文章

○**貫** 古玩切條貫規繩也累也行也穿也亦作毌又鄉籍也漢書奚必同條而共貫條者綱目分析也貫者聯絡貫穿也又事也詩三歲貫女又繦也以繦穿錢曰貫又寒諫韻

冠 戴冠男子二十而冠又爲衆之首曰冠又寒韻

觀 卦名所觀者又示也易觀卦大觀在上謂大而在上爲人所仰望又曰中正以觀天下國語觀兵漢書觀以珍寶皆謂有以示人使人來觀故曰觀又觀闕樓觀三輔黃圖云登之可以遠觀故謂之觀又壯觀奇觀謂境趣壯麗事端奇偉有可觀者又諦視也列子觀者取足於身亦音去聲又寒韻上从卄从廾誤

懽 懽懽愮愮憂無告也又寒韻从廾誤

祼 祭酹鬯以灌地謂之祼亦作果通作盥灌

果 周禮宗伯大賓客則揚而載果注載爲也果讀爲祼又哿韻

盥 同上又澡手也

灌 論語禘自既灌而往者又漑也莊子曰時雨降矣而猶灌漑又叢木也詩集于灌木其灌其栵又大雅板篇老夫灌灌毛傳灌灌款款貌箋老夫諫汝款款然从廾誤

瓘 王名左傳瓘斝玉瓚杜預曰瓘珪也

鸛 亦作鸛爵雚莊子作觀雀

雚 从卄从吅从隹隹即鳥也後又加鳥字从廾誤

爟 取火於日之舉火也亦作烜

烜 又先阮銑三韻

矔 張目又人名左傳文七年鱗矔爲司徒

涫 瀞也又寒韻

○**愞** 奴亂切弱也亦作偄懦需耎又罕銑箇霰四韻

耎 同上又史記太白入三日復盛出是謂耎又銑韻

○**玩** 五換切弄也王篇玩戲也

翫 習也狃也狎也厭也游觀也亦作忨串

忨 同上又愞也貪也愛也

串 爾雅串習也郭璞曰厭串也又諫霰二韻

抏 訛盡也又挫也

耗也史記平準書百姓抏獘以巧法索隱云三蒼音五官切鄒氏音五亂切又寒韻 輐 圜也刓去圭角也莊子椎拍輐斷亦作鯇又罕韻 鯇 同上又魚名又罕韻 妧 好貌 ○ 半 博漫切物中分又普半切李陵傳一半水師古曰半讀曰判謂大片也 絆 馬縶足曰絆絡首曰羈 靽 駕牛具在後曰靽一云繫也 ○

判 普半切剖也分也斷也大弓也又半也周禮媒氏掌萬民之判注判半也得耦爲合主合其半成夫婦也亦作泮胖 泮 史記陸賈傳自天地剖泮又諸侯學名亦作頖詩箋泮之言半也半水者蓋東西門以南通水北無也又見下 牉 儀禮夫婦牉合 頖 禮記諸侯曰頖宮鄭康成曰頖班也所以班政教也 泮 冰釋通作泮 胖 半體肉周禮掌共膴胖又脅側薄肉內則鵠鴞胖又切肉也內則麋膚注膚或爲胖又寒韻 伴 詩伴奐爾游矣毛傳伴奐廣大有文章也箋云伴奐自縱弛之意陸音判徐音畔又見下

○ 畔 薄半切田界亦作泮又與叛同 泮 詩隰則有泮鄭箋云泮讀曰畔 叛 背叛跋扈也亦作畔 伴 侶也依也陪也 並 漢昭紀同並二十四邑古作竝又散漾二韻 ○ 縵 莫半切繒無文漢制賜衣縵表白裏又莊子縵者音義云寬心也又曰大恐縵縵音義云齊死生貌又寒諫韻上从曰曰音冒从日誤 幔 幕也帷也从日誤 䡬 衣車蓋也 謾 緩也且也又寒諫二韻 漫 水浸淫敗物又汗漫渺茫貌又且也與謾同亦作曼杜甫有漫興詩元結自號爲漫郎又汙也亦作僈莊子以辱行汙漫我又曰澶漫爲樂崔云淫衍也李云縱逸也又瀾漫淋漓貌又寒韻 曼 末也且也又渺茫貌漢鄒陽傳注長夜曼曼何時旦音與漫同又模寒二韻 僈 荀子汙僈突盜揚悍曰僈當爲漫漫亦汙也水冒物謂之漫又諫韻 墁 杇者塗壁亦作鏝槾又寒韻 ○ 筭 蘇貫切計也數也籌也畫也說文筭長六寸計歷數者也亦作撰周禮群吏撰車徒 算 論語何足算也 笇 竹器與筭同 蒜 葷菜張騫使西域得大蒜胡荾京口有蒜山多生大蒜 ○ 竄 取亂切逃也漢書奏頭鼠竄又誅放也書竄三苗于三危又藏匿也从鼠在穴中又熏竄而以劫也又曰突著也 攛 擲也 爨 炊爨又姓 ○ 鑽 祖筭切所以穿物又寒韻 ○

攢 在玩切聚也 ○ 鍛 都玩切小冶又推亦曰鍛又作煅[illegible] 段 周禮段氏爲鎛器[illegible]本[illegible] 斷 決也又斷斷專壹貌又[illegible]及[illegible]韻 碫 礪石詩作

鍛腶鍛脯禮記腶脩注謂捶脯加薑桂也○彖吐亂切易彖一辭曰彖者統論一卦之體彖辭彖者材也明一卦之剛柔之材也陸德明曰彖斷也玉篇豕走悅也
从彑彑音計彙頭也說文豕頭也象其鋭而上見俗作彖椽黑衣后服或作緣禮記士妻褖衣又作稅周禮注稅衣○段杜玩切體段又分段片段欵段椴
檲椵木槿斷絕也㲉卵不孚也○亂盧玩切理也治亂之謂亂又橫流而濟曰亂爾雅正絕流曰亂又煩亂冦亂俗作乱

十二諫

諫居晏切直言以悟人也詩箋諫之言干也干君子之意而告之也周禮司諫注諫猶正也以道正人行又規諷也詩主文而譎諫从言从柬从東誤澗山夾水也鐗
車間鐵也間廁也隔也隙也迭也代也送也聲也非也論語禹吾無間然矣左傳又何間焉杜預曰間猶與也爾雅間俔也郭璞曰左傳謂之諜今謂之細作亦曰游偵又致隙曰間
左傳間其王室又以計離間敵人曰反間微行曰間行投間隙私出曰間出又刪韻襉帬幅相厠又產韻覵視也又成覵人名亦作瞷又刪韻瞷孟子王使人瞷
夫子吾將瞷良人之所之又平去二音又見刪韻○晏於諫切柔也天清也日旰也揚雄賦天清日晏注晏無雲也如淳注漢志曰三輔人以日出清濟為晏晏而溫又後
漢陳寵疏洪崇晏晏注晏晏溫和也又爾雅云晏晏柔也又詩言笑晏晏注和柔也鷃鴽也爾雅鳸鷃亦作鴳鴳莊子斥鴳笑之○慣古患切習也亦
作貫貫孟子我不貫與小人乘注貫習也又寒翰韻串詩串夷載路毛傳串習夷常也箋串夷即混夷西戎國名也釋文串古患切又霰翰韻丱丫角貌詩
總角丱兮亦作卝又董韻摜摜帶也○患胡慣切憂也病也惡也禍也苦也又刪韻宦仕也學也左傳宦三年矣又閹宦擐貫也左傳躬擐甲冑
俗作擐又刪韻轘車裂人俗作轘又刪韻豢圈穀養獸牛馬曰芻犬豕曰豢楊倞曰豢圈也以穀食獸於圈中左傳董父能擾龍氏曰豢龍杜預曰豢養也亦作㹕圂見下
㥮莊子㥮三月矣圂禮記少儀君子不食圂腴又震韻弮弩弓亦作桊史記長平四十萬衆張虛弮猶可畏也又先霰韻桊臂繩也又見先韻又區願切

幻 虛幻詭誕惑人書譸張爲幻又妖術又胡辦切亦作眩 眩 同上張騫傳犛靬眩人顏師古曰眩與幻同即今呑刀吐火植瓜種木屠人截馬之術皆是也又胡涓切又霰

韻 ○ 襻 普患切衣系 扳 引也挽也又刪韻 ○ 慢 莫贊切惰也怠也倨也易之也忽也不敬也亦作優謾其上从曰从日誤 優 荀子寬而

不優又舒緩荀子不由禮則勃亂提優又翰韻 謾 欺也又與慢同董仲舒策桀紂暴謾又見寒翰韻 嫚 侮易也漢汙也通作慢从日誤 縵 緩也亦作優又寒翰韻

○ 訕 所晏切謗也亦作姍又刪韻 姍 同上又笑也又刪先韻 疝 病也 汕 魚浮水上詩烝然汕汕爾雅罩謂之汕郭璞曰今之撩罟也 潸

涙下又刪韻 ○ 棧 助諫切棚也又産韻内見 轏 兵車又臥車亦作輚通作棧 虥 虎淺毛曰虥貓又見刪韻内 綻 衣縫解禮記内則衣裳綻裂紉

箴請補綴又縫補綻裂曰綻亦作袒綻 袒 同上又本韻 綻 内則釋文綻或作綻後漢崔寔政論補綻決壞 組 補縫也同上 ○ 篡 初患切說文逆

而奪取之曰篡从厶算聲又弋取也揚子鴻飛冥冥弋人何篡焉俗本作慕非又奪也逆也 ○ 撰 雛篡切造也則也易以體天地之撰又撰述亦作籑饌譔又整辦也又銑

霰韻 籑 漢司馬遷父子繼籑其職又具食也亦作饌䉵又霰韻 篹 漢書班固採篹前記又具食元后傳篹食堂名長壽宮又霰韻 譔 同上又見霰韻 饌 饔具

通作籑篹又銑霰韻 撰 同上見儀禮又霰韻 ○ 骬 下患切骰也又翰韻 ○ 薍 五患切𦬆薍玉篇云烏蓲也韓愈詩魚釣老葭薍 ○ 粲

今倉晏切爾雅餐也飯也又鮮好貌又優也察也明也又三女爲粲詩作粲漢律婦人坐使釋米使正白爲粲又笑貌見齒粲然 粲 緇衣詩還予授子之粲今注餐餐也綢繆詩見

此粲者注三女爲粲大夫一妻一妾釋文云字林作㛑 㛑 三女爲㛑通作粲粲 璨 玉光 燦 明也通作粲 ○ 贊 則諫切參也出也佐也助也出也

也頌也篆文作贊後漢書作贊 讚 稱美也亦作贊亦作贊 囋 荀子問一而告二謂之囋楊倞曰囋即讚字謂以言強贊助之又鞜韻 鄼 地名在南陽襄鄼蕭何所

封邑又音才河切又歌寒䆁韻 ○ 瓚 才贊切祼器圭五亦作瓚漢書注臣瓚不言姓案水經注引[illegible]漢書[illegible]也 ○ 炭 他旦切燒木未灰也

歎太息亦作嘆人慨歎則息大而長故曰長太息大息後人作太息誤又刪韻嘆莊子慮嘆變慹又刪韻灘太歲在申曰涒灘又刪韻○憚[illegible]
切忌難也畏也又哿箇二韻僤疾也周禮句兵欲無僤又產韻繟㵐圜也又刪韻撣觸也又刪韻潬水中沙渚又銑韻但[illegible]也又語辭
亦作儃亶又脫衣袒亦作襢亶儃同上又先產霰三韻袒孟子袒裼音但廣韻但字有上去二音則袒字亦然當從通用襢詩襢裼暴虎音但又產霰二韻
亶與但同賈誼傳非亶倒垂而已又與袒同荀子露亶者也又先產韻澶縱逸也淫衍也莊子澶漫爲樂又先韻壇相如賦案衍壇曼師古曰寬廣貌又刪霰二韻
訑放也莊子天知予僻陋慢訑又徽歌二韻誕同上又大也妄也古作訑又信也䑙小觶蜑南夷海種○爛郎患切燦爛光貌方言自河以
北趙魏之間火熟曰爛又刪韻从東誤瀾潘瀾米汁亦作灡又刪產二韻从東誤灡同上又瀾漫淋漓貌俗作爛熳非又波也見廣韻又釋也亦作漣湅又寒韻波瀾也
漣同上禮記內則漣以湯注漣猶釋也古作湅傳寫訛作湅又轉爲漣又見先韻湅同上又霰韻欗淖糜相著从東誤瓓玉采舊從東誤讕謾讕
誣言又刪罕韻○旦得爛切昧旦早也明也詩信誓旦旦然此謂誓言明白有如曒日之意箋云我其以信誓旦旦耳言其懇惻款誠又眞韻𢙁款誠也說文引詩信
誓𢙁𢙁狚獦狚獸似狼而赤一名猵狚莊子猨猵狚以爲雌崔云猵狚一名獦牂似猿而狗頭以猨爲雌獦音葛廣韻作獵狚誤俗本莊子作偏狚陸德明音七余切亦誤又音亶
義同又轄韻鴠鳱鴠求旦之鳥似鷄晝夜常鳴又名倒𢙁禮記作曷旦亦作鶡旦又作渴旦文選鳱音渴癉病也書畢命彰善癉惡注明其爲善病其爲惡釋文癉丁但切
但有上去二音則癉音亦然又漢書嚴助傳近夏癉熱注黃病也廣韻作疸又產哿箇三韻○散先諫切離析之也分離也布也說文離肉也又飲器禮記賤者獻以散鄭
康成曰五升曰散孔穎達曰散者訕也飲不自節爲人謗訕也又刪產韻○腕烏貫切手腕亦作捥掔掔捥左傳捘衛侯之手及捥史記封禪書扼捥自言掔
儀禮鉤中指繼手掔又刪先霰韻掔漢書曰搤掔游談又作𢴸背惋懊歎也○鴈魚澗切隨陽鳥大曰鴻小曰鴈贗僞物也韓愈詩居然見眞

贋古作鴈韓非子齊伐魯索讒鼎魯人以其鴈往齊人曰鴈魯人曰眞 ○難乃旦切阻也患也阨也寇也憂也臨難毋苟免又刪歌韻 ○攤按也又刪韻 ○

辦備莧切瓜中實廣韻瓜瓠瓣蓋瓜之瓠𤬪又刪韻 辧判也具也漢書韓信多多益辦亦作辦 辨周禮以辨民器又牀陛足第之閒易剝牀以辨徐音辦又見銑

霰三韻 ○盼匹襇切顧也視也亦作盼 盻同上又眄子黑白分明貌詩美目盼兮又勤苦不休息貌孟子使民盻盻然又霽韻 ○莧狹襇切菜名又

霰韻 ○販方諫切買賤賣貴亦作反荀子積反貨而為商賈 畈田畈平疇也見廣韻 汳王篇水名出浚儀縣又霰韻 嬔生子齊也又免子爾雅兔

子嬔 番數也遞也更也又刪歌韻 泛浮也通作汎氾又見董轄韻 汎詩汎彼柏舟又見東韻 氾同上陸機賦向朱絃之清氾又氾洒又水名是也今从已

誤 盜柸也又刪韻 渢渢渢中庸之聲又東刪二韻 ○飯符諫切炊穀熟曰飯亦作餅又產韻 梵梵唄羌戎吟聲也 帆舟幔通作

䑺颿韓愈除官赴闕詩無因帆江水洪興祖曰船使風也左傳宣十三年注拔旆投衡上使不帆風差輕謂旆之受風若帆之帆風也陸音凡劒切又刪韻 䑺同上又見刪韻

颿同上又馬疾步又刪韻 范草名又蠭也禮記范則冠而蟬有緌又以模鑄金禮記范金合土亦作範又姓下本从㔾㔾音頷今作范 𧓍蠭也通作范 笵

法也禮記作范通作範 範法也式也防範隄防模範也又軓也 𨊠車軾前曰軓蓋車頭也詳見匏有苦葉詩釋文亦作軓 軓周禮立當前軓 犯觸也干也

侵也僭也篆作𤜣从犬从㔾今作犯 ○萬無販切十千亦作万左傳萬盈數也漢志衍於萬又万舞又蟲名又姓 曼引也無也又與萬舞之萬同荀子曼而饋又姓

又寒翰韻从曰曰音冒監本从日誤又脩廣也 蔓葛屬又蔓延也左傳云無使滋蔓蔓難圖也从日誤 ○限下澗切度也齊晏也界也阻也閾也檢也 ○

鏟初諫切平木之器又產韻

十二霰

霰 先見切說文稷雪也蓋雪初作未成花□如稷粒撒而下曰霰詩相彼雨雪先集維霰釋名曰霰者星也水雪相摶如星而散劉向曰盛陰雨雪凝滯而冰寒陽氣薄之不相入則散而爲霰又作霓

霓 爾雅雨霓爲霄注引詩先集維霰霓水雪雜下者謂之霄雪今詩作霰

先 先先之也詩相導前後曰先後妯娌也謂之先後又先事而爲曰先易先天先甲先庚月令先立春又當後而曰先左傳不先父食孟子疾行先長者光武沈幾先物晉書祖生先吾著鞭凡經史中無音者準此有兩音者兼用之又先銑韻

線 縷也亦作綫

○蒨 倉甸切草盛貌亦作茾又茾蒐也與茜同

茾 同上又先韻

茜 茅蒐可染紅漢書千畝卮茜

綪 赤繒又染草與茜同又庚韻

倩 美笑貌詩巧笑倩兮謂好口輔也方言東齊之間謂女婿爲倩郭璞曰言可借倩也又敬韻

輤 載柩車大夫以布士以席殯謂之輤葬謂之柳禮記其輤有裧注輤取名於櫬與亦作[illegible]

○羨 似面切欲也貪慕也璧羨也周禮典瑞璧羨以起度鄭司農云羨長也此璧徑長尺以起度量鄭康成曰羨不圜之貌蓋廣徑八寸袤一尺考工記玉人職曰璧羨度尺好三寸以爲度鄭司農曰羨徑也好璧孔也鄭康成曰羨猶延其袤一尺而廣狹焉釋文羨以善切延也又音賤徑也又車道檀弓注夾羨道爲位又見下又見銑韻

○賤 在線切卑下輕賤與貴相背

諓 善言又巧讒漢孼準䟗習諓諓之辭又先韻

餞 送行之燕又酒食送人

荐 再也屢也左傳今又荐饑爾雅仍饑爲荐郭璞曰連歲不熟也亦作洊薦

薦 詩天方薦瘥饑饉薦臻又見下

袸 衣小帶爾雅衿謂之袸

栫 籬也左傳定八年栫之以棘杜預曰擁也

洊 水仍至也易水洊至習坎又洊雷震亦謂雷仍至也玉篇云水至也誤又水流曰洊又與荐同

臶 重也至也再也通作洊荐

踐 蹋也履也一曰行列也

俴 淺也詩小戎俴收

○殿 丁練切軍前曰啓後曰殿又鎮也詩殿天子之邦漢書音義上功曰最下功曰殿後漢書注殿後也謂課居後也又軍敗後奔曰殿馬融曰殿在軍後前曰奔後曰殿論語奔而殿又見下古作殿

○瑱 他甸切以玉充耳詩玉之瑱也又曰充耳琇瑩毛傳充耳謂之瑱天子玉瑱諸侯以石又真震韻

○電 蕩練切陰陽激燿也釋名曰電殄也乍見財殄滅也易離爲電淮南子雷以電爲鞭俗作[illegible]

殿 堂高大者風俗通曰殿堂象東井形刻爲荷菱藻三者水物所以厭火災顏師古曰古者屋之高嚴通呼爲殿不必宮中若黃

霸令郡國上計吏條對有舉孝子者先上殿注曰殿丞相所坐屋也今唯天子宸居之所稱殿 **奠** 定也薦也置祭也頓爵神前也禮記釋奠鄭注謂設薦饌酌奠而已無迎尸以下之
事又見庚韻 **甸** 規方十里之外曰甸服甸之爲言治也書五百里甸服周禮載師以公邑之田任甸地注公邑謂六遂餘地縣師掌邦國都鄙稍甸郊里之地域注云自邦國以及
四郊之內又大司馬曰方千里曰國畿其外方五百里曰侯畿又其外方五百里曰甸畿又與佃同詩維禹甸之是也 **佃** 治田亦作甸田畋又先韻 **田** 詩無田甫田又先韻
畋 同上書多方畋爾田尚永力畋爾田案書五子之歌畋于有洛之表釋文音田多方無音是如字去聲也廣韻平也謂平其田也亦先韻 **鈿** 以寶貝飾器又先韻 **淀**
淺泉廣韻陂淀泊屬 **涏** 光澤貌漢五行志燕燕尾涏涏廣韻美好貌 **澱** 滓淀又藍澱 **闐** 于闐國名在西域又先韻 **塡** 塞也又眞先震三韻 **娗** 美好
貌 **殄** 絶也盡也滅也或作殄 **蜓** 蝘蜓又庚韻 ○ **練** 郎甸切煮漚熟絲也又熟素繒又鍛練與鍊煉同漢路溫舒傳鍛練而周內之晉灼曰精熟周悉致
之法中也韋彪傳鍛練之吏持心近薄注鍛椎也鍛練猶精熟也言深文之吏入人之罪猶工治陶鑄鍛練使之成熟也又選也漢郊祀歌練時日亦作揀又木名與楝同莊子非練實不食
鍊 鑠治五金亦作煉練又金也王褒四子講德論精鍊藏於鑛璞練鍊煉三字義同不得重押義異者非从金从柬與鍊不同鍊音東 **煉** **揀** 選擇見廣韻義同上又產
韻 **湅** 灡也熟絲也考工記慌氏湅絲又諫韻 **楝** 木名亦作欗練 **欗** 考工記慌氏以欗爲灰又刪韻 ○ **戀** 龍眷切眷念也係慕也亦作攣 **攣**
同上又先韻 **孌** 美好又銑韻 ○ **現** 形甸切顯也露也亦作見 **見** 同上又見下 **晛** 日見也又日氣詩見晛曰消又乃見切又銑韻 **縣** 郡縣
古作寰周禮五鄙爲縣二千五百家此六遂之縣也四甸爲縣此州里之縣也天子地方千里分爲百縣縣有四郡秦置三十六郡以監天下之縣又先韻 **莧** 易莧陸夬夬宋衷云
莧莧菜又莧又人莧也三草皆柔脆之物程氏易傳陸馬齒莧也如宋程之說則莧當音狹㵎切唯孟喜易作莧山羊也無固官呼官二切又見諫韻 ○ **硯** 倪甸切墨池亦
作研 **研** 同上又研也窮也晉潘岳釋奠頌精氣既研[illegible]先韻俗作研 **豣** 獸絶有力者又先[illegible]二韻俗作豜 **衍** 水溢又庠也豐也延衺也寬也盛也[illegible]也

盈也又山阪曰衍周禮□官注下平曰衍三輔謂山陵間曰衍易大衍之數五十鄭康成曰衍
演也王弼曰演天地之數所賴者五十也又蕃衍茂盛也詩蕃衍盈升亦有蔓延之義又曼衍
獸名因以爲巴俞之戲亦作曼延揚雄賦抑止絲**𧺆**延不斷貌亦**延**張衡西京賦巨獸
竹宴衍之樂前漢西域贊漫衍魚龍之戲又銑韻作延又先韻百尋是爲曼延又
冕前後垂禮記玉藻前後**綖**同上又**埏**八埏地之八際相如封禪書下泝八埏顏**羨**延
遂延亦作綖又見先韻見先韻師古曰本音延協韻音弋戰切又先韻也
西京賦羨公侯卿士又餘也漢書圓靈錫羨謂天錫餘福延及後昆也又墓道史記衛世家共
伯入釐侯羨音以戰切又音延罕用故不收入先韻內毛晃曰周禮小司徒凡起徒役毋過家
一人以其餘爲羨鄭司農云羨饒也又曰大故致餘子鄭司農云餘子謂羨也釋文羨錢面切
孟子以羨補不足音似面切又延見切是羨餘之羨有似面延面二音可以通用又見上
彥美士曰彥从文从**唁**弔生曰唁詩歸唁衛侯穀**喭**當作喭**諺**傳言廣韻俗言孟子
厂从彡當作彥梁傳弔失國曰唁亦作喭又翰韻夏諺又翰韻當作諺
甗甗也又**讞**議獄俗作讞**掾**官屬俗**緣**衣純也漢公孫弘緣飾以儒術注譬之於衣
先銑韻又銑屑韻作掾加純緣也禮記深衣純袂緣純邊廣各寸半
注純謂緣之也緣袂謂其口也緣緆也緣邊衣裳之側釋文緣悅絹切緆以豉切又
音錫鄭康成注旣夕禮云飾衣領袂曰純裳邊側曰緆下曰緆又見先韻今俗作緣○**建**
經電切說文立朝律也从聿从廴徐曰聿律也定法也廣韻樹也置也又木名在蜀水直上百
仞無枝又鼓名前何並傳剝其建鼓師古曰一名植鼓謂植木而旁懸鼓又建安郡名又居憲
切又**見**說文視也从目儿徐曰目儿爲○**眩**熒絹切目無常主亦作玄又瞑眩憒亂也
銑韻見又目有所覩又姓又見上書若藥弗瞑眩釋文瞑莫遍切眩延遍切
孟子若藥不瞑眩音義瞑莫甸切眩音縣竝無平聲漢宣帝曰俗儒不達時宜好是古非今使
人眩於名實音胡畎切一本胡盼切則與幻惑同音亦無平聲音諸如此類可用無疑又胡消
切**玄**荀子周密則下疑玄矣音炫又相如**炫**火光也**袨**好衣盛服鄒陽傳**衒**行且賣
封禪書采邑玄燿音炫又胡消切明也袨服叢臺之下也禮記
內則注衒**玹**玉名又**泫**說文泫湝流水廣韻露光**鉉**鼎耳又○**顯**盧怨切大頭也
古縣字胡消切又泫然流涕貌又音玄舉鼎者欲也思也願望

愿 謹也愨也善也書愿而恭注愨愿而恭恪亦作原 原 荀子原愨注原讀作愿論語鄉原德之賊也孟子其惟鄉原乎朱氏曰原與愿同又先韻 謜 徐語說文

引孟子源源而來又先韻 遠 離也遠之也又銑韻 轅 輈也又轘轅地名見左傳釋文又先韻 援 救助也援也引也取也畔援者跋扈也詩無然畔援又見先翰二韻

媛 嬋媛美女又先韻 院 堅也宅也室也廣韻垣院謂庭館有垣牆者曰院又胡官切 瑗 大孔璧又人名蘧瑗字伯玉 ○ 獻 曉見切進也羞也呈

也賢也又謚也亦作鮮禮記大曰羹獻又微歌韻 鮮 月令鮮羔開冰又見先銑韻 韅 牛駕具在首曰韅又銑韻 顯 明也著也光也覿也記檀弓子顯致命於穆公

釋文顯音呼遍切又銑韻 軒 肉塊切者內則細者爲膾大者爲軒又先韻 憲 法也又興盛貌中庸引詩憲憲令德又原憲孔子弟子又銑韻 ○ 券 區願切約

也契也史記事成操右券以責下从刀與券字不同劵古倦字下从刀 綣 繾綣不分離貌又銑韻 勸 勉也獎也助也教也說从也雚上从卝監本从卝誤 ○ 碾

女箭切所以轢物亦作輾又銑韻 ○ 絹 吉掾切繒也亦作羂縳絹 縳 周禮內司服注素沙今之白縳也音絹說文鮮色也从糸專聲 鄄 衛地 狷 論語

狷者有所不爲亦作獧又今俗寫作悁 獧 孟子必也狂獧乎音去聲俗作獧又胡涓切 悁 躁急亦作懁又先韻俗作悄 懁 又見先韻 睊 音同上側目視

罥 罣也亦作羂絹又銑韻俗作罥凡从肙者皆作肙 羂 古作絹周禮翨氏注置其所食之物於絹中鳥來下則絹其腳又上聲 眷 親屬也亦作婘顧念也亦作睠

婘 史記樊噲傳誅諸呂婘屬又先韻 腃 同上 卷 卷帙可舒卷者曰卷編次者曰帙亦作弮又先軫銑韻 弮 同上又曲也見廣韻又臂繩也亦作絭又先諫

韻 絭 又見先諫霰韻又區願切 ○ 宴 伊甸切合飲亦作醼燕又喜也息也安也亦作燕晏爾雅宴宴居居息也郭璞曰盛飾宴宴近處幽閑詩宴宴居息易嚮晦入

宴息又宴溼亦作晏醼㬫義同者不得重押義異者非 晏 月令以定晏陰之所成注晏安也音伊見切又諫韻 曣 史記封禪書至中山曣溫亦作㬫 㬫 說文日生

無雲王篇日出也 醼 合飲亦作讌通作燕亦作 燕 同上又安也喜也息也鳦鳥也亦作燕又飛燕馬名又先韻 嚥 亦谷也亦作咽 𡡉 女 堰 壅水

為埊亦作偃又銑韻偃周禮獻人注兼水偃切音去聲又與鼴同莊子偃鼠飲河音上聲又銑部鼴莊子偃鼠音義云太厓亦作鼴又銑韻匽周禮人為音汗匽鄭司

農曰匽路廁也鄭康成曰匽豬謂霤下池受蓄水而流之者又銑韻郾地名漢地理志潁川有郾縣唐有隺郾蔫菸也物不鮮也㶣也又臭又先韻○絢

翾眩切文也遠也亦作絃夐營求也說文引書夐求諸野又送韻眴目動又見眞震韻駽青驪馬又先韻詩駜彼乘駽有平去二音俗作駽○楦履法亦作

楥楥又先韻韗攻皮之工亦作韗煇又震韻韗又震韻煇禮記煇甲吏之賤者又見灰韻內○徧卑見切周也亦作遍辯

遍同上辯禮記宰辯告諸男名曲禮然後辯殺又見下變變化改也易也轉也災異也變故也窆下棺禮記作封封同上又東送韻砭以石

刺病亦作砭又先韻砭同上又先韻○怨迂絹切仇也讎也恨也又先韻餶饜飫○片匹見切半也判也析木也瓣也亦作辨辨

爾雅革中辨謂之鞏又銑諫二韻騗躍上馬也○麪莫見切麥末也眄邪視又目偏也瞑瞑眩亦作泯又見先梗敬韻泯眩泯目不安司

馬相如傳視眩泯而亡見又眞軫韻面顔面又向也首也亦作靣如淳曰君臣位南北面賓主位東西面凡物皆有背有面又相背曰面項羽傳馬童面之顔師古曰面謂背之不面

向也面縛亦謂反偝而縛之杜預以為但見其面非也劉攽刊誤曰面謂直向之耳後世以祖向爲當面相背爲背面杜甫詩當面論心背面笑又方面當四方之一面也又史記田儋傳有

云南面稱孤字作面偭鄉也亦作面又背也離騷偭規矩以改錯賈誼賦偭蟂獺以隱處面與偭義異者可分押之又揚子假則偭焉文選離騷偭規矩而改錯字皆作偭○

選須絹切擇也又銓官也又白選貨具名禮記選賢與能音宣面切論語選於衆音息戀切又王制選士或作撰饌又銑韻羂網也以羂獸足又銑韻○縓

取絹切一染紅赤黃色也檀弓黃裏縓緣注縓纁之類釋文云淺赤色今之紅也與茜草紅相近又見先韻○旋隨戀切遶也圜也通也又先韻還作旋莊子柎

與還而觀之又叫先韻漩水回亦作漩又作旋杜甫最能行㵾漩捎濆無㷀阻又先韻淀又先韻○搧式戰切箑也一名搧搧則九切又吹揚也劉貢

□扇太和於仁壽又與煽同班固𫝆傳潔鞱扇烈又竹葦門曰扇月令仲春乃脩闔扇注用木曰闔用竹葦曰扇俗作扇 **煽** 熾盛詩豔妻煽方處又先韻 ○ **繟** 尺戰

切寬綽又帶緩又銑韻 ○ **戰** 之膳切戰鬬左傳皆陳曰戰又懼也恐也亦作單又戰掉亦作顫 **單** 列子患尿單至張湛曰輕發也殷敬順曰單激之至竝音戰又

見下 **顫** 頭不正又四支寒掉又先韻 **驏** 馬臥土中 **襢** 丹縠衣亦作襄展禪又刪銑二韻 **禪** 同上又刪韻 ○ **繕** 時戰切補也編也緝也左

傳隱元年繕甲兵具卒乘成十六年補卒乘繕甲兵繕治也詩鄭風叔于田序繕甲治兵注繕之言善也繕蓋整緝補治之也編錄文籍謂之繕寫又歛韻 **膳** 具食又美食物廣韻

食也文王世子食下問所膳注問所食者周禮膳夫注膳之言善也令時美物曰珍膳掌王之食飲膳羞注膳牲肉也亦作饍善俗作膳 **饍** 俗作饍 **善** 良也大也佳也吉也

亦作譱又與膳同莊子具太牢以為善又姓春秋有善卷堯師 **擅** 專也據也又荀子堯舜擅遜注擅與禪同墠義亦同謂除地為墠告天而傳位也後因謂之禪位 **禪** 封禪

禁土曰封除地曰禪古者天子巡守至于四岳則封大山而祭天禪小山而祭山川舜典曰歲二月東巡守至于岱宗柴望秩于山川是也齊威公欲封太山管仲設辭以拒之謂非有符瑞

不可封禪非也至秦始皇惑於神仙之說欲禱祠以求長生遂以封禪為異典失之遠矣亦作襢又傳與也亦作儃嬗又見先韻俗作禪凡从示者皆然 **襢** 文穎曰祭也晉灼曰古禪

字元鼎二年脩天文襢師古曰朝日夕月即天文禪之謂也 **儃** 傳與也與禪同揚子允拓堯儃舜之重又先產韻 **嬗** 漢律歷志堯嬗舜以天下又先韻 **墠** 除地

記去壇為墠詩東門之墠 **壇** 同上又刪翰韻 **樿** 木名禮記樿杓櫛用樿又銑韻 **單** 人姓又單父縣名俗書姓作單以別之非也又刪先二韻 **鄯** 鄯善西域國名

鱓 魚名亦作鱣又歌韻 **鱣** 顏之推曰楊震鳥銜三鱣當作鱓音善案荀子魚鼈鰌鱣孕別之時音與鱓同不煩改字又先韻 ○ **囀** 株戀切韻也又鳥吟也

剸 截也斷也又見寒韻及先銑韻 **轉** 運也又遷轉又車上衣裝曰轉左傳襄二十四年皆轉而鼓琴又銑韻 **傳** 驛遽郵馬也古者以車駕馬乘詣京師謂之傳車其

後又置單馬乘之謂之驛騎若今之遞馬也凡四馬高足為置傳中足為馳傳下足為乘傳一馬二馬為軺傳漢律諸當乘傳及發駕置傳者皆持尺五寸木傳信封以御史大夫印章其乘

傳夾封之參三也有期會累封兩端端各兩封凡四封乘置馳傳五封之兩端各二中一軺
傳兩馬再封之一馬一封以馬駕軺車者乘傳曰一封軺傳又爲關傳之傳張晏曰傳信也若
今過所也如淳曰兩行書繒帛分持其一出
入關合之乃得過謂之傳又見下又先韻 ○ **釧** 樞絹切臂鐶 **竁** 穿土爲墻也又隊韻 **穿** 貫也亦作串又先韻
串 同上又翰諫韻 ○ **傳** 柱戀切訓也續也述也春秋有三傳詩毛氏傳書孔氏傳漢有傳記博
士皆謂列傳也孟子傳食於諸侯謂述續祿食也又紀載事迹以傳于
世亦曰傳諸
史列傳是也 **瑑** 雕刻圭璧上起兆瑑謂有所圻鄂也漢書良玉不瑑資質潤美不待刻瑑俗作琢 **篆** 文盤曲貌古書謂之篆又與瑑同周禮巾車孤乘夏篆鄭
司農曰夏赤也篆讀爲圭瑑之瑑夏篆轂有約
也鄭康成曰夏篆五采畫轂約也俗作篆字 **腞** 莊子得死於腞楯之上音義云腞楯雕俎也俗作腞 **縳** 白鮮色又卷也爾雅
十羽謂之縳左傳縳一如
瑱亦作摶又見軫韻內 **摶** 周禮百羽爲摶又寒韻 **饌** 饔具亦作䉵籑饌說文具食也又見諫韻 **䉵** 見儀禮又諫韻 **篹** 漢元后傳
篹食堂名長壽宮又篹述漢
書班固探篹前記又諫韻 **籑** 同上又與撰同司馬遷父子繼篹其職 **撰** 撰述亦作篹籑譔四字義同不得重押義異者非又具也亦作撰又
見諫
韻 **譔** 同上又專教也又先銑諫三韻 **僎** 廣韻具也又眞韻 **僝** 廣韻具也見也書共工方鳩僝功陸音仕簡切徐音撰又產韻 **襈** 衣緣也从衣从巽
○ **㬇** 儒轉切城下田亦作堧壖又先箇二韻 **愞** 柔怯漢武帝天漢三年鴈門太守坐畏愞棄市又見銑罕翰箇韻亦作偄儒 ○ **纏** 直碾切約也繳
也又
先韻 **邅** 廣韻逐也又先韻 ○ **譴** 詰戰切問也責也怒也誚也賈誼傳大譴大何 **遣** 將葬而祭曰遣奠既祭乃包牲體載之以車隨柩而行曰遣車檀弓國君
七个遣車七乘大夫五个遣車五乘注人臣賜車馬者乃得有遣車个
謂所包遣奠牲體之數也廣韻云人臣賜車馬曰遣車誤矣又銑韻 **繾** 詩以謹繾綣 **俔** 譬諭也詩
俔天之妹又輕
甸切又銑韻 **牽** 挽也引也亦作掔又挽舟索一名百丈又先韻 **掔** 俗作擘又與牽同又刪先二韻 **涀** 水出高陵 **菣** 香蒿也集韻亦作[illegible]又霰
韻 ○ **倦** 逵眷切罷也猒也懈也亦作勌券俗作倦 **券** 考工記輈人左不券後鄭云今倦字下从力 **惓** 列子倦則歛抑漢又先韻 **桊** 爾雅桊中辨謂

之眷廣韻緣韡縫又銑韻 圈畜閑也又先韻內 ○健渠建切伉也強㐅有力也不倦也又木名 楗限門木 鍵陳楚謂戶鑰牡曰鍵又見先韻

件名件說文分也从牛牛大故可分也 揵關也閉也莊子內揵外揵漢武帝塞瓠子河下淇園之竹以爲揵如淳曰植竹塞水決之口稍稍布插按樹之水稍弱補令密謂之

揵以草塞其裹以土填之有石以石爲之又音蹇 腱大筋禮記內則注餌筋腱也又腱筋頭也 鞬轄之也崔寔政論方將拑勒鞬輈以救之又先韻 ○便

吡面切安也順也安也利也又卽也莊子未嘗見舟而便操之也又近便也又先韻 卞地名又姓又手搏爲卞漢甘延壽試卞爲期門又躁疾左傳邾莊公卞急而好絜又見寒韻

汴水名在陳留秦爲三川郡漢爲陳留郡東魏置梁州後周改爲汴州宋爲京師 汳說文與汴同唐史李晟贊李希烈訌鄭汳又諫韻 弁冠也又手弁以合也皮弁以

鹿皮爲之象人之弁合也周禮眂朝則皮弁服荀子士皮弁服楊倞曰皮弁謂以白鹿皮爲冠象上古也又寒韻 抃拊手亦作拚古作卞 拚又見震韻 枅門構櫨也

笲竹器筥屬又作匥 昪日光貌 忭喜樂貌 辮交也繆也亦作編 編漢中軍傳解編髮又先韻 艑艑艖舟名唐劉崇龜傳乘編亡去又

見先韻 扁人姓荀子扁善之度又先韻 辯孟子萬鍾則不辯禮義而受之又言辯別白左傳僖四年君必辯焉 辨判也別也亦作辯扁又牀膍足第之間易剝牀

以辨又見上 變正也禮記君死社稷大夫死宗廟謂之變又見上 ○薦作甸切藉也進也又草稠曰薦深曰莽漢景紀廣薦大莽唐契苾何力傳逐薦草美水以

爲生又甘美草三蒼云六畜所食曰薦又薦席蓐曰薦莞曰席又見上及震韻 箭竹高一丈節高三尺可爲矢爾雅東南之美者有會稽之竹箭今人因謂矢爲箭 濺水激灑也

也又先韻 湔沾也又先韻 煎熬也甲煎也又先韻 鬋鬢也宋玉招魂長髮曼鬋豔陸離又先韻 搢插也亦作縉又震韻 戩方言福祿謂之祓戩又見

銑韻

十三嘯

嘯蘇弔切吹聲亦作歗又質韻歗同上詩其嘯也歌箋云歗蹙口而出聲一本作嘯笑喜而解顏啟齒也又喚也哂也亦作咲宋萊篆文从竹从夭非从犬也監本从犬誤咲漢書楊雄傳咲而應之又曰士有不談王道者則樵夫咲之又作关薛宣傳一笑相樂肖骨肉相似亦作宵俏又蕭韻宵漢刑法志人宵天地之頪應劭曰宵類頭圜象天足方象地又蕭韻俏列子佹佹成者俏成也初非成也佹佹敗者俏敗也初非敗也故迷生於俏張湛曰感其似成似敗而不能辯迷之所由也鞘刀室亦作鞘削又爻韻削漢書質氏以洒削而鼎食又見藥韻○弔多嘯切閔終廣韻弔生曰唁弔死曰弔傷也愍也至也又陌韻毛晃曰弔字去入二音皆訓至左傳幸羣不弔之人杜預曰弔至也釋文無音又上天不弔周詩不弔昊天書不弔天降割于我家言不爲天所閔弔又言不至天廣韻弔字多嘯切又音的孟子誅其君而弔其民明日出弔於東郭氏竝無音皆可通用釣釣魚也○糶他弔切價米穀眺目不至也又視也望也覜視也通作眺周禮典瑞注大夫衆來曰覜寡來曰聘說文云諸侯三年大相聘也案周禮宗伯殷頫曰視注殷頫謂一服朝之歲以朝者少諸侯乃使卿以大禮衆聘焉釋文有平去二音秋官行人殷頫以除邦國之慝釋文獨音去聲典瑞頫聘亦獨音去聲當依宗伯平去二音通用窱窈窱深也遠也趒越也亦作跳跳同上又蕭韻頫廣韻低頭聽又姚韻○調杜弔切選也音調樂律也才調韻致也筭度也又蕭韻窕幽極又幽閒詩窈窕淑女又善心曰窈善容曰窕又篠韻掉顫也搖動也又藥韻銚燒器又蕭韻蓧草器論語以杖荷蓧藋草名左傳斬之蓬蒿藜藋而共處糴買穀米又姓左傳成十年晉侯使糴茷如楚又徒歷切○料力弔切計也量也理也祿料也嘹鳴也又聞遠聲廣韻病呼又蕭韻䍡魚罟鐐廣韻美金又蕭韻鷯爾雅鷯一名鶉其雄曰鶛又蕭韻嫽廣韻嫽悷說文女字方言青徐之間謂好爲嫽又蕭篠韻璙玉名又蕭韻膫炙也見廣韻又蕭韻燎照也又縱火也火熾也又庭燎亦作尞轑周禮司烜氏邦之大事共墳燭庭燎鄭司農曰墳與蕡同麻燭也鄭康成曰墳大也樹於門外曰大燭於門內曰庭燎皆所以照衆爲明又蕭韻尞漢志省費尞火注尞以爲明火以爲溫爲冬寒也又曰尞㮄所常用轑漢杜欽傳熏轑天下又蕭

韻 **禱** 禱槱燔柴祭天周禮作燎說文作尞 **療** 治病亦作藥又作樂 **樂** 詩可以樂飢毛音洛鄭力召切又藥韻 **廖** 人姓又蕭韻 **繚** 繞也纏也莊子繚意絕體而爭又蕭篠韻 **熮** 火貌見廣韻又蕭韻 **獠** 宵獵相如賦羣相與獠於蕙圃文穎曰宵獵爲獠顏師古音力笑切劉仲馮曰獠雖宵獵之名此則直言獵耳又巧韻

𡏳 周垣 ○ **澆** 五弔切寒浞子名又蕭韻 ○ **溺** 奴弔切溲便漢高祖溺儒冠韓安國傳即溺之又見藥韻今俗作溺 ○ **竅** 苦弔切穴也空也 **摮** 擊也公羊傳宣六年注摮猶擊也 ○ **叫** 古弔切呼也周禮作嘂漢息夫躬傳作嘄 **嘂** 同上又大塤謂之嘂 **嘄** **噭** 同上莊子噭噭然隨而哭之廣韻深聲又噭也轂馬以噭漢書貨殖傳馬蹏噭千唐崔光遠傳得馬二千噭

徼 循也掠也境也小路也邏卒曰游徼論語惡徼以爲知者孔安國曰徼抄也抄人之意以爲己有朱氏曰徼伺察也雖音古堯切然韻中平去二音皆有此義合从通用又蕭韻 **橋** 桔槔也曲禮奉席如橋衡又蕭韻 **撟** 繑也與矯同考工記弓人撟幹欲熟於火又篠韻 ○ **要** 一笑切樞要也凡要也要會也周禮月有要又契券也約也論語久要不忘平生之言又欲也又蕭韻 **突** 深也又隱暗處又室東南隅又複室也宋玉九辯冬有突夏亦作窔宎窔又篠韻

窔 爾雅東南隅謂之窔荀子奧窔之間又篠韻 **宎** 同上又窟也莊子鶉生於宎亦作窔又蕭篠韻 **㝔** 同上 **約** 信也周禮同約注約言語之約束也音於妙切二音如字其職曰掌邦國及萬民之約劑注劑券書也約於妙切依前注釋文合作兩音通用又藥韻 ○ **陗** 七肖切峻也亦作峭 **悄** 急也又篠韻 **哨** 口不正又黯口壼一曰不正貌禮記枉矢哨壼又多言貌揚子禮義哨哨有兩音又蕭韻 **箾** 竹簫洛陽亭長所吹又尤韻 **潲** 峻波也

俏 俏醋好貌 ○ **醮** 子肖切冠娶祭名酌而無酬酢曰醮禮記醮於客位冠禮也父親醮子而命之迎昏禮也字本作醮 **釂** 飲酒盡爵 **皭** 白色又藥韻 **燋** 灼龜炬又蕭藥韻 **爝** 苣火又藥韻 **僬** 行𡾏促貌禮記庶人僬僬又蕭韻 **灂** 考工記輈中有灂 **[illegible]** 物縮小也 ○ **嚼** 在笑切噍嚼亦作噍又藥韻 **噍** 漢書襄城無噍類如淳曰青州俗謂無子遺爲無噍類言無復有活而噍食者也陳子昂[illegible]噍又蕭韻 **譙** 以辭相[illegible]作誚[illegible] ○

少失照切老少之少又篠韻燒爇也又野火曰燒又蕭韻○照之笑切明所燭也亦作炤曌照又夕陽曰晚照炤又蕭藥韻昭明也中庸亦孔
之昭有平去二音又蕭韻詔上命也導也勵也毛晃曰詔者古人上下通用周禮太宰之職以八柄詔王馭羣臣注詔告也師氏以媺詔王注告王以善道也莊子曰子不聽父之
詔又曰父詔其子如淳曰詔告也教也自秦漢而下唯天子獨稱之應劭曰諸以材伎召未有正官故曰待詔自漢至唐遂有待詔之名又指播告之書爲詔文中子續書有詔是也又蕭韻
○邵實照切邑名又姓亦作召又高也勉也劭勸勉也漢書劭農紹繼也又介紹亦作佋詔書紹復先王之大業左傳亭紹開中興無音通用之又上聲
佋介行也又蕭韻詔禮記禮有擯詔鄭康成曰詔讀爲紹又見上袑袴襠漢朱博傳褒衣大袑繞旋遶後漢書繞出延岑軍後又紆回廣韻卷取物貌又篠
韻○召直笑切呼也趙國名又姓又篠韻肇始也長也敏也亦作肁肁同上又戟屬兆十億曰兆又壇域塋界皆曰兆王篇作垗
龜坼曰兆說文作𠦃又京兆猶京師也歲在丙曰柔兆詩以歸肇祀鄭箋與兆同郊之神位也旐龜蛇四斿杜預曰廣充幅長尋曰旐駣馬三歲又音道絩綺絲之數
○燿弋笑切光照又炫燿漢書燿名譽亦作曜燿又蟲光似螢詩熠燿宵行又鮮明貌詩熠燿其羽曜同上又日光又日曰曜靈耀同上又光燄左傳光遠而
自他有燿者也言光者必燭於遠自他物映之乃有炫燿俗作燿皭白色鷂鷙鳥又蕭韻姚嫖姚官名漢霍去病爲嫖姚校尉亦作票姚荀悅漢紀作票鷂嫖姚
勁疾貌並音去聲又蕭韻○嶠渠廟切山銳而高又陵絕水曰嶠廣韻亦作嶠又蕭韻轎輭車又籃輿漢淮南王安諫擊閩越書輿轎而踰領雖音橋今閩浙語音
實與去聲同今從通用又蕭韻橋井上桔槹曲禮奉席如橋衡○勡匹妙切攻劫通作剽又蕭韻剽賈誼傳剽吏而奪之金音頻妙切誤又見蕭篠二韻
僄輕也亦作嫖又蕭韻摽擊也廣韻摽落又蕭韻彯畫也又彌笑切管之小者爂輕脃周禮草人糞種輕爂用犬又蕭韻驃勁疾貌亦作票嫖
票票姚又蕭韻嫖嫖姚○殍婢笑切餓死曰殍亦作莩芆受又模韻莩孟子野有餓莩芆漢食貨志贊塗有餓芆受王[illegible]

物落上下相付亦字作摽莩鰾魚鰾可作膠○妙彌笑切神化不測也易神也者妙萬物而爲言者也又奇妙巧妙又好也小也微也亦作眇又精盡也荀子議
兵妙之以節玅漢元帝窮極幼眇幼音要又揔五經之妙論又篠韻篎管之小者亦作彯又篠韻廟爾雅室有東西廂曰廟月令寢廟畢備注凡廟前曰廟後曰寢
亦作庿庿儀禮字廣韻同○歊許照切熱氣揚雄傳歊歊烝又蕭韻內見膮豕羹又蕭韻○俵悲廟切俵散亦作裱裱領巾也

十四效

效胡孝切具也學也象也倣也法也功也勉也驗也亦作傚効𣪆爻又授也左傳宣王有志而後效官又致也左傳效節於府人而出又呈見也獻也進也禮記效馬效羊唐書房杜
持衆美而效之君効荀子儒效篇漢尹賞傳追思其功効彰越傳仲可効之韓信傳効愚忠蘇武傳殺身自効馬援傳願汝曹効之韓信傳諸校効首虜注効首虜謂各致其所獲
也然藝文志已試之效字作效蓋右唯从文無从力者後人傳寫承訛既久相仍用之廣韻云俗作効𣪆禮記𣪆以降命與效同又爻韻爻易爻法之謂坤陸音胡孝切蜀
才本作效又爻韻斆斆也書惟斆學半陸音戶教切又法效也漢張釋之傳豈斆此嗇夫亦作學學禮記學學半釋文上胡孝切下如字又檀弓叔仲皮學子柳文王世
子凡學世子小樂正學干籥師學戈大樂正學舞干戚竝音效學記學不躐等亦音效皆教也又問學班固述康衡傳古之文學顏師古曰合韻音去聲藥韻校學官又校人馬官之
長校尉漢官有七校又闌校所以遮獸而獵取之謂之校獵又械也易何校又見下又巧韻恔快也孟子於人心獨無恔乎廣韻作恔傚同效法傚也詩君子是則是傚
又曰民胥傚矣左傳引詩作效傚與效義異者如功效則傚之類可分押○孝許教切爾雅善父母爲孝嗃叫呼聲又嗚也莊子猶有嗃也廣韻大嗥也又見爻藥韻
○骹口教切脛也考工記參分其股圍去一以爲骹圍又爻巧韻○教居效切文教迪也訓也授也法也語也又爻韻覺寤也夢醒曰覺又藥韻
校相角也報也論語犯而不校又械也易何校有兩音孟子校人烹之音效又音較又掄也考也計量也賈捐之傳貫朽而不可校顏師古曰校謂數計也周禮校人釋文校戶教切

字从木挍从手是比校字今人多亂之佩觿宋曰五經字書不分校挍注云挍居效切比挍也
校戸教切校尉也說文及陸氏釋文可考也張氏五經皆从木非然相承曰久今不可改矣

挍角也比也撫也考也 窖地藏亦作窌 窌禮囷窌倉城逆牆六分當作窌荀子音匋陷窌字不同窌从弜 較角也直也又等也亦作較又藥韻 榷

杜也又榷酤漢武天漢三年初榷酒酤如淳音較又藥韻 鉸鉸刀又裝鉸 ○ 樂魚教切欲也好也論語知者樂水仁者樂山益者三樂損者三樂大學心有所好樂

則不得其正又嘯藥韻 ○ 豹布校切獸名 犦牛名今作犦又藥韻 爆火裂亦作爆又藥韻 儤吏官連直亦作㬥 報告也復也荅也酬也

論因曰報下婬曰報漢律淫季父之妻曰報 襃周禮襃拜注襃讀爲報報拜再拜也又爻韻 ○ 砲披教切機石亦作礮礟 抛抛車又爻韻 ○

拗於教切王篇拗捩固相違也亦作㤊㘭又巧屋韻 靿靴靿 袎襪袎 詏言逆 ○ 貌眉教切容貌亦作皃䫉又委貌官名又藥韻 䫉

荀子疏縱䫉漢刑法志云人宵天地之䫉 ○ 帽莫報切頭帽上从曰監本从日誤本作冒 冒說文作曰云小兒蠻夷頭衣也又覆也涉也貪也又妬也書冒疾以惡之

又見隊陌韻 瑁圭方四寸天子執之又隊韻監本从日誤 耄曲禮八十九十曰耄注耄惛忘也亦作旄眊耄 旄孟子反其旄倪又狗足旄毛也又爻韻 眊

漢孫寶傳年七十誖眊又目少精又不明孟子胷中不正則眸子眊焉注眊者蒙蒙目不明之貌 芼擇也詩左右芼之又羹用菜曰芼又菜食也又草覆蔓也又爻韻 耗

耗亂不明亦作秏又見下 媢妬嫉說文夫妬婦亦作冒又怒也 ○ 稍所教切稟食曰稍又漸也又巧韻 削家田也周禮天官家削之賦注家削三百里釋

文削本亦作稍所教切載師以家邑之田任稍地注家邑大夫之采地稍或作削又嘯藥韻 ○ 鈔楚教切略取亦作抄勦又爻韻 勦又見爻篠韻 䜈代言

又爻韻 ○ 䈇側教切捕魚器 抓爪刺也 笊笊籬 ○ 趠敕教切行也超也又藥韻 踔踶也又踸踔不常貌孟子注𡸁踔譎詭是也

○ 櫂直教切所以進船亦作棹濯 濯說文棹字作濯字又藥韻 棹同上 ○ 鬧女教切不静也擾也猥也喧譁也从鬥从市鬥音鬭俗作閙从

門誤撓擾亂也又交韻淖泥也又和也又人姓齊有淖齒橈木曲也枉也摧折也易棟橈月令毋或枉橈又蕭韻鐃撓同莊子天下萬物無足以鐃心者又

聲○號胡到切令也召也呼也名稱也謚也亦作号又交韻俗作號譹譹哭聲莊子叫者譹者有兩音又交韻呺叫呼怒聲莊子作則萬竅怒呺又見

蕭交韻皓光也明也白也又曰出貌昊夏曰昊天孔安國曰元氣廣大又太昊少昊亦作皞顥皞太皞伏羲氏少皞金天氏通作昊亦作顥漢房中歌西顥沆碭

章昭曰西顥西方少皞也又莊子皞天不宜孟子皞皞如也皞昊顥義同者不得重用如昊天皞皞顥音義異者非又與皓同明也旰也曜也顥大也又天邊氣說文白貌楚辭

天白顥顥又南山四顥謂白首人也今或作皓皓同上又音杲鎬溫器又地名周武王所都俗作鎬亦作鄗滈浩浩浩水貌又廣大貌孟子浩然之氣說文澆也

又音告亦作閣水名解見馬援傳灝灝灝㬎曠又水勢遠也鄗邑名在常山漢光武分鄗字爲高邑又公羊春秋臧公十五年公會齊侯于鄗又與鎬同史記周紀周復

都豐鄗又㪣郝二音滈久雨又水名在京兆又與鎬同荀子議兵篇武王以滈因水爲名借作鎬字耳俗作滈藃侯涉草名鰝大鰕○秏虛到切減

也敗也虛也荀子多而亂曰秏韓詩惡也董仲舒策察天下之息秏注息生也秏虛也一云息秏善惡也篆文作秏今文作耗又見上又交韻耗董仲舒傳秏矣哀哉注秏虛也

好愛樂又和好又璧孔考工記璧羨度尺好三寸以爲度注羨徑也好璧孔也音呼報呼老二切又巧韻歊暴起貌考工記轂雖敝而不歊又藥韻○犒

口到切餉軍俗作犒亦作犒稾○誥居號切告也謹也告上曰告發下曰誥周書五誥古者上下有誥漢武帝元狩六年初作誥告啓也報也命也又姓又休假告

曰告凶曰寧漢律吏二千石有予告有賜告唐授官之符曰告身此謂告命也又屋韻凡告命告假之告止音去聲易初筮告書帝告釐沃誕告萬方論語告朔曲禮出必告皆音梏左傳序

赴告策書有去入二音其餘經子史中告字並無音合从通用然經史中獨音梏者其義亦與去聲相通如春秋文六年閏月不告月左傳閏月不告朔並無音曲禮出必告反必告亦

無音由此推之雖有獨音其義尚同亦可通用又屋韻郜國名周文王子封於郜春秋取郜大鼎左傳郜雍曹滕膏潤也以脂膏潤物曰膏詩羔裘如膏陰雨膏之膏潤

天下文縞廣韻白繒也一曰帛已繒石者白縞韓愈薦士詩強弩射魯縞又見巧韻內交韻 ○ 奧於到切深也內也藏也室西南隅也又屋韻从宀从釆从廾作奧 墺四方土可居亦作隩又屋韻俗作墺 隩同上又屋韻 澳深也詩箋水之內曰澳亦作隩又有去入二音又屋韻凡用奧墺隩澳四字義同者不得重押義異者 燠熱也又見御屋韻 懊悔恨也 ○ 慠魚到切慢也倨也又樂也中从士从方亦作傲敖驁謸嫯 傲 敖詩彼交匪敖禮記敖不可長視非上於面則敖劉向引書無若丹朱敖又爻韻 鷔漢竇嬰傳諸公稍自引而怠驁又馬名又樂也莊子惠以歡爲驁亦作敖又爻韻 謸謔也荀子歌謠謸笑說文悲聲又爻韻 嫯同上又與傲同唐韋陟傳視僚黨嫯然廣韻志遠貌又爻韻 奡寒浞子名多力能陸地行舟又慢也與傲同 鏊餅鏊 ○ 暴蒲報切凌也猛也驟也橫也侵也猝也急也晞也日出而風爲暴風詩終風且暴又暴暴卒起貌荀子暴暴如立山又徒搏曰暴詩禮裼暴虎論語暴虎馮河亦作曓又屋韻內見 曓同上又屋韻 虣猛也強侵也虐也急也周官有司虣通作曓暴虣暴虣義異者分押 瀑疾雨亦作瀑又屋韻 [酉暴]一宿酒也 菢集韻鳥伏卵廣韻同亦作抱韓愈薦士詩鶴翎不天生變化在啄菢 抱持也引取也又懷抱又爻韻 袌廣韻衣前襟又今朝服垂衣一曰長襦爾雅襺也亦作袍又褭袌也通作抱又爻韻內 鉋鉋刀 鮑鱣魚又姓出河南望 鞄柔革工亦作鮑又藥韻 ○ 喿先到切羣呼亦作喿譟 譟同上又擾聒也 燥乾也易火就燥 埽埽除禮記汜埽曰埽亦作掃作騷又隄岸也又巧韻 瘙疥瘙 ○ 操七到切節操所操守也持也特也劉向別錄其道閉塞悲愁而作者名其曲曰操言遇災害不失其操也又風調曰操文中子聲存而操變矣又爻韻 造至也詣也進也兩造獄之兩爭也書呂刑兩造具備注兩謂囚證造至也造父人名又以舟爲橋曰造詩造舟爲梁毛傳天子造舟方言浮梁也廣雅作艁音同說文艁古造字釋文作艁七報切又音才到切又見下 慥慥慥言行相顧貌中庸君子胡不慥慥爾 糙米穀雜也 ○ 竈則到切爨突也 躁動也急進也疾也亦作趮 趮周禮矢人爲矢羽殺則趮注趮旁掉也 懆慍也愁不申也見說文又巧韻 ○ 漕在到切水運又爻韻下曰音越監本从口誤

十五號

鑿孔寵考工記輪人量其鑿深以爲輻廣釋文曹報切又如字莊子六鑿相攘宋王九辯圜鑿方枘亦有兩音又藥韻
皁馬閑亦作皂漢書音義曰食牛馬器以木作如槽[illegible]陽傳牛驥同皁方言梁宋齊燕之間謂櫪曰皁又左傳云皁隸之事又欒甯居禮山林其植物宜皁物鄭司農曰皁物柞栗之屬柞即橡也亦作草其房可以染黑俗因謂黑色爲皁又實未堅者曰皁詩既方既皁又直馬者
○造建也作也爲也始也天地之撰謂之洪造又造舟浮橋也又見上
○到都導切至也又姓楚令尹屈到之後南史有到溉
倒顛倒又巧韻
○導杜到切引也啓迪也
道理也路也直也三才萬物共由者也又秦漢之制縣管蠻夷曰道無蠻夷曰縣又義與導同又周禮注先王所以教道民者禮記主人延客祭鄭康成曰延道也漢文帝紀率其意以道民道民之路在於務本宣帝使使者道單于成帝紀無以率道竝音導論語道之以政道之以德又道千乘之國包咸曰道治也漢志作導顏師古曰導治也又言也禮記道學也道盛德至善民之不能忘也左傳道二國之言不私孟子道性善道許行之言韓文道古今而譽盛德又由也禮記極高明而道中庸民道之而有功他倣此
翿翳也舞者所執亦作纛纛又爻韻
纛同上又黃屋左纛以犛牛尾爲之大如斗繫於左騑馬軛上亦名羽葆幢漢書有去入二音亦作纛令軍中大皂旗名皂纛亦有二音又爻屋二韻
纛同上又左纛又爻屋韻
燾溥覆照也亦作幬敦
幬禮記如天之無不覆幬左傳如天之無不幬也又幔轂革考工記欲其幬之廉也又魚爻尤韻
敦周禮司几筵每敦一几鄭康成曰敦讀爲燾覆也又灰寒蕭軫震隊六韻中又都昆切
盜盜賊左傳竊賄爲盜
悼方言傷也哀也曲禮七年曰悼注悼憐愛也
蹈踐也
䆃廣韻嘉禾一莖六穗封禪書䆃一莖六穗於庖注䆃擇也恐當作導
稻稌也即今南方所食稻米水生而色白者
駣馬三歲
○勞郎到切慰勞杜預曰勞者叙其勤以荅之諸侯相朝逆之以饔餼謂之郊勞又爻韻
潦積水又淫雨亦作澇又爻巧韻
嫪廣韻悋物聲類云姻嫪戀惜也韓愈薦士詩感物增戀嫪又說文云士無行者曰嫪毐有嫪毐
○臑奴報切臂節一曰臑也又魚爻先銑韻

箇 古賀切數也枚也竹笶也荀子云矢五十箇亦作个個 **个** 漢貨殖傳竹竿萬个齊師□□个讀曰箇商改也並宗曰个若一个两个左傳亦不使一个杜預注个單使也又一人曰一个左傳昭元年齊公孫竈卒晏子曰又弱一个焉又明堂四面偏室曰个月令天子居青陽左个右个 **個** 鄭康成注儀禮俗呼个爲個又偏也 ○ **賀** 胡箇切以禮物相慶曰賀又儋也唐郝處俊傳群臣皆賀戟侍亦作荷又勞也加也又姓齊慶封之後漢避安帝諱改慶爲賀 **𧶘** 袨袖也 **荷** 負荷也春秋傳弗克負荷亦作何又歌韻 **何** 詩何簑何笠注揭也又歌韻 ○ **呵** 呼箇切廣韻噓氣韓愈元和聖德詩紫燄噓呵又歌韻 ○ **餓** 五箇切飢餓也 ○ **臥** 吾貨切寢也偃也休也又寢室曰臥三國志延入臥内說文从人从臣伏也 ○ **過** 古臥切超也越也度也過失也罪愆也誤也責也歌韻古禾切經也度也易大過小過徐邈音去聲王肅音平聲毛晃曰超越之過過失之過則去聲禮記時過然後學孟子過孟賁遠矣漢書過秦論伊官末能遠過賈誼論語苟有過可以無大過不貳過書宥過無大易赦過宥罪之類是也經從之過則平聲詩不我過永矢弗過論語過位歌而過孔子孟子三過其門而不入揚子過我門而不入我室之類是也易大過陸德明音相過之過小過音古臥切義與大過同觀兩卦辭義當音去聲王肅音戈非 ○ **課** 苦臥切稅也試也第也計也程也 **堁** 堀堁塵起貌風賦堀堁揚塵方言堁火也說文堁塵麼塵也又哿韻 ○ **邏** 郎佐切巡也从辵廣韻游兵遮也游偵也又哿韻 **摞** 理也 ○ **些** 蘇箇切語辭此也又邏些吐蕃城名又遮韻 **娑** 邏娑吐蕃都城名亦作逤些杜甫詩和親邏些城注些一作逤亦作娑薛仁貴爲邏娑道行軍摠管舊唐史云吐蕃都城號邏娑城新史云吐蕃號君長曰贊普居跋布川或邏娑川又歌哿韻 ○ **左** 子臥切相助也亮也導也勵也書左右有民左右厥辟宅師周公左右先王易以左右民孔光傳天左與王者凡言左右左扶曰左右扶曰右左亦作佐又貳也副也又哿韻 **佐** 同上 **作** 爲也造也韓愈詩方橋如此作俗作做非做音直信切又暮藥二韻 ○ **惰** 杜臥切怠也不恭也亦作媠憜墮 **媠** 谷永傳車馬媠游之具 **憜** 韋元成詩戒供事靡憜 **墯** 同上又墜也落也亦作墮 **墮** 同上又灰韻 **馱** 載也亦作他又歌韻 **大** 巨也又泰韻 **他** 方言凡以驢馬馲駝載物者謂之負他又歌韻

柁正船木俗作柂 柂杜甫詩敧帆側柂入波濤 ○和胡臥切應和又調也爾雅徒吹謂之和吹竽去聲又歌韻 禍殃也害也災也亦作旤 旤

說文逆惡之驚詞漢五行志妖孽及六畜謂之旤言其著也賈誼傳殃旤之變師古曰旤古禍字 ○奈乃个切遇也那也能也又見泰韻 那杜甫詩杖藜不睡誰能那

又語助也又見歌哿二韻 愞弱也亦作渜懦又罕銑翰霰韻 懦同上 㬉城下田亦作堧壖又先霰二韻 稬稻之黏者可爲酒亦作穤下从小大之大監本从大

誤 穤从禾从需監本从米誤 ○癉丁佐切勞也亦作憚又產韻 憚詩憚我不暇哀我憚人又哿諫二韻 跢小兒行 剁斫剁 䤪

同上 ○播補過切說文種也又布也廣韻揚也放也棄也又逋也越也遷也又搖也又與𢿱同莊子鼓筴播精音義云簡米曰精又布也書播時百穀大誥于伐殷逋播臣晉

攴播遷 簸揚米通作播 譒敷也說文引書王譒告之修今書作播 磻以石維繳又寒歌哿韻 ○破普過切剖也裂也劈也坼也 ○

磨莫臥切磑也亦作礳又歌韻 塺塵也楚辭愈氣霧其如塺又灰韻 ○剉寸臥切折也剉斫也 莝斬芻 摧與莝同詩摧之秣之又灰韻

磋磨治又歌韻 蹉足跌亦作差又歌韻 差同上又周禮保氏注九數有差分重差之法又支皆歌麻泰韻 挫摧也又祖臥切 蓌許也又拜失容也挫

也禮記介者不拜爲其拜而蓌拜廣韻作𦶟又禡韻 脞小也細碎也 ○坐徂臥切行坐上處也又坐罪又坐獄對理曰坐左傳鍼莊子爲坐有二音又與座同漢梅

福傳當戶牖之去坐師古曰戶牖之間謂之扆言負扆也法坐正坐也聽朝之處孔融傳坐上客常滿 座牀座也通作坐 ○涴烏臥切泥汚物廣韻亦作汚又銑韻

堁沙堆風賦動沙堁又見上 ○貨呼臥切鄭康成曰金玉曰貨布帛曰貝財泉穀也廣韻引蔡氏化清經曰貨者化也變化反易之物故字从化 ○唾

吐臥切口液玉篇作涶 大猛也甚也禮記童子不衣裘裳鄭康成注曰爲大温也徐邈音唾陸德明音泰又見上又泰韻 佗加也詩予之佗矣又微歌韻 扡引也

亦作拕論語加朝服扡紳又歌哿韻 拕漢龔勝傳加朝服拕紳又歌哿韻 拖牽車也史記相如賦拖蜺旌又歌哿韻 ○縛符臥切束也繫也一曰所以[illegible]

也入樂韻

洪武正韻卷第十二

洪武正韻卷第十二

十六禡

禡 莫霸切師旅所止地祭名詩是類是禡禮記禡於所征之地亦作伯詩吉日篇既伯既禱韻會注祭馬祖也其神先儒以爲蚩尤也或曰黃帝亦作貉音同 貉 同上周禮肆師祭表貉則爲位注貉師祭也稗文貉莫駕切鄭音陌又藥陌二韻 罵 惡言詈也上从四音罔俗作駡 傌 謬辱賈誼傳髡刖笞傌 ○怕 普霸切畏懼也又藥韻 帕 二儀實錄曰禹會塗山之夕大風雷震有甲步卒千餘人其不被甲者以紅綃帕抹其額自此遂爲軍容之服韓愈元和聖德詩以紅帕首音怕一本音抹又轄韻 帊 衣樸通俗文帛三幅曰帊 ○霸 必畫切國語霸把也把持諸侯之權又陌韻从日月之月監本从月誤 伯 莊子五伯注夏昆吾商大彭豕韋周齊桓晉文荀子威動天下五伯是也楊倞曰伯讀曰霸又如字孟子作五霸注齊桓晉文秦繆宋襄楚莊是也謂之伯蓋取牧伯長諸侯之義後人恐與侯伯字相混故借用霸字以別之漢人遂以霸道與王竝失之矣又陌韻 灞 水名在長安東三十里古曰滋水呂氏春秋太公釣於滋水是也秦穆公更名霸漢書棘門霸上後人加氵从月誤 壩 障水从月誤 靶 轡革 弝 弓弣中手執處也考工記作把 把 同上又馬韻 ○罷 皮駡切休也已也廢也黜也了也漢高紀酒罷又諸侯罷戲下又支解二韻 杷 田器 耙 杷稏 ○畫 胡挂切釋名曰畫挂也以五色挂物象也俗作畵又胡麥切 華 華山西嶽亦作崋崋又木名與樺同莊子原憲華冠縰履音義云以樺木皮爲冠又見麻韻 蕐 漢志太華又麻韻 崋 又麻韻 摦 寬也大也纏橫大也左傳太者不摦 擭 柞擭也淺則施之書杜乃擭注捕獸機檻中庸驅而納諸罟擭陷阱之中而莫之知辟也又見藥陌韻 獲 得也西都賦觀三軍之殺獲協韻音摦五臣文選音乎怪切誤周禮司常凡射共獲旌獲者所執旌陸音如字一音胡霸切又二韻 吳 譁也詩不吳不敖陸德明云舊如字譁也說文作吳吳大言也何承天云吳字誤當爲吳从口下大魚之大口者曰吳音[illegible]化切陸音話吳字古[illegible]相承不敢改姑从釋音用之又

模韻 呆見上 槬木名亦作華俗作樺又魚韻 𩸞魚名似鮎口大 話語話又作𧦬合會善言也 ○ 化呼霸切教化變化造化凡以道業誨人謂之教躬行於上風動於下謂之化荀子注馴致於善謂之化改其舊質謂之變一曰因形而易謂之變離形而易謂之化又曰天道陰陽運行則爲化春生冬落則爲變又自少而壯壯而老則爲變自無而有自有而無則爲化寒暑相易則爲變萬物生息則爲化又泛言改易亦曰變化易擬議以成其變化韓文悼本志之變化又從化曰化老子我無爲而民自化又以德化移民曰化學記化民成俗又人死曰化莊子其死也物化又從物而移曰化禮記物至而人化物也又貨賄貿易曰化書懋遷有無化居又華物曰化周禮飭化八材化治絲枲又詰諭使人回心曰化書肆予大化誘我友邦君又麻韻 ○ 跨苦化切越也足過也又騎也杜甫詩平明跨驢出又兩股間亦作胯袴又見麻韻 胯史記韓信傳袴下漢書作跨下徐廣曰字一作胯又麻韻 袴同上又暮韻 ○ 卦古畫切說文筮也易疏云挂也懸挂萬象於其上 挂懸也又罣持弩矢鏃名潘岳射雉賦出罣挂以潛擬 掛同上 詿誤也又音胡卦切 絓絲結 罣礙也 ○ ⿱宀瓦五吳切泥⿱宀瓦屋 ○ 嗄所嫁切聲變又秦韻 沙嘶也聲破曰嘶禮記內則鳥皫色而沙鳴鬱釋文沙如字一音所嫁切周禮內饔同又云或音蘇他切又歌麻二韻 ○ 詐側駕切僞也詭譎也荀子匿行曰詐 溠荊州之浸周禮職方氏豫州其浸波溠注春秋傳曰楚子除道梁溠營軍臨隨則溠宜屬荊州在此非也據此注則監本韻略注云荊州浸爲是而建本正誤韻略乃改注作豫州浸非也 蓌詐也挫也拜失容節也曲禮爲其拜而蓌拜又箇韻 醡壓酒具亦作榨 奓廣韻張也開也又麻馬二韻 哆廣韻哆吳大口貌又紙哿者三韻 ○ 乍助駕切初也忽也猝也甫然也 蜡年終臘祭名依字合作䄍二禮假借作蜡蜡本蟲名見玉篇又陌韻 䄍廣雅夏曰清祀商曰嘉平周曰大䄍秦曰臘 詐慙語也 ○ 咤丑亞切噴也叱咤也亦作吒書三咤孔安國曰奠爵也許叔重馬融作詫又暮韻 詫同上去 吒曲禮無吒食俗本作咤 奼美女又河上奼女水銀也亦作姹又見春韻韻 姹同上 詫誇也誑也亦作誃[illegible] 誃同上 差七乎異又支皆歌麻箇五韻 汊水名韓愈曹成王碑行跳川汊又嗚汊池名又音許

○暇胡駕切閒暇無事也　下上下之體又降也自上而下也易自上下下詩序君能下下亭將有所不必先下之又上聲又暮韻　夏春夏之夏又大也中國謂之諸夏又姓又國名又大夏又大夏禹樂名漢志夏大承帝也又詩夏屋渠渠檀弓見若覆夏屋者矣夏屋大俎也一名大房又見馬韻　廈大屋亦作夏从广从夏監本从广誤

○罅虛訝切孔隙也拆釁也亦作㙤　㙤同上　嚇笑聲又口距人也亦作赫又陌韻　赫詩反予來赫鄭音虛訝切又音呼格切又陌韻

○髂枯架切髂骨揚雄解嘲折脅拉髂又陌韻

○駕居亞切唐制天子居曰衙行曰駕又行也車乘也漢制大駕屬車八十一乘說文馬在軛中也又馭也又具車馬曰駕孟子今乘輿已駕矣漢高帝令有明德者郡守必身勸爲之駕曲禮君車將駕又騰駕揚子仲尼駕說者也又陵駕文選高浪駕蓬萊　價價數物所直本作賈上从西西音䌯俗作西監本从西誤　賈論語求善賈而沽諸孟子則賈相若周禮賈人知善惡展成奠賈又姥馬二韻　假假告休沐又以物貸人也方言假至也邠唐冀兗之間曰假或曰洛郭璞音駕朱博贊假借用權鄧展曰假音休假之假又麻馬韻　嫁女歸夫曰嫁嫁者家也女以夫爲家故婦人謂嫁曰歸言若歸其家然方言自家而出謂之嫁爾雅往也又推惡於人曰嫁怨嫁禍　架屋架衣架亦作枷又起屋也又棚也又以架架物也　枷同上禮記不同椸枷又麻韻　稼種曰稼斂曰穡周禮司稼注種穀曰稼如嫁女以有所生又稻也豳詩十月納禾稼　幏蠻夷賨布

○亞衣架切次也少也就也醜也姻亞也相依也亦作惡又麻韻　婭兩婿相謂爲婭亦作亞　稏穲稏禾名亦作罷亞

○訝五駕切嗟訝疑怪也又迎也周禮訝士注迓迎也士官之迎四方賓客掌訝注訝迎也賓客來主迎之亦作迓　迓迎也亦作御輅　御詩百兩御之有兩音又以御田祖箋御迎也音迓左傳劉累能擾龍氏曰御龍杜預曰御養也又語御二韻　輅左傳狂狡輅鄭人杜預曰輅迎也音迓僖五年輅晉侯又見暮韻　衙同上周禮田僕設驅逆之車注驅禽使前趨獲逆銜還之使不出圍釋文衙本又作御同五嫁切又魚麻語二韻　庌廡也庌舍又馬韻　砑碾也　牙考工記輪人牙也者以爲固抱也注牙讀如訝下文注云䡇謂牙也又麻韻

十七蔗

蔗之夜切藷蔗 柘木名詩其檿其柘 炙炙肉詩其或燔或炙毛傳燔取膟膋炙炙肉也箋燔燔也炙肝炙也音之赦切行葦或燔或炙箋燔用肉炙用肝音者夜切炰鷩燔炙芬芬箋小禮之尸卑用美酒有燔炙可用褻味也雖無音亦當去聲唯瓠葉燔之炙之音隻朱氏並音入聲周書黃帝茹燔肉爲炙亦作炙又質韻 炙韓愈元和聖德詩萬牛臠炙 䗪蟲名周禮赤友氏注貍蟲䗪肌蛷之屬 ○瀉司夜切去水又者韻 卸舍車解馬脫衣解甲皆曰卸今舟人出載亦曰卸 ○

借子夜切假也又助也漢朱雲少時借客報仇又貸也推擬也亦作藉又質韻 唶歎聲漢蘇伯阿望見春陵郭唶曰氣佳哉鬱鬱葱葱然又質韻 ○謝詞夜切辭也絕也代謝退也衰也彫落也又以辭相告曰謝陳餘傳廝養卒謝其舍又致仕曰謝曲禮若不得謝又拜賜曰謝又國名又姓 榭臺有屋爾雅有木者謂之榭無室曰榭郭璞曰即今堂埠春秋成周宣榭火杜預曰屋歇前本亦作謝 ○藉慈夜切薦也薦玉曰藻藉六采三等以朱白蒼畫之又醞藉謂如醞釀及薦藉道其寬重博也蓋含蓄包容之意亦作籍又借也孟子注藉交報仇音慈夜切 籍漢義縱少溫籍注無所含容也又陌韻 ○舍式夜切屋也三十五里爲一舍左傳凡師一宿爲舍又釋也置也左傳舍爵策勳又者質二韻俗作舍監本作舍誤 赦周禮司刺當三赦之鄭注赦舍也又遮韻 ○社神夜切地主土神也共工氏有子曰句龍爲后土能平水土故祀以爲社杜預曰在家則主中霤在野則爲社白虎通曰非土不立故封土立社示有土也又漢昭五年兗州刺史洪賞禁民私所自立社張晏曰民間三月九月又社號曰私社薛瓚曰舊制二十五家爲一社而民或五家十家共爲田社是私社也薛說爲長字从示从土示古祗字俗作社 射射弓周禮五射又見下又質韻 貰貸也又霽韻 麝獸名爾雅麝父麕足 ○夜寅謝切晝夜夜者舍也暮也篆文从亦从夕今作夜 射僕射官名姑射山名漢官儀曰僕射秦官僕主也古者重武事每官必有主射以督課之

○趄遷謝切趄脚立

十八漾

漾 餘亮切水名又水貌又蕩漾浮浮貌又水搖動貌亦作瀁孔安國曰泉始出爲漾下从永俗从水非 瀁 同上 羕 水長貌說文引詩江之羕矣从羊从永

恙 憂也病也又噬蟲能食人心 養 供也論語今之孝者是爲能養孟子尊親之至莫大乎以天下養左傳共養三德爲善又養韻 煬 炙也向也暴也爍也又陽韻

颺 風飛物又陽韻 㨾 廣韻[illegible]也法也俗從木誤㨾與橡同見玉篇 ○ 相 息亮切視也助也儐也導也爾雅七月爲相漢魏相字弱翁名字相配當從去聲又陽韻

○ 尚 時亮切上也庶幾也崇也高也貴也飾也曾也加也佐也主也凡主天子之物皆曰尚尚衣尚食尚方是也漢書無音合於平聲去聲通用又尊也娶公主謂之尚言帝王之女尊而尚之不敢言娶也漢王吉傳注娶天子女曰尚公主國人娶諸侯女曰承翁主尚承皆卑下之名司馬相如傳卓王孫自以使女尚司馬長卿晚顏師古曰尚配也義與尚公主同又猶尚也又陽韻 上 在上之上尊也廣韻君也猶天子也太上極尊之稱蔡邕曰上者尊位所在但言上不敢言尊號耳又崇也 償 還也左傳不可償也又陽韻

○ 餉 式亮切饋也饁也爾雅饁餉饋也亦作饟 向 國名地名又姓又見下又養韻 饟 又陽韻 慯 慯慯直疾貌禮記行容慯慯作慯非 ⿸疒向 同上

蠰 食桑蟲似天牛 珦 玉名又許亮切 ○ 唱 尺亮切導也引也先也亦作倡又發歌謂之唱 倡 左傳外內倡和爲忠又陽韻 昌 盛也又陽韻詩克昌厥後陸德明曰昌本如字或云文王名昌此禘文王之詩也周人以諱事神不應犯諱當音去聲處亮切 悵 失志望恨貌 暢 長也通也達也又姓孟子草木暢茂亦作鬯漢志條鬯該成安世樂清明鬯矣顏師古曰鬯古暢字說文作暢 鬯 以秬黍釀酒以香草和之曰鬱鬯周禮注鬯釀黍爲酒芬香條鬯於上下暢與鬯義異者分押又謂秬鬯

場 圭尺二寸有瓚以肆先王祼賓客又埂陽養三韻 韔 弓衣亦作韔 韔 同上 [illegible] 草盛 [illegible] 穧也 [illegible] 失志 ○ 障 知亮切蔽障也[illegible]障趙簡子晉陽保障唐太宗以魏徵疏列爲屛障或作鄣張湯傳居一障間又陽韻 鄣 上同 墇 又陽韻 嶂 山[illegible]屛嶂[illegible] 瘴 熱[illegible] 帳 [illegible]帷也

釋名小帳曰斗帳 張 周禮以待張事漢高紀張飲三日注張帷帳也成帝紀注供具張設也王莽傳共張如法而辦龔遂傳水衡共張宮館蘇宣傳共張職辦又修也大也張王也
又與脹同左傳晉景公張如廁又張弦曰張弛琴賦田連操張張與張帳義異者分見又陽韻 脹 廣韻脹滿 瘬 同上 漲 大水貌又水泛溢杜甫有漲詩又陽韻
長 增盛也韓愈詩得時方長王亦作張又見下又陽養二韻 ○ 將 子亮切將之也主持也將軍帥師也又中指曰將指又見陽韻 醬 醢也肉醬謂之醢內則牛
炙醢濡雞醢醬又豉醬謂之醢檀弓醯醢百甕又菜菹謂之醬內則芥醬漢書南越卭蜀有蒟醬字从爿从夕从酉當作醬今作醬 ○ 象 似亮切大獸長鼻牙三年一乳又形
象也肖似也陸德明曰精象擬象也又閭象水石怪又摹倣孟子亞其象人而用之也俗作象亦作像 像 形像也肖似也又摹倣易像此者也荀子像上之志經典通作象
褖 飾也未笄冠者之首飾 潒 漭潒水急貌 橡 栩實小爾雅柞實謂之橡 蟓 桑蟲 嶑 山名 ○ 蹡 七亮切踉蹡行不正貌又見陽韻
○ 匠 疾亮切木工也从匚从斤所作器也 ○ 讓 而亮切退讓責讓交讓書堯典曰允恭克讓又木名兩樹相對一枯則一生岷山有之 攘 揖攘又音
穰 欀 道木 懹 憚也 ○ 仗 直亮切兵器一曰憑倚也又刀戟名 長 多也宂也剩也陸機文賦故無取乎宂長一曰度長曰長又見上 杖 所以
扶行又與仗同漢西域傳烏弋國以金銀飾杖顏師古曰謂所執兵器音直亮切又憑倚也左傳襄八年杖莫如信又曰杖信以待晉漢李尋傳近臣已不足杖矣書牧誓王左杖黃鉞竝音
去聲 丈 十尺曰丈 ○ 諒 力仗切信也相也佐也方言衆信曰諒又照察也亦作亮涼 亮 同上又明也勵也導也俗作亮 涼 詩涼彼武王職涼善背有
平去二音又薄也又陽韻 悢 悢悢悲也後漢陳蕃傳蕃之於漢悢悢不已注悢悢猶眷眷也又力黨切不得志貌 掠 笞也奪也掠取也拂過也鞠也左傳襄十一年禁侵掠漢
高紀毋得虜掠陳萬年傳下獄掠治又藥韻 倞 索也禮記郊特牲祊之爲言倞也注字或爲諒音同又見下 量 龠合升斗斛曰五量又度量又陽韻 兩 乘也匹也
小爾雅倍丈謂之端倍端謂之兩左傳幣錦二兩杜預曰兩匹也漢書注車一乘曰一兩言其轅輪兩兩而耦也俗作輛又養韻 緉 屨兩枚通作兩亦作[illegible]晉阮孚曰未知能著幾

量屐量兩緉義異者分押又養韻 跟跟蹡行不迅也 悢牛色雜也 𧫷字統云事有不善曰就傳 颹北風又音涼 哴嗂哴啼也 𩦠白病也

䁂上同 ○ 向許亮切北出牖也詩塞向墐戶又面向亦作鄉嚮又見上又養韻晉叔向有上去二音 鄉同上又昔來謂之鄉來論語鄉也吾見於夫子而問

知通作向亦作嚮鄉又爾雅兩階間謂之鄉郭璞曰人君南鄉當階門也向鄉嚮鄉義異者分押又陽養二韻 嚮同上 曏不久也少時也又曩也又明也莊子證曏今故又養

韻 蠁禹蟲知聲者又養韻 珦玉名又音餉 蕃蕃茞食 𧬈非美言也 闀門頭說文門響 ○ 强其亮切勉强牽强又自是也𢟨也木

强不和柔貌荀子率羣臣百吏而相與强曰橋君橋音橋此謂君不肯爲而强之也又見養韻 倞强也楊倞人名又見上 弶莊子音義弶兔弶也 滰乾漬米也

勥迫也勉力也通作强 ○ 怏於亮切懟也情不滿足也漢書作鞅又養韻 鞅周亞夫傳此鞅鞅非少主臣也又養韻 䩕青面 ○ 釀

女亮切醞酒後人因謂酒爲釀晉劉惔曰見何次道飲令人欲傾家釀是也 𨌋轎軜 𩟄菜也又如養切 穰雜也 仰資也恃也漢志仰給縣官又陽養二韻中

从匕筋之匕从七誤 卬荀子上足卬則下可用也注古仰字下託上曰仰魚向切又養韻 ○ 絳古巷切大赤色又地名 降下也貶也又陽韻 洚

水不遵道孟子洚水警余洚水者洪水也又曰水逆行謂之洚水趙岐曰水逆行洚洞无涯故曰洚水洪者大也漢書作降水古字通用又東送二韻 虹縣名在沛又蝃蝀又東送

二韻 ○ 巷胡降切里中巷直曰街曲曰巷宮中長廡相通曰永巷天子公侯通稱唐郭子儀永巷家人三千亦作衖 衖同上 項頸後又姓 缿如坻長頸

可受投書一曰受錢器趙廣漢教吏爲缿筩 ○ 宕徒浪切洞室一曰過也 菪莨菪草名安祿山誘奚契丹欲以莨菪酒醉而坑之亦作蕩 踼跌踼行失

正也亦作宕又陽韻 逿失據而倒 碭山名 蕩大也廣遠之稱又動也禮記樂記義蕩乎下之陰事音徒浪切又放蕩滌蕩亦作盪經典皆無明音合從逿押又見下

盪推盪又動盪與蕩同易八卦相盪釋文諸家作蕩惟王肅音唐黨切三輔黃圖駘蕩宮又作駘盪云春時景色駘蕩注云盪字同亦合通押又見下 湯蕩也詩[illegible]

丘之上今協韻當宕宕亡吉游蕩無度是也又見下又陽韻 愓 與蕩同荀子如愓悍而不恐又見上聲 碭 音碭毒聲 圖 石 嵣 山嵣山貌 湯

說文美金與玉同色者曰璗禮諸侯佩刀璗琫璆珌亦作瑒 瑒 詩鞞琫釋文字又作瑒音同又陽梗二韻 簜 大竹書瑤琨篠簜 ○ 盪 他浪切滌器又

陸地行舟 湯 熱浹月令如以熱湯 蕩 廣韻浪蕩渠名 揚 排揚 鐊 工人平木器 ○ 當 丁浪切主當又底也又抵也又質當也又陽韻 党

大甕說文大盆一曰井甃揚雄酒箴爲瓽所轠又姓唐有瓽金毗 儅 不中 闣 閃闣人 擋 摒擋 ○ 浪 郎宕切波浪又陽韻 埌 莊子以處壙埌

之野音義云壙埌猶曠蕩也方言秦晉之間謂冢曰埌 狼 漢書張良傳秦皇帝東遊至博狼沙中服虔曰河南陽武南地名顏師古音浪又陽韻 閬 地名閬中在蜀今爲州又

閬風仙苑相如賦登閬風而遙集兮張揖曰在崑崙閶闔之中又陽韻又音上聲 藺 藺蕩 蒗 蒗蕩渠名 ○ 傍 蒲浪切近也倚也亦作徬竝並又見陽韻

徬 又陽韻 竝 偕也與也併也亦作並又翰敬二韻 並 同上 旁 旁午交橫貌唐書白居易傳諭閒旁午音去聲又見陽韻 棒 杖也打也 棓

天棓星名也 蚌 蛤屬亦作蜯 蜯 同上班固荅賓戲隋侯之珠藏於蜯蛤 䎬 耜屬 玤 石次玉又地名左傳虢公爲王宮于玤又董韻 ○

喪 蘇浪切死也又失位也易不喪匕鬯又陽韻 ○ 藏 才浪切物所蓄曰藏又蓄物也漢志萬室之邑必有萬鍾之藏藏繦千萬千室之邑必有千鍾之藏藏繦百萬

又曰山海天地之藏易慢藏誨盜周禮守藏中庸寶藏皆去聲古作臧又陽韻 臧 漢志陳臧錢出御府之藏以贍之又陽韻 臟 五臟經典作藏藏與臟義同者不可重押義異

者非 奘 駔大見廣韻又養韻 輂 修車 ○ 葬 則浪切葬埋禮記葬也者藏也亦作塟又陽韻 塟 見三輔黃圖 髒 骯髒倖直貌 ○ 吭

下浪切咽也又吞也罔佩賦弄亢清渠亦作肮頏又陽養二韻 肮 頏 同上 亢 頏亢上下不定也亦作頏揚雄傳鷯行以頏元而取世資又見下又陽韻 行 行

剛強貌又輩行漢書且鞮單于曰漢天子我丈人行也又庚陽敬三韻 桁 衣架一曰曬衣竿杜甫詩翡翠鳴衣桁韓愈寄崔立之詩桁掛新衣裳又陽庚二韻 沆 漢郊祀歌

西顯沆碭師古曰沆胡浪切碭音蕩沆碭白氣之貌據此則沆瀣之沆亦當有上去二音又見下又養韻○亢口浪切過高又抵也敵也漢書注上下相當無所畀屈曰亢又

從陽曰亢陽亦作炕又蔽也左傳昭元年大叔曰吉不能亢身焉能亢宗**抗**扞也蔽也又以手抗舉也通作亢**伉**伉儷配偶也又敵也與抗亢同又藏物也**閌**閌閬

高門亦作伉大雅緜詩皐門有伉注伉高貌釋文伉本又作亢韓詩作閌云盛貌**沆**水流聲**犺**健犬又猰犺不順貌晉周嵩狼犺**炕**火炕又炕陽張皇自大貌

又從陽炕旱漢五行志有炕陽之應通作亢**康**記明堂康圭疏屛音亢又陽韻**硠**硠硠石聲○**盎**於浪切盎齊酒名周禮酒正注盎猶翁也盛而翁翁然又

盛貌孟子盎於背注其背盎盎然盛朱氏曰盎體厚盈溢之意又養韻**醠**濁酒又養韻**坱**塵也又養韻○**枊**魚浪切繫馬柱一曰堅也中从卬節之七

从匕誤○**訪**敷亮切謀也及也問也又養韻**放**肆也逸也逐也廢也去也至也置也縱也捨也𠯑禮毋放飯謂去手中餘飯於器中人所穢也管仲曰令而不行謂

之放陸機文賦禁邪制放又陽養二韻**舫**竝兩船又方船也亦作艕**枋**同上又陽敬二韻○**妄**巫放切誣也誕也罔也**忘**遺忘又見陽韻內

望瞻望睎也又祭名又聞望名聞曰聞爲人所仰曰望又責望怨望恨望亦作盲又弦望後漢律歷志分天之中相與爲衡謂之望謂月半日月正相對其平如衡也亦作朢又陽韻

从日月之月**盲**周禮內饔豕盲視而交睫腥注盲當爲望釋文盲亡亮切又東韻**朢**日月相望說文月滿與日相望如臣之朝君也故从臣从月从𡈼𡈼音珽經典通作

望說文古作朢又見陽韻○**壯**側況切彊也盛也碩也大壯卦名爾雅八月爲壯从爿从士**戇**愚也亦作戇又送韻**戇**同上○**撞**直浪切擣

也擊也又陽韻**𨏥**衝城車**憧**憧憧兇頑貌又東韻**幢**后妃車幰又陽韻**狀**體也形象也又形容之也陳也莊子自狀其過以不當亡者衆又牒也○

創楚浪切傷也始造也孟子創業垂統又陽韻**刱**初也說文造法刱業也通作創从井刃楚良切俗作刱**愴**悽愴又陽韻**滄**寒也荀子疾哀滄熱漢枚

乘傳欲湯之滄**倉**喪也詩倉兄塡兮又陽韻[illegible]視不明也[illegible]捍船也**𡋯**不耕而種亦作𡋯又東韻○**王**于放[illegible]

也長並保有天下曰王□□傳孔子素王莊子元聖素王皆領左傳序素王又□周□
晉又曰仲尼素王並音于放切詩七月序王業斤武詩王之子皆有平去二音易王天下並
子王天下並音去聲朱氏孟子集註曰已有天下者人稱之曰王則平聲據其身臨天下而言曰王則去聲又見陽韻 **迋** 往也左傳子展迋勞又見下又養韻又去王切 **暀**
光美也明也亦作旺又養韻 **旺** 同上 ○ **晃** 戶曠切暉也明也光也照耀也又寬明貌亦作晄爌 **晄** 同上 **爌** 同上又寬明貌揚雄傳壯爌幽都是也
煌 煌煌炫燿貌詩注皇皇猶煌煌也音皇又音晃又陽韻 **熿** 同上甘泉賦壯熿幽都 **皇** 光貌禮記朝廷之美齊齊皇皇音上聲又云祭祀之容濟濟皇皇音□
雖所從言不同其爲光美之義則一而已當於上去二韻通用又陽韻 **櫎** 帷屛之屬亦作榥 **榥** 同上又讀書牀 **幌** 帷幔 **滉** 滉瀁水貌亦作洸又見陽韻
洸 同上又荀子其洸洸乎不涵蓋似道又陽韻 **潢** 水大至貌荀子潢然兼覆之相如賦灝瀁潢漾郭璞曰水無涯際貌又陽韻 **皝** 氣容貌又人名晉有慕容皝
○ **況** 虛放切說文寒水也又脩況琴名又譬擬也善也矧也亦作况又與貺同漢武帝紀天地況施拜況于郊郊祀歌天地並況又與況況味又臨訪曰來況亦作况从冫
况 況佩觿集曰況者發語之辭从二从兄今經史多混用故兩存之 **貺** 賜也與也亦作況貺況義異者分押 **兄** 滋也詩倉兄填兮職兄斯引又東韻 **軦**
黃軦蟲名莊子黃軦生于九畝 **䀮** 山名 ○ **誑** 古況切欺也亦作迋 **迋** 詩人實迋女 **□** 惑也 **俇** 往也又遠行也 **臦** 乖也 ○ **懬** 漢元
曠 苦謗切明也空也闊遠也虛大也久也谿也鄒陽傳獨觀昭曠之道師古曰昭明也曠廣也康衢傳曠然大變其俗亦作懬壙又男子壯無室曰曠繆費曰曠日
帝紀衆僚久懬又養韻 **纊** 小爾雅絮之細者曰纊亦作絖 **絖** 同上 **壙** 塹也穴也又漢武帝賦託沈陰以壙久注壙與曠同又野也 ○ **謗** 補曠切訕
也毀也 **榜** 進船亦作榜又見東送二韻 **榜** 同上又船名晉張載傳吳榜越舲又船師張協七命榜人奏採菱之歌又見養送漾三韻 ○ **儣** 苦浪切緩也
瀼 決瀼濁也 **壤** 決壤塵也 ○ **漭** 莫浪切漭浪大野也 **吂** 老人不知也 **㟐** 㟐嵣山貌 ○ **漴** 士浪切水所衝決又東韻 ○

淙 叛浪切水出貌又東陽韻 ○ 胖 普浪切脹臭貌

十九敬

敬 居慶切廣韻恭也肅也謹也又姓从苟从文苟音棘上从𦍌非从廾也俗作敬 竟 窮也終也已也又梗韻 鏡 鑑也 獍 獸名 勁 强也又健也堅也遒也亦作繕

繕 禮記急繕其怒又霰韻 徑 步道周禮遂上有徑又直也亦作逕 逕 同上又至也過也近也又逕庭激過也 經 禮記月令審端經術又織也又經緯韓愈東都遇春詩諸牙相緯經又縊也荀子救經而引其足禮記檀弓注雉經亦有兩音又庚韻 俓 直也堅也通作徑 桱 桱木似杉而硬 䣘 鬲也

𡒄 猿聲也 曒 明也 儆 儆慎又音警 ○ 映 於命切明相照也廣韻亦作暎 暎 蘭亭詩序暎帶左右 瀴 瀴瀙冷也 襯 々文字集略云襯錯綵郭璞江賦云襯以蘭紅 嫈 小心態也 ○ 競 具映切盛也彊也爭也逐也高也遽也篆文从二言二儿今作競俗作竸 藥 榜也又隔子漢地理志朝鮮民飲食以籩豆師古曰以竹曰籩以木曰豆若今之藥也音其敬切又見庚韻从廾誤 擎 舉也又庚韻 誩 爭言也 倞 强也 ○ 慶 丘正切說文行賀人也古禮以鹿皮爲贄故从鹿省下比字又福慶易大有慶也又姓又州名又陽韻

罄 器空也 磬 樂之石也亦有用玉者書戛擊鳴球漢郊祀歌𥕑磬金鼓又齊人相絞訏者爲掉磬北海又以激事爲掉磬 䡖 一足行亦作鑋又庚韻 鑋 左傳鑋而乘於他車以歸杜預曰鑋一足也陸音去聲又金聲又庚韻 窒 空也 殸 籀文磬字

麠 爾雅云鹿絕有力又堅牽二音 輕 疾也又兵車名又庚韻 謦 謦欬 ○ 更 居硬切再也又庚韻 ○ 行 胡更切言行又巡視也禮記月令巡行縣鄙漢書按行行部又陽庚漾三韻 幸 非所當得而得之不可免而免皆曰幸荀子朝無幸位民無幸生論語罔之生也幸而免又傲幸覬非所當得也袁崧云聖王下徼幸冀望也御也愛也寵也婞也又巡幸蔡邕云天子所駕所至見令長三老官屬親臨軒作樂賜以食帛佩帶[illegible]爵有級或賜田租之半故因謂之幸爲韶曰凡言幸者漢儀注民[illegible]

被其德以爲僥倖也顔師古曰幸者吉而免凶可慶 去凶故福喜之事皆稱爲幸冀同祖紀以幸天下 **倖** 通作幸 **諱** 廣韻喙語唐書陳子昂論諱直 **杏**

果名 **荇** 詩參差荇菜毛傳接余也爾雅作莕 **莕** 上同 ○**柄** 陂病切木也權也 枘也亦作棅秉枋 **棅** **秉** 漢五行志殺生之秉又梗韻 **枋**

又陽漾二韻 **怲** 怲怲憂也 **併** 竝也兼也合也比也亦作幷又庚梗二韻 **幷** 同上又專也又庚韻 **屛** 除也又庚梗二韻 **摒** 摒除也 **冰** 冷洄

唐韋思謙傳涕泗冰須謂涕著須而凝也音柄又庚韻 ○**病** 皮命切疾也疵也患也憂也苦也又疾甚曰病 **平** 周禮平貨漢書廷尉平蓋平其不平曰平又去声二

韻 **僻** 說文宴也廣韻隱僻也又梗韻 **枰** 獨坐板牀一曰博局又庚韻 **竝** 偕也與也併也亦作竝併又見梗漾二韻 **並** 同上又業貌相扶傍也史記過秦論

並起而亡秦族亦作併又二韻 **併** 廣韻作蒲迸切誤又梗韻 **凭** 依几也又庚韻 **併** 相竝也競也賈誼治安策高皇帝與諸公併起又曰與公併倨謂對敵而相拒也又

見上 ○**命** 眉病切性命出於天爲命賦於人爲性孟子莫之致而至者命也中庸天命之謂性董仲舒曰天令之謂命又命令大曰命小曰令一曰上出爲命下稟爲令又必

也射命中謂擬而必中也又使也教也告也戒也計也召也 **鳴** 鳥相呼命也馬融長笛賦求偶鳴子音命又庚韻 **詺** 辨別物名唐于志寧傳昔陶洪景以神農經合雜家

別錄注詺目廣韻單作名 **暝** 夕也晦也亦作冥又更韻 **瞑** 閉目又先梗霰四韻 **[illegible]** 艶 ○**迎** 魚慶切親迎迓也又見庚韻 **凝** 水堅又見庚韻

○**欱** 許令切含笑也 **[illegible]** 面醜醜也 ○**硬** 魚更切堅也强也廣韻亦作鞕 **鞕** 同上 ○**聘** 匹正切問也公羊傳大夫來曰聘穀梁傳

聘問也从耳从甹由从丂从由作聘 **娉** 娶問通作聘又去聲韻美好俗作娉 ○**性** 息正切天理在人曰性董仲舒曰質樸之謂性又曰性者生之質也又土性亦作生

生 周禮司徒以土會之法辨五土之物生杜子春讀爲性又見庚韻 **姓** 說文人所生也左傳因生以賜姓漢外戚傳不能成其姓師古曰姓生也生子曰子姓左傳昭四年

問其姓對曰余子長矣又孫謂之姓詩振振公姓 **腥** 息肉中似米又庚韻 **睲** 目睛 ○**倩** 七正切假借使人方言東齊之間壻謂之倩郭璞曰言可借倩

也唐陸贄脩邊六失跡始息如倩凊寒也冷也亦清莊子與無欲清之人陸德明曰字宜
人又霰韻俗作倩監本从月誤作凊从月誤从氵今从冫者假借也又見下又庚
韻靘䩄靘青黑婧廣韻竦正貌又精粹○淨疾正切潔淨無垢汙亦清詩采蘋
色又見下女正潔之義也作清人士耕切魯池名注潔清
陸德明曰清如字又音淨周禮靜寂也定也和也息也瀞也澄也揚雄解嘲靖安也又安
庭氏注令國中潔清如庭音淨亦清要靜顏師古曰合韻才性切亦作靚之也又謀
也入足也如尚書嘉請自請左傳安請之類當穽陷也坑也亦作阱同請謁也漢律春
通押請與靜義不同者如清靜安靖亦可重押阱古作汬字上曰朝秋曰請
如古諸侯朝聘也吳王濞使人爲秋請又朝請漢官靚粧飾也明也粉白黛黑謂之靚粧又
名張禹首爲之又延也又梗韻俗作請監本从月誤閒靚古奉朝請亦作此字義不同者
分押又召也俗作艶韓愈東都遇春詩桃䝼說文頩說文瀞古文竫公羊傳惟諓諓
靚監本从月誤李晨粧艶本亦作靚賜也好貌淨字善竫言何休曰
竫猶○聖式正切睿也通也孟子大而化勝勝負之對克也優過之也漢書注瀋勝婦
淺也之之謂聖从壬壬音廷正也人首飾又戴勝鳥名又庚韻監本从月誤
○盛時正切茂也大也長也又姓又受物也東晟明也熾也器也唐將李乘車乘也
方朔傳壺者所以盛也協韻去聲又庚韻晟宋朝樂名曰大晟一曰物
雙曰乘左傳以乘韋犒師又四數曰乘乘馬乘矢乘鴈又晉之史記曰乘趙岐曰興於田賦乘
馬之事因以爲名毛曰乘者載也取載事爲名也又𠮟制四丘曰乘論語道千乘之國注田一
成出車一乘六十四井也周禮作甸又漢枚乘字叔乘數四叔在伯仲之下數居三名字相配
當音去聲又蒸韻古作椉字案車乘之乘去聲乘駕之乘平聲惟三都賦輕脫躧於千乘音承
恨賦喪金輿與玉乘亦作平聲用注黍玉輅也甸周禮四丘爲甸又霰韻詩椉漢地理志
此蓋協韻據此則車乘之乘亦可作平聲用維禹甸之毛音佃鄭因乘泰山郡椉
丘縣師古曰春秋莊十年公敗宋師剩長也益也賸唐書殘膏賸馥又多也从月嵊
于椉丘即此是也今春秋作乘丘餘也亦作賸音才俗作賸監本从舟誤
山名在剡縣詩○稱丑正切權衡曰稱建國家之權稱亦作秤二衣單複具曰稱左傳祭
人行嵊嵊外服五稱又副也等也無以報稱又名號謂之稱孟子

子者分子之通稱又垢也是也又度也童牧所立也易稱物平施陸贄有替否起以衡
又之物之空易巽稱而隱又相等也唐此戰傳也物稱是又庚韻者秤也權者錘也唐文
析駢令箴如秤之平姚崇有執秤箴又
小爾雅斤十謂之衡衡有半謂之秤 追 遲候也廣視也探同 覘 直視也 ○ 鄭 直正切國名又
姓又鄭重 呈 自媒衒見廣韻又庚韻 瞪 直視又庚韻从登誤 ○ 正 之盛切廣韻君也長也定也平也是也又當也又庚韻又歲之首曰正月本去
頻煩也
聲秦始皇名政改從平聲董仲舒策正次王王次春顏師古 政 正也以正理立典常法則曰
音去聲凡正朔三正之類平去二聲皆可通用後世因之 政政之所行曰事孟子發於
其政害於其事又大曰政小曰事論語其事也如有政雖不 証 諫也 鴊 鶏也又 證 驗也候
吾以吾其與聞之又以法正民曰政以道誨人曰教又庚韻 之盈切 也質也
監本从 ○ 令 力正切命令律也法也善也告也長也又見庚韻內 墭 插空貌又魯丁切 凌 冰也周禮有凌人豳風三之日納于凌陰有平去二音又
登誤
庚韻 ○ 鋥 除更切磨鋥出劒光或作碠 瞪 住視 ○ 釘 丁定切以釘釘物又見庚韻 矴 碇舟石 訂 平議从言丁聲 定 室
星詩定之方中又頟也又麟之定禮義 頂 題也詩作定定與 飣 簇有核唐 錠 豆有足曰
定詔於堂爾雅頟顁謂之定又見下 顁 顁義異者分押 書飣坐黎 錠無足曰
鐙 ○ 聽 他定切聆也謀也待也從也又庚韻耳下从壬王音珽俗作𦔻或作聽非聽音咸䀿聽欲臥貌 庭 逕庭隔遠貌莊子大有逕庭陸音勑定切蓋吳人呼勑為
別與他定切同李氏云 侹 廣韻侹侹直也代也敬也韓愈荅張籍詩石梁平侹侹 汀 汀濙又庚韻 ○ 定 徒逕切安也靜也止也凝
逕也激過也又庚韻
也決也 䵺 周禮䵺繫世又庚霰二韻 錠 錫鑞又見上 掟 天掟出道書 ○ 甯 乃定切邑名又姓又願詞又庚韻下从用俗作寗監本从
也亦作何
冉誤 寧 願詞又反詞晉書寧馨兒謂如何生此兒也又庚韻 佞 巧諂捷給一曰才也故不才曰不佞从仁从女亦作侫 濘 泥濘又滑也 ○ 甑 子孕
切甗也考工記甑實二鬴注量六斗四升曰鬴譙周古史考曰黃帝始作甑 ○ 孕 以證切懷妊亦作𦠆 繩 周禮薙氏秋繩而芟之注含實曰繩芟其繩則實不成

庚韻鱦小魚名家語單父漁者曰魚之小者名鱦吾大夫欲長之又音感魚予也媵送也廣韻送女從嫁諸江有汜釋古者諸侯娶夫人則同姓二國媵之詩序因謂從嫁

之女爲媵从月誤䵸面黑子也倂送行貌䁝大視又雙也○脛胡定切脚脛也踁同上○興許應切比興周禮注比者

比方於物興者託事於物也又與況意思也又悅也亦作嬹又見庚震二韻嬹悅也又庚韻○應於證切物相應又當也又小鞞曰應鼓天子之門曰應門又庚

韻譍以言對也又庚韻○扔而證切強牽引又音仍艿草不翦杒上車又木名○鼪所敬切鼪鼠貹財富○

諍側迸切諫諍救止也亦作爭又庚韻爭又庚韻倀廣韻萌倀失道又陽韻○趟擿趟行貌偵廉視又見下憕開張畫繢也出文字指歸

䪯張皮也牚邪柱也○瞠敕諍切直視貌莊子瞠若乎其後又庚韻○嶝丁鄧切小坂又登陟之道亦作磴隥監本从登誤磴

同上又巖也从登誤隥同上又梯也从登誤墱水分派魏都賦墱流十二同源異口注天井堰在鄴城西南分爲十二墱鐙馬鞍踏又豆下跗禮記祭統執鐙與豋通

从登誤橙几屬字林作凳又庚韻凳同上䔲蔓䔲䬅祭食○鄧唐亙切國名今爲州又姓也俗从登誤蹬蹭蹬失道从登誤

誤幐囊可帶者又庚韻从月誤驓行欲倒也僜僜謂倭僜不著事也㱴殑㱴困病也○贈昨亙切送遺也玩也好也亦作承監本从曾誤

○亙居鄧切延袤也極也通也遍也亦作揯中从舟今作月與亘字不同監本作亘誤㮓从亙誤緪急張也畫也又庚韻从亙誤堩路道从亙

誤恒徧也詩恒之秬秠音古鄧切又弦也詩如月之恒箋月上弦就盈又常也考工記弓人恒由此作竝去聲又胡登切卦名水名揯急引又作古登切○

稜魯鄧切杜甫詩塹抵公畦稜注云師農人指田遠近客云幾稜又庚韻倰倰蹬行貌㱥㱴[illegible]○蹭七鄧切蹭蹬也[illegible]力割也○

[illegible]台鄧切小相益霯雨[illegible]𨋬車[illegible]

二十宥

宥 爰救切寬也 **又** 更亦佑也亦爲右手字 **有** 同上考工記弓人有三均陸音又荀子夫子有[illegible]對爲亦[illegible]又又有韻 **右** 古右手之右人道尚右以右爲尊故尊文曰右文尊武曰右武莫能尚者亦曰無出其右東方朔傳以奢靡爲右又左右相助也後加亻爲佑書左右有民左右厥辟宅師左右先王易以左右民詩右序保右右饗之類是也凡言左右之者謂於其左右而失助之也古亦作又後加口轉爲右又與侑同周禮大祝享右祭祀四字義異者分押 **佑** 佐佑也 **祐** 神助易祐者助也 **侑** 耦也配也勸食也爾雅酬酢有報也廣韻作酭 **酭** 韓愈南山詩惟用贊報酭 **囿** 說文苑有垣一曰禽獸有囿又音穀 **狖** 獸似猨卬鼻長尾舊云鼠屬誤 **貁** 揚雄反離騷蝯貁擬而不敢下 **蜼** 獸似猴鼻向上尾長四五尺有岐雨則自挂於木以尾窒鼻又賄隊二韻 **褎** 服飾盛貌詩褎如充耳漢書褎然爲舉首亦作褏 **褏** 班固述康衡傳樂安褏褏注褏褏盛貌 **柚** 似橙而酢亦作櫾說文條也又屋韻 **櫾** 列子吳楚之國有大木焉其名爲櫾實丹而味酸食其皮汁已憤厥之疾釋文音柚引山海經荊山多橘柚 **䶖** 鼠屬善旋 **鼬** 野鼠善登木韓愈南山詩倐閃雜鼯鼬 **猶** 獸名如麂善登木多疑慮又尤韻

○ **齅** 許救切以鼻擤氣亦作嗅臭二字 **嗅** 同上 **臭** 荀子臭之而無嗛於鼻又曰三臭之不食也注謂歆其氣又見下 **嘼** 㹀也獸可畜者亦作畜六嘼牛馬羊犬豕雞也養之曰嘼用之曰牲又尺救切上从吅象形俗作嘼 **畜** 周禮六畜禮記四靈以爲畜又丑救切字又見屋韻內

○ **糗** 丘救切熬米麥又有韻

○ **救** 居又切振也拯也止也護也爾雅絇謂之救郭璞曰救絲以爲絇或曰亦罟名亦作𣪘逑捄 **訹** 同上文字音義曰止也禁也助也 **捄** 董仲舒傳捄溢扶衰又見魚尤韻 **究** 窮也深也推尋也盡也詩自我人究究郭璞曰相憎惡也 **疚** 久疾一曰病也 **廄** 馬舍也亦作廐論語云廄焚

○ **舊** 巨又切對新之稱久也昔也故宿也从艹从隹从杵臼之臼俗作舊監本从卝誤 **匶** 尸在棺亦作柩从廾誤 **柩** 同上 **臼** 舂臼象形 **舅** 毋之兄弟妻之父皆曰舅婦謂夫之父亦曰舅古作[illegible]亦作咎荀子晉之咎犯注咎與舅

同咎同上又愆也惡也過也从人从各各有相違也又爻韻諮毀也麔扗麋○秀息救切出也榮也茂也美也楚辭朶三秀於山間王逸曰芝草

也文選煌煌靈芝一年三秀漢吳公聞賈誼秀才召置門下秀才之名起於此光武名秀改秀才爲茂才又草木之名曰秀詩出其東門笅荼茅秀謂茅花也論語秀而不實謂華而不實也

琇石次玉又音酉義同繡五采刺文又畫也考工記五采備謂之繡又蕭韻宿列星又止息也吳都賦窮飛走之棲宿協韻音秀又屋韻古作宿○僦

即就切賃也漢書注顧也○岫似救切山有穴曰岫袖衣袂亦作褎褏褎又見前褏說文袂也禮記狐青裘豹褏褏青豻褏漢楊惲傳奮褏低卬

○就疾僦切成也促也即也久也終也市也鷲鳥黑色亦作鷻陸機云鷲鳩目上骨露幽州謂之鷲○狩舒救切冬獵杜預曰狩圍守也冬物畢成

獲則取之無所擇也又天子適諸侯曰巡狩亦作守又班固賓戲孔終篇於西狩顏師古曰協韻音守守所守也守之也爲之守也天子巡諸侯所守曰巡守諸侯爲天子守亦曰

守今之太守是也又有韻獸飛曰禽走曰獸首有咎自陳又頭回也禮記北首丘首論語東首莊子南首而卧又有韻收獲多又斂之也乃井收勿幕又見尤韻

○臭尺救切氣之總名易巽爲臭其臭如蘭禮記臭陰臭陽之類對香而言則爲惡氣海濱逐臭之夫之類是也又見上亦作殠○祝職救切說文祭主贊

詞又詞也亦作詶呪又御屋二韻詶又尤韻當作詶呪同上也晝日中咮鳥喙亦作噣啄喙又魚尤御三韻噣同上又星名詩小星注三星[illegible]

噣爾雅噣謂之柳豖東方朔傳鶴俛豖也又藥韻喙易說卦爲黔喙之屬音如字又音晝又豫韻注考工記以注鳴者又音鬪又御韻○授

繩呪切付也受承也稟也繼也容也紈也取也領也盛也从受从口俗或作受非受音胡到切下从丈綬組綬禮記組綬天子玄公侯朱大夫純世子綦士縕此佩玉之

組也應劭漢官儀曰綬長一丈二尺法十二月廣三尺法天地[illegible]此佩印之組也[illegible]綬唐盧[illegible]史傳得其[illegible]誤軍廣韻作[illegible]壽老年壽之爲言久也[illegible]年齒皆曰壽

左傳人壽幾何要[illegible][illegible]不長是也售賣物去手也又僦也詩賈物貴[illegible]亦作[illegible]讎[illegible]志[illegible]不讎揚子欲讎僞者必假[illegible]言不讎[illegible]音[illegible]韻

○肉 如又切肥也禮記寬[?]肉好[?]又邊也肉倍好謂之璧又左注謂[?] ○胄 直又切裔也又國名下从冂亦作伷 伷 同上 冑 兜鍪亦作

軸下从冃冃音冒與胄子之胄不同經典多混傳寫訛也或作[?]混也 軸 亦[?]帶紛 宙 舟輿所極覆也莊子[?]義往古來今曰宙 籀 篆籀說文讀書也又

史籀周宣王太史作大篆本作籒凡从留者皆然 繇 占辭謂卦兆辭也佩觿集曰繇从䍃从卜从系顏師古曰作籀 紂 說文馬緧也一曰商辛別號謚法殘義損善曰紂

紬 緒也又綴集也司馬遷傳紬石室金匱之書又尤韻 酎 三重醲酒杜預曰酒之新熟重者爲酎三輔黃圖云正月旦作八月成 ○溜 力救切水溜亦作霤

霤 同上枚乘傳泰山之霤穿石又屋水流又中霤宀宮之神古者室有複穴皆開其上以取明雨則霤之後因名室之中庭爲中霤以其居中故爲土神杜預曰土正曰句龍在家則

主中霤在中庭又宋野則爲社 廇 廇梁也 窌 地名左傳予之石窌與囷窌字不同俗混作窌 餾 爾雅饋餾餁也孫炎曰蒸之曰饋均之曰餾郭璞曰饋熟曰餾

留 宿留躊躇停待貌又濡滯也又伺便也莊子執彈而留之又尤韻 遛 逗遛不進貌又尤韻 塯 廣韻瓦飯器堯舜飯土塯 鷚 雉子吳都賦鷚鶯無鷹鷚

飂 高風又風聲又國名左傳昔有飂叔又蕭尤二韻 漻 清貌又尤韻 瀏 又見尤有二韻 翏 高飛貌又蕭韻 勠 廣韻併力也又見蕭尤屋三韻

○幼 伊謬切小也弱也又少也 ○謬 靡幼切詐也差誤也妄言也 繆 戾也紕繆也又姓又尤篠屋韻 ○候 胡茂切斥候也氣候也伺

也待也證候也 后 君也天子之妃也又姓又與後厚同禮記皆作然後又后土亦作厚載之義是也 詬 賈誼傳集詬亡節師古曰無志分也又見下又古候切 逅

解逅不期而會也詩邂逅相遇又古候切 郈 魯邑名 後 遲後本在後也前後之後然後之後皆定體字也又詩序曰有先後注相導前後爲先後也又方言娣姒曰先後漢

書后擊師古曰后與後同古字通用如用君后妃後字則與前後之後不同 厚 厚薄之對又重也廣也醲也亦作垕 鍭 矢鍭又侯韻 堠 封堠韓愈有路傍堠詩

○吼 許候切厚怒也又聲也又有韻 詬 恥也又詈也亦作詢又巧言也又見上 詢 左傳襄十七年重丘人閉門而詢之杜預曰詢罵也又恥也昭二十年余

姆見姥韻

不忍犬詢雀騆達旨辭數冒詢以干進又古候切**鷽**海中介蟲文選注形如惠文冠**恂**廣韻短醜貌亦作㑋又丘候切愚貌又古候切○**寇**丘候切仇也賊

也鈔也暴也又姓方言凡物盛多謂之寇郭璞曰今江東有小鳧其多無數俗謂之寇**蔻**豆蔻**扣**擊也亦作叩敂二字**叩**論語以杖叩其脛音口又音扣又問

也亦作訽義同**詬**同上又上聲**鷇**鳥子欲出者莊子其以爲異於鷇音韋昭注東方朔傳哺而活者爲鷇生自啄曰雛杜甫朝享太廟賦曰聖人以下年爲鶵鷇字當作鷇

亦作鷩鷇○**漚**於候切久漬考工記亦作漚音同**渥**又樂韻○**戊**莫候切十幹名漢志豐茂於戊爾雅歲在戊曰著雍月在戊曰厲戊在中極鉤

陳之位兵衛之象故从戈从左戻戊土寄位於戊故加一則爲戊字**茂**豐盛貌爾雅勉也左傳茂哉茂哉班固敘傳述王子侯表云支業碩茂顏師古曰合韻莫口切**楙**木盛

又治盛蠱錯傳夏以長楙又木瓜也**懋**美也勉也亦作茂楙義異者可分押**袤**延亘東西曰廣南北曰袤**瞀**目不明又瞀瞀無識也又尤韻**霿**區霿無識通作

瞀亦作愗又天氣下地不應又蒙夢二音亦作霚**貿**市易書作懋又檀弓貿貿然來注貿貿目不明貌與瞀同**姆**女師也○**覆**敷救切蓋也又扶救切伏

兵也又見屋韻○**復**扶救切又也重也詩復會諸侯於東都天下喜於王化復行武王復受天命之類是也又屋韻**伏**禽抱卵又屋韻**阜**說文云大陸曰阜廣

雅山無石曰阜又厚也通也盛也**缶**瓦器所以盛酒漿秦人擊之以節歌詩坎其擊缶注䟕即今瓦盆爾雅盎謂之缶**缻**史記廉藺傳秦王擊缻李斯傳擊缻彈箏風

通缶者瓦器所以盛酒漿秦人鼓之以節歌○**漱**先奏切漱滌又盥漱盪口也又侯韻王篇亦作涑**涑**又見尤屋二韻**謏**廣韻誘謏怒言又篠屋韻**嗾**

使犬聲左傳嗾夫獒又音湊**嗽**欬嗽周禮嗽上氣疾又音朔翁也又藥韻**鎪**鐵蝕又尤韻○**湊**千候切水會也聚也又趣也漢成帝帥羣臣橫大河湊汾

陰亦作奏**奏**同上又見下**輳**輻聚共轂通作湊**腠**膚理**楱**相如賦黃甘橙楱張揖曰楱如橘出武陵張景陽七命蓮皐之楱**蔟**大簇正月律名

言萬物始湊地而出也律呂志作族族奏也又見下又屋韻○**奏**則候切進上也書同日奏周功注日進於無又節奏音樂作止高下緩急之度亦作**族**

漢嚴安傳調五聲使有節族**走**疾趨之也孟子獸之走壙董仲舒傳如水之走下項籍傳漢軍方南走山高紀走水上軍又驅而走之也漢書走卒邯史走狗走珠之類是也又有

韻○**鬭**丁候切競也爭也遇也又姓亦作鬬說文从門从斲兩士相對兵仗在後象鬭之形經史多訛从門故廣韻注云凡从門者今與門戶字同字法當从門**鬪**

同上俗作鬪**䵶**龍尾星又謂之䵶張衡東京賦曰月會於龍䵶从豕从尨監本从豕誤○**透**他候切通也徹也過也跳也○**豆**大透切菽也祭

器又四升曰豆又有韻**脰**項也**逗**止也住也軍法行而逗留畏懦者斬名曰逗撓漢書音義曲行避敵曰逗又物相投合也亦作投杜甫詩遠逗錦江波**餖**韓愈

南山詩着核分飣餖**酘**重釀酒也**竇**鑿垣爲孔亦作窬瀆左傳蓽門圭竇又屋韻俗作竇从穴从賣賣音育監本从賣誤**窬**又魚尤二韻**瀆**同上左傳襄三

十年伯有自墓門之瀆入又地名左傳執公子牙于句瀆之丘又屋韻**讀**句讀凡經書成文語絕處謂之句語未絕而點分之以便誦詠謂之讀今祕省校書式凡句絕則點於字

之旁讀分則點於字中間是也亦作投又屋韻**投**文選馬融長笛賦察度於句投注說文逗止也與逗同又物相逗合也唐盧潘辯合肥文西投于淮音去聲又尤韻○

漏郎豆切滲漏又爾雅西北隅謂之屋漏荀子易忌曰漏說文漏以銅受水刻節晝夜百刻亦取漏下之義又竅也廣韻禹耳三漏亦作屚又尤韻**屚**說文屋穿屚下从雨

在尸下尸屋也漢地理志交趾有句屚縣師古曰屚與漏同杜甫詩作句漏**陋**阨狹又鄙惡也荀子少見曰陋从阜从匚从丙匚音傒藏也今作陋監本从𠀂誤**鏤**雕刻

又禹貢銀鏤孔安國曰剛鐵曰鏤又魚韻**僂**僂傴短醜又魚語御三韻○**耨**乃豆切薅器形如鏟柄長三尺刃廣二寸以刺地除草亦作鎒又耘也孟子深耕易耨

鎒莊子銚鎒於是乎始脩**鷇**乳子亦作𣪊又作㲉殼**𣪊**左傳楚令尹子文姓鬬名穀於菟楚人謂乳爲穀謂虎爲於菟又屋韻又作穀字○**冓**

居候切說文交積材也又數也十秭曰冓又邑名又中冓宮中構結深密之處**構**說文蓋也廣韻架也合也詩我日構禍注合也集也又成也亂也又屋椽又木名从手非**購**

說文以財有所求也廣韻償之也**媾**說文重婚也易匪寇婚媾左傳如舊婚媾注婦之父曰婚重婚曰媾又詩不遂其媾注毛云厚也又合也又和也**遘**說文遇也徐曰

譴猶詰構也覯說文遇見也詩亦既見止亦既覯止詁云泯見曰見接見曰覯姤易卦名遇也陰陽相遇也廣韻偶也垢塵垢滓汙也集句拘也廣韻句當

又姓華陽國志云王平句扶雊說文雌雄鳴也雷始動雄鳴而雊其頸从隹句句亦聲徐按禮記月令雉始雊又前地埋志上谷郡雊瞀或作呴史殷紀飛雉登鼎耳而呴集韻亦

作嘴鳴彀說文張弩也从弓𣪊聲徐曰漢金吾彀騎騎執弓矢也詩詁云引滿也漢文帝紀士彀弓矢持滿也孟子羿之教人射必志於彀通作句詩行葦敦弓既句讀與彀同

○瘦所救切臞瘠本作瘦詩箋作膄○簉初救切倅也左傳僖子使平蘧氏之簉又齊飛䨀疾也唐書簉羽鵷鷺𥳑同上又云草根也○

縐側救切𤸰也詩蒙彼縐絺又縮也皺面皺又眉攢也甃井甓莊子鈌甃之涯又結砌易井甃无咎○驟鉏救切馬疾行又奔也亦作騶騶

曲禮車驅而騶荀子騶中韶濩皆有兩音又見尤韻

二十一沁

沁七鴆切水名○浸子鴆切漬也漸也涵也沈也澤之揔名也又漸進也易剛浸而長揚子浸以光大亦作寖𣹟寖湛寖漢書寖明寖昌𣹟王吉

傳恩愛寖薄又水名通作浸寖張安世爲大司馬寖恐師古曰寖益也湛漬也內則湛諸美酒又見下又見侵勘二韻祲精氣感祥又日旁氣顔師古曰祲謂

陰陽氣相浸漸以成災祥也李奇曰祲氣也言大人精氣相動也又侵韻○枕職任切以首据物語曲肱而枕之又寢韻揕擬擊也史記云七首揕之是也○

甚時鴆切劇過也尤也陸賈名聲籍甚音義曰言狼籍甚盛葚桑實釋詩無食桑葚亦作椹黮俗作甚椹同上又侵韻黮同上泮水詩食我桑黮又感勘

二韻○任汝鴆切孕也又鄒陽傳紂刳任者觀其胎產又用也又所負者論語仁以爲己任又侵韻从千誤妊孕也亦作任又侵韻衽衣襟又寢韻从千誤

紝機縷亦作紝絫又侵韻絍同上又侵韻鵀戴勝鳥又侵韻从千誤○闖丑禁切馬出門貌公羊傳開之則闖然何休曰闖出頭貌或作覘韓

愈同宿聯句儒門雖大啓䒦首不敢闚皆以窺覘爲義

深 深淺之度曰深周禮地官以土圭測土深注不知深廣深故曰測釋文上深廣深並音尺鴆切又侵韻

○臨 力禁切喪哭論語臨喪不哀禮記臨喪則必有哀色周禮王弔臨注以尊適卑曰臨又涖向也又侵韻

○紟 巨禁切單被禮記絞紟又衣系亦作衿又侵韻

衿 同上又侵韻

襟 衣帶通作衿又侵韻

噤 寒厥口閉亦作唫

⿰齒今 同上韓愈同宿聯句巧舌舌皆⿰齒今又廣韻牛舌下病

唫 說文口急也又侵韻

凚 寒噤玉篇云寒極韓愈鬪雞聯句磔毛各凚瘁是也

○朕 直荏切蔡邕曰古者上下共稱咎繇與帝舜言稱朕屈原曰朕皇考曰伯庸伊尹曰惟朕以懌周公曰朕復子明辟是也至秦始皇二十六年始專爲天子自稱漢因之不改篆作⿰舟灷从舟从火从廾今作朕俗作朕

螣 龍類能興雲霧又陌韻

湛 投物水中亦作沈沉內則湛諸美酒有兩音雖同韻而義異故雙收之

沈 同上又持林切溺也寢也又見覃寢二韻

沉 同上又侵韻

鴆 直禁切毒鳥也

酖 酒有鴆毒左傳宴安酖毒

○賃 女禁切借也僦也从千誤

○禁 居廕切制也戒也謹也止也天子所居曰禁蔡邕曰漢制天子所居門閤有禁非侍御之臣不得妄入行道豹尾中亦爲禁中避元后父名改曰省中又侵韻

僸 北夷樂也

○蔭 於禁切庇也亦作廕陰又陰景曰蔭左傳趙孟視蔭唐書桑蔭不徙而大功立說文草陰地从艸陰徐曰草所庇也又荀子木成蔭而衆鳥息焉

廕 左傳木根無所庇廕

陰 詩既之陰女桑柔篗庇陰禮記陰爲野土又侵韻

音 左傳鹿死不擇音杜預曰音所茠蔭之處古字借用又見侵韻

喑 泣不止又聚氣貌莊子喑醷物也又聲也韓愈同宿聯句白鶴叫相喑謂鳴相應也又見侵韻

飲 歠也一曰度聲曰飲增韻以飮飲之又見寢韻

○諗 式禁切諫也告也相思念也又寢韻

○吟 宜禁切廣韻長詠韓愈同宿聯句白鶴相吟吟音去聲又侵寢二韻

○滲 所禁切漉也又侵韻

罧 積柴水中以取魚亦作槮又侵寢二韻

槮 同上

○讖 楚譖切符讖也

○譖 側禁切讒毀也

僭 詩傳數也又儗也差也侵也又見豔韻內

二十二勘

勘苦紺切校也鞠囚也 ○紺古暗切說文帛深青揚赤色釋名含也謂青而含赤也 灨水名在豫章南康章貢二水合流字亦作灨贛淦 贛 頷

淦並同上 ○憾胡紺切恨也亦作感 感左傳唯蔡於感又感韻 琀送死含玉本作含 含周禮典瑞共含玉注含玉注左右顚及在口中

者禮記含者執璧將命刂是其制璧形而小耳又曰飯用米貝謂貝形如米者莊子無傷口中

珠則亦用珠春秋傳口實曰含晉皇甫謐傳作唅又哺也與唅同莊子含哺而遊又見覃韻

唅皇甫謐傳殯唅之物又哺也漢書唅菽飲水亦作含 頷顣頷漢班超虎頭燕頷又說文曰面黃色又離騷云長顑頷兮何傷注不飽貌 撼動搖 菡草木華未

發令作菡亦作萏函 ○暗烏紺切日無光又默也深也不明也亦作闇晻 闇同上又閉門又感韻 晻又感韻 菴文選三都賦茂八區而菴藹焉

菴藹猶翳會也又見覃感二韻 䤌下聲又覃韻 ○參七紺切曲名又參鼓亦作幓又見侵覃感三韻 摻後漢禰衡摻撾又感韻 儳輕賤貌一曰儳

互不齊禮記儳焉始不終日廣韻輕言也又參雜也

禮記毋儳言注謂儳長者之先而言也又直陷切 ○探他紺切嘗也試也取也伺也索也亦作撢又見覃韻 撢

同上 黮不明貌莊子人固受其黮闇又感韻 賧蠻夷贖罪貨亦作倓 倓又覃韻 ○暫昨濫切不久也亦作蹔 蹔同上 鏨說文小鑿

也从金斬聲 槧牘樸也削版牘也斲木爲槧又豔韻 ○三息暫切三之也論語三省三思三復禮記朝於王季日三易再三瀆左傳三鼓皆有平去二音又見覃韻

○擔都濫切負何也又所負者亦作儋擔又小甖揚子吾見擔石矣亦作甔又覃韻 儋漢書蒯千儋注一儋兩甖又小甖漢書無儋石之儲又覃韻 檐史記

虞卿傳躡蹻檐簦又小甖後漢明帝紀生者無檐石之儲又覃鹽二韻 甔甔石小甖亦作擔儋擔四字義異者分押又覃韻 ○淡徒濫切薄味又見琰韻內

憺安也亦作倓又動也李廣傳威稜憺乎鄰國 倓莊子恬倓無爲又覃韻 啗食也亦作啖噉 啖同上 噉韓愈答張籍詩初味猶噉蔗 澹

水貌又澹泊恬靜也又凝也安也揚雄傳海內澹然是也 萏芙蓉未發爲菡萏又菡萏華貌杜甫朝享太廟賦雲菡萏以張蓋唐張華華山銘菡萏森爽 禫除服祭名子袒禫其

辭注衶襌猶冲澹也俗作衶

醰 長味本作醰又覃韻 嘾 含深也莊子太甘而嘾

○濫 盧瞰切泛濫水延漫也搖也又蒸泉之屬內則醷濫注云濫以和也紀莒之間名諸爲濫釋文云乾桃乾梅皆曰諸又浴器出莊子同濫而浴是也 纜 可以維舟俗作纜從木从覽誤

○蘸 莊陷切以物淬水中

○賺 直陷切廣雅賣也廣韻重買也又市物失實

湛 露貌又澄也餘見沁韻 讒 譖也又覃韻 鑱 廣韻鑱土具又見覃韻 韂 韂韉也

○摲 所鑑切芟也禮記有摲而播者又覃韻

○懺 楚鑒切悔也

○闞 苦濫切闞也又邑名又姓又感韻 瞰 視也漢書注俯視曰瞰 嵌 集韻注岸欿峻

○陷 戶韽切地隤亦作錎 錎 字林猶陷字也莊子錎沒而下 臽 小阱又感韻从側人从杵臼之臼象人在坎中與臽字不同臽音由 檻 欄也檻猶閑也朱雲折檻又感韻 轞 車聲通作檻轞 𨎾 蜀都賦出車轞𨎾 艦 戰船 甓 瓮甋之屬亦作甓鑑 鑒 左傳襄九年備水器注盆鑒之屬

○鑑 古陷切鏡所以照也又誡也昭也照也亦作監左傳光可以鑑又見上 鑑 周禮凌人春治鑑祭祀共冰鑑注鑑如甀大口以盛冰置食物于中以禦溫氣又見下 濫 浴器莊子同濫而浴餘又見上注 闞 聲也又見上 鑒 詩我心匪鑒又誡也昭也照也詩殷鑒不遠又方諸周禮鑒取明水 監 書厥監惟不遠詩監亦有光書人無於水監當於民監又領也視也周禮邦國立其監注監謂公侯伯子男各監一國書三監王政制王制天子使其大夫爲三監唐官有寺有監又牧苑曰監今鹽鐵官所治亦曰監又覃韻

二十三豔

豔 以贍切方言美也宋衛晉鄭之間曰豔又曰美色爲豔郭璞曰言光豔也左傳美而豔美謂好也豔謂精彩動人也又光彩曰豔韓愈詩光豔萬丈長亦作艷又歆羨也亦作豔 艶 同上 醃 同上禮記醃諸利又以鹽淹物又鹽韻 灩 瀲灩水滿貌亦作灧 灧 同上 爓 火光亦作焰燄炎焱掞又鹽韻 焰 火行微燄燄也

炎 漢五行志其氣炎以取之相如傳獲耀日月之末光絕炎又鹽韻

燄 同上見廣韻唐李光弼傳虜兵燄銳與燄字不同

掞 漢郊祀歌長麗前掞光耀明晉灼曰掞即光炎字又見下又琰韻

釅 酢漿又醲也

驗 證也效也考校也又馬名

噞 廣韻噞喁魚口韓愈喜侯喜至詩諷詠口喁噞又魏都賦抗旍則威噞秋霜又鹽琰二韻

○厭 於豔切足也數也亦作猒饜詩有厭其傑厭厭其苗毛傳苗厭然特美也箋厭厭衆齊等也又鹽琰葉三韻

猒 書萬年猒于乃德荀子好善無猒又鹽琰二韻

饜 叔孫通傳通知上益饜之又飫也左傳序饜而飫之孟子饜酒肉饜足並去聲唯賈山傳好善無饜漢章帝曰朕甚饜之無音鹽韻於鹽切飽足也孟子不奪不饜左傳貪惏無饜有平去二聲

奄 精氣閉藏又鹽琰二韻

弇 鍾形中寬又覃琰二韻

淹 沒也又鹽韻

○塹 七豔切坑塹亦作壍

壍 同上

槧 斷木為槧削版牘也又勘韻

○苫 舒贍切廣韻草覆屋又凶禮覆席草又鹽韻

閃 闚頭門中又琰韻

掞 舒也選也摛藻掞天庭

痁 熱瘧唐姚元崇傳崇病痁移告音式贍切又鹽韻

○贍 時豔切賙也給也亦作澹

澹 荀子物不能澹則必爭漢志更皮幣以澹用又勘韻

○襜 昌豔切披衣亦作幨襝裧又韍蔽膝也亦作韂又見鹽韻

幨 同上又鹽韻

裧 又鹽韻

襝 又峕占切蔽膝

韂 韍也通作襜又鹽韻

韂 韍小障泥亦作韂

覘 闚視亦作沾又鹽韻

沾 禮記斯沾謂畫視也又鹽韻

○占 章豔切擅據也著位也固也又隱度其辭口以授人曰口占漢陳遵口占書吏隱度戶口來附本業曰自占宣帝紀流民自占又鹽韻

○染 而豔切污也染之以廣韻作染又琰韻

○斂 力驗切收也聚也又琰韻

瀲 泛瀲水滿貌一曰水波

獫 長喙犬詩載獫猲驕又鹽琰二韻

薟 草名詩蘞蔓于野又見鹽琰二韻

○桥 他念切炊竈木廣韻云火杖也

餂 鉤取又琰韻

○店 都念切崔豹古今注店置也所以置貨鬻物也杜甫詩野店引山泉

坫 屏也墇也所以亢[illegible]也反爵之坫也

墊 下也又溺也書下民昏墊注昏瞀墊溺亦作阽或作埝

阽 同上又近邊欲墮貌漢文詔或阽於死亡又鹽韻

玷 玉病又缺也[illegible]也又琰韻

○念 奴玷切常思也[illegible]从今从心俗作念

○僭 子念切[illegible]也擬也差也侵

阽

也又見沁一韻俗 ○ 黏 尼占切[illegible]粘又稠也又鹽韻 ○ [illegible]也又[illegible]韻

作僣非僭[illegible]韻 [illegible]欠 欿 下 歉 食不滿又琰韻 㥶 㥶[illegible]唐封常清傔從三十人 ○ [illegible]居[illegible]檢也[illegible]非常 ○ 儉

少字 欿下 歉 又琰韻 傔 傔從三十人

巳劒切省節也勤謹也不奢侈也 芡 雞頭一名鴈頭莊子謂之雞壅方言南楚謂之雞頭北燕謂之[illegible]徐淮泗謂之芡是也 ○ 漸 秦染切稍也次也進也事之由來也又漸江今之浙江也又卦名又鹽覃二韻 蔪 草木蔪苞書作漸又鹽韻 ○ 簟 徒店切竹席方言宋魏之間謂之笙或謂之䉤自關而西謂之簟或謂之𥮾其粗者謂之籧篨左思賦桃笙象簟荀子不下簟席之上 橝 屋梠名 扂 廣韻閉戶王篇同韓愈進學解椳闑扂楔注扂門也

洪武正韻卷第十三

洪武正韻卷第十四

入聲

一屋

屋 烏谷切舍也具也止也周禮夫三爲屋又屋誅刑名亦作剭又黃屋車蓋漢高紀注天子車以黃繒爲蓋裏又夏屋大俎也 剭 刑誅也後鄭注周禮剭誅謂所殺不於市而以適甸師氏又見藥韻 沃 灌也壯佼也又姓又地名本作渼 鋈 白金也 ○ 穀 古祿切百穀揔名穀者實也善也續也生也左傳晉師三日館穀杜預曰館舍也食楚軍穀三日又祿也詩俾爾戩穀从殸从禾从木誤 穀 楮木皮可爲紙晉書王羲之制窮萬穀之皮又姓穀梁氏从殸从木書桑穀共生陸音工木切論語不至於穀陸音公豆切孔安國注穀善也是與禾穀字同義朱氏曰穀𣪊也是與穀祿字同義蓋後人傳寫誤从木 轂 車轂輻所湊也漢馮唐傳王者跪而推轂又戎車左傳長轂三百又薦舉人謂之推轂鄭當時傳注薦舉人如車轂之運轉也又左傳宣四年汏輈以貫笠轂杜預曰兵車無蓋尊者則邊人執笠依轂而立以禦寒暑謂之笠轂从𣪊音同汏陽有轂里 谷 山谷又養也老子谷神不死又窮也詩進退維谷又東風謂之谷風又見下 告 啓告也語也示也又效韻 牿 牛馬牢書牿牛馬一曰楅衡也易童牛之牿 梏 手械又藥韻 ○ 熇 呼木切炎氣熱也亦作歊又蕭藥二韻 歊 同上 㱿 犬屬似豹而小从𣪊从豕 ○ 縠 胡谷切細縛又縐紗 斛 十斗曰斛 鵠 黃鵠又射鵠周禮司裘大射則張皮侯而棲鵠注鴰鵠小鳥難中是以中之爲儁一曰鵠直也禮記射[illegible]兩音又姑沃切 觳 盛觵卮一曰射具考工記注觳受三斗後鄭曰豆實三而成觳則觳受十二升又觳觫懼貌又藥韻 槲 木名 螜 螻蛄別名 [illegible] [illegible]又宥韻 [illegible] [illegible]肥澤[illegible]又藥韻 [illegible]見[illegible]傳 [illegible]連[illegible]

[illegible] 博木切說文卜灼剝龜也象灸龜之形一曰[illegible]起也又姓[illegible]水出東郡濮陽[illegible]姓[illegible]姓苑[illegible]

械樸木叢生从𦍌說文本作樸从木僕聲又樸棗也又藥韻 纀 說文裳削幅也从系僕聲爾雅裳削幅謂之纀亦作襆 襆 黼領刺爲斧詩系衣栄襆又藥韻 ○

朴 普卜切𡩋也亦作撲剝攴又杖也古扑作教刑謂夏楚也漢志薄刑鞭扑又藥韻 撲 同上尚書其猶可撲滅荀悅申鑒論桎梏鞭撲以加小人又荀子若馭撲馬泛末周

息之馬也又藥韻 剝 擊也詩八月剝棗又藥韻俗作剝 墣 塊也 醭 醋生白醭 ○ 僕 步木切給事侍從者亦作僕 僕 漢韋元成自稱爲僕

早辭也 暴 日乾又顯示也亦作暴又效藥二韻 瀑 飛泉亦作瀑又效韻 幞 帊也亦作襆又幞頭周武帝所制裁幅巾出四脚以幞頭乃名焉亦曰折上巾亦曰頭巾

亦作纀襆 襆 晉魏舒襆被而出唐蘇瓌單身襆被自將韓文襆被入直 ○ 木 莫卜切五行三曰木其性曲直其味酸其數八說文木冒也冒地而生東方之行也又質

也論語剛毅木訥近仁又木强不柔和貌析木次名又姓古作𣎳象形俗作木 沐 濯髮 霂 霢霂小雨 毣 思貌一曰毛濕也漢鮑宣傳毣毣之思師古曰毣毣猶

蒙也如淳曰謹愿貌俗作毣 鞪 車歷錄也詩五鞪梁輈又屋架五鞪也 鶩 舒鳧俗謂之鴨可畜而不能高飛者曰鴨野生高飛者曰鶩一名匹居滕王閣序落霞與孤鶩

齊飛 蚞 蛥蚞蟬屬 目 眼也視也名號也又節目條目 苜 苜蓿草名可以爲菜漢志作目宿韓愈城南聯句蔔苜從大漢 睦 親也和也亦作穆 穆 越岐

注孟子君臣集穆晉桑虞傳閨門邕穆方言西甌謂信曰穆又姓又順也美也清也穆穆和敬貌又昭穆又音默 牧 守養六畜又使也察也司也食也治也爾雅郊外謂之牧古者

州長謂之牧取守養之義 坶 地名武王與紂戰於牧野通作牧 繆 惡諡秦魯皆有繆公左傳作穆又尤𧰟宥三韻 ○ 速 蘇谷切疾速又召也戚也趨也亦作

遬數 遬 禮記見所尊者齊遬鄭康成曰謙慤貌遬猶蹙蹙也齊音咨荀子輕利經遬漢宣紀匈奴呼遬累單于 數 史記賈誼服賦淹數之度遲數有命又姥暮藥三韻又見

下 餗 鼎實 蔌 菜茹摠名詩蔌蔌方有祿又有韻 樕 樸樕小木槲樕木名 觫 牛懼貌孟子不忍其觳觫 涑 水名出河東左傳成十三年伐我涑川又

尤宥二韻 藗 白茅也 ○ 蔟 千木切聚也攢也 瘯 疥癬 鏃 矢鏑 促 近也速也至也短也蹙也催也又局促蹴小貌亦作趣漢灌夫傳局趣效

輈下駒又窋也踏驅迫之也荀子蹈之以刑罰數窋也數罟不入汙池又姥暮藥三韻又見上趣光武紀趣駕南轅亦作促趨又魚有御韻趨同上周禮趨其耕耨禮記趨民收斂漢曹參趨治行又魚御二韻趗行步局促也東京賦狹三王之趗趗蹙音縮族昨木切宗族聚也百家也周禮四閭爲族又宥韻

○禿他谷切說文無髮也禾粟之形文字音義曰蒼頡出貓文作禿上从毛轉爲禾下从几與人同監本从几誤誘誑誘狡也从几口○牘徒谷切書板从片从賣俗作牘監本从賣誤讀誦讀又宥韻从賣誤讟痛怨而謗从賣誤黷黑也垢也濁也恩也蒙也又黝貌吳都賦林木爲之潤黷从賣誤

犢牛子从賣誤殰胎敗从賣誤匵匵也亦作櫝从賣誤櫝同上瀆溝瀆爾雅水注澮曰瀆江河淮濟爲四瀆亦作竇又恩也易再三瀆又宥韻从賣誤竇周禮宗伯注四竇五嶽之匹又宥誤嬻廣韻媟嫚國語陳侯弃其伉儷妃嬻而淫於夏氏不亦嬻姓矣乎璛玉器又圭名从賣誤韣弓衣獨單也孤也老而無子曰獨說文犬相得而鬬也羊爲群犬爲獨髑髑髏毒害人草又酷也亦作碡𧉢纛左纛羽葆幢也皂纛軍中大旗亦作纛纛同上

○祿盧谷切穀也俸也善也錄也天祿獸名漉滲也瀝也浚也淋也水下也亦作淥爾雅作盝相如書滋液滲漉注滲漉謂潤澤下究也又竭也月令毋漉陂池陶潛以巾漉酒亦作盝也淥俗作漉又水名盝同上又考工記沃而盝之又書匣俗作盝盪沛也詩伐木注以篚盪酒俗作盪簏同上又說文竹高篋晉劉柳書簏璖玉名老子璖璖如玉注璖璖喻少俗作淥簶箭室俗作簶碌多石貌作碌麗罜麗小罟麓山足說文守山林吏穀梁傳林屬於山曰麓史記舜紀納于大麓麓錄也使大錄萬機之事孔書洊同馬駛鄭康成以爲主祭於大山之麓鹿獸名轆車絫方言維車趙魏之間謂之歷轆亦作歷錄錄同上又錄錄循常也史記平原君傳錄錄因人成事又金色又第也齒也絶也收拾也又檢東也荀子程役而不錄又曰晌錄疾力俗作錄又御韻睩視貌宋玉九辯蛾眉曼睩目騰光作睩角獸角漢四晧甪里先生摝振也禮大司馬三鼓摝鐸騼騼馬

○福方六切善也祐也備也百順之亦也祥也从示从畐示音祈畐音服

俗作福 腹 腹肚說文厚也 複 重也□下有道曰複道漢書紀作複道 復 復□又反覆也易反復道也詩顧我復之□反復誦之□音□復□見下又宥韻
輹 車軸縛易輿說輹又見下 副 廣韻剖也判也裂也又見暮字韻 葍 說文葍也詩言采其葍注葍惡菜也箋葍□也仲春生可食草木疏幽州人謂之燕葍根正白
可食 楅 以木有所逼束也詩夏而楅衡注束牛角也又第□韻 輻 輪輻又音副 幅 說文布帛廣也□援傳修飾邊幅注言若布帛修飾其邊幅也又行縢詩邪幅在下
又質韻 覆 反也又宥韻俗作覆盖本从西誤 蝮 蟲名爾雅蝮虺蝮又蝮蛇至毒 鍑 說文釜而大口者漢匈奴傳多齎鬴鍑 馥 香氣□文殘膏膹馥
蝠 蝙蝠伏翼也 ○局 渠玉切曹也分也拘也又曲也詩予髮曲局不敢不局又匣也唐文粹負局生 跼 蹐跼不伸又曲也通作局 ○伏 房六
切跧也偃也匿也隱也藏也潛也强也又姓又三伏日釋名伏者金氣伏藏之日也金畏火故三伏皆庚日歷忌曰四氣代謝皆以相生至于立秋以金代火金畏于火故庚日必伏又蒲伏
與匐同又宥陌二韻从人从犬與伏字不同伏音大地名在海中 虙 虙犧氏以能馴虙犧牲亦作伏又姓虙不齊亦作宓又虎貌 宓 同上又人名三國志有秦宓又質韻
服 衣服身所佩服也又事也行也習也用也整也屬也從也降服也襹又姓又冠曰元服又盛弓弩器亦作箙鞴又鵩屬亦作鵩賈誼傳注楚人命鵩曰鵩晉灼曰異物志有山鵩體
有文色土俗因形名之曰服弓弩服之服又作箙詩象弭魚服漢志糜弧箕服師古曰服盛箭者即今之步叉又車中央夾轅者曰兩服又五服蓋言服天子之事也周分爲九服又扶服與
匐同 箙 俗作箙監本从月誤 鞴 俗作鞴又見暮韻 菔 周禮素服疏服鄭康成曰服當爲箙刀劍短兵之衣也又蘆菔菜名秦人呼爲菈遬俗呼蘿蔔又陌韻
匐 匍匐伏地貌詩匍匐救之箋言盡力也有丙音又陌韻 鞴 服鞴牛馬也亦作服易服牛乘馬史記鄭世家周襄王使伯鞴請滑左傳作伯服通作鞴又隊韻 鵩
鵩屬古作服从月誤 復 返也行故道也古作复又荅也反命也書說復于王朕復子明辟周禮宰夫諸臣之復先鄭曰復請也後鄭曰報也反報於王謂於朝廷奏事也又報仇曰復
又白也孟子有復於王者又始死招魂復魄曰復 璌 車笭藩右使者奉玉以此盛之 輹 車伏兔舊注云車下縛也廣韻一音服云車伏兔亦作轐一音福云車下縛也案易

輿說輹陸音服又音福云車下縛又引釋名云輹似人屐又云伏兔在軸上似之又云轐伏於軸上尋此之義則是音服者是伏兔音福者是車下縛舊注誤

澓 水洄流亦作洑洑又姓漢宣帝受詩於東海澓中翁

洑 同上

垘 上史記天官書川塞谿垘蘇林曰垘流也

○**酷** 枯沃切苛虐也慘刻也說文酒味厚也又香氣醲冽也蜀都賦芬芳酷烈又深辭晉書何無忌酷似其舅又方言自河以北趙魏之郊謂穀孰爲酷

嚳 帝嚳高辛氏

鄗 邑名在常山光武分爲高邑俗作鄗又[illegible]韻

哭 哀大聲曰哭細聲有涕曰泣

○**肅** 蘇玉切恭欽也歛也儆也禮記主人肅客而入注云造也

夙 早也古作[illegible]

宿 止息也左傳一宿爲舍再宿爲信守也左傳官宿其業漢書宿道鄉方又宥韻古作𠈇𠈇亦作宿

蓿 苜蓿一名光風宛馬所嗜生罽賓國亦作目宿

粟 穀粟粟爲陸種之首篆文作㮚上從卣音條今作西與西西二字不同

鱐 魚腊

○**蹙** 子六切迫也近也急也縮也繆也蹜也亦作蹴蹴蹙又矉蹙愁貌亦作顣

顣 同上孟子頻顣

蹙 左傳成十六年南國蹙杜預曰南國蹙蹴

蹴 蹋也踖也又不自安貌亦作蹙

蹵 孟子曾西蹵然不悅

踧 踧踖行而恭謹不自安貌亦作蹵又質韻

勦 書天用勦絕其命又作剿

剹 同上

摵 廣韻到也又陌韻

縬 縮也又縬紋又音祝

蹵 同上唐張建封傳因蹵不支

○**足** 縱玉切趾也滿也止也無欠也从口从止今作足偏旁作𧾷又御韻

○**菽** 式竹切大豆也亦作尗叔

尗 同上廣韻豆也又尗季古作尗後人加又及廾

叔 漢昭帝紀以叔粟當賦又叔季也

倏 倏忽犬走疾也亦作儵

儵 同上急疾也又青黑色

束 縛也左傳襄五年束錦加璧杜預曰五匹爲束又結約也又姓本踈氏束晳乃去足爲束又御韻

○**柷** 昌六切所以作樂者狀如漆桶中有椎連底動之合左右擊漢志本曰柷

蓄 積蓄聚也藏也亦作畜稸詩我有旨蓄箋云蓄聚美菜陶隱居云羊蹄菜曰蓄今人呼爲禿菜即是蓄音之訛也詩作蓫

蓫 詩言采其蓫注惡菜箋牛頹也陸音勑六切一本又作蓄又音逐[illegible]皁

畜 與蓄同又[illegible]也包也易大畜小畜卦名[illegible]子[illegible]爲不[illegible]又見下宥韻

慉 痛也[illegible]傳而二指慉所古曰慉謂動而痛也又見[illegible]

稸 積[illegible]蓄也[illegible]書注[illegible]而豫[illegible]之[illegible]

滀 結聚也又[illegible]滀之氣五豬也韓愈城南聯句牙靈滀[illegible]

襡袖也一曰藏也左傳取我衣冠而褚之注褚襡也 [illegible]也厚[illegible]也又[illegible]韻 [illegible]作也 [illegible]入寸 鐲舐[illegible]犯也汚也 歜[illegible]又人名歜[illegible]爲

同有顏歜又感韻 臅臆也內則注狼臅膏爲觴 亍小步也顏延年赭白馬賦秀騏齊亍行字从彳从亍反二彳反彳亍亍音斥左步爲彳右步爲亍合則爲行

矗直也齊也聳上貌相如賦崇山矗矗 ○ 祝之六切祝爲主人饗神之辭禮記以孝告又織也詩素絲祝之又斷也丁寧也又姓又御宥二韻 粥糜粥亦作

鬻从弓象氣之形與弓字不同又見下 鬻同上 竹竹箭又姓 竺天竺西域國名又姓本姓竹夷齊之後後加二畫又見下 筑似箏十三弦說文以竹曲五弦

之樂也爾雅拾也 築擣也 茿蓄茿草名 燭蠟炬也照也明也亦作爥又御韻 爥文選東都賦散皇明以爥幽又御韻 曯照也文粹沈亞之上冢官

書戎鏡包陽當日而曯之則能延燧與火又御韻 屬連也著也續也付也託也足也會也又恭貌禮記洞洞屬屬又周禮州長屬其州之民而讀邦灋注屬猶合也聚也漢書賈誼

傳屬文師古曰屬綴輯之也羔羊詩箋屬著也又注也史搢紳屬曰又甲札之數荀子衣三屬之甲音入聲又御韻 矚視也 瘃寒瘡趙充國傳瘃墮之患師古曰因寒瘃而墮

指又藥韻 斸斫也又钁也爾雅斫斸謂之定郭曰鋤屬又曰斫謂之鐯郭曰钁也說文钁大鉏則斸爲小鉏又藥韻 钃刺也荀子以狐父之戈钃牛矢又钃鏤劍名亦作屬

又音卓 欘枝上曲曰斤柄 一 ○ 孰神六切說文食飪也成也練也禮記飯腥而苴孰三獻孰二其殺莊子孰知其故矣又稔也相如賦盧橘夏孰又誰也莊子孰

肯以物爲事又何也論語孰不可忍也俗作孰後人於生孰字下加火以別之 熟俗作熟孰與熟義異者分押 塾門側之堂禮記家有塾古今注曰塾之爲言孰也臣來朝

君至門外更詳孰所應對之事三輔黃圖塾門外舍也孫炎曰夾門堂考工記門堂三之一以爲塾 淑善也和也又清湛也 璹玉器 蜀巴蜀說文葵中蠶淮南子蠶與

蜀相類而愛憎異爾雅山獨者謂之蜀又雞大者謂之蜀雞 蠋桑蟲詩蜎蜎者蠋本作蜀中已从虫又加虫焉 屬隸也附也親眷也又官僚部曲也又屬玉水鳥亦作鸀

鸀吳都賦鸀雞鸀玉 襡長襦連腰衣也亦袿襡 韣弓衣 鐲温器又藥韻 贖說文貿也貸也貤取也又納金免罪書金作贖刑又請贖聽贖監本

从賣誤俗作瀆 ○ 肉 而六切肌肉又邊也爾雅肉好和如一謂之環偏旁作月又尤宥二韻 辱 恥也惡也污也僇也 蓐 草也薦也蔟也陳草復生也

褥 裀褥 縟 繁采又細也 溽 溽濕熱月令土潤溽暑亦作辱 鄏 郟鄏河南邑周成王定鼎處春秋謂之王城魏晉爲河南縣 ○ 縮 所六切收

也歛也退也蹙也短也亂也不及也蔡澤傳進退盈縮又直也禮記古者冠縮縫孟子自反而縮又喻也禮記縮酌用茅左傳包茅不入王祭不供無以縮酒亦作莤又爾雅繩之謂之縮郭

璞曰約束也詩縮板以載 莤 說文禮祭束茅加于裸圭而灌鬯酒是爲莤又榼上塞也又釃酒謂之莤沛 蕭 周禮甸師祭祀共蕭茅鄭司農曰蕭字或爲莤莤所六切又蕭韻

謖 起也禮記尸謖 謏 小也學記足以謏聞又篠宥二韻 蹜 足迫也論語足蹜蹜如有循 䎘 鳥飛 ○ 逐 直六切追也斅也從也疾也彊也走

也斥也放也逐逐篤實也一曰馳貌易其欲逐逐 柚 機具方言作也東齊土作謂之杼木作謂之柚又宥韻 軸 車持輪者即轂也又卷軸 舳 船後持柂處方言船

後曰軸制水者也漢武帝南巡舳艫千里 妯 妯娌又尤韻 ⿰足逐 跳躍也易羸豕孚蹢⿰足逐見釋文 躅 蹢躅行貌韓信傳騏驥之蹢躅不如駑馬之安步亦作𨇜古作⿰足逐又

迹也三輔謂牛蹄處爲躅班固敘傳伏周孔之軌躅 𨇜 禮記蹢𨇜焉莊子蹢𨇜而屈伸 ○ 六 力竹切三兩爲六老陰數也又國名春秋文六年楚人滅六杜預曰今廬

江六縣項羽封英布爲九江王都六 陸 高平曰陸又高也厚也路也天有四陸四時日月所行之地也又姓又陸陸循常也馬援傳更共陸陸注陸陸猶碌碌也 稑 先種後熟

曰稑又詩作穋又見下注 穋 詩黍稷重穋俗作樛 蓼 草長大貌詩蓼蓼者莪又篠韻 戮 刑也殺也病也辱也亦作僇又幷力也書與之戮力竇融傳同心戮力亦作剹

僇 莊子爲世大僇田單傳僇及先人又癡行也 勠 幷力也左傳戮力一心亦作戮三字義異者曰可分押又蕭尤宥三韻 籙 圖書通作錄俗作籙 錄 同上

綠 青黃間色又結綠寶玉名史記范雎傳宋有結綠俗作緑 醁 醽醁美酒俗作醁 騄 騄耳駿馬見列子亦作綠耳俗作騄 菉 菉蓐草 朒

女六切縮也朔而月見東方曰朒[illegible]五行志朒不任事也縮朒不任事貌从日月字亦从肉舊从[illegible]肉 衄 鼻出血又敗也亦作[illegible] [illegible] 从血从刃刃丑良切[illegible]也

惪慙也亦作忸方言山之東西曰愧曰惪小爾雅心愧爲惪又音[illegible] 忸同上又[illegible]韻 ○ 育[illegible]作[illegible]上从[illegible]音也骨切[illegible]云字不同 毓
同上又稚也从㐬㐬與𠫓同音 昱日光又日月明也山也太玄經日昱於晝月昱乎夜 煜燿也又火光也盛也又緝韻 粥[illegible]羹粥西戎多亦作鬻又賣[illegible]育也 鬻
同上又詩傳稚子曰鬻子與毓同俗作鬻 儥賣也古作賣周禮司市掌賣儥通作粥鬻从賣誤 賣廣韻賣也重也長也動也說文衒也从土从囧从貝今作賣凡讀瀆等字
从賣俗皆作賣 欲情也貪也愛也願也又婬也與慾同又御韻 慾情也婬也通作欲欲與欲義異者分押 谷易井谷射鮒廣雅注谿曰谷說文泉出通川爲谷
又見上 浴澡身 鵒鴝鵒春秋鴝鵒來巢 鋊銅屑漢志民盜摩錢質而取鋊薛瓚曰摩錢漫面以取其屑更以鑄錢 玉寳玉陽精之純古作王自秦更隸始
加點以別王字點在下畫之傍者寳玉字也點在中畫之傍者須王許救息六三切王工也朽玉也又國名又人姓俗書王玉不辨又屬玉水鳥 獄犴獄所以繫囚廣韻皐陶所造
說文确也 ○ 旭許六切日旦出貌詩旭日始旦又旭旭驕蹇貌 勗勉也周書勗哉夫子 頊敬謹貌顓頊帝高陽之號以水德王天下 畜養也亦作慉書
犬馬非其土性不畜孟子俯足以畜妻子論語君賜生必畜之皆音許六切唯孟子畜君何尤音昌六切朱氏音蓄訓止也止君之私欲 慉同上一曰驕也詩不我能慉又見上
○ 麴丘六切酒媒又姓亦作鞠 鞠周禮注鞠衣如麴塵之色又姓又見下又東韻 曲不直又鄉里曰鄉曲懷抱曰心曲又葦薄也月令曲植漢周勃以織薄曲 ○ 匊居六切詩傳兩手曰匊謂以兩手奉物廣韻物在手
爲生又起呂切曲遇地名 ⿱艹曲說文蠶薄也从艸曲聲方言宋魏之間謂䈞爲䕯曲亦作曲 蛐蚓也
亦作掬本作臼 掬同上小爾雅掬一升也今俗謂兩手所奉爲一掬則數合耳 鞠禮記月令鞠有黃華周禮鞠衣請如秋菊之色亦作菊鞠又推窮也與鞫同又[illegible]鞠與鷱
同又稚也養也育也告也盈也窮也曲也 菊秋華本作鞠 蘜周禮蟈氏焚牡蘜亦爾雅蘜治墻郭璞曰今之秋菊是也 ⿰阝尻水厓亦作坈鞫鞠从卪从尻俗作阮
坈周禮職方氏注汭坈之即俗作坈 鞫同上詩芮鞫之即箋水外曰鞫又窮𤨏寀亦作鞫告又窮也盡也詩鞫爲茂草四字義異者分押 告同上禮記織䵣亦告

于甸人又效韻又見上 鶌 桔鶌鳴鳩爾雅作鷎鶌注今之布穀也詩傳作桔鞠漢鮑宣傳作桔鞠 踘 劉向別錄蹴踘黃帝所造本兵勢也或云起於戰國蹴音七六切亦

作鞠蹋鞠戲以韋爲之實以柔物今謂之毬子 鞠 鞫也 拲 兩手同械又董韻 挶 㦸持又土轝左氏傳陳畚挶 輂 禹所乘直轅車說文大車駕馬史記河渠

書注作檋 檋 同上 梮 漢志禹治水山行則梮如淳曰梮謂以鐵爲錐頭長半寸施之履下上山不跌 屩 莊子音義云屩以繑鞋下也又藥韻 綦 廣韻纏背繩又

曲也又先霰諫三韻 ○ 彧 乙六切文章貌亦作郁 郁 論語郁郁乎文哉朱氏曰郁郁文盛貌又地名又姓又馥郁香醲又沉浸醲郁 稶 禾稷盛貌詩作彧

澳 隈厓詩箋水之內曰澳亦作奧又效韻俗作澳 奧 同上詩瞻彼淇奧又與燠同詩日月方奧毛傳云煖也又內則鴇奧注脾肶也亦作膜又效韻 墺 四方土可居亦

作隩又效韻俗作墺 隩 書四隩既宅漢地理志作四奧音同又效韻 燠 熱也漢五行志及李尋傳作奧又語御效三韻 薁 蘡薁相如賦隱夫薁棣師古曰薁即今之

郁李也郁李即唐棣亦作奧見爾雅及詩注俗作薁 拗 抑也班固西都賦乃拗怒而少息又巧效二韻 ○ 篤 都毒切厚也說文馬行頓遲也亦作竺爾雅固也

督 董也率也正之也責也催趣也說文察也一曰目痛又敕戒也漢車千秋傳宜有以教督莊子緣督以爲經音義督中也 裻 衣聲一曰背縫又偏衣魏都賦襲偏裻以讀列

竺 與篤同 毒 漢張騫傳身毒國在大夏東南李奇曰一名天篤則浮屠胡是也顏師古曰今之天竺蓋身毒聲轉爲天篤篤省文作竺又轉爲竹音又亭毒化育之意列子

亭之毒之又泰韻 ○ 續 祥玉切繼也連也亦作賡又姓晉有續咸 賡 說文續字又庚韻 藚 水草詩言采其藚从賣誤 俗 風俗上所化曰風所習

曰俗說文習也徐曰俗之言續也傳相習也上行下效謂之風衆心安定謂之俗

二 質

質 職日切朴也主也信也平也諾也止也考也驗也證也券書也椹也爾[illegible]成也詩質爾人民左傳策名委質[illegible]書[illegible]委[illegible]屈膝也又[illegible]質[illegible]部 鑕 令[illegible]

椹也通作質廣韻斧也 櫍 柎也椹也刑斤斧椹通作質 礩 柱礎又直韻 桎 足械又與窒同莊子窮桎不行 郅 山[illegible]又姓漢有郅[illegible]郅惲郅支並音質又

至也登也相如封禪書爰周郅隆 蛭 水蟲 騭 方言曷衛之間謂陞曰騭說文牡馬又[illegible]馬廣韻駁馬也又書惟天陰騭下民注云定也馬云升也升猶舉也舉猶生也

劕 劕劑券也長曰劕短曰劑 只 起語辭又語巳辭又專辭又紙韻佩觿集曰樂只之只翻之爾本無質音今讀若質俗所常用 窒 窒塞也 庢 礙止也 秷

禾穗書作銍又刈禾聲亦作挃 挃 爾雅挃挃穫也又橦也 銍 穫禾短鎌小爾雅禾穗謂之穎截穎謂之銍書二百里納銍 厔 盩厔縣在[illegible]扶盩張流切水曲曰盩

山曲曰厔因以名焉 ○ 櫛 側瑟切梳枇總名詩其比如櫛莊子亦作櫛又纚髮夏禹櫛風沐雨 楖 考工記刮摩之工玉楖雕矢磬注楖讀如巾櫛音側筆切與側瑟切

同後有楖人音莊密切亦同又云本或作櫛俗作楖 [illegible] 楖楖禾重生貌俗作楖 瀄 水相擊也相如賦偪側泌瀄俗作瀄 ○ 瑟 色櫛切樂器世本庖羲作瑟本

五十絃後析而用其半 璱 玉鮮潔貌今謂之璱璱者以其色碧也一曰璱璱碧珠也亦作瑟瑟 飋 飋颸風也 蝨 蟣蝨淮南子湯沐具而蝨蝨相弔漢書項籍傳搏牛

之蝱不可以破蟣蝨嚴安傳介冑生蟣蝨亦作虱 虱 晉阮籍大人先生論如虱之處褌中韓愈瀧吏詩得無虱其間 ○ 失 式質切錯也縱也逸也遺也過也亡失也

室 房也又夫以婦為室孟子丈夫生而願為之有室又營室宿名又刀劍削 [illegible] 刀鞘削亦作室室[illegible]義異者分押 ○ 實 食質切虛實之對物成實也誠也是

也充也亦作寔又驗也後漢紀冬使實二千石以下至黃綬 寔 詩實墉實壑鄭康成曰實當作寔寔實同聲寔是也 ○ 日 人質切說文實也从口一象形太陽精不

虧也易離為日漢書李尋傳曰日者衆陽之宗人君之表也左傳文七年日衛不睦杜預曰日往日也史漢往日曰異日亦曰日者又曆官亦曰日者又左傳天有十日謂陽數十幹自甲至癸

也凡昏旦明晦朝莫早暵之類皆从日旨字从甘書者魯習皆从自偏旁作日昷字从囚今俗皆作日日與曰不同曰字上畫缺俗作曰 馹 驛傳遞馬 衵 日日所著衣也又女

人近身衣 ○ 叱 尺栗切呵叱从口从七監本从七誤 嘯 內則不嘯不指音與叱同又嘯韻 抶 擊也打也 咥 笑聲又屑韻 眣 以目通指曰眣

帙

公羊傳文七年眣晉大夫使與公盟又屑韻

○**秩** 直質切職也官也積也次也常也序也祭也書望秩于山川漢書亦作秩爾雅秩秩智也郭曰智思深長又秩秩青也郭曰德音清泠詩德音秩秩毛傳秩秩有常也鄭箋教令清明也又秩秩斯干毛傳流行貌箋流出無極巳也又左右秩秩毛傳肅敬貌箋智也言不失禮也从禾形也从失聲也本再生稻也刈而重出先後相繼故借爲秩序字後以从禾从夫爲再生稻蓋字訛也 **祑** 宋平曰望祭也晏書稱秩元祀咸秩無文則郊廟群祀皆秩祭之不特望祭也秩祑義同者不得重押義異者非 **紩** 縫也 **帙** 書衣又書卷編次亦作袠袠帙 **袠** 莊子散其天袠音義云本亦作袠 **袠** 見上 **祑** 同上又與秩同唐書蕭至忠傳官秩益輕杜甫朝享太廟賦六官咸祑 **柣** 閾也限門木也 **姪** 兄弟之子又姪娣字統曰兄女曰姪謂吾姑者吾謂之姪廣韻亦作妷又徒結切 **妷** 同上 **㹶** 㹶㹶飛貌

○**匹** 僻吉切偶也配也兩也又馬四疋左傳襄二年賂夙沙衛以索馬牛皆百匹說文四丈也俗作疋與疋字不同 **疋** 小爾雅倍兩謂之疋二丈爲兩倍兩四丈也

○**必** 壁吉切定辭審也然也專也說文分極也又組也考工記天子圭中必亦作縪古作𢎘非从心也 **縪** 考工記注鹿縪 **畢** 宿名終也了也盡也又田罔揚雄校獵賦荷垂天之畢又罕畢兔罟又畢狀如叉主人舉肉之時以畢助之喪祭用桑吉用棘又與縪同荀子共艾畢又簡也學記呻其佔畢又姓又國名 **罼** 田獵鳥網又兔罟詩作畢畢與罼義異者分押舊在獝字下誤 **觱** 觱篥或作篳羌人所吹角屠觱以驚馬也又觱發寒氣說文作滭發 **滭** 滭沸泉出貌詩作觱 **滭** 寒氣亦作觱 **彃** 射 **韠** 韍也禮服蔽膝禮記一命縕韍再命赤韍鄭注芾太古蔽膝之象冕服謂之芾他服謂之韠禮記韠君朱大夫素士爵韋鄭曰此玄端服之韠也韠之言蔽也凡韠必象裳色天子諸侯朱裳大夫素裳士玄黃雜裳皮弁服皆素韠亦作韡 **蹕** 止行人周禮隸僕掌蹕宮中之事先鄭曰止行清道也若今警蹕亦作趩 **趩** 廣韻出稱警入言蹕霍光傳道上稱趩止行人也 **篳** 藩落左傳篳門圭竇杜預曰篳門柴門也亦作蓽 **蓽** 同上 **珌** 佩刀上飾詩鞞琫有珌 **鉍** 矛[illegible] **筆** 筆翰爾雅不律謂之筆亦作笔 **笔** 集韻同上出 **饆** 饆饠

○**弼** 薄密切輔也備也本正弓器也亦作[illegible]說文作弻今作弼當作弻 **拂** 孟子法家拂士句[illegible]

韻佛詩佛時仔肩又佛肸魯人又術韻佖有威儀也邲地名在鄭又美兊泌水狹流又泉水貌又未韻飶令香又脣韻苾香也詩苾
苾芬芬又脣韻咇相如賦腌薆咇茀師古曰皆芳香意也駜馬飽而肥馝香也通作苾又脣韻柲矛戟柄又未韻怭媟嫚詩威儀怭怭比
次也比比猶揔揔也又微尾未三韻○密覓筆切安也靜也秘也稠也廣韻山脊也又地名宓國名埤蒼作宓又姓爾雅山如堂者密尸子松柏之鼠不如堂密之有美樅
廣韻亦作峚三字義異者分押宓同上又止也默也相如賦滭弗宓汨師古曰宓汨去疾也又屋韻峚同上蜜蜂飴又蟲名謐靜語也安也沕
塵濁又潛藏也賈誼賦沕深潛㠯自珍又術韻○仡魚乞切壯勇貌書仡仡勇夫疙癡貌屹山貌𧆞虎貌○逸弋質切超也過也縱
也奔也隱也遁也放也駿也說文失也从辵从兔兔謾訑善逃也亦作失逸又與佚同監本从免誤失莊子自失而走荀子其馬將失又與泆同周禮注及漢書淫泆迭家語
東野畢馬將迭又脣韻佚安佚不勞也詩作逸又隱遁也孟子遺佚而不怨顏師古注薛宣傳佚逸同泆水蕩泆又淫放也軼侵也突也車相過也又脣韻
佾舞行列行數人數縱橫皆同故曰佾亦作溢溢漢郊祀歌千童羅舞成八溢又蒲溢又與鎰同荀子千溢之寶韓非子鑠金百鎰漢志黃金以溢爲名又米一升二十四
分升之一爲一溢禮記朝一溢米孔叢子兩手曰掬一手曰溢鎰二十四兩爲鎰趙岐孟康皆曰二十兩鄭康成曰三十兩○肸黑乙切響布也亦作肹晉羊舌肸字
叔向漢郊祀歌鸞路龍鱗罔不肸飾又威作也相如賦肸蠁布寫肹同上又佛肹大貌佛音弼又佛肹人名迄至也釳乘輿馬頭上插翟尾曰方釳釳鐵也張平
子東京賦方釳左纛薛音乞誤李善云以五寸鐵中高兩頭低如山形翟尾結著轅兩邊防馬相突汔水涸又幾也詩汔可小康杜預曰汔其也愾至也禮記愾乎天下矣
忔博雅云喜也○一益悉切數之始也物之極也均也同也少也初也又太一天之貴神又天一星在紫微垣端門之左位臨星紀歷數之所始七政之所起萬物
之所從出也故漢志曰紀於一壹專壹又合也誠也輩也醇也又一一也左傳注御夷狄者不壹而足謂不一一皆足其欲又閉塞也孟子志壹則動氣氣壹則動志也注志氣閉爲

壹也志閉塞則氣不行氣閉塞則志不通又與一同周禮公之士壹命書壹戎衣漢書壹適謂之有德霍光傳揚雄賦太一皆作泰壹壹與一義異者分押 乙 十幹名甲乙東方木
行月令春三月其日甲乙爾雅歲在乙曰旃蒙月在乙曰橘漢志奮軋於乙京房易傳乙屈也又乙鳥燕也亦作鳦又姓又轄韻 鳦 燕也說文本作乙燕乙玄鳥也齊魯謂之乙取
嗚自呼也又轄韻 ○疾 昨悉切病也患也惡也急也妬也 嫉 嫉妬楚辭注害賢曰嫉害色曰妬通作疾 蒺 蒺藜 ○悉 息七切詳盡也諳究
也知也从釆从心釆音辦與釆不同俗作悉 蟋 蟋蟀 膝 腳膝又鶴膝楯名吳都賦家有鶴膝唐王志愔傳鶴膝犀渠說文方言作厀 厀 方言凡矛骹細如鴈脛者
謂之鶴厀 藤 牛藤藥名 ○七 戚悉切少陽數火數也 榛 木名可爲杖 漆 膠漆又水名又姓亦作桼又屑韻 桼 說文木汁可以髹物下从
水象桼如水滴而下也漢書陳夏千畝桼鄒陽傳堅如膠桼 ○栗 力質切果名堅也竦縮也謹敬也郭璞曰栗[illegible]綴也又析也詩烝在栗薪又懼也論語使民戰[illegible]
元紀夙夜栗栗楊惲傳不寒而栗嚴延年傳戰栗不敢犯禁古作㮚从卤从木卤音條草木實垂卤卤然也詩實穎實栗注其實栗栗然栗栗者堅實㬥㬥之貌又屑韻 㮚 叙[illegible]
郡中震㮚 慄 懼也竦縮也通作栗漢武帝賦㥽慄不言師古曰㥽慄哀愴意 溧 溧冽寒也詩作栗烈 飃 風雨暴疾 鷅 鶹鷅黃鸝詩傳作栗留 篥 觱[illegible]
亦作栗 ○吉 激質切吉凶之反得於理不失則吉也易吉凶者失得之象也又休祥也又姓又朔日詩二月初吉周禮正月之吉論語吉月从士从口俗作吉非[illegible]
拮 詩予手拮据注撠挶也廣韻手口共有所作也又屑韻 訖 止也終也了也 吃 言蹇也 ○姞 極乙切黃帝後伯鯈姓后稷元妃或作吉詩謂之尹
吉尹氏姞氏二姓也 佶 正也詩既佶且閑 趌 怒走 ○乞 欺訖切求也說文作气又霽韻 詰 問也責也謂也治也書詰爾戎兵左傳子太叔詰盜又平旦
曰詰朝左傳詰朝相見 蛣 蛣蟲名說文蛣蚰蝎也 ○昔 思積切往昔前代也曩昔嚮日也疇昔昨日也一昔一夕也過昔過宵也莊子通昔不寐又夜也列子昔昔夢
爲國君釋文夜夜也廣韻始也爲也說文乾肉也字作[illegible]今作[illegible]當作昔 腊 乾肉[illegible] 惜 悋也憐也愛也痛也 舄 複履又藥韻 磶 柱礎 潟 鹵[illegible]地

通作鎘漢志終古鎘鹵兮生稻粱 錫青金也又賜也又白絹向漢房中歌曳阿錫如淳曰阿細繒錫細布禮錫衰十五升亦卽緦也 緆細布又衣[illegible]深衣注緣緆也[illegible]

錫又音以豉切 裼裘單曰裼重曰襲鄭康成曰袒而有衣曰裼又未韻 晳人白色亦作晳从析从白隸本从析誤 晢同上曾點字晳下从日[illegible]孟史記字訛从日[illegible]不敢

改故收入以便押用 析分也从木从斤破木也爾雅析木謂之津注云卽漢津也又支韻 淅汰米孟子接淅而行又淅瀝雨聲 蜥蜥蜴 息呼吸氣也又止

也絕也媳也生長也大聲歎曰大息又消息音耗也又子息又利息又國名又姓 熄蓄火又滅也 ○刺七迹切穿也又刃之也孟子刺人而殺之又鍼黹也緝也

漢書終日刺繡紋又偵伺也周禮注刺探又黥也五代史軍士刺面去入二聲通用又寘韻从朿从刀俗作剌誤剌音辣盧本从束誤 捇周禮注赤犮猶言捇拔也 皵皮細

起又藥韻 戚斧鉞又親也憂也又姓从戉从尗篆作戚 鏚斧鉞也左傳鏚鉞秬鬯本作戚詩干戈戚揚記朱干玉戚是也 慼憂也懼也通作戚二字義異者分押

墄階甃文選西都賦右墄左平音戚又霽韻 鼜戒守鼓周禮軍旅夜鼓鼜杜子春讀爲憂戚之戚謂鼜鼓聲疾數故曰鼜 ○席祥亦切稾秸曰薦莞蒲曰席又

簟也書筍席篾席又重曰筵單曰席又藉也資也因也又姓其先司周之典籍因氏焉晉有籍談後避項羽名改爲席从广从廿从巾廿象編菅之形俗作席 蓆大也詩緇衣之蓆兮

夕暮也字从半月朝見曰朝夕見曰夕詩莫肯朝夕朝音直遙切國語大采朝日少采夕月 穸墓穴幽堂也左傳窀穸之事杜預曰窀厚也穸夜也言穴中厚暗如長夜也

汐海濤早曰潮夕曰汐 ○寂前歷切靜也安也廣韻亦作宋家 籍簿書通作藉 耤耤田說文帝耤千畝經典作藉 藉史漢親耤藉田爲天

下先應劭曰藉者帝王典籍之常也韋昭曰藉借也借民力以治之薛瓚曰親耕以躬親爲義不得以假借爲稱藉謂蹈藉也師古曰瓚說是毛居正曰王制古者公田藉而不稅注藉之言

借也借民力治公田釋文藉音在亦切借子亦切孟子助者藉也注藉者借也猶人相借力助之也釋文無音左傳宣十二年注藉猶假借也十五年穀出不過藉並無音若以王制爲據則

藉當音席借當音迹今學者讀孟子藉字多作去聲緣借字有兩音則藉字亦可作兩音用唯[illegible]之藉不可作去聲用又狼藉離披雜亂貌 瘠病也瘦也 塉薄土 ○

積 資昔切累也聚也坏壘也又素積皮弁服荀子皮弁素積注素積爲裳也用十五升布爲之積循辟也蹙其腰中故謂之素積亦作績又寘韻

縝 同上漢[illegible][illegible]弁素績師古素績謂裳也以布爲之又緝也

勣 功也通作績

磧 水渚有石者吳楚謂之瀨中國謂之磧又廣中沙漠曰磧

脊 背呂說文脊背呂也从肉从𠄙隸作脊釋名脊積也積續骨節脉絡上下也詩有倫有脊又理也

蹐 跼蹐詩正月作局蹐注局曲也蹐累足也箋皆畏怖之言也說文小步也潘岳賦豈止跼高天蹐厚地而已哉亦作局迹

迹 足迹亦作跡蹟又與蹐同夏侯太初樂毅論豈其局迹當時

跡 同上

蹟 同上又詩傳云不蹟不循道也

踖 踧踖恭而不自安貌又藥韻

借 假也又蕪韻

鰿 小貝又鮒也

鯽 魚名俗作鯽

即 即食也就也當也即曰當白也又只也即此只此也又火熟曰即檀弓夏后氏即周又燭燼管子左手執燭右手折即亦作堲从皀从卩卩音節皀音偪皀粒也又音急又音及並穀香也與鄉字中皀字同俗作即凡从即者皆然

堲 火熟陶器又燭燼疾也書朕堲讒說殄行俗作堲

喞 喞聲又蟲鳴文選促織詩喞喞復喞喞

稷 五穀之長詩彼黍離離彼稷之苗是稷晚於黍也說文齋也一曰稷百穀揔名周禮注社稷土穀之名有德者配食焉左傳稷田正也烈山氏之子曰柱爲稷自夏以上祀之周棄亦爲稷自商以來祀之自漢以下夏禹配食官社后稷配食官稷

○

釋 施隻切捨也放也解也消散也清也廢也服也訓釋註解也从釆釆音辮

舍 同上周禮禮記舍奠又者蕪二韻

澤 同上詩其耕澤澤考工記水有時以澤又陌韻

釋 淅米詩釋之叟叟旁从米

適 如也往也至也安便也述也猶偶然也又甫爾之辭又適來猶爾來也武元衡傳適从何處來又責得其人曰適適猶當也言其人與所稱適相當也漢書諸侯歲貢士壹適再適三適又女嫁人曰適又自得也又見下

奭 盛也

襫 襏襫蓑雨衣

螫 蟲行毒詩自求辛螫韓信傳猛虎之猶豫不如蜂蠆之致螫

赫 爾雅赫赫迅也又陌韻

晹 日無光[illegible]暘字不同

睗 睒睗急視也韓愈寄崔立之詩雷電生睒睗吳都賦忘其所以睒睗

識 知也詔也別識也見識也又寘韻

飾 脩飾拭飾也緣也粧也

式 法式[illegible]度也[illegible]樣也制也敬也又死法也詩儀式刑文王之典又式是南邦又乘而俛首致恭曰式義取憑軾也論語式負版者禮記云式視馬尾

軾 [illegible]車前軾謂車中[illegible][illegible]恐者亦作式

拭抆拭揩也潔也○尺昌石切度名說苑度量衡以粟生之十粟爲分十分爲寸十寸爲尺家語布手知尺今字文書借用亦字赤南方色易乾爲大赤正陽
也又裸裎曰赤體見肉色也又空盡無物曰赤赤地千里南史其家赤貧又漢書赤族注流血丹其族揚雄解嘲客徒欲朱丹吾轂不知一跌將赤吾之族也斥大也廣也指
斥指而言之也黜也棄也屏除也一曰苦地又斥鹵鹹地禹貢海濱廣斥廣韻作滷滷又姥韻敕戒敕天子制書曰敕亦作勅又誡也正也固也理也又與飭同勅
書勅天之命又與飭同馬援傳謹勅之士又泰韻飭致堅又整備也亦作敕漢安世樂敕身齊戒師古曰讀恭貌又與敕同武帝紀飭躬齊戒師古曰讀與敕同整也又與勅同張
敞傳明飭長吏守丞師古曰讀與勅同又脩治也易雜卦蠱則飭也鶒鸂鶒杜甫詩一雙鸂鶒對沈浮又有鸂鶒詩亦作鸂鶒又作鷘鶒鶒同上鷘亦韻鷄亦作
鷘唐倪若水傳元宗遣中人採鵁鶄鸂鶒南方○隻之石切物單曰隻說文鳥一枚也从又持隹持一隹曰隻二隹曰雙又古右手字也摭拾也廣韻作拓拓
同上又藥韻蹠足履踐也楚人謂跳躍曰蹠又盜蹠又脚掌也亦作跖蹠跖同上踧賈誼傳又踧蹙墌基址又地名高墌炙燔炙詳見蔗韻內
職執掌也主也常也等也織組織說文作布帛總名爾雅治絲曰織織繒也以緯緯經曰織又促織蟋蟀又寘韻膱儀禮注脯長尺有二寸曰膱亦作䐈䐈
同上樴杙也陟升也進也爾雅山三襲曰陟下从少音闥从少誤稙早種禾也○石常隻切山骨又量名漢志四鈞爲石石重百二十斤又十斗曰
石石者大也漢書注凡稱石者言其量也麗布皮韋羊裘之數亦稱若干石俗作石凡从石者皆然祏廟中藏木主石室也碩大也充實也鼫五技鼠射
以弓弩矢射物凡指物而取亦曰射又見下又蔗韻食殽饌又茹也啗也又吐而復吞曰食左傳食言是也顔師古注叙傳食猶饗食也故祭曰血食漢外戚傳甚相妬忌曰對食言有
相噬之意又消也左傳伍員曰後雖悔之不可食已又與蝕同春秋日有食之言有物侵噬之也又飲盡曰食漢書食酒一斗又寘韻蝕日月虧曰蝕釋名曰稍小侵虧如蟲食草
木之葉說文敗瘡也凡物侵蠹皆曰蝕湜水清見底又恃正貌詩湜湜其沚殖蕃殖滋生也詩序庶類蕃殖又財貨也漢書衣食滋殖又滋貨曰殖又培壅也左傳芟不

封殖又平正貌詩殖殖其庭又種蒔也左傳大學殖也杜預曰殖生長也字亦作植 植同上又立也置也栽也周禮植物先鄭曰根生之屬又寘真韻俗作植 埴黏土又寘韻

○擲直隻切投也搔也振也拋也掉也亦作擿蹢 擿揚子擿埴索塗謂冥行者捫土而求路也又與擲同又見下 躑住足又躑躅跳貌又花名亦作蹢

蹢易羸豕孚蹢躅又與擲同莊子齊人蹢子於宋古作蹢又見下 直正直不曲也左傳正曲為直荀子是謂是非謂非曰直又反也仲也當也又寘韻 犆犢犆牛又

緣也禮記君羔幦虎犆 ○益伊昔切增也進也卦名又伯益人名 嗌喉也 齸鹿粻爾雅麋鹿曰齸牛曰齝廣韻云並吞芻而反出嚼之也 億十萬

曰億大也安也料度也唐書蔣沇傳供億音訓曰億安也供其匱乏使之安張說傳供儗大厚儗有儲待之意供億猶供儗也億度也料度其所須之多少而供之以待其乏也 臆

胷臆亦作意 意志意易明夷六四獲心意也叶韻音臆又與臆同賈誼服賦請對以意師古曰叶韻音億史記作臆又曰好惡積意亦音億又未韻 繶縧繩又屨縫中紃周

禮屨人赤繶黃繶 䪰同上廣韻云屨頭誤屨頭名約非繶也 憶念也記也古作意 抑按也密也治也塞也遏也寃屈也逼也止也又亦然之辭詩威儀抑抑注

謹密也 醷漿也內則水醷注梅漿又感泰二韻 薏蓮心又未韻 ○繹夷益切理也陳也長也大也終也充也說文抽絲曰繹又紬繹繙閱經書尋究之也

又與襗同詩絲衣繹賓春秋壬午猶繹夏曰復胙商曰肜周曰繹後鄭曰繹祭於堂其祭禮簡而事尸禮大石曰繹又審度也書庶言同則繹 襗祭之明日又祭之名經典作繹與

襗義異者分押 睪廣韻引繒貌說文伺視也从目从夲䍐捕辠人也又見交韻 醳醳酒 懌悅懌 譯傳言通夷夏之言轉告之也周禮象胥傳四夷之樂

嶧山名在魯 驛置騎今之遞馬也又往來不絕曰駱驛亦作絡繹 墿道也 圛回行也逸書圛圛升雲 斁厭也終也又暮韻 掖扶持也說

文手持人臂投地一曰肘掖俗作腋又宮旁今云掖庭門旁小門曰掖門殿旁垣曰掖垣皆取如人肘腋又縫也大衣掖衛親兵古作亦 亦又也摠也又旁及之辭說文與掖同詁[illegible]

門序誘掖其君釋文云石經作亦蓋古掖字本作亦象人左右肘[illegible]大也行也盛也

兩掖之形後有掖腋字不復用亦字亦借亦字爲亦又字 [illegible]之間曰[illegible]容[illegible]葉

累世也又圍棋也亦作**弈**同上又亦貌爾亦**𣲖**海賦浟湙瀲灩**帟**上幕在上亦當帟幕
弈下本从廾與廾同　雅弈弈憂也　水深廣滀溢貌　人在帟幄中坐上承塵
也禮記檀弓云帝幕**液**津**射**無射律名又𤢿也詩矧可射思無射於**場**疆埸邊境左傳
之小者所以承塵　液　人斯又無射亦深言亦又音神夜切　疆場之事又田
畔詩疆**蜴**蜥蜴在壁曰守宮亦曰蝎虎黑褐色在**易**神妙不測大傳易无體又曰生生之
場有瓜　野曰蝘蜓綠色詩胡爲虺蜴陸音析誤　謂易又卦象之書所以畫易之象以
示人者亦曰易大傳易者象也周禮太卜掌三易之法夏曰連山商曰歸藏周曰周易其經卦
皆八其別皆六十四又揲蓍生爻卦象亦曰易大傳四營而成易於文日月爲易又始也列子
大易未見氣又曰易變而爲一又變也更也改也換**弋**繳射曰弋又橜也與杙同又黑也漢
也轉也奪也辟易驚却貌狂易失志又水石又未韻　文帝衣弋綈與黓同又婦官與妋同
又取也書非我**杙**橜也爾雅樴謂**黓**黑**妋**婦官漢書**鉽**鼎附耳在**翼**函名羽翼也
有周敢弋殷命　之杙所以格獸　也　亦作弋　外曰鉽　扶也助也恭
也敬也美也**翊**同上又飛**翌**明日曰翌曰書作翼爾雅翌明也郭璞引書翌日乃瘳**廙**
衛也俗作翼　貌又緝韻　魏都賦顯仁翌明言彰明其明德也从羽从立俗作翌
羊屋又恭**役**使也行也徭役**疫**札瘥○**匿**女力切藏**暱**日近也**昵**同**㥾**廣韻
也又未韻　工作征戍也　瘟疫　也隱也　亦作昵　上　愧㥾
亦作**怩**忸怩又**尼**定也止也近也孟子止**柅**止也易繫于金柅釋**抳**王肅易繫于金
怩　齊韻　或尼之亦作柅又齊韻　文讀若昵又濟韻　抳又見濟韻
惄飢意**溺**沈**愵**憂○**虩**迄逆切恐懼貌易震來虩虩一曰蠅虎也**覤**同上莊子
憂也　没　貌　常若多懼故取象焉又生責切俗作虩　蕭閭蒐覤
覷然驚又**鬩**鬩也訟也戾也恨也詩兄弟鬩于牆从門**閲**同**赫**漢趙后傳赫蹏書鄧展
生責切　从兒門音鬩今詩傳寫訛作閲亦作赫　上　曰赫音閲應劭曰薄小
紙也晉灼曰今謂薄小物**赥**笑**赩**大赤亦**奭**詩韎韐有奭**衋**傷痛也書民○**戟**訖
爲赫蹏又赤也又陌韻　聲　作䞓　奭又見上　罔不衋傷心　逆
切戈戟雙枝爲戟單枝爲戈古作㦸又揭也持也漢**㦸**同**撠**揭也持也詩傳作戟揭揚雄
朔門武士執戟以衛階陛之下曰陛戟亦作戟从卓　上　傳撠膠葛亦作𢧢又作𨂂

躆同上又以足據持也班固荅賓戲應龍超荒忽而躆顥蒼激蕩激擊扣也打也轚車轄相轚又霽韻殛斥死曰殛亟疾也急也促迫也亦

作棘革極又霽韻棘同上詩玁狁孔棘匪棘其欲本木名小棗也一曰棗也以其有刺故从兩朿凡有刺者皆曰棘所謂荆棘是也又與戟同禮記越棘大弓又垂棘地名天棘蘴

冬今从朿誤革禮記夫子之病革矣言急也變也又夏革人名極荀子箴賦反覆甚極與亟同又見下㥛急性說文疾也一曰謹重貌列子謰㥛淩誶釋文極吃也

襋衣領詩要襋之襋之○劇竭戟切增也甚也艱也戲也又姓谻相如賦徼谻受詘蘇林音倦谻之谻與劇同屐木屐亦作跂跂莊子

跂蹻爲服又支霽二韻極屋極中棟也中也至也要會也皇極皇建有極惟皇作極持人斯其惟皇之極皆謂君建中道民歸之也易有太極易無體故強名曰太極以明之又太

極亦名北極天樞亦曰宸極南極天之南軸對北極者也又六極天地四方也八極四極方隅之極三極天地人洪範六極六禍也又宸極天子正寢木闌也宝位亦曰宸極又終也窮也

○逆宜戟切迎也卻也迕也拂也不順也亦作屰方言自關而東曰逆自關而西或曰迎或曰逢周禮宰夫主萬民之逆後鄭曰自下而上曰逆逆謂上書先鄭曰逆迎受王

命者𦃌綬維漢書古佩䍁也鶂水鳥亦作鶃鷁鷊鶃同上又鶂鳴孟子惡用是鶂鶂者爲哉鷁同上又與艗同張協七命乘鷁舟兮爲水嬉鷊

同上又與虉同詩卭有旨鷊俗作鶂虉綬草艗舟也方言艗首謂之艗艏郭璞曰艗鳥名也今江東貴人船前作青雀是其像也霓雌虹亦作蜺又齊韻蜺

同上嶷山貌亦作⿰口疑又小兒有知識貌詩克岐克嶷亦作⿰口疑又微韻⿰口疑同上薿茂也又尾韻疑定也詩靡所止疑又儀禮鄉射禮若疑立謂正立不動也又

微韻觺觺觺角貌又微韻○隙乞逆切孔也釁也怨隙也空閑也暇也亦作郤卻从阜从𡭴𡭴音同从小从白从小今作隙俗作隟郄史記張釋之傳雖錮

南山猶有郄漢書作隙从卩與郤字不同亦作卻郤莊子批大郤淹郤守神又郤克又姓从谷谷音其虐切非山谷字从卩音節與卻字不同綌麤葛○的

丁歷切端的又射侯之中也指的要處也質也明也實也又遵實亦作芍菂芍廣韻蓮中子又篠藥二韻菂與芍同弔至也又嘯韻啇廣本也根

俶倜惕逖剔趯

罙蔕獸蹄皆曰商與商字不同蹢蹢也詩有豕白蹢亦作商又見上適觀也孚也專也[illegible]所以曰適論語無適也又主也詩誰適以莫適爲主是也又見上嫡
正室曰嫡僖嫁曰媵嫡出曰前子妾出曰庶子通作適靮馬韁罥繫也潘岳西征賦貫鰓罟覛覛覹也江東呼覛覺詩傳作令適鏑矢鏑亦作鍉
鍉賈誼過秦論銷鋒鍉滴泫滴水點又瀝下也注也樀屋梠一名聯櫋○逖他歷切遠也亦作逷狄詩狄彼東南舍爾个狄毛音逖鄭如
字又狄成音聲往來疾貌見樂記又見下逷爾雅遠也詩用逷蠻方左傳豈敢狄逷趯跳貌亦作躍躍詩躍躍毚兔又藥韻剔解骨周禮作𩪴肆
周禮內饔注割者肆解肉也詩楚茨箋有肆其骨者又寘韻惕怵惕憂也懼也愛也亦作悐悐漢王商傳無怵悐憂硩挑擿周禮硩蔟氏又屑韻摘發也
說文拓果木實也又指近也亦作擿又陌韻擿同上挑發也漢書自相料擿趙廣漢發姦擿伏唐高力士擿李白詩以激揚妃又見上倜倜儻不羈貌荀子倜然無所歸
字又高舉貌荀子天下倜然舉去桀紂而犇湯武又高遠貌荀子倜然莫不明通而公也又曰倜倜然其不及遠矣俶同上相如封禪書俶儻窮變又屋韻○狄杜歷
切北狄又姓𨳡人高辛妃金狄秦銅人又與翟同翟江淮之間謂雉青質五色皆備曰翟書羽畎夏翟漢志作夏狄又厭翟后車揄狄屈狄后服後鄭曰狄當爲翟說文山雉曰翟
禮記翟樂吏之賤者又云狄設階是狄翟古通用字也義不同者分押又姓漢翟方進又陌韻敵匹也當也拒也輩也抵也亦作適適史記適人開戶適不及拒李斯傳沛
公至咸陽羣臣百官皆畔不適又往也荀子無適不易之術注讀爲敵踧行平易也詩踧踧周道又屋韻迪進也順也循道也蹈也導也啓迪開發也青齊間相正謂之迪
覿見也从賣从見俗作覿監本从賣誤糴買穀米也廣韻俗作粜又嘯韻滌洗也除也又淨也詩滌滌山川亦作滌脩條禮記條蕩其心周禮條狼氏又見蕭
韻內脩周禮司尊彝凡酒脩酌又蕭尤有三韻笛樂管周禮作篴篴同上荻蘆屬易注作藡頔好貌唐有于頔○歷郎狄切經
也次也行也又歷數亦作曆書無彊大歷服漢書律歷亦作厤莊子厤物之意音義云古歷字曆曆數書曆象日月星辰天之曆數在爾躬通作歷歷曆義異者分押靂霹靂

靂霳蒸邑傳作辟歷 **櫪** 牛馬皁亦作歷又櫪櫯木名韓愈山石詩時見松櫪皆十圍又蠶箔 **𦌏** 冪𦌏煙貌 **瀝** 點滴又瀝去水也滲也 **酈** 地名又姓 **䣞**

曲脚鼎考工記鬲實五轂觳斗二升亦作䰛翮俗作鬲 **翮** 史記楚世家吞三翮六翼以高世上索隱曰翮亦作䰛同音歷空足曰翮俗作翮又陌韻 **礫** 小石 **瓅** 玓瓅

珠明 **皪** 的皪白貌 **躒** 動也踐也左傳荀躒晉卿 **轢** 車踐漢書刻轢轢注陵踐也 **櫟** 木名又藥韻音藥櫟陽縣名 **力** 筋力氣所任也凡精神所

及處皆曰力心力耳力目力是也凡物所勝亦曰力風力火力酒力弓力是也又勤也書力穡史力學漢紀不知仲力又病甚曰力汲黯曰今病力又用力曰力申公對武帝顧力行何如耳

屵 山貌杜甫封西岳賦超崱屵 ○ **檄** 刑狄切說文以木簡爲書長尺二寸以號召也後漢紀爲封長檄猶今長牒也魏武帝奏事曰若有急則插雞羽謂之羽檄言

如飛之疾也 **椴** 種其 **菂** 蓮實 **覡** 男巫亦作擊 **擊** 荀子傴巫跛擊之事注讀爲覡又見上 ○ **喫** 苦擊切啗也飲也亦作㲄 **毄** 漢書

攻苦毄淡亦作㲄 ○ **闢** 毗亦切開也啓也亦作辟 **辟** 同上又法也刑也 **擗** 拊心詩寤擗有摽亦作擘又見下 **擘** 同上 **椑** 親身棺又

纖謂 **甓** 瓴甋詩中唐有甓 **愎** 很愎剛傲自用也咈也左傳愎諫違卜 **煏** 火乾舊作熇誤 ○ **壁** 必歷切牆壁又東壁宿名說文垣也軍壘臨危謂之

壁 **鷿** 鷿鷉烏爾雅鷿鷉謂之䴘 **鼊** 鼁鼊龜屬 **堛** 土凷 **副** 剖也判也裂也亦作疈又暮韻 **疈** 周官宗伯以疈辜祭四時百物注疈牲胷也疈而磔之也

愊 悃愊至誠 **逼** 迫也驅也亦作偪 **偪** 同 **楅** 以木有所逼束也詩閟宮夏而楅衡箋眷牲楅衡其牛角爲其觸骶人也釋文音逼周禮封人飾其牛牲設其

楅衡注楅衡所以持牛令不得骶觸人楅設於角衡設於鼻陸音福同字同義今當通用又屋韻 **幅** 行縢詩邪幅在下左傳帶裳幅舄又屋韻 **辟** 君也除也屏也又足病與

躄同晉說傳又類辟上病痱音壁又見上又末韻內見 **躃** 足不能行亦作躄 **躄** 禮記瘖聾跛躄 **襞** 襞衣揚雄傳注襞疊衣也 **璧** 圭璧爾雅肉倍好謂之璧

外圓象天內方象地从辟从玉王與玉字同 **碧** 深青色說文石之青美者 ○ **僻** 匹亦切邪僻偏側也邪也咷也陋也亦作辟又辟左幽从非正道也又末韻 **癖**

禮記志淫好辟非辟之心
左傳僻陋孟子放辟邪侈
梁益閒裁
木爲器

癖 □癖腹病積 取又偏癖疾

霹 霹靂

劈 剖也破也

擗 擘開也又辭擗 擗兮斷 又見上

繴

澼 漂絮

○ 覓 莫狄切求也尋也索也 也从爪从見亦作覛

冪 覆食巾亦 作冪冪

冪 周禮注以巾覆物曰冪 古作冂一下垂象形

鼏 禮記疏布冪鼏舊注以木 貫鼎耳非在庚韻內

幎 幔也又同上 冪幎變爲幎

冥 覆也周禮冥氏掌設弧張爲阱擭以 攻猛獸音覓又如字又庚梗敬三韻

幦

髤布又車覆軨

䙢 車覆軨周禮大 複鹿複豻複

亦作複幭幭末

幭 禮記素幭注白 狗皮覆軨也

幭 詩淺 幭

末 荀子禮論篇絲末注 與幦同又見曷韻

蓂 菥蓂大薺 又寘韻

塓 塗也左傳圬人 以時塓館宮室

汨 水名在豫章屈原所沈處應邵曰汨水在 羅故曰汨羅今長沙屈潭是也又術韻

三術

術 食律切方術機術技藝也道業也儒行營道同術莊子人相忘乎道術揚子有學術 業說文邑中道也馮衍顯志賦列杜衡於外術又與述同賈山傳術追厥功又隊韻

述 循也修也纘也撰也凡終人之事纂人之言皆 曰述禮記善述人之事論語述而不作俗作述

沭 水名在琅琊周禮其浸沂沭 沭从朮與沐浴字不同

秫 稷之黏者 稬也从禾 从朮俗 作秫

入 出入又納 也沒也

○ 出 尺律切出入也進也見也吐也寫也遠也又斥也亦作黜絀 又生也左傳康公我之自出杜預曰秦康公晉之甥也又隊 韻凡物自出則入聲非自出而出 之則去聲然亦有叶韻互用者

黜 貶斥亦 作絀出

絀 禮記君絀以爵簡不肖 以絀惡又縫也又見下

怵 恐也惕也誅 懼也悽愴也 又見下 俗作怵

○ 恤 雪律切憂也愍也賑也亦作卹左 傳恤恤乎杜預曰恤恤憂患也

卹 又見下从卩 監本从卩誤

訹 誘訹誘也亦 作怵俗作訹

怵 漢書怵 於邪說

戌 辰名爾雅歲在戌曰閹茂漢志畢入於戌又向戌宋大夫皇戌鄭大夫从戊从一 戌土於四方無正位寄位於戌故一加戌爲戌象土也於時則物盛於戌至戌成

實

珬 玥 屬

○ 烕 促律切火烧亦 火滅也又霽韻

○ 卒 即律切終也盡也旣也禮大夫死曰卒 春秋書凡列國君薨亦曰卒又見下

啐 聲 也

韻〇崒昨律切山高貌亦作崪又峻貌踤蹋也摧也觸也又隊韻誶說文讓也列子謨極淩誶張湛音碎殷敬順音萃凌誶謂好陵辱言長罵人也
又見㣈韻內〇窋竹律切物在穴貌不窋后稷之子怵憂心也〇朮直律切山薊也从木加點與草木之木不同又作茦〇律
劣戌切律呂萬法所出故法令謂之律又律已以禮法自檢也繂大繩亦作繂繂爾雅紼繂也嵂崪嵂山高峻貌亦作𡾊𡾊相如賦隱轔鬱𡾊又堆壟
不平貌〇膟血祭肉一曰腸間脂率約數又表的也孟子羿不爲拙射變其彀率注率音律又藻率以韋爲之所以藉玉也玉五采公侯伯三采子男二采左傳藻率鞞鞛又
泰韻內見〇聿以律切循也遂也述也惟也遹述也自也遵也迴也矞說文以錐有所穿也一曰滿也一曰瑞雲西京雜記雲五色爲瑞三色爲矞又詭詐
也荀子矞宇嵬瑣又見下霱瑞雲一曰卿雲亦作矞潏水流貌又音術爾雅水中可居曰洲人所爲曰潏謂人力所作也繘汲井索方言關東謂之綆又關西謂
之繘又汲水出井易井彖汔至亦未繘井注已來至而未出井也陸德明音橘又其律切又音述玉篇居律切廣韻居聿切又餘律切易釋文雖無聿音而義則同也音皆同韻不重出具聿
可通用之鴪鳥飛快也鷸有三種一曰大鳥戰國策謂之鷸蚌天將雨鷸則知之逸書曰知天文者冠鷸冠蓋以知天時也一曰翠鳥曰鷸一曰赤足黃文曰鷸左傳鄭子臧
好聚鷸冠是也又狭飛貌海賦鷸如鶩鳧之失侶與鴪字同驈驪馬白跨詩有驈有皇𩗗大風也或作𩙪𩙪同上汩水流說文治水也又奔汩疾貌漢郊
祀歌卉汩臚相如賦渾弗宓汩楚辭曰汩吾南征屈原賦云汩徂南土馬行賦汩吾西征从曰子曰之曰與汩没字不同〇欻許勿切風有所吹起也廣韻暴起又韓愈
詩指畫變怳欻〻怳欻茫昧貌當作怳惚借用欻字𩗫疾風〇屈曲勿切曲也詘也軌也亦作詘絀又見下詘禮記不充詘於富貴又見下絀荀子
緩急嬴絀猶屈伸也又見上〇橘厥筆切果名書厥包橘柚錫貢茁草芽又轄屑二韻屈地名又人姓楚公族有屈原𠜾剞𠜾曲刀亦作𠜾又
隊屑二韻厥突厥北狄漢書音義夏曰獯鬻商曰鬼方周曰獫狁漢曰匈奴魏曰突厥又屑韻〇矞休筆切禮運鳳以爲畜故鳥不矞同又穿也釋文云本又作獝

又見上 **獝** 狂也又獝狂惡鬼名揚雄賦云捎夔魖而抶獝狂 **䎍** 廣韻飛去貌韓愈送文暢詩恩澤實䎍狘俗作䎍 **瞲** 驚視貌荀子瞲然視之 **怴** 狂也又在

王篇怒也公羊傳咸五年邑爲以二日卒之怴也 ○ **祋** 都律切殳也詩何戈與祋 ○ **倔** 渠勿切倔強梗戾貌賈傳中作屈強亦作[illegible]彊 **𩌏** 相如

賦注𩌏彊 **屈** 同上又竭也亦作詘漢志天下大屈賈誼曰用之亾度則彸力必屈又晉地名出良馬因呼馬曰屈產之乘 **詘** 相如賦注詘盡也 **淈** 荀子其流淈乎

不淈盡似道又見下 **䘿** 方言襜褕短者自關而西謂之統䘿郭璞云俗名䘿掖一曰襤褸毛晃曰統䘿一名諸于漢書音義曰諸于大掖衣也光武紀作䘿注曰字書無䘿字司馬彪

續漢書作䘿 **崛** 山短而高又勃起曰崛起亦作屈 **掘** 穿地孟子有爲者辟若掘井詩蜉蝣掘閱說文引詩作掘閱注云突也又搰也又見屑韻內 **堀** 同上又突

也又見下苦骨切 ○ **鬱** 紆勿切香草名氣也長也幽也滯也腐臭也思也木叢生也又抑屈也又水名又鬱烝熱氣鬱攸火氣周禮注鬱金香草也宜以和鬯故曰鬱鬯

蔚 牡蒿又茂也又文深宏貌又隊韻 **罻** 網也又隊韻 **尉** 荀子菲帷幬尉注讀爲罻網也又以火申繒古作㷉俗作熨又見隊韻 **熨** 同上 **菀** 茂貌

詩有菀者柳又見銑韻 **苑** 屈也積也詩我心苑結亦作宛通作鬱又軫銑二韻 **貍** 周禮烏皫色而沙鳴貍內則作鬱又齊皆二韻內 ○ **闃** 苦臭切寂靜易

闃其無人从門从狊俗本作闃誤 ○ **狊** 古闃切犬視 **鼳** 獸名爾雅鼳鼠馬長須秦人謂小驢郭璞云似鼠而馬蹄一歲千斤爲物殘賊 **鶪** 伯勞左傳謂之

伯趙以夏至鳴冬至止詩七月鳴鶪亦作鴃鴂 **鴃** 孟子南蠻鴃舌之人趙岐曰博勞也音古役切又屑韻 **鴂** 離騷恐鵜鴂之先鳴兮服虔陸佃以爲鶪一名伯勞七月鳴則

陰氣至而衆芳歇當與屑韻通用 **湨** 水出河內軹縣東南至溫入河春秋會于湨梁 ○ **殈** 呼狊切卵破也 **焱** 火焰也 **砉** 皮骨相離聲也又陌韻

騞 破聲列子騞然而過音休壁切又音霍麥切莊子奏刀騞然 **瞁** 驚視 **洫** 韓詩洫深也周禮百夫有洫洫上有涂注百夫一鄭之田洫廣深各八尺亦作淢又消也

莊子以言其老洫也 **淢** 詩築城伊淢注成溝也箋成方十里淢其溝也釋文況域切字又作洫 **侐** 靜也寂也詩閟宮有侐 ○ **域** 越洫切區域也界局也又

居也入守内曰域中老子域中有四大 淢疾流貌 罭緵罟 棫木名詩柞棫拔矣芃〻棫樸注棫白桵也又木叢生 蜮短弧惡蟲狀似鼈含沙射人影中之
者死亦作蜮又獲北切 蜮春秋莊十八年秋有蜮杜預曰蜮短弧也釋文短弧一作斷弧本草謂之射工 緎裘縫孫炎云緎縫之界域陸德明云一訓縫綴之縫或曰絲數
又音洫 閾門限 ○ 勿文拂切禁止之辭毋也莫也說文州里所建旗也象其柄有三斿雜帛幅半異所以趣民故遽稱勿勿周禮作物勿與物義異者分押又見下
物周禮雜帛爲物又萬物也事也說文牛爲大物天地之數起於牽牛故其字从牛从勿又相度也左傳昭三十一年物土方 芴菲也又土瓜又見下 岉崛岉高貌
昒旦明尚冥也漢郊祀志朔旦冬至昒爽又見下 沕沕穆微也潛藏也賈誼賦沕穆無窮又云沕深潛以自珍相如賦軋沕荒忽注不分明貌又見質韻 ○ 拂
敷勿切去也拭也除也擊也矯也逆也又質韻 柫農器方言自關而西謂之柫楊倞荀子注今農器連枷也一曰擊也 刜斷也斫也 髴髣髴聞見不審貌亦作彿佛弗
又音沸 彿彷彿 佛仿佛漢書仿佛一端又見下 弗方弗又除惡祭詩以弗無子亦作祓又不可也不然也亦作不 祓除也亦作弗左傳祓禳於四方又曰
祓社稷如封禪書祓飾厥文注〻除去舊事更釋新文 不不可也不然也亦作弗又尤有宥三韻 韍蔽膝亦作市芾韍紱祓說文韠也上古衣蔽前而已市以象之天子
朱諸侯赤又印組也亦作紱漢陳遵傳羞污印韍 芾詩三百赤芾朱芾斯皇又未韻 黻左傳袞冕黻珽杜預曰黻韋韠以蔽膝也又裳繡兩己相背形考工記黑與青謂之
黻 紱漢韋孟詩朱紱注朱裳畫爲亞古弗字故因謂之紱又作黻書黼黻絺繡是或畫或繡也又印組也亦作韍紼 袚方言江淮之間謂之襎或謂之袚 紼繫印
組也丙吉傳加紼而封之又綷也詩紼纚維之又引柩索曲禮助葬必執紼亦作綍茀 綍禮記王言如綸其出如綍又車索亂麻與茀紼同 茀春秋宣八年始用葛茀杜
預曰茀所以引柩又道多草不可行也又福也詩茀祿爾康矣注小也箋福也又車旁禦風塵者詩翟茀以朝又音廢亦作蔽第又隊韻又見下 蔽居禮巾車有蒲蔽〻今蔽藻蔽藩
蔽注蔽卑禦風塵者引詩翟蔽以朝有兩音 笰爾雅輿革後謂之笰郭璞曰以韋靶後戶也 茇草也又史記索隱又末曷二韻 翇說文樂舞執全羽以祀社稷亦

咄又見曷韻音擬

作帗俗作翇帗周禮舞師教帗舞師而舞社稷之祭祀泼罕戈寒水貌又屑韻沸沸泉出貌又見未韻內○没莫切女沈也盡也不盡階曰没

階爾雅蠠没勉也郭璞曰蠠没猶黽勉也又終也與殁同从氵从殳殳字音没入水取物也上从冂冂音冪俗作没字監本从殳蓋誤之也殁終也死也經典通作歾从殳誤也

埸埋埸史記白起贊偷合取容以至埸身徐廣音没亦作没勿掃塵禮記卹勿驅塵卹音窣又見上○孛蒲没切彗星又怪氣也色惡也亦作茀又與悖同

茀李尋傳伏不見而爲彗茀師古曰與孛同又與悖同唐陳子昂傳論茀逆醜正又咇茀香氣相如賦晻薆咇茀又見未隊二韻內勃排也卒也色變也又隊韻悖

逆大也亂也亦作誖又隊韻誖揚子明其誖乎又隊韻浡興起貌孟子浡然興之矣亦作佛又浡浡氣盛貌亦作㪍勃佛荀子佛然平世之俗起馬又見下

渤渤澥海名亦作勃㪍㪍漢武帝紀㪍海㶿煙起貌又㶿悖烝熱馞香也艴怒色桲榅桲○不逋没切注不然也○

窣蘇骨切穴中卒出也又行緩貌相如賦嫳𨄅勃窣上金堤卹曲禮以策彗卹勿注搔摩也又見上○卒倉没切忽也急也速也倉遽又見下猝犬從

草中暴出逐人也又倉遽也暴疾也通作卒○卒臧没切兵卒周禮四兩爲卒卒百人也亦作倅說文隸人給事者衣爲卒卒衣有題識也故从衣从十倅廣韻

百人爲倅又隊韻稡𥝕稡禾秀聚向上貌爾雅序會稡舊說又隊韻捽說文持頭髮也漢金日磾捽胡○咄當没切呵也咄嗟咨語也柮榾柮短木

根也頓冒頓匈奴頭曼子冒音墨又震韻○佛符勿切大也又西方神名列子西方有聖人焉其名曰佛文中子問佛曰西方聖人也又戾也與咈同禮記獻鳥者

沸其首又曰其求之也佛揚子佛乎正咈違也戾也通作佛佛與咈義異者可分押怫怫鬱岪山貌又山迫道亦作岪坲塵起韓愈詩云牙蠢前坌坲

○朏普没切召誥惟丙午朏注朏明也月三日明生之名陸音芳尾切又普没芳憒二切畢命庚午朏同音又尾隊二韻昢明旦日出貌○突吐訥

切方言江湘之間凡卒相見謂之突詩突而弁兮又人名論語中突音他没切揬搪揬觸也又通作突也亦作唐突說文犬从穴中暫出也又竈突囪也又欺也又觸也晉書刻畫無

鄒陽傳堀

鹽唐矢西施又見上**佚**文選四子講德論善王蘊於珷趺凡人見之佚焉注不分别貌○**腯**肥也左傳博碩肥腯又軫震二韻**堗**竈堗漢書作突**鈯**鈍也又小刃也○**訥**奴骨切言難也又作吶**吶**荀子其辯不若其吶也又屑韻○**硉**盧没切硉矹崖貌亦作硤又礌也枚乘七發上擊下硉○**麧**下没切堅麥中不破者又麧糩也漢書作覈**覈**陳平傳食糠覈晉灼曰覈音紇京師人謂麤屑爲紇頭亦作籺又果中實亦作核又陌韻**籺**杜甫詩黎民糠籺窄**齕**齧也史記田儋傳齮齕用事者墳墓如淳曰齮齕猶齚齧也禮記庶人齕之又胡齕齊大夫見孟子**紇**絲下也孔子父叔梁紇又見下○**鶻**胡骨切隼也亦作鳻又回鶻北志種言種鶩如鶻也其先匈奴元魏時號高車部至隋曰韋紇後自稱回鶻唐書亦作回紇**淈**濁也亂也楚辭淈泥揚波又見下**核**果中實又皆陌二韻**鳻**古鶻字漢五行志隼卽今之鳻也**汩**莊子與汩偕出注回伏而涌出者汩也又見下又質韻**滑**滑亂見列子又見下又轄韻○**忽**呼骨切倏忽又滅也輕也忘也又一蠶爲忽十忽爲絲班固叙傳造計秒忽劉德曰忽蜘蛛網者也又荒忽也**惚**怳惚亦作曶**曶**揚雄傳神心曶怳法言作怳惚賦云蠁曶如神蠁曶神速貌怳惚微妙不測貌又心志惝罔也古字作回又旦明尚冥也亦作昒相如傳曶爽闇昧得耀乎光明注曶爽未明也**芴**莊子芒乎芴乎與惚同又見上**笏**手版也○**窟**苦骨切孔穴亦作堀蜎**堀**左傳昭二十七年吳公子光伏甲於堀室而享王鄒陽傳伏死堀穴巖數之中又堀堁塵貌風賦堀堁揚塵又見上**蜎**揚雄傳西猒月蜎注月蜎月所生也猒一涉切**頜**頰旁骨考工記注之而頰頜也**矻**矻矻勞極○**骨**古忽切肉之覈也**愲**心亂也**搰**用力貌莊子搰搰然用力甚多而見功寡杜甫詩功夫競搰搰又音矻**汩**亂也没也又治也書有汩作篇亦作淈滑**淈**與汩同揚子書惡淈辭之淈法度也**滑**莊子置其滑涽又曰故不足以汩和又曰其巧覓而外滑消並與汩同又滑稽談諧也**榾**榾柮木根○**兀**五忽切高貌又臬兀不安亦作卼又兀兀不動貌亦作扤又刖足曰兀**掘**莊子掘若槁木又見上**崫**山高貌蜀都賦崫巍巍以峩峩音兀**卼**卼臲危也音作扤隉**杌**同上木無枝又檮杌嚚凶之類**扤**動搖貌詩云天之扤我亦音月

句音韻泰韻

佹 書文粹鹿門隱書舟之有佹猶人之𢎹 …也舟之行匪佹不進是㞱安也 人之行也猶舟之有佹匪𠬞不行夫泰失佹於項羽遺佹於漢注佹動舟貌又見質韻

砈 聿砈石厓 屼 崛屼禿山貌又山名 刖 絶也又斷足也又屑轄二韻 ○ 媼 烏骨切媼䯛肥也又巧韻

四曷

曷 何葛切何也盍也亦作害从曰曰上有欯俗作曷 害 詩害澣害否書云時日害喪又泰韻 褐 編枲粗短衣說文編枲韤也鄭康成曰毛布也左傳余與褐之父睨

之杜預曰褐寒賤之人也 毼 毾毼毛布罽也亦作褐 鞨 靺鞨伙種又轄韻 鶡 鳥似雉漢虎賁所著冠顏師古曰出上黨以其鬬死不止故用其尾為武人首俗謂

之鶡雞又旨韻 ○ 喝 許葛切訶也又泰韻 猲 短喙犬又屑韻 ○ 渴 丘葛切說文盡也又飢渴又屑韻 ○ 葛 居曷切葛藟又宛童又野

葛毒草又膠葛上清之氣揚雄賦轇轕 割 斷也截也剥也害也 濭 水名又漻濭波勢 轕 雜亂驅馳貌揚雄賦相膠轕兮又轇轕戟形廣韻作轕 輵 同上

匃 廣韻乞也亦作匄丏又泰韻 ○ 遏 阿葛切絶也止也爾雅逮也 閼 遮擁亦作擖堨又屑韻 堨 玉篇擁堨與遏同又雍堨以土障水也又屑韻

頞 鼻梁 餲 食敗又霽隊二韻 霭 雲集貌亦作霭又解泰二韻 ○ 末 莫葛切木杪也無也弱也遠也端也說文一在木上為末又減也唐書宋璟傳

末有輕繫又質韻 沬 水名在蜀又水沬涎沬又已也離騷身服義而未沬韓愈譴瘧鬼詩未沬於前徽漢郊祀歌霑赤汗沬流赭應劭曰大宛馬汗血霑濡流沬如赭李奇曰沬音

靧顏之靧晉灼曰沬古靧字師古曰沬沬兩通沬者言被面如靧也字从水傍午未之末音呼內切沬者言汗流沬出也字从水傍本末之末音亦如之溝洫志蜀守李冰鑿離碓避沬水之

害音本末之末監本从末 眜 星也易日中見眜釋文云陸善經字林作眛从日从末斗杓後星也王肅音妹今易作昧从午未之末 妹 莊子云老子棄妹不仁也音義云妹

謂末學不誘納而棄之是不仁也一本作姊妹之妹廣韻妹嬉桀妻亦作末喜 眜 目不正項羽將鍾離眜韓信傳从目高紀从日恐誤又屑韻 抹 摩也塗抹也亂曰塗抹曰

抹
秣穀粟飤馬一曰以粟箸馬口而銜之以行曰秣 ○ 活戶括切生也不死也又見下从水从𠯑上从千戈之干誤 栝合也詩德音來括亦作括又見下
佸至也詩曷其有佸又見下 越蒲草左傳大路越席文選孫氏檄文葛越布於朔土注葛越草布也葛郎葛藟越蕉芋黃草之屬無音當與屑韻通用又瑟下孔禮記清廟之
瑟朱弦而疏越 ○ 豁呼括切漢書高祖豁達大度豁如也 𧮭通谷又疏通也亦作豁 濊凝流貌詩施罛濊濊又泰韻 ○ 闊苦括切廣也遠
也跡也契闊勤苦也詩死生契闊又久不相見曰間闊諸葛豐傳間何闊 ○ 括古活切檢也根刷也結也至也包括也又與筈同書往省括于度則釋又見前从手从𠯑
筈箭本受弦處 髺束髮禮作括又泰韻 聒讙語也 适疾也南宮适人名 活水流聲詩北流活活 檜木名柏葉松身亦作栝又隊韻从木
从會監本从会誤 栝書杙幹栝柏又隱栝正木器解在隱字下 萿薞萿瑞草 鴰鶬鴰鳥名柏如賦雙鶬下師古曰鶬鴰也關西呼為鴰鹿山東通謂之鶬鴰俗名為
錯落又謂之鴰捋皆象其鳴聲 佸會計曰佸也 ○ 斡烏活切轉也旋也運也又罕韻 捾取也援也 ○ 撥北末切振開又轉之也發也理也絕
也除也又發揚貌禮衣毋撥又動搖詩本實先撥如字又音蒲撥切 鉢食器說文盂屬本作盋 盋漢書東方朔傳注盂若盋而大 發詩鱣鮪發發盛貌馬融曰魚尾
著網發發然又轄韻 鱍魚掉尾貌韓詩鱣鮪鱍鱍 鮁說文引詩鱣鮪鮁鮁又鯈鮁魚名荀子作鮇 墢耕起土國語王耕一墢又轄韻 跋本也足也禮記燭不
見跋又躐也詩狼跋其胡又見下又音拔 襏襏襫蓑雨衣劉禹錫高陵令劉君德政碑云烝徒讙呼奪襏而舞 茇華茇 ○ 潑普活切澆潑注曰澆散曰
潑 鏺刈草器又刈也韓愈曹成王碑鏺廣濟 ○ 跋蒲撥切跋躠行皃又草行為跋水行為涉韓愈詩注不由蹊隧而行曰跋涉从足从犮監本从友誤又見上
胈膚毳皮又股上小毛禹腓無胈从十誤 魃鬼婦詩旱魃為虐亦作妭从鬼从士作友誤 妭文字指歸云女妭禿無髮所居處天不雨說文美婦也 犮
犬走貌周禮赤犮氏注赤犮猶〻拔也當〻除蟲豸之理者从犬加ノ凡从犮者皆从犮 軷將行祭道神詩取軷又泰韻 茇草舍詩召伯所茇草根又末

韻 鈸銅鈸南齊穆士素造 ○ 撮倉括切□□十四黍□□王□三為撮又感聚而□取也又見下□上从尸俗从曰非 襊俗作襊不守 ○ 繓

子括切結也俗作縹 撮挽又見上 攥手把 ○ 掇都括切採也拾也 剟削也擊也割也 敠廣韻敁敠稱量敁音丁廉切敁亍謂之敁

搖 咄呵也又術韻 ○ 脫他括切骨去肉又輕易也解也亦作說稅又或然之辭又見下又隊韻 稅孟子不稅冕而行俗作稅又隊韻 說用□

說桯楛禮記見於天子與射無說笏又脣韻 倪狡也輕也可也 梲大棒爾衡傳手持三尺梲棒廣韻云梲即梁上楹也又見屑韻內 ○ 奪徒活切攘取也亦作

敓 敓書敓攘矯虔亦作敓从兌从攴 脫物自解也莊子民死已脫矣又脫重勞勩也見禮記玉藻注廣韻肉去脣也又如又見上 ○ 捋盧活切掇取也摩也

本作寽从爪从寸

五轄

轄胡八切車軸頭鐵左傳叔孫昭子賦車轄今詩作舝亦作鎋 鎋鎋鎋見孟子題辭 舝詩載脂載舝又有重舝篇 碚碣碚怒貌揚雄賦建碣碚之虡孟康

曰虡刻猛獸為之故其形碣碚而盛怒也碣音烏轄切 黠堅黑又黠慧 閜門聲亦作闔韓詩抉門呀歇閜 圔駱駝鳴聲韓詩載實駞鳴圔 ○ 劼

丘八切用力也固也謹也勤也 剳剝也韓詩敗面碎剝剳注黥面曰剝剝面曰剳 菰菝菰草名集韻或作契亦作挈禮記月令王瓜生注草挈也草皮八切 鬜博雅

禿亿廣韻禿鬝韓詩仇頭恣禿鬝集韻或作髻亦作鬝通作楬禮記明堂位注齊人謂無髮為禿楬 楬椌不飾者禮記明堂位夏后氏以楬豆注無異物之飾又見屑韻 擖

說文刮也一曰撻也 ○ 戛訖黠切轢之也常也禮也書不率大戛又戛戛齟齬貌 拮同上 秸禾藁去其皮祭天以為席亦作秸稭 䅪禮記藁䅪之設

稭見廣韻說文征蜀聯句郊告儼貌稭 頡轢也通作戛漢高祖封兄子為羹頡侯又絾尅也掠除也唐高仙芝傳盜頡資糧又屑韻 恝恝恝無戛愁貌孟子公明高以

孝子之心爲不若是恝 ○介 莊子馬知介倪音義李云介倪猶那倪也崔云介出俾倪也又泰韻 扴 廣韻揩扴物也[illegible]聯句室晏絲䏴扴謂機杼指扴聲也 玠 音恝

垢扴韓詩斗起城麈扴 ○軋 乙黠切車輾 輵 車聲揚雄賦皇車幽輵又曷韻 揠 方言拔也東齊海岱之間曰揠小爾雅拔心曰揠 鳦 燕也亦作

乙又質韻 扎 山曲又坱扎無垠際貌賈誼賦坱扎無垠史記作坱軋應劭曰其氣坱軋非有限齊也 猰 廣韻猰貐獸名亦作猰貐山海經猰貐害民黃帝因之䟽屬之山楚

辭以比暴虐人 楔 征蜀聯句山搖潰[illegible]猰 ○殺 山戛切生殺又誅戮也又刑不以罪曰殺亦作𣪠煞又寘泰二韻內見 煞 又泰韻 閷 考工記弓

人秋鬫者厚又泰韻 鎩 長矛一曰鈹有鐔又鎩翮摧翼也又泰韻 𧝏 衣縫餘 ○察 初戛切監也諦也知也審也覆也考也省也廉視也又察察靜潔貌屈原

傳誰能以身之察察受物之汶汶又察察過詳貌亦作詧 詧 說文言微親詧也 蔡 草芥征蜀聯句蕘養均草蔡 剎 柱也又僧寺 ○札 側八切小

簡司馬相如傳令尚書給筆札注札木簡之薄小者周禮注大札疫癘也左傳注大死曰札 蚻 似蟬而小 紮 纏弓弝也 扎 拔也 ○齾 牛轄切器缺齒

缺也 ○哳 陟轄切嘲哳鳥聲 ○瞎 許轄切廣韻一目盲亦作瞎征蜀聯句解罪吊孿瞎 ○猾 戶八切亂也狡也左傳無助狡猾 滑

利也達也又地名國名又術韻 磆 磆石藥名 ○八 布拔切兩三一二爲八少陰數也木數也八者別也 捌 無齒杷又分也今文書式借爲八字 朳 垒具

方言無齒杷亦作捌 ○汃 普八切水貌韓詩㵿江息澎汃選砏㶆軋李善注波相激聲廣韻又西極水名 ○拔 蒲八切擢也挺也攻而舉之也又隊曷二韻

○茁 側滑切草出地貌又術屑二韻 窡 穴中見也韓詩闖竇楔窒窡 ○貀 女滑切獸似貍善捕鼠 豽 同上 妠 媼娹小兒肥貌本作

媼廣韻作妠韓詩巳豔收媼妠 疺 瘡也韓詩視瘍悍瘢疺集韻或作瘵 ○刮 古滑切剔刮周禮作捖劀 捖 考工記刮摩之工五注故書刮作捖鄭司農云捖摩

之工消王工也讀爲刮𡉏音侯管切 劀 周禮瘍醫劀殺之齊 ○刖 戶刮切斷足又屑韻从曰月之月𣪠本从月者誤 ○[illegible] 數滑切刮劀[illegible]也[illegible]也清

之也人根刷尋究也貝也又音說○帓莫瞎幞頭亦作帕鞨又帶也帕帕額同上又禡韻鞨方言鞨巾俗人帕頭是也帕頭幧頭也又曷韻僁
僁僁健也一曰無憚也䀛博雅視也一曰惡視韓文獱眼困逾䀛○僁呼八切僁僁健貌又無憚也韓詩填隍僁僁○拶宗滑切逼拶韓愈雪
詩崩騰相排拶○枿牙八切伐木餘斫皃而復生也亦作櫱蘗櫱同上蘖同上嶭巀嶭山貌又屑韻巘巀高貌又屑韻○笪
當拔切笞也又竹箯怛驚也懼也莊子無怛化又悲憯也漢文帝詔爲之惻怛不安顏師古曰怛恨也武帝詔支體傷則心憯怛師古曰怛悼也古作悳亦作憚悳漢王吉傳
引詩中心悳兮今詩作怛憚懼也與怛同莊子憚赫千里又笴諫箇韻𪐴說文白而有黑也前漢功臣表易侯僕𪐴狚獦狚似狼而赤又產諫二韻妲
妲己有蘇氏女紂妃○闥他達切說文門也漢號禁門曰黃闥師古曰宮中小門曰闥撻打擊也扶也書撻以記之周禮撻其怠慢从手从達達挑達往來
相見貌又行不相遇也詩挑兮達兮古作本又與羍同詩先生如羍箋言生易如小羊羍小羊通作達从幸誤汏汏𤄷淅也廣韻過也亦作汰又泰韻汰過也左傳
宣五年伯棼射王汰輈注汰過也箭過車輈上澾泥滑韓愈詩澄蘚澾拳跼獺水狗食魚○達堂滑切通也決也又生也詩先生如達毛傳如字薘
馬舄草名○捺乃八切手按也○鏩查轄切草器○巀才達切山貌又屑韻囋嘈囋鼓聲陸機賦嘈囋而妖冶又翰韻○
剌郎達切僻也戾也漢有燕剌王劉向傳膠戾乖剌顏師古曰言違背也與剌字不同一从束一从朿辢辛也痛也俗作辣糲麤糲脫粟也九章筭術曰粟五十糲
米三十一斛粟得六斗米爲糲也又霽泰二韻○攃七煞切摩也足動草聲又見下礤麤礤○薩桑轄切唐六典有薩寶府掌胡神祠釋典云菩
薩華言普濟摋抹摋公羊傳宋萬臂摋仇牧碎首何休注側手擊曰摋又揮散也亦作攃俗作撒又擲也𣁏流放罪人亦作蔡蔡左傳成王殺管叔而蔡蔡叔書
百里蔡孔安國曰法也又泰韻內攃韓愈月蝕詩星如攃沙出俗作撒撒同上○伐房滑切征伐左傳有鐘鼓曰伐無曰侵又斬木也矜伐也自稱其功

洪武正韻卷第十四

曰伐又秙廣五寸爲之又干盾也詩蒙伐有宛亦作瞂又積功曰伐左傳大夫稱伐漢紀非有功伐車千秋傳無伐閱功勞亦作閥通 瞂 張衡賦楯鍛瞂方言自關而東或謂之瞂或謂之干關西謂之盾 閥 說文閥閱自序也史記明其等曰閥積其功曰閱通作伐又門在左曰閥在右曰閱三字義異者分押 罰 罪罰後人改刀作寸寸法也俗作罸 垡 耕起土也韓詩謝病老耕垡亦作墢坺 墢 同上又曷韻 筏 海中大木又桴也大曰筏小曰桴亦作橃䑺栰 昁 春也 乏 匱乏左傳攝官承乏注攝亦空乏也又曰於文反正爲乏蓋反止爲乏故反正爲乏也 泛 水聲又董諫二韻 ○ 髮 方伐切頭毛 發 起也興也舒也明也舉也闕也揚也寒氣曰觱發曆法春夏曰發秋冬曰皦又十二矢曰一發韋昭曰射禮三而止每射四矢故以十二爲一發顏師古曰發猶今言箭一放兩放也今軍中弓射一陣齊發曰一放弩射曰一撥取撥機發箭爲名如詩一發五豝謂三軍同發也發多殺少所以爲仁孟子發𣪠矢而後反則四矢爲一發也又遣也又啓行也兵法後發先至又末韻从癶从弓从殳癶音撥癶本作𣥠作癹誤 沷 滭沷寒冰貌又術韻 法 法則憲度也又數也常也又刑法漢紀法三章耳又方法凡技術可則效者皆曰法又則效也易卑法地荀子仁人法舜禹之制史湯法三聖以姓亦作灋 灋 周禮大宰以八灋治官府釋文云古法字也 ○ 韤 無發切足衣亦作韈漢張釋之爲王生結韤外戚傳傅綺韤 韈 同上

洪武正韻卷第十五

六屑

屑 先結切動作屑屑又清也潔也恭也碎也顧也勞也方言屑屑不安也秦晉曰屑屑郭璞曰往來貌漢王良傳往來屑屑不憚煩又輕也苟也孟子不屑就不屑去古作屑

屑 後漢崔駰達旨辭吾亦病子屑屑而不已也 僁 細聲 躠 蹩躠旋行貌亦作蹩殺 殺 莊子弊殺爲仁亦作蹩躠又轄韻 楔 櫼也爾雅棖謂之楔一曰含桃一曰角柶喪事用之禮記楔齒从刀監本从力誤

揳 廣韻擳揳撚也又塞也又不方正也 薛 莎也六韜蓑薛簦笠是以莎草爲雨衣也又國名又姓篆文國名字作辥名字作辥今文與春秋多用薛字却以國名辥字爲巀辥字史記孟嘗君傳國名作薛

薛 偏旁卩在左者即𠂤字也阜𠂤卩同 紲 繫也又馬韁又長繩亦作絏緤 絏 論語縲絏之中左傳臣負羈絏 緤 賈誼傳係緤之 褻 私服裏衣也又衣破壞之餘曰褻又狎近也又與媟同从衣中埶 媟 嬻也狎也慢也洿也亦作褻泄俗作媟凡从枼者皆然

暬 詩曾我暬御國語居寢有暬御之箴說文曰狎相慢也字當从執 泄 荀子憍泄者人之殃也又去也亦作渫又漏也亦作洩又未韻俗作泄

渫 同上又治井也又清也又葉韻俗作渫 洩 左傳言語漏洩又未韻 枻 荀子非相篇注檠枻正弓弩之器又未韻俗作枻 偰 高辛氏子商之祖也亦作契禼 契 又霽韻 禼 同上說文蟲名作卨誤

○孼 魚列切說文庶子曰孼又盛飾貌詩庶姜孼孼又妖孼孽㜸也漢志蟲豸之類謂之孼孼則牙矣

蠥 說文禽獸蟲蝗之怪謂之蠥亦作孽 孽 嬖妾賈誼傳庶人孽妾入與蠥同 蘖 妖蘖麴蘖又斫木餘又栽生曰蘖古文作不本無頭今文作櫱下从不非从木也从木者傳寫訛出頭耳

櫱 說文牙米又麴櫱 麩 周禮媒人注齊人名麴麩曰媒 讞 議獄又銑霰韻 巘 高貌揚雄賦飛檐巘巘又轄韻 齧 說文噬也又姓兀有齧缺出莊子

[illegible] 衣流又齊韻 臬 射的亦作槷樹又法也書臬司臬事又禮記注云門橜也亦作闑爾雅在牆曰楎在地曰臬 槷 見車攻詩注 闑

韋昭曰門中橛爲闑爾雅橛謂之闑通作臬**摯**𢪛摯考工記大則短而摯从執从手與摯字不同摯以執持之執**捝**捻聚亦作摯俗作𢪛濟韻**隉**杌隉

危也亦作𨹔𨹔又作槷**鶂**易于鶂𨹔韓愈贈劉師服作兀鶂一本作㒞鶂亦作兀臬**嵲**𡾊嵲山貌**㙞**杜甫鵰賦置𦋱巀㙞亦作嶭**嶭**巀嶭山貌

又轄韻**蜺**屈虹亦作霓蛪又齋質二韻**霓**同上**蛪**史記天官書蛪者類𠬧旗**鐵**馬勒旁鐵一曰扇汗又曰排沫爾雅鑣謂之鐵俗作鐵

○**結**古屑切締也又霽韻**袺**袺執**拮**詩予手拮据注撠挶也廣韻手口共有所作又質韻**紒**采薇詩注象弭所以解紒義與結同音計又音結據此則結束之結亦可作去聲用又霽韻**髻**莊子竈有髻司馬氏云竈神着赤衣狀如美女音結又霽韻若叶韻則髺髻字亦可作入聲用**絜**麻一耑又清也淨也孟子歸絜其身从刃**潔**清也淨也通作絜从刃誤**鍥**方言刈鉤自關而西或謂之鎌或謂之鉤或謂之鍥也又霽韻**㓗**㓗槔汲水具也**訐**面斥人隱過論語惡訐以爲直者注攻發人陰私也賈誼傳面相斥罪也**羯**犗羯羊羖也又地名**孑**單也餘也人無右臂也又戟也左傳授師孑焉**揭**揭起說文高舉也長貌詩葭菼揭揭**𧿾**𧿾𧿾用力貌莊子偈偈乎偈仁義又未韻**桀**桀桀秀也詩維莠桀桀○**別**皮列切異也離也解也訣也又姓又見下**蹩**說文踶也以足𢿙聲一曰跛也莊子蹩殺爲仁小行也**弊**同上莊子弊殺爲仁又惡也周礼弊弓又見未韻**苾**菜也又見質韻注**馝**香也或作𩞄又旋行貌通作弊又音瞥

又質韻**飶**食香又質韻**柲**擊仆也張衡賦徒搏之所撞柲**㧙**𢪛擊亦作批**批**同上又音擏相如賦云批巖衝擁又莊子批大郤有一音經史中如批逆鱗之類可通用○**鼈**必列切介蟲又蕨也**鷩**赤雉左傳丹鳥氏司閉也杜預曰鷩雉也又音閉**彆**本作𢐗弓戾謂𢐗今作彆亦作𢎞𢐗**別**分也異也辨也爾雅小山曰別又大別小別山名周禮八成聽稱責以傳別先鄭曰傳別謂券書也傳傳著約束於文書別別爲兩兩家各得一後鄭曰傳別謂爲大手書於一札中字別之**𨐨**周禮士師荒辯之法先鄭讀爲風別之別荒政十有二士師別受教條陸音彼列切又銑霰二韻○**列**良薛切剖也行次也位序也布也陳也分解也又姓人愐

韻 **烈** 火烈又光明盛也𤇾之光且盛者曰烈書丕承哉武王烈揚武王之大烈亡惡之者者 曰烈孟子於今爲烈又威也耕也詩載燔載烈毛傳火曰燔貫之加于火上曰烈鄭箋

烈爛也又栗烈寒氣詩冬曰烈烈鄭曰烈烈猶栗烈也又毒也 公孫弘以湯旱爲桀之餘烈又剛正曰烈正女曰烈女也 **迣** 鮑宣傳男女遮迣 晉灼曰古列字 **洌** 水 清

潔 也 **冽** 寒 也 **裂** 擘裂破也又繒餘又 鞶囊亦作厲又霽韻 **厲** 鞶厲又嚴也蜀都賦淳 風厲注叶音列又霽韻 **迾** 遮也通作 迣又霽韻 **栗** 考工記 弓人居

幹之道箘栗不迆後鄭云 栗讀如裂陸音烈又質韻 **蛚** 蜻 蛚 **栵** 爾雅栵栭今江東呼爲栭 栗吳楚呼爲茅栗又霽韻 **茢** 芀也可以爲帚掃除不 祥又謂之茢爾雅謂之

王 慧 **戾** 曲也罪也戾其頭也又乖也潘岳西 征賦庶免於戾音劣亦作盭又霽韻 **盭** 賈誼傳上不使人頸 盭而加也又霽韻 **攦** 工倕之指又霽韻 折也撕也莊子攦

捩 紾也捩也通作戾韓愈送窮文捩 手翻羹又拗捩固相違也又霽韻 ○ **謁** 於歇切請也告也白也訪也請見也漢書謁 歸謂請歸也爰盎傳上謁注若今通名也又

泰 韻 **暍** 傷暑史記 禹扇暍 **閼** 太歲在卯曰 單閼又曷韻 **噎** 食室氣不通 亦作饐餲咽 **饐** 養老之禮祝饐 在前又未韻 **餲** 漢賈山傳祝 餲在前又未

韻 **咽** 同上又哽咽悲塞 也又先霰二韻 **翳** 魏都賦桃李陰翳叶 韻音咽又齊微未韻 ○ **滅** 彌烈切火熄也又 盡也絕也沒也 **搣** 手拔又 摩也撚

也批也 捽也 **蔑** 無也說文勞目無精也从首从戍人勞則蔑然也又地名左傳盟于蔑 公穀二傳作眛音同又輕易也亦作薎懱監本从廾从戍誤或作眛 **眛** 同上 又地

名又 曷韻 **薎** 晉王沈釋時 論敖薎道素 **懱** 同 上 **衊** 汚血也从 廾从戍誤 **櫗** 鸏 也 **篾** 析竹 筠 **蠛** 蠛蠓細蟲相如 傳蠛蠓踊躍 **䁾** 目 眚

宋玉風賦 得目爲䁾 ○ **傑** 巨列切才也特立也荀子注千萬人 曰傑白虎通賢萬人曰傑亦作桀 **桀** 王逸注楚辭一國高爲桀又磔 也又雞棲杙也又夏桀又見上

榤 雞棲杙詩作桀唐有趙 榤憲宗時爲振䘏使 **楬** 廣韻有所表識說文楬楬也左傳楬而書之周禮職金注有所 表識謂之楬櫫蜡氏埋而置楬表偈閥閱自序所以書也周

禮物楬而書 之又轄韻 **渴** 水涸周禮渴澤用 鹿亦作澋又曷韻 **竭** 盡也又 負也 **揭** 舉而竪 之也 **愒** 息也又 霽韻 **碣** 碣石近海山 名在冀北又

碑碣李斯所造後漢書注方石謂之碑圓 堨 堰也唐弘守琪渠 ○ 爇 而列切
謂之碣亦作嵑又石特立者曰碣入音偈 堨爲虜毀又曷韻 炎氣也 ○
撆 匹蔑切小擊也略也 撇 韓愈曹成王碑撇韉六杜甫享 瞥 過目暫見 覕 莊子譬之
引也亦作撇又寘韻 太廟賦卷垂狄之彯撇又音瞥 亦作覕 猶一覕也
又蒲結切 嫳 廣韻輕薄貌左傳 憋 急速貌列子𢡮㥏 潎 水相激相如賦輕騰潎洌師古
割也 盧蒲嫳齊大夫 憋懯方言心性也 口潎洌相撇也又未韻
○ 挈 詰結切提挈又霽韻从手 契 詩傳契闊勤苦也又憂苦詩契契寤歎又屑契不平
从刀从手監本从刃誤 山貌屑音列爾雅契契愈遐急也又缺也漢書契國
威靈爾雅契絶也刻也郭璞曰江東呼刻 鍥 荀子鍥而不舍左傳陽虎借 㓞 晉虞溥傳㓞
斷物爲契斷亦作鍥㓞栔又霽韻从刃誤 邑人之車鍥其軸又霽韻 而舍之金石
不知又 栔 又霽 朅 去也健也又發語 ○ 節 子結切竹約又符節所以示信也又操也
霽韻 韻 辭朅來猶聿來也 止也制也檢也驗也阻也又卦名顏師古
曰節以毛爲之上下相重取象竹節因以爲名將命者持之以爲信又與楶同論語山節 楶
又與岊同詩節彼南山又音巀从竹从卽俗作莭偏旁作㔾巴巳卩卪與㔾不同卪音邑
梁上 岊 山高貌亦作 ○ 截 昨結切斷也止也廣雅盛也 巀 文穎曰整齊也漢 巀 辥巀
欂櫨 節又音巀 詩海外有截古作𢧵字 宣紀海外有巀
山貌亦作岊節廣 ○ 鐵 他結切黑金廣 銕 王安石曰金能 驖 馬赤黑色陸佃云取其
韻山名又轄韻 韻古文作銕 夷物莫如銕 色如鐵亦堅壯也
餮 貪也春秋傳謂之饕餮 飻 同 ○ 徹 敕列切通 撤 抽也發也剝 聅 司馬法小罪聅
饕貪食曰餮亦作飻 上 也又見下 也又見下 謂以箭貫耳又
删 硩 挑擿說文上擿山巖空青珊瑚 掣 挽 ○ 轍 直列切車輪所輾跡也說文以軌爲
韻 墮之周禮有硩蔟氏又質韻 也 轍非也周禮匠人注軌謂轍廣此非
以軌爲轍謂軌之廣與兩 軼 莊子猶螳蜋之怒臂 𨅍 跡也列子 徹 除去也論語以雍徹
輪之轍等耳亦作徹軼 以當車軼又質韻 絶塵弭𨅍 周法什一而稅謂之
徹徹通也爲天下之通法漢徹侯避武帝名改 撤 論語不撤 池 同上記夫人既祖塡池
爲通侯亦作撤又與徹同漢文帝詔結徹於道 薑食 音徹又文歌二韻

澈澄清○浙之列切江名在錢塘浙者折也水勢曲折激起潮頭故曰浙江亦作淛㴻淛同上又寘韻制莊子自制河以東裁也節也法也崔駰

浩音辭天地初制注協韻音指又寘韻晰明也亦作晣指又寘韻晣又寘韻晢易明辨晢也又寘韻哲智也書知之曰明哲謂知道也又知人也書知

人則哲亦作喆悊哲喆班固賓戲聖喆之治从三吉悊漢刑法志聖人既躬明悊之性蜇螫也折斷之也屈曲也又方曲也禮折旋中矩又毀弃也史漢折

券又封土為方壇禮記瘞埋於泰折又見下○纈胡結切文繒从結从頁頁音纈頭也與頁字不同貝下从八頁下从人凡從頁貝者皆从襭衣衽扱物擷

捋取頡直項又飛而上曰頡飛而下曰頡又倉頡古史官又轄韻絜約束莊子絜之百圍謂圍而量之也亦作挈賈誼過秦論度長絜大注謂圍束之也禮記大學君子有絜

矩之道朱子引莊子過秦論音胡結切又九河其一名絜音纈楔荀子不揣長不楔大注與絜同約其大小也又見上奊賈誼傳奊詬亡節師古曰無志分也音纈詬許苟

候廣韻集頭邪也○曳延結切拖也引也亦作拽抴又未韻拽又未韻緳帶也莊子正緳係履○設式列切說文施陳也从言殳使人也

又合也立也又唐制諸郡燕犒將吏謂之旬設今廳事謂設廳公厨曰設厨○涅乃結切水中黑土又染黑也又水名从氵从日从土俗作涅篞管之中者

苶疲貌莊子苶然疲役又葉韻俗作茶硩擿石別名○舌食列切口中舌又音活塞口也从干戉之干監本从千誤折斷而猶連也又姓揲

揲蓍說文閱持也又葉韻擮同上楊雄傳擮之以三策○耋杜結切八十曰耋耋至也年之至也禮記注七十曰耋釋名耋鐵也皮膚變黑色如鐵也詩詁云耋之言

昳也古者四十而仕七十而致事過七十則筋力已衰如日之昳故謂之耋至八十則大耋亦作𢧢𢧢漢孔光傳犬馬齒𢧢絰喪服麻在首要皆曰絰首絰象緇布冠要絰象

大帶絰之言實也衰之言摧也明中實摧痛也垤蟻高封又冢前闕又㘭垤亦作凸昳以目通指曰昳公羊傳文七年昳晉大夫使與公盟又質韻柣木名又鄭

遠郊門名左傳楚子元伐鄭入于桔柣之門桔音纈跌蹉也差也泆更也互也遞也溢也又質韻咥笑聲又齧也又未韻瓞再生小瓜軼車相過又

侵突左傳灌其侵軼我也又質韻

昳 日昊

○**歇** 許□切氣洩又休息也臭味消息故也竭也

猲 □喙犬又曷韻

蠍 螫人蟲

○**切** 千結切割也刻也近也迫也急也扌又刀切批也內則屠而切之又一切謂如刀切米不容徐縮也荀子注強斬之使齊若漢書之一切者又苟且曰一切猶曰一時權宜也後漢王霸傳以徼一切之勝謂一時倖勝也又大槩曰一切又切磋治骨角也又深切譏切又反切音韻展轉相協謂之反亦作翻兩字相摩以成聲韻謂之切其實一也又門限曰切漢書昭陽宮切皆銅沓冒黃金塗

桼 禮記祭義漆漆者容也自反也注漆漆讀如明友切切自反猶言自脩整也又質韻

竊 盜也穴也淺也虎淺毛曰竊毛又私也孟子竊負而逃公孫弘傳尚竊遲之从穴从米从卨作竊字誤

⿰骨齒 ⿰骨齒齒也

○**闕** 丘月切門觀爾雅觀謂之闕郭璞曰宮門雙闕也廣雅象魏者闕也釋名闕在門兩旁中央闕然爲道也三輔黃圖云人臣至此必思其所闕少又游車補闕者游闕見左傳又闕翟后服刻繒爲各不畫也亦作屈⿰糸屈又失也過也不恭也空也虛也又選闕空官也

屈 玉藻君命屈狄又術韻

⿰糸屈 見廣韻

闋 樂終說文事已閉門又隙也莊子瞻彼闋者又門開也巋

缺 虧也說文器破也又電光照處謂之列缺

鈌 唐李嗣真傳太常缺黃鍾張九齡選舉疏每一官缺以不次用之此與欠闕空闕虧闕同義又毀也玷也江文通上建平王書坐貽謗缺

○**月** 魚厥切太陰之精其象蟾兔海蚌食其光而生珠囙名曰明月古作𠕅象形今作月上有闕中二畫連左不連右與月冃月三字不同

刖 絕也斷足也从日月之月又轄韻从月誤

軏 車轅耑持衡曲木又五忽切論語輗軏有兩音

衞 護也從也兵衛也范曄靈帝贊逐樓宮衞協韻于別切又隊韻

悅 喜也

說 同上詩說以使民易民說無疆兌說也又舍息也詩於我歸說古與論說字通用後人作悅以別之本作說

兌 學記兌命曰與說同又隊韻俗作兊凡从兌者皆然

閱 觀也歷也說文具數於門中也史記明其等曰閥積其功曰閱又有功曰閥有勞曰閱車千秋傳無伐閱功勞師古曰伐積功也閱經歷也今人以家世門戶爲閥閱誤矣又買賣物貿也荀子良賈不爲折閱不市注折閱謂損其所賣物價也又檢視也俗作閲字

越 發揚也超也遠也墜也走也逾也又于也於也又發語辭與爰同於越國名百越南蠻總名通作粵又蒲草蜀選葛越注草布又見曷韻

粵 說文于也於也審察之詞也通作曰

案史記稱堯舜禹皆云粵若稽古孔氏尚書作曰若稽古説者以曰爲史氏之言以史記考之是與越同如書越若來是也史漢越皆作粵劉安世曰自昔在帝堯至作堯典孔子序文也堯

典二字古篇目也曰若發語辭也曰與粵同 **曰** 同上又語也謂也稱也篆文作㞢令作曰上有闕與日字不同 **𤈦** 火乾又𤈦也爇也見廣韻 **鉞** 大斧又謂之戚又謂

之揚説文作戉 **戉** 司馬法夏執元戉商執白戚周左杖黄戉説文戉越也从乚音厥象形 **絾** 采章也又紵布一曰車馬飾 **樾** 木陰 **蠘** 彭蠘似蟹而小亦作

蚎 **蚎** 同上 **颰** 風聲又小風謂之颰 **狘** 獸名又驚走貌禮運麟以爲畜故畜不狘 ○ **穴** 胡決切窟寵又壙也詩臨其穴 ○ **烕** 呼決切詩

褎姒烕之从戌从火火物也戌諧聲也一曰火墓於戌至戌而滅故从戌也新唐書高宗贊引詩作滅誤漢五行志引詩作烕 **⿰歹戉** 盡也 **⿰女烕** 滅也莊子皆⿰女烕可以休老 **翓**

小飛貌莊子作決字 **吷** 小聲莊子劒首一吷一曰飲也 **血** 氣血 **泬** 水從穴出又泬寥空貌又邪僻也唐裴延齡等贊君臣回泬 **岤** 文選劉安招隱士虎

豹岤注穿穴也 **決** 小飛貌莊子決起而飛又許劣切又見下 ○ **拙** 朱劣切不巧也 **棁** 梁上楹又杖也亦作棳俗作梲又曷韻 **棳** 同上又縣

名漢地理志益州郡有毋棳縣師古曰棳讀與梲同其字从木毋音無 **準** 鼻頭又賄軫韻 **綴** 聯也古作叕又舞列也又隊韻 **輟** 止也歇也 **罬** 網名 **罬**

言多不止又泣貌 **惙** 憂也詩憂心惙惙 **畷** 井田兩陌間道又隊韻 **剟** 割取賈誼傳劉寢戶之簾又曷韻 **錣** 列子倒杖策錣上貫頤張湛曰錣杖末鍼

淮南子注馬策端有利鐵所以刺不前也 **餟** 祭酹酒一作醊又隊韻 **醊** 史記封禪書爲醊食羣臣從者又隊韻 **茁** 草生貌又轄韻 ○ **雪** 蘇絕切凝雨又

拭也除也洗也史記沛公遽雪足家語以黍雪桃又雪涕潔涕涶又紬蕝也杜甫詩佳人雪藕絲古作䨮 ○ **蕝** 子悅切束茅表位亦作蕞又折絕也又見隊字韻俗作蕝監本

从色誤 **蕞** 又見隊韻 ○ **絕** 情雪切斷也奇也冠也超也橫度又直度也息也相去遼遠也止之也熄也峭極也古作𢇍俗作絕从色誤 **𢇍** 反𢇍爲𢇍路溢

舒傳𢇍者不可復屬 ○ **說** 輸爇切論說告也解也訓也述也又所以之辭也易故知死生之說書金縢代武王之說揚子作危辭說五經爲衆說文中子有說俗作說又[illegible]

韻○抉決切[…]也搯也噦嘔也逆氣也說文[…]悟也內則不敢噦噫又[…]韻○歠[…]悅切大[…]亦作啜嚽啜[…]同上又茹[…]也嘗也
嚽荀子嚽菽飲水○劣力輟切優劣弱也鄙也少也鋝說文十一銖二十五分之十三周禮重一鋝或曰二十兩爲鋝小爾雅倍舉曰鋝鋝謂之鍰宋咸曰
舉三兩鋝六兩埒說文庳垣也爾雅山上有水埒丘水潦所還曰埒又封道曰埒淮南子道有形埒○爇儒劣切燒也亦作爇焫爇左傳且爇之是也
焫禮記焫蕭吶言緩禮記檀弓其言吶吶然如不出諸其口有兩音廣韻作訥又見術韻內○厥居月切其也短也發石也又術韻劂剞劂曲刀
亦作劂又隊術二韻蹶跌也走也速也嘉也僵也跳也禮記足毋蹶注蹶行遽貌荀子遠者竭蹶而趨之注蹶顛倒也亦作蹷又見隊韻蹷同上又傾竭也賈誼曰何得不
蹷又拔也左傳是謂蹷其本賈誼曰日蹷六國又隊韻蕨菜名草木疏周秦曰蕨齊魯曰鼈俗云以其初生似鼈脚故名之蟨廣韻獸名走之則顛蛩蛩前足高不得食
而善走蟨常爲蛩蛩取食蛩蛩負之而走韓愈送文暢詩無不比鶵蟨注爾雅鶵比翼鳥蟨比肩獸一名駏驉一曰井中蟲也瘚逆氣玦珮如環而缺逐臣待命于境賜環則
返賜玦則絕義取訣別左傳金寒玦離又曰金玦不復荀子絕之以玦蓋珮玦取其能斷范增數以手循其珮玦示項羽觼環有舌者亦作鐍觼鐍同上又扃鐍觼
同上譎詭詐亦作矞矞荀子矞宇嵬瑣又見術字韻決行流也一曰斷也又絕也與訣同漢李陵與蘇武決去王章與妻決又決拾射韝縱弦者曰決拾韝
者曰拾亦作抉跌訣別也絕也辭也通作決亦作觖又方術要法也觖同上又觖望怨望也薛瓚曰謂相觖而怨望如淳曰觖謂辭別之決同臣謂觖者缺也觖望謂不滿
所望而怨耳又擿觖挑發貌抉縱弦彄通作決又見上趹西都賦要趹追蹤鴂鶗鴂鳥名又鶗鴂子規也亦作鴃鴃廣韻云春分鳴則衆芳生秋分鳴則衆芳歇又
見術韻鴃同上䳏鷤鴂一名子規隊韻蚗蛥蚗蟬屬蛥音哲潏水名相如賦酆鎬潦潏晉灼音決師古曰地理志鄠縣有潏水北過上林苑入渭今鄠縣
無之許叔重云潏水在京兆杜陵此即今沇水從皇子陂西北流經昆明入渭字或作沇與沇相似俗人因名沇水又水中坻人所爲爲潏又見術韻駃駃騠良馬也生七日超母

○**橜**其月切說文杙也从木厥聲一曰門梱也徐曰按爾雅樴謂之杙注橜也蓋直一段之木也其初謂之橜杙樴及其入用各因隨所在爲名在地謂之臬臬門限也大者謂之栱長者謂之閣列子注斷木也莊子注木段也又稻橜又車鉤心亦謂之橜亦作橛 **橛**韋昭注史記曰門中橛爲闑又木段莊子若橛株枸 **鷢**廣韻白鷢一名楊鳥似鷹尾上白善捕鼠韓愈送文暢詩翩然逐鷹鷢 **掘**穿也亦作拙撅鈯拍闕又術韻 **拙**荀子池不拙注掘字又曰死鈯墳墓亦掘字本亦作拍俗本訛作掘非又作鈯 **拍**列子拍其谷而得鈌又胡沒切 **撅**搽撅見廣韻杜牧注孫子序撅其域郭與掘同又隊韻 **闕**左傳闕地及泉

七藥

藥弋灼切治病草故字从艸今金石草木之劑皆曰藥又勺藥香草根可和食子虛賦勺藥之和具而後御之枚乘七發勺藥之醬詩贈之以勺藥韓詩離草也言將離別贈此草也又療也詩不可救藥 **躍**跳也上也進也又質韻俗作躍 **礿**夏祭禮記王制祭統皆言春曰礿或曰此夏商禮也或曰礿薄也夏物未成其祭尚薄亦作禴 **禴**周禮宗伯以禴夏享先王曰禴祠烝嘗說者曰禴以樂爲主易東鄰殺牛不如西鄰之禴祭謂薄祭也 **瀹**漬也治也又內肉及菜湯中薄熟出之也又䟤瀹開滌也亦作瀹字 **瀹**莊子䟤瀹而心 **爚**爇也又煜爚光明照燿也 **龠**量器狀如似爵以縻爵祿漢志龠者黃鍾律之實也躍微動氣而生物也龠實八十一黍 **籥**郭璞曰似笛三孔而短小廣雅曰七孔 **鑰**關牡也 **鸙**天鸙如鷃 **虐**酷也殘也苛也 **瘧**痁病也 **嶽**五嶽衆山之宗也亦作岳古作𡶳 **岳**同上又州名又姓也 **鸑**鸑鷟鳳雛張說握乾符頌序鳴鸑改號 **樂**音樂樂者樂也記曰樂樂其所自生又姓又嘯效二韻从丝从木器也从白聲也本是音樂字餘皆假借 ○**渥**乙角切霑濡滂濡也洽也潤也澤也賈誼傳德至渥也易其形渥亦作剭詩顏如渥丹又宥韻 **剭**剭刑不殺於市見廣韻鄭康成易其刑剭又屋韻 **喔**雞聲 **握**持也 **幄**小爾雅覆張謂之幄 **偓**偓佺古人名 **約**乙却切約束纏[illegible]束縛[illegible]又言語要結戒令檢束皆曰約束約信曰誓[illegible]儉也小也貧也簡也大約[illegible]率[illegible]期也隱度

也周禮司約以約言之約茮育兩字又嘯韻 箹小籥 葯白芷淮南秋葯被風 穛漢律歷志八者受也 ○謔迄却切戲調也 ○削
息約切刮削又小小侵迆又弱也奪除也王制君削以地又谷名考工記築氏爲削注鄭今書刀蓋古用竹簡筆誤則以刀削去之因名其刀曰削春秋筆削是也又嘯効二韻
鵲七雀切鳽鵲亦作䧿 皵皮皴又質韻 碏恭也又人名 舃篆文云古鵲字象形借爲履舃字本作舄今省作舃又姓又質韻 猎宋猎良犬亦作
捉 芍陂名在壽春又見下又篠質二韻 踖陵也蹴也又質韻 ○皭疾爵切白色又踈淨也屈原傳皭然泥而不滓蜀都賦皭若君平又嘯韻 嚼
咀嚼又嘯韻 ○爵即約切鳥名象其形爲酌器取其能飛而不溺於酒因以寓儆戒焉大夫以上與燕享然後賜爵以章有德故因謂命秩爲爵又黑多赤少之色曰爵象
爵頭色亦作雀 雀燕爵與酒爵官爵義異可分押 爝火炬又嘯韻 燋灼龜炬又火未然也又蕭嘯二韻 ○鑠式灼切銷鑠也 爍灼爍光貌
○灼職略切燒也炙也又灼灼紅盛皃 焯明也亦作灼炤又光氣 炤詩亦孔之炤又蕭嘯二韻 勺枹取又成王樂名漢志周公作勺言能勺先祖
之道亦作汋酌又蓮勺縣名又作芍字又見下 汋左傳引詩汋曰於鑠王師今詩作酌又汋陵宋地又見下 酌酌酒又盃也行也取也露也說文盛酒行觴曰酌又取善
而行曰酌又參酌審擇度量也 芍蓮芍又見下 妁說文媒妁酌也斟酌兩姓者也 彴橫木渡水又倚也又見下 繁生絲縷亦作繳 繳同上弋繒著之
以冐禽足謂之繒繳漢蘇武能網紡繳又篠韻 禚齊地 斫爾雅斫謂之鐯又擊也斬也 斮同上 钃刺也荀子以狐父之戈钃牛矢也又屋韻 箸音與
灼同被服也本作箸今文作着一曰置也歐陽氏曰今多書作着誤又見下 鐯钁也爾雅所謂之鐯亦作钃 ○著直略切附也麗也黏也 着同上安土
謂之地著漢志理民之道地著爲本又魚御二韻 ○綽尺約切寬也 婥婥約好貌莊子婥約若處子音義云柔弱貌亦作綽繛 繛同上又罃白貌相如
賦便嬛繛約 逴行貌方言驚也蹇也遠也亦作趠字 婼魯大夫肘孫婼其義未聞說文不順也又如支切婼羌 躇公羊傳宣六年躇階而走注躇猶超也遽

不暇以次又魚御二韻

㲋小兔从㲋音同㲋獸名似兔青色而大兔頭鹿足字象形

趠與逴同

踔跳踔不常貌莊子跉踔而行

○杓裳灼切杷酌器項羽傳沛公不勝桮杓通作勺息夫躬傳行於桮勺師古曰杓所以抒挹又見蕭韻內

勺考工記梓人爲飲器勺一升又長勺魯地勺藥香草亦作芍

汋激水聲又為陵宋地又見前

○若如灼切杜若香草又如也順也汝也語辭然也又預及之辭也爾雅善也左傳禁藥而不若又荀子出若入若注如也又若木東海木名又東海若海神名又若若盛多貌又見者韻

弱劣也懦也曲禮二十曰弱又水名从弜弜音奇又渠良切俗作弱字同

蒻蒲也又蒻蒻菜名根可食又荷莖入泥處

溺廣韻水出龍道山不勝鴻毛通作弱禹貢弱水俗作溺又嘯質二韻內

鄀秦晉界上小國在商密後遷南郡鄀縣左傳僖公二十五年秦晉伐鄀

箬廣韻竹箬張志和漁歌青箬笠

芍芍藥草名根可爲藥一曰香草

嫋姌嫋長貌又篠韻

○略力灼切簡也封界也左傳侵犯王略王與之武公之略又經略疆理也大略大要也又忽也廣韻求也取也法也方略計畫也趙充國圖上方略又巡行曰略左傳略基趾又行取曰略漢書張良略地唐蒙略通夜郎又杜預曰不以道取曰略方言强取曰略漢武帝紀殺略襲遂傳刼略與掠同又利也詩有略其耜亦作䂮䂮又渠略者蜉蝣也

䂮利也

䂮同上爾雅字

掠刼掠又笞也掠取也拂過也亦作剠又漾韻

剠同上

⿰虫京蟲⿰虫京蜉蝣朝生暮死詩傳作渠略字當作⿰虫京傳寫訛作⿰虫京

○却乞約切退也止也不受也亦作卻郄

卻此本字也後變爲却又轉爲郄从谷从卩谷音其虐切非山谷字也卩音節與卻字不同

郄史記天官書兌而畢者郄

殼皮甲說文從上擊也一曰素也亦作殻

慤謹也善也愿也誠也荀子有慤士者亦作愨殼

愨禮記不然則已慤荀子端慤生通

殼同上周禮大司寇注愿殼又皮甲也

鷇鳥子欲出者莊子其以爲異於鷇音李氏音殼又宥韻

㲉廣韻鳥卵韓愈城南聯句鷇殼橨壞橙納凉聯句盤看饋禽㲉

確堅也斬鹵也廣韻亦作碻

埆地不平又墝埆瘠薄也

硞石聲

搉擊也

毃毃打頭也

礐山多大石

○覺記岳切訛也悟也知也又明也左傳文四年以宣報宴又大也詩有覺其杙毛傳有覺言高大也箋云直也又效韻

角頭角又宿名東方七宿之首蒼龍之角也又酒器及

四升又芒也又競也校也賈誼傳非觀角材而臣之也又觸也椅角挫其後曰椅絓其前曰角
亦作觳以摘确又東方之音漢律歷志角觸也物觸地而出戴芒角也爾雅角謂之經亦作觕角
與角 **觳** 史記李斯傳作觳抵優俳之觀漢書作角抵角者角 **掎** 椅掎左傳作 **确** 漢書
不同 材也抵者相抵觸也又克角力死鬥又見下又屋韻 角亦作搉 廣數與
虜确師古曰競 **觻** 東方之音俗作 **桷** 椽也一曰屋角 **搉** 揚搉大舉又椅也舉而引之也
勝負也又見下 觻漢志作角 斜枋一曰梠也 又搉酤與榷同揚子爲人父而
搉其手上从爿音牁 **榷** 橫木渡水漢武天漢三年初榷酒酤應劭曰縣官自酤榷賣酒小民
非从山也今作榷 不得復酤也韋昭曰以木渡水曰榷謂禁民酤釀獨官開置如道路
設木爲榷獨取利也師古曰榷者步渡爾雅謂之石杠今之略彴是也禁閉 **梏** 直也禮記緇
其事揔利入官而下無由以得有若渡水之榷因立名焉字本从木或作榷 衣引詩有梏
德行今詩作 **較** 說文車上曲銅亦作較周禮輿人注較兩輢上出軾者在車之兩旁賈氏疏
覺又屋韻 云較今之平隔也孔氏疏云式上二尺二寸別橫一木謂之較詩猗重較兮
荀子言孫叔敖軒較之下而以楚霸注修文德不勞甲兵遠征戍也又獵較孟子注 **較** 又效
田獵相較又直也又略也大較猶大略也又著明貌漢書孔光傳較然甚明又效韻 韻
㱿 二玉相合 **玨** 同 **斠** 平斗 **傕** 後漢有 **脚** 足也亦 **腳** 鄱陽傳司馬 **蹻** 舉足行高
亦作玨 上 斛也 李傕 作腳 喜臏腳於宋 又與屩同
王褒頌離跣釋蹻又莊蹻楚 **屩** 草履麻曰屩木 **屫** 同上史記馮驩 ○ **噱** 極虐切嗢噱
之大盜又見下又蕭篠二韻 曰屐又屋韻 躡屫見孟嘗君 大笑不止也
班固敘傳談笑大噱師古曰噱謂唇口之中 **臄** 口上阿詩嘉肴 **醵** 合錢飲酒又 **蹻** 驕甚
大笑則見校獵賦注口中之上下曰噱也 脾臄亦作噱 魚御二韻 詩小
子蹻蹻爾雅憍也郭璞 ○ **縛** 符約切束也 ○ **索** 昔各切荒也盡也散也糾也繩也又
曰小人得志憍蹇之貌 繫也又箇韻 姓又蕭索縈紆貌漢志莋所索輪囷是
謂慶雲魏書宋齊謂魏爲索虜謂以索辮髮也非戎索之索左傳昭公五年韓宣子如楚送女
叔向爲介鄭子皮子大叔勞諸索氏杜預曰河南成皋縣東有大索城陸音悉各切招丸郎所
謂京索是也漢書音色字從通用 **㩌** 摸㩌亦作 ○ **錯** 七各切鑢也又厲石也雜也摩也
又模索又疋索山名又見陌韻 索見南史 舛也誤也詩傳東西爲交邪行爲

…文金涂…雜…台廿又暮韻 厝 廣韻礪石漢地理志…雜… 厝晉灼曰古錯字又暮韻 䛩 屖 縒 縒綜亂也 ○ 作 則落切造也…也 行也興也…振

也始也生也役也又見暮箇二韻 鑿 鮮明貌詩白石鑿鑿又精也左傳粢食不 鑿又見下又效韻从丵从臼从殳从金 糳 精細米說文一斛 春爲九斗曰糳左傳作

鑿 ○ 昨 疾各切昔日又與酢同 周禮諸臣之所昨也 酢 酬酢說文作 醋又暮韻 鑿 鏨也又六情曰六鑿…元子 六鑿相攘有去入兩音 鑿 穿 鑿

柞 木名即皂斗也五柞漢宮 因木以名文選音作誤 筰 竹索西南夷尋之以渡水故因號 曰印筰亦作笮又見陌韻內 笮 姓也 莋 縣名在越 嶲也

怍 慙也亦 作作 㤰 荀子無 所㑷㤰 ○ 浞 食角切濡濕 又寒浞人名 鋜 廣韻鎖足韓愈納涼 聯句黄鶴足仍鋜 灂 瀺灂水 小聲 鷟

鸑鷟 籗 取魚罩从竹从 霍監本从隺誤 汋 爾雅井一有水一 無水曰瀱汋也 齺 齺相近一曰齒相逆又上下 相向貌荀子齺然上下相信 ○ 朔 色角

切月之朔又北方也車輈也始也顏師古曰 朔猶始也漢武改元元朔言更爲初始也 數 疾也頻也屢也 又姥暮屋三韻 箾 蕭踈貌宋玉九辯 箾蕭槮而可哀 矟

矛屬通俗文矛丈八 者謂之矟亦作槊 槊 同上又擬 槊博簺也 箾 以竿擊人又舞竿左傳季札見舞象箾南籥杜預曰 象箾舞所執荀子箾簡象注舞曲名又見蕭韻內 ○

嗽 口嗡也 又宥韻 ○ 躩 丘縛切論語足躩 如也又驅碧切 ○ 恪 克各切愿也恭也謹也左傳三恪杜 南曰其禮轉降示敬而已故曰三恪 ○

矍 厥縛切說文隹欲逸走也从又持之矍矍也又古右手字也 一曰視遽貌亦作戄又矍鑠輕健貌馬援傳矍鑠哉是翁也 戄 後漢李固傳奏戄 使戄然通作矍 攫 持也

撲取也 又陌韻 玃 大 鉏 貜 大母猴廣韻大猿亦作玃春 秋齊定公名貜且又俱碧切 ○ 各 葛鶴切 異辭 閣 樓閣舉閣以食度曰 閣櫝弓其餘閣也與

又閣閣猶歷歷也詩約之閣閣又迫隘不 行曰閣…閣后禮注車有轑轅坻閣坻弁紙 格 式枝又止也又阻隔不行義從傳…以格鬪事唐 書其議遂格又畱止不下也亦作閣…官門

兼不…又角戲也吾丘壽王善格下韓非子嚴家無格虜又以杖閣…斲也吴都 賦㒟萬笑而被格協韻音閣又栈也吳都賦峭格…無音…與陌韻通 貉 …也 狢祓也又

○雘烏郭切丹也又丹雘从蒦監本作臒誤 蠖尺蠖蟲又 鑊味薄 ○䨼老也亦作隻 縛切說文收縷 ○䨼忽郭切山名國

名又□□又與藿同鮑宣傳漿酒霍肉注云豆葉也 藿大豆葉又香草亦作藿 𧆁見玉篇 靃廣韻地名說文飛聲雨而雙飛者其聲靃然選賦靃靃霏霏亦作霍

擭手反也覆也 癨吐病 ○穫胡郭切刈禾又隕穫又暮韻 鑊金屬鍋也 濩雨流霤下貌揚雄賦嫺姱蠖濩之中張晏曰刻鏤之形師古曰言屋之

深廣也蠖音烏郭切濩音胡郭切又暮陌二韻 獲與穫同荀子一歲再獲又禡陌二韻 擭柞擭阱也淺則施之又禡陌二韻 ○彠鬱縛切度也又陌韻內

嬳作姿態也 矱與彠同漢崔蒙文協準矱之正度又楚辭求矩矱之所同 韄縛也莊子外內韄者德不能持又屋號切 ○戄許縛切驚戄又遽視

○託他各切寄也委也信任也亦作侂 侂說文引論語侂六尺之孤 橐無底囊又橐橐用力貌詩椓之橐橐 柝判也又夜行所擊者亦作欜𣓌

欜周禮野廬氏聚欜之注擊欜以宿衛之也 𣓌漢書宮中衛城門擊刁斗傳五更衛士周廬擊𣓌爾雅木謂之𣓌今江東斫木為𣓌 拓手承物也推也斥開也又拓落

猶蹬蹬也又質韻 魄落魄不檢應劭曰惡之類也又失業無次貌又陌韻 檡木皮葉落也 籜竹皮 袥衣衸又開衣領 ○洛歷各切水名在

河南左傳作雒東漢信讖以火德忌水用雒字 雒左傳楚子伐陸渾之戎遂至于雒又馬黑身白鬣曰雒亦作駱本鳥名一名鳥鸔亦作鵅舊注云鵋鶀誤也 零雨零通作

落 酪乳漿 落草曰零木曰落皆衰謝也落字从艸則草衰亦曰落離騷夕餐秋菊之落英是也宋玉九辯草木搖落而變衰亦總言之凡物隕墜皆曰落人死亦曰落書殂

落又始也聚也散也又拓落不偶貌揚雄傳為官拓落又鑿落飲器桑落酒名碧落天也錯落閒廁貌磊落魁礧貌冷落蕭索貌又宮室始成祭之曰落左傳願與諸侯落之又釁鐘曰

落左傳曰大夫以落之揚雄校獵賦虎路三嵕晉灼曰路音落師古曰虒落者以竹箯相又籬落又院落庭宇也 路連遮落之也此古籬落字也晁錯傳作虎落鄭氏曰外藩又暮

印 絡聯絡揚雄傳伏羲作易綿絡天地謂包括之也又脈絡脈氣也絡繹也五臟六腑絡十一經十五絡又籠絡馬羈鞚也莊子絡馬之首又絡絲也又絡繹連屬不絕也說文絮也

之□關東謂□水綆曰絡 **珞** 瓔珞 **硌** 磊硌石貌又作硌石堅不相入貌亦作落落 **樂** 無憂也天理洞達內心油然易樂天知命故不憂語知者樂孟子樂則…又

噣效二韻 **剒** 剟也 **烙** 燒灼又火鍼曰烙又音格 **轢** 陵轢車踐也又質韻 **櫟** 木名詩山有苞櫟協音洛又捎也相如賦櫟蜚遽又質韻 **濼** 水名在濟南又…又

音鹿同又見下 **駱** 馬黑身白鬣詩魯頌駉作雒又姓 **犖** 卓犖超絕又駁犖牛雜色又事之明史記天官事此其犖犖大者 ○ **諾** 奴各切應聲又以言許人

田諾 **搦** 按也班固幽通賦搦朽摩鈍鉛刀皆能壹斷又陌韻 **掉** 持也又篠嘯二韻 ○ **博** 伯各切廣也首也荀子多聞曰博又貿易也古琴曲有不博金

簙 局戲亦通作博 **犦** 犦領又表也又屋韻 **搏** 索持又手擊也又暮韻 **薄** 迫也侵也荀子寒暑未薄而疾又迫晚曰薄暮又見下 **鎛** 田器又大鐘國語戚施直鎛 **鑮** 大鐘通作鎛 **膊** 肩膊亦作拍又界埒也太玄福則有膊禍則有形又磔也春秋傳云殺而膊諸城上 **拍** 周禮籩人豚拍魚醢又陌韻 **礴** 旁礴地形

欂 欂櫨枅也又曰柱也韓愈進學解欂櫨侏儒 **煿** 火乾 **餺** 餺飥餅也 **剝** 卦名皮剝也落也褫也削也脫也傷也割也又音撲詩八月剝棗 **駁** 六駁獸名食虎又馬色不純亦作駮今俗謂庬雜爲駁雲開曰解駁也 **駮** 同上詩皇駁其馬乾爲駁馬 **爆** 爇也亦作爆又效韻 **爆** 又效韻 **嚗** 笑聲莊子嚗然而笑

○ **雹** 弼角切雨冰左傳凡雹皆冬之愆陽夏之伏陰也劉向曰盛陽雨水溫煖而湯熱陰氣脅之不相入則轉而爲雹盛陰雨雪凝滯而冰寒陽氣薄之不相入則散而爲霰故沸湯之在閉氣而湛於寒泉則爲之冰及雪之消亦水解而散此其驗也故雹者陰脅陽也 **犳** 奔星又見上 **犦** 牛名亦作犦又效韻 **犦** 又效韻

撲 踣也韓愈納涼聯句朽机懼傾撲又屋韻 **瓝** 小瓜一曰瓞也 **懪** 爾雅懪懪悶也 **擈** 相擈亦相撲 **骲** 箭骲 **瓟** 瓜也 **泊** 止息也又飄泊寓也澹泊恬靜無爲貌亦作怕字 **怕** 憺怕又禡韻 **薄** 不□□之對又草叢生曰薄又旁薄廣被也揚雄傳旁薄羣生亦作磅又回薄旋轉貌賈誼賦萬物回薄又簾也亦作箔簿又迫也書外薄四海陸音泊徐音博見前

魄 旁魄廣被也相如封禪書旁魄四塞又落魄失業無次亦作魄 **箔** 簾也通作薄 **薄** 同上又…

渮又亳地名湯所居今亳州又礴旁礴混同貌又㢶被也又充塞也亦作礡礴亦作旁薄
魯頌作薄禮記薄社北牖又作旁魄莊子旁礴萬物又旁礴地也太玄經中首昆
侖旁礴幽北侖天之氣也旁礴地之形也欂柱上枅廣韻欂櫨枅也又曰○鐸徒谷切
幽人之心也人心幽微具天地妙用也上也韓愈進學解欂櫨侏儒鈴屬金
鐸金鈴金舌軍法用之木度謀也量也計也料也忖也詩周爰咨度左傳咨禮爲度杜預曰
鐸金鈴木舌文教用之問禮空也詩帝度其心左傳成鱄說詩心能制義曰度又治木
與剫同於傳山有木工剫治木說文判也爾雅本謂之剫亦作度如左傳之義澤洛澤水
則度之又見暮韻則謂度其材之美惡小大長短而用之適宜也也又陌
韻澤大人賦遝格澤之脩竿兮張揖曰格澤之氣如火狀黃白色起地上㥦與度同○
至天下七上鋭顏師古曰格胡各切澤大各切又濼索縣名又陌韻忖㥦也
朴匹各切漢文示朴爲天下先皇濼陂薄疾驅聲詩膊磔也左傳殺而膊諸城上又
后紀斲彫爲朴又厚朴藥名澤載驅薄薄歐擊聲韓愈鬬雞聯句膈膊
戰聲䑹割肉璞玉未琢樸木素又質也亦作朴史漢斲雕爲樸黃霸粕糟粕亦䬏莊子
喧傳澆淳散樸郊祀歌抱素懷樸又見屋韻作䬏云古
人之糟䬏鏷生鐵李善文選釙同上鞄柔革工考工記颮飛相擊聲西都墣塊也
與粕同七命鏷越鍛成作鮑又效韻賦颮颮紛紛
扑擊也亦作撲剥攴又杖也書扑作教刑○莫末各切無也勿也又姓又廣也左傳狄
謂夏楚也漢志薄刑鞭扑又普卜切之廣莫莊子廣莫之野又定也詩求民
之莫民之莫也又不可也論語無莫也小爾雅大也又病也詩莫此下民亦作瘼史記李牧傳
輸入莫府以軍幕爲義古字單用軍旅無常居止以帳幕言之詩歲亦莫立本音暮協韻音暮
又暮陌幕在旁曰帷在上曰幕又平而無文曰幕又錢背無字曰幕又六合曰六幕又沙幕
二韻北狄中地說文作漠漢武紀衛青將六將軍絕幕李陵歌經萬里兮度沙幕揚雄
賦腦沙幕匈奴傳雍以沙幕西域傳幕南無王庭應劭曰沙幕匈奴南界薛瓚曰沙土曰幕師
古曰二說皆是或云是塞外地名非矣幕者即今突厥中磧耳後漢竇憲傳經磧鹵絕大漠則
漠幕古漠沙漠又廣也大也施也冲漠鄚地名唐明皇以膜肉間膜摸摸㨯捫也手
通用瀯靜貌莊子云合氣於漠字與鄚改作莫又模韻捉也又模韻

瘼說文病也詩求民之瘼 寞寂寞無聲也 鏌鏌鋣劒名 瞙目不明也 塻舍塻亦塵塻也 邈遠也渺也又輕視貌亦作藐貌 藐同上
孟子說大人則藐之又不經意貌詩聽我藐藐又篠韻 貌描畫人物類其狀曰貌廣韻亦作皃又邈也韓愈月蝕詩貌貌上天東又效韻 皃皃人類狀又莫教切 ○
鶴曷各切鳥似鵠長喙丹頂亦作鸖又見下 鸖史記衛世家懿公好鸖左傳作鶴 貉似狐善睡亦作狢又禡陌二韻 洛洛澤冰也又凍涸貌楚辭冬冰洛澤
从冫 涸水渴國語水涸成梁又暮韻 格根格郤退貌吳楚俗謂牽引前郤爲根格根音胡恩切見灌夫傳注又格澤氣名又見上又陌韻 ○ 臛黑各切肉
羹也 鄗邑名在常山又見巧屋二韻 郝地名在扶風又姓 蠚毒螫又音綽 壑溝壑谷也坑也虛也大壑海也廣韻亦作叡从叔从谷从土 嗃
悅樂又嚴酷貌又嚴大之聲易家人嗃嗃又爻效二韻 謞謞謞崇讒慝也 熇炎熾也亦作歊又蕭屋二韻 歊同上 藃暴起貌考工記轂雖敝不藃又
效韻 ○ 學轄覺切受教傳業曰學學者所效也法也又庠序總名又效韻 鷽山鵲廣韻赤喙長尾短知來而不知往莊子蜩與鷽鳩笑之亦作學鳩音義云小鳩也
嶨山多大石韓愈會合聯句吟巴山犖嶨 确磽确石地說文磬石也又韓愈山石犖确行徑微 翯鳥羽肥澤亦作鶴鷽又音穀 鶴孟子白鳥鶴鶴趙岐
曰肥飽則鶴鶴而澤好音戶角切又見上 皠文選何晏景福殿賦皠皠白鳥 澩夏有水冬無水 觳盡也李斯傳堯有天下飯土簋啜土鉶雖監門之養不觳於此
矣又無潤切莊子其道大觳又音埆 ○ 殼黑角切說文歐貌从口殼聲左傳君將殼之 嗃說文嚴酷貌一曰聲也一曰悅樂又苦熱之意又見上 歊木乾
歊也暴木器乾而橈減也又見上 滈廣韻水貌玉篇水激聲又巧韻 轂急束唐書索元禮作鐵籠轂囚首加以楔侍御史周矩諫疏曰枷研楔轂亦作鞏 [illegible]豕吼
聲吳都賦封狶𧴑 ○ 廓苦郭切闊也虛也廣韻空大也又州名周逐吐渾置廓州 鞹說文去毛皮也論語虎豹之鞹集韻或作𩊚 擴張大也通作廓
漷水名在魯 霩雲消貌 彍張弓弩滿亦作彉又古博切同 彉同上唐書彍騎 ○ 郭古博切城郭內曰城外曰郭又國名又姓今作郭又音廓

開也槨外棺俗作槨亦作椁椁禮記殷人棺椁椁俗作椁○惡遏各切不善也醜也仇怨也又姓也又曾高中門逆曰惡心器物不良曰苦惡俗作悪又模
暮二韻惡以同上俗堊涂也又白埴又暮韻蝁虺屬○諤逆各切謇諤直言俗作諤噩嚴肅貌楊子周書噩噩爾又太歲在酉曰作噩
蘁逆也莊子使人乃以心服而不敢蘁又見暮韻內愕錯愕驚遽貌又阻礙不依順也俗作愕又暮韻鄂霍光傳驚鄂失色又地名又圻鄂又承萼曰鄂與萼同俗
作鄂堮圻堮厓岸也亦作圻鄂又作鍔又齗鄂牙牀也俗作堮鍔同上又刀劒刃又鋒稜亦作咢俗作鍔咢同上王褒頌越砥斂其咢又徒擊鼓曰咢詩或歌或咢說
文作咢云譁訟也凡从咢者俗皆作咢崿廣韻崖崿俗作崿亦作嵓崿嶤韓愈晚秋聯句秦𡼏東巖崿㗁唐顏真卿傳清河使李崿乞師萼華下柎詩
作鄂鰐海中魚名鶚孟康曰大鵰也師古曰鷙擊之鳥鷹鸇之屬蓋大而鷙者耳非鵰也漢鄒陽傳鷙鳥累百不如一鶚又集韻或作雗鶚遻遇也逢也見也又迕
也逆也與蘁同又暮韻鱷似蜥蜴而大水潛吞人即浮○娖測角切小謹貌史記娖娖廉謹貌齪開孔具又齷齪急促局陿貌亦作齱踀齱酈食
其傳注握齱急促貌踀司馬相如傳委瑣握齱擉刺取簎取魚箔周禮以時簎魚鼈○捉竹角切搦也搤也又捕也穛早熟穀又生穫曰穛
穱稻田種麥張平子南都賦冬稌夏穱韓愈納涼聯句沒冷清香穱斲斲削也从豈从斤豈音徒口切○琢治玉从王从豕王音玉豕音丑玉切絆足行貌椓
刑也又與斲同詩椓之丁丁諑譖訴也納涼聯句出諆傷巧諑離騷經謠諑謂余以善淫注謠毀也諑譖也卓特立也高也又遠也踔同上孔光傳踔絕之能又
見上又效韻倬著也大也啄鳥啄又有韻涿流下滴周禮有壼涿氏又地名斸劚也斫也又小鉏又屋韻瘃寒瘍趙充國瘃墮之患唐李甘傳凍
膚皸瘃又屋韻㧻擊也又推也○濁直角切說文水出齊郡厲嬀山入鉅定从水蜀聲又不清也釋名濁瀆也史律書濁者觸也言萬物皆觸死又姓貨殖傳濁氏
以胃脯而連騎濯說文澣也又大也詩濯濯厥靈又光澤貌詩麀鹿濯濯孟子若彼濯濯也山禿貌俗作濯又效韻擢說文引也徐氏曰拔擢也廣韻抽也又出也聳也

鐲 說文鉦也周禮鼓人以金鐲節鼓注形如小鍾軍行鳴之以為鼓節又屋韻

洪武正韻卷第十五

洪武正韻卷第十六

八陌

陌 莫白切田閒道南北爲阡東西爲陌又市中街亦曰陌亦作佰 **佰** 漢志秦孝公開阡佰古阡陌字也又云有仟佰之得注仟謂千錢佰謂百錢今俗猶謂百錢爲一佰或作佰者非又見下 **貊** 北方國豸種又安靜也定也本作貊亦作貉狢 **貉** 孟子大貉小貉又禡藥二韻 **狢** 史記天官書胡貉月氏又藥韻 **貃** 詩貊其德音本亦作貉又作莫 **莫** 安靜也定也左傳說詩德應正和曰莫詩君婦莫莫又暮藥二韻 **䮭** 馲䮭驢父牛母 **貘** 郭璞曰獸似熊庳腳鋭鬐骨無髓食銅鐵白居易貘屏贊序云象鼻犀首牛尾虎足寢其皮辟溫圖其形辟邪 **驀** 上馬又越也 **百** 勵也左傳距躍三百後漢書注五百字本爲伍佰使之導引當道陌中以驅除也唐謂行杖又謂五百又謂之問亭音陌又見下 **麥** 說文曰來麰也麥者華也受四時之氣故性之溫涼隨用而變白虎通云麥金也金王而生火王而死又姓 **霢** 霢霂小雨亦作霡 **霡** 詩益之以霢霂 **脉** 血脉本作脈說文作衇籀文作𧖴釋名脈幕也幕絡一體字从月从𠂢从永者誤也永古詠字也反永爲𠂢𠂢音普拜切水之邪流也脈字从𠂢取脈行之象一曰𠂢亦古脈字也不當从永然相承既久不敢廢也 **脈** 同[illegible]周禮以鹹養脈史記不能無絶地脈 **覛** 相視貌文選作脉脈

○ **拍** 普伯切拊也又藥韻 **魄** 左傳人生始化曰魄又曰心之精爽是謂魂魄禮記魂氣歸于天體魄復于地盖魂神也陽也氣也魄精也陰也形也又月體黑者謂之魄亦作霸又藥韻 **霸** 說文月始生霸霸然也漢志死霸朔也生霸望也又禡韻 **珀** 琥珀漢西域傳作虎魄 **釽** 破也漢志鉤釽析亂

○ **百** 博陌切數名說文十十爲百漢志長於百 **佰** 百人爲佰又孟子或相什佰言數相去或彼一此一曰或此一彼百也 **伯** 長也第三等爵曰伯諸侯之長曰侯伯周禮九命作伯又兄曰伯氏父之兄曰伯父又禡韻 **迫** 窘也近也急也附也亦作柏 **柏** 木名又姓俗作栢又與迫同漢武瓠子歌魚沸鬱兮柏冬日 **栢** 杜甫古栢行雙柏詩又寄栢學士 **[illegible]** 藍之別名 **[illegible]** [illegible] **檗** [illegible]

說文黃木也从木辟聲或作蘗徐曰即今藥家黃
蘗字也亦作櫱前相如傳檗離朱楊史記作蘗 擘 說文撝也从手辟聲一曰大指也 孟仲子爲亖擘廣韻分擘也
禮記禮運燔黍捭豚注中古 ○ 白 薄陌切西方色又潔也素也明也又告也賈山傳精白
未有釜甑捭肉加燒石上 以承休德荀子仁人之所務白又姓秦師白乙丙 捭
帛 繒也 舶 海中大舡 鮊 魚名 ○ 宅 直格切居也託也屋也揚雄傳有宅一區又擇也揀擇吉 處而營之也孟子仁人之安宅也又曠安宅而弗居徐
曰亦作宅 澤 說文光潤也从水睪聲水鍾聚者曰澤九州之浸是也一曰陂澤詩彼澤之陂易兌 爲澤又雨也易澤上於天夬澤滅木大過又潤也液也滑也又悅澤滋潤光彩也又
恩澤也雨露也又褻衣也詩與子同澤又洗濯也曲禮共飯不澤 手凡陂澤皆曰澤周禮澤虞注澤水所鍾也水希曰藪亦作睪 睪 與澤同荀子望其壙睪 如也又染也又[illegible]韻
澤 洛澤凍凌見廣韻 澤音宅則洛音[illegible] 檡 木名檡棘善理堅可爲射決 出儀禮王篇云椁棗也又模韻 擇 揀也選也 亦作睪 翟 陽翟地名又 姓又質韻
鸅 鸅鸆廣韻鸅 鸆即護田也 ○ 坼 恥格切裂也開也拆也易百果草 木皆甲坼亦作宅又毀也俗作拆 宅 文選蜀都賦百 果甲宅又見上 拆 陸機 賦電
拆霜開 又擘也 㙤 裂 也 趚 半步又 者韻 策 說文曰簡策編簡爲策古者誥命皆有策漢制天子策書長 二尺古制未聞命策皆史官作之國史亦用簡策杜預曰大
事書之於策小事簡牘而已禮記文武之政布在方策方版也策編簡也漢書音義曰作簡策 難問例置案上在試者意投射取而答之謂之射策若録政化得失顯而問之謂之對策又謀
也籌也亦作筴冊唐書聖策先定則有功謂謀畫也又馬箠亦作筴又策策 落葉聲也韓愈秋懷詩策策鳴不已从竹从朿朿音刺又古𣑱字俗作策 筴 史記不用其 筴漢書天授
神筴又 葉合韻 冊 說文符命也諸侯進受於王字象其札一長一短中有二編之形又謀也籌也漢 辛慶忌傳誠萬世之長冊蕭望之傳非萬世之長冊王吉傳公卿未有建萬世之
長冊趙充國傳全師保勝安邊之長冊鼂錯董 仲舒公孫弘等傳皆作冊亦作𠕋俗作冊 栅 寨栅編木爲 之俗作柵 測 測度 也 惻 愴也 痛也 畟 畟畟 陳器
狀說文治稼畟畟進也 詩曰畟畟良耜又節力[illegible] ○ 赫 呼格切赤也發也明也盛也赫赫高明顯盛貌亦赫明 照貌又炙也火炙曰赫皆曰赫詩反予來赫又禡韻 嚇

恷也亦作赫又禡韻爀火色 ○ 客乞格切賓客喀歐聲列子喀喀然挌手把著也 ○ 格各額切至也來也書七旬有苗格格爾栞
焉不實遠物則遠人格尸令暴厥求核至也書歸格于藝祖又感通也書格于皇天又變
革也化也論語有恥且格又正也孟子格君書格王爾雅格舉也方言梁益謂㕓曰格又以杙
格獸也吳都賦嶲嶲笑而被格木如字劉韻音閣又杙也吳都賦峭格周施又度格凡書架食
架肉架皆曰格周禮牛人注掛肉格是也又格樣法則也法有律令格式又窮究也大學致知
在格物又窮之而得亦曰格大學物格而後知至又見下佫至也通作格亦作假假假至也易王假有廟王假之禮記龜龍假莊子登假於道說文非真也又馬禡二韻
假又麻韻㪊挿也鬬也通作格俗作格挌擊也鬬也又正也亦作格骼舊注云禽獸骨說者謂人曰骨禽獸曰骼案月令掩骼埋胔謂人骨也蓋骨骼通稱
亦作骼髂同上又嘗骨揚雄解嘲折脅拉髂又禡韻觡骨角之名廣韻鹿角也茖爾雅茖山蔥隔廣韻曰塞也障也亦作鬲俗作隔鬲孟子
題辭魯臧倉毀鬲孟子揚王孫傳厚葬以鬲眞薛宣傳西州鬲絕又縣名膠鬲人名又質韻漢書作鬲俗作鬲凡从鬲者皆然膈胷膈心脾之間一曰肓也通作鬲平原有鬲縣故晉
人以惡酒爲平原督郵以其只在鬲上又擊也荀子尚拊之膈俗作膈革皮熟曰韋生曰革又更易也變也卦名又質韻 ○ 覈下革切考也實也慘刻也又果中實
亦作核又術韻核漢書總核名實亦作綜核又果中實又皆術二韻劾推窮罪人也按劾彈治也又音害義同翮鳥之勁羽又質韻俗作翮挌堅不入
也扞格抵捂不相入也學記發而後禁則扞格而不勝又藥韻輅婁敬傳脫輓委輅蘇林曰一木橫遮車前二人挽之三人推之又暮禡二韻 ○ 搹昵格切捉搹也
又藥韻 ○ 額鄂格切題也顙也亦作頟頟同上又頟頟不休息貌一曰推車聲書罔晝夜頟頟詻訟也鄭康成曰教令嚴也漢天文志歲在酉曰作詻史記
作作咢又作作鄂峉山高大貌 ○ 畫胡麥切指畫分也計策也界也截止也又見禡韻嫿一分明好貌譮言聲揚子諸人之譮譮嚄嚄嘖
大呼韓愈陸渾山火詩撰雜啾嚄沸篪塤獲得也左傳得用曰獲又臧獲奴婢也又禡藥二韻 ○ 砉霍虢切皮骨相離聲从丰从石丰音害與丰不同丰音峯

劃破聲 騞解離聲大於砉莊子奏刀騞然又音洫 湱波相激聲 謋破聲莊子謋然已解 漷春秋襄十九年取邾田自漷水杜預曰漷水出東海合鄉

縣西南經魯國至高平湖陸縣入泗又藥韻 劃錐刀曰劃又剖也 ○擭一虢切握也手取也亦作攫又烏藥二韻 擭莊子左手擭之又藥韻 [illegible]

専也莊子內外彠又藥韻 彠廣韻規彠貌又藥韻 濩漢地理志河東郡濩澤縣應劭曰縣有濩澤又暮藥二韻 ○虢古伯切國名亦作郭又姓 郭 公羊

傳虞郭並與虢同又藥韻 敋手打之類 馘截耳獲也 又 幗婦人喪冠 摑批打 蟈蟲屬周禮有蟈氏 膕曲腳中荀子詘要撓膕注云本亦作

胭 ○索色窄切取也求也又法也左傳周索戎索又摔也左傳襄二年以索牛馬皆百匹杜預曰索簡擇好者又盡也漢孫寶傳氣索又地名漢書京索之間京丘名索水

名二者之間也又藥韻 摵隕落貌白居易琵琶行楓葉荻花秋摵摵又屋韻 愬驚懼貌又暮韻 溹小雨从氵从策从策誤 栜木名 色顏色又色

慾論語戒之在色从人从卪卪音節與巴字不同今作色本作色又采色也 嗇愛也貪也慳積也本與穡同說文作嗇从來从亩來麥也亩古廩字來者亩而藏之故田夫謂之嗇

夫禮記主先嗇而祭司嗇漢成帝詔服田力嗇 穡種曰稼斂曰穡又愛也左傳昭元年大國省穡而用之嗇穡義異者分押 薔廣韻薔虞蓼也又陽韻 ○窄

側格切狹也迫也通作迮笮 迮迫也又姓 笮迫也周禮鍾侈聲笮注侈謂中央約也侈則聲迫笮又藥韻 笮矢服又屋上片又出去疾也迫也壓也又見藥韻

唶聲也左傳注行邑唶唶又蔗韻 諎大聲亦作唶 舴舴艋 責誚也誅責也征求也責望也責任也漢書簿責注書之於簿一一責之曰簿責又負財亦作債

又泰韻 嘖大呼聲又嘖嘖鳴也又爭言貌管子請置嘖室 咋大聲又啖齿又見下 幘說文髮有巾曰幘方言覆髻謂之幘漢書卑賤執事不冠者所服後世以爲燕

巾光武岸幘見馬援 簀牀棧又謂之笫 謮嘖韻責怒 磔裂也張也開也剔也漢志諸死刑皆磔於市爾雅祭風曰磔月令磔土牛 摘手擿又質韻 讁

責也罰也亦作謫適 謫同上 適詩室人交徧適我勿予禍適孟子人不足與適又質韻 側旁也傾也不正也偏卧也詩輾轉反側宣王側身謂憂懼不敢正處又側

尀卑隘也古作仄 仄 同又與昃同又仄慝月行遲又偪隘也杜甫詩偪仄何偪仄又仄微卑賤也書作側微 昃 曰昃也揚子不及則未過則昃亦作仄薛宣傳引書日中

仄云仄古側字是三字皆通用義異者自可分押又不正也亦作昃頭从夨音同頭傾也 昃 董仲舒傳文王日昃不暇食 昃 周禮日庂而市 汄 湢汄水泱流也

稄 稫稄禾密稫音偪 ○ 厄 乙革切隘也災也阻難也亦作戹阨隘阸从厂从巳厂音罕乙音節與巳字不同俗作厄 戹 史記范睢散家財物以報所嘗困戹

者 阨 孟子孔子當阨阨窮而不憫周禮轉阨又限也礙也危也迫也塞也陋也亦作隘廣韻亦作阸又見泰韻 阸 同上又泰韻 啞 笑聲易笑言啞啞又麻馬二韻

餩 飢餩 搤 持也握也捉也亦作扼扼又見泰韻 扼 同上又抑也揚子或問持蕭曰扼敬 扼 同上又與軶同莊子加之以衡扼音義云扼牛馬頸者 軶

轅耑橫木駕馬領者包咸注論語車中前視不過衡軛亦作軶扼 軛 考工記注衡任謂兩軛之間莊子音義云衡轅前橫木縛軛者 ○ 賾 士革切深也 咋

嚙也東方朔答客難孤豚之咋虎亦作齰 齰 風賦啗齰嗽獲 ○ 率 朔律切領也募也遵也循也用也行也皆也略也率先也亦作帥又泰韻內 帥 左傳牽帥

老夫蕭曹以寬厚清靜爲天下帥又佩巾也又泰韻凡稱主兵者爲將帥則去聲言領兵帥師則入聲故經典釋文將帥字皆音去聲帥師字皆不音也 蟀 蟋蟀一名促織一名蛬

○ 國 古或切邦國小曰邦大曰國四海之內曰天下五服之內曰中國亦曰中邦天下揔曰萬國又曰萬邦是邦國通稱也若別言之則邦者封也國者域也周禮太宰治邦

國釋文國天子諸侯所理也邦疆國之境曲禮入境而問禁入國而問俗又曰國中不馳皆以都城爲國也俗作国 ○ 德 多則切道德周禮六德知仁聖義中和洪範三德正

直剛克柔克皐陶謨九德自寬而栗至疆而義易四德元亨利貞天地之大德曰生日新之謂盛德禮記動容周旋中禮者盛德之至也論語中庸之爲至德凡言德者善美正大光明純懿

之稱也又得於道之謂德又恩也惠也又四時旺氣也月令立春盛德在木又凶行曰凶德惡行曰惡德古作恴說文作悳 悳 同上又漢志悳縣在張掖 惪 晉諡傳爲

至隆也 得 惡也凡求之而獲皆曰得貪受亦曰得又合也夏數得天謂夏之曆合天也人相契合曰得符春秋書法獲器用曰得得寶玉大弓是也又篆文作㝵得與所得

[illegible]疾[illegible]萴山貌李[illegible]奇秀[illegible]生一曰生
号（〇）萴 嵞虞[illegible]證伏亦作萴 萴 萴氏之（〇）[illegible] 居[illegible]三歲為特又[illegible]也獨也
貢證傳大臣特以溥書不親期會[illegible]挺立曰特儒行特立獨行又孤高也詩序武公寡[illegible]
又四也詩實維我特[illegible]婦謂夫為特又[illegible]求爾新特[illegible]夫謂婦為特也又專也[illegible]渠如也
犆 禮記大夫犆牛 貣 假貸謂物人曰 蟘 食苗葉蟲 螣 同上又螣[illegible] 〇 勒 歷德切
與特同又質韻 求物也亦作貣 亦作螣 又庚沁二韻 馬鑣銜
又抑也 肋 脅幹釋名肋勒也 扐 指間繫辭歸奇於扐 艻 同上又蘿 仂 數之餘也禮祭
刻也 所以檢助五藏 以象閏太玄經作艻 艻香草 用數之仂注十
一 阞 考工記以其圍之阞捎 泐 水石之理又磷泐考工記 玏 瑊玏石 〇 賊 疾則切
也 其藪注阞三分之一也 石有時以泐又凝合也 次玉 寇賊注
攻劫曰寇殺人曰賊左傳殺人不忌為賊孟子賊仁者謂之賊荀子害良曰賊 蠈 食苗節曰詩
賊周禮夏官賊賢害民則伐之賊殺其親則正之今俗呼偷盜劫剠皆曰賊 作賊又烏蠈
魚類亦 〇 北 必勒切朔方漢志大陰者北方北伏也陽氣伏於下於時為冬又奔北楊倞
作賊 曰北者乖背之名故以敗走為北臣謂人道面南偝北北者背也故言以堂
北為背背亦偝也以敗走為北者取偝之而走耳又分異也 〇 匐 步墨切匍匐伏地亦作
書分北三苗有兩音又隊韻从兩人相背象形亦會意也 伏服詩匍匐救之箋云
盡力也謂奔趨而往 伏 史記范睢傳膝行蒲伏韓信 服 揚雄解嘲范睢扶服入橐 菔 [illegible]
也又海魚名又屋韻 俛於袴下蒲伏又宥屋二韻 禮記扶服救之又屋韻 [illegible]
菜名後漢更始傳洛陽宮女掘蘆菔根食之 葍 同上又薝蔔梔花 踣 僵仆亦作 跌 吳都
廣韻秦人呼為菈遬今俗作蘿蔔又合韻 薝音膽俗音占誤 跌又音赴 賦踣
褫氣懾而自喪跌者 僰 犍為蠻夷毛制孚之遠方西曰僰注 棘 禮記王制西方曰 〇 墨
應弦而飲羽古作[illegible] 僰之言偪使之偪寄於夷狄从人从束誤 棘注作僰又質韻
窈北切黑也膠煤為之又刑名五刑墨劓剕宮大辟墨黥額也又左傳貪以敗官為墨貪則汙
暗不潔白也又小爾雅五尺謂之墨莊子繩墨殺焉繩墨木匠人所用以彈畫者此以諭章程
法度斷而殺之也又與默同屈原賦幽墨王 默 說文犬暫逐人又不語也靜也 嘿 漢書成
遵[illegible]墨無聲也賈[illegible]黑墨不得志从黑从土 [illegible]也亦作墨嘿嘿从黑从犬 帝臨朝

淵嘿

嚜 賈誼賦于嗟嚜嚜

纆 索也三股曰徽兩股曰纆易繫用徽纆西漢誼賦何異糾纆

冒 十也貪也左傳貪冒之民冒謂蒙犯禮法而黷貨也王吉傳朝則冒霧露謂蒙犯霧露也又毒冒龜屬亦作蝳蝐又效號二韻

媢 妒嫉亦作冒又號效二韻

○**塞** 悉則切塡也窒也滿也充也蔽也又與𡫳同書溫恭允塞剛而塞詩秉心塞淵又泰韻

𡫳 實也安也

𡨄 安也又泰韻

○**則** 子德切法則凡制度品式皆曰則書洪範其實作則左傳唯刂定國毁則爲賊又天理不差者曰則易乃見天則又夷則律名又地未成國曰則周禮大宗伯五命賜則又大宰以八則治都鄙又卽也易見善則遷有過則改是也又且然之辭求則得之是也又然後之辭行有餘力則以學文是也又若然之辭過則勿憚改仁則吾不知是也又撙節也扌劇也樣也

○**黑** 迄得切黑色物之黑者莫如炲煤故字从四从土从火四與囪同竈突也今作黑俗作黒凡从黑者皆然

○**克** 苦得切說文曰能也勝也左傳得儁曰克又釋鄭伯克段于鄢曰如二君故曰克又攻去己私曰克己論語克己復禮二也克己復禮爲仁揚子勝己之私之謂克說文肩也如佛時仔肩之肩謂能任也又殺也公羊傳克之者何殺之也又忌克勝心也詩不忌不克又聚歛侵害曰掊克亦作剋

剋 殺也捐削也急也剋期約定期日也又涓選曰剋擇

刻 鍥也鍥漏箭以候日晷曰刻故因謂晷度曰刻時分八刻晝夜共百刻又離鏤也剝也侵也慘覈也

○**忒** 惕德切差也亦作貸

貸 月令毋或差貸一曰从人求物廣韻亦作貣又見上

貣 同上

慝 惡也書旌別淑慝一曰隱惡也周官司寇詰姦慝

○**或** 穫北切迷也疑也易或之者疑之也史記賈誼賦衆人或或漢書作惑劉向專營惑耳目康衢傳或之甚者也又未定之辭書其或不恭論語其或繼周者之類是也又不定之辭易或出或處孟子或去或不去之類是也又疑辭或曰或謂或然之類是也亦作惑椷

惑 迷也疑也眩亂也古作或後加心以別之又熒惑火星

掝 荀子以己之僬僬受人之掝掝注掝惛也

九緝

緝 七習切續也[illegible]繼也[illegible]也[illegible]脩[illegible]也左傳[illegible]說文[illegible]一緝[illegible]詩作[illegible]

戢 止也斂也藏[illegible]亦作輯

䎔斂也傳云蒙 州膺又音集 濈和 觙角多貌曲 濈本亦作戢湒 詰 上 飛也月令鷹乃學習 借學習字

習者服行所傳之業爲之熟複不已 文串習慣熟也狎也因也又重也易習 褶袷也廣韻

坎重險也又曰水洊至習坎言水流相仍而來不已也亦作習凡从習者皆然 褶音習又售

音褶 襲重衣也因也及也入也合也嗣爵曰襲爵又掩其不備曰襲又八聲說曰襲又受

誤 衤也左傳故襲天祿又重也文選應門八襲又十襲珍藏又衣單複具曰襲又姓 隰

爾雅下溼曰隰公羊傳下平曰隰又姓 霫雨貌 飂大風風 ○ 湒賫立切雨下貌也 揖會聚貌詩螽斯羽揖揖兮又音側立切又見下 ○ 集

秦入切鳥上木上故从隹从木論語翔而後集又聚也會也就也成也安也同也衆也又文集文所聚也唐有經史子集四庫 輯斂也書輯五瑞又和也睦也聚也說文車和也亦作

楫 潗水貌又泉出也相如賦湁潗鼎沸注微轉細涌貌湁尺立切 孴戢孴衆貌杜甫太清宫賦羅詭異以戢孴 鏶鐵鏶 噍噍貌 ○ 濕失十

切溼潤也不乾也本作溼又之入切耳動貌詩其耳濕濕又音尺 十切此本合韻託合切水名俗誤以爲乾濕字因而不改 溼爾雅陂下者曰溼 溼方言憂也 ○ 執質十

切持也操也守也捕也因也孟子執之而已矣 檀弓肆諸市朝而妻妾執又留也亦作㔌 㔌漢地理志北海郡㔌縣師古曰㔌即執字 慹怖也 汁滑也液也 慹

絆馬一曰兩足不能相過也亦作馽 馽絆馬 ○ 蟄直立切蟲藏又和集也詩宜爾子孫蟄蟄兮 ○ 十寔執切數名易天一生地十天數五地數五也

士生數五成於十五與五合也漢志協於十 亦作什孟子公羊傳漢書什一皆用什字 什同上又十人爲什後漢書注古者師行二五爲什食器之類必共之故曰什物什具今人

通謂生生之具爲什物又詩十篇爲什過十篇亦稱什舉成數也俗以詩音称什誤矣 拾掇也收也斂也一曰射韝所以拾矢也又据拾撫人之過而督責之也今官文書借爲十

字又葉韻 廿說文二十并也今直以爲二十字凡滿蕈蕈莘席蓆之類皆从廿顏之推稽聖賦中山何夥有子百廿 ○ 立力執切竪也成也置也建也又與粒同詩

立我烝民莫匪爾極鄭箋立當作粒不知立粒字無米後人加米以別之耳以詩之義只作建立之立亦通 粒米顆 笠簦笠無柄曰笠有柄曰簦 苙方言圈也君子

既入其芷注芷蘭也又白芷藥名又音及本草作白及 颯 入急前漢有劉颯後漢有小𦫳颯其義未聞又合韻 䶢 齧聲 ○ 揖 一執切拱揖又進也說文手揖胥曰揖又見上 挹 酌也抒也又與揖同荀子拱挹指麾 悒 字林勇壯貌莊子悒悒乎耕而不顧音義云耕貌一云耕人行貌 邑 都邑周禮四井爲邑四邑爲丘邑方二里丘方四里載師以公邑之田任甸地以家邑之田任稍地注公邑謂六遂餘地家邑大夫之采地此又與四丘之邑不同又都鄙之邑縣也左傳凡邑有宗廟先君之主曰都無曰邑邑曰築都曰城此謂大縣邑也杜預引周禮四縣爲都四井爲邑恐誤四井之邑方二里豈能容宗廟城郭耶如西都賦都都相望邑邑相屬論語十室之邑則是四縣四井之都邑也若千室之邑則非井邑矣又國亦稱邑書大邑周天邑商是也又王都亦稱邑詩商邑翼翼是也又於邑短氣漢武帝賦悲愁於邑成帝賛言之可爲於邑又合韻 浥 漬也濕也潤也又葉韻

悒 不安又憂也 裛 書囊又裛香又葉韻 ○ 吸 許及切入息 噏 同上 歙 縮鼻又歛也老子將欲歙之必固張之又合也與翕同韓延壽傳郡中歙然又呷也亦作吸又人名漢有來歙又葉韻 翕 火炙一曰起也斂也合也動也聚也盛也 潝 水流疾聲爾雅潝潝訿訿莫供職也韓詩不善貌 闟 度韻戟名曰闟又闟也韓愈南山詩闟闟屋摧霤 扱 收也禮記以箕自鄉而扱之又合韻 ○ 熠 弋立切盛光也又弋入切 煜 火貌又屋韻 ○ 泣 乞及切淚也一曰無聲出涕又沸聲 湇 羹汁說文幽溼也从泣从月作湇誤 脏 同上肉羹也 ○ 急 居立切疾也緊也窘也褊也迫也 伋 衛宣公庶子名急詩作伋是義古與急同又孔伋字子思 給 贍也漢書家給人足又相足也又口捷論語禦人以口給又出給付與也 級 說文絲次第也又等也秦法斬首多者進爵一級因謂之首級又階次禮記拾級聚足 汲 引水於井又汲汲不休息貌又勤貌急貌揚子堯舜禹湯文武汲汲穀梁傳及猶汲汲也又地名又姓 ○ 及 忌立切至也逮也連累也又兼與之辭左傳與謀曰及公羊傳及我欲之暨不得已也穀梁傳及猶汲汲也又旁及覃被也又白及藥名本作芷从人从又今作及 笈 [illegible]箱又葉韻 ○ 鈒 鋌也

岌 逆及切高貌又危也亦作圾爾雅小山曰岌又忌立切 岋 莊子殆哉圾乎 ○ [illegible] 色立切不滑也从又从雨在从兩止亦[illegible] [illegible]

……也又音
鞹鞁鞻

十合

合 胡閤切同也會也相偶也翕也六台天地四方也又荅也左傳宣三年既合而後來又合子盛物器見東方朔傳又見下 郃 地名又人名後漢有李郃 迨 遝也行相反也 洽 水名詩在洽之陽有兩音又該也周浹也和也又見下 盒 盒盤覆也 盍 覆也合也一曰何不也亦作盖 蓋 詩蓋云歸處又孟子則蓋反其本矣又邑名陳仲子兄戴食采於蓋孟子兄戴蓋祿萬鍾音盍又苫也左傳襄十四年被苫蓋杜預曰蓋苫之別名又見下又泰韻 闔 閉也易一闔一闢謂之變又闔閭天門爾雅謂之扉又門戶也月令乃修闔扇注治門戶也用木曰闔用竹葦曰扇或謂雙曰闔闔門也單曰扇扇戶也左傳以枚數闔公羊傳齒著于門闔荀子外闔不閉又總合也漢武帝本紀闔郡不薦一人 嗑 噬嗑卦名其象頤中有物噬而後合也雜卦噬嗑食也序卦嗑者合也又多言 ○ 欱 呼合切大歠廣韻作歀 ○ 榼 克盍切酒器 磕 石相磕聲亦作礚又泰韻 礚 同上 㵆 奄忽也 㕎 閉戶聲 䆟 容合相當也 ○ 閤 古沓切內中小門漢文翁傳出入閨閤毛晃曰唐制天子曰御前朝見羣臣曰常參朔望薦食陵寢有思慕之感不能臨前殿則御便殿見羣臣謂之入閤前殿卽宣政殿便殿卽紫宸殿立仗必於前殿仗則自東西閤而入故曰入閤門下省以黃塗門謂之黃閤長官曰閤老今俗通呼小室曰閤子 合 漢志合龠爲合漢書注輕重齊則爲合多少等亦爲會合者相配耦之言也又併集也和也 敆 會也併也亦作合 頜 頤旁公羊傳絕其頜 鴿 鳩屬 蛤 蚌屬月令爵入大水爲蛤又蝦蟆大者曰蛤文蛤似蜆而大又蛤蚧似蝦蟆而長 韐 韎韐士服 蓋 人姓漢有蓋公蓋寬饒又齊邑名孟子蓋大夫王驩 ○ 姶 過合切女字又美好貌衛靈公母嫡姶 唈 嗚唈短氣亦作於邑 邑 同上詳見前韻內又阿邑諂諛迎合貌漢張湯以知阿邑人主與俱上下亦作匼又緝韻 匼 唐蕭俛傳諂諛阿匼楊再思阿匼取容又感韻 罯 網也又覆蓋又琰韻 渰 藏火狀 ○ 靸 悉合切足……

頫取又進迮也颯翔風又風聲宋玉風賦有風颯然而至又緝韻卅說文三十也今直爲三十字韓詩云孔世卅八謂戕孔子三十世孫也廣韻作卅是也
敹輕舉貌相如賦汩淢敹以輕逝又草驟擲駁馬行疾又駁娑漢殿名雲廣韻雨雲雲又開貌甘泉賦雲然陽開又見葉韻○帀作荅切周也徧
也亦作迊迊俗訛作匝噆齧也亦作啑啑左傳□年□□八咂入口也○雜昨荅切參錯也說文五綵相合也从衣从木从
佳木當作襍轉作雜又七合切列子湯問篇雜然相許注雜僉也春秋公羊傳定公四年注諸侯雜然侵之○答得合切竹筩又當也報也合也亦作荅荅同上
又小豆又鐵蒺藜也鼂錯傳布渠荅又疊布一曰都布史記荅布千匹褡被褡謂之褡一曰衣敝搭擊也又附也掛也○沓達合切重也又猥賤也孟
子事君無義進退無禮言則非先王之道者猶沓沓也又與遝同遝雜遝迨也亦作沓誻言相惡也亦作沓踏踐踏亦作蹹蹋跲左傳宣十二年注斥
候踰伏謂蹤跡隱伏蹋同上又蹋鞠蹋毬也涾沸溢⿰馬沓駁⿰馬沓馬行疾⿱沓黑⿱沓黑無賢不肖之辨唐人謂常袞爲⿱沓黑伯又積厚也翜飛也翣容扉
謂之篛集韻或作褕○鎝託合切以金有所冒也⿰黑沓猥茸貌晉書兗州八伯太山芊曼爲⿰黑沓伯沓冒也貪也唐王綝傳沓領沓墨又見上遝大歠曲禮
毋嚃羹漯水名在平原廣韻亦作濕濕本古漯字省文爲漯遂以濕爲乾溼之溼又緝韻⿰犭沓廣韻大食韓愈曹成王碑⿰犭沓隨光化榻牀狹而長者从木从
𦐇𦐇音同从月从羽俗从日凡从𦐇者皆然監本从日誤塌地低下⿰糸𦐇以索冒物唐書契丹將李楷固善用⿰糸𦐇索飛索⿰糸𦐇唐將張元遇麻仁節生獲之俗作緝搭
模也拊也附也掛也鞳鏜鞳鐘鼓聲亦作闒鞳闒晉潘尼釋奠頌鏜鎝闒闒鞈柘如賦鏗鎗闒鞈又見下塔物聲又浮圖也唐長安有慈恩寺塔名[illegible]塔進
士題名其下杜甫有登慈恩寺塔詩嗒嗒然忘懷貌莊子荅然似喪其偶闟闟茸意下也漢賈誼傳闟茸鰈比目魚又葉韻○臘洛合切歲終祭
衆神之名左傳虞不臘矣莊子猶臘者之在膍胲夏有三伏冬有臘故[illegible]歲[illegible]伏臘也臘家以運墓日爲臘如漢火運以戌[illegible]以大寒後戌日是从[illegible]从[illegible]八[illegible]今作臘俗作臘蠟蜂[illegible]

□者累蜜凝者爲蠟 鑞 錫□ 拉 □□也摧也亦摧折又招也 摺 揚雄傳范睢以拹摺而危穰侯又葉韻 拹 同上公羊傳莊公元年擠幹而殺之本又作搚
搚 同上又葉韻 ○ 納 奴荅切受也入也古作內又補綴也俗作衲又與軜同荀子三公奉軛持納又納納廣大包容貌杜甫詩納納乾坤大 內 孟子若己
推而內之溝中又曰非所以內交於孺子之父母也又隊韻 軜 驂馬內轡繫軾前者 衲 補也紩也 妠 娶也 ○ 洽 胡夾切浹洽霑被周徧也和也合也
又水名詩在洽之陽又見上 祫 大合祭公羊傳大祫者何合祭也其合祭柰何毀廟之主陳于太祖未毀廟之主皆升合食于太祖司馬彪續漢書曰五年再殷祭三年一祫五年一禘
禘以夏四月祫以冬十月禘之爲言諦也諦審昭穆尊卑之義祫者合也冬十月五穀成故骨肉合飲食於太祖謂之殷祭 陜 隘也亦作狹陿峽从阜从夾與關陝字不同 狹
同上本與狎同犬馴也 陿 詩魏地陿隘又趙充國傳注山陿而夾水曰陿 峽 同上又山陿夾水曰峽蜀楚之交山有三峽又州名 硤 硤石地名在夷陵宇文周以其
居三峽之口改爲峽州 狎 親近也玩熟說文犬可習也亦作狎 匣 匱屬 柙 藏獸檻也論語虎兕出於柙 ○ 恰 苦洽切用心恰恰又適當之辭
帢 帽也亦作帢士服狀如弁缺四角魏志注云太祖擬古皮弁裁縑角以爲帢以色別其貴賤本施軍飾非爲國容 帢 同上从巾从白與文韻帢字不同 掐 爪刺
胠 開也發也一曰从旁發也莊子胠篋探囊又魚語御三韻 ○ 夾 古洽切左右持也左傳成王又㚒亦也相雜也交竝也又葉韻 俠 竝也公羊傳哀公四
年注滕薛俠轂音古洽切周興嗣千文路俠槐卿又豪俠又葉韻 郟 郟鄏地名在河南郟城在汝州郟縣在襄城漢屬潁川郡又姓 袷 衣無絮亦作裌又葉韻 裌
袪詩御裌祲寒氣又曰地偏初衣裌 韐 韎韐士服又見上 鞈 堅貌荀子犀兕以爲甲鞈如金石又見上 帢 說文韐本作帢 跲 躓也又葉韻 筴
箸也亦作梜又陌葉二韻 梜 曲禮羹之有菜者用梜又葉韻 挾 夾持詩旣挾我矢荀子盡善挾治之謂神本音浹揚子音義云與夾同左傳宣公十二年軍行士懷注在車之
右右挾轅爲戰備有三音又葉韻 甲 十幹之首數居天一方居東音屬角爾雅歲在甲曰閼逢月在甲曰畢漢志出甲於甲又曰胄亦曰介胄一名鎧一甲帳名也又蟲介也又千

甲草木初生其仁為甲又甲乙涯也又蟬蛻曰甲又令甲法令首草也科甲貢舉名第也保甲編籍部伍也 **鉀** 鎧也从金甲聲 **押** 檢押檢束也輔也揚子蠢迪檢押猶隱括

也 **胛** 背胛又闔也與胷脅會闔 ○ **歃** 色洽切歃也盟者以血塗口旁曰歃又葉韻从千誤 **箑** 扇也亦作篓方言自關而東謂之箑或謂之扇 **篓** 韓愈

納涼聯句長巻還抵 **萐** 萐莆瑞草又葉韻 **霎** 小雨又葉韻 **翣** 形如扇以本為表小爾雅大扇謂之翣 **唼** 唼喋鳧鴈聚食貌相如賦唼喋青藻亦作

啑又葉韻 ○ **臿** 測洽切舂也亦作接从千犯之干杵臼之臼凡从臿者皆然俗作𦥯監本从千誤 **接** 周禮稾人天祭祀共其接盛注接讀為扱扱以授舂人舂之音

所洽切誤當作測洽切又葉韻 **扱** 同上又收也取也獲也引也舉也又與插同詩宗首注扱衽曰襭又緝韻 **插** 刺入亦作捷右作臿漢書插忌之石立之从千誤 **捷**

考工記盧人矜所捷也文選曹子建七啟捷忘歸之矢又葉韻 **笈** 書箱又葉緝二韻 **鍤** 鍬也又鍫也亦作臿鑱爾雅所謂之鍬从千誤 ○ **劄** 竹洽切刺箸也

人奏事非表非狀者謂之牓子亦謂之錄子今謂之劄子是也 ○ **[illegible]** 昵洽切囱囱隘也 **箇** 竹維 ○ **押** 乙甲切簽書文字也歐陽脩曰俗以草書名為

押字又管押押拘率也又用韻曰押韻說者曰押者壓也 **壓** 鎮也降也笮也覆壞也亦作厭 **厭** 禮死而不弔者三畏厭溺又荀子厭旦於牧之野厭猶臨也謂陳於將旦之先

也又堆積相枕厭也揚子原野厭人之肉通作壓又鹽琰豔葉四韻 **鴨** 水禽一名鶩一名舒鳧亦作鴄 ○ **呷** 呼甲切喤呷衆聲說文吸呷也與歙同義但聲微異耳

○ **霅** 直甲切霅霅震電貌一曰衆言又水名在吳興 **[illegible]** 水名通作霅 **喋** 啑喋 **煠** 博雅瀹也湯煠也 **牐** 閘城門具一曰以版有所蔽

十一葉

葉 弋涉切枝葉又姓又書冊歐陽脩曰唐人藏書皆作卷軸後有葉子似今策子又兒下从艸从枼枼音葉俗作葉凡从枼者皆然 **擖** 具舌禮記儀執其膺擖 从 **曄**

光曜亦作[illegible]年又音熠 **曅** 宋之汜曅作又漢書从火熠 **爗** 爗爗明盛也亦作燁 **饁** 饁餉 **業** 業事業功業學也藝業凡所者皆業也業生理也又姓也業業危 治

皃又事物已爲而未成曰業孟子有業屨於牖上又已然曰業□□□□之又筍虡上版詩虡業維樅又築牆版也爾雅大版謂之業又大造曰大業□□富有之謂大業又姓業金陵地名

𡘋 筍虡大版又築牆板說文作丵 鄴 地名 㦉 懼也危也書作業業 嶪 岌嶪山貌亦作嶫子虛賦嵯峨嶕嶫音捷 ○ 笈 極曄切書箱又緝韻

跲 躓也 拾 更也儀禮大射儀拾發以將乘矢孔叢子百夫決拾竝音跲又見緝韻 ○ 䣑 頰輔苦涉切 擪 持也按也 厭 伏也合也禳也當也塞也按也斁也又順从貌荀子天下厭然猶一也後漢紀吏士皆作厭服侯霸傳衆多不厭帝紀作猒又杜鄴傳折衝厭難厭者壓也鎮壓寇難使之銷靡也又左傳文二年書曰及晉處父盟以厭之也杜預曰厭猶損也廣韻惡夢也亦作魘又琰豔合三韻義同者當通用又鹽韻

浥 潤也又緝韻 裛 書囊又纏也衣帊也衣香也又見緝韻 腌 漬魚也

○ 妾 七接切女婢从辛从女辛音愆 唼 揚雄反離騷靈脩既信椒蘭之唼佞兮師古曰唼佞讒言也又合韻 緁 緶衣 ○ 接 即涉切相續也交也受也承也持也連也又見下又合韻 楫 短櫂亦名橈亦作檝又音集 檝 同上 椄 續木 萎 菨餘水草亦作荇菨一名萎余詩傳作接余 睫 目睫說文作䀹

䀹 目童子又霎韻 婕 女字又婕妤婦官亦作倢 倢 又見下 浹 浹洽潤澤周徧也又通徹也又十日幹一周曰浹日十二辰一周曰浹辰亦作挾

挾 周禮挾日而斂之又達也詩使不挾四方又周洽也荀子盡善挾洽謂之神 ○ 捷 疾葉切勝也亦作接又獲也佽也成也敏疾也急也報也報勝曰捷小爾雅二十四銖曰兩兩有半曰捷又合韻 接 內則國君世子生接以大牢注接讀爲捷捷勝也謂食其母使補虛弱氣也左傳子同生接以大牢荀子先事慮事謂之接是也 諜 諜口多言亦作捷

倢 斜出又利也便也俗作㨗 疌 廣韻速也亟也又感韻 ○ 攝 失涉切摠持也收也兼也錄也佐也捕也權攝也左傳攝官承之又假借也檀弓攝束帛乘馬而將之又飭整也左傳襄十四年書於伐秦攝也杜預能自攝整又見下 葉 縣名在南陽 韘 射決詩簑韘之言所以彄沓手指亦作弽 歙 丹陽歙縣名今新安郡又緝韻

○ 涉 實攝切徒行厲水也爾雅由膝以上曰涉从步誤 拾 曲禮拾級聚足與涉同謂前足躡一級後足从之也又見緝韻又見上

○讋質涉切失氣而言又懼也亦作慹𢗟 慹漢宋□傳豪□慹服又不動貌又音耳□又見緝韻 懾怖也心□也喪氣也怯也亦□慴 慴同上
摺敗也廣韻摺疊又合韻 霅說文霅霅震雷貌又合韻 ⿰土聶盍属 輒忽然也專也又戶事卽然也□車相倚也从耴音聶又音聶俗从耳非 襵領緣
○聶尼輒切附耳小語又姓 鑷鑷子亦作籋廣韻作鑈 籋同上廣韻箝也又與躡同漢郊祀歌籋浮雲選詩天馬籋浮雲 躡登也蹈也著履殺也
騳馬疾步通作籋 踂足不相過一云聚合不解 嚞多言也說文引書顙畏于民嚞蓋古文尚書字孔氏書作喦音巖 捻指捻亦作攝 攝同上又詩
謚也漢書攝然天下安又見上 敜塞也書敜乃穽 埝益也培也 苶疲貌又屑韻 ○讘日涉切多言又詀讘□□或作聶 囁韓文口□言而
嚅也□唐竇鞏言若不出口世號囁嚅翁 ○牒直涉切縷切也亦作聶 聶內則皆聶而切之又見上 ○獵力涉切田狩總名又輪獵小車 鬣
馬領毛魚龍頷旁小髻皆曰鬣說文髮鬣鬣也 儠儠儠長貌說文引春秋傳長儠者相今傳作鬣 躐踐也又踰躐也記學不躐等也 擸廣韻擸持也□駰達旨辭無事
則擸纓整襟注字宜从手引廣雅云擸持也 ○帖他協切帛書題又帖前帷也又妥帖定也 怗安也服也靜也定也亦作帖又鹽韻 貼以物爲質又裨也依
附也又粘置也亦作帖 ⿱鼓占鼓無聲 呫小兒唐書王叔文呫呫小人又嘗也 ○喋丁協切如淳漢書注曰殺人流血滂沱也字誤當作渫又見下及合韻
跕墮貌馬援傳飛鳶跕跕墮水中 ○牒徒協切書版小簡亦作諜又訟牒令狀子又官文移文謂之牒 諜漢郊祀歌披圖案諜蘇林曰譜弟也又間諜亦作諜
又多言便語亦作喋 諜郭璞注爾雅左傳謂之諜今之細作又曰游偵 喋多言便語亦作諜史記張釋之傳嗇夫諜諜漢書作喋喋 渫波貌江賦長波浹渫又屑韻
堞雉堞城上垣以白堊之故曰粉堞 褶王藻帛爲褶注有表裏而無著今袷衣也 蹀履也蹈也 蝶蛺蝶亦曰蝴蝶一名胥 鰈比目魚又見合韻
疊重也墮也明也積也又震懼也亦作慄說文云楊雄以爲古理官決罪□□莫音三日得其宜乃行之故字从宜新室以疊从三日太盛改爲三田俗作疊 㲲細

布[illegible]詩[illegible]明白疊[illegible] 注襟[illegible]事[illegible]行[illegible]合[illegible]
巾亦作疊俗作氎[illegible]又[illegible]
協[illegible]或謂[illegible]葉 言輕如葉也 ○ 協[illegible] [illegible]也亦[illegible] 八劦非劦音染人姓音辰 [illegible]聲[illegible]京
東井又緝韻 相汁以旅于[illegible] 恊 說文[illegible]之和南安 相[illegible]挾文心雕龍 挾 懷也[illegible]藏也帶也掖也 亦作夾又見[illegible]合韻 夾 [illegible]持[illegible]右[illegible] [illegible]夾門又見[illegible]
又合韻 俠 任俠如淳曰相與信爲任同是非爲俠所謂權行州里力折 公侯者也或曰[illegible]之言挾也以權力俠輔人者也又合韻 ○ 脅 虛業切脅[illegible] 亦作脇又迫[illegible]
脅以威力相恐也 亦作愶又𤅢韻 脇 同上又恐迫也晉江續 曰大夫何至以死相脇 愶 恐迫又 怯也 協 說文擸也又 拉也又合韻 嗋 嗋嗋以口 恐迫人[illegible]
欠也莊子余口 張而不能嗋 㑘 甲也一 曰美也 ○ 頰 古協切 面頰 筴 箸也亦作梜又夾舉也韓愈曹 成王碑筴漢陽之吭合二韻 梜 [illegible]禮 羹之[illegible]
有筴者用 梜又合韻 鋏 劍鋏莊子說劍韓魏爲鋏音義曰把也一云鐔从稜向背 鋏从棱向刃亦作夾又劍也史記馮驩傳長鋏歸來乎 夾 同上又姓漢藝 文志春秋夾氏
夾[illegible]有錄 無[illegible]音頰 莢 蓂莢 榆莢 劫 強取又奪也勢脅也說文人欲去以力脅止曰劫又浩劫宮殿大階 級也一曰搭也見杜甫詩又兵火曰劫燒[illegible]西京雜記又劫劫猶汲汲
汲也亦 作㤼 㤼 荀子齊威公 㤼於魯莊 刦 奪去也禁持也荀子刦之以師友又剽也 掠也吳都賦刦剞熊羆之室又與劫同 袷 交領又 合韻 郄 [illegible]也 [illegible]礚
○ 篋 乞協切箱 屬藏也 愜 快也適也 亦作㥦慊㥠 㥦 漢[illegible]紀未 有㥦志 慊 慊[illegible]子天運蓋盡去而後 慊音愜又鹽琰二韻 㥠 [illegible]
同 怯 畏懦也 懾也 ○ 燮 悉協切和也熟也說文从言 从炎从又監本下从火誤 躞 蹀躞行貌 从火誤 屧 屐也又 履中薦

洪武正韻卷第十六